溝口健二論

映画の美学と政治学

木下千花

法政大学出版局

溝口健二論——映画の美学と政治学　目次

第二部　トーキーの間メディア美学

凡例

・外国語文献からの翻訳は断りのないかぎり著者によるものである。
・映画題名については、それぞれの章における初出時に『題名』（監督名、公開年）を示し、製作会社、製作国、公開日を必要に応じて加えた。
・映画の登場人物に言及する際は役名を用い、章における初出の際に（ ）で俳優名を付した。
・引用の字体と仮名遣いについてはとくに断りのないかぎり、原著に準じた。
・年号は原則として西暦を用い、必要に応じて元号を（ ）内に補った。
・［ ］は引用者である著者による補い、また注においては原文のルビなどを指す場合がある。
・溝口健二のフィルモグラフィーは、佐相勉、西田宣善編『映畫読本溝口健二――情炎の果ての女たちよ、幻夢へのリアリズム』（フィルムアート社、一九九七年）に所収の「溝口健二・全映画」（全作品解説＝佐相勉）を参照した。

第一部　溝口の世界への視座

序　章　複数のはじまり

第一節　幼年時代

溝口健二は一八九八（明治三一）年五月一六日、湯島新花町一一番地に生まれている。(1) 大工であった父の善太郎は軍隊用の雨合羽を造って一旗挙げようとしたが、売りだそうとした一九〇五年夏、日露戦争は終わってしまう。差押えにあった溝口一家は親戚を頼って浅草玉姫町に移り、極貧の生活を送った。やがて日本橋から芸者に出て華族の妾になり家計を支えたのは姉・壽々であった。(2) 地元の石浜小学校の同級生だったのが後の作家・川口松太郎である。(3) 小学校卒業後、養子の話もまとまらずぶらぶらしているうち絵に興味を持った溝口少年は、一五歳のころ山谷堀の浴衣の図案屋に弟子入りし、さらに葵橋洋画研究所に入門した。一九一五年に母まさが亡くなり、一九一七年には『神戸又新《ゆうしん》日報』の広告図案係として神戸で就職し、政治と芸術を語り新劇をやる仲間もできたが、仕事は一年ほどしか続かずに帰京する。このように、一九二〇年五月に役者になりたいという希望を抱いて日活向島撮影所に入所するまでの溝口は、芸術的渇望、政治的関心、漠とした大望を抱きつつ、学歴も特筆すべきスキルもなく姉に寄食する無職の青年であった。(4)

一方、動く映像の撮影装置と再現装置を総称して「映画」と呼ぶなら、[5]一八九〇年代半ばに欧米で生まれた映画は、一八九六年から一八九七年にかけて日本にもたらされて上映・興行された。[6]溝口が一歳を迎えた一八九九年の六月には、湯島新花町からほど近い本郷中央会堂（現・本郷中央教会）で初めての日本製映画の上映が行われていた。[7]日露戦争は日本において映画が広く認知される契機となったが、父・善太郎もひょっとして戦場の映像（今日的に言う「やらせ」も含む）の巡回興行を神田あたりに子供連れで見に行ったかもしれない。[8]やがて一家が移り住む浅草では、一九〇三年に電気館が「初の映画常設館」として開業し、X線ショーや「海女の魚取り実演」などの見世物と強い連続性を保つ興行を行っていた。[9]「小学校を出ると、なすこともなく、近い浅草公園へ行つては、芝居や、活動写真を見てまわつていただけだ[10]」という溝口少年の姿は、一九一一年ごろに六区で次々と開館した常設館に見出されたはずだ。映画の興隆のなかで、フランスの犯罪活劇『ジゴマ』（ヴィクトラン・ジャッセ監督、一九一一年）が年少の観客にブームを呼び、映画という自律したミディアムが警視庁による取締と検閲の対象としてやがて認知されることになる。[11]溝口は、まさにここで社会的エリートの怖れと不安の対象となったデモグラフィ——小学校修了程度の労働者階級の少年——に属していた。

「あのころの東京の下町、それに浅草六区はよかつたな、といつても君［筈見恒夫］より、十年さきの生れだから、活動写真は、幻燈に羽根が生えかゝつたぐらいのところ。今の大勝館のところに、何んとかいう新派の小屋があつた。そこへ、毎日二銭銅貨一枚持つて通つていた。大正になつたばかりだが、二銭で芝居が見られた[12]」。この溝口の回想は、彼の「映画」経験の間メディア性（intermediality）を物語っている。浅草六区で盛んに上演されていた連鎖劇にもきっと足を運んだに違いない——というよりも、新派も、活動写真も、この二つの混淆形態である連鎖劇も、溝口少年にとっては同一スペクトラムの上で連続していたと思われる。

初期映画研究の文脈において、間メディア性という概念は「映画」ミディアムのアイデンティティの再考と歴史化を促してきた。アンドレ・ゴドローは、一九一〇年に至るまでの二〇年近く幻燈、パノラマ、見世物などと未分化の

（1）以下の溝口についての伝記的記述は岸松雄『現代日本映画人伝』上巻（映画文庫、一九五五年）、三—八ページに依る。

（2）なお、壽々について岸は前掲書で「姉は日本橋のさる家の養女となつていた」（六ページ）としか述べていない。同時代人には岸の記述の含意は明らかだった可能性も高いが、壽々について詳述したのは津村秀夫『溝口健二というおのこ』（実業之日本社、一九五八年）、二三四—四六ページが最初と思われる。彼女に関しては佐藤忠男による溝口論／評伝が最も詳しい。佐藤忠男『溝口健二の世界』（筑摩書房、一九八二年）、三—七、五四—五八ページ。

（3）ともに大映重役になった溝口と川口の『週刊サンケイ』一九五五年一二月二五日号掲載の対談が、佐相勉編『溝口健二著作集』（キネマ旬報社、二〇一三年）、三九五—四〇五ページに再録されている。二人の少年時代についての回想（三九九—四〇〇ページ）のなかで近所の美少女の一人として「弾左衛門の家」の娘が言及されているが、「弾左衛門」は江戸時代には関東の被差別民の統括者であった。塩見鮮一郎『弾左衛門とその時代』（河出書房新社、二〇一三年）Kindle版。少年時代を被差別部落で過ごした経験は、『折鶴お千』（第一映画、一九三五年）や『山椒大夫』（大映京都、一九五四年）の底流をなしているだろう。

（4）佐藤忠男、前掲書、六ページ。

（5）岩本憲児「映画の渡来」岩本憲児編『日本映画の誕生』（森話社、二〇一一年）、一〇ページ。岩本は明治後期における写し絵や幻燈をはじめとした「スクリーン・プラクティス」および様々な視覚玩具の普及と人気を視野に入れつつも、あえてこの語を選んでいる。

（6）エジソン社の覗き式のキネトスコープを皮切りに、映写式としてはリュミエール社のシネマトグラフとヴァイタグラフ社のヴァイタスコープが関西・関東の四系統で別々に輸入・公開された。詳しくは田中純一郎の先駆的研究『日本映画発達史Ⅰ　活動写真時代』（中公文庫、一九七五年）、二八—六六ページ、近年の研究成果を知るには、岩本、前掲論文、および同書の入江良郎「日本映画の初公開」、一三〇—六二ページを参考にした。

（7）入江、前掲論文、一四一—四二ページ。

（8）日露戦争と日本における映画興行およびその観客については、上田学『日本映画草創期の興行と観客——東京と京都を中心に』（早稲田大学出版部、二〇一二年）、第一章を参照。

（9）上田学「映画常設館の出現と変容——一九〇〇年代の電気館とその観客から」『アート・リサーチ』第九巻（二〇〇九年三月）：四九—五九ページ。

（10）筈見恒夫「溝口健二芸談〈第二回〉」『東京新聞』一九五〇年八月一三日号。溝口健二著、佐相勉編『溝口健二著作集』（キネマ旬報社、二〇一三年）、三二〇ページに再録。

（11）媒体あるいは表現の素材という意味でのmediumには近年「メディウム」という表記が定着しつつある。その経緯に敬意を払いつつ、ここでは「中間」や「霊媒」という語との感覚的な連続性と英語の発音への相対的な近さから、「ミディアム」とした。

（12）筈見、前掲芸談。

状態にあった「動く映像」（キネマトグラフィ）が、それらの他メディアとの競争や相互影響のなかから「映画」という自律したミディアムおよび文化として立ち上がってくる過程を「間メディア性」概念を用いて説明している。[13]「映画」が間メディア的な混淆を生きていた時代を、目的論的な意味ではなく、さまざまなオルタナティヴな成長や発現の可能性が並存していたという意味で「幼生期」とでも呼ぶなら、[14]溝口の幼年期と映画の幼生期は歴史的にも地理的にも重なっている。

本書は、溝口の映画を演劇や絵画など他メディア、他の芸術ジャンルとの関係において、すなわち間メディア的な(intermedial)実践として捉えることで、この監督の作品群の新たな相貌を浮上させる。猥雑で異種混淆的な浅草六区で幼生期の映画とともに幼年時代を過ごした溝口健二は、「映画」のアイデンティティが確立し固定化する一九二〇年代に監督になり、一九三〇年代と五〇年代の日本映画の二度の黄金時代、その間に挟まれた戦争と占領の一九四〇年代を通して、演劇や文学、絵画といった他メディアと競合し、他メディアの規範に身を委ね、横領することで映画というミディアムを再定義してその可能性を拡張し、「芸術」としての社会的地位を高めた。本書が語るのは、映画ミディアムの日本近代における不純な立身出世の物語である。

それはまた浅草公園の雑踏の中で二銭銅貨を握りしめていた溝口少年の立身出世を伴っていた。とはいえ、本書は溝口健二の評伝ではありえず、人間としての映画作家の経験や思想の表出もしくは反映として映画テクストを読む一般的な作家論的アプローチには批判的な立場を取る（第一章）。しかし、一方で、その名に帰せられるテクストの表層からの遡行的な構成物としてのみ「作家」を想定するわけではない。[15]なぜなら、監督としての溝口健二こそが、映画テクストと日本の近代における政治的・社会的・文化的布置における権力関係や映画の産業としての側面、つまり歴史との結節点となるからだ。

第二節　間メディア性

間メディア性とは、それぞれ別個のアイデンティティをもったミディアム同士が接触し、混淆し、浸蝕し合うことによって「間」に生起する事象や状態を指す。たとえば、歌舞伎役者の人生を主題とする溝口中期の代表作『残菊物語』（松竹下加茂、一九三九年）では、舞台や観客への挨拶（船乗り込み）のシーンが映画のクライマックスを構成し、「演劇」と「映画」の間メディア的接触によってキャメラアングル、編集、画面外の音などの映画技法に新しい可能性がもたらされている。

こうした意味で、間メディア性はしばしば同義語として使われる「トランスメディア」「メディアミックス」と重なりあい、ときに同一の事象を指し示しつつも、異なった問題系に重心を置く。『残菊物語』の例を取れば、歌舞伎の名門の御曹司とその弟の乳母の悲恋という物語が、村松梢風の短編小説（一九三七年）、新派の舞台（同年）、映画という異なったメディアによって語られることでメディア間の境界を越えてゆく現象自体は、まさに「トランスメディア」と呼ばれるべきだろう。こうした「トランスメディア・ストーリーテリング」を製作・流通サイド（この場合、松竹）のビジネス戦略として捉えると「メディアミックス」と呼ばれる。[16] その意味で、戦間期の文化産業において作家、

（13）André Gaudreault, *Film and Attraction: From Kinematography to Cinema*, trans. Tim Bernard (Champagne: University of Illinois Press, 2011).

（14）ここではアンドレ・バザンの「完全映画の神話」およびそのテクストに散見される「幼形成熟」の概念を参考にしている。表象文化論学会第一〇回研究大会（二〇一五年一一月七日、東京大学駒場キャンパス）におけるワークショップ「アンドレ・バザンの現在」での三浦哲哉氏の発表から示唆を受けた。

（15）博士論文の時点では私も基本的にこの立場を取っていた。Chika Kinoshita, "Mise-en-scène of Desire: The Films of Mizoguchi Kenji," PhD diss., University of Chicago, 2007, 27-28.

（16）トランスメディア・ストーリーテリングおよびメディアミックスについては、マーク・スタインバーグ『なぜ日本は〈メディアミックス

知識人、映画製作者として中心的な地位を占めた菊池寛を志村三代子が「メディアミックスの巨人」と呼ぶのはまさに理に適っている。[17] 一方、一九三〇年から五六年までの日本の映画作家の作品群つまりテクストを分析する本書は、他メディアのテクストからの「翻案」の問題や映画の産業としての側面、観客の受容の文脈を常に視野に収めながらも、間メディア性、つまりメディア間の接触や横領がもたらす画面と音の問題に関心を集中させることになる。そうした意味で、本書が試みるのは間メディア美学としての溝口論である。[18]

第三節　「映画」とは何か

幼年時代の溝口がどのような映画作品を鑑賞していたか、管見では本人の証言は残されていない。しかし、映画史的に見てここでいう活動写真／映画が「ハリウッド映画」と同義であったとは思われない（ハリウッドの映画製作地としての成立は一九一五年である）。一九一〇年代前半の浅草六区では、白瀬中尉の南極探検を追った「ドキュメンタリー」映画、尾上松之助主演の「旧劇」、立花貞二郎主演の「新派劇」ばかりではなく、『ジゴマ』のようなフランスの連続活劇、『アンソニーとクレオパトラ』（エンリコ・ガッツォーニ監督、一九一三年）のようなイタリアの史劇、デンマークの『密書』（ベンヤミン・クリステンセン監督、一九一三年）のような活劇メロドラマなど、長回しと縦の構図で知られる一九一〇年代のヨーロッパ映画が、後に「古典的ハリウッド映画」と呼ばれる時空間と語りの規範を確立しつつあるアメリカ映画――例えばＤ・Ｗ・グリフィスの『女の叫び』（一九一一年）――と共存し競合していたからだ。[19] 溝口にとって、「幻燈に羽根が生えかゝつた」幼生の映画ミディアムは、成長してからもその顕れの複数性は自明であった。一方、溝口より五年半遅れて一九〇三年にやはり東京の下町・深川に生まれ、三重の松阪で過ごした中学生時代、一九一五年あたりから常設館に通い詰めた小津安二郎にとって、「映画」とは即ちハリウッドにほかならなかった。

本書が「ハリウッド」として指し示すのは、南カリフォルニアの土地ばかりではない。一九一七年頃にかの地の映画産業で確立され、一九六〇年代あるいは現代に至るまで日本を含む多くの地域で遵守されている映画の物語構造、語り、時空間の構成についてのパラダイム（可能なオプションの総体）であり、フィルム・スタディーズで「古典的ハリウッド映画」と呼ばれる概念である。[20]「古典的ハリウッド映画」は、明確な目的あるいは欲望を持った個人を主人公とし、その心理を動機づけとし、因果関係に基づいたウェルメイドな物語が進行し、通常は仕事上の達成と異性間恋愛の二つの筋が絡み合いながら発展する。語り（物語内容のプロットとしての組織化）においてはわかりやすさが最優先され、そのため物語内容が不明瞭になるようなプロット構成（例えば複雑なフラッシュバックや唐突な空間の移行）や、それ自体に観客の関心が集まってしまうような技巧は極力避けられる傾向がある。映画の時空間の編成において「わか

する国〉なのか』大塚英志監修、中川謙訳（角川ＥＰＵＢ選書、二〇一五年）、序章を参照。ただし、一九六〇年代から現代にかけての時代を対象としたスタインバーグの議論の核となる「キャラクター」および「世界」は、『残菊物語』には当てはまらない。さらに、スタインバーグの「メディアミックス」およびここで私は触れていないヘンリー・ジェンキンスが発展させた概念「メディア収束〔コンバージェンス〕」は、生産／製作と消費／受容の境界が溶解する地平をその議論の主たる地盤としているが、溝口が活躍した貫戦期のメディア環境において、そのような地平が極めて限られていたことには留意すべきだろう。

（17）志村三代子『映画人・菊池寛』（藤原書店、二〇一四年）。

（18）ここでいう「美学」とは、「美とはなにか」を問う学というよりは、身体の表層の五感を通じた知覚の経験についての学、「感性学」である。Susan Buck-Morss, "Aesthetics and Anaesthetics: Walter Benjamin's Artwork Essay Reconsidered," *October*, no. 62 (Autumn 1992): 4.

（19）このような一九一〇年代前半の浅草六区での映画上映の内容については、『キネマ・レコード』（一九一三年一〇月の創刊から四号は『フィルム・レコード』）誌の一九一三年の号を参照した。牧野守監修『復刻版　キネマ・レコード』第一期第一冊（国書刊行会、一九九九年）。さらに、小松弘「記憶の目録」、同書、一五―二八ページに教えられることが大きかった。

（20）以下の説明にあたり参照しているのは、物語構造についてはデイヴィッド・ボードウェル「古典的ハリウッド映画――語りの原理と手順」、杉山昭夫訳、『「新」映画理論集成二――知覚・表象・読解』岩本憲児・武田潔・斉藤綾子編（フィルムアート社、一九九九年）、一七六―一九四ページ。時空間の組み立てなど映画形式については、David Bordwell, Janet Staiger, and Kristin Thompson, *The Classical Hollywood Cinema: Film Style and Mode of Production to 1960* (New York: Columbia University Press, 1985), 42-69.

りやすさ」に奉仕するのはコンティニュイティ編集であり、それを支える最も強力な規範として「一八〇度ルール」（アクション軸）の遵守がある。「一八〇度ルール」によれば、ある場面において生起するアクションに対してキャメラ＝観客が常に同じ側に位置するようにキャメラ位置を定め、演出《ミザンセヌ》、編集を行わなければならない。この「一八〇度ルール」を具現する「切り返し」、「視点ショット」、「方向の一致」などの技法により、部屋の中で誰がどこにいて、誰としゃべっており、何を見ていて、どこに移ったのか、といった情報を観客は瞬時に取得することができ、人間関係や心理状態を把握して因果性に基づく推論を行いつつドラマに集中することができる。現代のシネコンで上映される映画やテレビドラマは国籍を問わずほとんど「古典的ハリウッド映画」である。一方、「古典的ハリウッド映画」を深く愛し、隅々まで理解し、そのうえで顛倒させたのが小津安二郎の映画であった[21]。

溝口の映画をも「古典的ハリウッド映画」あるいは「グリフィス・コード」の対抗的オルタナティヴもしくは顛倒として読む言説については、本書の第一章において批判的に取りあげることになる。ここでは、「溝口が外国の様々な映画、スタンバーグや、ヴァルター・ルットマンまで見ていながら、ハリウッド的な、所謂グリフィス的な演出をしないで大成した日本で唯一の監督だからです[22]」という蓮實重彥の発言に首肯しつつ、溝口の非ハリウッド性、その映画の複数性の起源を映画史のなかに見出してみよう。

第四節　日活向島というマトリクス

一九二〇年に溝口が加わった日活向島撮影所は、女形を用いた舞台そのままの「新派悲劇」を据えっぱなしのキャメラで捉え、会話字幕もなく声色弁士の解説に依存し従属した極めて「非映画的」な映画を製作していたと長らく考えられてきた[23]。この撮影所の女形としてキャリアを開始した監督・衣笠貞之助の「新派の舞台さながらに、鍵の手型にセットが組まれていて、そこで、役者が、舞台の演技そのままの芝居をする。［…］キャメラのほうも、舞台いっぱいを視野に入れるフルシーンの位置に固定されたままで、いささかも動こうとはしない。キャメラは、動くものではないのである。舞台のうつりゆく芝居を、ただ正面から、じっと見ているだけなのである」[24]という証言も説得力を持ったに違いない。田中栄三は、一九一七年に監督として招かれた当時の向島では、声色弁士の意向を汲んで「カットバックなどを五六巻物でも、場面の數は、十一二［11〜12］場以上に出ないやうにして貰ひたいというのを聞いて」[25]たいそう驚いたという。一七年の時点で唯一の監督であり、田中や溝口が助手としてついた小口忠は、「一場五分なり六分なりの連續した芝居を、ではいりから、居どころ、動きと、微細な演出上の指示をして」やり、さらには稽古もリハーサルもなしにいきなり本番に臨む俳優たちのために、ノンストップでプロンプターの役割も務めていた。[26]

(21) 小津安二郎と古典的ハリウッド映画の関係については、K・トンプソン、D・ボードウェル「小津作品における空間と説話（上）」出口丈人訳『ユリイカ』一九八一年六月号、一四〇―五三ページ、同「小津作品における空間と説話（中）」『ユリイカ』一九八一年八月号、一七二―八二ページ、同「小津作品における空間と説話（下）」『ユリイカ』一九八一年九月号、一五八―六五ページ。

(22) 蓮實重彥、青山真治「今、溝口健二に寄せて」『キネマ旬報』二〇一五年六月下旬号、七二ページ。

(23) とりわけ影響力があったのが、同時代を生きた田中純一郎の以下の見解である。「鼻垂らし小僧を相手に［…］松之助映画を盛んに作った日活は、同列の子守娘たちのために盛んに新派悲劇を作った。［…］それも題材となったのは、安芝居で使い古した台本で、華族のお家騒動とか、まま子苛めとか、釣り合わぬが不縁のもと、といったような類型的なものが多く、お定まりの弁士諸君が張り上げる悲しい声色につれて、男役者の扮した女形が、ぎくしゃくと泣いて見せるところを、ロング・シーンでゆっくりと映してゆくのである」『日本映画発達史Ｉ　活動写真時代』（中公文庫、一九七五年）、二三二―三三ページ。

(24) 衣笠貞之助『わが映画の青春――日本映画史の一側面』（中公新書、一九七七年）、一七―一八ページ。原著者の強調。

(25) 田中栄三「向島時代の思ひ出」『キネマ旬報』一九三八年四月一日号、一四一ページ。なお、撮影・再生時の回転数によるが、五・六巻は一時間から八〇分程度と考えてよいだろう。

(26) Ibid. とはいえ、明治時代の歌舞伎では俳優が役柄のパターンを熟知しているのが当然だったため、新作であっても立ち稽古は一日程度だったことを考えれば、向島の撮影法はさほど驚くにはあたらないだろう。九代目市川団十郎の稽古観について、笹山敬輔『演技術の日本近代』（森話社、二〇一二年）、二九―三三ページを参照。

佐藤忠男は、『溝口健二の世界』執筆時の一九八〇年代初頭には現存する唯一の向島新派映画と考えられていた『二人静』（大洞元吾監督、一九二二年）のショット数を数え、サイレント回転で約八〇分の映画で三〇〇ショットというのは「それほどショットが少ないというわけでもないのに、カメラが据えっぱなしでショットが長すぎる、というふうに感じる」理由を、移動撮影の欠如とキャメラ位置とアングルの貧困に帰している。[27] 溝口の作劇術の基盤に演劇・映画の「新派」を見出して肯定的に評価し、マツダ映画社のプリントにあたった佐藤の議論の先駆性は高く評価しなければならない。しかし、佐藤は、移動撮影の活用という点で一歩進んでいるとしながらも、溝口が「カットバックを好まなかったという点では、日活向島新派のそれから、あまり変化することは好まなかった」と述べ、長回しの時空間に展開する一九三〇年代中葉以降の演出《ミザンセヌ》と向島時代の新派映画の形式に直接の連続性を見出している。[28] だが、一九七〇年代末に欧米で始まり、近年は日本においても展開されている新歴史主義的な初期映画研究のなかで、一九一〇年代のヨーロッパ映画の長回しの再評価が進んだ。その目覚ましい成果に照らすと、日活向島新派映画を非映画的な「演劇の撮影」に過ぎないという証言を鵜呑みにすることや、溝口のトーキー映画の長回しと同一視することには慎重にならざるをえないだろう。

ユーリー・ツィヴィアンは、エヴゲーニー・バウエルやフランツ・ホーフェルら一九一〇年代ヨーロッパの映画監督が、最も親《ちか》しいはずの演劇から離れ、ハイカルチャーたる絵画へと接近することで、逆説的にも「映画性」を確立していったと主張した。[29] ツィヴィアンが挙げる最も水際だった例は鏡の使用であろう。舞台においては例えば観客が映りこむ可能性から鏡の使用は限定されており、鏡を通してフレーム内にフレームを作るのはむしろ絵画的な技法と言える。換言すれば、一九一〇年代のヨーロッパ映画はキャメラの単眼による観客の視軸の固定化を利用し鏡を置くことで演劇との差異を際立たせ、画面外の扉やそこに来訪する人物の姿などを捉え空間を多層化して観客を魅了することで絵画に接近し、それによって映画ミディアムとしての特殊性を確立したのである。[30] さらに、俳優とセット、小道具をキャメラ＝観客の視軸に対して緻密に配置しフレーム内の運動を組織化するステージングにおいて、俳優やセットの視軸上の重なりによる可視性／不可視性を活用する「ブロッキング」もまた、キャメラによる観客の視軸の固定化を利用するという点で演劇との差異を強調し、間メディア性から映画ミディアムの固有性を顕示する技法に他ならない[31]。ブロッキングも鏡の使用も長回しと縦の構図のなかで有効に使われることが多く、その成果が編集あるいはモンタージュを「映画性」と同一視する論者たちによって長らく「演劇的」とされてきたのは、今から思えば皮肉である。このような再評価は向島映画にもあてはまるのだろうか。

多くの日本の観客／研究者にとって、二〇一二年は日活向島発見の年であった。早春に早稲田大学坪内博士記念演劇博物館で行われた展覧会「日活向島と新派映画の時代展」を皮切りに、関連企画として同博物館所蔵の日活向島映画『うき世』（一九一六年）が同年三月二日に公開、さらに一一月三日には東京国立近代美術館フィルムセンターで『二人静』が上映された。こうして、記憶や文字資料のみに頼るのではなく、アーカイヴァル・プリントの蔵出し上映によって、ツィヴィアンやベン・ブルースター、レア・ジェイコブズらがヨーロッパ映画に見出した演劇や絵画との関係性のなかに立ち上がる映画ミディアムの固有性が、向島作品の画面上に確認されたのである。『うき世』のエンディングでは、意に染まぬ結婚式を前に花嫁衣装姿で自刃しようとするヒロイン（立花貞二郎）が例外的なミディア

（27）佐藤忠男、前掲書、四二―四三ページ。
（28）佐藤忠男、前掲書、四四ページ。
（29）Yuri Tsivian, "Two 'Stylists' of the Teens: Franz Hofer and Yevgenii Bauer," in *A Second Life: German Cinema's First Decades*, ed. T. Elsaesser (Amsterdam: Amsterdam University Press, 1996), 264-70.
（30）Tsivian, "Two 'Stylists' of the Teens," 269-70. さらに、バウエルにおける鏡の使用の絵画性についての本格的な分析として、小川佐和子『映画の胎動――一九一〇年代の比較映画史』（人文書院、二〇一六年）、九八―一〇一ページ。また、欧米の映画と絵画における鏡についての主要な論点と事例は、岡田温司『映画は絵画のように――静止・運動・時間』（岩波書店、二〇一五年）、第三章。
（31）一九一〇年代ヨーロッパ映画のステージングおよびブロッキングについて、ほかに代表的な書物として、Ben Brewster and Lea Jacobs, *Theatre to Cinema: Stage Pictorialism and the Early Feature Film* (New York: Oxford University Press, 1998). 溝口も含め、世界映画史全体にスコープを広げてステージングを論じるのが、David Bordwell, *Figures Traced in Light: On Cinematic Staging* (Berkeley: University of California Press, 2005).

ム・クロースアップで映し出されたかと思うと、キャメラがやおらアメリカン・ショット（膝上サイズ）まで後退移動して彼女から懐刀を奪おうと格闘する兄をフレームに収め、映写会場の小野講堂は興奮に包まれた。(32) こうしてキャメラの不動性についての証言に対しては鮮やかな反証が上がった。とはいえほとんどの場面は固定キャメラによる撮影だが、谷口紀枝も指摘するとおり、屋内セットにおいて視軸上に重層化された空間のなかで「ヨーロッパ的」なステージングとブロッキングが行われており、ロケーションによるヒロイン誘拐シーンでは奥行きのある道路を舞台に活劇の演出《ミザンセヌ》を見事に展開している。(33) 縦の構図を活用したステージングの妙はたしかに形式的にやや保守的な『二人静』にも共通しており、また、女形・女優を問わず、表情と手の繊細な演技はフルショットでも十分に堪能できるものだった。

一九一〇年代後半から古典的ハリウッド映画を「映画劇」として標榜し、弁士や女形を廃止し、クロースアップやカットバックなどの「映画的」技法を導入して線形的な編集の映画を目ざす純映画劇運動が興った。一九二三年一月、こうした流れに応え、新興の松竹キネマと対抗し、衣笠らスター俳優の脱退を逆に梃にするため、撮影所上層部のほか田中栄三、鈴木謙作、若山治、そして監督に昇進したばかりの溝口健二らいわゆる向島改革派が名を連ねたパンフレット『革新せる向島撮影所』が発行された。常設館主などに配られたと想像されるこのパンフレットが目標として掲げるのは、この時点ではほぼ「ハリウッド映画」と同義となっていた「外国映画」の模倣に満足しない「純日本風の演出」による映画製作である。(34) 一九一七年の田中栄三監督『生ける屍』に始まると言われる向島改革派の作品はプリントが現存していないので実証には困難が伴うが、ここで言う「日本風」とは、向島の伝統に培われ、前年に田中栄三が監督し溝口が最後に助監督を務めた『京屋襟店《えりみせ》』を頂点とする、編集というよりは演出《ミザンセヌ》の映画であり、そうした意味で一九一〇年代ヨーロッパ映画と親近性のあるものだったと推測される。(35)

第五節　編集と長回しの弁証法

しかし、『祇園の姉妹』（第一映画、一九三六年）や『残菊物語』など一九三〇年代溝口作品の「ワンシーン・ワンカット」、つまり長回しと縦の構図によって生み出された時空間の連続性のなかに演出《ミザンセヌ》を展開させる映画形式は、日活向島というマトリクスから無媒介かつ直接に発生したわけではなかった。小松弘と佐相勉の緻密な歴史研究からは、パンフレット『革新せる向島撮影所』と同時期に公開されたデビュー作『愛に甦る日』から同じ一九二三五月末の探偵活劇『８１３』へと至る六作品おいて、溝口がすでにカットを割った編集の映画を志向していたことがうかがえる。[36]さらに、現存する最も古い溝口作品『ふるさとの歌』（文部省／日活、一九二六年、ただし製作は一九二五年）は佐相勉の計算によれば字幕を含めて四六六ショットある。[37]五〇分（二〇fps）として計算するとショットの長さの平均（ASL, Average

(32) この移動撮影については、小松弘「新派映画の形態学――震災前の日本映画が語るもの」黒沢清、四方田犬彦、吉見俊哉、李鳳宇編『日本映画は生きている②映画史を読み直す』（岩波書店、一九一〇年）、七五―七六ページ。

(33) 谷口紀枝「初期の日本映画におけるナラティヴとイメージの発達過程について」『早稲田大学大学院文学研究科紀要』第五八巻第三号（二〇一二年）：一六七―一七〇ページ。

(34) 日本活動寫眞株式會社東京撮影所『革新せる向島撮影所』、早稲田大学坪内博士記念演劇博物館所蔵。上田学編『企画展図録「日活向島と新派映画の時代展」』（早稲田大学坪内博士記念演劇博物館、二〇一一年）の二三ページにはこのパンフレットが紹介されている。

(35) 向島改革派の作品を文献資料から再構築した研究として、谷口紀枝「日活向島の革新映画にみる「芸術への目覚め」――小口忠と田中栄三の試みについて」『演劇映像』第五五号（二〇一四年）：一五―二六ページ。

(36) 小松弘「向島新派映画に見る溝口映画の原点」四方田犬彦編『映画監督 溝口健二』（新曜社、一九九九年）、二四―六五ページ、佐相勉『溝口健二・全作品解説①１９２３年・日活向島時代』（近代文芸社、二〇〇一年）。例えば、両者とも『敗惨の唄は悲し』について「同じ場面を縦からも横からも幾度も幾度も見せたり、似寄った場面を繰り返すことは飽きさせる」という批評を引用しているが（小松　五〇ページ、佐相　九一ページ）、デクパージュの不備を批判したこのコメントは、ショットを割って多様なキャメラ位置を試みていたことを示している。

(37) 佐相勉『溝口健二・全作品解説③１９２５年・『人間』』（近代文芸社、二〇〇三年）、二三ページ。本作品の製作・封切日時についても、

Shot Length）は六・四秒となり、同時代のアメリカやヨーロッパの映画と比べてほぼ遜色のない「速い」映画と言える。[38]さらに、この数字を『祇園の姉妹』の三三・二秒、『残菊物語』の五八・六秒、『雨月物語』（大映京都、一九五三年）二八・七秒、『近松物語』（大映京都、一九五四年）三〇・四秒と比べてみると、その後の溝口作品ともいかに乖離した短いＡＳＬかがわかるだろう。[39]空間構成の点でも『ふるさとの歌』はかなり整ったコンティニュイティ編集を達成しており、フルサイズのショットの中での縦の構図の立体的な演出などにその後の溝口を見ることも不可能ではないにせよ、基本的に古典的ハリウッドの規範に則っている。この傾向は『朝日は輝く』『東京行進曲』（ともに一九二九年）の再編集された短縮版まで一貫している。つまり、日活向島に涵養された溝口は、いったんはそれと相反するパラダイムを修得し編集の映画を撮っていたことになる。

また、すでに佐相勉が明らかにし、四方田犬彦、ダイアン・ルイスらが論じているように、一九二三年に溝口は大泉黒石を原作とした『血と霊』で本格的な表現主義映画を試みている。[40]その後もシネマテーク・フランセーズ版の『東京行進曲』にはアーサー・ロブソンの表現主義映画『戦く影』（一九二三年、同年日本公開）と酷似したショットが見られるなど、[41]溝口は表現主義に継続した関心を寄せていたと思われる。また、第二章で論じるように、一九三〇年前後にはソヴィエトの理論に影響を受け、アレゴリー的なモンタージュの実験を行っていた。

一九二〇年代について、小川佐和子は以下のように見事に定式化している。

［…］映画史を芸術史として捉えると、〔第一次〕大戦後は、映画を自律した芸術とみなす意識が芽生え、主としてフランスおよびドイツで前衛映画の理論と実作が興隆していった時代でもある。一般の娯楽映画に見られる戦後の新たな傾向として、モダニズム――その光がハリウッド映画であり、闇に当たるのはヴァイマル期ドイツ映画――が生まれるというわけだ。［…］こうして映画は、大戦前の「芸術」としての映画から、大戦後の「伝統を廃棄する芸術」としての映画へ、空間芸術から時間芸術へ、物語の否定とメロドラマの増殖の双方向へと急激に

方向転換していくことになる。(42)

つまり、第一次大戦後の地政学上の変化とハリウッドの興隆によって、映画は一九世紀以来の他芸術との間メディア的な関係を断ち切り、自律したミディアムとして、古典的ハリウッド映画と同時代のモダニズム運動と直結したアヴァンギャルド映画との二項対立を形成してゆく。本書の第二章では、さらに、この二項対立がその実、商品化と大衆生産消費社会の成立という同じ硬貨の表裏に過ぎないことを示すだろう。

佐相や小松による失われた作品の再構築に照らすと、こうした二〇年代的状況の中で新進気鋭の監督として頭角を現した溝口の姿勢は、モダニズムの洗礼を受けつつ広義の商業映画製作に従事した同時代のヨーロッパの野心的監督たちと類似のものだったように思われる。すなわち、基本的に古典的ハリウッド映画の規範に添ってテンポ良く物語を語りつつ、興奮、昂揚、陶酔、錯乱、幻覚、あるいはソヴィエトの場合のように強い政治的意味を帯びたショット連鎖において、アヴァンギャルド的な視覚的効果を織り交ぜたわけだ。

佐相の綿密な調査を参照した（同書二八―二九ページ）。

（38） Barry Salt, *Film Style and Technology: History and Analysis*, 2nd exp. ed. (London: Starword, 1992), 172-74. より正確に言うと、アメリカ映画としては普通だがやや遅め、ヨーロッパ映画としてはまさに標準的である。なお、fps の典拠は東京国立近代美術館フィルムセンター所蔵映画フィルム検索システム「ふるさとの歌　〝水車小屋の子〟改題」http://202.236.109.20/det.php?mode=3&data_id=14470&key=&notation_id=&sakuhin_id=10648&op=AND&key_y=&s_page=&page=0（最終アクセス二〇一六年三月一〇日）。

（39） Cinematrics Database, s.v. "mizoguchi," accessed March 10, 2016, http://www.cinemetrics.lv/database.php

（40） 佐相勉『1923溝口健二『血と霊』』（筑摩書房、一九九一年）、四方田犬彦「大泉黒石と表現主義の見果てぬ夢――幻の溝口健二『血と霊』の挫折」『新潮』二〇一五年九月号、一四九―八六ページ、Diane Wei Lewis, "Moving History: The Great Kanto Earthquake and Film and Mobile Culture in Interwar Japan," PhD diss., University of Chicago, 2011, chap. 1.

（41） この類似についてはトム・ガニング氏のご教示に感謝する。

（42） 小川、前掲書、三七ページ。

しかし、日本の映画史的文脈の特殊性を看過してはならない。最初の上映から一九三〇年代末に至るまで、プレス試写を除いた全てのサイレント映画の上映において語りのパフォーマンスを提供した弁士（映画説明者／解説者）の存在である。第三章で詳述するが、本書が主張するのは、同い年の伊藤大輔と同様に、溝口は、興行の場とりわけ弁士のパフォーマンスの映画に対する認知的・意味論的な影響に抗し、映画テクストの自律性を確立し映画の「作者」としての地位を獲得するために、細分化されたショットを積み重ね、編集と字幕によって明瞭に分節化された映画的言説《ディスクール》を生み出したということである。映画の意味生成をめぐる弁士との権力闘争こそが、逆説的にも、一九二〇年代の溝口を世界（＝欧米）基準の映画形式へと駆り立てたのだ。

一九二九年、押し寄せるハリウッド製トーキー映画によって日本でも映像と同期された音声の導入プロセスが配給サイドから始まり、一九三〇年代前半には弁士の映画館からの退場が日程に上る。『溝口健二論――映画の美学と政治学』のクロノロジーは一九三〇年から始まる。それは、本書がトーキー化を溝口のさらなる変容をもたらした断絶として捉え、長回しと縦の構図など現存作品から抽出しうる作家の徴から構成される「私たちの知っている溝口」の起源と考えるからだ。作家論としてのこの時代区分が溝口の向島時代や表現主義的志向を軽視するものではないことは言うまでもない。そうではなく、歴史研究と映画作品のテクスト分析を連動させる本書が、第二章と第六章の一部を例外として、プリントが現存する作品をコーパスとするがゆえに選択した戦略である。私は溝口の映画にとってトーキー化は二重の意味を持ったと考えている。第一に、一九三〇年前後の多くの批評家と同じように、溝口は「トーキー」を「映画」とは異なった新しいミディアムとして捉え、トーキー映画を「映画」の到達すべき進化形としてではなく、間メディア的実験とみなして取り組んだ。音を映画にとって所与とも自然ともみなさないこのようなアプローチは、トーキー化以降の溝口のフィルモグラフィを貫く革新的な音響を説明するだろう。第二に、弁士の退場によって意味生成における覇権がついに映画の製作サイドに移り、完璧なコントロールが可能になってはじめて、溝口は多義性を孕み観客の沈潜を要求する長回しを試みたのではなかろうか。

溝口の助監督時代、日活向島の映画は、声色弁士や新派劇と混淆しつつも長回しのなかに展開するステージングにミディアムとしての固有性を見出し、古典的ハリウッド映画との差異化を図っていた。しかし、監督昇進した溝口は編集と視覚的効果によって一九二〇年代の世界的トレンドに参与し、弁士をはじめとした興行の場を画面上の映像による語りへと従属させようと試みた。本書は、こうした弁証法的なプロセスの結果として、溝口があくまでもトーキーに固有の映画的言説《ディスクール》の形式として長回しと縦の構図を構築したことを示す。さらに、編集を経由しての長回しという通時的な視点により、経時的なプロセスを映画形式へと敷衍し、溝口における縦の構図をショット内モンタージュとして（第三章）、あるいは逆にモンタージュを虚の連続性を生み出すプロセスとして（第八章）捉えることが可能になる。

第六節　監督、溝口健二

溝口にとって「監督」というタイトルと概念は極めて重要であった。これまでほとんど強調されることはなかったが、溝口は一九三六年に発足した日本映画監督協会の創立メンバーであったばかりではなく、一九三七年に初代会長の盟友・村田實が早逝してから一九四三年の解散まで、さらに一九四八年の再建から一九五五年まで、合計一三年間に亘って会長（一九五〇年に協同組合に改組してからは理事長）を務めている。[43] 日本映画監督協会は、設立以来、映画監督の社会的地位の向上、技術研究、そして監督の著作権の確立のために活発な活動を続けてきた職能団体であり、溝口はその長として積極的に職務にあたっていた。

（43）柿田清二『日本映画監督協会の五〇年』（日本映画監督協会、一九九二年）、二六―八一ページ。

日本映画監督協会史によれば、一九五一年七月一四日、東宝で溝口が監督した『武蔵野夫人』の封切直後に、監督本人から協会事務局へ以下の報告と指示があった。「撮影の最終段階でタイトル原稿を見たら、「演出、溝口健二」となっていたので、自分は監督をしたのであって、演出したのではないから、「監督、溝口健二」に直させた。再建総会のとき「監督」に呼称を統一することに決めたのだから、各社に改めて徹底させるべきである」(44)。この呼称問題には、一九三三年に発足したＰＣＬ（後の東宝）がプロデューサー制を敷き、監督を他のスタッフと同列に扱ってクレジットを「演出」とし、さらには一九三九年施行の映画法も監督を「演出」と呼んだという背景があった(45)。すなわち、日本映画史の文脈のなかで、「演出」という呼称は一貫して監督者を管理し、その権限を縮小し、あるいは表現の自由を制限することを目的として導入されており、一人の監督として、協会理事長として、溝口はこれに断固として反対したのである。

本書では「演出」という語を「舞台にのせること」を意味するフランス語の mise en scène（ミザンセヌ）およびその英語圏での応用の翻訳として使っているが、上記の日本語での意味とも整合性がある。すなわち、演出《ミザンセヌ》とは「映画のフレーム内に現れるものを監督がコントロールすること」であり、「演劇の特殊技術と重なり合う映画の構成要素」つまり「舞台設定（セッティング）、照明、衣裳、人物の振る舞い」といった要素を監督が統括しつつ、「キャメラのために、出来事を演出する」のである(46)。換言すれば、演出《ミザンセヌ》とは撮影の際にキャメラの前でキャメラとの関係性において生起する事柄の総体を統御することであり、そうした意味でまさに「プロフィルミック」（前撮影的）な概念である。演出《ミザンセヌ》概念の欧米での溝口受容史における含意については第一章で触れ、第七章では溝口の映画製作の現場と画面に対して発展的応用を試みる。ここでは、溝口が「自分は監督をしたのであって、演出したのではない」と強調している歴史的・映画史的意味を確認しよう。溝口本人のインタヴューでも批評でも、その映画作りにおいては演出《ミザンセヌ》、プロフィルミックな要素に重心が置かれてきた。溝口の晩年に脚本を提供した成沢昌茂は、ある監督の溝口評として、「彼は立派な演出家であろうけれど、映画は一にも二にも画で、その画をつなぐことが映画の演出だから、映画監督としては第一人者かどうか疑問だろう。彼の作品は、舞台中継ないしニュース映画に近い」という言葉を引用している。[47] つまり、この同業者は、溝口はプロフィルミックな演出《ミザンセヌ》に専心し、それを媒介、分析、再構築する撮影や編集には関心が薄いと考えた。もちろん、溝口の映画を一シーンでも見ればこうした印象は払拭されてしかるべきだ。さらに、溝口自身の「監督」という語への拘泥は、企画から編集、ポストプロダクションまで映画製作の全段階における責任とコントロールへの明確な意識を示している。

なお、付言すれば、映画製作のプロセスにおいて制度的にも個人の意志としても監督が映画の「作者」として細部に至るまでコントロールを及ぼすということと、映画テクストとその意味は上映の場において観客の見る行為のなかで生産され、更新され続けるということの間には、何の矛盾もない。小説や絵画の場合を考えてみればすぐわかることである。

映画における「監督」概念は歴史が浅く、溝口の「監督」意識の強さには二重の歴史性が刻印されている。第一に、映画における「監督」は日本においては彼が俳優を志して向島に入社した前後にまさに確立されつつある新しい概念であった。田中栄三は、一九一八年の『生ける屍』について「それまで監督の名前など、タイトルへ出たことはなかったが、この作には監督として小生の名と、撮影藤原幸三郎の名とを、ヘッドタイトルの次に一枚入れたものである」と述べている。[48] 現在のところ、この失われた映画についての田中の二〇年後の回想を裏付ける術は私にない。だ

(44)　柿田、前掲書、八八ページ。
(45)　Ibid.
(46)　クリスティン・トンプソン、デイヴィッド・ボードウェル『フィルム・アート』藤木秀朗監訳（名古屋大学出版会、二〇〇七年）、一七八ページ。なお、『フィルム・アート』翻訳チームは「ミザンセン」というカタカナ表記をあて、一方で「ミザンセーヌ」という表記も定着しつつある。原語の発音に最も近いのは「ミーザンセーヌ」になると思うが、長音は省いた。
(47)　成沢昌茂「要するにホンです」『溝口健二集成』、一六四ページ。初出は『キネマ旬報』一九六一年九月下旬号。
(48)　田中榮三、前掲記事、一四一ページ。

が、洞ヶ瀬真人の優れた論文によれば、一九一三（大正二）年ごろから日本における映画をめぐる言説のなかで「監督的存在」についての認識が散見されたものの、雑誌『活動之世界』が「演出法研究号（監督研究号）」という特集を組んだ一九一八年から『イントレランス』（一九一六年）が日本公開された一九年にかけて、D・W・グリフィスを中心とした欧米の映画作家についての報告や批評をとおして「監督」概念が言説上に確立した[49]。一方、前述した田中の小口忠についての回想や、洞ヶ瀬が引用する帰山教正の著作に照らしても、日本の映画製作の現場において監督的なる者の職掌は一九一〇年代半ばには成立していたと思われる。なお、少なくとも一九二〇年代初頭までは「監督」「舞台監督」「撮影監督」の三語が互換的に使われていた[50]。『革新せる向島撮影所』の「撮影監督と助手」と題された集合写真の後列中央では、助手仲間たちに交じって、デビュー作の公開を前にした二四歳の「監督　溝口健二」が肩をいからせ、はにかみとも不遜とも取れる微妙な笑みを見せている（図版0－1）。一九二三年の時点では、演出《ミザンセヌ》、撮影、編集など、映画の画面の印象や意味の背後に「監督」を見出し、その巧拙や個人的な特徴を見出す広義の「作家主義」的な言説が『キネマ旬報』『活動画報』のような映画雑誌や新聞の投書欄では確立されていた[51]。

0-1：パンフレット『革新せる向島撮影所』より。
後列左から三人目が溝口健二。
（早稲田大学坪内博士記念演劇博物館所蔵。資料番号：ヨ 01 2029）

第二に、すでに『武蔵野夫人』における呼称問題でも示唆したように、一九二三年から五六年の三三年に亘る溝口の監督としてのキャリアは、検閲に代表される表現の自由の制限との闘争の歴史であり、監督とはその闘争の主体であった。本書が対象とする一九三〇年から一九五六年までの間に限っても、一九四五年までは内務省の検閲、一九四五年から一九四九年は連合国（事実上アメリカ合州国）占領軍による検閲が行われていた。一九四九年以降の映画業界の自主規制機関である映画倫理規程管理委員会（旧映倫）でも溝口の作品は問題なしとは言えなかった。実のところ、この映画作家の生きた時代には検閲や規制なしに映画を撮るという選択肢はなかったのである。それゆえに、一方で、溝口にとって表現の自由は闘って勝ち取るものであり、他方では、作家の表現とその抑圧というモデルでは対応しきれないほど、様々な検閲制度は映画製作のプロセスに食い込み、テクストの隅々に痕跡を残していた。本書の第四章と第六章はそれぞれ内務省と占領軍による溝口作品の検閲を中心的な主題として一次資料に基づく詳細な分析を行うが、そこでの私の目的は、作者＝監督としての溝口と検閲制度およびそれを行う権力との闘争と折衝のプロセスの痕跡として映画テクストを捉えることである。

（49）洞ヶ瀬真人「近代日本に現れた「監督者」——1910年代における監督言説の萌芽」『映像学』第八二号（二〇〇九年）：五—二三ページ。

（50）『讀賣新聞』一九一三年六月二九日朝刊の記事「フヰルム種明し」には、目黒の日活撮影所について、「撮影する時には、一人の舞臺監督が寫眞師の所に起ちて「悲しめ」と號令すると役者は泣きくづ折れる風をなし「驚け」と云ふと俳優が驚きに耐へない風をするので普通の芝居とは全然其趣を異にして何の事はないと兵隊さんの教練の様である」という興味深い記述がある（強調は引用者）。一方、グリフィスに関しては、「名監督グリフ井ス」（「キネマだより」『讀賣新聞』一九一八年九月八日朝刊）、「例のグリフィスが監督」（「活動寫眞」『讀賣新聞』一九一九年一〇月五日朝刊）。しかし、演劇人・松居松葉は「撮影監督」として市川猿之助、井上正夫らと映画を作り（「市川猿之助丈活動役者と成る」『讀賣新聞』一九二〇年一月三〇日朝刊）、イタリア映画『十字軍』（一九一八年）は「名舞臺監督エンリコ・ガッシヨニ［ママ］氏が脚色監督」し（「映畫界新潮」『讀賣新聞』一九二〇年四月一九日朝刊）、谷崎潤一郎は『人面瘡』を「舞臺監督」として撮影すると報じられている（「紫鉛筆」『讀賣新聞』一九二〇年五月四日朝刊）。

（51）佐相、前掲『溝口健二・全作品解説①』。

だが、溝口の映画に常に課せられていた最も強い制約は、映画産業のなかで商品として売れる作品を作ることに他ならなかった。付き合いの浅い助監督に対しては、「君は会社側のような事をいうからダメなんです。私はね、会社、二つや三つは潰してますよ」などと凄んで見せたとしても、[52]業界で話題になるほど深刻な大コケをした溝口作品は『あゝ故郷』（新興キネマ、一九三八年、現存プリントなし）、『元禄忠臣蔵』、『西鶴一代女』（児井プロダクション＝新東宝、一九五二年）のみで、しかもどれも会社を潰すには至っていない。『祇園の姉妹』はすでに潰れた会社で撮ったのだから因果関係が逆である。溝口は「呪われた映画作家」ではないということだ。それどころか、『あゝ故郷』の興行不振の責任を感じて社長に辞意を伝えたり（第五章第四節）、『赤線地帯』は絶対に当てなければならないとプロデューサーに対して並々ならぬ決意を見せたり（第八章第四節）、溝口には商業映画の監督として義理堅い側面があった。新興・松竹時代、戦時下のフィルム不足の折には、城戸四郎に「才能のある監督は短いものでもよい作品を作るものだ」とたきつけられ、『露営の歌』（新興キネマ、一九三八年、現存プリントなし）や『団十郎三代』（松竹京都、一九四四年、現存プリントなし）では制限尺数をはるかに下回る長さで佳作を見事に仕上げて「切れる監督」として激賞されている。[53]一九五〇年代の大映京都における溝口は、企画準備にこそ時間をかけるものの、クランクインするやテキパキと予算内に収め、[54]業界誌には「従来溝口監督の製作態度は慎重に過ぎ非常に〔…〕時間を喰うように喧傳されているが、これは一種の傳説的なもので、最近では準備さえ整つていれば文句もいわずスムーズに運び、むしろ他の監督より合理的に場面処理を行つている」と報じられた。[55]さらに、一九五五年四月から五六年三月までの大映の配給収入では『新・平家物語』（大映京都、一九五五年）が一位、『楊貴妃』（大映東京／ショウ・ブラザーズ、一九五五年）が第二位を占めるなど、[56]溝口の作品は商業的にも成功を収めていた。

『溝口健二論――映画の美学と政治学』が「監督」と呼ぶのは、その名に帰せられる映画の「作者」ばかりではなく、このように、権力と対峙しあるいは阿り、映画産業のなかで明確な役割を担い、諸力の折衝を行う社会的主体である。次節で述べるように溝口の映画は確かにしばしば政治的な題材を正面から扱ったが、本書が溝口のキャリアに見出す政治性とは、まず、日本の近代においてこのような社会的な折衝に参与したという意味においてだ。従って、一九五五年に映画監督として初の紫綬褒章に内定した溝口の、「月並みながらたいへんに名誉で有難いと思う。わたくしがいただいたというより映画監督というジミな仕事が社会的に認められた意味で仲間の最年長者として感謝したい」[57]というコメントは、決して単なる建前とは思われない。映画ミディアムの立身出世の物語が溝口健二という人間の立身出世への欲望と連動したのは、あくまでも「監督」概念の社会性をとおしてであった。

第七節　ナショナリズムとジェンダー

溝口の映画の政治学とメディア美学＝感性学《エステティクス》を媒介するのは「日本的なもの」とジェンダーであり、この二つの問題系は密接に繋がっている。第一章で論じるように、溝口が生きた二〇世紀前半の地政学的布置にあって、日本における映画ミディアムの立身出世の物語は常に欧米とアジアに分割された「世界」との関係性において語られた。そして、溝口にとって、この関係性は、能、歌舞伎、文楽、新派、新劇、黒御簾音楽、浮世絵、絵巻物といった複数的か

(52)『西鶴一代女』についた内川清一郎の回想。新藤兼人『ある映画監督の生涯――溝口健二の記録』(映人社、一九七五年)、三四六ページ。
(53)城戸四郎『日本映画傳――映画製作者の記録』(文藝春秋新社、一九五六年)、二〇二―〇五、二二〇ページ。
(54)辻久一「映画製作費の内譯――『雨月物語』の場合」『キネマ旬報』一九五三年五月下旬号、七八―七九ページ。「製作合理化の〝モデル作品〟二つ――〝ヴェニス制限〟の効果？　溝口の『祇園囃子』の場合」『合同通信映画特信版』一九五三年九月一七日号、四―五ページ。
(55)前掲「製作合理化の〝モデル作品〟二つ」、四ページ。
(56)『映画年鑑』一九五七年版(時事通信社、一九五七年)、四六ページ。なお、このページの「C.作品別配収ベストテン」には「一九五四年四月～五五年三月」とあるが、誤植と思われる。
(57)「紫綬褒章の受章者内定」『讀賣新聞』一九五五年一〇月二五日朝刊。

つ異種混淆的なジャンルや美的な伝統から映画へと間メディア的な横領を組織し、こうした自己意識的で一九二〇年代アヴァンギャルド的な営為のなかに「日本的なもの」を生み出す絶えざる革新運動のなかで築かれるべきものだった。しかし、一方で、溝口の「日本的なもの」への志向は、立身出世ドリームとナショナリズムの分かちがたい関係を示しているだろう。本書では、溝口の「日本的なもの」の間メディア的実践がいかに均質で恒常的な国民国家の伝統と美という幻想を崩すかをたびたび指摘することになる。しかし、こうした帰結は、溝口自身の意図が、イデオロギー的な左右を問わず、ときの政府に批判的であろうとなかろうと、そのキャリアを通して広義のナショナリズムを志向していたことと矛盾しない。

日本のナショナリズムの根底にはジェンダーがある。二〇世紀をとおして、家父長制、すなわち家長たる男性による一家の成員の支配と所有は、実際の政治的、経済的な制度と生活においても、想像的なレヴェルでも、国民国家を支えてきた。男性のホモソーシャルな集団による女性の支配、所有、交換がいかにナショナリズムの感情的な核を構成しているかは、従軍慰安婦問題をめぐってヒートアップしつつ空転する近年の論争が雄弁に語るとおりだ。「我々」の所有する女性の純潔や貞操の侵害は我々の男性性と主権の侵害に他ならない（第二章、第六章）。溝口はキャリアを通じて女性の淪落と交換を注視し執拗に描いた。かくして、本書のクロノロジーは初代アメリカ合州国総領事タウンゼンド・ハリスに徳川幕府が差し出した芸者・お吉の物語『唐人お吉』に始まり、売春防止法制定前夜の吉原を舞台とした遺作『赤線地帯』で終わることになる。多くの男性エリートにとって天下国家を語ることと女どもの身の上話はまったくの別ごとであり、こうした囲い込み自体が家父長制に奉仕し再生産してきた。本書は、溝口は女どもに拘泥することで底辺から日本の家父長制に疑問符をつきつけたという視座を提示する。

つまり本書は、溝口はフェミニストだったと主張するのだが、まず、映画作家の伝記的な事実に照らしてこの主張を疑問視することもできるだろう。彼自身の私生活のゴシップは棚上げにするとして、自らプロダクションを率いて『滝の白糸』（入江プロ／新興キネマ、一九三三年）などで溝口を雇った往年の大スター入江たか子について後年「その前、入江プロとも喧嘩しちゃってるのだ。女がプロを作ったりしちゃけしからんと言ったのだよ」とコメントしており、(58)田中絹代が日本映画監督協会の推薦で『月は上りぬ』（日活、一九五五年）を監督することになった際には、監督二作目の彼女に自信を失わせるような忠告をして問題をこじらせたらしい。(59)女性が単に「勝ち気」だったり、才能があったりするぶんには賞賛し惹かれさえするのだが、本当に対等あるいはそれ以上のポジションになると機嫌を損ねるという、よくいるタイプだったのかも知れない。だが、性役割を疑わず、女性は何も知らず主張せず家で温和《おとな》しくしていればいいと考えていた前世紀の多くの男性とは違い、このタイプとは共闘できる。何より、日本映画史上初の女性プロデューサー（入江）、最初（坂根田鶴子）と二番目（田中）の女性劇映画監督がすべて溝口健二と親しくコラボレーションを行っていたというのは特筆すべきだろう。

しかし、仕事の上での姿勢のみならず、溝口の映画作品そのものもまた、おうおうにしてフェミニズムと女嫌い《ミソジニー》に引き裂かれ、深い両義性を露わにする。また、占領期の『夜の女たち』（松竹京都、一九四八年）や『赤線地帯』のように、フェミニズムと女嫌い《ミソジニー》を同居させたうえに、性労働者の窮状を訴えるふりをしてその実はエスノグラフィックなエクスプロイテーション、というパターンも顕著だ。

このような両義性に向き合うため、本書は二つの戦略を取る。第一に、溝口の映画空間を権力関係が張りつめた社会的空間ととらえ、登場人物への「感情移入」を避けつつも強い情動と思考を呼び起こす、いわばブレヒト的な装置としてその演出《ミザンセヌ》を分析する。第二に、溝口の映画における女性の身体性、とりわけ女嫌い《ミソジニー》の磁場となる妊娠をめぐる身体性に着目し、映画における身体という問題系と接続する。さらに、これらの戦略によって、溝口健二の映画の固有性を分節化すると同時に、フィルム・スタディーズにおける主観＝主体性、観客性《スペクテイターシップ》、女性の表象の問題系を長ら

(58)　溝口健二「自作を語る」、『溝口健二集成』、二七六ページ。なお、溝口は『楊貴妃』の女官役で入江を二〇年ぶりに使ったが、化猫映画に出たので演技が落ちたというような難癖をつけて役から下ろしたと伝えられている。

(59)　津村、前掲書、二一三―一七ページ。

く支配してきた視点ショットや切り返しなど古典的ハリウッド映画の技法への偏向に対して、理論上のオルタナティヴを提示できれば幸いである。

溝口の映画は、他なるもの――演劇や絵画のような他芸術、他ミディアムとしてのトーキー、そして女性の主観＝主体性――と接触し、競合し、その他者性の痕跡を抹消することなく横領することで、逆説的にも、ミディアムの固有性と新しい映画的言説《ディスクール》を立ち上げた。長回しと縦の構図によって特徴付けられるその映画形式は、このような、いわば自由間接話法的な映画的語りが要請したものである。

第八節　本書の構成

『溝口健二論――映画の美学と政治学』は四部構成を取り、本章と次章によって構成される全体のイントロダクション〈第一部　溝口の世界への視座〉の後は、概ね時間軸に添って一九三〇年から溝口の没年である一九五六年まで語り進める。しかし、編年体で順々に作品論を繋げてゆく形式は取らず、章ごとに歴史的・映画史的文脈と切り結ぶ視点を選び、そこから選択的に作品あるいはシークェンスを論じてゆく（そのために、『噂の女』（大映京都、一九五五年）、『新・平家物語』のように、極めて重要ながら本格的に論じられなかった作品もある）。第二部は一九三〇年代においてトーキー化に連動した形式的・制度的変容と、映画というミディアムの定義づけおよび統制をになう検閲を扱う映画史的研究である。溝口というと、プロデューサー永田雅一のせいか、サイレント時代の日活、三〇年代中葉の第一映画、一九五〇年代の大映のイメージが強いが、実は一九四〇年代をほぼ丸ごと（正確には一九三九年から四九年まで）松竹京都で過ごしている。本書第三部は「松竹時代」を溝口研究の新たな時代区分として浮上させつつ、総動員体制および占領と女性を主題に、ジェンダー、国民国家、映画産業の結節点に溝口作品を見出す。第四部では、次章で扱うフランスにおける映画批評の示唆を発展させる形で、「現代映画《シネマ・モデルヌ》」として溝口を論じる視座を提示する。失われた日活向島時代の作品から最終章が扱うポスト占領期の歴史映画まで、溝口は間メディア性と女性の身体性を二つの方法的な要として「映画」概念の拡張を続け、広い意味で非古典的かつ非ウェルメイドな映画を撮ってアヴァンギャルド性を保持していた。「現代映画《シネマ・モデルヌ》」の枠組みをとおして、このようなアヴァンギャルド性が世界映画のトレンドとようやく邂逅するのである。

第一章　世界の中のミゾグチ、溝口の中の世界

主に英語圏とフランス圏の溝口論を分析し、溝口作品が作家主義映画批評（一九五〇年代から六〇年代）とフィルム・スタディーズ（七〇年代）の対象となったばかりではなく、その成立に欠くべからざる構成要素であったことを明らかにする。さらに、『元禄忠臣蔵』論を通して、時代劇／歴史映画／歌舞伎のジャンルと間メディア性の問題に着目し、溝口の映画をナショナリズム、文化資本、階級の重層的な歴史的文脈の中に捉え返す。

第二部　トーキーの間メディア美学

第二章　革命前夜――『唐人お吉』（一九三〇年）

溝口が初めて長回しを試みたと言われる失われた映画『唐人お吉』を京都文化博物館所蔵の坂根田鶴子資料や同時代の批評から再構築し、モンタージュと長回しに連続性を見出す視点として「注意散逸」（ヴァルター・ベンヤミン）を提示することで、文学、レコード、観光を含む間メディア性の中にトーキーを捉える。さらに、境界で交換される女のプロトタイプとして「唐人お吉」を考察する。

第三章　映画の第四次元――溝口健二の一九三五年

『折鶴お千』、『マリヤのお雪』、『虞美人草』の一九三五年の三作品および『浪華悲歌』（一九三六年）の詳細なテクスト分析と、坂根資料および広範な同時代の言説分析に基づく映画史的考察を行う。長回しと連動した縦の構図の確立期において、音がいかに「深さ」を生み出す空間構成と密接に関わり、前景と後景をいわばモンタージュのように接続しつつ、観客の注意を画面の奥へと導く役割を担っていたかを明らかにする。

第四章　「風俗」という戦場――内務省の検閲

松竹大谷図書館所蔵の検閲台本と現行版のフィルムとをつき合わせてつぶさに吟味することで、『祇園の姉妹』および『折鶴お千』の検閲の実態を明らかにする。戦前日本の映画検閲についての先行研究をふまえつつ、「検閲内規」と検閲官の著作の分析を通して、内務省の論理を再構築する。その結果、溝口健二と内務省の双方にとっての掛金として、女性の身体とセクシュアリティをめぐる規範性が浮上する。

第三部　溝口の「女性映画」――松竹京都時代

第五章　芸道物考

ハリウッドのスクリューボール・コメディや伝記映画など、異種混淆的な「芸道物」の「起源」を成瀬巳喜男の『鶴八鶴次郎』（一九三八年）に遡って跡づけ、溝口健二作品『残菊物語』を中心に、現存プリントの存在しない『浪花女』『芸道一代男』『団十郎三代』については文字資料に依拠して分析し、総動員体制という歴史的な文脈に位置づける。「明治物」をはじめとした関連ジャンルや舞台芸術や音楽との間メディア性から立ち上がる日本的「ミュージカル映画」として芸道物をとらえ、映画産業と観客との結節点に位置する「ジャンル」の問題系を考察することで、政府、映画産業、映画作家、観客の折衝を芸道物に見出し、そのフェミニズム的側面を明らかにする。

第六章　占領下の女性解放——大衆フェミニスト・プロパガンダとしての溝口映画

ＧＨＱによる検閲下に作られた『女性の勝利』（一九四六年）から『我が恋は燃えぬ』（一九四九年）までの四作品と「好色一代女」検閲台本（一九四八年）は、溝口が松竹の女性映画や芸道物など戦前以来のジャンルやサイクルに性愛や妊娠などセンセーショナルなアイテムを加え、ＧＨＱとの折衝の果てに実現した商品であり、かつフェミニズムの大衆プロパガンダであった。占領者と被占領者の非対称な関係に基づいた「コンタクト・ゾーン」としての占領期の映画文化のなかで、溝口作品が占領下の女性の「解放」を言祝ぎつつ、植民地主義や女性の人権蹂躙など矛盾をはらむ重層性を露呈させ、分節化したことを示す。

第四部　「現代映画」としての溝口作品

第七章　欲望の演出（ミザンセヌ）と妊娠の身体

溝口のトーキー映画の特徴として、贈与交換に基づく権力関係に立脚した欲望の演出《ミザンセヌ》と「妊娠の身体」に集約される重層的な時間性を折り畳んだ「現代映画《シネマ・モデルヌ》」的な身体との並存・折衝を抽出し、ジル・ドゥルーズの『シネマ』の非人間中心主義的な映画論を手がかりに、溝口作品の理論的な分節化を試みる。『女性の勝利』と『お遊さま』（一九五一年）から『西鶴一代女』まで、シークエンスを選択して詳細な記述・分析を行うとともに、プロフィルミックな演出《ミザンセヌ》概念をテクスト分析と接続する。

第八章　伝統と近代——溝口健二のポスト占領期

フィルモグラフィをとおして伝統と近代という問題系に取り組んできた溝口の早すぎる晩年は、占領と高度経済成長——つまりいわゆる「戦後」——との「間《あいだ》」の時代であるポスト占領期と重なっている。本章は、戦前の寺田寅彦らの絵巻物をモンタージュとして捉える言説を参照して『雨月物語』（一九五三年）などの間主観性の表現を間メディア的な視覚的語りとして捉え、古典に採取しつつ現代性を打ち出した「姦通映画」として『近松物語』を論じ、『赤線地帯』の性労働者の語りと主観性の横領・引用に着目する。このように、溝口は、複数形における「伝統」――絵巻物のような美学的実践や、戦前の家制度や公娼制度などいわゆる「封建遺制」を利用した産業資本主義における日本の家父長制のありかた――と日本社会に胎動しつつあった変化を、映画というミディアムによって接続した。

第一章　世界の中のミゾグチ、溝口の中の世界

第一節　日本趣味映画と「日本的なもの」

一九二九年、泉鏡花原作の明治物『日本橋』を撮り終えたばかりの日活現代劇監督・溝口健二は、『キネマ旬報』新年特別号に「日本趣味映画」と題した一文を寄せた。それまで岡本一平原作のゲオルグ・グロッス調風刺劇『人の一生』シリーズ（一九二八年）、『最後の人』（フリードリッヒ・W・ムルナウ監督、一九二五年）の翻案『娘可愛や』（一九二八年）と、尖った社会派映画を立て続けに世に問うてきた溝口にとっても、監督仲間や批評家にとっても、『日本橋』は小さな「転向」に違いなかった。[1] 溝口は「日本趣味映画」の中で、「下町情話」への関心が再び呼び覚まされたのは、「實に思ひがけぬ事であるが、私の『狂戀の女師匠』のプリントを仏蘭西からわざ〳〵買ひに來た人があつた」[2]からだと認めている。現在では失われたこの作品は題名が示すとおりの愛欲と怨念のホラー映画であり、原作『真景累ヶ淵』（三遊亭圓朝、一八八八年）の幕末という時代設定を原作成立時に移した明治物であった。[3]

『狂恋の女師匠』のヨーロッパ行きは一九二〇年代後半の日本映画海外輸出第一次ブームの一端を成していた。フランスでは、一九二六年春、ステュディオ・デ・ズルスリーヌで徳永文六の『愛の秘密』（一九二四年、東亜キネマ）が

「ムスメ」*Musumé* の題で約一ヶ月上映されたのを皮切りに、野村芳亭『萩寺心中』（一九二三年、松竹蒲田）が一九二七年、衣笠貞之助『十字路』（松竹、一九二八年）が一九二九年早春に公開された。[4]『十字路』は同年五月のベルリンに続いてヨーロッパ都市を巡回し、佐々木恒次郎『永遠の心』（松竹、一九二八年）も一九三〇年三月にベルリン公開を見た。[5]このブーム後半の立役者である東和商事の川喜多長政が『狂恋の女師匠』のドイツでの配給を企図していたことは、二九年始めに新聞でも報じられた。さらに、長政・かしこ夫妻ともども、『狂恋の女師匠』は『怪盗沙弥麿』（小石栄一監督、一九二八年）、『大都会　労働篇』（牛原虚彦監督、一九二九年）の二作と共にカール・コッホによってオムニバス映画 *Nippon* の一部として編集され、ヨーロッパ公開された、と回想している。[6]溝口本人も、一九五四年に「この写真はね、川喜多君が「忠次三部作」と一緒にヨーロッパへ持っていったんだよ。これでもいくらかは儲かったんだよ」とコメントしている。[7]しかし、私が二〇〇一年のポルデノーネ無声映画祭で見た *Nippon*（一九三二年）に含まれていたのは上記二作品と『篝火』（星哲六、一九二八年）であり、土田環が二〇〇七年に修復されたスイス版 *Nippon* にも依拠して結論づけているとおり、ドイツ経由の『狂恋の女師匠』ヨーロッパ公開に実証的な裏付けは見いだせない。[8]では、『狂恋の女師匠』のヨーロッパ公開は全くの幻影だったのだろうか。

　溝口の言う『狂恋の女師匠』のプリントを買いに来た人とは、戦間期パリの日本文化人コネクションの中心にいた翻訳家／ジャーナリスト・松尾邦之助である。[9]松尾は冠婚葬祭のためパリ生活を中断して一時帰国していたが、その間、日活本社で試写の結果、『狂恋の女師匠』と『忠次旅日記　御用編』（伊藤大輔監督、一九二七年）をフランス携行作品として選択した。二九年四月、新妻を連れて故郷・浜松を出発した松尾は、岩崎昶らとともに日活京都スタジオに溝口を訪れたのち、京都大阪に遊んでから下関、釜山、ハルピンを経てシベリア鉄道に乗り、五月にパリに着いている。松尾の自伝から『狂恋の女師匠』顚末記を引用しよう。

　［…］もうひとつの映画岡田嘉子と酒井米子の出演する「狂恋女師匠《［ママ］》」の紹介もはじめた。二、三回試写会をした

が、見なれない映画だけに、みなびっくりして見ていた。ポーランド生れのドイツ人ブローカーは、「こいつァ面白い、全欧に売り込ましてくれ」といって、わたしに協力を申し出た。だが、わたしが託されて持って来た二

（1）これらの映画作品とその批評については、佐相勉『溝口健二・全作品解説⑤』（近代文芸社、二〇〇八年）の詳細な記述を参照。

（2）溝口健二「日本趣味映画」『キネマ旬報』一九二九年一月一日号、一三九ページ、西田宣善編『溝口健二集成』（キネマ旬報社、一九九一年）に再録。

（3）佐相勉『溝口健二・全作品解説④』（近代文芸社、二〇〇五年）、二五八―三〇九ページ。なお、ハリウッドから帰朝した中田秀夫が国際的名声の絶頂にあえて『真景累ヶ淵』の翻案を監督した（『怪談』二〇〇七年）のは、もちろん偶然ではないだろう。

（4）中山信子「フランスで初めて公開された日本映画――エキゾティズムと好奇心」岩本憲児編『日本映画の海外進出――文化戦略の歴史』（森話社、二〇一五年）、三九―七四ページ。

（5）Lewinsky Farinelli, "Jujiro," in *Le Giornate del Cinema Muto 200: Catalogo/20th Pordenone Silent Film Festival: Catalogue*, ed. Giornate del Cinema Muto (Sacile, Italy: 2001), 40. 川喜多長政「海外で日本映畫の上映」『キネマ週報』一九三〇年三月二八日号、一六―一九ページ、今村有「伯林にて日本映畫を見る」『映画時代』一九三〇年五月号、二三――二五ページ。さらに、ハラルト・ザーロモン「ドイツにおける日本映画の受容――最初期の鑑賞会から『十字路』『ハワイ・マレー沖海戦』へ」、前掲『日本映画の海外進出』、七四―八三ページ。

（6）佐相、『溝口健二・全作品解説④』、三二一―三二八ページ、土田環「戦前期の日本映画における「国際性」の概念――『Nippon』に見る川喜多長政の夢」『Cre Biz』第七号、二〇一二年、www.toho-univ.ac.jp/univ_info/_pdf/crebiz07_02.pdf（最終アクセス二〇一二年八月一〇日）。

（7）溝口健二「自作を語る」『キネマ旬報』一九五四年一月上旬号、引用は西田宣善編『溝口健二集成』（キネマ旬報社、一九九一年）の再録、二五八ページより。

（8）Mariann Lewinsky Farinelli, "*Nioppon*," in *20th Pordenone Silent Film Festival: Catalogue*, 33-34. 土田、前掲論文。

（9）松尾邦之助「日活映畫のフランス行　附、R.I.F.N 紹介のこと」『キネマ旬報』一九二九年三月一日号、七〇ページ。松尾についての以下の記述は、松尾邦之助『巴里物語』（社会評論社、二〇一〇年）に依拠している（原著は論争社、一九六〇年）。松尾については近年関心が高まり、主著の復刊や紹介記事／論文の発表が続いている。江口修「松尾邦之助とパリ　その1　狂乱の時代」『小樽商科大学人文研究』第一一五号（二〇〇八年）：六五―七七ページ、「松尾邦之助とパリ　その2　狂乱の時代」『小樽商科大学人文研究』第一一八号（二〇〇九年）：五一―七一ページ、鹿島茂「人間交差点・松尾邦之助」『パリの日本人』（新潮選書、二〇〇九年）、一四一―七六ページ、椹木野衣「美術と時評：17　松尾邦之助と読売アンデパンダン展（1）」『ART IT』（二〇一一年四月一八日）http://www.art-it.asia/u/admin_ed_contri9_j/ucdK6YUwXS8BebnrTlja/（最終アクセス二〇一六年一月八日）、同「美術と時評：18　松尾邦之助と読売アンデパンダン展（2）」『ART IT』（二〇一六年一月八日）http://www.art-it.asia/u/admin_ed_contri9_j/sldU8HcqLkmgfRCwb46t/（最終アクセス二〇一二年八月一一日）。

本は、いずれも「ポジ」であり、ブルー・プリントか「ネガ」でない限り、複製して配給が出来ないため、何とかしてブルー・プリントか、「ネガ」を手に入れてくれないかと申し出た。日本の仲間にこの件で度々打電したが、確答がなく、日活は、わたしに紹介と宣伝をさせたものの「ネガ」を送って、営業させるほどわたしを信用していなかった。東京にいる加藤〔健吉〕や岩崎も、最初から、映画の海外販売について、何の知識もプランもなく、わたしの度々の電報もムダ骨になった。思えば無意味な経験であった。東京の仲間からの説明によると、日活の重役は、日本映畫の海外進出などには何の熱もなく、パリからの提案に対し、何の興味も持たない連中ばかりだ……というのであった。[10]

当初はヴィユー・コロンビエ座やマリヴォー座などの主流常設館での上映を希求し、『十字路』などの「いはば試寫用の商品見本」との区別を強調していた松尾だが、[11] 映画配給には素人であり、文化人コネクションもあまり役に立たず、何より、そもそも話をもちかけたはずの日活にてんでやる気がなかったため、溝口作品が確かに呼び起こしたはずの関心が実を結ぶことはなかったというわけだ。[11] 一九三〇年六月の時点でも『狂恋の女師匠』は未封切であり、[12] そうこうするうちにヨーロッパでもトーキー化が進んだためお蔵入りになったと思われる。城戸四郎と川喜多長政がタッグを組み、ドイツ人とともに「松竹映畫世界配給会社」をベルリンに設置した同時期の松竹のケースとは雲泥の差と言えるだろう。[13] 私たちとしては、松尾がフランスに持ち込んだポジの行方が気になるばかりである。松尾がずっと手放さずにいたとしたら、ベルリンのアパートで空襲に焼かれてしまったのだろうか。

にもかかわらず、溝口は『狂恋の女師匠』のパリ行きを終生忘れることはなかった。「[…]『狂戀《〔ママ〕》女師匠』[…]」あの祭典、川開き、等々の下町情緒が彼等に意外なる牽引力を持つて居るのを私は驚いた。尤も驚く私が馬鹿かも知れない。——あの下町情緒こそ、多分、ウタマロのレプロダクションとして、彼等を欣ばしめたに違ひない——ことを私は、なぜ氣附かなかつたのだ？[14]」といったようなフランスの試写での好評も耳に入ったに違いない。しかし、このコメントと溝口の「日本趣味映画」に共通するのは、ヨーロッパでの評価に対する手放しの喜びではなく、『狂恋の女師匠』受容の文脈に対する醒めた意識である。溝口は言う。

ところが、佛蘭西の観客にとっては、今の所日本の映画は、ただ彼等の異国趣味を満足させる戀に過ぎないであろう。日本の風景、日本の風俗、広重の錦画を見、ピエル・ロチの『お菊さん』を見る心持ちを以ってのみ、日本映画に愛着を感じているのではなかろうか？

それでもよい。それに美を感じ、それを愛して呉れることは、あながちに我等にとって、恥のみではないのだ。しかし乍《なが》ら――、彼等の憧れる瓦葺の屋根の下に、彼等の愛する絹の衣の下に、優れた日本の「美を感ずる魂」を含めることが出来たら、よりよき事ではなかろうか。

いや、われらは、彼等をして絹の衣の美しさを感ぜしむると共に、その衣の下にある「日本の心」を感じさせなければならないのだ。(15)

溝口のように才能のある映画作家であれば、どのような文脈であっても自分の映画が見られさえすれば真価が伝わる、

(10) 松尾『巴里物語』、二〇八――二〇九ページ。
(11) 松尾「日活映畫のフランス行き」。
(12) 槌谷茂一郎「輸出映画私案」『キネマ旬報』一九三〇年六月二一日号、四二―四三ページ。
(13) 川喜多、前掲記事。城戸四郎の当時の映画輸出についての見解としては、城戸四郎「國際映畫戦」『改造』一九二八年二月号、一一四―一二七ページを参照。
(14) 槌谷、前掲記事、四三ページ。
(15) 溝口健二「日本趣味映画」『キネマ旬報』一九二九年一月一日号、一三九ページ、西田宣善編『溝口健二集成』（キネマ旬報社、一九九一年）に再録。

との自信はあっただろう。しかし、それと同時にここには、自らの作品が単なる「日本趣味」の文脈で消費されるであろうことに対する突き放した認識が驚くべき直裁さで提示されている。[16]「日本趣味」に対して溝口が「日本の心」あるいは「美を感ずる魂」として名指しているのは、歴史の中で変遷を遂げつつ洗練を重ねた日本人の美意識であり、それは「日常生活の末端までにも、一挙手一投足のうちにまでも、深く深く浸み込んでいるのである[17]」。

この発言を、文化を「われら＝日本人」の所有に帰し、「彼等」を排除した民族＝国民＝国家の枠組みに取り込む文化ナショナリズムの表れとして読み、批判するのはやさしい。平たく言えば、毛唐にはゲイシャとかウキヨエとか言わせておけ、日本の真の美は日本人にしかわからない、という聞き慣れた話ではないか、ということだ。

だが、溝口が言っていることは少し違っている。まず、溝口を日本的主題の探求へと駆り立てたのは、非歴史的かつ恒常的な「日本の美」なる（虚の）実体をひたすら再現しようという欲望ではない。溝口は、この文章の中で、ロシア・アヴァンギャルドによる歌舞伎の研究と、それに呼応した築地小劇場による新版『国姓爺合戦』の制作を、「現在の美が明日の美へ飛躍すべき段階」として評価する。『日本橋』をこれらの試みと明確に重ね合わせたうえで、「昨日の美をして、明日の美となし得るならば、望みは之に越したことはない、古きを温ねて新らしきを知ると云う訳である[18]」と結んでいる。すなわち、溝口は「日本趣味」に「日本の心」を対立させているが、「日本の心」なるものは、西洋という他者の視線を介して過去の芸術形式を再発見し、未来へと置換するモダニズムの運動の中に生産されるのだ。

ほぼ四半世紀の後、溝口健二は『雨月物語』（一九五三年）を引っ提げてヴェネツィア国際映画祭に出席する。『キネマ旬報』を代表して随行した清水千代太によれば、「八月二十日の映画祭第一夜は、日本代表団が注目の焦点となった。キモノの効果と言えるかもしれない。田中絹代さんが『雨月物語』のコスチュームをモデルに現代化したすばらしい衣装で、とても若々しく新鮮な魅力だったし、［…］溝口さんは白麻の紋付にわざと羽織を着ず、僕は黒紋付の羽織で、これが白と黒の効果。［…］ともかくこのキモノで、エクセルシオル・パラスから三軒ほど先きのシネマ・パラスまでパレードした。入場すると拍手と嘆称の声が起った。まずちょっとした宣伝効果は充分」。[19]

『雨月物語』は賞賛のざわめきの中で銀獅子賞を獲得し、『西鶴一代女』（一九五二年、銀獅子賞）に続いて「世界のミゾグチ」の名声を確固たるものにした。キモノでの開会式出席は確かに「日本趣味」を西洋の観客に対して演出するものとも思われる。だが、一方で、能衣装を現代風にアレンジした田中の装束は言うに及ばず、黒紋付を避けて瀟洒な白麻をまとった溝口もまた、民族衣装の「正統」をオーセンティシティの証として提示していたわけではない――たとえこうした微妙な差異が西洋の観客たちに認識されることはなかったとしても。

黒澤明の『羅生門』（一九五〇年）に刺激された溝口が、いかにヨーロッパの国際映画祭での受賞を渇望していたかはよく知られている。[20]しかし、『狂恋の女師匠』がヨーロッパで公開されていたかもしれないのだから、一九五〇年代の三つの銀獅子（もう一つは『山椒大夫』一九五四年）も批評的な熱狂も、三〇年間世界基準で映画を撮って来た溝口にとっては、遅れてやってきた当然の顕彰ではなかったか。にもかかわらず――あるいは、だからこそ――『狂恋の女師匠』と五〇年代の『雨月物語』の受容の差は示唆に富む。これら二つの幽霊譚のうち、前者がおそらくお蔵入りになって忘れ去られ、後者が世界映画の殿堂に奉られたことを、作品の内在的かつ普遍的な価値に帰するのは誤りだろう。同時代の批評や封切時に見た淀川長治の絶賛から判断するに、コスモポリタンな日本の業界人の基準に照らし

（16）溝口は、盟友・村田實の現代劇『街の手品師』（一九二五年、日活）が日本で絶讃されたにも拘わらずヨーロッパでは日本らしくないアメリカ映画の模倣として無視されたことをよく知っていたはずである。『街の手品師』の顚末については、中山、前掲論文、四九―五三ページ。

（17）溝口、前掲記事、一三九ページ。

（18）Ibid.

（19）清水千代太「ヨーロッパ映画紀行　ヴェニス映画祭に出席して」『キネマ旬報』一九五三年九月一五日号、二八ページ。

（20）依田義賢『溝口健二の人と芸術』（田畑書店、一九七〇年）、一九二ページ。

て、『狂恋の女師匠』は卓越した映画だったと思われる。[21] だとしたら、この二作を隔てる二四年間におきた映画の地政学における変化こそが決定的な役割を果たしたとみるべきだ。つまり、第二次世界大戦終結を経て、国際映画祭、シネマテークやフィルムセンター、アート系／インディペンダント映画上映館網を通じて五〇年代に「世界映画」が成立し、その中に、溝口の映画は座を与えられたのだ。

「世界映画」成立を可能にした要素として、以下の三つを確認しておこう。第一に、溝口研究者でもあるダドリー・アンドルーが「連邦主義《フェデラリズム》」と呼ぶ気運が、カンヌや戦後のヴェネツィアなどの国際映画祭の形を取ってヨーロッパに高まっていた。ナショナリズムの帰結としての第二次世界大戦の灰燼の中から、国際連合やユネスコと軌を一にした映画文化における「連邦主義」の必要性が叫ばれ、映画作家、批評家、ファンによる国境を越えたコミュニティの生成と協働の可能性が模索されたのだ。「映画祭は、しばしば高い道徳的理想を掲げ、差異と同一性への理解が、寛容、共生、そして、いうまでもなく、より豊かな映画に貢献するようなユートピアたることを主張した」[22] わけだ。こうした気運のヨーロッパにおける高まりがなければ、非西欧の国で製作された『雨月物語』のような映画が「映画芸術」の名の下に顕彰されることはなかっただろう。

第二に、世界最大の映画市場であるアメリカ合州国において、一九四七—四八年から六〇年代を通して独立系の「ミニシアター（アートハウス）」が興隆し、独自の配給網を通して外国映画を上映して一定の観客を集め、着実に地歩を築いた。第二次大戦以前のアメリカでは、大都市の移民コミュニティ向けの映画館やごく少数の例外的ケースを除いて、「映画」とは専らハリウッド製品を指したわけで、ミニシアターの興隆には、幾つかの戦後的文脈が必要だった。[23] まず、復員兵援護法（いわゆるG. I. Bill）によって多くの復員兵に大学教育の機会が与えられた結果、高等教育を受けた観客層が旧来のエリート層の外に創出された。しかも、彼らの多くは、大戦中あるいは占領期のヨーロッパやアジアで駐留生活を経験し、外国文化への興味・関心を育んでいた。さらに、一九四八年、ハリウッドのメジャーによる製作・配給・興行の垂直統合は自由競争を阻むとして連邦最高裁が違憲判決を下したため（いわゆるパラマウント判決）、メジャーによる映画館チェーンの支配が崩れ、多くの映画館がニッチな観客層を開拓する必要に直面した。そして、最後になるが、映画自体も言うまでもなく重要なポイントだった。戦後のハリウッドが優れた映画を作らなかったなどということはない。しかし、戦後の美学的なトレンドを切り開き、「映画」の再定義を行ったのは間違いなくヨーロッパやアジアの映画であり、その口火を切ったのは、『無防備都市』（ロベルト・ロッセリーニ監督）の一九四六年アメリカ公開の衝撃であった。かくして、一九五三年のヴェネツィア映画祭に同行した脚本家／大映重役の川口松太郎は、若いアメリカ人の配給業者に呼び止められ、その場で書類をタイプする手際の良さに見惚れつつ、全米配給の契約書にサインをしたという。(24)

ヨーロッパにおける「連邦主義」的ヴィジョンとアメリカにおけるミニシアター網の発展は環大西洋映画文化の交通を活性化し、映画への新しいアプローチを生んだ。これが第三のファクターとなる。後述するように、パリのシネマテークで生まれたこの新しいアプローチ――「シネフィリア」と呼ばれる映画を見るモードと、それに付随する「作家主義的」映画批評――によって、溝口は世界映画史上の位置づけを与えられたのだ。さらに本章は一歩議論を進め、溝口健二の作品はシネフィリアと作家主義の成立にとって必要不可欠であったと主張するだろう。『狂恋の女師匠』の忘却と『雨月物語』の栄光は、徹底して映画史的・歴史的に決定されている。

（21）淀川長治・蓮實重彥「特別対談・溝口健二を語る（前篇）」『キネマ旬報』一九九一年九月上旬号、一〇〇ページ。

（22）Dudley Andrew, "Time Zones and Jetlag: The Flows and Phases of World Cinema," in *World Cinemas, Transnational Perspectives*, ed. Natasa Durovicova and Kathleen Newman (New York: Routledge, 2010), 71.

（23）アメリカ映画興行史における戦後ミニシアター網についての以下の記述は、ダグラス・ゴメリーの著作に依っている。Douglas Gomery, *Shared Pleasures: A History of Movie Presentation in the United States* (Madison: University of Wisconsin Press, 1992), 180-93.

（24）川口松太郎「世界一周日記」一九五三年九月四日、日本近代文学館川口松太郎文庫。

1-1-1：『折鶴お千』

一方で、私は溝口自身の「日本」に対するプロジェクトは一貫していたと考える。この視点は、溝口の政治、とりわけ文化ナショナリズムに対する姿勢を単なる日和見主義として片づける既存の言説に疑問を呈するものだ。確かに、日活時代の下町情緒あふれるメロドラマ、一九三〇年前後のマルクス主義への傾倒とその表れとしての傾向映画、三〇年代中盤の進歩的リアリズム現代劇、三九年の『残菊物語』から戦中を通して日本の伝統芸能を扱った芸道物、アメリカ占領下の女性解放プロパガンダから五〇年前後の際どい姦通映画、そして国際映画祭で「日本」を代表する一連の歴史映画——これらの作品群をつなぐ線が、右と左、保守と革新、セクシズムとフェミニズム、伝統と近代、日本と西洋の間を破廉恥に往来するジグザグの軌跡として読まれるのは当然とも言える（たしかに、溝口自身も「日本趣味映画」の中で、「東洋と西洋の間——わたしは所詮、放浪者なのかもしれない」と発言している）。しかし、こうした読みは、対立する二項を互いに相容れぬ、独立した実体として設定するからこそ可能なのではないだろうか。

溝口における「日本的なもの」を考えるうえで、磯崎新の建築に関する思考が有効な補助線を与えてくれる。磯崎は、一九三〇年頃に「日本趣味」の応答として建築における「日本的なもの」をめぐる言説が浮上したと述べる[25]。日本趣味とは西欧の美術・骨董《こっとう》コレクターたちによって形成された異国趣味の一種としての「ジャポネズリー」であり、あくまで西洋によって形成されたテイストだった。溝口の用語「日本趣味」がこの概念とぴったり一致するのは偶然などではない。溝口自身がこのころから骨董の収集に血道を挙げていたことはよく知られているし、『折鶴お千』（一九三五年）には、詐欺師熊沢がさる寺からまきあげた仏像を白人の美術商が虫眼鏡で鑑識するショットが挿入されているではないか（図版1－1－1）。

溝口は日本趣味と「日本的なもの」の間に明確な線引きをしているが、建築における「日本的なもの」もまた、日本趣味に反撥し、取捨選択された「伝統」を機能主義・合理主義として読み替えることでモダニズムへと合流せんとするプロセスで要請された概念だった。建築におけるこのプロセスは、極めてリテラルな意味で西洋の視線を契機として行われた。一九三三年のブルーノ・タウトによる桂離宮の「発見」である。しかし、よく知られているように、一九二〇年代末から日本国内においてモダニズムと「日本的なもの」を戦略的に同一視する視座は培われており、タウトによる「発見」は日本人のモダニスト建築家や学者たちによって筋書きされ、演出されたものだった。[26]すなわち、日本趣味も「日本的なもの」も西洋の眼差しを介している点では同じだが、エージェンシーの所在と戦略性が大きく異なっている。

三〇年代から五〇年代にかけて、堀口捨己、前川國男、丹下健三らの「日本的なもの」とモダニズムを重ねてゆく作業は、いわゆる「近代の超克」を越える論理を持っていたと磯崎は述べる。

ここ［一九四二年の「近代の超克」座談会、引用者］でなされた討議はその後半世紀間に思想的に危機が到来するたびに言及されるほどに広範な問題構制を組みたてている。だが私には日本の建築の世界で継続的に追究されたような適確な視点はなかったように思える。他には五〇年代に最高潮に達した映画において、その下地がやはり戦争下の二〇年に育まれていった位だろう。「近代の超克」の論争が殆ど不毛にみえるのは、参加者のいずれもが、「近代的なもの」と「日本的なもの」を賞賛するか排除するかいずれかであり、それを同時にやるか、個別にやるか、でしかなかったためである。建築家たちの言説では、両者を同じひとつの問題とみていた。いいかえると両者を同時に批判する視点をつくりだそうとしていた。[27]

（25）磯崎新『建築における「日本的なもの」』（新潮社、二〇〇三年）、一一―一二ページ。
（26）井上章一『つくられた桂離宮伝説』（講談社学芸文庫、一九九七年）、一三―八九ページ。東京帝国大学工学部建築科教授・岸田日出刀が一九二九年にすでに桂離宮を含む前近代の日本の建築の写真集を出版し、その序文で「モダン」と述べている。
（27）磯崎、前掲書、二五ページ。

建築界からは出席者のなかった『文學界』誌上の「近代の超克」座談会だが、映画界からは批評家・津村秀夫が出席していた。このころの津村は溝口の『残菊物語』や『元禄忠臣蔵』（前篇・後篇、一九四一―四二年）を高く評価し、ハリウッドの映画に対して「日本家屋の生活のリズム」に基づいた日本的映画形式を顕揚しようとしていた。それは座談会上、作曲家・諸井三郎に食ってかかった発言によく現れている。

［…］西洋音楽の技術で日本の心を表現しようとする際の苦しみや矛盾といふものはさつきも話が出たのですが、あゝいふ悩みは実は日本の映画を作る一流の人々にも通じると思ふ。日本映画の技法といふものは根本的にはアメリカ映画やソヴエト映画から教はつたものだが、今までさういう技法で表現して来たものもマガヒもので、日本の真実の風俗でもなければ、日本の心でもないものが多かつたわけです。今は日本の精神を表現する日本的な映画技法を編み出さうとして一部の人々は苦しんでゐて、ために過渡期の混乱も呈してゐるが、元来映画といふ機械が外国渡来のものだからさういふ器を通じて日本の心を表現しようとしてもトコトンまで行くとぶつかるものがある。(28)

津村の議論で注目に値するのは、第一に、「日本的なもの」の創生を声高に叫ぶだけではなく、少なくともそこに形式的な内実を与えようと煩悶しており、第二に、アメリカニズム、モダニズム、近代、「西洋」を一応区別して論じている点だ。この点は後述しよう。しかし、大枠で見れば津村は「日本的なもの」を「近代的なもの」から分離して賞賛しているに過ぎず、「両者を同じ一つの問題として見る」（磯崎）視点は欠如している。

では、溝口はどうだろうか。溝口が戦時中に「日本的」映画を唱導するファナティックな文章を書いたことは、近年の研究によって広く知られるようになった。(29) だが、私の目的は溝口を戦争協力／軍国主義礼賛／超国家主義の汚名から「救う」ことではない。溝口の「日本的なもの」をめぐる映画のプロジェクトは、能のドラマツルギーから喜多川歌麿の春画まで複数的な過去の芸術形式の中から新たな映画形式を生み出す優れてモダンな運動であり、それは戦前から一九五〇年代まで一貫していた。このプロジェクトの中で、溝口は真摯な「国民としての映画作家」として『元禄忠臣蔵』という奇妙な映画を撮ってしまい、それは結果的に「近代の超克」座談会で小林秀雄や日本浪漫派が唱えた「日本的なもの」に亀裂を入れた。本章の後段で、『元禄忠臣蔵』に焦点を合わせ、再びこの問題に戻ってきたい。

溝口の生きた時代の歴史的・地政学的条件は、溝口にとっての世界とのかかわりが「日本的なもの」を介してなされることを不可避にした。また、映画批評の言説は、日本の内外を問わず、「日本的なもの」との関係性において溝口を捉えてきた。本章は主に英語・フランス語圏における溝口の受容を語ることになるが、私の主眼はまんべんなく「先行研究」を紹介することにはない。溝口の映画は、単に世界で高く評価されたというだけではなく、戦後における映画をめぐる知の二つの大きな流れ——作家主義的映画批評と英語圏を中心としたフィルム・スタディーズ（アカデミックな映画研究）——の形成にとって、欠くべからざる要素として働いた。本章は、「日本的なもの」を常に念頭に置きつつ、この二つの流れと溝口の関係を跡づけ、溝口のプロジェクトと対話させることになる。後段では、『元禄忠臣蔵』の歴史化とテクスト分析をとおして、作家主義が無媒介に普遍性と結びつけ、勃興期のフィルム・スタディーズが主流映画のオルタナティヴとみなした溝口の演出《ミザンセヌ》に、「日本文化」と「映画」双方の通時的・共時的な複数性を活性化させる可能性を見出す。

（28）河上徹太郎、竹内好、他『近代の超克』（冨士房百科文庫、一九七九年）、二二一—二二二ページ（初出は『文學界』一九四二年九月号）。
（29）例えば、溝口健二「国民としての映画作家——再び元禄忠臣蔵に題す」『映画』一九四二年二月号、三〇—三一ページ。

第二節　作家主義と世界映画

一九五八年、いみじくも「こちらから見た溝口」Mizoguchi vu d'ici と題された批評の中で、ジャック・リヴェットは言う。

> だが彼の映画――それは、見知らぬ言語でもって、わたしたちの風俗や慣習とはまったく異質の物語を語る――は実は見慣れた言語でもってわたくしたちに語りかけているのだ。どのような言語か？　シネアストなら、最終的には望まずにはいられないような唯一の言語、すなわち演出《ミザンセヌ》という言語である。現代のアーティストたちがアフリカ人の崇拝する呪物を発見したのは、偶像崇拝主義に改宗したからではなく、そうした奇妙なオブジェが彫刻として彼らの心をとらえたからだ。音楽が普遍的な言語であるとすれば、演出もまたそうであるはずだ。「溝口」を理解するために学ぶべきなのは、日本語ではなく、この言語、演出《ミザンセヌ》という言語である。それは共通言語だが、溝口においては、その純粋さはいままで西洋の映画が例外的にしか到達しえなかったレベルにまで高められている。[30]

一九五〇年代、リヴェット、ジャン＝リュック・ゴダール、エリック・ロメール、リュック・ムレらフランスの『カイエ・デュ・シネマ』誌に集った若きシネフィルたちの熱烈な批評が溝口の世界映画史的な評価を決定したことは疑いない。彼らの溝口批評はすでに翻訳され、的確な解説もつけられているので、[31]ここでは内容の紹介というよりもむしろ新たな視点を提示することにしたい。しかし、「新しい視点」とはリヴェットの普遍言語＝ミザンセヌの賞揚は偽装された（あるいは、かなり剝き出しの）西洋中心主義に他ならないとして告発することではない。少なく見積もっても過去三〇年間、ポスト植民地主義と新歴史主義に学んだ芸術研究は、ここで引き合いに出されている「音楽」とか「彫刻」とかいう概念およびそれに付随する価値判断が「普遍」とはほど遠く、近代西洋の構築物だということを繰り返し述べてきた。このリヴェットのパッセージについても、すでに四方田犬彦が誰かが一度は行わなければならなかった批判を展開している。[32]

こうした批判を繰り返すよりも、私としては、歴史的な視点を導入することで普遍性と日本文化の特殊性を対立させる視点をずらしていきたいと思う。具体的には、一九五〇年代から六〇年代にかけての『カイエ・デュ・シネマ』を中心としたシネフィルたちの作家主義批評を、ようやく到来した「正しい」映画の見方として礼賛するのではなく、歴史的なアヴァンギャルド運動として捉えることで、その形成に際して溝口の「発見」が果たした役割を再考したい。作家主義の「歴史性」については、ジェームズ・ネアモアが明晰な判断を下している。

> 作家主義は、一九五〇年代のパリに起源を持つが、そのころフランスではアメリカ化が進行しており、ペーター・ビュルガーらの論者たちが一九一〇年代と二〇年代の「歴史的」アヴァンギャルドと呼んだものを様々な点で模倣していた。かつてのアヴァンギャルドと同様、作家主義もまた知的な「セーヌ左岸」的オーラを持っており、偶像破壊的でショッキングな価値判断を行い、専門の雑誌(最も名が知れているのが『カイエ・デュ・シネマ』)を通して立場を明らかにし、ポップカルチャーのある側面を奉じてブルジョワ的価値に対する武器として使い、マニフェストを出版した[…]。[33]

(30) Jacques Rivette, "Mizoguchi vu d'ici" *Cahiers du cinéma*, March 1958, 28-32.［ジャック・リヴェット「フランスから見た溝口」谷昌親訳、『ユリイカ』〈特集溝口健二〉一九九二年一〇月号、六四―六五ページ］
(31) 谷昌親「越境者の遭遇――溝口健二と『カイエ・デュ・シネマ』」『ユリイカ』〈特集溝口健二〉(前掲)、一二六―三五ページ。
(32) 四方田犬彦「溝口健二生誕百年に寄せて」四方田犬彦編『映画監督 溝口健二』(新曜社、一九九九年)、八―一〇ページ。
(33) James Naremore, "Authorship," in *A Companion to Film Theory*, ed. Robert Stam and Toby Miller (New York: Blackwell, 1999), 10.

つまり、ゴダールやトリュフォーは文学・哲学・芸術一般にも強い関心を寄せる知識人青年たちであり、「フランス映画のある種の傾向」で「良質」フランス映画に集中砲火を浴びせたトリュフォーは「墓堀人」と呼ばれ[34]、低俗な大衆文化と見なされていたアメリカの犯罪映画を賛美したということだ。

ビュルガーによれば、ダダイズムを典型とするような「歴史的アヴァンギャルド」はブルジョワ社会における制度としての芸術を攻撃する運動である。しかし、「制度としての芸術」を体現する耽美主義、つまり芸術の自律性の賞揚は、まさに近代資本主義社会において芸術の生産と受容が生活から切り離されたことに立脚しており、アヴァンギャルドとその攻撃対象は同一の歴史的条件に支えられていた[35]。さらに言えば、芸術的自律性の賞揚は大衆社会と市場における芸術の物象化・商品化への反動であり、コインの裏側であった。この意味で、アヴァンギャルドはまたロマン主義とも親しい関係にある。佐古節子は言う。「逆説的なことではあるが、大衆から孤立して少数の受け手のみを念頭に置き、貴族主義的な孤立者としての矜持を築きあげようとしたとき、両者〔ロマン主義とアヴァンギャルド〕はともに圧倒的多数派である大衆の存在を前提としていたのである[36]」。流派（エコール）からアヴァンギャルド「運動」を明白に分かつ自己宣伝と顕示欲、自覚と覚醒の物語は、ここに起因する[37]。そう、アヴァンギャルドとしての作家主義とシネフィリアは、都会に住むブルジョワ白人男性のロマン主義的運動として始まった。しかし、だからといってこの運動を弾劾するよりも、それはそれとして歴史化するほうがずっと批評的実りがある[38]。一九五〇年から六〇年代という歴史的なタイミング、映画の芸術としての社会的認知度、フランスにおけるアメリカ文化の位置という要素が相互に作用した結果、作家主義は、ブルジョワ的な既存の映画の伝統を攻撃しつつ映画の芸術としての自律性を高らかに宣言し、ロマン主義的な「作家」の「個性」を崇拝するかに見えて生ぬるい人間主義的価値観に背を向ける、考えようによっては矛盾に満ちた運動になった。その批評的内実を溝口に即して見てみよう。

歴史的アヴァンギャルドとしての作家主義は、偉大な映画作家の作品をその作家の人格とか経験とか人生哲学とか無意識とか何でもいいが、そうしたものと関連づけて論じる映画批評／研究の一般的モードとは峻別されるべきだ。

確かに、溝口健二の人生は彼の映画の筋書きそのままとしかいいようのないドロドロで強烈なエピソードに満ちている。それだけに、プライベートについての物語は映画作家の生前から囁かれており、例えば一九三六年の段階ですでに『キネマ旬報』の批評家たちは、同年に撮られた『浪華悲歌』『祇園の姉妹』の二作を溝口の豊かな女性経験に帰そうと試み、本人にはぐらかされている。(39) しかし、そうした「溝口物語」が声高に語られるようになったのは、やはり一九五六年の溝口の死の後であり、津村秀夫の『溝口健二というおのこ』が先鞭をつけたと思われる。(40) 最も信頼性が高くかつ感動的な溝口の評伝は脚本家・依田義賢の『溝口健二の人と芸術』、というのは衆目の一致するところだと思うが、「暗い情念に衝き動かされる天才芸術家・溝口健二」の肖像は新藤兼人がインタヴュー、評伝、映画、ドラマと様々なメディアを通して定着させたものだ。(41)

だが、助監督に背中の傷を見せて「これでなきゃ女は描けませんよ」と語ったり、(42) ロケーションのために電信柱を

(34) フランソワ・トリュフォー「フランス映画のある種の傾向」山田宏一訳・解説、『ユリイカ』臨時増刊号〈総特集ヌーヴェル・ヴァーグ三〇年〉、一九八九年一二月、八—三〇ページ。
(35) ペーター・ビュルガー『アヴァンギャルドの理論』浅井健二郎訳（ありな書房、一九八七年）、七一—七七ページ。
(36) 佐古節子「解題　アヴァンギャルドとは何か、何だったのか」ニコル・ブルネーズ『映画の前衛とは何か』須藤健太郎訳（現代思潮新社、二〇一二年）、二八七ページ。
(37) 佐古、前掲解題、二九五—二九七ページ。
(38) ネアモアのこのパッセージを引用するデイナ・ポランの優れた作家主義論を参照。Dana Polan, "Auteur Desire" *Screening the Past* no. 12 (March 2001), last accessed Sept. 19, 2012, http://www.latrobe.edu.au/screeningthepast/firstrelease/fr0301/dpfr12a.htm. PDF
(39) 溝口健二、北川冬彦、滋野辰彦、他「溝口健二座談會」『キネマ旬報』一九三七年一月一日号、二五七ページ。
(40) 津村秀夫『溝口健二というおのこ』（実業之日本社、一九五八年）。
(41) 新藤兼人『ある映画監督の生涯』（映人社、一九七五年）、『小説 田中絹代』（読売新聞社、一九八三年）、ドキュメンタリー映画『ある映画監督の生涯——溝口健二の記録』一九七五年、『キヌヨとケンジの愛』NHKスペシャル、一九九七年。
(42) 『雪夫人絵図』『西鶴一代女』にチーフ助監督としてつき、溝口との間に様々な軋轢を経験した内川清一郎は語る。「あの背中を斬られた話、あれは、京都の旅館で溝口さんと一緒に風呂に入った時、後ろに廻ってですねえ、背中洗いましょうか、なんていって、ふっと見たら、背中にさっと一筋刀傷……、思わず手が止ったところで溝口さん、なんですか君、女に斬られたんですよっていうから、えって、びっくりし

切らせたり[43]、骨董の茶碗を撫でながら写真に収まったりして[44]、溝口自身がこうしたイメージの形成に貢献してきたことも否めない。ピーター・バクスターのジョゼフ・フォン・スタンバーグ論に倣い、こうした自己イメージのコントロールを「溝口ギャグ」と呼ぼう。バクスターによると、スタンバーグは、監督した映画作品ばかりではなく服装や身振り・仕草によって自己演出し、姓と名の間に何の根拠もなく「フォン」を入れ、自伝の中の都合の良いエピソードを強調し、モダニスト芸術のコレクションを披露することで、「ヨーロッパの芸術家／審美家」というイメージを入念に作り上げていた[45]。ハリウッドの業界用語で、こうしたイメージ・コントロールを「ギャグ gag」と言う。「ある人物が、ある特徴や仕草・振る舞いを開発し、注意を引くような役割を演じる[46]」という意味だ。溝口がスタンバーグの映画に強く惹かれ、一九三六年にスタンバーグが日本にひょっこり現れると祇園に誘ったというのも、偶然とは思われない[47]。実際、両者の「ギャグ」の間には幾つもの共通点がある。ウィーンと東京のスラムに育った感受性豊かな少年の立身出世譚の中には、芸術に対する深い洞察とキッチュが並存し、偽悪趣味、はにかみ、鉄面皮、純粋さが渾然一体となっているからだ。本書が目ざすのは、しかし、このような「溝口ギャグ」という虚像の彼方に映画作家／人間としての溝口健二の「真実」を突き止めることではない。むしろ、私としては「溝口ギャグ」や伝記的要素が近代的な「「作者」という機能」（ミシェル・フーコー[48]）に支えられていることに留意したい。その上で、「溝口ギャグ」がそれぞれに歴史性をもつ個々の解釈共同体の溝口作品解釈にどのような影響を与えたか常に意識するよう務めようと思う。

ここで強調したいのは、通俗的な作家観に基づく映画批評が「溝口ギャグ」と共犯関係を結び、溝口の映画をその作者の経験の反映／表出として取り扱うのに対し、一九五〇年代フランスの「作家」主義的批評は、逆説的にも、「作者」の零度、「溝口ギャグ」無しの無菌状態の中で、ひたすら「作品」への熱狂だけを糧として繁茂していったことだ。『カイエ・デュ・シネマ』（以下、『カイエ』）を中心としたシネフィルたちが情報収集をいつまでも怠っていたわけではない。映画作家の死から六〇年代を通して、溝口自身の発言が続々とフランス語訳され、溝口組のスタッフに対するアドリアヌ・ムーシュキンの優れたインタヴューも六四年に『カイエ』に掲載されている[49]。極めて興味深いのは、こうして溝口の人柄や日本の映画製作についての知識が増加しても、それが作家主義批評に反映されないという事態である。

てたら、君、こんな事で驚いたらダメですよ、これでなきゃ女は描けませんよって」。新藤、前掲書、三四二ページ。ロバート・ショウとリチャード・ドレイファスが鮫に噛まれた傷を見せ合う『ジョーズ』（一九七五年）の名場面をいつも思い出してしまうのは私だけだろうか。なお、溝口が一九五四年に同棲中の女性に斬られた事件は新聞にも載った。「日活の溝口監督　情婦に斬らる――別れ話から剃刀で　夕食中に大立廻り」『東京朝日新聞』一九二五年六月一日朝刊。よく一緒に入浴した依田義賢によれば、溝口はずっと背中を隠していたが、あるとき「君、女はこわいよ」といって初めて見せたという。依田、前掲書、二五ページ。

（43）溝口初の時代劇『唐人お吉』（一九三〇年）の下田ロケにおいての逸話とされる。スクリプター坂根田鶴子は下田には随行しなかったとことわりつつ、「三〇本は一寸オーバーでしょう（笑）だけど事実まあ少しは切り倒したようですね」と証言する。依田義賢、高木貢一、酒井辰雄、他「座談会　溝口監督を偲んで」『時代映画』一九五六年一〇月号、三五ページ。下田側の叙述については、第二章註100を参照。

（44）岸松雄「溝口健二の藝術」『キネマ旬報』一九五二年四月下旬号、四二ページ

（45）Peter Baxter, *Just Watch!: Sternberg, Paramount and America* (London: BFI, 1993), 85-98.

（46）Henry F. Pringle, "Profiles: All for Art," *New Yorker*, March 28, 1931, 26, quoted from Baxter, 92.

（47）スタンバーグの訪日については、「秋風にのって飄然　スタンバーグ來る」『キネマ旬報』一九三六年九月一日号、四五ページ、同号の牛原虚彦らによる「スタンバーグ来る！」特集、一六三―六六ページ、「日本映畫監督協會とスタンバアグ歓迎の一夜」『キネマ旬報』一九三六年九月一一日号、六二―六三ページ。日本映画監督協会とスタンバーグの会合は東京で開かれ、溝口は出席していないが、その後、京都で会っている。溝口、北川、滋野、他、前掲座談会、二五六ページ。

（48）「作者名は［…］いわばテクスト群の境界を走り、テクスト群を輪郭づけて浮きあがらせ、その稜線を辿って、その存在様態を顕示する、あるいはすくなくともその存在様態を性格づける」。ミシェル・フーコー「作者とは何か？」清水徹訳、フーコー『作者とは何か？』清水徹＋豊崎光一訳（哲学書房、一九九〇年）、三六ページ。

（49）一九五八年にフランス初の本格的な溝口レトロスペクティヴがシネマテークで開催され、溝口の世界が明らかになった。このレトロスペクティヴと期を一にしてリュック・ムレが作成したフィルモグラフィは失われた映画もカヴァーした力作であり、一ページほどの評伝とともに掲載された。Luc Mullet, "Pour contribuer à une filmographie du Kenji Mizoguchi," *Cahiers du cinéma*, March 1958, 37. また、『キネマ旬報』の「自作を語る」の翻訳は、*Cahiers du cinéma*, May 1959 に発表された。一九五〇年の筈見恒夫によるインタヴューは、Kenji Mizoguchi, "Trois inerviews de Mizoguchi," *Cahiers du cinéma*, February 1961, 15-21. ムーシュキンがインタヴューしたのは川口松太郎、高木孝一、水谷浩、田中絹代、辻久一、依田義賢、宮川一夫。Ariane Mouchkine, "Six entretiens," *Cahiers du cinéma*, Aug.-Sept. 1964, 5-28.

フィリップ・ドモンサプロンは、一九五四年というかなり早い時期に書かれた『西鶴一代女』批評の中で、自らとその読者は日本の映画製作トレンドやジャンルに対して完全に無知であることを率直に認めている。さらに、彼らフランスのシネフィルは「[日本の]映画作家たちの人格や偏向を無視し、人間と彼の創造物を繋ぐリンクを情熱的に追求することを諦めるよう強いられて」さえいるのだ。[50] 知識の欠如は、しかし、ドモンサプロンの『西鶴一代女』評価を妨げはしない。それどころか、ピカレスク・ロマンとの親近性をいみじくも指摘した上で、「この映画は最も不幸な出来事を積み重ねつつ、観客に感動を禁じるのである」と、情動的な冷たさと不透明性を讃え、長回しのシステマティックな使用とキャメラの動きはその「リアリズム」にとって中心的役割を果たすと述べている。[51] 後述するアンドレ・バザンの一九五四年の『西鶴一代女』評とともに、ドモンサプロンの批評は、『カイエ』の若いシネフィルたちが溝口の映画の「普遍性」を叫ぶようになる下地を準備するばかりではなく、溝口映画の語りの非ブルジョワ性・非ウェルメイド性を的確に見据えていた。

フランスの作家主義は、ポスト構造主義のいわゆる「作者の死」――作品の意味の最終的な決定者として作者＝創造者という人間を設定するという文芸批評上の考え方の否定――より少々早く始まり、時代的には重複する部分もあるにも拘わらず、一九世紀的作家概念を踏襲していると言われる。しかし、歴史的アヴァンギャルドとしての映画の「作家主義」は、ある作家のすべての映画を愛をこめて鑑賞し、その作品の表層に繰り返し現れる「主題《テーマ》」を作家の徴として見出し、その表層から逆に主体としての「作家」を構築するという運動である。こうした運動と「作家主義」という言葉が日常的／通俗的な文脈で意味する人間主義的評伝＝作家論との違いは歴然としている。この違いが最も先鋭化したのが『カイエ』周辺の溝口批評であった。リュック・ムレが熱狂的な『雨月物語』論の中で掲げた「『雨月物語』は溝口よりも強し」という標語が多くを語っている。[52]

作家主義批評における「主題《テーマ》」とは、誰が見ても――あるいは映画なぞ見なくても――わかるような「問題」（英語で言うところの subject theme、たとえば現代における人間疎外とか）でも、教科書的に明らかな個人の文体《スタイル》上の特徴（例えばエイゼンシュテインのクロースアップとか）でもない。そのため、シネフィル的な作家主義の実践に求められるのは、スクリーン上に生起する音と映像の中にあるモチーフから主題《テーマ》を抽出し、作家の世界観としてそれを内容と形式のあわいにとらえるという、極度に洗練された感受性だと言える。作家主義の見本を一つ挙げるなら、やはりエリック・ロメールとクロード・シャブロルが一九五七年に書いたアルフレッド・ヒッチコック論だろう。例えば、彼らは『疑惑の影』（一九四三年）に道徳的な「交換」と「分身」（ジョゼフ・コットンとテレサ・ライトの叔父・姪）の主題《テーマ》を見出し、他の作品でも変奏される作家の徴として指摘する。さらに、「分身」と関連して、フランソワ・トリュフォーによる数字の「2」という主題《テーマ》をめぐる映画としての『疑惑の影』分析も紹介している。[53]彼らの分析は叔父と姪を捉えるショットの類似性を照明や構図に言及して指摘し、トラッキングショットの使用などにも繊細な関心を払っているが、単なる形式分析には留まらず、かといって画面から離れて例えば悪の可能性というような「問題 subject theme」について抽象的な議論を展開するわけではない。

それでは、作家主義批評は溝口の作品群にいかなる主題《テーマ》を見出したのか。少なくとも一九六〇年代までの批評に限ってみると、ヒッチコックの場合に匹敵するような明確なテーマの析出を認めることは難しい。ここで再び「普遍性」と「文化」の問題が忍び寄ってくる。

その名も「才能の普遍性 Universalité du génie」と題された『近松物語』（一九五四年）評の中で、ロメールもまた普遍性において映画を音楽に擬える。だが、ロメールは映画芸術がいかに「普遍性」を獲得しづらいかについても発言している。

(50) Philippe Demonsablon, "Qui naquit a Newgate...," *Cahiers du cinéma*, March 1954, 57.
(51) Demonsablon, "Qui naquit a Newgate...," 58-60.
(52) Luc Moullet, "Les Contes de la lune vague," *Cahiers du cinéma*, May 1959, 22.
(53) エリック・ロメール、クロード・シャブロル『ヒッチコック』木村建哉・小河原あや訳（インスクリプト、二〇一五年）、八六―八九ページ。

> […] 古代のものはともかく、現代のものでさえ、極東の生活様式は、わたしたちの生活様式に較べると、絵になりにくいということである。その点に関して、おまえは何を知っているんだ、という反論が聞こえてきそうだ。わたしが知っているのは、映画は身振りの芸術であり、すべての身振りがスクリーンで「通用する」わけではない、ちょうど、どの言語もマイクでの通りがいいわけではないように、ということだ[54]。

音楽のような「普遍性」と身振りの芸術としての特殊性。この相反するかに思われる二要素を、ロメールは以下の見事なパッセージの中に統合する。

> お辞儀だとか跪く仕種だとか伏し目がちの視線だとかは、他の監督の場合ならたんなる地方色の域を出ないものだが、彼にはそれらを映画の進行のリズムに合わせて折り込んでいく才能が恵まれているので、なぜそうしたものが必要なのかを解説してもらわなくても、わたしたちにもそうした仕種の必要が納得できるのだ。恋していることを認めようとしない男にたいして女が自分の気持を告白し、ふたりが居心地の悪そうな小舟のなかで情熱的に抱き合うと、小舟が向きを換え、湖の穏やかな水面の上をゆっくりと漂いだす。こうしたショットにはムルナウ――ただし、もっと大胆なレイアウトの仕方になるだろうが――のサインが入っていたとしてもおかしくはない[55]。

ここで私が指摘したいのは、何だ、やっぱりF・W・ムルナウという西洋人を評価の基準にしているではないか、ということではない。ロメールが俳優の所作や事物の運動そのものの文化的特殊性を越えて、それらを時空間の中に組織して行くさまを注視し詳細に描写している点だ。こうした運動の組織化を、作家主義の批評家たちは演出《ミザンセヌ》（mise en scène）と呼んだ。

序章第六節でも述べたように、演出《ミザンセヌ》は演劇からきた言葉（フランス語で「シーンに設置する」意）であり、現在、映画学の用語としては、フレーム内に生起するすべて、すなわち、スタジオ撮影・ロケーションの違いを問わず、俳優、小道具などを舞台装置と照明の中でキャメラに対して配置し動かすことを指す。逆に言えば、「スクリーン上の映画すべて」から編集、光学処理などポストプロダクションの効果を排除した概念と考えてよいだろう。その名も「演出《ミザンセヌ》とは何か」と題された『雨月物語』評の中で、映画批評家で監督のアレクサンドル・アストリュックは、「『雨月物語』は、映写開始五分そこそこで演出《ミザンセヌ》の意味を明らかにする——少なくとも幾らかの人々に対しては。演出《ミザンセヌ》とは、魂の昂ぶりを身体の運動へと拡張するある種の方法。歌であり、リズムであり、ダンスだ」と言う。[56] この発言は、アストリュックの名高い作家主義宣言「新しいアヴァンギャルドの誕生——キャメラ＝万年筆」（一九四八年）と併せて読むとき、一見して思うほど曖昧ではない。演出《ミザンセヌ》とは画面上における身体と環境との具体的関わりであり、作家の世界観はそれを通じて表現されるのだ。[57] だが、アストリュックの溝口論の中に溝口の世界観の内実の考察を見いだすことはできない。「少なくとも幾らかの人々に対しては」というフレーズに集約されているとおり、ここでは、排他的なアヴァンギャルド運動の論理に従い、「わかる者にはわかる」という感性の共同体の成立が前提とされている。

アヴァンギャルドの実践であればこそ、溝口についての作家主義批評は、演出《ミザンセヌ》あるいはそれに伴いがちな長回しや

（54）Eric Rohmer, "Universalité du génie," *Cahiers du cinéma*, July 1957, 46.［エリック・ロメール「才能の普遍性」谷昌親訳、『ユリイカ』〈特集溝口健二〉（前掲）、六一ページ］

（55）Rohmer, "Universalité," 47-48.［ロメール、前掲記事、六二ページ］

（56）Alexandre Astruc, *Du stylo à la caméra... et de la caméra au stylo: ecrts, 1942-1984* (Paris: L'Archipel, 1992), 385. "Qu'est-ce que la mise en scène?" の初出は『カイエ』、一九五九年。

（57）このマニフェストのなかでアストリュックは、現代映画において、「すべての思考は、すべての感情と同様に、ある人間存在ともう一つの人間存在あるいはその環境の一部である事物との関係である。映画が思考を表現する場となることができるのは、このような関係を明瞭に示し、触知しうる痕跡を描くことによってなのだ」と述べている。Astruc, *Du stylo à la caméra*, 326-27.

移動撮影のような明確な形式的特徴を美的判断の基準とした芸術批評の流派《エコール》にはなりえない。例えばゴダールの優れた『雨月物語』評は、朽木屋敷で若狭（京マチ子）と源十郎（森雅之）が湯浴みをする岩風呂から流れ出る水を移動撮影で追い、そこにオーヴァーラップで別のせせらぎが重なり、上昇するキャメラが野で戯れる二人を捉えるさまを活写し、「異なる画面を接合し、それによってある感情――ここでは快楽と歳月という非常にプルースト的な感情――を生みだすことができるのは、映画の巨匠と呼ばれる人びとだけである」と結んでいる(58)。ここでゴダールをとらえているのは――その後の自らの映画での実践をも想起させ、実に興味深いが――演出《ミザンセヌ》というよりは編集、更に言えばディゾルヴの問題である。こうした意味で、『カイエ』やイギリスのMovie誌などの作家主義批評の画面に対する鋭い感受性を評価しつつも、彼らにとって「文体（style）は主題的な意味を伝える道具と化してしまい、美学的な連続性や変容の広範なパターンから引き離された(59)」と断じるデイヴィッド・ボードウェルの気持ちもわからないではない。つまり、ミディアムの存在論に基づき映画形式の歴史を壮大なヴィジョンをもって展開するバザンの「理論」が、単なる趣味や、映画に内在しない主義主張の問題へと縮小してしまったというわけだ。

溝口と作家主義の関わりというと、一九五〇年代に『カイエ』誌と『ポジティフ』誌の間に展開されたいわゆる「溝口／黒澤論争」が挙げられがちだ(60)。だが、ここで私たちが注目すべきなのは、黒澤明と溝口のどちらが優れた監督かということではない。これまで見てきたとおり、彼らの議論の中でエキゾチシズムが問題になりつつ、溝口を支持した『カイエ』側が、一見より「日本的」あるいは「東洋的」にみえる溝口の「演出《ミザンセヌ》」による普遍性を訴える論を張ったことが重要だ。

作家主義が溝口を「発見」しただけではなく、溝口の存在が、五〇年代半ばからのこの批評的地平の成立の過程で決定的な役割を果たしたと私は考える。すなわち、たとえばニコラス・レイがハリウッドのベルトコンベア・システムの中にありながら演出《ミザンセヌ》を通して作家たりえているのと同じように、溝口は未知のエキゾチックな文化と言語の中で映画を撮っているにも拘わらず、演出《ミザンセヌ》によって作家として認識されるに至ったのだ。いうまでもなく、溝口が日本の撮影所システムの中で仕事をしたということは彼の作品の評価を高めるばかりだ。ゴダールは嬉々として「彼は、ブレッソンのような監督では二年もかかってやっと仕上げるような作品を、三ヶ月で何本も撮ることができるからだ。しかも溝口なら、それを完璧な作品に仕上げてしまうだろう」と述べている。(61) 日本という特殊性が普遍性へと通じているのではない。(62)『カイエ』の批評家たちが繰り返し主張するのは、演出《ミザンセヌ》が言語・風俗・歴史・社会といった特殊な要素を一気に排除することを可能にするということであり、ブルーノ・タウトが伊勢神宮をいきなりギリシャのアクロポリスに例えたようなものだ。こうした意味で、フランスの作家主義批評のスタンスは、同時代に英語圏のドナルド・リチーやジョゼフ・L・アンダーソンが溝口を含む日本映画について展開した、日本文化の特殊性を通して人間としての普遍性へと至るという主張とは真逆である。(63)

しかし、高い日本語力と文化理解を誇ったリチーやアンダーソンと較べるとき、フランスの作家主義者たちが溝口作品の理解には日本語や日本文化の知識は必要ないと声高に叫んだ背景には、やはり己の無知に対する不安が感じられる。とりわけ一九五〇年代後半、フランスの映画文化は、狡猾な日本の映画産業が専らヨーロッパと北米の市場を

(58) Jean-Luc Godard, "Sur la retrospective Mizoguchi à la Cinémathèque française," *Arts*, 5 Feb. 1958, 8.［J－L・ゴダール「簡潔さのテクニック」保苅瑞穂訳、『ユリイカ』〈特集溝口健二〉（前掲）、五九ページ］

(59) David Bordwell, *On the History of Film Style* (Cambridge, MA: Harvard University Press, 1997), 81.

(60) ムレの黒澤攻撃とそれを諌めるバザンの『生きる』評は *Cahiers du Cinéma (the 1950s): Neo-Realism, Hollywood, New Wave*, ed. Jim Hillier (Cambridge, M.A.: Harvard University Press, 1985), 260-63 に収められ、リヴェットの「こちらから見た溝口」もその文脈で紹介されている。

(61) Godard, "Sur la retrospective Mizoguchi."［前掲「簡潔さのテクニック」、五六ページ］

(62) デモンサブロンは『西鶴一代女』が描く社会について何の知識も持ち合わせていないので、それを再構成するという務めから逃れられてほんとうに幸運だと言う。「なぜなら、言うまでもないことだが、集団的なるものは常に特殊に留まり、個こそが普遍的だからだ」(Demonsablon, "Qui naquit a Newgate...," 57-58)。リュック・ムレもまた『雨月物語』は文明という枠組みを完全に超越していると叫ぶ (Mullet, "Les Contes de la lune vague," 22)。

(63) リチーとアンダーソンについては、Mitsuhiro Yoshimoto, *Kurosawa: Film Studies and Japanese Cinema* (Durham: Duke University Press, 2000), 10.

ターゲットにエキゾチックな時代劇を特注して売りつけているのではないか、という疑惑の念に囚われていた。[64] 映画蛮王《フィルム・モガル》・永田雅一の悪名が疑念を助長したのはいうまでもない。[65] こうした疑念を疑心暗鬼と切って捨てるのは易しいが（例えばリヴェットが言及している『七人の侍』は、輸出専用どころか国内でも邦画第三位の興行成績を上げた大ヒット作である）、本章の後半で触れるように、全くの事実無根とは言えなかった。しかし、真偽はあまり問題ではない。そもそも作家主義者の溝口作品に対する愛は虚偽に満ちたエキゾチックな「宿命の女《ファム・ファタル》」に対する「狂気の愛《アムール・フー》」であり、彼らはそんな愛に命を賭す自分にいささか酔ってもいるわけだから。

それにも拘わらず、私は作家主義批評と溝口作品の遭遇はやはり僥倖と呼ぶしかないと思う。どんなに西欧中心主義的で、ホモソーシャルで、ロマン主義的で、異文化に対する無知に胡座をかいた傲慢さが鼻につこうとも、フランスの作家主義者たちは溝口の映画を深く「ゲット」した――直観的に、無媒介に、垂直に。とはいえ、この邂逅を神秘化するにはあたらない。ネアモアの作家主義批評の傾向分析がヒントを与えてくれる。

> 『カイエ』に映画批評を書く者であれば［…］「名作」を翻案したウェルメイドな文芸映画、中でもとりわけ「芸術」に対してソツなくミドルブラウな態度を示すものを嫌い、『拳銃魔』『忘れじの面影』『めまい』などの映画に見られる「狂気の愛」に疑似シュールレアリスト的な情熱を注ぎ、『戦場にかける橋』のような「重要な問題」を扱った「大作」よりも『キッスで殺せ』のような低予算のフィルム・ノワールを好んだ。[66]

一九五〇年代の溝口は日本文学の「名作」を原作とした「大作」を撮ったが、『近松物語』は『拳銃魔』（ジョゼフ・L・ルイス監督、一九四九年）と同じぐらい唐突で非心理的な「狂気の愛」の物語だし、『西鶴一代女』は、客受けするウェルメイド性から乖離した商業映画として『歴史は女で作られる』（マックス・オフュルス監督、一九五五年）と同程度に過激である。溝口の映画は暴力的にローブラウか崇高にハイブラウかのどちらかで、心地よくミドルブラウに落ち着いたためしがない。あれだけの予算と技術をつぎ込んで、あんなに荒々しく、瑞々しく、ときに破綻した映画を作りえた溝口健二は、深く非ブルジョワ的な映画作家であり、作家主義批評と溝口の邂逅は新旧のアヴァンギャルド美学が相照らすという意味で歴史的な僥倖であった。

この邂逅をより広範な映画史的・世界史的文脈に位置づけるため、ヌーヴェル・ヴァーグ／作家主義批評の理論的父と言われる批評家アンドレ・バザンの溝口論を補助線として導入したい。バザンといえばオーソン・ウェルズやジャン・ルノワールに代表される長回しと縦の構図の美学を賞揚したことで知られ、いかにも相性が良さそうな溝口について何と言ったのか、というのは、一度は問われるべき問いであった。だが、それ以上に重要なのは、血気にはやる『カイエ』の同僚たちと較べるとヒューマニズムや文化の特殊性に対しても歩み寄りつつ、にも拘わらず、バザンが溝口をその映画の「現代性」において評価している点だ。

まず、一九五四年に書かれたバザンの「『西鶴一代女』論」が、この映画の語りをイタリアのネオレアリズモや叙事詩に比していることを確認しよう。映画の梗概に続き、バザンは言う。

(64)　ロメールは「結局、映画祭で紹介された作品は、もしかしたら輸出用に特別につくられたものではないのだろうか」と言い（『ユリイカ』〈特集溝口健二〉（前掲）、六〇ページ）、リヴェットも黒澤の時代劇の演技は「輸出用に特別に導入されたものではないか」と疑っている（『ユリイカ』〈特集溝口健二〉（前掲）、六五ページ）。

(65)　永田は一九五五年四月一七日の『日本経済新聞』に掲載された画家・長谷川春子との対談において、「ぼくはパリは大きらいだ。フランス人は真心がなく、舌三寸で世界を牛耳ってやろうという気持をもっている」、「第一フランス人は働かぬ。なまけ者だよ」などと述べた。四月末、こうした発言をカンヌ国際映画祭委員会が「反フランス的」として問題視し、開催中であった同映画祭に出品されていた『近松物語』と『千姫』（木村恵吾、大映、一九五四年）を審査対象から外す方針を表明した。「〝永田ラッパ〟が禍」『朝日新聞』一九五五年四月三〇日夕刊。結局、この失言騒動は永田の発言撤回によって解決をみた。「〝永田失言〟解決」『朝日新聞』一九五五年五月四日夕刊。しかし、依田義賢はこの騒動によって『近松物語』はカンヌでの受賞を逃したのではないかと考えている。依田、前掲書、二九二ページ。

(66)　Naremore, “Authorship,” 12.

実のところ、この不幸な出来事の連続は、本質的な変更なしに、二倍に引き延ばすことも半分に縮めることもできるに違いない。ラプソディ的語りは劇的発展というものに無頓着だ。たしかに省略がほどこされていることもあるのだが、細部とその時間を犠牲にすることがない。この劇的「テンポ」の不在は最初はたしかに困惑をもたらすが、意欲ある観客はすぐさま、これが未知の、このうえない快楽の条件だと悟るだろう。(67)

ここではデモンサプロンがほぼ同時期に示したピカレスク・ロマンとの類比が共有され、映画史的な広がりを与えられている。「ラプソディ的語り le récit rhapsodique」という概念は、バザンのネオレアリズモ論の根幹をなす考えに極めて近い。ロッセリーニの『戦火のかなた』の語りについて述べた名高いパッセージを引用しよう。

ロッセリーニの技法にももちろん、出来事［faits］が連続して起きていることを理解させるところはある。しかし、それらの出来事は、歯車とチェーンのようにひとつひとつが噛み合っているわけではない。川を渡るために、人が岩から岩へと飛び移っていくように、観客の清新は、事実［fait］から事実へと飛んでいかなければならない。ふたつの岩のどちらに飛び移ろうか迷って足が止まることもあれば、岩がないこともあるし、岩のどれかで足を滑らせることもある。観客の精神はそのように働くのである。(68)

つまり、因果性による縛りが極めて緩い語りの構造が、偶発性と断続性によって特徴付けられる特異な観客性を生むということだ。このように因果性――チェーンの噛み合い――が弛緩し、緊密な劇的発展が阻まれていればこそ、叙事詩の「ラプソディ的語り」はある意味で伸縮自在なのだ。(69)

バザンにおいて、このような断続的な語りを簡潔さや余韻に繋《つな》がる「省略」の美学と明確に切り離して評価するのは、『ウンベルト・D』（ヴィットリオ・デ・シーカ監督、一九五二年）への賛辞の中に見いだされる方向性だ。たしかに

『西鶴一代女』では、悲惨なシークェンスが驚くほどあっさりと終わってゆくかと思えば、物語内容からすればほとんど重要性のない細部に画面の持続が惜しげもなく割かれている。例えば、門付に身を落としたお春（田中絹代）が大名の家に残した息子のものとおぼしき駕籠を見送った後、荒れ果てた門の下で寒さに凍えてうずくまるさまをとらえるフルショットの長回しをみよ。バザンは、『ウンベルト・D』で女中マリアが朝起きてコーヒーを挽くシーンを語ったのと同様に[70]、この映画の非経済性と持続の物質性を絶賛していると取ってよい。これら二つのシークェンスがともに女性の「妊娠」「産」に関わるということは、第七章で詳述する。ここでは、バザンは明らかに『西鶴一代女』をネオレアリズモと同じ基準で見ているということを確認しよう。

また、バザンは、自らの映画美学史のもうひとつの軸、縦の構図とリアリズムに沿って、「映像は、造形的な耽美主義や絵画性という過失をおかすことなく、この［溝口／日本映画の、引用者］世界の形式によって自然と秩序だてられているようにみえる」と述べたうえで、前景で始まったアクションが、フィックスのロングショットの中で後景へ展開していくというタイプの縦の構図の存在を指摘している。「造形的な耽美主義 esthétisme plastique」と「絵画性 pictu-

(67) André Bazin, "La vie d'O'haru," *L'Observateur d'aujourd'hui*, Feb. 11, 1954, 22.

(68) André Bazin, *Qu'est-ce que le cinéma?* 2nd ed. (Paris: Les Éditions du Cerf), 279-80.［アンドレ・バザン『映画とは何か（下）』野崎歓、大原宣久、谷本道昭訳（岩波文庫、二〇一五年）、一一二―一一三ページ］

(69) これを実行したのが新東宝と言うこともできるだろう。溝口の死後の一九五八年三月、新東宝はこの映画を短縮して『花ごよみ　女一代』と改題のうえリリースし、当時日本監督協会理事長で溝口の親友だった小津安二郎を激怒させた。田中眞澄編『小津安二郎戦後語録集成』、（フィルムアート社、一九八九年）、三一六ページ。ちなみに、ここでの「叙事詩」はブレヒトの名に帰せられるべきではない。フランスにおける本格的なブレヒト受容は、ベルリナー・アンサンブルによる『肝っ玉おっ母とその子供たち』がパリ国際演劇祭で上演され最優秀賞を受賞した一九五四年六月に始まる、というのが定説だ。Peter Thomson, *Brecht: Mother Courage and her Children* (Cambridge: Cambridge University Press, 1997), 137-39. むしろ、非ブルジョワ的な歴史的ジャンルによって現在の実践を活性化するアヴァンギャルド的批評的言説が沸点に達そうとしていたパリに、溝口もブレヒトも投げ入れられたと考えるのが妥当だろう。

(70) Bazin, *Qu'est-ce que le cinéma?*, 333.［アンドレ・バザン『映画とは何か（下）』、二〇七―二一〇ページ］

ralité」はともに、バザンの画期的な論文「映画言語の進化」の中で、後期サイレント映画を特徴づける「視覚的なもの」として、リアリズムの系譜学に対立され、否定的に扱われている概念だ。[71]

一方、バザンは、『西鶴一代女』を日本文化と伝統芸能に関連づけて解釈しようとする点で『カイエ』の若き同僚たちと明白に異なる。『西鶴一代女』と『羅生門』との間に演技の形式における共通点を見いだしつつ、この形式は、西洋の映画とは違って、伝統演劇の表現力に直接に負っていると述べる。ここでバザンは、日本映画を見ると即座に歌舞伎だ能だと口走る手合いに加わっているのかもしれない。ライアン・クックの調査によれば、バザンは日本の文明と映画の関係を喩え、同じ地質的・化学的環境から生まれた塩の結晶とその破片と呼んでいる。[72] この極めてバザン的な美しい比喩ほど、「文化本質主義」を簡潔に説明する言葉はあるまい。しかし、バザンの『西鶴一代女』の演技論は、「この形式において最もめざましい奇跡は、慣習の強制力によって、生気あるリアリズムが生成していることだ」と続く。フランスのロベール・ブレッソンの『田舎司祭の日記』（一九五〇年）の生硬な演技から生まれるリアリズムを指摘したのと同じ原理に基づいているのではないか。[73]

さらに興味深いのは、『西鶴一代女』においてバザンを最も当惑させたのは田中絹代だったということだ。「しかし、少なくとも私たちの目に最も大胆と映った慣習は、一八歳から五〇歳までを演じる映画の中で、ヒロインの容姿外観に変更を加えるのを潔しとしないということだろう。マダム田中絹代は、四八から五〇ぐらいに見える女優であり、実年齢もそのぐらいに違いない。彼女はあまり美しくない！」。映画撮影時に田中絹代は四〇そこそこだったわけだが、この失礼な発言が溝口・田中映画の最も倒錯的かつ魅力的な側面——普通の意味での身体性の徹底的な無視あるいは破壊——を射抜いていると言ったら、持ち上げ過ぎだろうか。だが、バザンは『ジャン・ルノワール』の中でルノワールにおけるミスキャストの馥郁たる効果について語っているのだから、十分ありえることだ。[74] バザンの当惑は、「異文化交流」モードの初期段階に、文化と身体を包摂する映画において作家の特異性と文化的特殊性を識別する際につきまとう困難を示唆しつつも、異なるジャンルあるいは伝統に徹底して従属することで逆説的にも現代性を発揮する新しい映画の可能性へと開かれている。

バザンの批評は、溝口を戦後「現代映画《シネマ・モデルヌ》」のパラダイムにおいてとらえることで、ゴダール、ロメールらの溝口評価に指標を与えた。溝口は日本の文脈でも少なくとも一九三六年の『浪華悲歌』『祇園の姉妹』以降は「リアリズム」の作家とみられていたが、それは主に社会問題を美化せずに見せるという話であって、バザンや作家主義者のように美学的枠組みから溝口健二の作品世界の奇妙な肌触りを分節化した言説はなかった。逆に言えば、映画批評の自律性と普遍性の確立にとって、その作品世界の「発見」は欠くべからざる要件だったのだ。また、黒澤でもなく、小津でもなく、溝口が決定的な重要性を帯びたのは、前近代的な芸術形式を引用するアヴァンギャルド的な破綻への志向と歴史化への意志によるだろう。

第三節　政治的モダニズムと日本映画

アメリカ出身でフランス在住の映画研究者ノエル・バーチの『遥かなる観察者へ』*To the Distant Observer*（フランス語版一九七六年、英語版七九年）は、圧倒的に美しく、決定的な影響力を今日に至るまで行使し、無数のイデオロギーおよび事実認識の上での問題点をはらみ、数えきれない論争を引き起こし、ついには著者によって言わば捨て子にされた

（71）Ibid., 64-66.［アンドレ・バザン『映画とは何か（上）』野崎歓、大原宣久、谷本道昭訳（岩波文庫、二〇一五年）、一〇四―〇九ページ］
（72）Ryan Cook, "Japanese Lessons: Bazin's Cinematic Cosmopolitanism," in *Opening Bazin: Postwar Film Theory and Its Afterlife*, ed. Dudley Andrew and Hervé Joubert-Laurencin (New York: Oxford University Press, 2011), 331.
（73）Bazin, *Qu'est-ce que le cinéma?*, 115-16.［バザン『映画とは何か（上）』、一九一―九四ページ］
（74）アンドレ・バザン『ジャン・ルノワール』奥村昭夫訳（フィルムアート社、一九八〇年）、八七ページ。

のだから、「呪われた書物」と形容しても言い過ぎではないだろう。[75] 日本の映画研究と批評にとっては、いくら無数の勘違いも書き連ねられているからといって、この見事な書物の一部しか翻訳されていないのは不幸なことだった。[76]

『遥かなる観察者へ』は、バーチが一九七〇年代に日本を訪れ、通訳／翻訳を介しつつ、東京国立近代美術館フィルムセンターやマツダ映画社で日本映画のアーカイヴァル・プリントを集中して見た経験に基づいている。ここで辛いのは、バーチが、『記号の国』におけるロラン・バルトのふざけた枠組みをもっと大掛りな企画に大まじめで導入してしまったことだ。『記号の国』のバルトは、合計三ヶ月ほどの日本旅行に基づいて、意味という病に取り憑かれた西洋近代に対し、記号表現《シニフィアン》が戯れる領域としての日本を徹底的な虚構として構築している。バーチは、日本映画（ことに戦前）を物語内容や登場人物の心理などの意味に回収されないシニフィアンの戯れとみなし、ハリウッド映画に代表される西欧ブルジョワ的表象制度に抗する前衛的な映画だと考える。ここでとりわけ問題なのは、日本映画のラディカルな反意味性をほぼすべて「日本文化」に帰してしまうところだ。

多くの論者が指摘するとおり、『万葉集』から弁士までごったまぜにした非歴史的かつ恒常的な「日本文化」の存在こそが虚構なはずである。また、溝口の俯瞰の長回しを絵巻物、小津安二郎がシークェンスの移行に使う静物ショットを枕詞に例えるのはご愛嬌だが、映画と過去の芸術形式の間の関係が無媒介なものとされてしまっているのは深刻な問題だろう。つまり、例えば、溝口が自らの映画を「絵巻物」に例えるにあたって、どのよう歴史的文脈、同時代の思想やトレンドが背景にあったか[77]、という問いがまったく考慮されず、日本人だから「日本文化」と無媒介に交感していたに違いないということになる。後述するように、「近代の超克」会議に集ったイデオローグたちはバーチへの共感に胸を震わせたに違いない。

一方で、魅力的だがどうにも歴史的事実とかけ離れているテーゼもいくつもある。『記号の国』の文楽についてのパッセージに倣って、日本のサイレント映画では弁士が独立したパフォーマンスとして機能しつつも物語内容を伝達したため、映像は「物語る」必要性から解放され、実験的になりえたという（75-86）。話としては面白いが、力強くも通俗的に観客を映画に引き込む弁士の現実とは相容れない。また、ファシズムと戦争によって西洋の影響から隔離された時代に日本映画史の頂点を見いだそうとしているものの、アメリカ映画の輸入が禁止され、かつ、映画産業が活力を保っていたのはほんの二、三年にすぎず、それを江戸時代に比べるのは無理というものだ。

こうした問題点は確かに認識した上で、しかし、バーチが事実上単独で一九三〇年代日本映画を「発見」してしまったことには瞠目すべきだ。もちろん、三〇年代が最初の「黄金時代」だったことは、主にドナルド・リチーとJ・L・アンダーソンの本『日本映画』を通じて海外でも知られていたし、三〇年代を生きた映画人や批評家も七〇年代日本に健在だった。しかし、バーチ以外の誰も、清水宏の延々と続く移動撮影（chap. 21）や石田民三の非ハリウッド的デクパージュ（chap. 19）に着目し、それをああまで活き活きと描写しはしなかった。巨匠としての地位が確立されていた溝口に関する章にも、『滝の白糸』を長回しとモンタージュの二つの文体《スタイル》が併存する瑞々しい転換期の映画としてとらえ（217-18）、『折鶴お千』におけるフラッシュバックと長回しの実験を高く評価しつつ、ドイツ表現主義的なラストシーンを「宝石のよう」と愛でるなど（223）、的確かつ清新な洞察がちりばめられている。『残菊物語』で五代目菊五郎（河原崎権十郎）が菊之助（花柳章太郎）を勘当する長回しのシークェンスで、五代目が煙草盆に煙管を打ち付ける画面外の音を讃える（232）というような繊細な感受性を備えた映画学者は、バーチ以外にそうそういるものではない。

(75)　そうした事情で、Noël Burch, *To the Distant Observer: Form and Meaning in the Japanese Cinema* (Berkeley: University of California Press, 1979) は絶版のままだったが、現在はミシガン大学日本研究センターのウェブサイトで公開されている（ダウンロード無料）。なお、本書ではこの文献への引用はすべて電子版に依り、ページは本文中に括弧で示して註は割愛する。http://www.umich.edu/~iinet/cjs/publications/cjsfaculty/filmburch.html

(76)　溝口の『元禄忠臣蔵』の分析が、板倉史明と加藤幹郎によって京都映画祭実行委員会編『時代劇映画とはなにか』（人文書院、一九九七年）、二二九―三六ページに翻訳された。また、『遙かなる観察者へ』の理論的核心部分となる同名の論文（*October* 1 no. 1, (Spring 1976): 32-46）は御園生涼子と北野圭介による翻訳が『思想』二〇一一年四月号、一一四―三五ページに掲載された。なお、ハリー・ハルトゥーニアンのウェブサイト版序文「東への迂回」も畑あゆみ・北野圭介によって同号一三六―五六ページに翻訳されている。

(77)　第八章で述べるように、一九三〇年代から、寺田寅彦や今村太平のような著名な学者・批評家が映画と絵巻物を比較していた。

『遥かなる観察者へ』は溝口に小津と並ぶ重要な位置を与えている。バーチは溝口にとっての三〇年代を西洋＝ハリウッドの規範から乖離する進化の過程としてとらえ、溝口のロングショットと長回しは、観客の感情移入を阻止し、映画のテクニックと仕掛けそれ自体を否応なく意識させると主張する。「溝口のこれから〔『折鶴お千』以降の〕十年間の行程は、西洋的表象制度とその劇的機能主義を進歩的に放棄してゆく過程として特徴づけられる」(219)。この視点からみると、溝口映画の頂点は形式化の極北を示す『残菊物語』と『元禄忠臣蔵』に違いなく、戦後は、四七年の『女優須磨子の恋』(興味深いことにキャメラマン三木滋人の最後の溝口作品)を最後の傑作として下降線をたどることになる。バーチは『西鶴一代女』をはじめとした五〇年代の作品の妙なる優美さを認めたうえで、その中に「長回しの美学、その組み立てと構図に完全に入れあげているさま」を見て取る。こうした美への耽溺のため、「ショットの切れ目などあたかも存在しないかのようだ。個々のカットは、いうなればヴィスコンティの『山猫』のように、おざなりに「頁をめくっている」ような印象を与える」(244)。

今日振り返ってみると、バーチの美的価値判断は、アメリカの映画学者デイヴィッド・ロドウィックのいうところの一九七〇年代的「政治的モダニズム」をあまりに強烈に体現している。[78]だから、この歴史的言説を参照しないと、例えばどうして「滑らかなショット繋ぎ」が悪玉なのかなかなか理解できない。ロドウィックは、ルイ・アルチュセール、ジャック・ラカン、テル・ケル派などのフランスのいわゆる「現代思想」を応用した七〇年代映画理論のイデオロギー批判を、一貫した言説のパラダイム「政治的モダニズム」として見事にまとめている。[79]政治的モダニズムは、断片化、自己言及性、媒体の物質性の露呈、などによって特徴づけられる前衛的な芸術形式を通じて、西欧のブルジョワ近代的表象制度を転覆しようとする。中でもとりわけバーチはフォーマリズムを標榜し画面を注視したのだが、そうであればこそ、様々な映画形式を悪玉＝古典的ハリウッド映画に代表される主流リアリスト映画(IMR, the "Institutional Mode of Representation")と善玉＝モダニスト映画とに二分する教条主義的な側面も否めない。ここから、ジャンプカットのような「断絶」「亀裂」「ずれ」を生む技法は善玉とされ、「滑らか」なのは欠如や仕掛けを隠蔽するだまし絵の手口として糾弾されることになる。こうしてバーチによって「モダニスト技法のアーカイヴ」[80]として発見されたのはまず初期映画であり、映画史は、プロレタリアートを観客層とした荒々しい初期映画がブルジョワ的なリアリストのウェルメイドな映画によって簒奪されて行く軌跡として語られることになる。[81]こうした善玉と悪玉の対決が通時性ではなく共時性において語られ、地図上に投影されたのが、バーチの日本映画史であった。

ここで私がまず主張したいのは、西洋＝近代＝ブルジョワ的表象制度の他者たる日本映画の「発見」は、政治的モダニズムの自己形成にとって必要不可欠な段階であり、恣意的な出来事ではないということだ。「日本映画」が西洋の前衛のパラダイスとして外部からの視線によって構成されたというばかりでは十分ではない。作家主義の場合と同様に、日本映画という他者、オルタナティヴの存在自体が映画における政治的モダニズムの成立にとって決定的な役割を果たした。映画における西洋ブルジョワ近代の表象制度の最も鮮やかな解説が読みたければ、日本映画に興味があろうとなかろうと『遙かなる観察者へ』を繙け、と言われるのも当然だ。コードとその転倒（バーチは「脱構築」と呼ぶ）、あるいは構造とその「外部」を基盤とする言説では、「逆説的にも、モダニスト・テクストにおける転倒あるいは

（78）　D. N. Rodowick, *The Crisis of Political Modernism: Criticism and Ideology in Contemporary Film Theory*, 2nd ed. (Berkeley: University of California, 1994). 概観としては第二版への序文（vii-xxix）がわかりやすい。
（79）　具体的には、ロラン・バルトとテル・ケル派の「意味」と「過剰」あるいは構造とその外部の対立の論理、ジャン・ナルボニ、ジャン＝ルイ・コモリ、ジャン・ボードリら一九六八年後の『カイエ・デュ・シネマ』の批評家たちによる、映画を観客を主体として召喚するイデオロギー装置とみなす議論、ローラ・マルヴィ、スティーヴン・ヒース、ピーター・ウォーレンらイギリスの『スクリーン』派の主流映画・家父長制批判など。岩本憲児ら編『「新」映画理論集成2／知覚・表象・読解』（フィルムアート社、一九九九年）に主要論文が翻訳されている。マルヴィ論文は、岩本憲児ら編『「新」映画理論集成1／歴史・人種・ジェンダー』（フィルムアート社、一九九八年）に収録。
（80）　Rodowick, *The Crisis of Political Modernism*, 120.
（81）　Ibid. バーチの初期映画論が本にまとまったものとしては、Noel Burch, *Light to Those Shadows* (Berkeley: University of California Press, 1990) を参照。バーチのこの映画史観がトム・ガニング、ミリアム・ハンセンをはじめとした一九八〇年代以降の初期映画研究ルネッサンスに与えた絶大な影響は否定しがたい。

否定を通してIMRの主なデヴァイスや規範が定式化されるまで、IMRの歴史は実のところ明らかにしえない」[82]からだ。

確かに、作家主義の場合と比べると政治的モダニズムのなかで溝口映画の占める位置は相対的なものだ。政治的モダニズムの構築した「日本映画」を代表したのは、なんと言っても一九七〇年代になって「発見」された小津安二郎と、この言説を同時代で体現した大島渚にほかならない。大島の『絞死刑』（一九六八年）ほどブレヒト的な映画はそうそうあるものではないだろう。

しかし、政治的モダニズムに則った美的価値判断の影響力を過小評価してはならない。アメリカの映画学者ボードウェルやドナルド・キリハラらの精緻な作品分析は、形式的特徴を神話的な「日本文化」を参照項として意味づける『遙かなる観察者へ』の解釈学的側面を厳しく批判している。だが、少なくとも一九九〇年代までの彼らのフォーマリズム映画研究は、自己目的化した形式の内在的規範に動機付けられた「パラメータの映画」として溝口や小津の作品を評価する点で[83]、バーチに多くを負っていた。構造とその外部の二項対立に基づき、善玉悪玉が攻防するバーチの映画美学において、コードや規範に則りつつそれを隠蔽するリアリスト作品に対置されるのは、「セリー的」作品である。セリー音楽は、十二音技法に代表されるように、あるパラメータに則って構成されたパターンに基づく。バーチの先駆的業績『映画実践の理論』は、『近松物語』（一九五四年）のサウンドトラックにおけるいわゆる効果音、音楽、台詞の混淆を絶讃し、「日本音楽」（下座音楽）とセリー音楽が共に「雑音」や映像《イメージ》との結合に対して「開かれて」いると指摘した[84]。もっとも、ボードウェルやキリハラの分析は溝口におけるサウンドトラックを十分に論じているわけではなく、早坂文雄と大谷巌による『近松物語』のサウンドデザインと「日本的なもの」、さらに黛敏郎による『赤線地帯』（一九五六年）の音楽における十二音技法の使用についての本格的な分析には、長門洋平を待たなければならない[85]。だが、フォーマリズム映画研究は「パラメータ」「ドミナント」といった概念を用いて映画形式の物質性を前景化し、イデオロギー性を薄めつつもある種の非人間主義的モダニズムに与する点で、バーチの正統な後継者と言える。

たとえば、一九八三年の論文の中でボードウェルは、溝口とオーソン・ウェルズの縦の構図を比較し、後者では前景に人物か事物が置かれ、前景と後景が登場人物の視線や行動によって媒介されているのに対して、溝口を特徴づけるのは、前景に何も置かれていないとか、人物がキャメラに背中を向けて表情をまったく見せないなど、『折鶴お千』や『浪華悲歌』においてとりわけ顕著な、非人間主義的な構図と演出《ミザンセヌ》だという。[86] キリハラの『時間の紋様』*Patterns of Time* は溝口の三〇年代を代表する四作品の徹底したテクスト分析だが、基本線は、これらの映画がいかに登場人物の心理に対する観客の興味を基盤とした効果的な語りのシステムを裏切り侵犯しているかということに尽きる。[87] 漠然とした印象や伝記的事実に頼るのではなく、具体的なショットやシークェンスを描写し分析するボードウェルとキリハラの業績は極めて貴重だ。本書は、彼らの形式分析から生まれた溝口作品と日本映画についての価値ある洞察、重要な知見と密な対話を展開してゆくだろう。

しかし、IMR、ブルジョワ・リアリズム、あるいはそれを映画において体現する古典的ハリウッド映画の転倒として溝口を定位するバーチおよびその流れを汲むフォーマリズム批評の枠組みは、果たしてこの作家の映画を語るにあたって有効だろうか。二つの問題点を指摘したい。まず、すでに序章で述べたとおり、溝口は「映画」ミディアムのアイデンティティや製作プロセスが固まる以前、「映画」（「活動写真」と言うべきか）が他メディアと未分化で複数的な

(82) Rodowick, *The Crisis of Political Modernism*, 115.
(83) David Bordwell, *Narration in the Fiction Film* (Madison: University of Wisconsin Press, 1985) 274-88; Kirihara, *Patterns of Time*, 12.
(84) Noël Burch, *Theory of Film Practice* (Princeton, NJ: Princeton University Press, 1973), 94-99.
(85) 長門洋平『溝口健二映画にみる音響と映像の美学――物語構造の視聴覚的分析』博士論文、総合研究大学院大学、二〇一一年、さらに、議論をいっそう充実させ、録音技師・大谷巌のインタヴューを加えた『映画音響論――溝口健二映画を聴く』（みすず書房、二〇一四年）。
(86) David Bordwell, "Mizoguchi and the Evolution of Film Language," in *Cinema and Language*, ed. Stephen Heath and Patricia Mellencamp (Frederick, MD: University Publications of America, 1983), 107-15
(87) Donald Kirihara, *Patterns of Time: Mizoguchi and the 1930s* (Madison: University of Wisconsin Press, 1992).

在り方が可能だった一九一〇年代を経験しており、「映画＝ハリウッド映画」とは考えていなかったと思われる。たしかに溝口はエルンスト・ルビッチやジョン・フォードの作品を敬愛していたし、一九二〇年代中葉にはかなり古典的ハリウッド映画的なデクパージュに依拠していたと思われる。しかし、それは複数の「映画」のうちの一選択肢に過ぎず、すり抜ければ済むことで、転倒する必要には迫られなかったのではなかろうか。第二に、そもそも物語映画において感情移入を引き起こすことに較べて阻むのは簡単であり（無演出の自主映画作品を見ればすぐわかる）、本当にそれが目的ならあそこまで手の込んだステージングやフレーミングをする必要はないし、批評の側としてもそんなことを証明するためだけに微細な描写・分析をするのは骨折り損というものだ。

ロドウィックがいみじくも指摘しているとおり、「バーチの異化と美学的機能の概念は、従って、［ロシア］フォルマリズム理論においては明瞭に与えられている歴史的位相を欠いている」[88]。つまり、過去あるいは異文化／他言語の中で生み出された芸術作品の「異化」を語るには、その歴史的・地理的に特定された規範を知らなければお話にならないのだ。ましてや、異化を生むだまし絵の（イリュージョニスティックな）悪玉に具体的な技法を分別するとき、バーチは極めて非フォルマリズム的な静的美学に堕していると言わざるをえない（彼のヴィヴィッドな描写・分析はこうした美学をしばしば裏切っているにしても）。ヴィクトル・シクロフスキーやロマン・ヤコブソンが提起した異化（オストラネーニエ）とは、芸術的な規範を徹底して歴史化することによって知覚プロセスを活性化／前景化することに他ならない[89]。一方、ボードウェルやキリハラは、「作家」や「運動」の枠を越えた広範な映画テクストを対象として形式分析を行う「歴史的詩学《ヒストリカル・ポエティクス》」を標榜し、こうしたロシア・フォルマリズムの伝統に連ならんとする[90]。本章が『元禄忠臣蔵』の分析を通じて試みるのは、歴史的詩学《ヒストリカル・ポエティクス》の対象を映画テクストから他メディアまで含めた文化的布置へと拡大し、溝口の実践をある種の「異化」として捉えることである。

さらに、「異化」概念は、単なる規範の転倒に留まらず、新たな映画的言説の構築というポジティヴな可能性をも包含しうる。ベルトルト・ブレヒトによれば、「ある出来事ないしは性格を異化するというのは、簡単にいって、まずその出来事ないしは性格から当然なもの、既知のもの、明白なものを取り去って、それに対する驚きや好奇心をつくりだすことである」[91]。だが、異化効果は感情移入／同化を単に阻止するのではなく、そのオルタナティヴとして導入された。[92] ブレヒトがそれまでアリストテレス的演劇を支えてきた感情移入（感情同化）を手放すことを決意したのは、それが人間の「普遍性」を前提としているので、変動する社会環境の歴史性に対して、観客と作り手の双方の目を閉ざしてしまうからだ。すなわち、ブレヒトにとってもまた、異化とは歴史化に他ならなかった。[93]「V－効果」（異

---

(88) Rodowick, *The Crisis of Political Modernism*, 121.

(89) ヴィクトル・シクロフスキー「手法としての芸術」松原明訳、桑野隆・大石雅彦編『ロシア・アヴァンギャルド②フォルマリズム——詩的言語論』（国書刊行会、一九八八年）、二五ページ、ロマン・ヤーコブソン「芸術におけるリアリズムについて」谷垣恵子訳、前掲『ロシア・アヴァンギャルド②』、四九—五七ページ。

(90) 最も徹底した歴史的詩学の実践は、David Bordwell, Janet Staiger, and Kristin Thompson, *The Classical Hollywood Cinema: Film Style & Mode of Production to 1960* (New York: Columbia University Press, 1985) であろう。日本映画のとりわけ戦前作品については、古典ハリウッド映画研究に厚みをもたらしていた業界紙やハウツー本などの言説分析を欠くとはいえ、ボードウェルもキリハラも無名作品を含めて映画形式を注視し、トレンドを再構築している。デヴィッド・ボードウェル『小津安二郎——映画の詩学』（杉山昭夫訳、青土社、一九九二年）、五六—七〇ページ、David Bordwell, "A Cinema of Flourishes: Japanese Decorative Classicism of the Prewar Era," in *Reframing Japanese Cinema: Authorship, Genre, History*, ed. Arthur Nolletti, Jr. and David Desser (Bloomington: Indiana University Press, 1992), 328-46; Bordwell, "Visual Style in Japanese Cinema, 1925-1945," *Film History* 7 No. 1 (Spring 1995): 5-31; Kirihara, *Patterns of Time*.

(91) ベルトルト・ブレヒト「実験的演劇について」『今日の世界は演劇によって再現できるか』（新装復刊）千田是也編訳（白水社、一九九六年）、一一三ページ。なお、ブレヒトがドイツ語の標準語にはなかった「異化する」（フェルフレムデン）という言葉を作ったのは、一九三五年のソヴィエト訪問でのシクロフスキーの概念との接触を契機とするという。岩淵達治『ブレヒト』（紀伊國屋書店、一九九四年）、二一ページ。

(92) 「そこで問題は、芸術の楽しみそのものが感情同化なしに、あるいは感情同化とは別のものを土台にしても可能かということである。／そうした新しい土台を与えうるものはなにか。／恐怖と同情のかわりに——なにを持ってきたらよいのか。［…］たとえば、運命に対する恐怖のかわりに知識欲を、同情のかわりに助けようとする決意を持ち込むことは不可能だろうか。そういうことで舞台と観客との間に新しい接触をつくりだし、それを芸術の楽しみの新しい土台にすることはできないものか」（ブレヒト、前掲書、一二二—一二三ページ）。この段落の最後に、異化効果がオルタナティヴとして導入される。

化効果）は、俳優が「演ずべき人物をただ引用する」ように演じることで得られる。[94] 規範の顛覆による一回きりのショック作用に終わらないのは、演技が単にイリュージョンを壊すだけではなく、観客の興味を持続しつつ社会的批判力を刺激することを目ざすからだ。溝口の映画の「喜劇性」「戯画性」「カリカチュア性」は、増村保造にはじまり、佐相勉、長門洋平など、最良の溝口研究家たちによって指摘されてきた。[95] この戯画性は単なる息抜き《コミック・リリーフ》でも演技の単純化でもなく、高度の芸による「タイプ」の創造を通じて社会批判を達成しようという試みだったはずだ。ともに一八九八年に生まれ、一九五六年八月にわずか十日違いで他界した溝口健二とベルトルト・ブレヒトを並置することができるとすれば、このゴダール的「モンタージュ」から私たちが導き出すことができるのは、歴史的な社会関係の中に人物を捉え、その中に新たな「芸術の面白さ」を生み出さんとするアヴァンギャルドの教育学《ペダゴジー》であろう。[96]

一九九〇年代以降、英語圏では、政治的モダニズムに裏付けられた映画のフォーマリズムに対するオルタナティヴとして文化・社会的なコンテクストが重視される傾向が出てきた。ダレル・デイヴィスの『日本的なものを描く』*Picturing Japaneseness* は、ボードウェル、キリハラの流れを汲みながらも、第二次世界大戦下の映画国策と統制という歴史的文脈を考慮に入れ、溝口の『残菊物語』と『元禄忠臣蔵』を、荘厳な形式と細部を通して観客の知覚を訓育し、「日本的なもの」に覚醒させる「記念碑的な《モニュメンタル》」映画として論じている。[97] ここでも文化本質主義は大きな問題点として残るが、いつか必ず出てくるべき議論の口火を切ったのが聡明な研究者だったのは幸運だと思う。一方、ダドリー・アンドルーがアメリカの日本文学者キャロル・カヴァノーと共著した『山椒大夫』は、アメリカ占領が終わり国民国家としての日本の自己同一性が問題として浮上した五〇年代前半に矛盾や緊張を分節化しかつ解消する神話（あるいはメロドラマ）としてこの作品を捉えている。[98]『山椒大夫』は著者たちの画面への感受性と流麗な筆致によって魅力ある小冊子になっているが、政治経済《ポリティカル・エコノミー》でテクストを読むタイプの分析だと言える。本章は英語圏のこのような過去二〇年の動きに刺激を受けつつ、政治と画面の間に歴史と文化的布置を導入する。

第四節　歴史映画としての『元禄忠臣蔵』

溝口健二が一九五〇年代に撮った歴史映画に対して、西欧の国際映画祭での受賞を狙った土産物映画だとの批判が同時代からなされてきたが、(99) これはまったくその通りとしか言いようがない。溝口自身、「日本趣味映画」から推察するに、「それで何が悪い」と開き直ったはずだ。

(93)「感情同化は、人間が変数であって、その環境が常数であるような時代の大きな芸術手段だった。感情同化が可能なのは、私たちとは違って、その運命の星を自分の胸にかかえている人々の間だけである」(ibid., 一二二ページ)。「リヤがしたような経験は、あらゆる人間の間で、またあらゆる時代に、怒りを生じさせるとは限らない。怒りは人間にとって永久にあり得べき反応である。だがこの怒り、こうした現れ方をする、こうした原因を持った怒りは、時代と結びついている。異化するというのは、だから、歴史化をするとことであり、諸々の出来事や人物を、歴史的なものとして、移り変わるものとして表現することである」(ibid. 一二三—一二四ページ)。

(94) ブレヒト、前掲書、一四四ページ。これは京劇の梅蘭芳についてのコメントであり、高度の技術や身体能力、感銘と矛盾しない。

(95) 白坂依志夫、増村保造、池田浩郎、他「映画になったマスコミ——増村保造作品『巨人と玩具』をめぐる監督新人協会座談会」『キネマ旬報』一九五八年七月上旬号、九三ページ、佐相勉「喜劇監督　溝口健二」『ユリイカ』〈特集溝口健二〉(前掲)、一八六—二〇一ページ、長門、前掲書、二五〇—五一ページ。

(96) 四方田犬彦は、すでにその卓越した『元禄忠臣蔵』論の中で奇しくも同じ生没年を持つブレヒトと溝口を結びつけており、本章の後半部はその批判的継承を目ざす。四方田犬彦「『元禄忠臣蔵』における女性的なるもの」四方田犬彦編『映画監督 溝口健二』(新曜社、一九九九年)、一七七—二二三ページ。

(97) Darrell William Davis, *Picturing Japaneseness* (New York: Columbia University Press, 1996).『元禄忠臣蔵』の分析の部分が藤井仁子と加藤幹郎によって『時代劇映画とはなにか』(前出) 二一四—二二八ページに翻訳されている。

(98) アンドルーの論文の草稿は、藤原敏史によって、四方田犬彦編『映画監督 溝口健二』(新曜社、一九九九年) に翻訳されている。

(99) たとえば、左翼映画人の座談会、岩崎昶、佐々木基一、尾崎宏次、井沢淳「日本映画を検討する」『世界』一九五五年四月号、一七一—八七ページ。

溝口の大映時代の大作をプロデュースした永田雅一は、その名も『映画道まっしぐら』とか「日本でいいのは映画だけ」とか題された著作の中で、国際映画祭受けするのはシンプルな物語を持った歴史物と考え、映画をガンガン輸出して外貨を稼ぐのがお国への奉公、と言い切っている。(100)当時、大映京都撮影所に作られた「グランプリ広場」には、金獅子とオスカーのレプリカが巨大な白い鳩の石像とともに祀られていた。『羅生門』（一九五〇年、ヴェネツィア受賞五一年）の成功以来、大映では年に数本の大作映画に多額の予算を振り当て、海外の映画祭への出品を明確な目標として永田自身がプロデュースしていた。(101)『雨月物語』『山椒大夫』『近松物語』、『楊貴妃』（一九五五年）、『新・平家物語』（一九五五年）はこのカテゴリーに入り、現代劇三作は外れる。例えば、五四年下半期と五五年上半期の「直接費」（撮影所の施設費・地代などインフラにかかる費用と宣伝費を除いた製作費）の大映トップ五を見ると、『近松物語』が二万六〇八九円で第五位、『楊貴妃』は七万二八五〇円でダントツの一位となっている。(102)一方、『祇園囃子』（一九五三年）は同時代の批評家にゲイシャを描く「観光映画」と揶揄されたものの、海外の映画祭に即座に送られたわけではない小品で、永田はプロデュースしていない。『噂の女』（一九五四年）も同じだ。『赤線地帯』（一九五六年）は永田をプロデューサーとして売春防止法という時事問題を扱った話題作だが、公開当時に海外進出を狙ったものではなかった。(103)

私たちは、溝口における「海外向け映画」を「日本趣味映画」あるいは「セルフ・オリエンタリズム」とみなして眉をひそめ、(104)一九五〇年代の現代劇を「真の溝口」として再評価すべきだろうか。この作業には深刻な問題点がある。まず、海外向け映画を偽物と呼ぶことは、どこかに「本物」の日本を設定することであり、結局は「私たちの」日本の神話に荷担することになるだろう。次に、平安から元禄に至るまで複数的な歴史の層に関心を向け、時代考証に心血を注いだ溝口とスタッフのプロジェクトを単なる土産物的日本趣味として片付けるのでは、結局、能でも浮世絵でも芸者でも同じ非歴史的で静的な「日本文化」の表れとみなす文化本質主義者たちと同じ土俵で相撲を取ることになる。

ここで私は、溝口の「歴史映画」を戦中から戦後への一貫性のうちにとらえ、異質な要素を包括するダイナミックな「日本的なもの」を創造せんとするプロジェクトとみなしたい。溝口のプロジェクトは、すでに冒頭で示唆したよ

料金受取人払

本郷局承認

5788

差出有効期間
2025年1月
31日まで

郵便はがき

113-8790

（受取人）

東京都文京区
本郷7-2-8

吉川弘文館 営業部内
〈書物復権〉の会 事務局 行

ご住所 〒 TEL	
お名前（ふりがな）	年齢 代
Eメールアドレス	
ご職業	お買上書店名

※このハガキは、アンケートの収集、関連書籍のご案内のご本人確認・配送先確認を目的としたものです。ご記入いただいた個人情報は上記目的以外での使用はいたしません。以上、ご了解の上、ご記入願います。

10出版社　共同復刊
〈書物復権〉

岩波書店／紀伊國屋書店／勁草書房／青土社／創元社
東京大学出版会／白水社／法政大学出版局／みすず書房／吉川弘文館

この度は〈書物復権〉復刊書目をご愛読いただき、まことにありがとうございます。

本書は読者のみなさまからご要望の多かった復刊書です。ぜひアンケートにご協力ください。

アンケートに応えていただいた中から抽選で10名様に2000円分の図書カードを贈呈いたします。

(2024年1月31日到着分まで有効) 当選の発表は発送をもってかえさせていただきます。

●お買い上げいただいた書籍タイトル

●この本をお買い上げいただいたきっかけは何ですか？
. 書店でみかけて　2. 以前から探していた　3. 書物復権はいつもチェックしている
. ウェブサイトをみて（サイト名：　　　　　　　　　　　　　　　　　　　）
. その他（　　　　　　　　　　　　　　　　　　　　　　　　　　　　　　）

よろしければご関心のジャンルをお知らせください。
. 哲学・思想　2. 宗教　3. 心理　4. 社会科学　5. 教育　6. 歴史　7. 文学
. 芸術　9. ノンフィクション　10. 自然科学　11. 医学　12. その他（　　　　）

おもにどこで書籍の情報を収集されていますか？
. 書店店頭　2. ネット書店　3. 新聞広告・書評　4. 出版社のウェブサイト
. 出版社や個人のSNS（具体的には：　　　　　　　　　　　　　　　　　　）
. その他（　　　　　　　　　　　　　　　　）

今後、〈書物復権の会〉から新刊・復刊のご案内、イベント情報などのお知らせを
お送りしてもよろしいでしょうか？
. はい　　　　　　　　　　2. いいえ

はい、とお答えいただいた方にお聞きいたします。どんな情報がお役に立ちますか？
. 復刊書の情報　2. 参加型イベント案内　3. 著者サイン会　4. 各社図書目録
. その他（　　　　　　　　　　　　　　　　　　　　　　　　　　　　　　）

〈書物復権の会〉に対して、ご意見、ご要望がございましたらご自由にお書き下さい。

うに、優れてモダニストな運動だ。さらに、溝口にとっての「日本的なもの」の探求は、ある本質へと純化してゆく排他的な軌跡を描くのではない。そうではなく、通時的にも共時的にも多様な文化、民族、芸術の要素を取り入れ、多様な観客に訴える、不純で包括的な「帝国」の映画の創造を目論んだのではないか。いうまでもなく、溝口健二の「日本的なもの」を「帝国」の映画と呼ぶことで、私は、複数性を単に賛美したいわけではなく、大日本帝国と侵略戦争という具体的な歴史を不可欠な文脈として要請し、戦中・戦後の連続性を強調する言説の中に溝口を位置づけたいのだ。つまり、溝口の戦争協力を否定したいのではない。溝口の複雑な地政学と歴史学を純粋かつ単一の「日本」へと回帰として理解するのはあまりに貧しいと主張したいだけだ。

　具体的な点に移ろう。まず、「歴史映画」とは何か。重要なのは「時代劇」との違いだ。一九三九年ごろから、映画雑誌上で盛んに「時代劇」の危機が叫ばれるようになる。一九三〇年代前半を通して、映画批評家の投票による

（100）　永田雅一『映画道まっしぐら』（駿河台書房、一九五三年）、永田雅一「日本でいいのは映画だけ」（インタヴュー）『中央公論』一九五四年一一月号、一三四―三九ページ。ポスト占領期における永田の国際戦略については、田島良一（「永田雅一と日本映画国際化戦略」、岩本編『日本映画の海外進出』、一七九―二〇一ページ）が戦中・戦前との連続性を指摘している。一方、永田の海外進出をより本格的に映画産業総体の布置や日本政府の輸出政策と結びつけた優れた研究として、井上雅雄「ポスト占領期における映画産業と大映の企業経営（上）」『立教経済研究』第六九巻第一号（二〇一五年七月）：五五―七六ページ。

（101）　永田「日本でいいのは映画だけ」。

（102）　『映画年鑑』一九五六年版（時事通信社、一九五六年）、五四ページ。

（103）　しかし、ヨシワラの際物として早い時期から海外で上映されていた。一九六二年の段階で『ガーディアン』紙は『赤線地帯』が英国で一般公開された唯一の溝口作品であると述べ、その公開が映画芸術ではなく刺激的な主題ゆえであったことを嘆いている。Our Film Critic, "Ugetsu Monogatari," *The Guardian*, March 21, 1962.

（104）　セルフ・オリエンタリズムとしてこの時期の永田の国際戦略を分析した研究として、テヅカ・ヨシハル『映像のコスモポリティクス——グローバル化と日本、そして映画産業』（せりか書房、二〇一一年）、四四―九一ページがある。なお、テヅカの批判は、永田の戦略に、西洋、日本、アジアの非対称な権力関係のなかで、冷戦体制下でアメリカに庇護された優等生としてアジアを指導する、という二重拘束によって形成された主体性を見出すものであり（四五―四七ページ）、本質主義擁護ではない。

『キネマ旬報』のベストテンで時代劇は現代劇と拮抗していたが、三六年から一、二本しか入らなくなった。とりわけ、三六年には内田吐夢『人生劇場』、溝口健二『浪華悲歌』『祇園の姉妹』の三作の現代劇が日本映画の新時代を拓いたと賞賛を浴びる一方で、時代劇の行き詰まりが指摘された。[105] 一九二〇年代からジャンルを牽引してきた伊藤大輔、マキノ正博、稲垣浩の「低迷」が言われるなか、時代劇映画の天才であり、その類希なる人徳で様々なコラボレーションとネットワークの中心となっていた山中貞雄が、一九三八年九月一七日、二八歳の若さで中国大陸に戦病死する。こうして、一九三九年、現代劇との明確な分業システム自体の見直しを迫り、スター偏重の製作機構や演技の質を吟味する議論が、ファン雑誌から知識層向けの批評誌にいたるまで多様な媒体で繰り広げられた。[106] これらの座談会や論考に共通するのは、技巧を極めて飽和した剣戟映画と山中／鳴滝組的な「ちょんまげをつけた現代劇」がともに停滞しているという認識である。この隘路から脱出する一つの方向性として、歴史的リアリティを追求する「歴史映画」の可能性が探られることになった。その先鞭をつけたのは村山知義脚本、木村荘十二監督、前進座出演の『新撰組』（ＰＣＬ、一九三七年）であり、衣笠貞之助『大阪夏の陣』（東宝、一九三八年）、熊谷久虎『阿部一族』（東宝、一九三八年）が続くとみなされていた。[107]

映画批評家や作り手たちに共有されたこのような認識は、一九三九年映画法以降の映画統制のもと、館林三喜男や不破祐俊ら内務・文部官僚、菊池寛、長谷川如是閑、津村秀夫らのイデオローグ、永田雅一や森岩雄らのプロデューサーたちの構想と結びつき、歴史映画の創造へと動いて行く。時代劇がジャンルの規範と慣習に基づいて衣装・セット・雰囲気を作るのに対して、歴史映画は一次資料から始めてその時代の習俗・建築を史実に則って再構築する。時代劇は講談小説と大衆小説を原作にしたが、歴史映画は文学作品、さらなる理想論としては一次資料に題材を求めた。その上で、監督や脚本家の知的な歴史観に裏付けされた史実の解釈が、歴史映画を単なる娯楽である時代劇から分かつポイントであった。[108] 洟垂れ小僧たちのヒーロー尾上松之助にみられるように、時代劇が労働者階級、とりわけ年少者を観客層としたのに対し、歴史映画は中産階級の大人に訴えることを至上の目的とした。[109]

戦前日本の映画の国家統制は上からの強制力として否定的に語られることが多かったが、近年、映画産業と映画作品の質の向上を目指す「積極的統制」としての側面を認識したうえで、政府、業界、観客の折衝を跡づける繊細な歴史研究が行われている(110)。たしかに、同時代の記録を読む限り、多くの映画人は、映画を長らく見世物小屋扱いしてきた国家からの認知の身振りとして映画統制を歓迎していた。「初の文化立法」映画法による総動員体制下の映画政策は、差別されてきた産業を総力戦に向けて取り込む誘惑の装置として設計されていたのだ。そして、観客＝国民を映画という娯楽を通して教育し高める一方、教養ある大人の娯楽として、横光利一が「純文学」と「通俗小説」の間に提唱した「純粋小説」に倣って言うと(111)、「純粋」映画を成立させようというのは、国家と映画産業にとって共通の目標だった。この映画向上運動に、歴史という国民国家の同一性を支える領域は格好の舞台を提供した。思えば、そも

(105) 山本幸太郎、友田純一郎、岸松雄、滋野辰彦、村上忠久「日本映画」『キネマ旬報』一九三七年一月一日号、七三ページ。

(106) 優れた現状分析として、筈見恒夫「時代映画の再建」『キネマ旬報』一九三九年二月一日号、六―七ページを参照。本格的な論集として、「新人特輯　時代劇映畫の将来」『映画評論』一九三九年二月号、三〇―六九ページ。伊藤龍雄、筈見恒夫、小倉武志、岡田眞吉「時代劇映畫は何処へ行く？　座談会」『新映画』一九三九年九月号、二一―二五ページ、水町青磁「慾して功なき時代映畫の説――それを作る人々へ」『スタア』一九三九年一〇月一五日号、六―九ページ、伊藤大輔のインタヴュー「時代劇再建の為に！――伊藤大輔の情熱いまだ褪めず」同、八―一〇ページ。作り手たちによる座談会として、牛原虚彦、森一生、八尋不二、依田義賢、日夏英太郎、藤山浩三、佐藤邦夫「時代劇は行詰つていない！」『スタア』一九四〇年四月一五日号、八―九ページ。

(107) 前掲『映画評論』特輯のうち、若き福永武彦による「時代映畫に望む」（三二―三五ページ）、その後映画批評家になる清水晶「轉換期に立つ時代劇映畫」（四一―四三ページ）に最も明確な形でこの主張が見られる。

(108) すでに引用した資料に加え、菊池寛、林房雄、溝口健二、田坂具隆、豊田四郎「座談会　伝記映画に就いて」『日本映画』一九四一年四月号、三四―五一ページ。

(109) 時代劇ジャンルの成立と階級の関係については田中眞澄「時代劇映画史論のための予備的諸考察（戦前編）」『時代劇映画とはなにか』（前掲）一八―四四ページを参照。また、筈見恒夫は前掲批評で「大人に受ける時代映畫、それが歴史映畫であらう」と述べている。

(110) 加藤厚子『総動員体制と映画』（新曜社、二〇〇三年）、古川隆久『戦時下の日本映画――人々は国策映画を観たか』（吉川弘文館、二〇〇三年）。

(111) 横光利一「純粋小説論」青空文庫。http://www.aozora.gr.jp/cards/000168/files/2152_6546.html（最終アクセス二〇一三年二月一三日）、原著一九三五年。

そも「時代劇」という言葉もまた、伊藤大輔脚本・野村芳亭監督の『女と海賊』（一九二三年）を契機として、それ以前の「旧派」映画の低級な印象を一新しようという松竹の野望の表れにほかならなかったのだ。[112]

元来時代劇の監督ではなく、文化的上昇志向が強く、一九三〇年代を通して現代劇のサブジャンルとしての明治物（『滝の白糸』『神風連』『折鶴お千』『マリヤのお雪』『虞美人草』、そして『残菊物語』）の時代考証に入れあげてきた溝口健二に、「歴史映画」は理想の作り手を見いだす。こうして生まれたのが眞山青果の同名戯曲を原作とした『元禄忠臣蔵』だった。「忠臣蔵」の物語は数限りなく映画化されているが、[113]当時の観客にはマキノ正博・池田富保共同監督による『忠臣蔵　天の巻　地の巻』（総集編が現存、日活、一九三八年）の大ヒットが記憶に新しいところだったろう。溝口のプロジェクトにとって重要なのは「元禄」だ。まず、時代劇というのは基本的に江戸時代を舞台としている。さらに、時代劇の衣装・風俗・建築は、原作がどの時期に設定してあろうと、歌舞伎、新国劇など舞台からの慣習で江戸末の文化文政期のものに従うのが常識とされている。[114]何でもいいが、例えば大映で五〇年代に長谷川一夫主演でシリーズ化された『銭形平次捕物控』（野村胡堂原作）は曖昧に三代将軍家光のころ（一七世紀前半）の話とされているが、風俗は文化文政期になっている。「忠臣蔵」は「水戸黄門」と並んで元禄時代を舞台としているはずだが、そんなことは、マキノ・池田の『忠臣蔵　天の巻　地の巻』や荒井良平『水戸黄門　密書の巻』『水戸黄門　血刃の巻』（ともに一九三五年）を含めた大多数の作品にとって、どうでもよい。[115]しかし、溝口健二にとってはこの風俗こそが鍵となる。『元禄忠臣蔵』は時代劇の規範に抗って可能な限り元禄時代の風俗に則り、そうした意味で、空虚な観念に過ぎなかった「歴史映画」を一挙にかつ大胆に実現してしまった。撮影を前にした四月に行われた座談会「伝記映画に就いて」で、「日本歴史映画は歌舞伎芝居がある為に非常に不利だね。歌舞伎芝居に似るということが芝居らしい感じを与えて本当に歴史映画にならぬとすれば、歌舞伎芝居に似せないで或る歴史性を出すということが非常に難かしいことだ。忠臣蔵でも何でも歌舞伎芝居に似てしまう」という菊池寛の発言を受けて、溝口は語る。「鬘の形、衣装、すべて舞台的の表現効果を持つものを歌舞伎の人間が作つているのだから、それを叩き毀して行かなければいけない。

鬘なんかも或る距離を以て見ると非常に美しいように出来ていますが、それらを一つ一つ毀して行かなければいけないのです」[116]。これは『元禄忠臣蔵』に向けてのマニフェストと考えてよい。だが、『元禄忠臣蔵』が毀そうとしてものとは、厳密に言って何か。

第五節　異化としての歴史化

この問いに答えるには、同時代の間メディア・ネットワークの力学の中に、映画『元禄忠臣蔵』を定位する必要がある。この時期の行政と映画業界にとっての中心的課題が煎じ詰めれば文化的布置のヒエラルキーの中での「高」「低」にかかわり、時代劇に対する歴史映画の賞揚が映画というミディアムが「成り上がる」ためのステップであるとすれば、他メディア、とりわけ長く「忠臣蔵」を担ってきた歌舞伎との関係は見逃せない。出発点として、四方田の先駆的な論考を引用しよう。

(112) 田中眞澄、前掲論文、板倉史明「「旧劇」から「時代劇」へ」岩本憲児編『時代劇伝説』（森話社、二〇〇五年）、八九―一一四ページ。

(113) 忠臣蔵映画の歴史については、戦後作品を中心に研究が進んでいる。谷川建司「「忠臣蔵」映画はなぜ昭和三十年代に黄金期を迎えたのか」ミツヨ・ワダ・マルシアーノ編『「戦後」日本映画論――一九五〇年代を読む』（青弓社、二〇一二年）、一七二―一九四ページ、同『戦後「忠臣蔵」映画の全貌』（集英社、二〇一三年）。

(114) 溝口の五〇年代作品で美術助手を務めた美術監督・内藤昭のインタヴューを参照。内藤昭、東陽一『映画美術の情念』（リトル・モア、一九九二年）、八〇―八一ページ。

(115) しかし、本稿に最終的な手直しをしていた二〇一六年一月九日に見た池田富保監督、尾上松之助主演の『忠臣蔵（実録忠臣蔵）』（一九二六年、おもちゃ映画ミュージアム提供）は瞠目すべき瑞々しい作品で、討ち入りの衣裳は史実に即した「実録」式にするなど（同館館長太田米男氏のイントロダクション）、リメイクが繰り返される古典である「忠臣蔵」は、まさにそれゆえに異化と革新への欲望を刺激する題材であると痛感した。

(116) 菊池寛、林房雄、溝口健二、他、前掲座談会、四九ページ。

真山青果の戯曲はこのように、三〇年代の日本の国家イデオロギーの延長上にあって、武士の世界観に皇室崇拝を結合させた、きわめて奇妙な構造をもっている。全体が歌舞伎仕立てであるにもかかわらず、歌舞伎に体現されている江戸町人の価値観は参照されることがない。作中で綱豊卿をはじめとする登場人物たちが興ずるのは、当時高位文化として武士階級に愛好されていた能楽であって、下賤の者の愛好した（それゆえに『忠臣蔵』の物語を語り継いだ）歌舞伎や浄瑠璃などであってはならなかった。(117)

映画『元禄忠臣蔵』を見る今日の観客は、浅野内匠頭（嵐好三郎）の行為が結果的に勅使への非礼になってしまったことを気に病み、「御簾のうち」から漏れ出たという情け深い言葉に感謝して京都の方角を向いて頭を畳にすりつける大石内蔵助（河原崎長十郎）に、冒頭の字幕「護れ興亜の兵の家」と同じぐらい露骨な天皇制イデオロギーの刻印を見出して「引いて」しまうわけだが、これは真山の原作の極めて忠実な映画化である。(118) また、原作同様に映画『元禄忠臣蔵』でも、綱豊（市川右太右衛門）の屋敷での能『船弁慶』の上演が、客である吉良上野介（三桝万豊）を狙う富森助右衛門（中村翫右衛門）と綱豊の対決の舞台となり、中盤随一の見せ場を形成している。ここで知盛を舞う初世金剛巌の格調高く緊迫感漲るパフォーマンスを見ていると、この映画における自らの演出の総体を、映画とも「忠臣蔵」とも親《ちか》しい歌舞伎という芸術形式をバイパスし、能に擬えんとする溝口の欲望も感じられる。(119)

だが、真山青果がそもそも歌舞伎として執筆した『元禄忠臣蔵』は、一九三四年二月の歌舞伎座における初演から映画版の前編が封切られた一九四一年一二月までに合計二四回も上演され、その後も現在に至るまで昭和を代表する新歌舞伎として人気を博している。(120) 初演以来、市川左団次が演じてきた作品だが、映画の主軸となった前進座の面々も一九四一年の三月に新橋演舞場で『元禄忠臣蔵』を初めて演じたのを皮切りに、四一年を通して四回の公演を行っており、彼らは舞台の合間に太秦に籠もって映画を撮っていたことになる。前進座の『元禄忠臣蔵』連続公演は戦中を通して続いた。[121] すなわち、歌舞伎『元禄忠臣蔵』の記憶は、まさに河原崎長十郎や中村翫右衛門の身体に折り畳まれていたはずだ。しかし、これは長十郎や翫右衛門が溝口の映画で「歌舞伎的」演技をしたことを意味しない。全く逆である。本格的なトーキー化を機として時代劇映画へ進出し、山中の『河内山宗俊』（一九三六年）『人情紙風船』（一九三七年）など歌舞伎原作物に主演したこの二人は、そうであればこそ、映画と舞台の演技の差異について他の追随を許さぬ深い洞察を蓄積していた。[122] 前進座も、『残菊物語』をはじめとした芸道物で歌舞伎の世界を描いてきた溝口健二も、そして歌舞伎興行をほぼ独占する松竹も、映画『元禄忠臣蔵』で大文字の「歌舞伎」なるものに反旗を翻そうなどしていない。しかし、四方田が言外に示しているとおり、『元禄忠臣蔵』が荒唐無稽で猥雑な江戸の町人文化の枠としての歌舞伎を「発見」も「引用」もしなかったのは確かだ。映画『元禄忠臣蔵』がアヴァンギャルドたり得ているとすれば——本章はそう主張するのだが——その戦略は、真山の原作をも含めた同時代のメディア空間における異化＝歴史化の試みに他ならない。

真山青果の原作は大衆誌『キング』『日の出』に連載されていた——演劇学者・神山彰のこの指摘が『元禄忠臣蔵』についての思考を刷新する糸口となる。「「語るも涙、聞くも涙」「この義、この情、大感激」等の派手な見出しに、

(117) 四方田、前掲論文、一九二ページでも指摘されている。
(118) 真山青果『元禄忠臣蔵　上』（岩波文庫、一九八二年）、七六、八三—八六ページ。
(119) ロバート・コーエンも能との類比を行い、さらに、『元禄忠臣蔵』の間接的なドラマツルギー自体が、情動的に強烈な過去の出来事を想起する能の構造を模しているという興味深い指摘をしている。Robert Neil Cohen, "Textual Poetics in the Films of Kenji Mizoguchi: A Structural Semiotics of Japanese Narrative," PhD diss., University of California, Los Angeles, 1983, 380-86.
(120) 「『元禄忠臣蔵』上演年表」国立劇場調査記録課編『第二七六回　歌舞伎公演　元禄忠臣蔵』国立劇場上演資料集〈五五二〉（日本芸術文化振興会、二〇一一年）、三—九ページ、なお、ここでいう「回」はみな幕、あるいは場単位で抜粋した上演である。
(121) 巌谷三一「元禄忠臣蔵演出覚え書抄」『前進座』一九四三年一一月号、国立劇場調査記録課編、前掲書、七三—八四ページに再録。
(122) 二人の映画芸談を参照。河原崎長十郎「河原崎長十郎映畫放談」『日本映画』一九三六年一月号、三〇—三五ページ、中村翫右衛門「「感？」にたよる——時代劇リアリズムを求めて」『キネマ旬報』一九三七年九月二一日号、一〇—一一ページ。

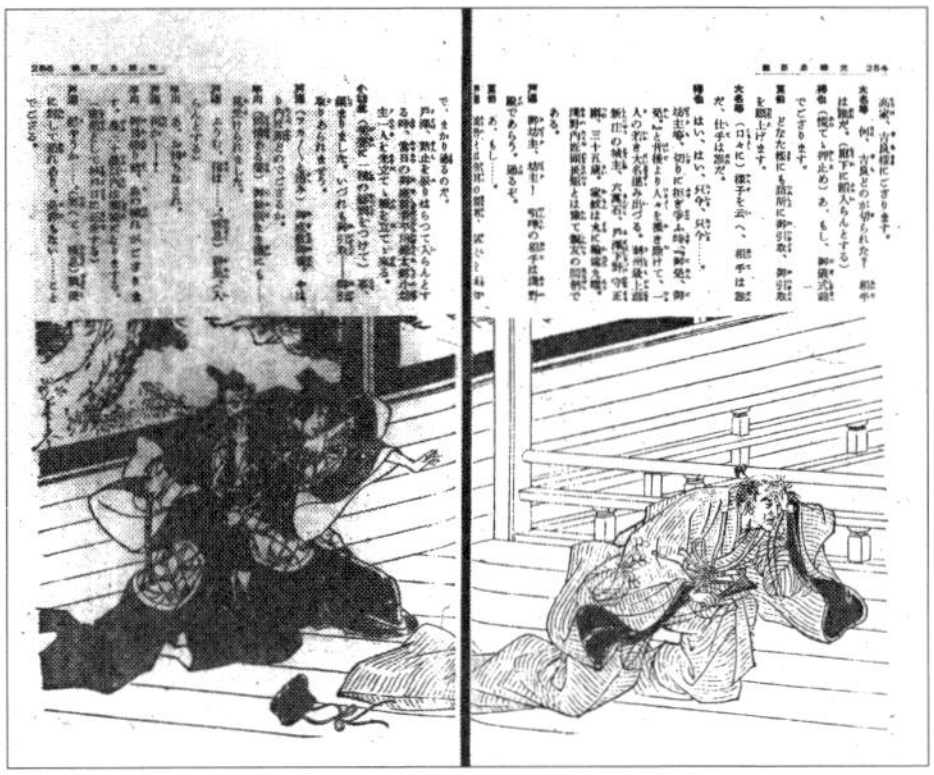

1-5-1：布施長春による松の廊下の挿絵入り、総ルビの『元禄忠臣蔵』。『キング』1935年1月号、254–55ページ。

斉藤五百枝、小田富彌らの挿絵付き、総ルビで『元禄忠臣蔵』を読む『キング』の読者は、その人物像を、現在論じられているような難解で堅苦しいものでなく、もっと肉感的でナマナマしいものとして捉えていた筈である」[123]。「やっぱり原作も押さえないと」という義務感から岩波文庫版を読んでいた私は、これがまさかあの『キング』に連載されていようとは思い至らなかった。不覚であった。『日の出』や『キング』の初出のページを繰ると、真山の『元禄忠臣蔵』が置かれていた文化的布置を感得することができる。複数の画家が回毎に担当した挿絵だが、比較的「古典的」な画風を基調とし[124]、劇画的ロマンチシズムは抑制されてはいるものの、やはり有名な見せ場《シチュエーション》を期待通りの「タブロー」として描き、真山の戯曲を涙と感激の「忠臣蔵」の系譜に深く根付かせている（図版1－5－1）。また、佐藤卓己も述べているように、雑誌『キング』は読者の手紙による参加を募り、編集局も読者に対して呼びかけて、相互的コミュニケーションを育んでいた[125]。『キング』における『元禄忠臣蔵』第一回連載の末尾の「記者より」にも、「本篇は前號豫告の如く、明治神宮へ献納せんが為め、筆者が精進潔斎して執筆せる一世一代の大作です。／流石に巨匠の筆、切々胸を打ち、讀者をして自ら熱涙を浮かばしめます」とある[126]。このような記者の熱い語りかけに媒介され、真山の『元禄忠臣蔵』は、「彼が一旗挙げるまで」といった立身出世譚、陸軍諸教官による「少年兵を語る座談會」、吉川英治の『恋山彦』などの時代小説とともに消費されたのだった。

つとに指摘されてきたように、そもそも「忠臣蔵」自体がまさに「天下の御政道に反抗する」（『元禄忠臣蔵』の「最後の大評定」を締める内蔵助の台詞）アウトローの物語であり、その根幹には忠孝という徳川幕府の公的イデオロギーを非合法テロリズムが体現してしまったという逆説がある。まさにこの逆説にこそ「忠臣蔵」物語の誘惑があり、近代における国民国家の形成の中で強烈な磁力を発揮した。兵藤裕己が桃中軒雲右衛門の浪花節の語りについて言うように、「法制度から逸脱する「義士」たちの物語が、政治・社会からとりのこされた下層の大衆の共同性をからめとってゆく。そこに鼓吹される制度外のファミリーのモラルは、政治から疎外された者たちに日本「国民」としての平等と解放を幻想させ[127]」たのだ。このように、周縁化されあるいは差別された者たちのルサンチマンが忠君愛国の家族主義的国家主義へと直結する回路は、「中学を出なくても偉くなれる」という立身出世ドリームと国家主義の高揚という『キング』のイデオロギー的両輪と緊密に連動していた[128]。つまり、『キング』連載の文脈における『元禄忠臣蔵』は、高尚でも禁欲的でもなく、熱涙をもって読まれるべき作品であり、その点で従来の時代劇と重なる観客層と観客性を保持していた。

『元禄忠臣蔵』は他の「忠臣蔵」と較べてもとりわけ排除された者にスポットライトを当て、かつ、忠孝と愛国のイデオロギーへとそのような周縁の物語を収斂させている。戯曲でも映画でも、内蔵助が上述のように反逆の意志を明かすのは、赤穂城外で息子とともに自刃して悶絶せんとする井関徳兵衛に対してであった。他の「忠臣蔵」物語にはない登場人物である徳兵衛は、藩を追われた浪人でありながら、いや、浪人たればこそ、忠義に後れを取ってはならずと駆けつけて死に急いだのである。

(123) 神山彰「昭和の大衆文化と新歌舞伎――雑誌『キング』の真山青果」、前掲、『第二七六回　歌舞伎公演　元禄忠臣蔵』、一三四ページ。
(124) 例えば、「泉岳寺の場」の斉藤五百枝など鈴木春信風の絵柄を取り入れている。眞山青果「元禄忠臣蔵」(斉藤五百枝挿絵)『キング』一九四二年一月号、六四―六五ページ。
(125) 佐藤卓己『『キング』の時代――国民大衆雑誌の公共性』(岩波書店、二〇〇二年)、二三一―三五ページ。
(126) 眞山青果「元禄忠臣蔵」『キング』一九三五年一月号、二七二ページ。
(127) 兵藤裕己『〈声〉の国民国家・日本』(NHKブックス、二〇〇〇年)、一七九ページ。
(128) 佐藤卓己、前掲書、二三〇ページ。

『元禄忠臣蔵』において画面／舞台上で自刃して果てるもう一人の登場人物はやはり青果オリジナルの人物おみのだ。彼女もまた細川家を追われた浪人・乙女田杢之進の娘であり、その上婚約者・磯谷十郎佐衛門に結納（映画では婚礼）をすっぽかされるという恥辱を受けて高濃度のルサンチマンを蓄積している。義士切腹の当日に男装して細川屋敷に乗り込んだおみのには、十郎佐の真実の愛を確かめること、自害を遂げることという二つのアジェンダがあった。『日の出』初出の一九三四年四月の時点で、大衆文化の文脈におけるおみの自害の参照点は、一九三二年一二月、夫・井上清一中尉の中国大陸への出征の前夜に黒紋付きの盛装に身を包み懐剣で喉を突いた千代子夫人であった。千代子の自害は、おそらくは芝居や映画、雑誌のような大衆文化を想像力の源として演出《ミザンセヌ》され、そこへ還元されてさらに増幅していったメディア・イベントと言えるだろう。(129) そして、『元禄忠臣蔵』のおみのの論理、「一端の方便に……作りし偽りを……最後に、誠にかえすためでござります」(130) は千代子の物語と重ね合わせることで輪郭を明瞭にする。つまり、男の愛の真偽も、芝居がかったパフォーマンス（盛装／男装）の是非も、自刃という暴力が一挙に「誠／真」に変換してくれる。不幸な結婚に鬱屈した若妻も、失職して寝たきりの父を抱えた上に結婚式をドタキャンされた娘も、自ら命を絶つことによって、婦道の鑑・愛国のヒロインになれるのだ。

歌舞伎『元禄忠臣蔵』は『キング』『日の出』の誌面から受ける印象を裏書きするものである。私が二〇一一年一二月に国立劇場で観た『元禄忠臣蔵』（「江戸城の刃傷」「御浜御殿綱豊卿」「大石最後の一日」）では、「大石最後の一日」の最後、おみの（中村芝雀）の死骸を舞台に残し、磯貝十郎佐（中村錦之助）を見送った大石内蔵助（中村吉右衛門）が、伝右衛門（中村歌六）に別れを告げて切腹の場へと向かう。白装束で花道に出た吉右衛門が七三でぴたりと止まり、スポットライトを浴びて遠くを見据え、裃の肩の張り出しをピンと立てる。日本的大衆文化としてのファシスト美学の真骨頂である。歌舞伎台本としての『元禄忠臣蔵』には、芸としての歌舞伎に対する素人が観ても人間模様や人生哲学を普通に楽しめる工夫があり、シネフィル力の試金石となる映画『元禄忠臣蔵』とは大きく違う。神山は言う。「大衆の心情に根ざす任侠と知識人好みの武士道にまたがる、青果と長谷川伸らの昭和の新歌舞伎は、映画、新劇から更に新国劇や剣劇などの広範な分野にわたる、大衆からインテリまで通底する心性を見ることで、興味も意味も増してくる。『元禄忠臣蔵』にも、正に多面的な『昭和』の一面が刻印されている」[131]。つまり、『元禄忠臣蔵』は極めて一九三〇年代的な「大衆的」歌舞伎であり、そこでは、高尚な武士道が浪人のルサンチマンを通して極められ、俗な「情」が感涙を絞ると同時に、歌舞伎座や新橋演舞場では、市川左団次の目の覚めるようなパフォーマンスに歌舞伎通も陶然としたはずだ。

溝口健二の『元禄忠臣蔵』は、新歌舞伎『元禄忠臣蔵』とそこから地続きの関係にある時代劇映画に対する多層的な意味での「異化」であった。本章は、とりわけ原作との間メディア的関係を基盤とした異化＝距離化、そして距離化とともに起こるブレヒト的な歴史化＝社会化を分析の鍵として提示する。

この批評的提案は単純な認識に基づいている。前近代の日本を舞台にしてドラマを演出する場合、六歳児から九〇代の老人まで誰もが楽しめる作品にしたいなら、時代考証や歴史的社会関係についての配慮は棚上げにして、人物と人物の直接の対面、接触、会話、あるいは対決をドラマツルギーの中心とするべきだ。NHKの大河ドラマを思い返してみれば明らかであろう。地毛の髷よりも手持ちカメラよりも、人間による直接のアクションと会話が観客の関心を引き寄せるのであり、人気の高いシリーズは、自分で動く階層の人物をヒーロー／ヒロインとするか、あるいは位

(129)　若妻・千代子の行為のインパクトは絶大だった。まず、仲人であった大阪の主婦・安田せいを駆り立てて国防婦人会設立へと奮闘させ、夫は翌年にゲリラ掃討作戦を率いて少なく見積もっても数百人の中国民間人を虐殺した（平頂山事件）。さらに、出版メディアや映画化を通して「昭和の烈婦」の「美談」として喧伝され、銃後の女性の物語に一つのプロトタイプを提供したことも重要だ。加納実紀代『女たちの〈銃後〉』（筑摩書房、一九八七年）、五五―五八ページ、同「白の軍団「国防婦人会」――女たちの草の根ファシズム」岡野幸江、北田幸恵、長谷川啓、渡邊澄子編『女たちの戦争責任』（東京堂出版、二〇〇四年）、四―八ページ。なお、三枝源次郎監督『噫井上中尉夫人』（日活、一九三二年?）、木村恵吾監督『死の餞別　井上中尉夫人』（新興、一九三二年一月）の二作はフィルムの現存が確認されていないため、そのイデオロギー性については推測の域を出ない。平頂山事件の犠牲者数の中国側の主張は三千人である。

(130)　真山青果『元禄忠臣蔵　下』（岩波文庫、一九八二年）、三六二ページ。

(131)　神山、前掲論文、一三四ページ。

の高い人物にも考証上はあり得ない直接的なアクションをさせ、対面や対話を実現させている。この優れてアメリカ映画的な大衆的成功のフォーミュラの真逆を行くのが、溝口の『元禄忠臣蔵』である。具体的に見てみよう。

松の廊下の顛末の締めくくりとして、綱豊卿（市川右太右衛門）が、浅野内匠頭と吉良上野介の裁きを巡って勇気ある反対意見を述べた目付役・多門《おかど》伝八郎（小杉勇）に賞賛の言葉を与える印象深い場面がある。直前のシークェンスでは内匠頭が罪人用の籠に乗りこみ、切腹の場となる田村邸へと出発している。荘重な西洋音楽の劇伴が続くなか、クレーンに乗ったキャメラは項垂れて松の廊下を歩く多門を中心に捉えつつ左に移動し、ゆっくりと距離を縮める（図版1－5－2）。広角レンズが捉えた原寸大セットの奥行きのある空間を侍たちが往来している。ここで、画面外から突然「多門《おかど》様」という男の声がする。直後、キャメラの動きによって坊主が左方奥からフレームインするが、失意の多門は気づかない（図版1－5－3）。坊主は前景へと滑るように向かってくる。再度名を呼ばれ、ようやくハッと目を上げた多門は、後景を画面右へ歩いている綱豊と一瞬目が合うが（図版1－5－4）、恐縮して瞬時に目を反らし、自身の前方、画面左へ回り込んだ坊主に合わせて慌てて腰を下ろす。杉山公平のキャメラは座った二人にフレーミングを合わせる（図版1－5－5）。後景中央に立つ綱豊の視線の下、茶坊主が「甲府中納言さまよりのお言葉にござり

1-5-2：原寸大の松の廊下を歩く失意の多門（小杉勇）

1-5-3：坊主が画面左奥にフレームインする。

1-5-4：気づいて目を上げると、後景を画面右に向かって歩いてくる綱豊が目に入る。

1-5-5：綱豊の視線のもとで坊主が伝言する。

1-5-6：キャメラは立ち上がる坊主とともに浮上し、

1-5-7：二人をツーショットで捉えて止まる。

ます」と告げると、多門はさらに頭を下げる。茶坊主は続ける。「元和の偃武《えんぶ》から七〇年、世は泰平に慣れて、侍心地に落ちたるとき、今日その方の振る舞い、武士の本分に叶う、綱豊、忘れおかぬ」。このあたりを聞きながら多門は坊主に対して面を上げ、「かように申しつけよとの仰せにござりまする」というところで目を合わせてさらに深く一礼する。一方、綱豊はメッセージの伝達を確認して画面右方に歩き始める。速やかに立ち上がる坊主に従ってキャメラも浮上し、右移動でその背中を追いつつ、立ち止まって待っていた綱豊をフレームに入れる。この間、多門は座ったまま体を時計回りに一八〇度回転させ、綱豊の方に向かい（図版1－5－6）、すぐにフレーム下方から外れている。キャメラは廊下上の綱豊と坊主をツーショットで収めて止まり（図版1－5－7）、画面外の多門を見つめ続ける綱豊に対して、坊主が「申しつけました」という報告を終えると、綱豊一行はようやく歩み出して画面は暗転する。

このショット・シークェンスの間接性はほとんど倒錯的だ。綱豊と多門のやりとりは真山の戯曲にも多門伝八郎の日記から構成された「史実」にも存在せず、映画作家たちの創作と考えられる。決定稿とされる脚本では、綱豊一行と松の廊下でぶつかりそうになった多門が恐縮して飛び退くというかなり直接的な契機が設定されており、完成した映画とその後の展開は同じでも与える印象が異なっている。[132] 次期将軍と目される親藩当主が公にはできない言葉を

（132）ト書きには「松の御廊下／深き失望落膽に頭を垂れ、獨り廊下を下がって來多門傳八郎――反對の方向より甲府中納言綱豊が、前後に茶坊主を従へて來る姿も目に入らざる様子、相方の合の間が縮まる、先導のお坊主が、歩きたるまゝ膝を叩き、多門の注意を促す、ボンヤリ面を挙げた傳八郎眼前近き中納言綱豊の姿に、愕然、廊下の端に飛び下りて平伏。綱豊、流し目に見て通り過ぐ。気付かざりしと言へ、無禮なる我が振舞ひに恐懼して、暫し面も上げ得ぬ傳八郎、お坊主が小戻りして来て」とある。原健一郎、依田義賢「元禄忠臣蔵前・後篇（しなりお）」『映画評論』一九四一年一一月号、八二ページ。

殿中で目付に伝えるとしたら、茶坊主を介するに違いない。この認識は、徹頭徹尾、映画的問題として追求されている。まず、オフスクリーンからの「多門様」という呼びかけと、移動するキャメラによる音源＝坊主の開示の異様さは特筆すべきだ。溝口の世界において、オフスクリーンからの呼びかけは異界に属する貴人による危険な誘惑である（『雨月物語』、『近松物語』）。松の廊下の段差と奥行きが極めて効果的に機能し、綱豊、坊主、多門の決して交わらぬ運動と視線のヴェクトルが立体的に配されている（図版1－5－5）。微動だにせず向き合う二人の着物が風にはためくさまを見れば、ステージ内に収まらずオープンセットとなった実寸大の廊下の映画的効果は、決して単なる虚仮威しではないことが納得される。画面の真ん中から前景に向けて視線を投げ掛ける綱豊の立ち姿は、『残菊物語』において、台所で語らっていた菊之助（花柳章太郎）とお徳（森赫子）を睨め付ける義母さと（梅村蓉子）と全く同型である。絶対的にも思われる権力の表象は、しかし、後のシークェンスで相対化され、あるいは覆されることで、より密度の高いドラマを生むための布石に他ならない。綱豊がまさに間接性と距離そのものによって行使する権力は、後篇の「御浜御殿」において富森助右衛門の直接的な行動と問いかけによって挑まれ、揺るがされることになるからだ。綱豊の「上がって盃を」という誘いに対する助右衛門の拒絶がよりいっそう効き、内匠頭刃傷事件の際に殿上していた綱豊が将軍に助命嘆願をしなかったのは保身のためだ、という助右衛門の辛辣な指摘がより説得力を持ってくるのは、この場面があればこそである。

ここで起こっているのは、まず、リテラルな意味での「距離化」（distanciation）であり、坊主という仲介者《エージェント》の導入による媒介の多層化である。しかし、それは単なる美学としての演出《ミザンセヌ》の問題に留まらない。なぜなら、ここでは、封建時代の大名と旗本は殿中でどのように言葉を交わしたか、という社会関係／権力関係のありようが、鮮明に「歴史化」され、かつ「奇妙なもの」として脱普遍化されている。綱豊の行動自体は『半沢直樹』的シチュエーションであり、通俗的かつある種サラリーマン的社会に普遍的なものだが（「松平常務が内部監査役としての私の発言を認めてエレベーター・ホールでそっとお声をかけて下さった」というところか）、にも拘わらず、である。それゆえに、このようなブレヒト的な「異化」（V－効果）はまた、歌舞伎／新歌舞伎／時代劇映画／雑誌の挿絵入り連載小説など、他メディアとのせめぎ合いの中での異化としても機能する。こうした昭和初期の他メディア——さしあたり「時代劇的なるもの」としてまとめて良いだろう——が大衆文化として直接のアクションという美学に則っていたことはすでに述べた。さらに、この坊主が伝言するショット・シークェンスがとりわけ舞台との差異に立脚してさらなる特異性を主張しているのは、①フレーミングによるオン／オフスクリーン空間の効果、②観客の視軸をキャメラの一眼と同一化させるからこそ可能な縦の構図とブロッキング、の二つの操作によってであろう。序章で述べたように、観客各々の座る位置によって舞台上の出来事との距離が決定される演劇と、キャメラの単眼が同一のフレームと視軸・構図を分与する映画では、「距離化」「異化」の方法が違ってくる。映画においては、観客に対して平等に距離感を与えることができるのだ。

日常生活における権力というものを知り抜いており、それを画面内の距離のドラマとして残酷なまでに視覚化することにとりわけ秀でていた溝口は、『元禄忠臣蔵』の鍵となる幾つかの場面で、聞こえよがしな「面当て」を、こうした距離と視軸、オフスクリーン空間によって成り立つドラマとして演出している。すぐに思い当たるのは言うまでもなく冒頭だろう。[133] 二ショット目、キャメラは松の廊下と石庭を捉え、極めてゆっくりと滑走する。雅楽と思しき笛が響く。すると、こんどはフレーム外から男の声が聞こえてくる。キャメラは右へ重々しくパンをし、「梶川殿。恐れ多くも御勅使に対して御台所よりお礼言上を申し上げるような大事をなにゆえに直々にこの吉良上野介にお尋ね下さらぬか」というあたりで、声の主である上野介その人をフレームに収め、聞き手の梶川も画面右に含める。「内匠頭殿に何わかり申そうぞ」「は」というやりとりに続き、「儀式典礼の御職に任ずること」と吉良は画面右へ顔をむけ、キャメラは心もち二人に寄る。「四四年のそれがしをさしおいて、内匠頭殿ごときになぜお尋ねあった」「はっ」。上野介は強い語調で画面右奥に向かって喋り、内匠頭の無能・不心得ぶりに対する強い批判を続ける。梶川は恐縮する

（133）冒頭の刃傷場面の詳細な分析として、Davis, *Picturing Japaneseness* の一節（149-59）があり、本章で論じるフレーミングとブロッキングの効果にもデーヴィスは言及し、その結果、観客の知覚を目ざめさせるという結論を導き出している。

ばかりだ（図版1－5－8）。「すでに御勅使もお上がりじゃ」というところで吉良はキャメラ側に向き直り、梶川を従えて左手前へとフレームアウトする。ここで、梶川にブロックされていた人物の姿が後景に見える（図版1－5－9）。浅野内匠頭その人である。観客はここで事後的に、先ほどの吉良の言葉は単なる陰口や中傷ではなく、本人が居ると知っての強烈な面当てであったということを理解する。内匠頭は立ち上がり、刀の柄に手を掛けて上野介を追うことになる。

　真山の戯曲にはこの冒頭は存在せず、刃傷の直後で幕が開く。そもそも、本節で論じている「距離化」はすべて映画のオリジナルだ。一方、通常の映画版では、強欲で非道な老人・吉良上野介による陰湿なイジメを一五分から三〇分ほどかけて描き、内匠頭の行為に正当性を与えるのが普通である。溝口と依田は、これを僅か一ショットで、かつオフスクリーン、ブロッキング、「距離化」を使って映画的に演出しようとした。綱豊と多門のシークェンスと同様、ここでも、上野介の内匠頭に対する罵倒の形式上の「聞き手」として第三者である梶川、さらには後景の侍たちを導入することにより、発話の間接性が残酷な社会性を帯びる。上野介の言葉は直接の叱責ではなく、公の場での面罵だからだ。溝口・依田の試みは、少なくとも、「松の廊下」に至る経緯を他の「忠臣蔵」テクスト群から熟知しており、「淡色の直衣直垂を着た若い男＝浅野内匠頭」と即座に認識できる観客——ほとんどすべての同時代日本の観客——

1-5-8：吉良上野介は梶川を名目上の聞き手としつつ画面奥を向いて話す。

1-5-9：梶川によってブロックされていた浅野内匠頭が姿を現す。

に対しては、鮮やかに成功したと言えるだろう。

　このような間接性と媒介の導入による距離化・異化が最も見事に結実しているのが、「南部坂雪の別れ」の内蔵助と瑤泉院、戸田局とのやりとりであり、更に言えば戸田による文の読み上げという間接的な方法による討ち入りの伝達である。討入に先立ち、瑤泉院が住む里方・三好浅野家に着いた内蔵助は、内匠頭の行為や浪人達の不穏な動きを迷惑とする渋川五太夫（荒木忍）から、内匠頭が受けたの

1-5-10：渋川（画面左）は内蔵助の悪口を言うが、

1-5-11：続く縦の構図で面罵と知れる。

と同様の面当てと侮辱を受ける。渋川は名目上、落合輿右衛門（風間宗六）に語りかけているのだが、吉良と同様、内蔵助の方を向いて陰口をたたいている（図版1−5−10）。この侮辱を堪え忍ぶ内蔵助を前景に、罵倒する渋川を後景の障子の間に穿たれた隙間に収めた縦の構図がとりわけ目を奪うのは、中景に置かれた白孔雀の衝立のためでもあるだろう（図版1−5−11）。この衝立（考証と衣裳を担当した日本画家・甲斐荘楠音のチョイスに違いない）は、単なる装飾以上の機能を果たしている。前篇から瑤泉院をめぐるエピソードを通して、襖絵などの内装が一貫して空間の女性性を構築しており、ここでも衝立の絵が、男同士の侮辱の劇の文脈を浮き彫りにしている。さらに、孔雀の眩い白さは「南部坂雪の別れ」から討入、さらには泉岳寺へと連なる雪のイメージを喚起し、上野介殺害を告げる巻紙、夜具の白さ、さらには前篇での剃髪時の白装束とも重なってゆく(134)。

『元禄忠臣蔵』における倒錯的なまでに重層的な伝言と儀礼、権力の演出は、アメリカ映画的な直接のアクションへの欲望を頓挫させつつ、独自のやり方で映画性を誇示するばかりではない。距離と媒介の演出《ミザンセヌ》は、マゾヒスト的な快楽――クライマックス（＝この場合、討入）を宙づりにして儀式のシチュエーションと細部に興奮するという意味で――を生む。本節は、こうして構築された新たな観客性に社会化・歴史化と批判、転倒への可能性を見出した。では、

(134)　四方田犬彦は、こうしたモノクロ画面の「白」の強度と瑤泉院を結びつけた上で、「夫の死を受けて長いインキュベーション（お籠り）に入った女が、夫の四七人の部下たちに復讐を示唆し、最後に彼らを死の世界へと誘ってゆく。溝口健二による忠臣蔵物語をこのように読み解いたとき、われわれは瑤泉院こそがその深層に宿るタナトス的なるものの具現化であったことに思い当たる」と述べる。四方田、前掲論文、二〇六ページ。四方田の批評は『元禄忠臣蔵』のテクスト分析中の白眉であり、極めて魅力的なものだが、死と再生を媒介する聖なる女性性という超歴史的な概念は、つまるところ、家父長制を揺るがすどころかイデオロギー的に補完してきた。

同時代の歴史的観客たちはここに何を見出したのだろうか。

第六節　溝口健二の「帝国」の映画

『元禄忠臣蔵』は前後篇とも興行的に惨敗し、映画興行界・批評界における「問題」となった。『キネマ旬報』改め『映画旬報』の新年特集号は、東京の大劇場支配人たちの座談会を掲載しているが、前年一二月一日の「前篇」公開の結果を承けて『元禄忠臣蔵』反省会の様相を呈している。日本映画として未曾有の大作ということで「誤魔化されて」いたが、そもそも前進座出演作で過去に当たったのは『戦国群盗伝』（滝沢英輔監督、ＰＣＬ、一九三七年）だけであり、それを補うような大船スターも出演しておらず、前後篇に分割されたのもマイナスであった。実際に見てみれば録音が悪くて長十郎と翫右衛門以外の台詞は極めて聞き取り辛い。[135]『新映画』一九四二年一月号はタイプの異なる三つの映画館での『元禄忠臣蔵』の興行成績を人気作品のものと較べている。国際劇場（浅草）では『櫻の国』（渋谷実、松竹、一九四一年一二月一日公開）の半分以下、銀座映畫劇場でも八割、洋画を専門とした邦楽座（有楽町）での『スミス都へ行く』（フランク・キャプラ監督、コロンビア、ＵＳＡ、一九三九年、一九四一年一〇月九日公開）との比較でも約半分の入りである。[136]なお、「情報局参加国民映画」の集客力が「アメリカ的理想」を体現する映画の半分という事態を興行界でことさらに論《あげつら》う者はいなかった。一二月八日の宣戦布告とともに当然の如く「興行街一齊に米画拒否」したとはいえ、[137]その実力と人気は周知の事実だったたからだ。

批評家に高く評価されるものの一般受けしない、というのが一九三〇年代後半の溝口作品の常だったが、『元禄忠臣蔵』は例外であった。水町青磁は「少なくとも數多い『忠臣蔵』の中から、私はかつてこれほど退屈したものを選び出すことができない」と吐露し、[138]内田岐三雄もまた「かくて映畫は、人に迫り壓倒する力に欲け、人を感動させる代りに、人を疲れさせ、退屈感を抱かせる」と述べている。[139]「前篇」の興行的失敗については、筈見恒夫が実に当を得たマーケティング分析を行っている。

敢へて、先見の明を誇るわけではないが、溝口氏が『元禄忠臣蔵』の製作を発表した時に、私はその興行に於ける危険性を様々な人々に警告した。その出来栄が、如何に傑れたものであつても、これを當てるのは生易しい宣傳では駄目だと思つた。殊に發表された配役を見て、私は益々その感を深くした。ところが、松竹の當事者も、私の周圍の友人たちも、「忠臣蔵」なら外れつこないと云ふ。何んと云つても、「忠臣蔵」といふものの大衆的信仰は根強いと云ふ。[140]

そのため、スター・ヴァリューの欠如、前後篇などの弱点を考慮に入れて、「先づ、前進座の不入り映畫『阿部一族』ぐらいに考へるのだ。そして原作『元禄忠臣蔵』の内容を大衆に賣ることから出發する。しかも、漠然と忠臣蔵大衆といふ目標ではなく、知識階級を第一に捉へて、その足場から一般観客に呼びかける方法[141]」を取るべし、という筈見

(135) 玉川四郎（邦楽座）、武田俊一（銀座映畫劇場）、武井國夫（帝都座）、藤澤圭之介（電気館）、三神良三（日本劇場）、伊藤玉之助、池田照勝、友田純一郎「掉尾の興行戦を語る」『映畫旬報』一九四二年一月一日号、三一六―一七ページ。なお、プレプロダクション段階では、浅野内匠頭に上原謙、お喜世に田中絹代というキャストが企図されたこともあったという。小倉浩太郎「元禄忠臣蔵をめぐる話題」『新映画』一九四一年一〇月号、グラビア。
(136) 南部圭之助「無題」『新映画』一九四二年一月号、三五ページ。
(137) 「時事録音　日・米英開戦と映画界」『映画旬報』一九四二年一月一日号、一五ページ。
(138) 水町青磁「元禄忠臣蔵（前篇）」『新映画』一九四二年一月号、五一ページ。
(139) 内田岐三雄「元禄忠臣蔵　前篇」『映画旬報』一九四二年一月一日号、五六ページ。
(140) 筈見恒夫「昭和一六年度映画宣傳總評」『映画旬報』一九四二年二月一日号、六一ページ。
(141) Ibid.

の提案が顧みられることはなかった。

一方で、一九四二年二月一一日公開の「後篇」については、内田岐三雄が「面白さといふ點に關しては、この作品は明らかに成功したといへる」と述べており、さらに、

〔…〕義士の討入は見せず、夜もすがらまどろむことなく一夜をあかした瑤泉院と庭の雪とで、それを裏から示してゐるが、暁になつてから戸田局が來て、吉田忠左右衛門からの手紙を局が讀むまでの段取りは見た眼に面白く仕組れてゐて、これが手紙を讀む段に至つて最高潮に達する。もし討入があつたならば、これほどの効果が出なかつたであらうことは、いふまでもない。[142]

と賞賛しており、討入の省略を興行的失敗の主原因の一つとする通説には疑う余地がある。しかし、『映画旬報』の同じ号の「封切映画興行価値」が、「作品的には前篇など問題にならぬほどの出來栄へでこゝろ洗ひきよめられるが如き感激をひとにあたえずにはおかない」と絶讃しつつも、「由來前後篇ものゝ興行は前篇が蹉跌《そてつ》すると後篇も必ずわるい。『元禄』又その例に違はず祭日、日曜以外は大作に似ぬ成績であつた」とする分析が実情を伝えている。[143]「女性を描いては天下に比類なき溝口と髙峰の取組み！」と、後篇のみに登場する大船スター・髙峰三枝子を前面に押し出す広告を打っても挽回はかなわなかったようだ。[144]すなわち、「後篇」に対する評価の高さは恐らく映画作品としての『元禄忠臣蔵』が葬り去られることを防いだが、映画産業を困惑させる「問題」であることはかわりなかった。

『元禄忠臣蔵』が業界にとって問題化したのは、単に興行的に振るわなかったからではない。大コケしたにも拘わらず、政府から推薦され賞を与えられたからである。一九四二年四月の映画新体制発足による配給の紅白二系統への統合を承け、城戸四郎（松竹）・森岩雄（東宝）・永田雅一（大映）の三大実力者が揃い踏みした「映画行政座談会」において、以下のようなやりとりがなされた。やや長くなるが引用しよう。

永田：私は文部大臣賞を『元禄忠臣蔵』に與へられたことに對して、何だか了解できないものを持つてゐる。私は溝口と親友である關係上、誰れよりも溝口のものをみてゐる。いままでの溝口のものとしては『元禄忠臣蔵』は一番出來榮えが悪いと思つてゐる。恐らく本人もさう思つてゐるのだらう。どういふ意圖を以てか、『元禄忠臣蔵』といふ題材によつて一等にしたのか、演出がいいといふのか。十二月八日からは世の中が變つてゐるからと言ふかも知れないが十二月の前から世の中は變つてゐる。それは現在の物資不足の際にあらゆる不自由を忍んでゐるではないか。そのときに『元禄忠臣蔵』のセットは「松の廊下」だけに何萬圓もかけたといふではないか。その點からみて、あれの製作的態度氣構へは輕蔑すべきものだと思つてゐる。

城戸：ヒヤ〳〵、

永田：どういふ面から一等なのか、徹底的にわからして貰ひたいと思ふ。

城戸：あれはつきりわからして貰ふ必要がある。文部省の推薦は内輪でやつてゐる。あれは速記をとつて貰ひたい。それをわれわれに讀まして貰ひたい。それを何も我々が開き直つて叩かうといふケチな考へはない。どのくらゐ妥當なることが採り上げられてゐるか、参考にしたい。今度は『元禄忠臣蔵』で、松竹を一等にしてくれて有難いと思ふが、それとこれとは……

永田：大變違ふ。

城戸：さうさう。少くともわれわれプロデュウサーだけには讀まして貰はう。プロデュウサーは何にもその通りやるのぢやないが、それに對する考へとして、かういふことを採り上げてゐる間は、われわれは文部大臣賞に對

(142) 内田岐三雄「元禄忠臣蔵　後篇」『映画旬報』一九四二年三月一日号、二八―二九ページ。
(143) 鈴木勇吉〈封切映画興行價値〉「元禄忠臣蔵　後篇」『映画旬報』一九四二年三月一日号、三九ページ。
(144)『映画旬報』一九四二年一月一日号、グラビア。

して権威を認めぬ、かういふものを採り上げたことには敬服するといふ角度で、われわれにももう少し批判——といふと變だけれども、再考の餘裕を與へて貰ひたいね。
永田：今後、推薦理由が明確でないと、日本の映畫界の技術者を誤らせるようなことができる。
城戸：永田君がいふやうに、溝口君の作品としていちばん駄作だといふことは、溝口自身もさう思つてゐるだらう。それは彼はわかつてゐる。溝口は授賞の時、出席を遠慮した。己を知つてゐるから……、
永田：それだけに溝口の生命があるんだよ。(145)

この「映画行政座談会」は業界の中心人物たちが「映画統制」に対して率直に不満をぶつけている点で注目される。ここで国家の文化政策と娯楽産業との軋轢をまさに体現したのが『元禄忠臣蔵』だったわけだ。永田の発言は彼自身が一九五〇年代に大映でプロデュースした溝口の歴史映画（『雨月物語』『新・平家物語』など）を考える際にも示唆的だが、映画作家・溝口健二を持ち上げつつ、彼が作ってしまった困った映画『元禄忠臣蔵』を貶すというレトリックは、戦後に溝口を国家主義賛美の汚名から「救う」ために開発されたのではなく、公開半年後にすでに機能していたということがわかる。

それにしても、文部省やイデオローグたちは、『元禄忠臣蔵』のいったい何を高く評価したのか。永田と城戸のこの問いを引き継いでみよう。溝口も出席して一九四二年九月に開かれた文部省主催の座談会席上、津村秀夫は「溝口さんの『元禄忠臣蔵』、『忠臣蔵』は何遍もやったけれども、今度のような素材の扱い方は空前のものであった」と絶賛している。(146)津村のアジェンダは、ほぼ同時期に発表された「近代の超克」での発表（第一節）と同じく、外国映画の影響を払拭して「新しい日本的な映畫の技法」（二八）を創造することであった。同時代の凡百の映画イデオローグから津村を分かつのは、少なくとも映画形式の問題として「日本的なもの」を構想しており、「やはり畳の上の生活ということになると、殊に武家生活、それから鎧を着た者の出て来る生活、御殿なんというものが出て来ると、日本

映画のテンポというものは、ここから生れて来るでしょうね」（四四）といって、その礎として生活様式に基づく演出《ミザンセヌ》を挙げているところだ。

溝口の映画の史実に則った演出《ミザンセヌ》こそは、哲学者・長谷川如是閑が言うところの歴史映画の使命を果たすはずだったのだ。『日本映画』に一九四一年五月に発表された論文「歴史映畫の藝術的性格」の中で、長谷川は

［…］歴史映畫も亦、そこに示されてゐる過去の世界の形相そのものによつて、感覺情操の國民的特性を具體的に直觀せしめるものに外ならない。日本の歴史映畫の現代的意義は、歴史の現代的解釋と云つても、感覺・情操の國民的特性の傳承といふ點から、過去の時代の、心と形とを正しく把握し得ないやうな新解釋であつては、意味をなさない。(147)

と述べている。「感覚・情操の國民性」は、「時代の政治、學問、思想、藝術その他文化一般に如何なる變遷があつたにも拘らず、その基底をなしてゐる、一貫した性格のこと」(148)と定義されており、ここには歴史を超越した感性的・文化的アイデンティティの強い主張がある。『元禄忠臣蔵』は、本物の時代風俗の表象を通じて「感覚・情操の國民性」を直観的かつ無媒介に観客へと与えるはずだった。しかし、そうは問屋が卸さなかった。すでに見てきたように、モダンな大衆文化としての「時代劇的なるもの」を介して、アメリカ映画的なドラマツルギーとスピード感のある直接のアクション、スターのパフォーマンスに培われてきた観客は、おそらく監督とキャストから判断して『元禄忠臣

(145)　中野敏夫、城戸四郎、森岩雄、永田雅一「映画行政座談会」『映画旬報』一九四二年五月一一日号、八ページ。
(146)　三橋逢吉、溝口健二、田坂具隆、津村秀夫、稲垣浩、多根茂「文部省主催　映畫座談會」『日本映画』一九四二年九月号、二七ページ。以下、この座談会からの引用は本文中にカッコ内に示す。
(147)　長谷川如是閑「歴史映畫の藝術的性格」『日本映画』一九四一年五月号、六ページ。
(148)　Ibid., 五ページ。

蔵』を敬遠し、それでも映画館に足を運んだ大部分はすっかり退屈してしまったというわけだ。

さらに、「文部省主催映画座談会」上での時代劇監督・稲垣浩のおずおずとした発言は示唆的である。「溝口さんの『忠臣蔵』のあの義士の風俗といつたやうなものが本當だといふことを見る方に分からせる方法ですね。なにか溝口さんの方の風俗が嘘で、今まで作られた馬鹿派手なやうなのが本當のやうにいはれている。さういふ嘘ですね」（四〇）。つまり、時代劇の規範に慣れ親しんできた観客にとって、『元禄忠臣蔵』の風俗は、「日本的なもの」でもって感性的な無媒介の共鳴を呼ぶどころか、まさに異化効果として働いてしまったのだ。溝口の歴史映画は、長谷川如是閑が「日本人は、これ［西洋人の場合、引用者］に反して、二千年も前の國民の記憶を、今もなほ自分自身のことのやうにもち、且つ樂しむのである。かういふ日本人は、過去の世界を、「異國情調的」にあこがれるのではなく、自己の國民的性格の自覺としての快味を感ずるのである」[149]と形容したような日本人の民族としての記憶と感性を媒介とした同一性が神話に過ぎないということを、まざまざと露呈させたと言える。このように反歴史主義的な直観と感性による美の把握を国民国家のアイデンティティの核とする方向性は、「近代の超克」座談会における小林秀雄の発言とも重なり、[150]『元禄忠臣蔵』の倒錯と転倒の意義は決して小さくない。

溝口の自覚のほどはわからない。上記の津村の畳生活に関する発言に、溝口はこう答えている。「そうです。ところが中世以前、徳川期以前には、坐つているということは少ないです。元禄時代には、女でも胡座をかく生活があるわけです。或は立膝をする。そういう場合にこうしておつては、今の通念としておかしいわけです」（四四）。言うまでもなく、溝口は風俗を取捨選択して適用していたわけだ。しかし、後に歴史家・網野善彦が『日本社会と天皇制』の中で、中世の女性の立膝に朝鮮半島との共通性を見いだし、均質な日本という幻想に疑問を呈す糸口として提示しているのは示唆的だ。[151]溝口は、『新・平家物語』の中でついに祇園女御（木暮実千代）に立膝をつかせているではないか。[152]私はなにも網野が溝口に影響を受けたはずだと主張したいのではない。溝口の時代考証への執着は、いわゆる「日本文化」のイメージへと回収されない複数的な歴史への目を開き、かつ、「いかに木暮実千代に立膝をさせるか」

といった具体的な映画の演出《ミザンセヌ》の問題に直結していた。

溝口の「歴史映画」は戦中から戦後にかけて連続している。「元禄」という時代設定は時代劇のジャンルの規範と同じ江戸時代にありながら、百年のずれによって異なった風俗と外観を提供しうる。この特殊性が、溝口の一九五〇年代の二本の代表作——『西鶴一代女』と『近松物語』——がともに元禄を舞台としていることを説明するだろう。『雨月物語』『山椒大夫』『新・平家物語』は、黒澤明の「サムライ・フィルム」として海外で知られる『七人の侍』や『隠し砦の三悪人』（一九五八年）と同様に、時代劇ジャンルの主流から外れ、徳川時代以前の世界に材を求めている。戦国物は日本の時代劇の世界では「鎧物」と呼ばれ、徳川時代を舞台としたジャンルの王道からは区別されてきた。そして、溝口の題材は香港のショウ・ブラザーズと大映が共同製作した『楊貴妃』で、ついに唐の時代へと飛翔する。(153)

（149）Ibid., 四ページ。

（150）小林秀雄は言う。「富士山をどのやうに解釈しようが、あの富士山の形は動かすべからざるものだといふことが画描きには必要なことでせう、それと同じく歴史的の事実といふものもさういふ風に見えて来ないといかんといふ非常に大切な秘密があるので、鎌倉時代の美術品がわれわれの眼の前にあつてその美しさといふものはわれわれの批判解釈を絶した独立自足してゐる美しさがあるのですが、さういふ美術品と同じやうに鎌倉時代の人情なり、風俗なり、思想なりが僕に感じられなければならぬ。そしてそれは空想でも不可能事でもない。そういふ考へ方は、現代の歴史主義といふやうなものとは僕は大変違ふと思ふのですが、どうですか」。前掲『近代の超克』、二二二―二三ページ。

（151）「[…]朝鮮半島の女性のすわりかたは、現在でも正式には立てひざであります。チョゴリの下にひざを立ててすわる。いまの日本人がやると、なかなかむずかしいようでありますが、じつは日本においても、すくなくとも西日本では、鎌倉時代までの絵巻物をみますと、女性はみんな立てひざですわっておりまして、正座をしてすわっている女性は、とくべつな場合、ごく例外的にみられるのみなのであります」。網野善彦『日本社会と天皇制』（岩波ブックレット、一九八八年）、一五ページ。

（152）だが、吉村公三郎『源氏物語』（大映京都、一九五一年）においても藤壷に扮した木暮実千代が立て膝をついていることを考えると、溝口個人というよりは、この三作すべてにおいて美術監督を務めた水谷浩を中心とした風俗考証に携わる映画人ネットワークの中にこの仕草を捉えるべきかもしれない。

（153）『楊貴妃』製作のショウ側の思惑については、邱淑婷『香港・日本映画交流史』（東京大学出版会、二〇〇七年）、一五六ページ。水谷浩はこのような題材の多様性と複数性は決して溝口のプロジェクトを「日本的なもの」から逸らせはしない。邦楽改良運動についての近年の研究からもわかるように、(154) 戦前においては「日本文化」を純粋性や単一性において規定する思考は決して支配的ではなく、西洋文化を積極的に導入することにおいてこそ「日本的なもの」が世界へと進出するのだという考えが、文化・芸術に携わる多くの人々に共有されていた。映画においては、一九一〇年代末から二〇年代初にかけての「純映画運動」が同型の関心を持っていた。帰山教正《かえりやまのりまさ》らによって進められた純映画劇運動は、台詞字幕の使用、映画における女形の廃止など、日本の映画の「近代化」を求め、ハリウッド映画に学んでクロースアップをはじめとした「映画的」技法を導入しようとしたが、こうした改革の最終的な目標は日本映画の海外進出だった。彼らは、「日本的なもの」と西洋のテクノロジーを二つの独立した実体とは考えていない。溝口や谷崎潤一郎をはじめ、この運動を同時代で経験した文化人たちは、純粋に日本的なものと西洋的なものを峻別しようという風潮とは一線を画し、「日本」の歴史的・地理的な同一性を疑問に付すような多様な素材を使って、不純で強靭な日本文化を生産しようとしていたのだ。

いうまでもなく、日本文化・日本民族の多様性・複数性の称揚は、大東亜共栄圏を正当化する帝国の論理へと通じる。だが、溝口の「歴史映画」と戦後におけるその世界映画への進出は、少なくとも、単一の日本文化という神話によってはとらえきれない多層性をはらんでいた。

『楊貴妃』の資料収集や、香港側の考証者との協力関係の破綻について詳しく記述している。水谷浩「時代映畫美術宇随想（2）『楊貴妃』美術考」『時代映画』一九五六年二月号、三〇―三七ページ、同「時代映畫美術宇随想（3）『楊貴妃』美術考（二）」『時代映画』一九五六年三月号、二〇―二五ページ、同「時代映畫美術宇随想（4）『楊貴妃』美術考（三）」『時代映画』一九五六年四月号、三五―三九ページ。そこで示されるのは日本の支那学の伝統に基づく考証は香港での映画セットの実践に優る、という真にサイード的な意味でオリエンタリストな見解である。しかし、一方で、史料に基づき演劇・映画の規範を批判する考証を標榜するならば、これは事実であった。建築学の視点から『楊貴妃』を分析する趙斉（東京大学大学院工学系研究科）の研究成果が待たれるところだ。

(154) 渡辺裕の邦楽改良運動に関する優れた研究『日本文化モダン・ラプソディ』（春秋社、二〇〇二年）を参照。

第二部　トーキーの間メディア美学

第二章　革命前夜——溝口健二の『唐人お吉』（一九三〇年）

第一節　はじめに

『西鶴一代女』（一九五二年）の撮影中、溝口健二は旧知の批評家、岸松雄のインタヴューに応え、自らの作家の徴の成り立ちについてこう語っている。

岸「こんども相變らず一シーン一カットの溝口流らしいけど、ああいう撮り方するようになったのは、いつごろからですか。『祇園の姉妹』あたりになると、ひどく顕著に……」

溝口「そうですね。しかし、あの撮り方、大分前からやっていますよ。梅村蓉子主演の『唐人お吉』時分からです。あの時なんか池永のオヤヂ（當時の日活撮影所長池永浩久のこと〔原註〕）に怒られましてね。」（笑）(1)

溝口の三〇年代以降の現存作品群——私たちの知っている「溝口」——を形式的に規定しようとするなら、「長回し」というところに落ち着くだろう。一九三〇年七月一日に公開された『唐人お吉』は、幕末の下田を舞台に、アメリカ合州国初代日本総領事タウンゼンド・ハリスに対して幕府が妾としてあてがった芸者・お吉の淪落の物語を語る。この溝口初の時代劇は、今日に至るまで映画本編のプリントの現存は確認されていない。つまり、作家自らが証言するその「起源」は永遠に失われ、ただ映画文化の「稗田阿礼」（佐相勉）淀川長治の語りによって、まさに神話として伝えられるばかりであった。(2)(3)

ところが、二〇〇四年に京都文化博物館に寄贈された坂根田鶴子文庫には、『唐人お吉』の場面表、部分的なスクリプター・メモなど、貴重な一次資料が含まれている。(4) 坂根は後に日本初の女性映画監督となるが、満映で文化映画の監督として一本立ちしていた数年間を除き、一九三〇年から一九四八年まで助監督／スクリプター／編集者として溝口組に欠かせないメンバーだった。(5)

本章の出発点として、『唐人お吉』の製作過程を記した一次資料を原作の小説、映画雑誌や新聞の映画評などと照らし合わせてみよう。例えば、

ラスト・シーン・お吉、じだらくにお吉の屋敷のひと間で、酒のびんをころがした前で三味線のつまびき。床の間に米俵が五俵。外から投げた石が二個三個、パラリピシャリとお吉のひざ、肩、床の間に当る。「やーい、らしゃめんおきち」「らしゃめんおきち」。もちろんサイレント映画。カット割りで見せる。ガバと立ち上がったお吉、床の間の一俵、摑んで曳きずってきた一俵のその俵のわらをむしりとり、手をつっこんで米をひと握り、摑むやいなやパッとまいた、また、まいた。お吉を輪になってとりまく男たち。「これが欲しいか、さァ取れ、さァ拾え」。米が四方に散る。このラスト・シーン。キャメラ、ふかんでとらえたこのラスト。(6)

と淀川が語ったクライマックスをスクリプター記録で見てみよう（図版2-1-1、図版2-1-2）。他の箇所には「大寫」「接寫」「全景」とショットの種類が記され、ショットの移行も明記されているので、このシーンには二つ（ある

い は三つか）の字幕以外カットがなく、坂根が記録したアクションから考えて「長回し」と呼びうるものだった可能性は高い。「もちろんサイレント映画。カット割りで見せる」という淀川の形式についての記憶とは矛盾するが、刃物を手にした論落の女が啖呵を切る芝居といい、俵を見つめて思案する「静」から、隣接した部屋へと駆けて行く「動」へと虚を突く転換といい、「これぞ溝口」と胸を熱くするのは私だけではないだろう。他にも新内流しに身を落としたヒロインが「ラシャメンで出世した」元幕僚に毒づくシーン、舟中で昔の恋人鶴松と再会するラストシーンなど、長回しを示唆する場面は散見される。

しかし、坂根文庫の『唐人お吉』ファイルのメモには欠落も多く、上記の例からも窺えるように、残っている部分にもショットの長さ、レンズや絞り、ステージングの細部などの情報は含まれていない。一方、二次資料に基づく失われたフィルムの再構成としては、すでに佐相勉が優れた成果を上げている。[7] 断片的な坂根資料と二次資料を総合し溝口の「長回し」誕生の瞬間を追い求める試みは佐相に委ねたい。本章は、一九三〇年を二重の意味で転換期として捉え、幕末＝革命前夜の物語『唐人お吉』をこの歴史的文脈に置くことを眼目とする。

（1）岸松雄「溝口健二の藝術」『キネマ旬報』一九五二年四月下旬号、四四ページ。
（2）製作は日活現代劇部。田村幸彦「唐人お吉」（主要日本映画批評）『キネマ旬報』一九三〇年七月一一日号、六七ページ、佐相勉「溝口健二・全映画」佐相、西田宣善編『映画読本　溝口健二』（フィルムアート社、一九九七年）、九一ページ。
（3）淀川長治、蓮實重彥「特別対談・溝口健二を語る（前篇）　モダンボーイ溝口、日本を再発見」『キネマ旬報』一九九一年九月上旬号、一〇二ページ、淀川長治『淀川長治　究極の日本映画ベスト66』（河出書房新社、二〇〇五年）、二一―二二ページ（初出『キネマ旬報』一九九二年一一月上旬号）。
（4）本章における未出版の製作メモや草稿の引用元は別に記さない限りすべて同博物館坂根文庫とし、註は割愛する。
（5）坂根田鶴子の生涯については、小野恵美子による一九七五年のインタヴュー「映画づくり四十年」小野恵美子『ききがき　女たちの記録』（青山社、一九九九年）、五―六八ページ、映画監督としての坂根については、池川玲子の優れた研究『「帝国」の映画監督　坂根田鶴子』（吉川弘文館、二〇一一年）を参照。
（6）淀川長治『淀川長治自伝・下』（中央文庫、一九八八年）、二七五―七六ページ。
（7）佐相勉『溝口健二・全作品解説⑧』（近代文芸社、二〇一〇年）、五―一〇六ページ。

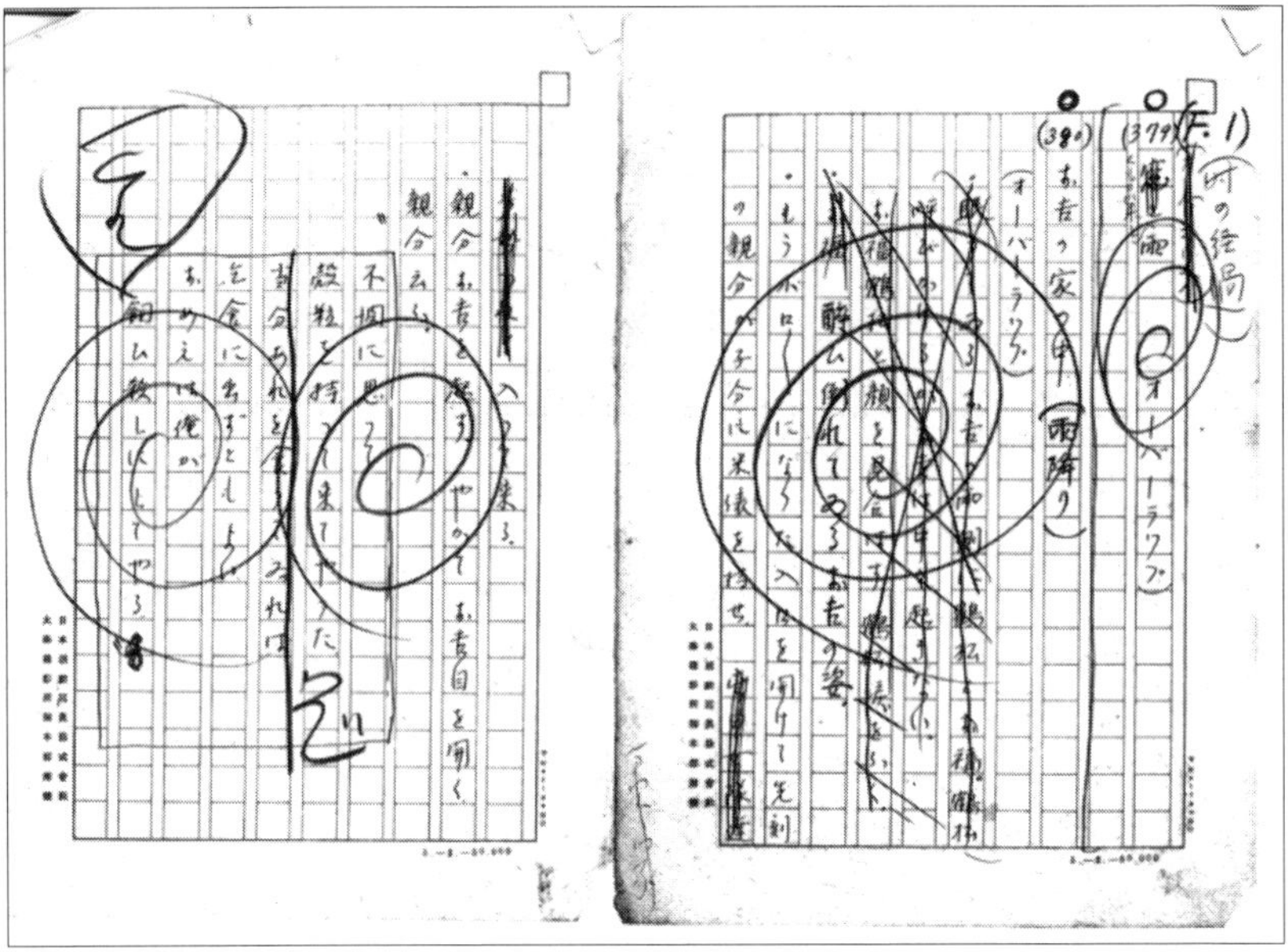

2-1-1：坂根田鶴子文庫、京都文化博物館所蔵。以下同じ。

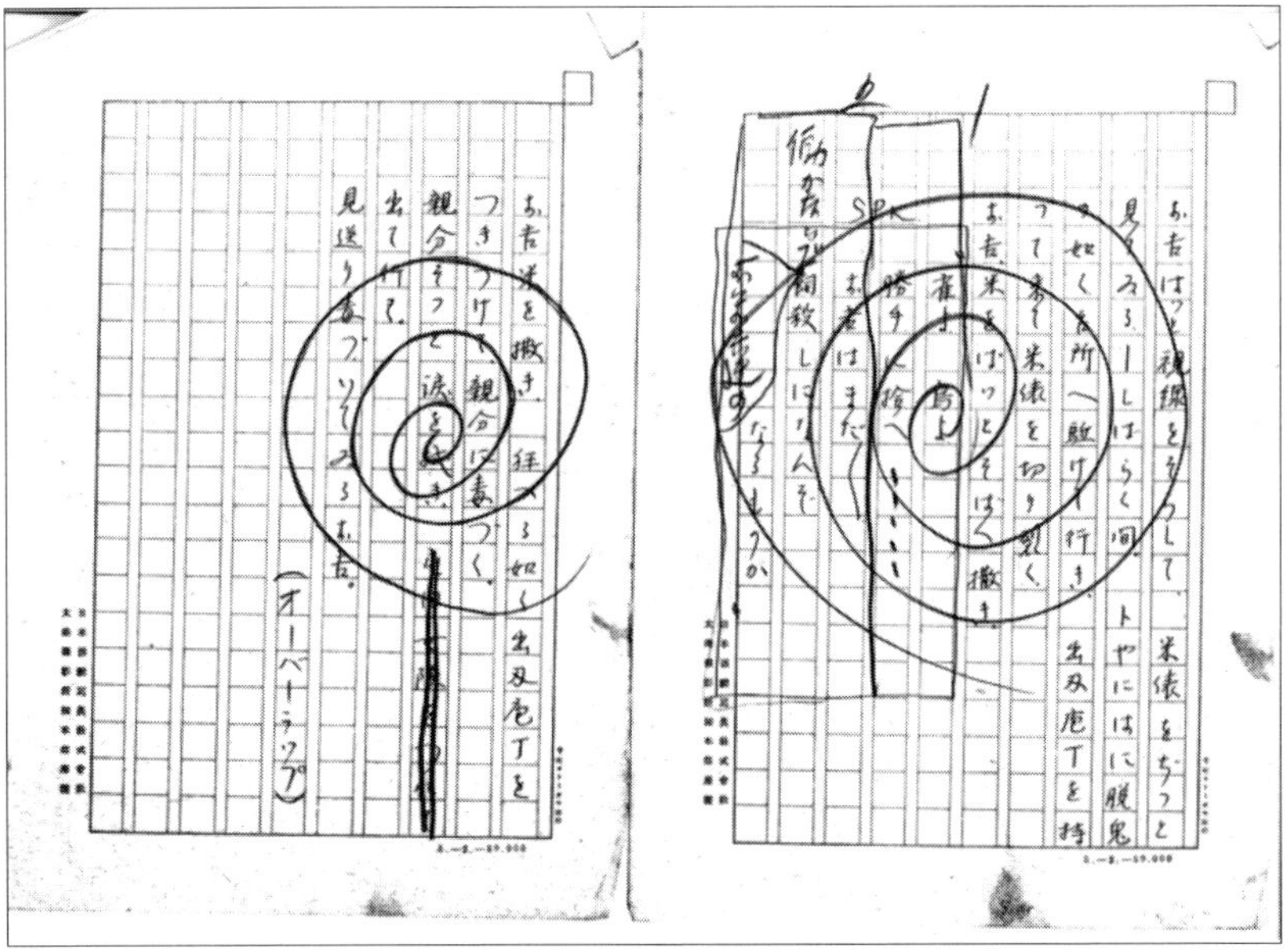

2-1-2

歴史家アンドルー・ゴードンは、一九二九年から三一年を危機の時代として捉え、戦前日本の転換点と見なす。一九二五年には男子普選が実現し、一九二〇年代を通して労働者の間に権利意識が高まり、組合運動と社会主義も着実に地歩を固めていた。二九年に始まる世界恐慌の中で倒産や大規模な解雇が相次ぐなか、ストライキと小作争議は未曾有の数に達し、階級対立が先鋭化した。一方で、「モガ」像に集約されるように、資本主義化・都市化による「伝統的」価値の浸蝕が進み、保守派の経済的・政治的エリートの危機意識を高めた。政治の苛烈な二極化は妥協と交渉の道を閉ざし、一九三一年九月の満州事変、三二年の五・一五事件へと帰着する。[8] 本章はゴードンの歴史区分に従い、『唐人お吉』をこの二年ほどの危機の時代の中に位置づける。しかし、二九―三一年の危機の時代を単なる戦争への序曲として捉えることはできない。この時期、大衆文化の政治化と政治の美学＝感性化が並行して進むとともに、アメリカニズムとソヴィエトの前衛芸術など今日から見ると相反する磁場が共振を始めていた。溝口作品に即して具体的に言えば、『東京行進曲』(一九二九年)、幻の金字塔『都会交響楽』(一九二九年)、前作『ふるさと』(一九三〇年)の中に結晶していた(と思われる)「傾向映画」性は、『唐人お吉』にも息づいている。決して訪れることのなかった革命の前夜、エフェメラルな祝祭的瞬間が生まれ、そこでは全て――超党派の連帯、革命的かつ大衆的な芸術――を夢見ることができたのかも知れない。

一九三〇年はまた、トーキー「革命」の前夜でもあった。この映画技術・映画産業の「革命」は、明治維新に擬えられ、アメリカからの外圧――「黒船」のごときハリウッド製トーキー映画の到来――が原因として名指されてきた。[9] この比喩は重層的な意味においてのみ正しい。まず、明治維新を「ブルジョワ革命」とみなすか否かが戦前のマルクス主義歴史学におけるイデオロギー的な対立点であったのと同様に、トーキー化を「革命」と呼ぶこともまた決して

(8) Andrew Gordon, *Labor and Imperial Democracy in Prewar Japan* (Berkeley: University of California Press, 1991), 237-69.

(9) Iwamoto Kenji. "Sound in the Early Japanese Talkies," in *Reframing Japanese Cinema: Authorship, Genre, History*, ed. Arthur Nolletti, Jr. and David Desser (Bloomington: Indiana University Press, 1992), 314.

自明ではない。まず、過去三〇年程の間にアメリカ映画産業を主な対象として興隆した新歴史主義的研究は、それ以前のポピュラーな映画史が語ってきた革命、混乱、断絶の語りと、それに付随した「ワーナー兄弟一世一代の大博打」「サイレント・スターの没落と破滅」などのドラマチックな物語を疑問に付してきた。即ち、一九二八年以降、ハリウッド・メジャーはパニックに陥るどころか、電気関連大企業と連携し整然と足並みを揃えて速やかにトーキー化を遂行した。[10]古典ハリウッド映画は束の間の混乱こそあったものの早々にスタイル上の安定を取り戻し、[11]一時は確かに延びたショットの長さの平均（Average Shot Length）も短縮されてほぼサイレント期の水準に戻った。[12]ブロードウェイやヴォードヴィルの舞台の都市的な際どさとえげつなさをスクリーンにそのまま持ち込んだコメディやミュージカルも、三〇年代に入ると地方小都市《スモールタウン》の価値観に合わせてそそくさと「健全」化した。[13]一方、サイレント映画上映時の伴奏音楽や解説についての歴史研究が蓄積されるなか、「サイレント映画はサイレントではなかった」という言葉はもはや紋切型となった。[14]映画の「発明者」の一角をなすトマス・アルヴァ・エディソンとウィリアム・K・L・ディクソンが、動く映像とやはりエディソンの手になる発明・蓄音機を同期させることを試み、部分的に成功していたということも、広く知られるようになっている。つまり、「サイレント」と「トーキー」の間に断絶を見出し、前者から後者への移行を革命あるいは断絶として捉える映画史は、目的論的史観や英雄伝の語り口とともに過去の遺物となりつつある。

そもそも、私たちが知っているトーキー＝「映画」はあくまで遡行的に認識されるもので、一九三〇年の時点での「トーキー」は、ラジオ、レコードなどの間メディア的（intermedial）な大衆文化のネットワークと不分明だった。[15]リック・アルトマンによれば、現在「トーキー」として同一性を与えられているミディアム自体が、その揺籃期において、ラジオ、電話、レコードなど、現在では映画とは明確に区別されているメディアと様々な形で同一視あるいは接合されていた。[16]そもそもワーナーからして当初はディスク式のヴァイタフォンを基本的にレコードと同一視しており、トーキー化の目的は声を同期させることではなく、高価なオーケストラを雇えない中小館に一流の伴奏音楽を配布することだった。[17]初期ヴァイタフォンの短編は、映画上映の前後に組み込まれていた音楽演奏、歌唱、喜劇ショーなどの「実演《プレゼンテーション》」を複製技術で代用することを目的としていたため、ブロードウェイやヴォードヴィルの演し物ばかり撮影したのは当然だった。(18) クラフトンは、一九二〇年代の通俗科学書や広告の言説が、ラジオ、レコード、電話、テレビジョン、そしてトーキーを進歩の象徴である「電気」技術として十把一絡げにしていたことを明らかにしている。(19) 状況は同時代の日本でも変わらない。一九二九年には多くの批評家が「トーキー」あるいは「発声映画」をラジオやテレビジョンと並べて近代文明と産業資本主義の「尖端」として論じていたし、飯島正らの映画批評家は「トーキー」を「映画」とは別のミディアムとして捉え、ラジオやテレビジョンと同じく「映画」と並存して発展するであろうと考えていた。(20) つまり、現在では音声を欠くサイレントからトーキーへと「映画」というミディアムが成長したと理解するのが普通だが、この物語は歴史性を捨象することで成立している。

---

(10) Douglas Gomery, *The Coming of Sound* (New York: Routledge, 2005).
(11) David Bordwell, Janet Staiger, and Kristin Thompson, *The Classical Hollywood Cinema: Film Style & Mode of Production to 1960* (New York: Columbia University Press, 1985), 298–308.
(12) Barry Salt, *Film Style and Technology: History and Analysis*, 2nd ed. (London: Starword, 1992), 212–18.
(13) Donald Crafton, *The Talkies: American Cinema's Transition to Sound 1926–1931* (New York: Charles Scribner's Sons, 1997).
(14) 成果の集大成として、Richard Abel and Rick Altman, ed., *The Sounds of Early Cinema* (Bloomington: Indiana University Press, 2001); Rick Altman, *Silent Film Sound* (New York: Columbia University Press, 2007).
(15) "Intermediality" という概念は、異なるメディアの「間」に生起する美学的な問題を扱う。序章第二節を参照。
(16) Rick Altman, "Introduction: Sound/History," in *Sound Theory/Sound Practice*, ed. Rick Altman (New York: Routledge, 1992), 113. 仁井田千絵『アメリカ映画史におけるラジオの影響——異なるメディアの出会い』(早稲田大学出版部、二〇一二年) はアメリカのトーキー移行期における映画とラジオの間メディア的関係についての優れた歴史研究であり、トーキー化一般について日本語で書かれた論考としても卓越している。
(17) Altman, "Introduction: Sound/History," 118-20.
(18) Gomery, *The Coming of Sound*, 7-21, 仁井田、前掲書、一八——二二ページ。
(19) Crafton, *The Talkies*, 23-32.
(20) 武田晃「トーキーはトーキーである」『映画往来』一九二九年六月号、一五ページ、飯島正「沈黙映画の位置」『映画往来』一九二九年七月号、一〇——一三ページ、岸松雄「一九二九年日本映画論壇回顧」『映画往来』一九二九年一二月号、一五ページしかし、こうした歴史化の実践は、「トーキー化」のインパクトを決して否定するものではない。本章は、続く第三章とともに、音声の導入が「映画」という制度とともに映画作家としての溝口健二を不可逆的に変え、長回しを導入する契機となったという作業仮説をもとに展開する。第三章の結論を先取りして言えば、トーキー化によって弁士と伴奏音楽が退場したことにより、意味生成の場が映画館からフィルム＝映画テクストへと移行した。こうして成立した自律的なテクストとしての「映画」を条件とし、一方で音声の同期によってもたらされた新しい時空間の持続に基づくトーキー映画固有の美学という同時代の言説との対話との中で、長回しと縦の構図に演出《ミザンセヌ》を組織する溝口の映画が立ち現れたのだ。歴史化によって「トーキー革命」の神話を解体し、ラジオ、レコード、演劇、出版、さらには観光というような間メディア的大衆文化の中に「映画」を開くことと、私たちの知っている「溝口」の誕生をまさにトーキー化の中に跡づけること。本章の責務は、この二つの一見相反する営為を同時に行うことによって、溝口の映画作品のある種の特徴――アヴァンギャルド的な不連続性――を理解するための補助線を引くとともに、モダニティにおける「芸術」としての映画の確立というこの映画作家のキャリアに映画史的な文脈を与えることである。

具体的には、本章はトーキー化に伴う溝口の映画の変容を、映画テクストに外在した間メディア性、差異、異種混交性がテクストの内部へと吸収される過程として提示する。溝口は前作『ふるさと』（一九三〇年三月一四日公開）で初のパート・トーキーに取り組んだ。『唐人お吉』も当初はトーキーとして企画が立てられていたが[21]、結果的に、一九二九年五月の『東京行進曲』と同様、レコード産業とタイアップして主題歌を売り出し、上映時にはライヴ歌唱が伴う「小唄映画」として売り出された[22]。歴史的な視座から小唄映画現象を見直すと、映画『唐人お吉』は、録音した音声を同期していようがいまいが、「トーキー」も含めた尖端的間メディア・ネットワークの中にあった。

続く第二節は、第三章の議論をも射程に入れつつ、溝口とトーキー化の密接なかかわりについて概観する。その上で、第三節では、坂根資料、同時代批評と原作の小説の分析に基づき、『唐人お吉』をアメリカニズムとモンタージュという一九二〇年代後半の「尖端的」モダニズムの結晶として捉え、第四節は「唐人お吉」をめぐる間メディア・ネットワークを伊豆・下田の観光戦略という視点から照射する。結びの第五節がモダニティと知覚の関わりについての理論的考察を通して示すのは、こうした一次資料や関連テクスト群の歴史的分析によって明らかになるのは、単なる「文脈」や「背景」ではなく、モンタージュと長回しという一見すると対極にある形式の共通の土壌としての大衆的公共圏、そしてあくまでその陰画《ネガ》としてのアヴァンギャルドであるということだ。

第二節　溝口健二の「映画言語の進化」

そもそも、なぜ溝口とトーキー化を結びつけるのか？　本人が幾度かそう証言しているからである。一九五〇年の「芸談」の中で長回しについて語り始めた溝口は、サイレントとトーキーの演出上の違いに帰着する。

> 心理学的にいうと、静止した構図は、五秒以内であるそうだ。ぼくだって、「静止」を見せるために、ああいうやり方をやったわけじゃない。むしろ、人間の心理を盛り上げて行きたいから、ああいう手法を、自然と選んだんだね。
> 　一つの構図の動きの中で、人間の心理が盛り上がって来る。そいつを、カットして、ポツンと切るのが惜しくなるんだ。そのまま押せるだけ押していきたい。それが、ああいう手法になったんで、とくに意識したり、奇を

(21)　坂根は彼女の初仕事『唐人お吉』をトーキーとして記憶しており（小野、前掲書、二一ページ）、坂根文庫のシークェンス表には「AR」（アフレコ?）と記された欄がある。

(22)　「小唄映画」のヴァリエーションおよび史的展開については、笹川慶子「小唄映画に関する基礎調査——明治末期から昭和初期を中心に」『早稲田大学21世紀COEプログラム〈演劇の総合的研究と演劇学の確立〉演劇研究センター紀要I』二〇〇三年三月、一七五—九七ページを見よ。

てらったりしたわけじゃない。永い間、サイレント映画の芝居から脱し切れなかったぼくは、あのころ、クローズアップによる心理描写から逃れようとして、いきおい、ああいう手法を選んでしまったんで、むろん、ぼくのようなやり方だけが、正しいなんて思っていない。(23)

つまり、溝口は同一構図の中で「押して行く」長回しと連動した演出を「サイレント的」なクロースアップと対置させている。この発言は五〇年代のものだが、事後的な記憶の捏造とは思われない。一九三八年にも長回しはトーキー化と結びつけられているからだ。溝口と島津保次郎を囲む座談会の中で、「溝口さんはカットは長いですね」と批評家・飯田心美に水を向けられた島津が言う。

島津：カットが長いだけに演出が上手です。日の淺い監督さんが長いシーンを廻せるかといふと、事實は廻せない。長く廻す事に依つて、ニュアンスが出て來る。カットの多い寫眞はサイレント技巧の延長ですね。トーキーはカットが少なければ少ない程いゝと思ふ。こういふことは考へ付いて云ふのではなく、やつてゐる内にさうぢやないかといふ氣持になつて來たのです。溝口さんは實際演出は巧いですな。(24)

この発言に溝口は即座に「さう云はれると、今度僕は云ふことはないね」と返しており、練達の同業者からの当を得た賛辞として承認したと取ってよいだろう。

ここで島津と溝口が依拠しているサイレントとトーキーの差異は、前節でも紹介したハリウッドについての歴史研究にも見られるとおり、映画美学的問題としての重要性は必ずしも普遍的とされていない。しかし、第三章で詳述するように、おそらくサイレントとトーキーが製作・興行の両サイドで長く並存したという映画史的文脈のため、一九三〇年代日本の映画作りの実践と批評的言説においては「トーキー美学」が中心的メルクマールとなった。

溝口が『唐人お吉』の前に監督した『ふるさと』は日本のメジャー撮影所製作のトーキーとしては最初期に属する。『ふるさと』の製作と受容についての本格的な記述・分析はすでに十分に行われているのでそちらに譲るが、[25] ミナトーキー・システム（後述）を使ったこのパート・トーキーは「我らがテナー」藤原義江の主演もあって興行的に成功したものの、[26] 溝口としては納得がゆく仕事ではなかった。座談会で監督者として意見を求められると、「今まで撮つた形式の寫眞へ、その一部に聲を入れると云ふことゝ、それと音樂、それから何か音を入れると云ふことの觀念だけでやつたのです。微細な點に至つては苦心と云ふ程度まで行つていないでせう。本當の意味から云つて……」と苦渋のコメントを述べている。[27] しかし、続く「もう少し研究して、トーキーをやるならやり直して、最初から商品價値を狙つたものでない、もつと、何と云ひますかね、商品として市場に出さないものからやりたいのです」という発言からみても、これは逆に強い決意の表れとして読める。同座談会で批評家・武田晃が「サイレント・ピクチャーの特色が相當生かされて居りますね」と言い、[28]『キネマ旬報』の批評で飯島正が「トオキイに慣れんがために、パアト・トオキイを作り、無聲映畫のテクニクを破壊しないようにパアト・トオキイを作つたのである。／この結果は、『ふるさと』の成功した部分となつた。即ち、この映畫では、トオキイ初期のみにくい場面固定がない。無聲映畫の

（23）筈見恒夫「溝口健二芸談　第一回」『東京新聞』一九五〇年八月八日号、四ページ。この芸談インタヴューのラジオ放送をもとにしたとされるのが、Kenji Mizoguchi, "Trois interviews de Mizoguchi," *Cahiers du cinema*, Feb. 1961, 16-17.
（24）島津保次郎、溝口健二、飯田心美、et. al.「島津・溝口映画縦横談」『キネマ旬報』一九三八年一〇月一日号、九七ページ。
（25）佐相勉『溝口健二・全作品解説⑦』（近代文芸社、二〇一〇年）、長門洋平『映画音響論――溝口健二を聴く』（みすず書房、二〇一四年）、第三章、Chika Kinoshita, "Mise en scène of Desire: The Films of Mizoguchi Kenji," PhD Dissertation, University of Chicago, 2007, 173-86.
（26）川口松太郎によると、日活の封切館・浅草冨士館で三週間続映した。上映は一週間が普通なので、大ヒットとみなされる。如月敏、袋一平、杉本彰、川口松太郎、古川緑波「映畫時代合評會第一回『ふるさと』合評」『映画時代』一九三〇年五月号、六九ページ。
（27）森岩雄、田中榮三、畑本秋一、如月敏、北村小松、溝口健二、峰尾芳男、蔦見丈夫、大野求「『ふるさと』座談會」『映画往来』一九三〇年五月号、五三ページ。
（28）Ibid., 五四ページ。

如くに流動する」と賞賛しているような『ふるさと』のいわば「音付きサイレント映画」としての成功、その「サイレント映画性」こそが、溝口にとっては乗り越えるべき課題となったと考えられる。「サイレント・ピクチャーの流動美」を賞賛する同席者に対して「サイレントのよさを生かしたと云ふことはちつとも名誉とは思はない」と言い放った脚本・森岩雄（後の東宝重役）とともに、溝口には抜群の先見の明があった。「トーキー美学」を模索する溝口の実験はかくして始動する。[29][30]

本章は日本におけるトーキーの始まりを一九二九年五月九日、つまりハリウッド製トーキーが日本の映画館で初公開された日付とする。[31]もちろん、レコードとサイレント映画を同期しようという試みはサイレント時代を通じて世界各国で行われており、日本でも弥満登音映（一九一三年）やエディソンから権利を買って設立された日本キネトフォン（一九一三―一九一七年）が知られている。[32]こうした試みを無視するつもりは決してないが、ハリウッド製トーキーが配給・興行へと雪崩の如く押し寄せたからこそ、製作まで含めた日本の映画産業の機構が変革を余儀なくされたのだ。

トーキーは、音声を電気信号に変換し、それをフィルムあるいはレコードのような媒体に記録した上で、動く映像と何らかの「同期」を行い、映画館で増幅・再生することで可能になる。こうした技術の根幹となる三極真空管オーディオンを一九〇六年に発明したリー・デ・フォレストは、一九二二年から二四年にかけて、フィルム式トーキー・フォノフィルムを開発し、ヴォードヴィル芸人らによる短編を撮影してデモンストレーションを行い、映画業界へ売り込んだ。ところが、アコースティック録音の蓄音機と映像を同期させる（させようとする）一九一〇年代のキネトフォンらの失敗により、ハリウッドのプロデューサーたちの脳裏には「トーキー」に対するネガティヴな印象が強く焼き付いており、[33]取引に応じる者はなかった。大資本のバックも商才もない奇矯な発明家に率いられたフォノフィルム社は一九二六年に破綻する。[34]アメリカにおいては言わばトーキー化の最初の捨て石となり、枝分かれしたフォックス・ムーヴィートーンに技術が受け継がれただけのフォノフィルムだが、オーストラリアや日本のような世界の「周縁」部でのトーキー普及にあたって重要な役割を果たすことになる。[35]

一方、アメリカでトーキー化を実際に遂行したのは、デ・フォレストの特許を買い取り、ベル研究所に巨額の資金をつぎ込んで着々と開発を進めたAT&Tの製造部門・WE（ウェスタン・エレクトリック）や、一九二一年にWEとクロス・ライセンス契約を結び、一九二八年にはRKOを設立するラジオ系の企業RCAなどの巨大企業である。一九二四年にWEはディスク式トーキーの技術を完成させ、フィルム式についても着実に成果を上げていた。[36] 一九二〇年代中葉、ハリウッド・メジャーとして二番手クラスに属するワーナーとフォックスは、劇場チェーンを買収し、大都市に続々と封切館を建設するなど、アグレッシヴな拡大戦略を取っていた。ワーナーが一九二五年六月にWEと提携を結び、ディスク式のヴァイタフォンを使ったトーキー映画の製作に着手したのは、こうした攻めの姿勢の一貫である。[37] 業界トップの二社・パラマウントとMGMは、ワーナー、セオドア・ケースのムーヴィートーンと契約したフォックスなど、二番手クラスのトーキー化の動向を注視しつつ、機の熟するのを待っていた。フォックス・ムーヴィートーンがチャールズ・リンドバーグの大西洋横断飛行（一九二七年五月—六月）の成功を音付きニュース映

(29) 飯島正「ふるさと」『キネマ旬報』一九三〇年四月二一日号、八九ページ。
(30) 森岩雄、田中榮三、畑本秋一、他「『ふるさと』座談會」、五四ページ。
(31) 浅草の電気館、新宿武蔵野館がド・フォレストのフォノフィルム方式の映写機を使い、フォックス・ムーヴィートーンの『進軍』（マルセル・シルヴァー監督、三巻）とハワイの歌と踊りを記録した『南海の唄』を上映した。『キネマ旬報』一九二九年五月一一日号、六ページ。
(32) 岡部龍「日本発声映画の初めにできた二社」岡部龍編『資料　日本発声映画の創生期——「黎明」から「マダムと女房」まで』（フィルムライブラリー協議会、一九七五年）、九—一〇ページ。溝口も後の座談会で「蓄音機ならば何とか大阪で「やまとトーキー」とか云ふのがありましたね」と述べている。溝口健二、五所平之助、木村荘十二、他「トーキー回顧座談會」『日本映画』一九四〇年二月号、一四三ページ。
(33) Gomery, *The Coming of Sound*, 24-29.
(34) Crafton, *The Talkies*, 63-70.
(35) オーストラリアにおけるフォノフィルムについては、Brian Yecies, "Transformative Soundscapes: Innovating De Forest Phonofilms Talkies in Australia," *Scope: An Online Journal of Film Studies*, February 10, 2005 http://www.scope.nottingham.ac.uk/issue.php?issue=1 (last accessed July 27, 2013)
(36) Gomery, *The Coming of Sound*, 34.
(37) Ibid., 35-37.

画として伝え、ワーナーの『ジャズ・シンガー』（一九二七年一〇月公開）、さらに『シンギング・フール』（一九二八年九月公開）の大ヒットが長編トーキー映画の未来を保証するなか、一九二八年五月一一日、パラマウント、ユナイテッド・アーティスツ、MGMがWEのトーキー・システムを採択する契約を結び、ユニヴァーサルやコロンビアなど他のスタジオも一斉に追随した。(38) これ以降、ハリウッドのトーキー化は目覚ましい速度で進む。『ジャズ・シンガー』のようなパート・トーキーではなくオール・トーキーが一九二八年夏には作られはじめ、同年一〇月には早くもワーナーがサイレント映画の製作を停止し、一九二九年の夏にはハリウッド全体でサイレント映画は過去のものになっていた。(39)

ちょうどそのころ、岩崎昶は『映画往来』一九二九年六月号の「映画時評」にこう記している。

> 一九二九年五月九日。
> この日は日本に於て初めて、（東京、武蔵野館、電氣館。）トーキーらしいトーキーが一般に公開された、といふ意味で歴史的な日である。僕等はこの日初めて、今迄は単なる憶測であり推論であるにすぎなかつた一つの新らしい事實を、文字通り身體で以て、體驗した。僕等はもうこれでトーキーに就いて多少の發言をする權利がある。さうして、また僕等はトーキーの勝利に就いておそまき乍ら歡びの聲を擧げる權利もある。(40)

ようやく初体験を終わらせた耳年増の少女のような岩崎の発言は、すでに様々な情報源をもとにトーキーについての言説が流通していたことを示している。(41) さらに重要なのは、彼のような人物——東京帝大独文出のマルクス主義者で、「金曜会」のメンバーとして日活のブレーンを務める業界通でありながら、プロレタリア映画運動において中心的役割を果たす批評家——が手放しでトーキーを歓迎したということだ。この時期、セルゲイ・エイゼンシュテインからルネ・クレールまで、世界中の前衛映画人がトーキーへの懐疑を表明していたことを考えると極めて興味深い。

トーキー化の「遅れ」によってもたらされた強い「周縁」意識の裏返しとしてのテクノロジー賛美もあろう。しかし、次節で述べるようなアメリカニズムによって、政治・芸術の両面における前衛がアメリカの大企業の商品たるトーキーを熱狂して迎える土壌が培われていたことも見逃せない。

だが、岩崎のかりそめの歓喜とは裏腹に、興行・配給・製作のどの側面を見ても、日本のトーキー化は前途多難であった。大都市の封切館でさえ、日本におけるトーキーの未来を確信したのは早くても一九三一年であろう。この年の一月に『モロッコ』(ジョゼフ・フォン・スタンバーグ監督、一九三〇年)の日本語字幕版が公開されて大好評を博し、ようやく外国語映画興行に見通しが立った。それ以前は弁士とトーキーが並存し、後述するような試行錯誤が続いていたのだ。さらに、三一年八月に土橋式トーキーによる松竹蒲田作品『マダムと女房』(五所平之助監督)が公開され、日本製トーキーも娯楽・芸術作品として十分に成立することが証明された。溝口健二の『ふるさと』と『唐人お吉』は、それ以前、この混沌──日本の場合、この表現は決して誇張ではない──の初期段階たる一年半の間に作られている。

日本トーキーの初期段階(一九二九年五月──一九三一年八月)は、『ふるさと』を典型とする製作システムによって特徴

(38)　Ibid., 43-76.『ジャズ・シンガー』の受容については、Grafton, *The Talkies*, 516-31 が詳しい。

(39)　Ibid., 88-89. とはいえ、ワーナーは一九三〇年までトーキー映画のサイレント版も配給していた。なぜなら、一九二九年夏の時点でも田舎の個人経営館を中心に七五%の映画館がトーキー化(発声映写機の設置と防音化など建物の音響改善)されていなかったからである。アメリカでもトーキー化は圧倒的に大都市先行の事象だった。Crafton, *The Talkies*, 253-55.

(40)　岩崎昶「トーキーはどうなるか」(映画時評)『映画往来』一九二九年六月号、一〇ページ。

(41)　例えば、帰山教正は一連の『キネマ旬報』記事でトーキーの技術的解説を行うとともに、日本での展望を論じている。帰山教正「發聲映畫の實用的装置と製作法に就て」『キネマ旬報』一九二八年九月一日号、一二三──一二五ページ、同「平面‐立體‐音‐色彩を包含する映畫藝術の科學的考察」『キネマ旬報』一九二八年九月二一日号、四〇──四一ページ、同「發聲映畫の本質論(上)」『キネマ旬報』一九二九年一月一日号、六八ページ、同「發聲映畫の本質論(下)」『キネマ旬報』一九二九年一月二一日号、四七──四八ページ。また、トーキー上陸を目前に控えて『映画往来』は「發聲映畫論」特集を組み、村山知義から映画エコノミスト石巻良夫まで、錚々たるメンバーが書物などから得た知識を開陳し、あるいは推論を述べている。『映画往来』一九二九年四月号、七九──九九ページ。

づけられる。すなわち、日活のような垂直統合をしている映画会社が、ミナトーキーのように録音・再生技術を専門とするスタジオと映画ベースで提携するのである。この製作システムは双方にメリットがあった。映画会社としては、トーキー製作をアウトソースすることによって、サウンド・ステージを建設したり機材を買ったりして行く末も定かではない技術に巨額の資金をつぎ込む必要がなくなるわけだ。トーキー・スタジオの側では、映画会社の製作・配給・興行に便乗することによって、名の売れたスターと熟練した撮影スタッフを使い、全国的な配給網に乗って、一流の封切館で製品を見せることができた。このアウトソース提携システムにおいて中心的な役割を果たしたのは、フォノフィルム方式の皆川芳造のミナトーキーと、東条(條)政生のディスク式イーストフォンである。

ニューヨークでフォノフィルムの上映を見て感銘を受けた貿易商・皆川はデ・フォレストから権利を買い取る。一九二五年七月一日に新橋演舞場でフォノフォルム作品を上映し、一九二六年には昭和キネマを設立、政治家の演説や楽器演奏を撮った短編とともに、小山内薫演出の長編『黎明』を同年一〇月に公開している。[42] 昭和キネマは皆川の個人的なコネクションを頼って『大尉の娘』(一九二九年一一月一日公開)と『假名屋小梅』(一九三〇年一月七日公開)をミナトーキー式で独立製作、日活が歩合制で貸借興行した。[43] このような日活・ミナトーキーの提携関係が製作に及んだのが溝口の『ふるさと』であり、批評家たちによるその(サイレント)映画的な「流動美」の賛美は、「純然たる舞臺劇の實寫[44]」「舞臺技巧の上に立って總てが運ばれ、それに一寸した映畫技巧(つまりカメラ技巧)を部分的に用ゐたと言ふに過ぎない[45]」と評された『大尉の娘』『假名屋小梅』との対比によるものだった。一九三〇年初頭の時点でミナトーキーの大森スタジオは日本で一番マシな設備を備えていたと言われたが、防音が不十分だったため『ふるさと』の撮影がしばしば豆腐屋のラッパによって中断されたという逸話は有名になった。[46]『ふるさと』の経験は日活内のトーキー尚早論に結びつき、提携は棚上げにされる。[47] なお、この時期、昭和キネマはフォノフィルム式発声映写機の輸入・販売にも積極的であり、一九二九年五月九日、浅草の電気館と新宿武蔵野館におけるムーヴィートーンの上映はデ・フォレスト式フィルム映写機で行われている。[48] アメリカでの状況からみてフォノフィルムには技術革新の途が閉ざされており、常にパフォーマンスを問題視された昭和キネマはその後二、三作で経営が立ちゆかなくなるが、ミナトーキー（フォノフィルム）自体はやがて映音へと引き継がれ、溝口健二の第一映画作品（『折鶴お千』『マリヤのお雪』『虞美人草』『浪華悲歌』『祇園の姉妹』）にサウンドトラックを提供することになる。

東条政生はおそらくヴァイタフォンに基づくと思われるディスク式トーキーを「発明」して起業、一九二九年三月十七日に日本倶楽部で短編の試写を行い、(49)やがて一般の観客から募って「イーストフォン」と名付けた。(50)イーストフォンはまずマキノとの提携を図って失敗するが、(51)二九年秋には日活と提携し、サイレント映画として字幕入りで作られた『蜂須賀小六』（第一編、第二編）に台詞と伴奏を付けた。(52)一九三〇年前半を通して、松竹の『大都會（労働篇）』（一九二九年五月一八日公開）、帝キネの『何が彼女をそうさせたか』（一九三〇年二月六日公開）と、サイレントのヒット作

(42) 皆川芳造「日本でできた最初の發聲映畫を公開するについて」昭和キネマ『發聲映畫第一回公開種目』（昭和キネマ、一九二七年?-）、一―二ページ。皆川と昭和キネマについては岡部龍編『資料　日本発声映画の創生期』一六―三九ページに貴重な証言と同時代の言説のリプリントがある。さらに『黎明』については佐相が『溝口健二・全作品解説⑦』一九―三九ページにおいて詳細に再構築している。

(43) 鈍太生「腹を割って――見た日本トーキー界の現状」『キネマ週報』一九三〇年四月二五日号、二一ページ。

(44) 「『大尉の娘』」『キネマ旬報』一九二九年一一月二一日号、一〇三ページ。

(45) 藤本鷗谷「『假名屋小梅』を見る」『映画時代』一九三〇年二月号、二四ページ。

(46) 小林勝「C・トーフや の笛には困りました」『キネマ週報』一九三〇年三月一四日号、二三ページ。

(47) 鈍太生、前掲記事、二一ページ。

(48) 「愈々五月九日より公開　トーキーの興行」『キネマ旬報』一九二九年五月一一日号、六ページ。

(49) 『東京朝日新聞』一九二九年五月八日号、昭和ニュース事典編纂委員会『昭和ニュース事典』毎日コミュニケーションズ、一九九〇年、二二ページより引用。

(50) 『キネマ旬報』一九二九年六月一一日号、六ページ。

(51) 『戻橋』（一九二九年六月二九日）には間に合わず、大阪のツバメレコードで吹き込みを行ったという。長橋善梧「『戻橋』とマキノ省三」岡部龍編『資料　日本発声映画の創生期』、七九―八〇ページ。山本緑葉「『戻橋』」『キネマ旬報』一九二九年七月二一日号、八五ページ。

(52) 友田純一郎「『蜂須賀小六　第二篇坂田小平次の巻』」『キネマ旬報』一九二九年九月一一日号。

に音をつけて再リリースする。(53) この時期、イーストフォンは改良を重ねており、この二作の音質と同期は業界内で賞賛を集め、ディスクもWEのヴァイタフォンと規格を合わせて互換性を広げていた。(54) 伝説のプリマドンナ関屋敏子を主演に据え、技術的にも満を持した帝キネ提携オール・トーキー『子守唄』（鈴木重吉監督、一九三〇年一〇月一日公開、現存フィルムなし）は、『キネマ旬報』にこそ通俗的な物語を酷評されたものの、関西圏の松竹系封切館では「遂に外國映畫にも見ない破天荒の成績を示し、世界的と言はれる記録を作」った。(55) それだけに、多額の設備投資をして「東洋一」を誇った帝キネ長瀬撮影所が『子守唄』封切前日に不審火によって灰燼に帰したのは、世界の標準フォーマットとなったのはフィルム式とはいえ、日本トーキーにとって痛恨の出来事であった。(56) 東条政生とイーストフォンは映画史から姿を消してしまう。

日本トーキー史の初期段階がとりわけ困難だったのは、トーキー化が喫緊の課題となった一九二九年五月の時点で、すでにアメリカではオール・トーキーがスタンダードになりつつあったため、サウンド版やパート・トーキーによる伴奏音楽や実演の代用というモードで慣らし運転する猶予が与えられなかったことだ。例えば、音質や効果は必ずしも悪くなかったらしい日活・イーストフォンの『蜂須賀小六』（第一篇）に対し、飯島正は「日本物のトオキイを作る以上は、まづ何はともあれ、最初の本當のオオル・トオキイを作つて貰ひたかつた。このやうな間に合はせでなく」と失望を露わにしている。(57) ハリウッドで一九二九年に作られた『アリバイ』（ローランド・ウェスト監督）のようなメリハリの効いたトーキー作品がいきなり同年七月には新宿武蔵野館にかかってしまったのだから致し方ない。(58) 異なる歴史的文脈の中で生まれた形式や運動が継起的な順序と関係なくドッとまとめて輸入されてしまう、という日本（というよりはおそらく周縁全般における）近代の特色がここでも現れていると言えるだろう。

しかし、この時期、日本でハリウッド製のトーキーを楽しみ「トーキー萬歳」を叫ぶことができたのは、「日本へ歸つて來て一番飢えて居たものは立派なレヴューや、いゝ舞臺劇が観られない事であつた。然し今後外國ものゝトーキーが日本に於て絶滅しない限り、之れに由て此飢えの一部分は癒されると思ふと喜しい［ママ］」(59) などとけったくその悪いことを言う特権階級だけだった。現在の常識に照らすと理解に苦しむのだが、外国語話者のためにトーキーの台詞をいかに翻訳するか、ハリウッドにおいてもスタンダードな解決法は未だなく、「外国語版」が作られたり、吹き替えがようやく試みられたりしている段階だった。[60] さらに、日本ではサイレント時代も外国語字幕の日本語版が作

(53) 友成用三「日本トーキー録音餘談」『キネマ旬報』一九三〇年六月二一日号、四五ページ。こうしたサイレント映画のサウンド化は一九二八年から一九三〇年あたりのハリウッドでも頻繁に行われ、業界紙には“goat glands”(「山羊の回春治療」の意)と揶揄された。Crafton, *The Talkies*, 168-69.

(54) 『大都會・労働篇』について、『キネマ週報』記者は「『鐵路の白薔薇』にも似た素晴らしき鐵道線路の場面には、記者の蒸氣のほとばしる音、汽笛の音、機会を修繕する音までが、匠な効果を上げ、或は飛行機の爆音、汽車の走る音、等々の音響は、外國物のサウンド・トーキーにも劣らぬ効果を見せている。[…] 茲に於て偽設計家と、職工達の亂鬪場面には、連續して大衆の怒號する聲を、築地小劇場さながらの意外な迫眞力を以てスクリーンより再現させ、こゝにもトーキーの強味を見せてゐる。亂鬪の結果、職工の勝利となり「萬歳」を叫ぶところなど無聲映畫には見られない感激を釀し出したのである」と絶讃し、変化に富む劇伴を褒めそやした上で、「また國産トーキーにつきものゝ不快な雑音は全くなく音響と畫面の調節も完全に一致してゐたことは、本格的國産トーキーとして誇り得るものである」と結んでいる。Y記者「これが『大都會』の音——イーストフオンを聞く」『キネマ週報』一九三〇年五月二日、一七ページ。巣『何が彼女をそうさせたか』」『キネマ週報』一九三〇年六月二〇日号、一〇ページも好意的である。

(55) 「日曜壹萬壹千圓を上ぐ『子守唄』世界的記録」『キネマ週報』一九三〇年九月一九日号、七ページ、鈴木重三郎「『子守唄』」『キネマ旬報』一九三〇年一〇月一一日号、八六ページ。『子守唄』の製作過程については録音技師とキャメラマンが極めて有益な証言を残している。友成用三「『子守唄』トーキー化」『キネマ旬報』一九三〇年九月一一日号、四二—四五ページ、三木茂「發聲映畫製作に關する撮影覺え書」『キネマ旬報』一九三〇年九月一日号、七七—七九ページ。友成の覚え書を読むと、ディスク式の利点はすぐにプレイバックできることだったことがわかる。

(56) ワーナーも一九三〇年代初めにフィルム式にスイッチしている。Ron Hutchion, “The Vitaphone Project: Answering Harry Warner's Question: ‘Who the Hell Wants to Hear Actors' Talk?” *Film History* 14, no. 1 (2002): 44. しかし、ワーナーが難なくフォーマットを変えたように、ディスク式からの移行は——潤沢な資金とインセンティヴがあれば——難しくなかった。

(57) 飯島正「『蜂須賀小六　第一篇』」『キネマ旬報』一九二九年九月一日号、二〇八ページ。

(58) 柳澤保篤「トーキー萬歳」『キネマ旬報』一九二九年九月一日号、一二一ページ。

(59) Ibid.

(60) 「外国語版」とは、セットも物語もそのままで、別の言語をしゃべるキャストと監督が作る映画の別ヴァージョンのことである。トッド・

られることはなく、弁士（映画説明者／解説者）が翻訳の任に当たっていた。[61] 従って、当然、トーキーにも弁士が翻訳兼解説を付けることになったのだが、観客・弁士双方にとっての苦痛は想像に難くない。当初の物珍しさが褪せると翻訳問題は興行収入にひびきはじめ、一九二九年末からは世界恐慌の影響も相俟って、ハリウッド製トーキーを上映する映画館主たちの悲鳴が業界誌を賑わせ始める。[62]

武蔵野館でのトーキー初興行に際して、主任説明者・徳川夢声は一九一七年に自ら旧弊として廃した「前説」を敢えて行い、観客に以下のように率直な心情を吐露したという。

> トーキーに説明をつけるなんて實に矛盾極まる事のやうですが、初日以來何うもお客様方が、説明がなくては筋が分らんと云ふ向きが多い、それでは困る、と言つて何しろ盛に映畫からは音響が出て居るのですから、その間に私の聲をさし挿むと云ふことは中中困難で、甚だ困つて居ります。が、之も一つの試みとして、兎に角、その音響の間を縫つて説明を入れてみることに致しました。音響と音楽の間を縫ふ、丁度交通巡査のゐない交叉點を往來織るが如き馬車の間を、ツツーつと駈け抜ける如きものであります。[63]

夢声の「交差点横断説」をはじめ、弁士たちは様々な説明方式を試みた。ひたすら声を張り上げてアメリカの音響技師にせせら笑われた者もいただろう。[64] 音声を適宜切って説明する「キリ説」（山野一郎）、ヴォリュームを下げて説明を重ねる「ダブリ説」（山野）、台詞の直前に和訳を素早く挿入する「和文英譯説」（松井翠声）などが実践された。[65]

ここでトーキーと弁士について述べたのは、技術の進歩に対する彼らのドン・キホーテ的な戦いを嘲弄するためではない。そうではなく、現在では自明に思われるトーキーにおける「ミディアム」「映画テクスト」のアイデンティティの境界がいかに流動的だったか示したいのだ。すなわち、トーキーは「実演」や伴奏音楽の代替物として登場したのだから、サウンドトラックの音量を操作して説明を加えるという現在では瀆神的に思われる行為も理に適っていた。また、弁士＝「いま、ここ」の一回性、ライヴ、ローカル／トーキー＝複製技術、反復・再生可能性、グローバル、というようなロマンチックで口当たりのよい二項対立も単純には成り立たない。トーキーにとって映画館での音の増幅は必須だったが、同じ技術革新により、レコードによるサイレント伴奏が可能になり、一九二九年二月から浅草の電気館をはじめとした映画館に浸透していたが、[66]弁士・松井翠声は映画館主と弁士のためにレコード選曲を指南している。[67]一九三〇年末の時点でトーキー化していた映画館は全国一三二七館のうち二五に過ぎず、[68]それらトップクラスの洋画専門封切館でトーキーと格闘していた弁士たちは、ローカルな伝統の担い手というよりは、テクノロジーや外国語・文化に通じた舶来品の紹介者だった。[69]第五節で見るように、確かに、トーキー化は最終的に映画の意味生

ブラウニング『ドラキュラ』のスペイン語版などが知られている。Natasa Durovicová, "Translating America: The Hollywood Multilinguals 1929-1933," in *Sound Theory/Sound Practice*, 138-53. ハリウッドがトーキーを外国市場に輸出するにあたっての興味深い試行錯誤の数々について、最も包括的な記述は、Abé Mark Nornes, *Cinema Babel: Translating Global Cinema* (Minneapolis: University of Minnesota Press, 2007), chap. 4 に見出される。

(61) 欧米のサイレント映画では、字幕のみ翻訳して取り替えるのが普通であった。日本の場合、弁士がいたから字幕の翻訳がなかったのか、翻訳がなかったから弁士が廃れなかったのかわからないが、一作品あたり一—二本という少ないプリント数とともに、サイレント期日本の外国映画興行のシステムを構成していたことは間違いない。Hiroshi Komatsu and Charles Musser, "The Benshi Search," *Wide Angle* 9, no. 2 (1987): 83-89.

(62) 特集記事「興行方面より見たトーキー諸問題の解剖」『映画往来』一九三〇年四月号、一六—四四ページ。

(63) 島春子「本邦最初の發聲映畫興行を見る」『映画時代』一九二九年七月号、二三ページ。筆者は「モダンガール映畫日記」を同誌に連載する女性映画批評家である。

(64) J. L. Pickard, "Old and New Meet in Orient as Benshi and Talkies Combine to Entertain Patrons," *Epigram*, 1 September 1929, 2. Crafton, *The Taalkies*, 423 より引用。

(65) 徳川夢聲、山野一郎、松井翠聲「マンダン三人會——トーキーと説明者」『キネマ旬報』一九三〇年一月一日号、二九九—三〇〇ページ。

(66)『キネマ旬報』一九二九年五月一一日号、一〇ページ。

(67) 松井翠聲「いま流行のレコード伴奏　選曲の仕方」『キネマ旬報』一九三〇年二月一一日号、一〇三ページ。

(68) 石巻良夫「發聲映畫の悲哀（上）」『キネマ旬報』一九三一年九月一一日号、五二ページ。

(69) 北田理惠は、トーキー移行期における興行の場内外での弁士の様々な活動を「日本語版」作成の営為として捉える刺激的な視点を提出している。北田理惠「トーキー時代の弁士——外国映画の日本語字幕あるいは「日本語版」生成をめぐる考察」『映画研究』第四号（二〇〇九年）：四—二二ページ。

成を映画館からフィルムそのものの製作の場へと簒奪することになる。しかし、溝口健二がトーキー美学の実験を開始し、「唐人お吉」の物語が間メディア・ネットワークの中で増幅していったのは、技術革新によって「映画」ミディアム自体が再定義を迫られ、政治的・芸術的アヴァンギャルドが機械化大量生産と大衆消費社会と表裏一体を成す、まさに「革命前夜」の甘美さの中であった。

第三節　幕末のモガ――お吉とアメリカニズム

『唐人お吉』は十一谷義三郎の同名の連作小説[70]の翻案である。概ね原作に忠実だったという物語を小説、坂根文庫資料、同時代批評から再構築してみよう。

時は幕末。伊豆下田の貧しい船大工の娘お吉（梅村蓉子）は、元武家屋敷勤めの老女にひきとられて遊芸を仕込まれ、やがて芸者になった。一八五六年、タウンゼンド・ハリス（山本嘉一）がアメリカ総領事として下田に着任、通訳ヒュースケン（一木禮二）とともに玉泉寺に逗留した。お吉を見初めたハリスは幕府に対して妾として差し出すよう要求する。船大工・鶴松（島耕二）と将来を誓ったお吉はつっぱねるが、すでにハリスから支度金までもらっていた幕府は、名字帯刀と出世を約束して鶴松を懐柔する。お吉も芸者時代からひいきにしてくれた伊佐新次郎（三桝豊）に説得され、ヒュースケンの妾として献上されたお福（佐久間妙子）とともに、玉泉寺通いを始める。お吉はハリス襲撃に踏み込んできた浪人たちに啖呵を切って対峙したが、結局、ハリスはアメリカに帰る。

こうして見ると、女性の自己犠牲とその果ての淪落を日本情緒の中に描く作品にも思われ、題材自体をブルジョワ的退行として批判する評者もいた[71]。しかし、「七十年前のモガ姿態」のキャプションを伴って『讀賣新聞』に載った主演梅村蓉子の写真が端的に示すように、例えば少し後の明治物『滝の白糸』（一九三三年）とは異なり、『唐人お吉』

は明らかに一九三〇年当時との強い関連を意識して製作され、消費された(72)。

田村幸彦の批評は、こうしたアレゴリー化を達成する具体的な画面上の手続きについて示唆を与えてくれる。

> 尚是は餘計な事であるが、溝口氏の好んで用ひる例のモンタージュ――「ふるさと」でも随分悩まされたが、この映画でも所々見受けられる。私はこの映畫手法には反對である。特殊のものにならば兎も角、このやうな哀愁深い物語に、消化されないモンタージュが飛び出すことなどは、感興を殺ぐこと夥だしい。殊にお吉が酔って昔を回想する件にフラッシュ・バックを用ひたのなどは、定石通りフェイドを用ひて貫ひたかった(73)。

田村が直接言及している回想シークエンスを坂根のメモの中に特定することはできなかった。しかし、この時期、「フラッシュ・バック」あるいは「フラッシュ」は短いショットを編集したモンタージュを指したことを考慮に入れれば、坂根ファイルの中でとりわけ興味を引くのは「場面書抜」冒頭（図版2-3-1）だろう。

この「場面書抜」では、上欄に場面（具体的な撮影対象・セッティング）を基本的に画面での登場順に書き連ね、場面番号を下欄に書き出してある。ここから、少なくとも以下の三点を確認することができるだろう。一、大名行列、城など徳川時代の紋切型イメージが浮世絵を媒介として現代の風俗描写に接続され、モンタージュのシークェンスとして纏められている。二、このモンタージュ・シークエンスは映画の終わりにも少々の変更を加えた上で繰り返されて

(70)『唐人お吉』(『中央公論』一九二八年一一月号―一二月号初出、萬里閣書房、一九二九年一月単行本初版)、『時の敗者　唐人お吉』『時の敗者　唐人お吉　続編』(『東京朝日新聞』夕刊、一九二九年六月二八日号―一〇月五日号初出、新潮社、一九三〇年二月単行本上下巻初版)。
(71) 岩崎昶「映畫月旦」『映画往来』一九三年八月号、一二―一三ページ。
(72)「七十年前のモガ姿態　『唐人お吉』を踊る梅村蓉子　ゆうべ日比谷の納涼舞踊の夕べ」『讀賣新聞』一九三〇年七月三〇日、朝刊。
(73) 田村幸彦、前掲記事。

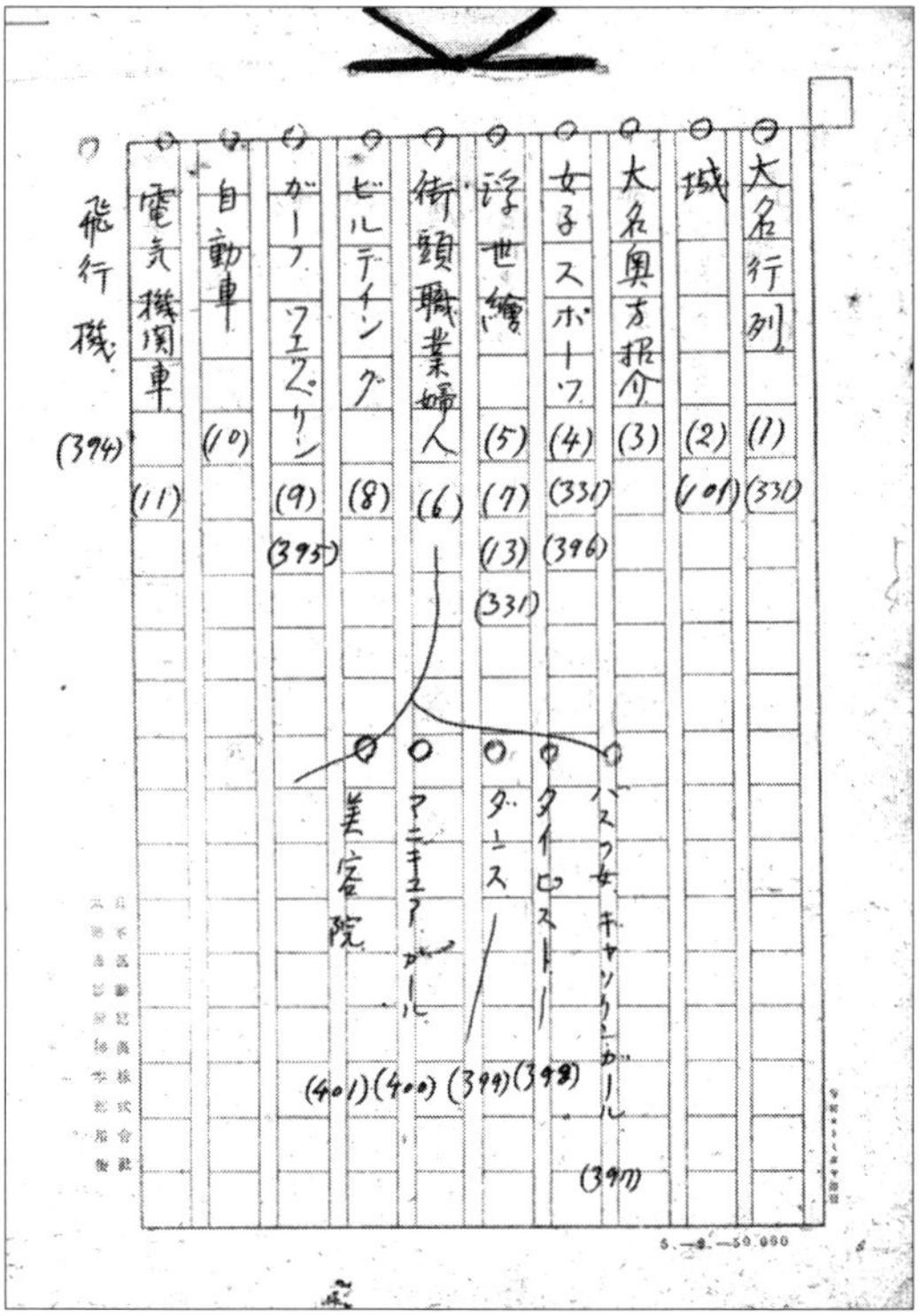

2-3-1

いる。(74) 三、モンタージュされる画像は、主題的には「女性」「機械文明」「江戸時代」に分類される。

『唐人お吉』のモンタージュは、現代と幕末の風俗の断片を併置し、まさに併置によって、個々の断片には存在しなかった新しい意味を生み出している。この点で、まさにモンタージュの名にふさわしい。(75) ここでの意味とは厳密に言って何か、画面なしに決定はできないが、幕末・開国を近代化の始まりとして捉えていたと思われる。ジェンダーについては、『キネマ旬報』に寄せられた読者の批評が最も示唆に富む。

この映画にあらはれたる「唐人お吉」は、世界諸国をうろつきまわってあらゆる女を吟味しつくして来たヤンキー・ハリスの目に映じたる日本娘のオキチであり、意気と粋との産湯をつかって徳川末期にそだち、遊芸上手で綺麗な人形で、崩壊期の階級層の好色な眼にうつった才気走った歌ひ姫のお吉であり、この点あたかも現今のプチブルの玩弄物たる古型の無自覚なる面の美しい一種のモガと同様だ。又オキチは当時の被壓迫階級、漁夫、船大工、町人から見たるラシャメンのオキチであり、彼女が腰に巻く唐織の各一本で足軽六人が安全に食っていける程の物資的には極めて豪奢な生活をいとなむ所の、ドルラルお吉、である。(76)

即ち、お吉は、爛熟期に達した文明の徒花、アメリカの金と文化を享受し、労働者階級を顧みず顕示的消費に血道を上げる奔放なブルジョワ女というモガ・イメージに重ねられていた。[77]畑本秋一は、翻案にあたってお吉の似姿を「現代」女性に見出し、世界資本主義とジェンダーの二重の差別構造からいかに彼女を「救う」かが中心的課題だと述べている。[78]一九二九年から三〇年にかけて、無産政党内閣の実現の可能性が真剣に議論された「革命前夜」、ブルジョワ文明の退廃を語ることは単なるシニシズムではなかった。

一九二八年に始まる「お吉ブーム」については、日米関係の緊張を反映しているという解釈が根強い。[79]しかし、少なくとも一九二八年から三一年九月十八日の満州事変以前に限ってみれば、日米の外交関係はとりわけ悪化していた

(74) 佐相は京都文化博物館の坂根田鶴子文庫『唐人お吉』ファイルをすべて活字化し、複写写真とともに自著に掲載しているので、ぜひ参考にされたい。佐相勉『溝口健二・全作品解説⑩』(近代文藝社、二〇一三年)、九六―二七九ページ。なお、佐相はスクリプター記録を「A稿」「B稿」に分け、「B稿」を決定稿とみなし、その最後の「現代風景へつゞく」が二重線で消されていることから、本稿が採り上げているモンタージュは映画の末尾には含まれていなかったという解釈を提出している(二四九―五〇ページ)。私は佐相の解釈も可能性としてはありえると思うが、坂根資料のみから準備稿と決定稿、さらには完成版のフィルムについて断定するのは不可能だと考える。フィルムの発見を祈るのみである。

(75) デイヴィッド・ボードウェルの定義による。ボードウェルは、「モンタージュの原則」を映画に限定せず、二〇年代のモダニスト芸術に広範に適用しうるとしている。David Bordwell, "The Idea of Montage in Soviet Art and Film," *Cinema Journal* 11, no. 2 (Spring 1972): 10.

(76) 戸田三造「『唐人お吉』私評」『キネマ旬報』一九三〇年八月一一日号、五八ページ。

(77) Miriam Silverberg, "Modern Girl As Militant," in *Recreating Japanese Woman*, ed., Gail Bernstein (Berkeley: University of California Press, 1991), 239-66. ミリアム・シルバーバーグは、二〇年代中盤からメディアによって構築されたこのモガ・イメージを、階級意識を持って労働運動にも積極的に参加していた職業婦人や女工の実像と対置している。

(78) 畑本秋一「蚊軍と争闘しつゝ――いまはもう既に眠れる唐人お吉を考へる」『劇場街』一九二九年九月号、佐相、前掲書、九三―九九ページより引用。

(79) 吉田常吉『唐人お吉――幕末外交秘史』(中公新書、一九六六年)、四ページ、大濱徹也「唐人お吉――物語化の背景」『まなびと』二〇〇七年一〇月号、http://www.nichibun-g.co.jp/magazine/history/008.html (二〇一三年八月五日)。

わけではなく、論壇でアメリカ脅威論が声高に叫ばれていたわけではなかった。むろん、圧倒的な軍事力をバックに赴任したアメリカ総領事が現地で女を要求したため、一六歳のネイティヴの娘が婚約者との仲を裂かれて泣く泣く妾になった、という物語を親米的に語るのは難しい。とはいえ、十一谷の小説は「コン四郎」(consul) ことハリスをもそれなりに多面的に描く上品な仕上がりとなっており、とりわけ反米的とは思われない。また、後述する下田の観光戦略はアメリカ大使を招くなど親米を基調としていた。[80] 溝口の『唐人お吉』が作られた時点の「アメリカ」とは、フォード自動車工場とウォール街、ジャズと映画、その大破綻としての世界恐慌であった。つまり、私は、この時点で『唐人お吉』を置くべき歴史的文脈は第二次世界大戦へと繋がる軍事的緊張ではなく、アメリカニズムであると主張したい。

ここで言うアメリカニズムとは、戦間期に近代化・産業化・都市化をある程度達成していた国や地域に蔓延した、産業資本主義の先端としてのアメリカの機械化生産様式と大衆文化に対する両義的言説のことである。ミリアム・ハンセンの「アメリカニズム」定義を引用しよう。

> この言葉は、フォード＝テイラー的生産原理、すなわち機械化、標準化、合理化、効率化、ベルトコンベア・システムと、それに伴う大衆消費のスタンダードから、新しい形の社会組織、伝統からの自由、社会的流動性、大衆民主主義、そして「新母権主義」、摩天楼、ジャズ、ボクシング、レヴュー、ラジオ、映画といった文化的象徴に至るあらゆるものを包含する。個別の分節化（アメリカ合州国との現実の関係は言うに及ばず）がどのようなものであれ、アメリカニズムの言説はモダニティと近代化についての議論の触媒となり、一方では文化的保守主義のスローガンや繰り言へ、他方ではテクノロジーの進歩への多幸的賛歌あるいは諦観に満ちた受け容れへと二極化した。[81]

ハンセンの言葉はワイマール共和国の文脈に基づいているが、そのまま同時代の日本の言説に当てはまる。そして、ハンセンも引用部に続いて述べているとおり、アメリカニズムは左翼思想と全く矛盾しない。一九二九年日本では「ロシア的なもの（社会主義）」と「アメリカ的なもの（モダニズム）」が前景化され、「イデオロギー上の違いにもかかわらず、ともに新しい先端的なもの」として受容されたという佐相勉の指摘は当を得ている。[82] だが、アメリカ（ニズム）と社会主義は大衆動員、機械化生産様式、進歩への欲望を通しより深く連動していたことを見落としてはならない。[83] 平林初之輔は言っている。

ことによると、ロシアはもつとも意識的に、もつとも入念にアメリカ的要素を自國に注入してゐるのかも知れない。

少くもロシアにとつては、将來の藝術は映畫藝術であるといつたのはレーニンである。資本主義が映畫藝術や、ビルヂングや、自動車や無線を創造したことは驚異である。資本主義のもつ凡ゆる暗黒面にもかゝはらず、私たちはこれ等のものを拒否することはできない。それは将來の文明の骨組として欠くべからざるものであるからだ。ソシアリズムはキヤピタリズムの廃きよに打ちたてらるべきレジームではなくて、いはゞキヤピタリズムのも

(80) 森斧水「回顧五周年」『黒船』一九二九年一〇月号、三八ページ。
(81) Miriam Bratu Hansen, "America, Paris, the Alps: Kracauer (and Benjamin) on Cinema and Modernity," in *Cinema and the Invention of Modern Life*, ed. Leo Charney and Vanessa R. Schwartz (Berkeley: University of California Press, 1995), 367. 本論の目的にはこの引用が有益だが、生産過程やビジネスの「アメリカ化」の有無とアメリカニズムの関係など、ワイマール共和国の文脈へのさらなる言及は、Miriam Bratau Hansen, *Cinema and Experience: Siegfried Kracauer, Walter Benjamin, and Theodor W. Adorno* (Berkeley: University of California Press, 2011), Kindle edition, 40-42, loc. 1350-1397 を参照。
(82) 佐相勉、前掲書、七五ページ。
(83) Susan Buck-Morss, *Dreamworld and Catastrophe: The Passing of Mass Utopia in East and West* (Cambridge, MA: MIT Press, 2000). また、ソヴィエトにおけるアメリカニズム、アメリカ化（アメリカニザーツィヤ）、テイラー主義とメイエルホルドをはじめとしたアヴァンギャルドの関係については、桑野隆『夢みる権利――ロシア・アヴァンギャルド再考』（東京大学出版会、一九九六年）、一六四―一六六ページを参照。

つ進歩的要素を秩序的に組織し、その障害的要素（反動的要素）を除去することによりて實現されるレジームである。アメリカニズムはキャピタリズムの進歩的要素の、雑然としてはゐるがもつとも力強い表現だ。[84]

映画版『唐人お吉』の冒頭モンタージュは、革命によって乗り越え、来るべき社会の骨組みとすべきものを列挙していたのだ。このように幕末に同時代性を見る視点は、左翼ではなかった十一谷の原作にも共通している。『唐人お吉』、とりわけ『中央公論』に連載された第一部は、ひらがな、カタカナ、アルファベットを戦略的に使い、アナクロかつ断片化された語りを紡いでいる。例えば、コン四郎について、

日本へ來る前の六年間を、彼は、WESTWARD HO! と花旗を翳した商船や軍艦の上で暮らした。彼は、えげれすの都の霧を吸つた。彼は、天竺の罌粟畑の中を歩いた。彼は、また、マニラの竹小屋の間にも住んだ。絹と茶と陶器を積んで、唐のかんとんから、さんふらんせすこへ戻つたこともある。日本渡來の直前には、しやむろの、白絹の日傘の下で、星鷲の封印のある國書を捧げてゐた彼だ。

[…]

海豹と海狸の皮を、年に三十二萬枚、帆船に積んで、東洋の市場へ押し出した民族――ハワイの白檀を、金袋へ食つてしまつた貪食民族《グールマン》――太平洋の鯨を、片ッ端から還銀して、一年に、千三百萬ドルラルを積みあげた若い勤労國民――その若さ故に、随分「無鐵砲で、侵略的で、遠慮知らず」の、やんきいず……そんな祖國の、觸角の一本になつて、白頭を高らかに擧げて、いまや、日本のこの、最初の開港場へ來てゐる彼だ。[85]

こうした「三〇年的」語りと泉鏡花ふうの表層描写[86]が相俟って、「対象の把握の仕方が感覚的であるところに、大きな特徴がある。そして、この感覚的なところが即ち近代的であって[87]」と評される文体となっている。

冒頭モンタージュ以外でも、溝口は十一谷のアメリカニズムと新感覚派的モダニズムを活かしていたようだ。坂根資料のタイトル用紙断片には、図2－3－2のような書き付けがある。この字幕が実際に使われたのかどうか知るよしもないが、『唐人お吉』の映画作家たちにとっての「アメリカ」がここに凝縮されている。さらに、畑本－溝口の脚本は十一谷の原作ではさほど性的な印象を与えないコン四郎の台詞「日本のをんなは、とにかく、コーカサス人種のはだをしてるよ」[88]に「青春のない昂奮をもつて、にやにやしながら」というト書きを加えて二人の征服者が獲得品を品定めする卑猥な会話に変え、アメリカの世界（市場）征服の性的なアレゴリー化を成し遂げた。

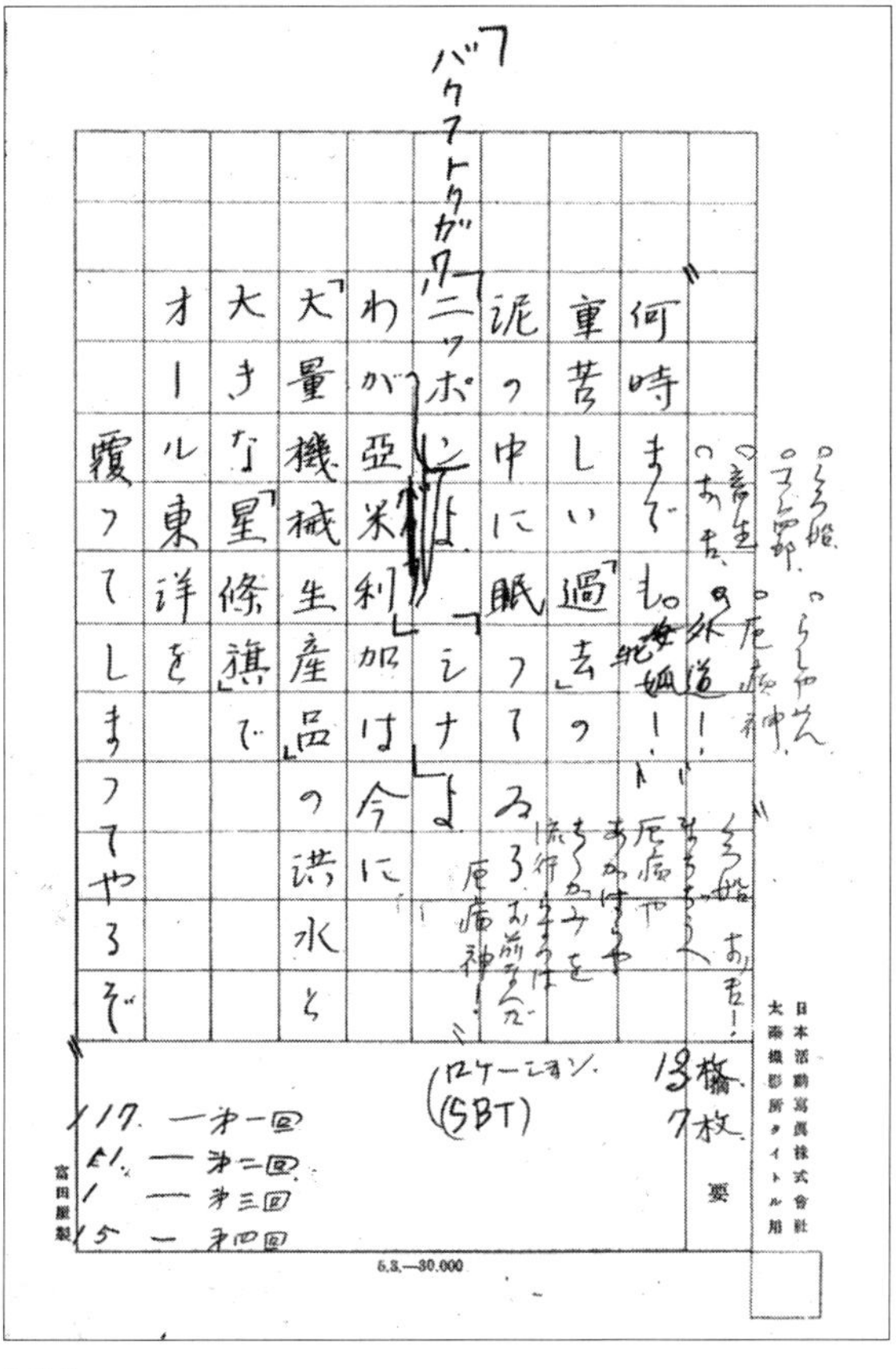

2-3-2

そう、お吉は「外国人と寝る女」の原型《プロトタイプ》であり、そうした国際的性関係の表象が常に植民地主義的支配／被支配の非対称的関係のジェンダー化されたアレゴリーとなってきたことは、近年つとに指摘されている。『支那の夜』（伏水修、一九四〇年、東宝）しかり、『お菊さん』から『蝶々夫人』へと続くバタフライの系譜しかり、描かれるのは侵略者／征服者／宗主国の男性と被侵略者／被征服者／植民地の女性の恋愛ばかりである。しかし、お吉の物語で興味深いの

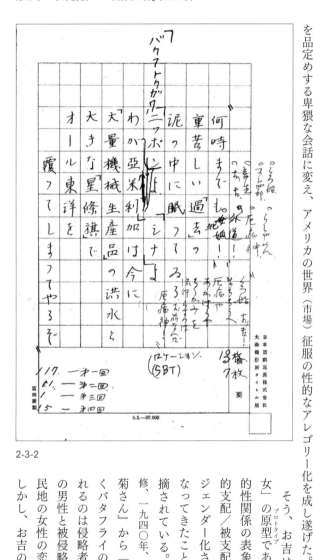

は、少なくとも日本の文脈では、彼女が一貫して擬えられてきたのがバタフライではなく王昭君だということだ。明らかにお吉をバタフライの系譜に連ね、ハリスとの関係を「恋愛」として描くのは、ハリウッド製の「お吉」もの『黒船』（原題 *The Barbarian and the Geisha*, ジョン・ヒューストン監督、一九五八年）ばかりである。これはどういうことだろうか。

性化された国際関係の映画におけるアレゴリー化について、最も鋭利な分析を行っているのは酒井直樹だろう。酒井によれば、異人種／民族／国民間の性的関係が「恋愛」——自由で平等な個の間に成り立つ誘惑↓支配の承認の物語——として語られなければならないのは、常にその陰画としてある「強姦」を隠蔽するためだ。支配者が「強姦」を問題視するのは、それが権力関係を露骨に示すからではない。そうした権力関係を成立させるような統治・支配の失敗を「強姦」が露呈させるからだ。かくして、『支那の夜』の恋愛は南京大虐殺（英語ではしばしば the Rape of Nanjin と呼ばれる）と表裏一体をなす。(89)

では、野蛮人に犠牲として差し出される美女、というお吉＝王昭君物語は「恋愛」「強姦」とどう関わってくるのか。酒井の議論を流用して命名してみれば、これは「慰安」の物語である。強姦は、統治・支配の破綻としての剝き出しの暴力の中に生まれるばかりではなく、緊張を生み次なる暴力を誘発する——つまり、悪循環を形成する。こうした悪循環を防ぐとともに、その悪循環の中で緊張にさらされる兵士の「慰安」を目的として日本陸軍によって慰安所が設置され、(90)そこでは「強姦」が常態化されることで訓治され制度化された。「コン四郎」ことハリスを「慰安」するお吉も同様である。

だが、「慰安」が「恋愛」のように商業映画の物語として成立するには、「お吉＝慰安婦」の立場にある女性に一定の自己決定権が付与され（＝強制連行ではない）、彼女の犠牲的精神、勇気、しばしば愛国心が讃えられると同時に、征服者として強者のポジションを占める男性が「野蛮人」あるいは怪物《モンスター》として嫌悪と侮蔑の対象となる必要がある。(91)こうして「慰安」が自己犠牲の物語として読み替えられるのだ。一九四五年の敗戦直後、日本政府が設立したアメリカ占領軍兵士のための「特殊慰安施設」に働く性労働者《セックス・ワーカー》たちが繰り返し「昭和の唐人お吉」と呼ばれたのは極めて示唆的である。[92]第五章で詳述するように、溝口は『唐人お吉』の一八年後、アメリカのGIを専門とする性労働者（パンパン）についての映画『夜の女たち』（一九四八年）を撮っている。なお、一九七〇年代前半、青瓦台の政治長官は韓国駐留アメリカ軍GI相手の性労働者たちに「韓国の売春婦は、一九四五年以降に合州国占領軍に身体を売った日本の売春婦の精神を見習わなければならない」と語った。[93]こうした東アジアの権力者の語録に、二〇一三年に橋下徹大阪市長（当時）が普天間基地司令官に対する自身の言葉として紹介し、やがて撤回した「もっと風俗業を活用して欲しい」[94]を付け加えるのは易しい。一九二〇年代末に語られたお吉の物語は、アメリカ合州国と東アジアの国々の間の

(84)　平林初之輔「文芸時評四　アメリカニズムの力」『東京朝日新聞』一九二九年五月八日。
(85)　十一谷義三郎『唐人お吉』（萬里閣書房、一九二九年）、一三五ページ。
(86)　たとえば、「蓋に金紋のついた團扇型の鏡——骨の細い肉の軟らかな手首へ、愚劣な快さのしなしなと傳はるあの唐金の鏡が、毎日幾度も、華奢な濡れ縁近く、また幽艶な刺激を包んだ行燈の傍に持ち出され、そこにお吉の、光〔つや〕のある烏晴〔くろめ〕と、生々と紅を噴いた脣と、青味の霞んだ生えぎはと、それがやはらかに動いて始終ひとりでにかもしだす無心な微笑を寫しとる」。十一谷、前掲書、八五ページ。
(87)　豊島與志雄「『唐人お吉』に就て」『改造』一九三〇年四月号、一八二ページ。
(88)　十一谷義三郎『時の敗者　唐人お吉』新潮社、一九三〇年、二六七ページ。
(89)　酒井直樹『日本／映像／米国——共感の共同体と帝国的国民主義』（青土社、二〇〇七年）、二四—三九ページ。
(90)　酒井、前掲書、五〇—五二ページ。
(91)　緊張が増した中国大陸を舞台にしたこの類型の物語としてジョゼフ・フォン・スタンバーグの『上海特急』（一九三二年）が作られ、同一の物語が「恋愛」に転じたのがフランク・キャプラ『風雲の支那』（一九三三年）である。戦後にはジョン・フォードの遺作『荒野の女たち』（一九六五年）がある。
(92)　大竹豊後「肉体の防波堤——昭和の唐人お吉」『ダイヤモンド』一九五二年五月号、六五—七五ページ。
(93)　酒井、前掲書、五三ページ。酒井の引用は Katharine H. S. Moon, *Sex among Allies: Military Prostitution in U.S.-Korean Relations* (New York, Columbia University Press, 1997), 102-03 から。政治学者キャサリン・H・S・ムーンの優れた研究は膨大な一次資料とインタヴューに基づき、日本の文脈との対比においても示唆に富む。
(94)　「橋下氏と記者団とのやりとり（五月一三日午前と午後）」『朝日新聞』デジタル版二〇一三年五月一四日二〇時三四分、http://www.asahi.com/politics/update/0514/TKY201305140366.html（二〇一三年八月八日アクセス）。

戦後の国際関係の性的アレゴリー化において、「慰安」の原型として機能してゆく。

だが、酒井の分析が卓越しているのは、「強姦」「恋愛」「慰安」が植民地状況のアレゴリーになっていると指摘するに留まらず、その基盤としての家父長制と国民国家との女性の所有と支配を通した密接な連帯を以下のように定式化しているからだ。

> ［…］植民地状況で描かれる恋愛で問題となるのは、男性によって女性に対して行使される暴力であって、この潜在性における暴力が恋愛を異性愛の比喩論（tropics）の論理に則って、いわば裏側から、構造化すると考えた方がよい。まず第一に、強姦は一人の女性の意志の侵害である。しかし、それは同時に、ある――父親、兄弟、夫、あるいは同国民の男性といった――その女性を所有することになっている男性の所有権の侵害なのである。例えば韓国における――そして日本でも――「慰安婦問題」の展開を考えてみれば解る通り、女性に対する侵害は国家や家族に対する侵害と織り重なっている。だから、植民地状況においては、恋愛の国民的な語りは常に二つの権力関係の契機を含んでいる。もう一度確認しておこう。それは、まず、男性による女性の支配であり、もう一つは、男性による男性の支配である。[95]［強調は原著］

日本で「慰安婦問題」が浮上するたびに、議論が不可能なほど右派の論者たちが興奮してしまうのは、旧日本軍に対する悪口に耐えられないからではない。慰安所が、国民国家としての近代日本の根幹たる女性の所有と交換を介してのホモソーシャルな支配の論理的帰結を、あられもない形で示すからだ。そして、溝口健二ほど徹底して、執拗に、女性の交換を介した権力関係のダイナミクスを描き続けた映画作家はいない。本書が『唐人お吉』から語り始めるもう一つの理由がここにある。

第四節　間メディア装置としての「お吉ブーム」

ハリス総領事にあてがわれた斎藤きちという女性は実在したとしても、彼女の物語が知られるようになったのはひとえに十一谷の小説連載を端緒として数年続いた「お吉ブーム」のためであり、日活映画『唐人お吉』公開はブームの頂点であった。まず、「お吉ブーム」の間メディア・ネットワークを押さえておこう。お吉の物語は映画化に先立つ一九二九年八月、真山青果脚本によって歌舞伎化されている。[96] 山本有三が『女人哀詞』の題名で戯曲化したのが一九三〇年一月から三月にかけて(『婦女界』誌上)であり、その英訳は一九四〇年にベルトルト・ブレヒトによって『下田のユーディット』として翻案される。[97] 映画化は競作の様相を呈し、日活の直前に河合映画(村越章二郎、一九三〇年六月)、後には松竹下加茂(衣笠貞之助、一九三一年一二月)が映画化している。溝口作品『唐人お吉』は西條八十作詞の二篇の小唄「唐人お吉の唄　黒船篇」(作曲・中山晋平)、「唐人お吉の唄　明烏篇」(作曲・佐々紅華)を伴っていた。[98] 先に分析したモンタージュは小唄シークェンスであった可能性もある。さらに、弁士・関紫好の「映画物語」『唐人お吉』(伴奏指揮・岡村郷吉)が一九三〇年七月一八日にラジオ放送された。この放送は歌手・羽衣歌子による上記お吉小唄二篇の独唱を伴っており、日活映画のスチールが紙面を飾っているところから、映画公開を前にした宣伝キャン

(95)　酒井、前掲書、二九ページ。
(96)　「歌舞伎座『唐人お吉』」『演芸画報』一九二九年九月号、二ページ、鬼太郎「唐人と江戸ッ子」同、六三―六五ページ。
(97)　山本有三「女人哀詞(唐人お吉ものがたり)」伊藤整ほか編『日本現代文学全集　第五五巻　山本有三集』(講談社、一九六一年)、三八五―四三八ページ。丸本隆「『女人哀詞』から『下田のユーディット』へ―ブレヒトにおける唐人お吉伝説について」『茨城大学人文学紀要　人文学科論集』第一五巻(一九八二年):二一―四九ページ、岩淵達治「ブレヒトの『唐人お吉』改作」『未来』二〇〇八年一二月号、七―九ページ。
(98)　『唐人お吉』広告、『キネマ旬報』一九三〇年六月一日号、七〇ページ。ここに掲載されているのは「黒船篇」である。

ペーンの一環と考えてよい。[99]

このような間メディア・ネットワークは一九三〇年前後の日活・松竹の「特作映画」としては普通である。しかし、「お吉ブーム」がとりわけ注目に値するのは、伊豆観光といういわば場の消費を重要な要素としていた点だ。一九二六年には十一谷の盟友・川端康成の『伊豆の踊子』が出版され、伊豆半島は東京の新中間層の観光地として脚光を浴びていた。溝口の映画もまた下田でのロケーションを売りものにし、[100]「下田ロケーションによる港町の俯瞰や、海岸の移動場面等に、素晴らしきキャメラの変轉を見る」[101]と評価もされた。この時期、地方への鉄道網の急速な拡張を直接の背景として中産階級のレジャーとして旅行が定着すると同時に、小説、小唄レコード、映画などのメディアは都市への新移住者のノスタルジアの対象として「田舎」を構築していた。[102]伊豆半島南東部の鉄道敷設は一九六一年のことであり、「お吉ブーム」当時、東京から下田までは汽車と東京湾汽船（現・東海汽船）の船を乗り継ぐが、あるいは修善寺などから乗合自動車を使うかだった。[103]一九二八年、野口雨情・中山コンビによる小唄レコード『波浮の港』の大ヒットを受けて大島観光ブームも起きていたため、東京湾汽船はこの時期着々と東京－大島－下田航路を拡充し、一九三〇年には京橋案内所を開設、「観光宣伝の街頭進出」を始めた。[104]丸の内至近のロケーションからも、オフィスで働く新中間層がターゲットなのは明らかだ。一九三一年、東京湾汽船は下田航路と省線列車との連絡運輸を開始し、下田にホテル・ヒュッテクロフネを開業した。[105]

だが、ここで特筆すべきなのは、下田が中央に対する周縁として受動的に開発され消費される単なる「田舎」ではなかった点だ。南伊豆の中心たるこの港町では、一九二四年に創刊された雑誌『黒船』に地元の知識人と商業の中心人物が結集し、豊かな文化資本と首都圏人脈を武器に観光地としてのマーケティング戦略を打ち出していた。[106]お吉物語を発掘し、[107]十一谷、山田耕筰をはじめとした錚々たる文化人を下田に誘ってネタを提供したのは松村春水、森斧水ら地元名士たちに他ならない。[108]彼等の努力が話題作『唐人お吉』出版となって結実し、「お吉ブーム」を生んだのである。『唐人お吉』は東京湾汽船のパック旅行参加者にもれなく配られたというから、まさしく観光ガイドとして機能していた。[109]

当時の下田には湊座（日活系）・寶座（松竹系）の邦画専門常設館が二館あり、興行面では典型的な地方小都市だったが、『黒船』は高踏的な映画評や用語解説を次々と掲載し、シネクラブを主催して映画文化を涵養していた。[110] そうであればこそ、清水宏『海に叫ぶ女』（一九二八年）のご当地ロケを詳細にレポートし、[111] 完成した映画が白浜村を「未開

(99)『讀賣新聞』一九三〇年七月一八日朝刊。

(100) 現地ロケにあたっては、「本映畫は髷物である関係から同地では電信柱を取除いてまで、撮影に便宜を興へる等大歓迎振りをしめしてゐ」た。「下田の町で『唐人お吉』のロケ隊大歓迎」『静岡民友新聞』一九三〇年五月一五日。

(101) 中代生「『唐人お吉』」『キネマ週報』一九三〇年七月四日号、一〇ページ。

(102) 冨田美香「「場」への回帰」『アート・リサーチ』第二巻（二〇〇二年三月）：一〇五—一一三ページ、Mitsuyo Wada-Marciano, *Nippon Modern: Japanese Cinema of the 1920s and 1930s* (Honolulu: University of Hawai'i Press, 2008), 24-32.

(103) 詳細は、有末武夫「戦前における伊豆半島南部の交通関係の発展」『群馬大学紀要人文科学編』第九巻（一九六〇年）：七五—一〇五ページを参照。

(104) 東海汽船株式会社『東海汽船八〇年のあゆみ』（東海汽船株式会社、一九七〇年）、三〇ページ。

(105) 東海汽船株式会社、前掲書、三一ページ。

(106) 近代下田の社会については、静岡県教育委員会（宮田登編集）『静岡県史民俗調査報告書第五集　下田町の民俗——下田市』（静岡県文化財保存協会、一九八八年）を参照。『黒船』の成り立ちについては、森斧水「回顧五周年」、三六—四〇ページ。

(107) 郷土史家・松村春水が一九二四年一〇月号から一九二五年にかけての連載「黒船閑話」の中で唐人お吉について詳述した。最も中心的な記述は、春水老迂「黒船閑話（其六）唐人お吉」『黒船』一九二五年三月号、二—七ページ。

(108) 十一谷は一九二八年始めに下田を訪れた。森斧水「斧水一頁辯」『黒船』一九二八年三月号、五八ページ。森斧水「お吉雑感」『黒船』一九二九年五月号、一六—一七ページ、鈴木白羊子「下田に於ける詩人の回想」『黒船』一九二九年一〇月号、二〇—二三ページ。

(109) 朴東誠『近代日本における「地域社会」の形成と変容——静岡県下田市の事例を中心に』博士論文、東京大学総合文化研究科、二〇〇六年、一九七—九八ページ。

(110) 映畫部「下田両館上映映畫表——昭和三年度上半期」『黒船』一九二八年八月号、五六—五七ページ、合三四幸「黒船社主催　第一回黒船キネマリーグ記」同号五八—五九ページ。湊座の経営者は下田文化の中心人物の一人、旅館・平野屋当主の鈴木貞雄であった。

(111) 郷土に叫ぶ者「『海に叫ぶ女』ロケーション漫行記」『黒船』一九二八年六月号、五八—五九ページ、同誌一九二八年七月号、六〇ページ。

の一寒村」として描いたと憤り、カフェのシーンには「下田の何処に斯んなひどい人肉の市があるかと、殴りつけたくなる程」と激怒した。[112] こうした背景から、町を挙げて日活の『唐人お吉』ロケーションを注視し、支えることになったわけだ。[113] しかし、現代のご当地映画とは違って下田先行上映とはいかなかったらしく、『黒船』は大連から寄稿された感想記を掲載している。「狭い日本内地からあふれ出て、此の満洲に於てさへお吉と云へば下田を、下田と云へばお吉を聯想させられない者はありません。此の映畫は正に大成功でした」、と。[114] だが、日活のロケ写真とともに見開きを飾る『黒船』巻頭言は、ブームの絶頂にあってしたたかに言う。「伊豆開發の根本政策に観光事業のある事は誰れしもが認める事である。その具体的方策として唐人お吉熱の様な人氣を造る事の賢策である事もこれ又誰れしもが肯定する所であろう。として見ると、吾々は最早數年の先を見越して第二の唐人お吉を発見し構成する急務にせまられて居りはしないか」。[115] かくして『黒船』はお吉ブームを梃にマーケティングを続け、一九三四年には開国八〇周年を記念して現在まで続く「黒船祭」という伝統を創造した。[116]

「お吉ブーム」とは、ナショナルな歴史の「起源」として下田を構築して全国区で売る間メディア装置であり、[117]『中央公論』『東京朝日新聞』連載の小説を原作に「東京行進曲」モデルに従って小唄レコードをタイアップによって売り出し、京都の日活スタッフが下田でロケした『唐人お吉』は、その集大成と言える。こうしたメディアを介した「地方」「ご当地」の商品化の最も先鋭的な例が、前述の「三朝小唄」を嚆矢とする「新民謡」、つまり昭和初期に観光宣伝を目的として作られた歌謡であった。この時期、旅行の大衆化を背景として、鑑賞され、研究され、あるいは創作される対象として「民謡」が析出した。さらに、地元の観光協会が作曲家を招待してのお座敷フィールドワーク、東京へ持ち帰っての創作、地元での稽古、発表会という「三朝小唄」を典型とする新民謡創作のプロセスは、レコードとラジオ、観光戦略を巻き込んで各地で展開された。[118]「唐人お吉の唄」二編はジャンルとしては映画小唄だが、「お吉ブーム」は新民謡とまったく同じ構造を持つ。ここでは、「故郷」「郷土」のアイデンティティ自体、中央／周縁というヒエラルキーを通してメディアの中で構築され再認されるしかない。[119] 下田文化人のようにしたたかで機を見るに敏であればあるほど、このサイクルの中に深く疎外されていった。

第五節　パフォーマンスとテクスト、注意散逸

トーキー化とは、テクスト外の間メディア・ネットワークが「場」との密接な繋がりの中で担っていた機能をテクスト内に取り込み、製作者／作家のコントロール下に置くことに他ならない。伴奏音楽と映画説明(活弁)がその最も顕著な例である。一九一〇年代終わりから一九二〇年代初頭にかけて、ハリウッド映画のような「映画的」技法や

(112) 白浪庵秋水「映画　下田情緒『海に叫ぶ女』」『黒船』一九二八年六月号、四八―五〇ページ。
(113) 杵庵輿太郎「日活ロケーション『唐人お吉』」『黒船』一九三〇年六月号、四二―四三ページ。
(114) 關白星子「日活映畫『唐人お吉』を見て」『黒船』一九三〇年九月号、七四ページ。このコメントは極めて素直なものだが、植民地主義状況における「慰安」の物語を植民地で誇りに思うという構造は、帝国主義の時代における中心／周縁が常に重層化されていることを示している。
(115) 「彗星の如く出でよ」『黒船』一九三〇年六月号、三ページ。
(116) 静岡県教育委員会、前掲書、七八―八〇ページ。
(117) 一九三〇年前後に「国民国家の共同性への危機感と不安感がもたらされ、国民国家の枠組みに対する見直しが要求されるようになったことによって歴史の語りへの関心が興隆し、とりわけ、明治維新六〇周年を機に「モダン日本」の起源をめぐる聞き書き、アカデミックな歴史記述、島崎藤村『夜明け前』(一九二九―一九三一年)に代表される小説などが相次いで出版された。成田龍一『〈歴史〉はいかに語られるか――一九三〇年代「国民の物語」批判』ちくま学芸文庫、二〇一〇年(NHK出版、二〇〇一年)、九―一一三ページ(引用は一六ページより)。「お吉ブーム」や松村春水や十一谷義三郎の著書は、この歴史的文脈にも深く規定されている。
(118) 細川周平「西洋音楽の日本化・大衆化　一九　民謡」『ミュージック・マガジン』一九九〇年一〇月号、一二〇―一二五ページ、「同　二〇　新民謡」『ミュージック・マガジン』一九九〇年一一月号、一一六―一二一ページ。
(119) 細川、「西洋音楽の日本化・大衆化　二〇　新民謡」、一二〇ページ。

会話字幕の導入、女形から女優への転換、そして弁士の廃止を叫んだ純映画劇運動の中で、「革新的な映画人（監督）たちにとって、弁士の廃止を通してライヴ性を否定することは、上映者たちに握られていた最終的な映画製作権を自分たちの側に奪いとり、映画を自分たち監督の「表現」として生まれ変わらせることに他ならなかった」[120]。板倉史明は、一九二〇年代前半におけるクロースアップや頻繁な編集など映画劇的手法の導入に、声色弁士に代表される興行者に対する伊藤大輔ら映画製作者の闘争を見る[121]。映画製作サイドによる覇権はトーキー化によって初めて完遂された。

日本のトーキー化の過程で映画テクストの興行の場からの自律を確立したのは、『モロッコ』に付けられた日本語字幕の成功である。つまり、この決定的な転換は、音声そのものではなく文字によって、日本映画の製作ではなく日本の映画文化における外国映画の受容において、興行ではなく配給の領域が成し遂げたことになる[122]。日本における英語トーキー興行不振に対してパラマウントは様々な対応策を試みていたが[123]、一九三〇年末、総額で八〇〇〇ドルを投じて田村幸彦を翻訳者としてハリウッドに招き日本語訳字幕をスーパーインポーズしたネガを焼いた[124]。パラマウント・チェーンは一九三一年二月一九日に字幕版『モロッコ』を邦楽座、新宿武蔵野館、浅草電気館で原則として弁士解説なしで封切り、スタンバーグが当時の日本の映画文化において他の追随を許さぬ「作家」ステイタスを誇っていたことも手伝い、観客から大好評を博して二週続映した[125]。よく知られているように、こうした『モロッコ』の成功を承け、森岩雄と武蔵野館の主任説明者である弁士・徳川夢声の間に論戦が繰り広げられた[126]。この論争の歴史的意義は、森がトーキー美学の基盤を映像と音の「フィルム」上の総合として規定し、日本語字幕を現状ではこの感性的総合を損なわない最良の方便として擁護した上で、弁士解説に代表されるライヴ性に理論上の引導を渡したことにある。引用しよう。

かくの如き構成による有音映畫に説明を附することは、伴奏音楽を廢止した如くに、本質上絶對に廢止すべきものである。萬一、説明藝術効果、又は學術的な説明を必要とする場合は、當然、映畫の原形に取入れられるべき

(120) 長谷正人「検閲の誕生――大正期の警察と活動写真」『映像学』五三号（一九九四年）：一三一ページ。Aaron Gerow, *Visions of Japanese Modernity* (Berkeley: University of California Press, 2010).

(121) 板倉史明「「旧劇」から「時代劇」へ」岩本憲児編『時代劇伝説』（森話社、二〇〇五年）、八九―一一四ページ。

(122) 字幕付き、吹き替え、あるいはオリジナルのままのプリントを手配するのは配給の役割である。国民国家・日本と映画の関係を考えるにあたっては、日本映画――日本の映画製作機構の中で作られた映画――の記述・分析が中心になり、外国映画に言及されるときは日本映画に対する「影響」に限定されがちであった。しかし、アンドルー・ヒグソンが述べるとおり、製作ばかりではなく映画文化全体を視野に入れ、外国映画の配給・興行、そして受容の文脈を検討することなしに国民国家と映画の関係を語ることはできない。Andrew Higson, "The Concept of National Cinema," in *Film and Nationalism*, ed. Alan Williams (New Brunswick, NJ: Rutgers University Press, 2002), 52-67. こうした視座から行われた日本の映画文化研究として、藤木秀朗『増殖するペルソナ――映画スターダムの成立と近代日本』（名古屋大学出版会、二〇〇七年）、第八章、北村洋『敗戦とハリウッド―占領下の日本の文化再建』（名古屋大学出版会、二〇一四年）がある。

(123) レヴュー映画『パラマウント・オン・パレード』日本語版の司会者として弁士・松井翠声をハリウッドに招いて撮影した。日本語版フィルムの現存は確認されていない。「パラマウント撮影所から日本の説明者招聘」『キネマ旬報』一九三〇年五月一一日号、九ページ、批評は田村幸彦「『パラマウント・オン・パレード』」『キネマ旬報』一九三〇年九月一日号、六四ページを参照。

(124) 「邦文日本版問題について――日本パ社代表者コクレン氏と語る」『キネマ週報』一九三一年二月一三日号、三二―三三ページ、田村幸彦「日本版製作の苦心」同誌、同ページ。ちなみに、メジャーの比較的低予算のトーキーの製作費は二十万ドル代だったので（Crafton, *The Talkies*, 529-32）、大した金額とは思えない。なお、サイレントの字幕や、ある種のトーキー外国語版（X版とよばれた）では映像の合間にタイトル・カード（文字のみのコマ）が挿入されていたため、この「スーパーインポーズ版」自体が革新的な試みだった。『モロッコ』一九三一年字幕版のプリントの現存は確認されていないが、田村の翻訳の再録は出版されている。飜釋・田村幸彦、補遺・中根宏、採譜・伊藤昇「臺本モロッコ（日本版全一二巻）」『映画科学研究』第八号（一九三一年）：一七六―二三六ページ。

(125) 飯島正は「今日までのトオキイが生んだ最高の傑作」と絶讃し、興行価値も太鼓判を押す。「『モロッコ』」『キネマ旬報』一九三一年三月一一日号、六一ページ。また、浅草電気館での観客の声は『キネマ週報』二月一三日号、三三ページ。バランスの取れた批評として、古川緑波「トーキー邦語版の問題――興行者の問題・説明者の問題」『映画時代』一九三一年八月号、三一―三三ページ。

(126) 論戦は一九三一年二月を通して『キネマ週報』の森岩雄「煉瓦と花束」、『キネマ旬報』の徳川夢声「映畫軟尖日記」の両コラムを中心として闘わされ、『キネマ週報』上の座談会「社會問題となつた邦文タイトル問題座談會速記」、同一九三一年二月一三日号、二八―三三ページでは両者が顔を合わせた。

ものであると僕は思ふのである。具體的に云へば、いかなる説明と雖も映畫の中に有機的に溶け込み、録音され、單一の映畫効果の下に再現されねばならぬと僕は主張したいのである。[127]

かくして、映画テクストが興行の場から切り離され、その自律が宣言されたのである。森の言葉は現代の視点から遡るとき初めて当たり前に聞こえるのであって、弁士による「キリ説」「ダブり説」が行われていた時点では突出していた。

私はここに溝口の長回しの成立条件を見る。どんなに抑制のきいた調子であれ、弁士と伴奏音楽が観客と映画テクストの間を媒介している限り、長回しと隅々まで計算された演出によって観客に集中と沈潜を要求しても無意味だろう。[128]いかに映像を尊重したとしても、興行の場の音はまさに認知レヴェルで観客の画面に対する注意を操作できるからだ。一九三〇年代前半の溝口のサイレント映画における長回し――おそらく『唐人お吉』を始まりとする――は、弁士と楽士の退場を射程に入れての実験であり研鑽であった。

しかし、映画作家溝口にとってのトーキー化の意義の発見と、「トーキー」のアイデンティティの歴史性の認識は、同時に行われなければならない。本章を通して検証してきたように、一九三〇年前後の時点では、一回性のライヴと複製技術、オリジナルとコピー、テクストとパラテクスト、原作と翻案、あるいはサイレントとトーキーのような二項対立自体、間メディア・ネットワークの中でのあくまで相対的な濃度とポジションの違いに過ぎなくなっていた。そうであればこそ、めまぐるしいモンタージュに代表される後期サイレント映画のいわゆる「視覚的な効果」[129]は、他のメディアとの競合の中で、機械文明と産業資本主義モダニティの感覚刺激と速度を体現することで「映画性」を前景化し、作家性と市場での成功を勝ち取る戦略だったと考えられる。即ち、間メディア性と徹底した市場の論理のまさに裏返しとして、サイレントのアヴァンギャルドは成立した。一方、メディアによる大衆的公共圏の形成とそれに伴う経験の変容がお吉ブームの前提となり、「観光」を成立させ、中央と周縁の徹底的に非対称な関係の内部において下田の戦略を可能にしていた。溝口にとってのトーキー化とは、サイレント期には間メディア・ネットワークや上映の場との関係性に支えられていた映画性や地域性を、長回しや方言という形で映画テクストの中に織り込むことに他ならない。

経験が沈殿することのない大衆的公共圏における優れてモダンな受容のありかたをヴァルター・ベンヤミンは注意散逸（気散じ）と呼ぶ。だが、「注意散逸」は字義的に想起されるような散漫なモードではない。

> ダダイストたちにおいて芸術作品は、もはや魅惑的な形姿や説得力のある響きであることをやめ、一発の銃弾となった。それは観る者に命中した。芸術作品はいまやある種の触覚的（タクティシュ）な性質を獲得した。これによって、映画の需要が促進されることになった。映画のもつ注意散逸をひき起こす要素も、ダダの芸術作品の場合と同様、まずもって触覚的要素だからである。これは場面とショットの転換に基づいている。場面やショットはひとくぎり、またひとくぎり、という具合に観る者に迫ってくるのである。映画は、ダダイズムがいわば道徳的なショック作用のなかに包んでおいた身体的なショック作用を、この包装から解放したのである。[130]［強調は原著］

(127) 森岩雄「煉瓦と花束（七）」『キネマ週報』一九三一年二月二〇日号、八ページ。
(128) いわゆる物語外音楽を排した溝口の一九三〇年代トーキー作品の革新的な試みについては、長門洋平「沈黙するモダンガール」黒沢清、吉見俊哉、四方田犬彦、李鳳宇編『日本映画は生きている②映画史を読み直す』（岩波書店、二〇一〇年）、一八五—二一〇ページ、同、前掲書、第四章。
(129)「視覚的な効果」については、蓮實重彦「署名の変貌——ソ連映画史のための一つの視角」『レンフィルム祭』（国際交流基金、一九九二年）、二〇—二六ページを参照。
(130) ヴァルター・ベンヤミン「複製技術時代の芸術作品（第二稿）」浅井健二郎編訳、久保哲司訳『ベンヤミン・コレクション① 近代の意味』（ちくま学芸文庫、一九九五年）、六二三ページ。

ベンヤミンのこのパッセージについて、中村秀之は言う。

「観想」に対する「触覚的」なものとして規定された気散じとは、映画のショック作用を受けとめるのにふさわしい独特な身体モードなのであり、それは練習によって習得されなければならない。

〔…〕

ゆえに気散じとは、主体の危機さえ含意するような実践である。映画に固有の断片的時間性に進んで身を投じること、そのようなショックに対して防衛的に自分を閉ざすことなく、その作用を積極的に受けとめ、それによる寸断を引き受けることにほかならない。(131)

ベンヤミンがいう「場面とショットの転換に基づ」き、「ひとくぎり、ひとくぎり、という具合に観る者に迫ってくる」モンタージュとは、大名行列、奥方、職業婦人、浮世絵、ツェッペリンを繋げる『唐人お吉』の冒頭などを典型とするだろう。そして、このような断片化されたイメージのモンタージュは、モダニティによる知覚の変容に根ざし、間メディア性に貫かれつつ、まさにそのショック作用へと身を開く練習の機会を与えてくれる。こうした形式が「哀愁深い物語」(田村幸彦、前掲)に浸るというモードと根本的な齟齬をきたすものであれば、「感興を殺ぐこと夥だしい」という不評を買ったのも当然である。

溝口のトーキー映画の長回しが観る者に要求するモードを分節化する鍵は、ショットの時間性の差異をとりあえず捨象して、注意散逸との連続性において捉えることではないだろうか。溝口の長回しが、静から動へ急転する俳優の身体、オフスクリーンとのダイナミズムに立脚したキャメラの動きなどによって、連続というよりは断続した時空間を作り出すのは、ノエル・バーチがいみじくも「ショット内モンタージュ」あるいは「場から場へのモンタージュ」と呼んだとおりである。(132)

本章の冒頭で引用した岸松雄によるインタヴューの続きの中に、溝口の長回しに断続性を見出す手掛かりがある。

岸「そうでしょうね。でも、『祇園の姉妹』の時代には、ロング（ショット）でキャメラすえつ放しの一シーン一カットが流行つていましたね。キング・ヴィダアあたりの影響をうけたんでしょうかね。」

溝口「それもありますがね、僕の場合、直接影響を受けたのは、内藤耕二郎［ママ］と云う友人が居ましてね。内藤湖南博士の息子で、今でもどこかの學校で教授をやつている筈ですが、この男、心理學を研究していて大變な變り者でしたよ。映画で臭覺や觸覺を表現出來ないかと研究したりしましてね。バルボの古い撮影機を買つて來て、いろいろ實驗するんです。小栗美二つて日活の美術やつていた男、知つてるでしょう、あの男なんかもその仲間だつたんですが、……オルガンか何かの鍵盤をおすと、音と一緒に色彩が写る……」

岸「「クラビルックス」とか何とか云う奴ですか。」

溝口「そうです。あんなものを研究しましてね。音と色彩の關係を分析してみようつてわけなんでしょうが……。やつてましたね、いろいろ。例えば、女の裸體画から受けとる感覚とビロードを撫でる觸覺との關係だとか、又、人間は静止している物を見ると五秒で倦きるとか、とにかく、不思議なことを研究していましたね。このひとは、面白いことに、美しいものを見たりすると性慾を感じるそうでしてね。美しい星空を見たりすると堪らない、よく云つていましたが、決してアブノーマルな心理學ばかり研究していたわけじやないですよ。その反對の、ノーマルな方もやつていました。」

岸「面白いですね。」

(131) 中村秀之『瓦礫の天使たち——ベンヤミンから〈映画〉の見果てぬ夢』（せりか書房、二〇一〇年）、四一ページ。
(132) Noël Burch, *To the Distant Observer: Form and Meaning in the Japanese Cinema* (Berkeley: University of California Press, 1979), 233.

溝口「その男なんかとつきあつているうちに像《〔ママ〕》もいろいろ考えるようになりましてね。映画というものは、一シーン一カット式にガラガラつづけて廻すのと、それをいくつにも切つてカットバック式に見せるのとでは、観客のうける「心理的な重さ」が違つて來る。カットを短く切り返して見せると、どうしてもその中にいけないカットが出て來てしまうんですね。でも短いからいいだろうなんて思うと、それが大間違いでね。弱いですよ、訴え方が……そこでまあ今みたいな一シーン一カットの撮り方を研究しはじめたんです。[133]」

一九五二年のインタヴュー当時、内藤耕次郎は立命館大学文学部の心理学教授だったはずだ。[134]内藤の名前を『キネマ旬報』が誤記してしまったからか、岸が光によるアートを作る機械クラヴィラックス（clavilux）に還元してしまったためか、溝口が星空と性欲の話を持ち出したためか、この逸話は映画作家の人物像に彩りを添える程度の変人学者との交友として看過されてきた。だが、内藤が研究していたのは共感覚（synaesthesia）、すなわち「客観的な感官刺激によつて生じる普通の感覺以外に直接刺激されない他の領域の感覺をも發生することで、例えば音波の刺激によつて音感覺を生じると共に色彩感覺をも體験するようなもの[135]」である。アルチュール・ランボーの『母音』、ワシリー・カンディンスキーの《コンポジション》など、一九世紀終わりから二〇世紀前半のモダニズムと共感覚（あるいは共感覚的想像力）の密接な関係はつとに知られている。内藤が小栗美二らと行っていた映像、音、色彩の関係の研究とは、中井正一、辻部政太郎、貴志康一[136]、大阪の工業試験所の安藤春蔵が一九三一年ごろ行っていた色彩前衛映画『十分間の思索』『海の詩』の製作であろう。[137]ちなみに安藤は溝口の『東京行進曲』の封切版に存在したというカラーのシークェンスに「オルソカラー」の技術を提供している。[138]一九三〇年前後の京都において、溝口は同世代（一九〇〇年前後生まれ）の知識人やモダニスト芸術家のネットワークに培われ、科学と芸術、感覚器官とメディアの交錯点としての共感覚に関心を寄せていたに違いない。なお、あくまで推測の域を出ないが、溝口が役者に対して繰り返し述べたという、意味の推測はできるが間違いなく奇異な言葉、「反射していますか？」[139]の出所が内藤耕次郎経由の心理学だった可能性はある。内藤の退任記念論文はソヴィエト心理学史のまとめだが、その前半の中核となるのはイヴァン・セチェノフからイヴァン・パヴロフに至る「反射」についての生理学と心理学の関係である。(140) パヴロフの条件反射概念がテイラー主義とともにメイエルホリドやエイゼンシュテインに与えた影響はよく知られているとおりだ。

とはいえ、溝口の長回しが内藤の理論の実践であるなどと言うつもりはない。(141) 溝口は、内藤に触発されて長回しとカットバックで「観客のうける「心理的な重さ」」の違いを考えるようになり、「いけない」ショットが紛れ込んで効果を弱める可能性を排除したくなった、と語っているだけである。だが、内藤耕次郎という補助線を導入することで、

(133) 岸松雄「溝口健二の藝術」、四四ページ。

(134) 内藤については、内藤耕次郎「心理学への道」末川博編『学問の周辺』（有信堂、一九六八年）、五一―八二ページを参照。小栗美二や中井正一の名前はあるが、溝口についての記述はない。

(135) 内藤耕次郎「共感覚的諸現象に關する研究史序説」『立命館文學』第一五〇・一五一号（一九五七年）：七四ページ。内藤が溝口と交友のあった時期の論文としては、内藤耕次郎「共感覺の一例に就いて」『心理學論文集（二）　日本心理學會第二回大會報告』（岩波書店、一九二九年）、一〇六―一〇ページなどがある。

(136) 貴志康一と溝口との関係については、音楽史家・毛利眞人のウェブサイト「貴志康一映画作品研究」を参照。http://www.h4.dion.ne.jp/~kishi_k/kishipro.htm（二〇一三年八月一九日アクセス）。

(137) 「未踏の世界へ飛躍　美學映畫の誕生」『大阪毎日新聞』一九三二年一〇月九日、一一ページ、中井正一「色彩映画の思い出」久野収編『中井正一全集3　現代芸術の空間』（美術出版社、一九六四）、二三二―二三ページ（初出『映画の友』一九五一年九月号）。

(138) 石川英輔『総天然色への一世紀』（青土社、一九九七年）、佐相勉『溝口健二・全作品解説6』、六七ページより。

(139) 様々なインタヴューで多くのキャストやスタッフが言及している有名な言葉だが、出典を挙げるなら、たとえば、蓮實重彥、山根貞男「女優の証言」蓮實重彥、山根貞男編『国際シンポジウム溝口健二』（朝日選書、二〇〇七年）、四七ページにおける香川京子の回想が非常に充実している。また、録音技師・大谷巖、長門洋平と著者によるインタヴュー、二〇一二年一一月。

(140) 内藤耕次郎「ソビエト心理学の歴史的研究序説（一）」『立命館文學』二八一号（一九六八年一一月）：一五―四〇ページ。しかし、内藤がロシア語を学び始めたのは戦後である。

(141) 例えば、筈見恒夫との前掲のインタヴューで溝口は、「あの長いカットは、ずい分、悪口をいわれた。京大の心理学の先生が、ぼくをつかまえて、あんな手法は、映画観客の心理を無視したナンセンスだといつていた」と語っているが、これは京大の心理学教室に在籍していた内藤のことではないか？　筈見、前掲記事、四ページ。

溝口を同時代の世界的な知の動向と接続することが可能になる。長回しにおいて溝口が追求したのは、一九級世紀末から二〇世紀初めにかけて、人間の知覚についての言説、とりわけ学問領域として確立されつつあった心理学において中心的問題として浮上した「注意」であった。ジョナサン・クレーリーによれば、「注意と散漫は、ともに同じ要請と力によって刺激された社会的場の担い手として、おたがいに絶えず流入しあっている連続体の外でとらえることはできない」[142]。つまり、ベンヤミンが注意とその散逸（散漫、気散じ、distraction）の二項対立として示しつつ、その実一つの事象として捉える可能性を与えたのは、モダニティによる知覚と経験の断片化と商品化であり、それに対する応答としての映画であった。

　田尻芳樹がサミュエル・ベケットについての研究の中で論じているように、このような人間知覚と身体の断片化に対する認識こそが、感覚の再編成・統合としての共感覚についての生理学的研究の基底となり、さらにはモダニズム芸術の想像力を刺激した[143]。トーキーを現実の模倣として捉える限り共感覚という発想は決して生まれないが、サイレント＝映画に培われた溝口や森岩雄にとって映画の「音」とは、そもそも視覚芸術であったものに加えられた聴覚刺激である。森の言葉で言えば、「映畫そのものは無音無聲であつたにしても、外國でもさうだが、日本でも傳統的に音楽伴奏が使用された。これは何を意味するか。無音映畫が視覺のみに訴へる効果と同調して、聴覺からも特に効果を附加せんとしたことに外ならない」[144]。このような「伴奏音楽」的発想——ヴァイタフォン的発想と言ってもいいかもしれない——に基づくと、トーキーは異なった回路に生み出される感覚刺激の間の「同調」あるいは交感として捉えられる。森が「映畫の中に有機的に溶け込み、録音され、單一の映畫効果の下に再現され」（前掲引用）るべきと宣言した音声は、従って、エイゼンシュテインが「モンタージュ片」と呼ぶような断片であり、その視覚との結合としてのトーキーは、決して自然の再現ではなく、むしろフランケンシュタインが電気によって生を与えた怪物に擬えられる。

　かくして、中村にならって「映画体験と言説とをフィルムとともに「継ぎはぎ細工のアレゴリー的形成物」たらしめること、これこそベンヤミンの構想した気散じ的受容をトーキー以後にも実践することであろう」と言い、「新たな〈見る〉ことへの「練習に最適な」映画」[145]の作家として溝口健二の名を書き加えることが可能になるだろう。戦前日本のメディア環境を俎上に乗せた最良の論客たちは、テクストとしての自律性とひき換えにパフォーマンスとしてのライヴ性を消失した映画は、サイレント期の視覚的要素に集約されるようなミディアムとしての物質性を消失し、情報や物語内容に対して透明な「メディア」化したと述べてきた。[146]本書はこの議論と基本的なメディア史的・映画史的認識を共有しつつ、「メディア化」に抗う一つの道として溝口の実践を提示する。

坂根田鶴子が書き残した断片から『唐人お吉』にモンタージュと長回しの並存を跡づけ、下田の観光戦略と間メディア装置の一環としてこの作品を捉えるとき、作品の商品化を貫徹し、興行の場、市場、労働の場の喧噪と刺激に身を開く営為にこそ「私たちの知っている溝口」の起源を見出すことができる。トーキー化に際し、溝口は、モンタージュかぶれの「マルクス・ボーイ」からモニュメンタルで日本的な長回しの名匠へと転向したのではない。観客の知覚への働きかけという政治学を別の形で継続したのである。

(142)　ジョナサン・クレーリー『知覚の宙吊り——注意、スペクタクル、近代文化』岡田温司監訳(平凡社、二〇〇五年)、五四ページ。
(143)　Yoshiki Tajiri, *Samuel Beckett and the Prosthetic Body: The Organs and Senses in Modernism* (New York: Palgrave Macmillan, 2007), 75-91.
(144)　森岩雄「煉瓦と花束(六)」『キネマ週報』一九三一年二月一三日号、一四ページ。
(145)　中村、前掲書、五四ページ。
(146)　藤井仁子「日本映画の一九三〇年代——トーキー移行期の諸問題」『映像学』第六二号(一九九九年):二一—三七ページ、北田暁大『「意味」への抗い——メディエーションの政治学』(せりか書房、二〇〇四年)、第八—九章。

第三章　映画の第四次元——溝口健二の一九三五年

第一節　はじめに——『折鶴お千』の境界性

『折鶴お千』(一九三五年)は、映画作家・溝口健二の作品の批評的受容の中で特権的な位置を占めている。とりわけ英語圏の批評において、この映画は溝口の一九三〇年代の映画形式——ロングショットの中に展開する演出《ミザンセヌ》とドラマの経済性に貢献しない語りによって特徴付けられる映画形式——の最初の結晶としてスポットライトを浴びてきた。さらには、西洋における日本映画研究の原点——あるいは原罪と言ってもいいかもしれない——をこの映画の中に見出すことさえも可能だ。『折鶴お千』の大胆な形式に魅了されたノエル・バーチが、以下のようなパッセージを書き付けてしまったからである。

これから見て行くように、溝口のその〔『折鶴お千』の〕後一〇年間の発展は、表象の西洋的モードとそのドラマ的な機能主義を漸進的に放棄することによって特徴づけられる。この時代、溝口はその(現存している)最高傑作である『残菊物語』と彼のヴァージョンの『〔元禄〕忠臣蔵』の中で、文楽や小津の映画と同様に機能するシステム学を開発したのだ。ほとんど全面的に異なっている二人の巨匠の作品が特殊日本的なやりかたで収斂してゆくと言いうるのは、この意味においてである。(1)

『折鶴お千』についてのバーチの優れた描写と分析に刺激された英語圏の研究者たちがこの映画の構造と形式的な細部についての研究を進め、この映画はいわば一九八〇年代のフォーマリスト映画研究の正典《カノン》の一つとなった。(2) 一方で、文楽および小津安二郎の映画とともに「特殊日本的」なるものに溝口の作品を帰属させ、「表象の西洋的モード」(IMR) と対置するこのパッセージには、その文化本質主義が凝縮されているのも確かだ。一見すると非政治的に思われるフォーマリスト映画分析を支える文化本質主義が、ポスト植民地主義の視座からのまっとうな批判の矢面に立たされるようになって、少なく見積もっても二〇年が経とうとしている。(3)

実際、冒頭の二重フラッシュバックに典型的にみられるように、『折鶴お千』はときに意味的な不透明性をも孕む複雑なテクストである。しかし、そうした側面を日本文化の特殊性に結びつけたりするよりも、歴史的なアプローチがずっと有効なはずだ。とりわけ私が注意を喚起したいのは、この映画の「サウンド版」というフォーマットである。『折鶴お千』の「サウンド版」、つまり同期した台詞を持たないトーキーとしての側面に着目した研究としては、ドナルド・キリハラの先駆的な論文があるが、その映画史的・美学的な意義が汲み尽くされるには至っていない。(4)『折鶴

(1)　Noël Burch, *To the Distant Observer: Form and Meaning in the Japanese Cinema* (Berkeley: University of California Press, 1979), 219.
(2)　Ibid., 219-22, Donald Kirihara, *Patterns of Time : Mizoguchi and the 1930s* (Madison: University of Wisconsin Press, 1992), 73-83, Maureen Cheryn Turim, *Flashbacks in Film : Memory & History* (New York: Routledge, 1989), 100.
(3)　この批評的営為の中心的論考として、吉本光宏による小津論分析がある。Mitsuhiro Yoshimoto, "The Difficult of Being Radical," in *Japan in the World*, ed. Masao Miyoshi (Durham, N.C.: Duke University Press, 1993), 338-53.
(4)　Donald Kirihara, "A Reconsideration of the Institution of the Benshi," *Film Reader*, no. 6 (1987): 41-54.

お千』は一九三五年一月一五日に弁士・松井翠声の説明（ナレーション）、松井の選曲による伴奏音楽、若干の音響効果を録音したサウンドトラックを持つ「サウンド版」として公開された。[5]『映画検閲時報』の頁を繰るかぎり、同年に作られた一一本の「複本」も含めて、すべてのプリントが「フイルム発聲式」として検閲を通過している。[6]この映画に課せられた八件の「制限事項」、つまり「風俗」を理由とした切除については、次の第四章で詳しく論じることになる。本章にとって肝要なのは、『折鶴お千』はあくまでもサウンド版トーキーであるという認識だ。複製技術であるはずの映画を扱いながら、作品＝フィルムではなく複本（複製）をも含む「プリント」をいちいち対象として精査する内務省のアナルな検閲制度ゆえに、私たちは「無声版」が存在しなかったことを知っている。

しかし、製作・配給サイドと内務省がともに『折鶴お千』を「サウンド版」として認識していたからといって、興行の場でそのまま音付きで上映されたとは限らない。笹川慶子が『折鶴お千』の関西都市圏における配給・興行・受容についての優れた歴史研究で明らかにするとおり、道頓堀きっての高級館でありながら新興キネマ系に切り替わったばかりの朝日座での封切興行では、WE式のトーキー映写機のサウンドを切って弁士解説付きで上映し、嵐寛寿郎の声が聞ける併映の新興キネマ作品『七化大名』の人気とも相俟って、三週続映を成し遂げた。[7]そもそも、田中眞澄も述べているとおり、山の手の洋画専門弁士・松井翠声の東京弁、しかも録音の再生となると、朝日座の観客にはちょっと受け容れ難いものだったに違いない。[8]『折鶴お千』の関西興行は、一九三五年というトーキー移行末期において「サウンド版」という歴史的な形式が孕んでいた異種混交性、境界性、不安定性の証左となるだろう。

こうした不安定性をさらに如実に示すのが、『折鶴お千』のプリント問題である。現在、『折鶴お千』のプリントとしては松竹版、神戸映画資料館版（神戸版と呼ぶ）、マツダ版の三系統が知られている。松竹版はサウンド版の一六ミリプリントであり、このプリントおよびそのVHSコピーは長く流通してきた。管見では、現在のところ松竹版が全体としては最も一九三五年の封切版に近い。大阪のプラネット映画資料図書館は、一九七〇年代、かつて『折鶴お千』の九州・沖縄を除く西日本配給権を保有していると主張するベテラン興行主から三五ミリのプリントを購入しており、二〇〇〇年代前半、東京国立近代美術館フィルムセンターと連携して新しい三五ミリプリントを作成した。[9] 神戸映画資料館が所蔵するのはこの新しいプリントである。シークェンスの順番についてはやや疑問が残るが、この三五ミリプリントの画質・音質は他のヴァージョンの追随を許さないばかりではなく、オリジナル通りと思われるトーキー初期の正方形に近い画郭（aspect ratio）を留めている。さらに、本章で分析するシークェンスのうちの一つ、通称「ニコライ堂」の場面は、神戸版にのみ完全な形で残っていると思われる。マツダ映画社が所有するヴァージョンは、他の二ヴァージョンに存在する短いが重要なシークェンスを欠いており、ラストシーンへの落ち葉舞い散る神社のショットの混入など再編集の痕跡が見られる。だが、このヴァージョンの一番の問題点は、マツダ映画社によって長く「サイレント映画」として扱われてきたことだ。マツダは澤登翠の活弁を伴ったＶＨＳを販売しており、今世紀になって発売されたＤＶＤでようやく澤登のナレーションと松井翠声のナレーションが音声の二オプションとして並置されるようになった。[10]『折鶴お千』に対して深い愛着を持ち、原作をはじめ文献に当たり、松井翠声のサウンド

（5）「映画館景況調査」『キネマ旬報』一九三五年二月一日号、二五ページ。なお、同誌同号の「主要日本映画批評」は東京での封切日一九三五年一月二〇日を記しており、そちらに準拠するデータベースや文献もあるが、封切は関西である。岸松雄「折鶴お千」「主要日本映画批評」、一一一ページ。

（6）内務省警保局『活動寫眞フィルム検閲時報』第二〇巻、（不二出版、一九八五年）、一二ページ。

（7）笹川慶子「『折鶴お千』と道頓堀興行」藤木秀朗編『観客へのアプローチ』、（森話社、二〇一一年）、三五七—八四ページ。なお、笹川論文は本章の元となった英語論文 Chika Kinoshita, "The Benshi Track: Mizoguchi Kenji's *The Downfall of Osen* (1935) and the Sound Transition, *Cinema Journal* 50, no. 3 (Spring 2011): 1-25. の最終稿を踏まえている。朝日座のサウンド・システムについては、調査部「昭和一〇年三月現在全國映畫館録」『キネマ旬報』一九三五年四月一日号、一二三ページ。

（8）田中眞澄『小津安二郎の方へ——モダニズム映画試論』（みすず書房、二〇〇二年）、一一二—一三ページ。

（9）神戸映画資料館代表、安井喜雄への筆者によるインタヴュー、二〇〇八年一一月二五日。

（10）依拠したヴァージョンを示していないものの、マツダ版（おそらくＶＨＳ）の澤登のナレーションを明らかに分析対象として論を展開している例として、Isolde Standish, *A New History of Japanese Cinema: A Century of Narrative Film* (New York: Continuum, 2005), 69-71 がある。

版をよく研究したうえで敢えて違いを打ち出す澤登のナレーションは、強い情動を誘う優れたパフォーマンスである。(11) 笹川論文にあるように、道頓堀の朝日座の例に倣えば、これこそ真正《オーセンティック》なサウンド版上映の在り方だと言うことさえできるかもしれない。だが、製作と興行、映画作家と映画館主の間のこのような争闘を見据え、「サウンド版」の境界性を認めたうえで、やはり確認しておこう。一九三五年に映画作家・溝口健二が監督し、当時の観客に向けて送り出したテクストは、松井翠声のフラットな東京弁が録音されたサウンド版トーキー『折鶴お千』である。

こう断言するには、文字資料のサポートが不可欠だ。本章の『折鶴お千』についての記述・分析は、一次資料としての映画そのもの、同時代の映画雑誌や新聞記事に出版された紹介記事、レヴューやインタヴューなどの二次資料ばかりでなく、前章でも依拠した京都文化博物館の坂根田鶴子資料の『折鶴お千』ファイル、さらに松竹大谷図書館所蔵の『折鶴お千』検閲台本に基づいている。(12) 映画のヴァージョンにこだわり、プリントや上映形態の「真正性《オーセンティシティ》」を口にするこの分析は、しかし、溝口のオリジナルな意図を探る訓詁学を標榜するわけではない。この言わば映画の生成研究の試みが明らかにするのは、新しいテクノロジーと格闘し、興行の場や検閲室との相克の果てに磨き上げられた溝口の作家性が、自らの置かれた映画史的状況をテクストに折り込んでゆく過程である。

本章は、続く第二節で、日本映画史と溝口健二のフィルモグラフィの分水嶺として一九三五年を位置づけ、第三節では、同時代の言説の中に「サイレント／トーキー」を巡る映画美学的考察を跡づける。こうした言説を踏まえたうえで、第四節はある種の「反時代的映画」として『折鶴お千』を捉え、映画産業、検閲の文脈に結びつける。第五節では、溝口の演出《ミザンセヌ》、三木稔のキャメラ・ワークが、いかにサウンド版という境界性を利用し、音と連動して「深さ」の感覚を生み出しているかを明らかにする。第六節では、セルゲイ・エイゼンシュテインの「立体映画論」を糸口とし、そこから、一九三五年に『折鶴お千』に続いて撮られた二本のトーキー『マリヤのお雪』『虞美人草』、さらには『浪華悲歌』（一九三六年）における音声と縦の構図の結びつきを分析する。

第二節　一九三五年、日本

前章は、ハリウッド製のトーキーが上陸した一九二九年五月九日を日本の映画におけるトーキー移行の始まりの日付とした。終わりの日付は、さしあたり一九三五年一二月としてみたい。というのも、同月十九日から一週間、『キネマ旬報』と東和商事が後援する上映会「名映画スーヴニール」がシネマ銀座を会場として開催されたからだ。『キネマ旬報』の小見出しは謳う。「オールド・ファン懐しの　無聲　名映畫名説明、名伴奏で上映」。開催者たちはプリント確保に東奔西走し、ヴィクトラン＝イポリット・ジャセ『ジゴマ』(フランス、一九一一年)、ロベルト・ヴィーネ『カリガリ博士』(一九二〇年、ドイツ)、チャーリー・チャップリン『キッド』(USA、一九二一年)、エルンスト・ルビッチ『ヴィンダミア夫人の扇』(USA、一九二五年)、F・W・ムルナウ『サンライズ』(USA、一九二七年、サイレント版)ら一七本にのぼる作品による日替わりプログラムを組んだ。「よりよく昔の感激を傳ふる為めに往年の名解説者、生駒雷遊、徳川夢聲、山野一郎」らに名調子を提供させ、「伴奏もレコードを廢し、無聲映畫時代の気分釀成に努力することゝとなつた」[13]。「オールド」「懐しの」「往年の」といった形容詞が、サイレント映画と弁士たちを紛れもなく過去の遺物にしている。トーキーが「映画」の座を簒奪して標準《スタンダード》になるまで、「サイレント／無声」映画というものは存在しなかった。そうした意味で、この種の回顧上映として私の知る限り日本初のものである「名映画スーヴニール」は、日本における「サイレント映画」を発明したと言える。日本の高級映画文化の担い手たちが仕掛けたこ

(11) 澤登翠「溝口健二の弁士をつとめて」四方田犬彦編『映画監督 溝口健二』(新曜社、一九九九年)、一一二—一二七ページ。
(12) 前掲 "The Benshi Track" 執筆の時点では、『折鶴お千』の検閲台本を発見できていなかったため、弁士松井のナレーションと検閲台本の関係はあくまでも仮説に留まっていた。
(13) 「シネマ銀座が本誌後援で　名映画スーヴニール」『キネマ旬報』一九三五年一二月一一日号、一〇ページ。

表1：日本の映画館とトーキー化

年	1929	1930	1931	1932	1933	1934	1935	1936	1937	1938
映画館数	1,270	1,392	1,449	1,460	1,498	1,538	1,586	1,627	1,749	1,875
うち発生装置あり		27*	92	339	576	806	1,207	1,368	1,516	1,701

データ：国際映畫通信社『国際映畫年鑑　昭和九年版』（国際映畫通信社、1934年）、106ページ、内務省警保局『活動寫眞「フイルム」検閲年報』1928–1940年版、復刻版（龍渓書舎、1984年）、1–4巻より。なお、私もこれらのソースに直接当たったものの、ここにあるほとんどの数字は藤岡篤弘「日本映画興行史研究——1930年代における技術革新および近代化とフィルム・プレゼンテーション」『CineMagaziNet!』第6号（2002年）http://www.cmn.hs.h.kyoto-u.ac.jp/CMN6/fujioka.html（2013年9月3日閲覧）によってすでにカヴァーされているので、この優れた論文も参照されたい。1929年に関して、藤岡は23館がトーキー化されていたと述べている。

＊なお、1930年に関しては、映画経済学者・石巻良夫は1327館のうち発生装置を有するのは25館に過ぎないとする。石巻良夫「発聲映画の悲哀（上）」『キネマ旬報』1931年9月21日号、52ページ。

のイベントは、地方興行や大都映画のスタジオでは当時も活気を保っていた「サイレント映画」と「弁士」を生きながらノスタルジアの琥珀に閉じ込め、一九二九年五月以降続いていた製作・配給・興行におけるサイレントとトーキーの並存に幕を引いたのである。[14]

だが、一九三五年の重要性はこうした象徴的な（あるいは認識論的な）意義に留まらない。映画興行、製作、批評的受容における三つのファクターがこの時代区分を可能にしている。第一に、一九三五年末には、発声装置を持つ映画館数が一九三四年度の八〇六館から一二〇七館に上昇し、日本本土の七八％の映画館がトーキー化を成し遂げた計算になった。とりわけ一九三一年以降、映画館の音響化は着実に進行していたが、六〇％から約八〇％への一年での飛躍は、全国的な興行の見取り図を塗り替えた（表1）。第二に、『折鶴お千』のような同期音による会話を含まない「サウンド版」を含めば、この年、トーキーの本数が初めてサイレントの本数を上回った。劇場用長編映画の製作本数を見ると、一九三四年にはオール・トーキー六一本、サウンド版四〇本、サイレント二九八本だったのが、一九三五年ではオール・トーキー一三三本、サウンド版一三三本に対して、サイレントは一七八本である。[15] 第三に、映画批評家の投票による『キネマ旬報』トップテン邦画部門は、一九三五年、八本のオール・トーキーと二本のサウンド版によって占められ、サイレント映画を含まなかった。[16] 一方、一九三四年に同誌が投票の結果「優秀映畫」として推薦した一四作品のうちトーキーは六本に留まり、サイレントは六本と拮抗し、ダントツの一位である小津安二郎『浮草物語』を含めた二作はサウンド版だった。[17] 『折鶴お千』も含めて、一九三五年に作られた一三三本（全体の三〇％）という驚くべき数のサウンド版は、トーキー移行末期の特殊な映画史的状況を物語っている。日本においてトーキー移行にはなぜこのような長い時間がかかったのか。この問いに対して、英語圏の研究は、弁士のような文化的特殊性を理由として持ち出す傾向があった。[18] しかし、「長い」というのはあくまでもハリウッド／アメリカとの比較においてであって、例えばソヴィエトや中国

(14)　一方、このイベントを同年に『キネマ旬報』で開始された「日本映画史素稿」の連載などと同じく、映画誕生四〇年を契機とした映画史への意識の高まり、さらには同時代の歴史と国民国家のアイデンティティへの関心と関連づけることも十分に可能だ。

(15)　池田照勝、友田純一郎「一九三四年業界決算」『キネマ旬報』一九三五年一月一日号、二七八ページ、水町青磁「業界（邦画）」『キネマ旬報』一九三六年一月一日号、三二二ページ。なお、くどいようだが、内務省の検閲件数は「映画」ではなく「プリント」数であり、長編と短編などの別もないため、検閲による統計のみから撮影所の方針を図る長編製作本数を導き出すのは難しい。

(16)　トップテンは、一位から順に、成瀬巳喜男『妻よ薔薇のやうに』（ＰＣＬトーキー）、山中貞雄『街の入墨者』（日活京都トーキー）、島津保次郎『お琴と佐助』（松竹蒲田トーキー）、伊丹万作『忠次賣出す』（新興京都トーキー）、山中貞雄『國定忠次』（日活京都トーキー）、五所平之助『人生のお荷物』（松竹蒲田トーキー）、齋藤寅次郎『この子捨てざれば』（松竹蒲田サウンド版）、成瀬巳喜男『噂の娘』（ＰＣＬトーキー）、小津安二郎『東京の宿』（松竹蒲田サウンド版）、衣笠貞之助『雪之丞變化』（松竹下加茂トーキー）であった。「昭和十年度優秀映畫決定」『キネマ旬報』二月一日号、四五ページ。

(17)　第二位は島津保次郎『隣の八重ちゃん』（松竹蒲田トーキー）、続いて五所平之助『生きとし生けるもの』（松竹蒲田トーキー）。この年は投票方法を変更し、批評家が一人でも自分の「年間ベスト三」に入れた映画は「優秀映畫」として名を連ねた（例えば溝口のサイレント『神風連』）。『浮草物語』は、投票した批評家のコメントにおいて「無声」「サイレント」と表現されたが、同じく選に入ったサウンド版である清水宏監督『戀愛修學旅行』（松竹蒲田）とともに、伴奏音楽のみの録音だったためと推測される。「キネマ旬報社主催昭和九年度優秀映畫推薦發表」『キネマ旬報』一九三五年三月一日号、三四—三五、三八—四〇ページ。

(18)　Joseph L. Anderson and Donald Richie, *The Japanese Film: Art and Industry*, Expanded ed. (Princeton, N.J.: Princeton University Press, 1982), 72-89. フリーダ・フリードバーグは映画年鑑のような一次資料にもあたっているが、やはりアンダーソンとリチーの前提に依拠している。Freda Freidberg, "The Transition to Sound in Japanese Cinema," in *History on/and/in Film : Selected Papers Form the 3rd Australian History and Film Conference, Perth*, ed. Tom O'Regan, and Brian Shoesmith (Perth, Australia: History and Film Association of Australia, 1987), 76-89.

の状況を鑑みれば、一九二九―一九三五年というのがむしろグローバル・スタンダードと言えるかもしれない。[19]日本のケースでは、敢えて言えば文化的というよりは経済的な要因によってトーキー化のコースは決定された。とりわけ大都市と地方の間の不均衡発展により、興行と製作がトーキー化に際して足を引っ張り合う結果になり、ここにサウンド版が活躍の場を見出した。板倉史明も明らかにしているように、サウンド版には発声装置のない映画館ではサイレントとして掛けられるという利点があったからだ。[20]

やや詳しくみてみよう。日本の映画産業は、上記のとおり長編劇映画だけで年間三九九本（一九三四年）、あるいは四四四本（一九三五年）と、大量の本数の作品＝フィルムを製作したが、それぞれに対して普通は一〇本から一二本程度、松竹の特作などでも最大二五本と、プリントの数が少なかった。[21]松竹キネマ常務・堤友次郎が『マダムと女房』以前に発表した「僕のトーキー反対論」がこの産業構造をよく説明している。

> トーキーを製作することに依つて、アメリカの映畫製作高が著るしく減少した例に見るも明かであるやうに、撮影組織の複雜さは、勢ひ映畫製作高を減少せしめる。製作高を減少せしめることは、人件費その他が少數の映畫に集注[ママ]される為めに、一本の映畫の製作費が非常に高額なるものになる。そして、日本の如く一週に二本乃至三本の特作映画を封切りしてゐる興行組織では、此の製作費減に依り配給興行上に於ても非常な不都合を來たす。此の點に於て、一本のトーキーは、各方面に少なからぬ悪影響を與へる。[22]

堤の主張を裏返すと、要するに既存の製作・配給・興行システムの中では、映画館のプログラムを埋めるためには多くの作品を作らなければならず、そうすると一作品にトーキーに必要な製作費はかけられない、ということになる。この時代、映画館では一週間ごとに番組を入れ替えるのが普通であり、一番組は最短でも四時間長くて六時間に亘り、長編劇映画二、三本に短編とニュース映画、さらに大きな劇場だと「実演」「アトラクション」と呼ばれたライヴのパフォーマンスも含まれた。(23)かくしてプリントは大都市のメジャー直営館での封切りから二番館、三番館を経て一週毎に地方を回り、多種少量生産を前提とした流通システムの中で映写回数を重ねていった。

内務省もまたこうした産業構造についての認識を業界と共有しており、「粗製濫造」の理由を日本映画の市場の狭さに帰していた。

> 試みにこれを米国に比較してみると、常設館の数はわが国の八倍に当たる一万八千余を算え、その製品は世界各地に輸出されているのに対し、わが国の製品は国内市場だけに限られている。これは大変な違いである。ところが、興行の中心であるいわゆる長尺物《フェーチュアー〔ママ〕》（長編映画）の製作本数は、昭和十四年中五八二本の多きを数え、米国の六〇〇本に比肩する域に達している。しかしながら、これを複製の数からいえば、米国は二〇〇本以上といわれているのに比べ、わが国においては一流会社ですら一五本程度に過ぎない。あまつさえ、米国においては一本建《〔ママ〕》て興行で、一本の写真が数週間上映されるのが普通で、中には一ヶ月以上一年にも達するものがある。それに引きかえ、わが国においては二本建《〔ママ〕》て興行である上に、一週間ごとに写真を取り替えねばならない。続映されるも

(19) Ian Christie, "Making Sense of Early Soviet Sound," in *Inside the Film Factory: New Approaches to Russian and Soviet Cinema*, ed. Richard Taylor and Ian Christie (New York: Routledge, 1991), Kindle edition, 175-92; Zhang Zhen, *An Amorous History of the Silver Screen: Shanghai Cinema, 1896-1937* (Chicago: University of Chicago Press, 2005), 302-19.

(20) 板倉史明「映画館における観客の作法——歴史的な受容研究のための序論」黒沢清、四方田犬彦、吉見俊哉、李鳳宇編『日本映画は生きている①』（岩波書店、二〇一〇年）、二三七ページ。

(21) 一九一〇年代にはプリント一本のみという映画もあった。Aaron Gerow, "One print in the age of mechanical reproduction: film industry and culture in 1910s Japan," *Screening the Past*, no. 11 (Nov. 2000), http://www.latrobe.edu.au/screeningthepast/firstrelease/fr1100/agfr11e.htm, last accessed Spt. 4, 2013.

(22) 堤友次郎「僕のトーキー反対論」『キネマ週報』一九三〇年五月一六日号、一四ページ。

(23) 番組の長さについては、四七都道府県の興行規則を参照。市川彩、内外映畫事業調査所『日本映畫事業総覧』昭和五年版、國際映畫通信社、一九三〇年、七三〇—四〇ページ。

のは極めて少ない。製作には多額の資金と時間を要するのに、銀行は金を貸さない、時間には追われる、資金の回収は容易でないとすれば、勢い質より量に走り勝ちになるのは当然で、これではよい映画ができるわけがない。(24)

上から目線の論調だが、この認識自体は的外れではなかったからこそ、一九三九年の映画法や一九四二年の映画新体制といった映画統制の中で、業者の認可登録制、製作本数制限、興行時間の制限が、新規参入を阻みつつ既存映画会社間の過度の競争を防いで質の向上を図る「積極的統制」として、業界からも基本的には歓迎されたわけだ。とはいえ、そもそも映画は複製技術のはずなのに全てのプリントを映写して検閲するという内務省のシステムは、プリント数を低く抑えるインセンティヴの一つとして働いたのではないだろうか？(25)

「名映画スーヴニール」に見られるように、大都市圏でサイレント時代に幕が引かれていたころ、地方の興行者たちはまだトーキー化の波に追いつこうと苦戦していた。例えば、一九三五年三月の時点で、東京市内の丸ノ内・日比谷・有楽町・銀座エリアを含む麴町、芝、京橋の三区にある一六館のうち発声装置がないのは愛宕キネマと築島館だけだが、静岡県では静岡、沼津、浜松、清水の四市にある一八館でも六館、郡部の三〇館では半分以上の一八館がサイレント状態にあった。『唐人お吉』の下田の湊座と宝館も未だトーキー化していない。(26) さらに、地方の映画館はトーキー化に際しても良質の音響設備を揃えることは稀だった。ほとんどの地方館にとって、レンタル料が高く自社製品の管理にうるさいWEやRCAのシステムは選択肢にも入らない。ローラー式や石橋式といった日本製のシステムを導入し、防音設備はスルーする。一九三四年末に「全國映畫界行脚」のため地方を旅した『キネマ旬報』の批評家たちは、地方小都市の映画館では音響インフラが悪すぎて日本のトーキーの日本語の台詞がほとんど聞き取れないと口を揃えて批判している。(27) 中部・北陸・東海担当の清水千代太によれば、「僕方が行つた地方で防音装置が部分的に施してあつたのは濱松松竹館だけだつた。部分的に南京袋［麻袋］が張つてあつて幾らか聽えた。そこでは入場料六十銭で、僕等が廻つた所では六十銭が最高だつた」。その他の館の音響はすべて「不良」の一言である。(28) 発声装置を導入した館でも、聞こえない日本トーキーの音を切って弁士と楽士を使うところがあったという。かくして低予算サイレント映画の量産体制を敷く大都映画やサイレント製作も続行する新興キネマが時ならぬ勢いを見せ、松竹・日活の二大メジャーと拮抗するかにみえた。(29) このような地方小都市の映画館で『折鶴お千』のようなサウンド版はとりわけ威力を発揮したに違いない。会話字幕によって物語内容の理解は保証され、発声装置から何はともあれ出てくる

(24)　柳井義男「映画の検閲」大霞会編『内務省史』第二巻、(地方財務協会、一九七〇年)、七四二ページ。

(25)　検閲にはプリント現物と台本二部を申請書類とともに提出しなければならなかった。柳井、前掲書、七三九ページ。さらに検閲手数料も馬鹿にならない。一九二五年施行「活動寫眞「フイルム」検閲規則」によると新作なら五銭／三メートル、検閲通過から三ヶ月以内の複製だと二銭／三メートル、映画法だと新作一銭／一メートル、複製〇・五銭／メートルなので、九〇分（二四fpsで八一〇〇フィート／二四六八・八八メートル）の作品だと、新作四一円一〇銭、複製で一六円四四銭、一九三九年映画法以降でも二四円六九銭、複製でその半分かかった。活動寫眞「フイルム」検閲規則第八條一、映畫法施行規則第三四条一および二、牧野、前掲書、六〇六ページ、六五九―六〇ページ。なお、映画法制定の過程で、司法省法制局からは映画は「印刷物の一種」なので新聞紙法・出版法を適用すべきではないか、との認識に基づいた意見が示されたものの、結果的に退けられたという経緯もあり、検閲は映画というミディアムのアイデンティティを規定する制度でもあった。加藤厚子「映画法策定過程における検閲制度の再構築」『メディア史研究』二八号（一九一〇年九月）：三一―三三ページを参照。なお、一九三七年の資料によると、一作の製作費はだいたい二―三万円程度、プリント用ポジの値段は四銭六厘／フィートだったというから、九〇分の一本の焼き増しプリントは生フィルム代三七三円である。R.K.F.「フヰルム經濟学　製作の巻」『日本映画』一九三七年一〇月号、一一四―一一九ページ。

(26)　以上の数字は前掲「昭和一〇年三月現在全國映畫館録」に基づいている。

(27)　田中三郎、池田照勝、清水千代太、岸松雄、他「全國映畫界行脚座談會」『キネマ旬報』一九三五年一月一日号、六六ページ、同「全國映畫界行脚座談會第二回」『キネマ旬報』一九三五年一月一一日号、二七―二九ページ。田中「景氣がいゝと云つて居る九州全土に、なにも國産品を駄目といふ意味ではないが、外國製の再生機は僕等の旅行當時には少なくとも一台もなかつた。」[…] 池田「[…] 第二班のまわつた地方［東北および北海道］で絶對的に勢力を占めて居る發聲機はローラー、その次が松竹の石橋式、その次がトービス、後はインターナショナルとビクトンと新田式といふ順、それから北海道ではウェスタンが二臺、RCAは東北の仙台に一台といふ具合だつた。」岸「第四班の方［山陰、山陽の一部、四國、近畿］では日活系はローラー、廣島付近ではニッセイが多い。呉あたりもさうだ。」松田（益蔵）「第一班［九州及び山陽の一部］はミクニタカヤが非常に多かつた。」（前掲座談会「第二回」二八ページ）。

(28)　前掲「全國映畫界行脚座談會第二回」、二七ページ。

(29)　水町青磁「業界（邦画）」『キネマ旬報』一九三六年一月一日号、三二二ページ。

機械音が「トーキー」の物珍しさをアピールしたからだ。

一方で、サウンド版というフォーマットを創造的に活用した映画も現れた。水町青磁は一九三五年の特色として、「トーキーの進出の虚を衝いたかたちの變態現象として、浪曲、琵琶、漫才等のアフレコ映画の横行」を指摘している。[30] 例えば太秦発声・日活の提携作品『新佐渡情話』（清瀬英次郎監督、一九三六年一月五日公開、プリント現存）を見れば、浪曲師・寿々木米若が冒頭に登場して挨拶し、その後は、全編を通じてサウンドトラックに流れる米若の十八番の語りに合わせて、イメージトラックでは、ロケーションをふんだんに取り入れた撮影で黒川弥太郎と花井蘭子の演技を楽しむことができ、今日の視点からは間メディア的な実験として実に面白い。[31] 少し後の村山知義のトーキー連鎖劇『新撰組』（一九三七年一一月新橋演舞場）にみられるように、トーキー化によって映画の間メディア的ポテンシャルが再び刺激されたとも言えるだろう。[32] 溝口の『折鶴お千』は、村山知義のように実験性を全面に出すわけでも、浪曲映画のように語り物の（創造された）伝統との連続性を言祝ぐわけでもないが、サイレントとトーキーの境界領域で、サウンド版というミディアムの異種混交性を利用したことにかわりはない。

一九三〇年、大日活でパート・トーキーの傾向映画『ふるさと』を世に問うたとき、溝口健二は日本の映画芸術、政治、テクノロジーのまさに最「尖端」にいた。その後、『唐人お吉』と『しかも彼等は行く』（一九三一年六月一二日公開、現存プリントなし）という政治的にもエッジの効いた二本のサイレント映画を撮ってから、風俗喜劇『時の氏神』（一九三二年四月一五日公開、現存プリントなし）でオール・トーキーに挑戦する。[33] ところが、そのアフレコが終わるやいなや、一九三二年四月四日、溝口は助監督時代から一二年を過ごした日活に辞表を提出した。[34] すぐに新興キネマに加わった溝口は、その後一九三九年に松竹京都で『残菊物語』を撮るまでの七年間、日活多摩川で撮った『愛憎峠』（一九三四年）の一本を除き、新興（一九三二―一九三四年、一九三七―一九三八年）、第一映画（一九三四―一九三六年）と中小プロダクションを渡り歩くことになる。一九三六年に『浪華悲歌』『祇園の姉妹』を作るまでの四年間、日本映画をめぐる同時代の言説の中で、溝口健二は、小津安二郎、成瀬巳喜男、山中貞雄という一世代下の才能たちほどの批評的関心を集めていない。溝口の仕事への尊敬の念と期待を決して失わなかった岸松雄のような批評家も含めて、この時期の溝口に対しては、明治時代の再現と考証に取り憑かれ、トーキー移行の最も大切な時期にあって中小スタジオのお粗末な製作コンディションの中に囚われた老巨匠、という評価が固まりつつあった（幕末の志士並の平均年齢を誇った当時の映画界にあって、三〇代後半は決して若くなかった）。しかし、トーキーによってもたらされた映画の新しい時空間と格闘し、新たな映画形式を創造する溝口の実験は、実のところこの時期に進行していたのである。

『ふるさと』（一九三〇年）と『折鶴お千』（一九三五年）にはさまれた溝口のフィルモグラフィにおいて決定的なこの時期、フィルムが現存している唯一の作品は『滝の白糸』（一九三三年）である。[35] すでにノエル・バーチが見事に分析

(30)　Ibid.
(31)　なお、ジャンルとしての浪曲映画についてより詳しい議論は、笹川慶子の優れた研究「忘却された音——浪曲映画の歴史とその意義」神山彰・児玉竜一編『映画のなかの古典芸能』（森話社、二〇一〇年）、一五九—九〇ページを参照。
(32)　小池孝子「前進座のトーキー連鎖劇その他」『演芸画報』一九三七年一二月号、二四—二五ページ。
(33)　北川冬彦「『しかも彼等は行く』」『キネマ旬報』一九三一年七月一日号、八七ページ、同「『時の氏神』」『キネマ旬報』一九三二年五月一日号、九六ページ。
(34)　「溝口監督、突如日活を退く」『讀賣新聞』一九三二年四月五日朝刊。
(35)　『滝の白糸』には少なくとも「関東版」と「関西版」の二系統のプリント群があり、前者はクライマックスの法廷での白糸の自殺以降の部分を欠いており、後者にはそれが存在する。マツダ社の市販ソフトは前者の系統に属する。東京国立近代美術館フィルムセンターは、「関東版」に属する所蔵プリントもふくめた流通しているすべての版を照合したうえで最長・最良版として修復して三五ミリにブローアップして一九九九年に公開した。本章の記述はマツダ社のDVDとフィルムセンター版の両方を参照している。「発掘された映画たち　一九九九」東京国立フィルムセンター、一九九九年、http://www.momat.go.jp/FC/NFC_Calendar/1999-11/kaisetu.html（閲覧日二〇一六年三月二六日）。なお、フィルムセンターにおける修復の過程の詳細は、佐伯知紀の一連の著作を参照。佐伯知紀「映画フィルムの収集と復元——二つの事例——『忠次旅日記』（伊藤大輔監督　一九二七年）と『瀧の白糸』（溝口健二監督　一九三三年）——を中心に」『映像情報メディア学会誌』第五五巻第一号（二〇〇一年一月）：一六—一七ページ、「『瀧の白糸』の再生——甦るテクスト」『文学』二〇〇二年一一月・一二月号、三七—四四ページ。泉鏡花の原作『義血侠血』および新派の舞台版との比較、同時代の批評については佐相勉の研究成果をご参照いただきたい。佐相勉『溝口健二・全作品解説⑨』（近代文藝社、二〇一二年）。

3-2-1：お銀（後景、右）に金をやることをいったん断った白糸（前景）がふりかえって気にする。

し、入江たか子のスター・イメージという視点から拙稿でも検討したように、『滝の白糸』においては、頭、乗合馬車のチェイスから馬の相乗りへと繋がる活劇のデクパージュや白糸（入江）のクロースアップに具現されたサイレント映画的な運動・情動と、縦の構図を活かした長回しに生起する持続が、拮抗しつつ並存している[36]。後者の例として、うらさびれた宿屋で、自分の財布を盗もうとした旅芸人仲間のお銀（浦辺粂子）の「おっかさんの死に目に会いたいばっかりに」という言い訳にほだされた白糸が、躊躇の末に大切な金をくれてやる一分半ほどの長回しがある。ここでは、キャメラのミニマムな動きによって構図が大きく変わり、お銀と旅芸人仲間たちのいる後景と、白糸の占める前景との対立がドラマを生む（図版3－2－1）。

だが、こうした時空間の連続性と演出《ミザンセヌ》の密接な連動という点では、同時代の批評から判断するに、『滝の白糸』の次に溝口が撮ったサイレント『祇園祭』（一九三三年、新興キネマ、現存フィルムなし）が里程標であった可能性が高い。現代の京都を舞台に富裕な商家の没落を描いたこの作品には、キャメラマン・三木稔（滋人）、美術監督・水谷浩という溝口作品の空間を創り出した二人が初めて結集している。日本の撮影所システムにおける「作家性」とは、ある意味で、スタッフとキャストの密なコラボレーションの謂いだったのだから、この失われた作品の重要性は大きい。一九三〇年代日本を代表する映画批評家・岸松雄は、『祇園祭』の脚本のご都合主義を指摘した上で、以下のように絶讃した。

にも拘はらず、『祇園祭』には、單に溝口健二個人の作品としてではなく、日本映畫全體の形式的模索の時代にあつて、意義ある努力の跡を見出すことが出來るのである。『瀧の白糸』は、懷古的情緒といひながらも、情緒は畫面の裏にひそんでゐたにすぎない。溝口健二といふ人は、どちらかといへば不器用で生眞面目な監督者であ

> る。『祇園祭』はその溝口健二が、裏にひそんでゐた情緒を表面に浮かびあがらした最初の成果と見ることが出来る。これには三木稔のキャメラの威力が、重要なる關聯をもつてゐることを見逃すわけにはいかない。先づ、人物の動きが全部人物の感情を表現してゐる。もつと具體的にいへば、畫面内のいろいろな材料が、人物の感情を表現し、強調するために用意されてゐる。例へば、失意の主人（菅井一郎扮す）は、うしろ向きに、とぼとぼと、背を丸めて、歩いて行く。家の中だ。と、キャメラはその哀れな老人の上半身を後から移動で追へば、カモ井が次第に見えて来て、うなだれた老人の頭の上を壓へるやうにうつつて來る。この移動の速度と、畫面枠を狭ばめつつ追つてくるカモ井、仰角氣味に後から撮つた哀れな老人の背中。これらの映畫的技法の中に、老人の慘めな感情のすべてが遺憾なく現はされてゐる。そして又、畫面に立體的な効果を出さうとするキャメラマンと共に、演出者としての溝口健二は、ロングを巧みに使つてその中で人物のアクションを静物的に振りつけて、美しい畫面構成を形づくつてゐる。そのため、人物を横はらしめ、又、何らかの物につかまらしめがちであるといふ缺點はあるけれど、ブランクの畫面内に大道具、小道具、人物、等々を植えつけて行かうとするかうした新しい形式的な試みは、小津安二郎の試みと同様、注目すべきものをもつてゐる。更に又、例へば市松模様の敷物のうえに鈴木澄子の呂之助の亂れた寝相を置き、白い蚊帳の中に寝かして、そこに爛熟した情慾を燃え立たしてゐる。情緒といふものは、かうした手段の許に於てのみ、畫面の上に漂ひうるのである。(37)

この優れた批評の中で、岸は相互に連関した三つのことを言っている。まず、ここに描写されているようなキャメラ、俳優の身体、小道具、セットが作用し合い響き合う演出《ミザンセヌ》は、登場人物の感情なり情緒なりを表す、表現的《エクスプレッシヴ》なもの

（36） Burch, *To the Distant Observer*, 217-18; Chika Kinoshita, "In the Twilight of Modernity and the Silent Film: Irie Takako in *The Water Magician*" *Camera Obscura*, no. 60 (2005): 90-127.

（37） 岸松雄「『祇園祭』」『キネマ旬報』一九三三年九月二一日号、七四ページ。

である。しかし、「美しい畫面構成を形づくる」「形式的な試み」というフレーズからはっきりするように、岸が評価しているのは内面性や思想の「表出」ではない。岸は、溝口の特徴とされながら「畫面の裏にひそんでゐた」「情緒」が、映画的な手続きによって画面上に具体化されるようになったことに注意を促している。次に、このような演出《ミザンセヌ》と映画形式の関係も明確に特定されており、ロングショットの中で、「畫面の立體的な効果」を生みつつ――つまり、縦の構図と連動して――展開されていたことがわかる。最後に、とりわけ重要な点として、岸には、溝口の試みを同時代の日本映画史の中に位置づける視座があった。

第三節　トーキー美学の誕生

このような岸の視座は、さらに、一九三〇年代前半日本の映画言説を席捲した「サイレント／トーキー特殊性」についての美学的言説の中に文脈づけることができる。日本では、製作と興行の両領域においてサイレントとトーキーが長く共存したため、映画コミュニティはこの二つのメディア間の美学的・現象学的な差異に極めて敏感になり、ある種のメディア特殊性論に基づく繊細な形式分析を発展させた[38]。なお、私が「映画コミュニティ」という語を使うのは、この時期の日本では、映画の作り手、批評家、シネフィルの間に密な（そして、言うまでもなくホモソーシャルな）交流や論争が、『キネマ旬報』の読者投稿欄や座談会のようなパブリックな印刷媒体、撮影所や配給会社の食堂や試写室から銀座のバーや祇園の宴席まで、様々な空間で繰り広げられており、それを名指すためである。トーキー／サイレント特殊性批評は、まず、溝口作品の外側で「トーキー美学」の特徴を指摘しはじめた。

その一つが「縦の構図」である。私が知る限り、この概念を生み出したのは映画批評家・相川楠彦だ。批評デビュー作とおぼしき山中貞雄論の中で、相川は『小判しぐれ』（一九三二年、現存プリントなし）のあるショットを以下のように描写・分析する。

畫面に於る人物と人物との相互關係、人物と物との相互關係、等々を絶えず遠近的に、立體的に、縦に構成しながら、監督者、山中貞雄は、時間經過、人物の心理の表現、畫面に於る雰囲気の釀成、等々のあらゆる場合々の為に、この「縦の構圖」を素敵に効果的に使用してゐる。

［…］

それは、居酒屋の二階での、およねと太郎吉との戀愛の場である。この所の終りに近く、太郎吉は、今の自分の身を思つて、およねの愛を受入れないで、「國へ歸りな」、「金のことなら心配してやるぜ」と言ひながら去つてしまふのであるが、この場合にもうやはり効果的な「縦の構圖」の使用が見られる。畫面中央の中端におよねのうつむいた頭の髪だけが見え、その向ふに柱にもたれた太郎吉が立つてゐる。彼は、「金のことなら心配してやるぜ」と言ふと、障子の外へ、右へと出て行く。と、カメラは、階段の方へ行く男を後景にいれつゝ、徐々に下方へパンして、自分の心を受入れられないでうつむき沈んでゐるおよねのバストになる。去らねばならぬ男とそれを忍ばねばならぬ女との心持ちの哀しい交錯が、「縦の構圖」によって、カットの轉換なしに表現されることの手法は、この場合最も妥当なものと言はねばならぬ。

次に、認められねばならぬ山中貞雄の功績は、人物を畫面の中に把える場合に、やはり「縦の構圖」を使用することによつて、その人物をある畫面の釀す情趣に包んで把えてゐることだ。言ひ換へると、前景もしくは後景に、人物を包む情趣を釀成させる物を取り入れて居ることである。同時に、このことは、山中貞雄をして絶えず

（38）トーキーという「ミディアムに敏感な観客」については、アメリカでのトーキー化に際しての「不気味な身体」の感覚と初期トーキーのホラー映画の関係についてのロバート・スパドニの研究から多くを学んだ。Robert Spadoni, *Uncanny Bodies: The Coming of Sound Film and the Origins of the Horror Genre* (Berkeley: University of California Press, 2007).

殆んど、俯角又は仰角のカメラ・アングルを採らしめるのである。(39)

私は、この引用によって、山中が溝口に影響を与えたとかその逆であるとか主張したいわけではない。『折鶴お千』と同じ一九三五年に撮られた卓越したトーキー『丹下左膳餘話　百萬両の壺』など山中の現存作品を見るかぎり、山中はロングショットを効果的に用い、俳優や事物を複数の異なった面に配置して見事な構図とドラマを生み出しているが、そうした「縦の構図」が溝口の場合のように長回しと連動して使われているわけではない。相川や岸をはじめとしたトーキー／サイレント特殊性論者たちは、しばしば小津のロングショットを「縦の構図」の優れた例として挙げているところから判断するに、この概念は、長回しともディープ・フォーカスとも関連づけられていないようだ。なお、ディープ・フォーカスとは、画面の最前景から最後景まではっきりとピントが合っている状態を指し、広角レンズ（焦点距離が三五ミリ程度以下）を使い、多くの光量を当てつつもレンズを絞ることで得られる。ここでチョビ安が店の前で与吉に小判を盗られる『百萬両の壺』の一ショットを見てみよう（図版3－3－1～3）。前景、中景、後景が効果的に使われているが、このショットの長さは一五秒ほどであり、最後景にはピントがあっていない。つまり、

3-1-1：与吉（中央）がチョビ安（前景でフレームイン）に気づく。

3-1-2：与吉はチョビ安が持っている小判に気づき、あたりをうかがう。

3-1-3：後景でチョビ安を追いこしつつ小判をうばった与吉は最後景へ逃げ、左奥へ去る。

「縦の構図」という語は、オーソン・ウェルズを典型とするような、ディープ・フォーカス、長回し、移動撮影によって生み出される映画的時空間と完全に同一視することはできない。

だが、「縦の構図」は短いショットを積み重ねる編集による構築《デクパージュ》の映画に対する有効なオルタナティヴであった。映画批評家・奥村康夫は、クロースアップを「事物の正解《〔ママ〕》なる分析を原則とし、また事物の集中化といふことにも絶大な効果を輿へる、映畫技巧中の白眉的シロモノ」と呼びつつ、それとは正反対のロングショットによって「事物の集中化」を成し遂げた例として、山中貞雄の『口笛を吹く武士』（一九三二年、現存プリントなし）の一ロングショットを挙げ、「しかし、僕は清水兄弟の行動を一時も逃がさじと凝視したものだ。我々の眼は、この兄弟に集中させられたものである。恰度、大地を蟻が匍匐してゐるのを凝視するやうに」と言う。続いての奥村の定式化は、一五年後のアンドレ・バザンを思わせる。「［…］いづれも観客の立場からみるとして——クローズ・アップは受動的集中形式であり、ロング・ショットは能動的集中形式と云ふことになる[40]」。溝口も後のインタヴューでも述べているように、サイレントからトーキーへの移行期、作り手と批評家にとって中心的な課題となったのはこのような「注意」「集中」の問題であった。

デクパージュのオルタナティヴとして縦の構図を考えるにあたっては、岸とのインタヴューに応えた時代劇監督・並木鏡太郎の言葉が事態を明確化してくれる。

(39)　相川楠彦「監督者山中貞雄氏」（読者寄稿欄）『キネマ旬報』一九三二年五月一一日号、四三ページ。

(40)　奥村康夫「映畫の言葉」『キネマ旬報』一九三二年一〇月一一日号、四五ページ。「映画言語の進化」の中で、バザンは言う。「したがって画面の深さは、観客の演出に対するより活発な精神的態度、さらには積極的な関与さえもたらす。分析的モンタージュの場合、観客は案内に従って見るだけであり、彼のために見るべきものを選んでくれる監督のまなざしに自分のまなざしを合致させるのみであるのに対して、ここでは最低限の個人的選択が必要となる。映像がもつ意味は、観客の注意力および意志に一部、依拠することになるのだ」。アンドレ・バザン『映画とは何か（上）』野崎歓、大原宣久、谷本道昭訳（岩波文庫、二〇一五年）、一二六ページ。

たしかに小津安二郎の作品にしろ、山中貞雄の作品にしろ、ロングが素晴しく効果的に使はれてゐることを知つてゐます。ロングの研究はこれから益々盛になつて行くでせう。けれどロングで、ガラガラ廻して、それでゐてその中の人物の動きが強く観る者の心に焼きつけられるといつたやうな映畫俳優が現在果して何人あるでせうか。いや、これは俳優ばかりではありません。そんな力をもつた監督が、撮影者が、何人あるでせうかしら。私たちは、はじめロングを使つて大膽に演出する自信がなかつたのです。だから私たちは、すべてのものを分解的に表現することを試みました。その結果がクローズ・アップの濫用です。その人物が笑つたといつては、笑つてゐる口のアップ。その人物が徳利を落したからといつては、落ちた徳利のアップ。といふ具合でした。が、私たちはいつとはなしに、さうした愚かしい手法の垢を拭ひ落して進んで来てゐます。[41]

このように、監督者と演者の側からみてロングとクロースアップを対立させ、前者と連動した長回しに価値を見出す認識は、前章で引用した溝口の長回しの起源についての述懐や、一九三八年の島津保次郎の溝口に対する賛辞などと同一パラダイムに属す。このパラダイムは、裏返せば、トーキー移行期である一九三〇年代前半、主として時代劇映画において「話術」の危機として捉えられたものに他ならない。

「話術」は映画作家・伊藤大輔の名に帰せられるため、伊藤のスタイルの問題としてすでに優れた分析の試みがなされている。[42]しかし、本章は、狭義の「話術」、つまり字幕と映像をモンタージュした巧みな語り口に注目したい。狭義の所謂「話術」自体は伊藤によって一九二〇年代末には実践されていたと思われるが、一九三二年ごろ、天才・山中貞雄の登場によって活性化されたメディア特殊性美学の批評言説の中で議論の核を形成した。その中心人物たる岸によれば、

廣い意味での映畫話術は、モンタージュと同意語に解すべきでありませう。だが狭い意味での映畫話術、われ

われはこれを所謂「話術」と呼んでゐるが、一體これは何を指して云つてゐるのか。伊藤大輔が道を開いた。例へば、「女は」「女は戀に」、二つの字幕で、女のせつない戀の表白だ。ここで、女は戀に生きまする、唯だそれだけを言ひたかつたのだ。だのに「女は」「女は戀に」生きたいとは言はないで、次の字幕は「妾も女でござります」と、優しく落すのだ。この三つの字幕の中に含まれてゐる艶にやさしい情感のときめきを、ひとびとは感じないであらうか。これは伊藤大輔が齎《もた》らした所謂「話術」の數多い實例の一つであり、その後の時代映畫作家の一度は踏まなければならぬ道となつたものなのである。(43)

こうした狭義の「話術」を更に洗練させたのが、山中の有名な「流れて」「流れて」の字幕と叙情的な風景のリズミカルなモンタージュであった。(44)だが、洗練を極めた「話術」には、演出の字幕への依存を招いてしまうという陥穽があった。マキノ正博が、事の次第を見事に語っている。

例へば、「私はあなたを愛してゐる」といふ場合です。この場合、すでに「私」といふ人物は登場してゐる。だ

(41)　岸松雄「並木鏡太郎の時代映畫論――わが映畫話術論のための資料・二」『キネマ旬報』一九三三年一二月一一日号、六七ページ。

(42)　板倉史明「「伊藤話術」とはなにか――伊藤大輔論序説」*CineMagaziNet!*, no. 3 (1999), http://www.cmn.hs.h.kyoto-u.ac.jp/CMN3/text7.html（二〇一三年九月一四日アクセス）。

(43)　岸松雄「マキノ正博の映畫話術論――わが映畫話術論のための資料・一」『キネマ旬報』一九三三年一一月一一日号、五二ページ。

(44)　Ibid. さらに、岸自身の批評を引用しよう。「笠が流れて行く。と「流れて」「流れて」「此處は」「何處ぢやと」「馬子衆に問へば」「此處は信州」「中山道」これらの字幕が美しい野や山や街道の畫面と相互的に組み合はせるとき、われわれはそこに單にその劇の背景をなす地理的な環象の變移を感じるだけでなく、氣分の轉換をも感じる。「流れて」といふ字のもつ清冽な感じと、河の流れる畫との調和、「此處は」以下につづく柔かい画面と字幕との展開。水・木・野・山、これらいづれも和かな感觸を興へるものの［ママ］を把へてゐるのは宜しい」。岸松雄「『小判しぐれ』」『キネマ旬報』一九三二年五月一日号、八六ページ。言うまでもなく、鈴木清順の『東京流れ者』（一九六六年）の字幕はこのパロディである。

から必要なことは、「私は」「あなた」を、愛してゐるといふことを見せることです。そして若し「あなた」といはれる人物（對象）が未だ画面の上に登場して来てゐなくとも、「私」といふ人物の「愛してゐる」といふアクションが、映畫的に表現されてゐるならば、愛されてゐるのが「あなた」といふ人物であることも自ら判つてくる筈なのです。從つてその場合、さうしたタイトルは効果的でないことになります。更にかうした場合、「私は」で切り、「あなたを」で切り、「愛してゐる」と分割したタイトルを用ひることを想像してみませう。私の考へによれば、このとき若し三つにタイトルを分割しなければならぬひとがあるとしたら、そのひとは「私はあなたを愛してゐる」ことを一筋に判らせる間の、その間の長さに危惧を抱いてゐるに違ひないのです。［…］「私」なる人物が「あなた」なる對象を愛してゐることにまで結びつけられなければ不安でならないのでありませう。と、考へてくると、所謂話術なるもののタイトルを弄ぶことは、あたかも感情を無視してタイトルを入れるに同じきものではありますまいか。[45]

「話術」においては字幕（タイトル）がモンタージュの重要な要素となるため、トーキー化が日程に上ることによってその危機が叫ばれるのは当然に思われる。現に、北川冬彦はその「話術」批判の中で、「トーキーとなれば、所謂「話術」なぞと云ふごまかしはキカなくなつてくるのだ。それこそ、純粋な映畫話術で、つまり音と畫面フィルムだけで押すことになるので、いまから例の「話術」の處置に考へ及ぼして置かねばならぬと思ふのだ」とはっきり述べている。[46]しかし、上記のマキノの考察から見て取ることができるのは、トーキー化によって字幕がなくなるという単純な条件の変化に留まらず、演技と台詞の「間」、つまり時間性の問題が、翻って《リフレクシヴに》サイレント映画についての洞察をも深めさせたということだ。トーキー化に触発されたサイレント映画についてのメディア美学的考察。日本でこの問題について小津安二郎ほどハイレベルの理論と実践を残した者はいない。[47]イアン・クリスティは、エイゼンシュテインをはじめとしたソヴィエトのモンタージュ派がトーキー化において直面した最大の問題は、実のところ、視覚的モンタージュによって形成される独自の時間性／音楽性を持った「内言」（内的独白）と「外言」、つまり実際の台詞との間の齟齬であったと指摘している。[48] いわゆる「話術」へのソヴィエト・モンタージュの影響は並木鏡太郎をはじめ作り手も認めるところだ。さらに、サイレント期の日本映画固有の問題としてもう一つの「外言」、弁士の存在がある。そもそも伊藤大輔の「話術」における字幕とは、弁士による「外言」を画面が創り出す「内言」へと貼り付けるために映画作家が打ち込んだ楔に他ならなかったはずだ。[49] 伊藤大輔や溝口健二をはじめとしたサイレントの名匠たち

（45）岸「マキノ正博の映畫話術論」、五二ページ。
（46）北川冬彦「時代映畫に於ける所謂「話術」なぞ」『キネマ旬報』一九三三年八月一日号、六三ページ。
（47）小津は「日本映畫も、いづれは全部トーキーになつて了ふ時が來るにはちがひないのだが、トーキーに全く移る前に、サイレントとしての一つの新しい形式をつくり出すべきだ」と語った。和田山滋「小津安二郎との一問一答」『キネマ旬報』一九三三年一月一一日号、四七ページ。和田山滋は岸が時折使った筆名。さらに、以下の小津の発言はおそらくマキノの上記引用に対する応答である。「サイレント映畫の場合、字幕はつねに畫面の後に出て來るやうな關係に立つてゐる。或る種の感情にまで畫面で盛りこんで來て、しかる後に、字幕になるのだ。良い例ではないが、男が女に向つて「俺はお前が好きなのだ」と言ふ場面があるとする。そして、さう言ひ終るまでに一〇秒の長きを要するとする。サイレントの表現に從へば、はじめ、先づ、男が女を好いてゐるといふことを判らせ置かねばならぬ。そのための畫面が、七秒かかるとすれば、後に出て來る字幕「俺はお前が好きなのだ」は三秒の割合になるであらう。つまりその三秒の字幕を出すためには、われわれは豫備の表情を先に七秒だけ見せて置かねばならないのである。字幕にまで持つてくる用意として、畫面で押さなければならないのである。トーキーの演出は、すべてこの逆を行く。若しトーキーへ、臺詞（字幕）の前に、かうしたサイレント的な豫備の表情が置かれ、それが巧いと後は著しくくだらなくなつて了ふ。トーキーでは、先づ「俺はお前が好きなのだ」といふ臺詞が言はれる。そしてその臺詞の進行に伴つて、表情や動作が行はれ出すのだ。臺詞を先に出すが故に、トーキーでは、臺詞（字幕）の後の表情が大切となつて來。ここがサイレントとトーキーとの演出上の重大な分岐點なのである」。岸松雄「小津安二郎のトーキー論」『日本映畫論』（三元堂書店、一九三五年）、二七ページ（初出一九三四年）。
（48）Christie, "Making Sense of Early Soviet Sound," 190. エイゼンシュテインは「意識の流れのあらゆる局面とその特質を再現できるのはトーキー映画だけなのである」（「どうぞ！」浦雅春訳、『エイゼンシュテイン解読』、一六一ページ）と述べているが、クリスティは、エイゼンシュテインがハリウッドで頓挫した『アメリカの悲劇』映画化やジェームズ・ジョイスについて述べているトーキーと内言の結びつきこそがこの齟齬を生んだ、と言っており、示唆に富む。
（49）伊藤大輔を囲む座談会の中で、岸松雄は言う。「今迄のは伊藤さんが説明者を意識し、演出条件を考慮に入れての、非常に職人的なウマ

が一九三〇年代前半を通して格闘しなければならなかったのは、トーキーというテクノロジーによって唐突にもたらされた、「外言」をも演出《ミザンセヌ》の一部とできるというやっかいな自由であった。

第四節　『折鶴お千』、反時代的映画

溝口健二は一九三四年三月、満期となった契約を更新せずに新興キネマを退社し、去就が注目されていたが、四月に日活が新設した多摩川撮影所と二年契約を結んだ。(50) ところが溝口が日活多摩川で撮ったのはサウンド版の明治物『愛憎峠』(一九三四年九月一日公開、現存フィルムなし)の一本のみで、この映画の公開とほぼ同時期に盟友・永田雅一が日活に反旗を翻して設立した独立プロダクション・第一映画に加わることになる。永田本人は実業界出身で映画を知らない中谷貞頼社長に対する義憤を原因として挙げるが、業界人の多くは松竹がビジネス拡大のため永田を買収したと認識していた。(51) 溝口は第一映画で『折鶴お千』『マリヤのお雪』『虞美人草』『浪華悲歌』『祇園の姉妹』の五本を撮ることになる。今日、第一映画と言えば『浪華悲歌』『祇園の姉妹』の二作がすぐに想起される。しかし、当時の第一映画のイメージは、アート系インディペンデントのオーラからはほど遠かったようだ。映画批評家・澤村勉の『虞美人草』評が多くを語っている。「映畫といふものは面白いことに夫々の會社の色彩をあからさまに反映するものである。第一映畫の色彩と言へば、簡明に言つてすべての部門の貧しさと、現代的センスの欽乏をあげる事ができるが、『虞美人草』もまたその例に洩れず、さういふ第一映畫の色彩の強烈な作品である。[…]『瀧の白糸』の粋人が、かうまで泥臭い作品を製作するものかと愕く位である」。(52)

泉鏡花の短編『賣色鴨南蛮』(初出『人間』一九二〇年五月号)に基づく『折鶴お千』は、明治末期の東京、湯島界隈を舞台とする。人目を忍ぶ妾のお千(山田五十鈴)は、情夫の詐欺師・熊沢(芝田新)によって足抜きや美人局の道具

として使われ、搾取されていた。ある晩、お千は神田明神の境内で自殺をはかる若者・宗吉（夏川大二郎）を救い、熊沢と暮らす家に引き取る。宗吉は医師になることを目ざして上京したものの、窮乏して挫折したのだ。熊沢の手下たちのいじめを受けながら、お千の温かい心遣いをよすがに下働きに従事する。熊沢は、お千との結婚を餌に僧侶・浮木（芳沢一郎）から寺宝の仏像を騙し取る大規模な美人局を企てるが、クライマックスでお千が宗吉とともに裏切り、警察を呼ぶ。お千とともに暮らす裏町の長屋から宗吉は医学校・斉生学舎に通っていたが、学費の工面に困ったお千は再び売春を始めた。ほどなくお千は私娼として警察に捕まり、宗吉は偶然行き会った教授（中野英治）に救われる。何年もの年月が経つ。帰朝したばかりの医学博士・秦宗吉は、暴雨のため万世橋駅に足止めを食い、昔に思いを馳せていたところ、卒倒した女を診察することになる。その女がお千だと知り、勤務する病院に入れるが、梅毒のために失われたお千の正気が戻ることはなかった。

『折鶴お千』は幾つかの意味で反時代的な映画である。明治というセッティングが同時代の潮流に取り残された溝口の骨董趣味とノスタルジアの現れとみなされていたのは、すでに幾度か述べたとおりだ。溝口はまさにこの映画が主たる舞台としている日露戦争前の湯島周辺で浅草転居までの幼年期を過ごしており（序章）、ノスタルジアには自伝的基盤もある。さらに、『折鶴お千』は当初トーキーとして計画されながら機材が間に合わなかった。第一映画にトーキーの録音システムを提供した映音にあって、京都スタジオを任されていたのはマキノ正博である。マキノは

サだと思ふ。それとトーキーを結びつけるのはどうかと思ふ」。伊藤大輔、飯田心美、岸松雄、他「伊藤大輔を圍んで——時代劇トーキー座談會」『キネマ旬報』一九三四年一月一日号、二〇二ページ。この時代、映画館における「演出」とは弁士の解説、伴奏音楽、実演パフォーマンスなどを含めた映画上映の「演出」を指す。

(50)「溝口監督日活入社」『讀賣新聞』一九三四年四月二四日夕刊。

(51)「日活の永田氏電報で辭表」『東京朝日新聞』一九三四年八月二三日朝刊、「日活退社の永田氏新會社を創立」『讀賣新聞』一九三四年八月二四日夕刊、「スター總辭職？　日活、空前の危機」『東京朝日新聞』一九三四年八月二四日夕刊。

(52) 澤村勉「『虞美人草』」『映画評論』一九三五年一二月号、一三四ページ。

3-4-1：スタンダード画郭。同構図の図版3-5-9と比較。

「映音京都の」第一回作品は溝口健二監督の『折鶴お千』で、機械が間に合わなかったので、サイレントで撮り、たしか、あとで松井翠声の説明を加えて、サウンド版にしたと思う」、と回顧している。[53] 仮にマキノが示唆するとおり『折鶴お千』に同期音をつけようという案があったとしても、製作のかなり早い段階で諦められたと思われる。坂根田鶴子のスクリプター記録には演出《ミザンセヌ》、クロースアップやロングショットなどのショット・スケール、撮影フィート数、字幕のタイミングなどがメモしてあり、『折鶴お千』が同期音を欠くサイレントとして撮影されたのは明白だ。いや、正確には『折鶴お千』はあくまでも「サウンド版」として撮影されたと言うべきだろう。なぜなら、次節の図版として使用したコマ焼きを見れば（図版3－5－1～4、3－5－7～9）、キャメラマン・三木稔はサウンドトラックのために横幅が狭まるトーキー初期の画郭であることを十分に意識して構図を決めていると思われるからだ。[54] マツダ映画社のDVDや松竹のVHSのスタンダード画郭（図版3－4－1、3－5－5～6）と比較すると違いは明らかである。

反時代的といえば、映音の外注／下請けトーキー製作モードは時代遅れになりつつあった。浅草電気館の支配人で大日本国粋会幹部でもあった太田進一がミナトーキー（フォノフィルム）・システムを基盤として映音研究所を立ち上げたのは一九三〇年のことである。[55] 映音は太田やマキノの広い人脈を頼りに手工業的なトーキー製作を続けたが、メジャーのトーキー製作トレンドは一九三四年までには転回していた。すでに一九三一年八月には松竹が自社開発の「土橋式トーキー」による『マダムと女房』をリリースし、商業的・批評的に大成功を収めている。[56] 日活は一九三三年一月にWEと長期契約を締結し、太秦撮影所の第三ステージに防音を施してトーキー製作に本腰を入れた。[57] さらに、感光剤の研究・開発および映画フィルムの現像、トーキー録音を手がける株式会社写真科学研究所PCL（Photo Chemical Laboratory）が、日活との提携計画が破綻したことから一九三三年八月に自社映画の製作を開始した。PCLはアカデミックな研究開発と映画界外部の大資本との緊密な繋がりというよく似た企業的バックグラウンドを持つJOスタジオと結び、さらに小林一三が興した興行会社・東京宝塚劇場と出資しあって一九三六年には垂直統合を成し遂げるが、これが東宝＝PCLブロックであり後の東宝である。(58) すなわち、日本のメジャーはすでにトーキー技術とインフラを外注するというその場しのぎの段階を脱し、自社開発、長期契約、合併と形態の違いはあるが、トーキー映画に向けて製作体制を切り替えていたのだ。こうしたなかで「小規模録音スタジオ映音を足掛かりに大手プロダクションに対抗していくようなマキノ正博の活動はつまり、撮影所システム確立以前に可能であった映画製作のあり方

(53) マキノ雅弘『映画渡世・天の巻』(ちくま文庫版、一九九五年［初版は平凡社より一九七七年に出版］)、二八九ページ。
(54) トーキー初期の画郭については、板倉史明の卓越した研究「日本映画におけるトーキー初期の画面比率」『東京国立近代美術館紀要』第一五号（二〇一一年）：四七―五九ページを参照。フィルムセンター所蔵の三五ミリを対象としたこの論文では『折鶴お千』はクレジット部分のみトーキー初期画郭でその他の部分はアカデミー比率となっているが（五七ページ）、板倉氏による神戸版の再調査の結果、トーキー初期画郭であることが確認された。板倉史明、筆者へのemail、二〇一三年一一月一九日。この件について関心を共有し再調査をして下さった板倉氏、安井喜雄氏に深く御礼申し上げる。
(55) マキノ雅弘「イーストフォンから映音へ」岡部、前掲書、九八ページ、水口保美「映音研究所のころ」、同書、九九―一〇〇ページ、紙屋牧子「映音についての記述」『映画史探訪　第五巻映画への想い』(田中純一郎記念第五回日本映画史フェスティバル実行委員会、二〇〇二年)、一五七―六一ページ。
(56) 大阪松竹座の楽士でありラジオ狂でもあった土橋武夫・晴夫兄弟は、松竹座にやってきたパワーズ・シネフォンの映写機を解体するところからトーキー・システムの研究を始めた。彼等の「発明」過程についての記述としては、森岩雄、北村小松、五所平之助、他「『マダムと女房』を繞る日本トーキー座談會」『キネマ週報』一九三一年八月七日号、八―一〇ページが最も示唆的である。土橋式はRCAフォトフォンと同じヴァリアブル（面積）式であった。この座談会にはWEの日本技師長・小林吉次郎が出席しており、こうしたテクニカルな情報を与えるとともに、WEがいかに日本における「発明」を訴えたりせず大目に見てやっているか強調している。なお松竹蒲田の撮影所長・城戸四郎が土橋兄弟とそのシステムを撮影所に迎え入れ、研究開発の費用をカバーしはじめたのは一九三〇年一一月のことだという。「いよいよモノになる　日本最初の理想トーキー松竹トーキーとは如何なるものか……――第一回作品『隣の雑音』の解剖」『キネマ週報』一九三一年五月八日号、八―一〇ページ。
(57) 「日活トーキーに全力を注ぐ」『東京朝日新聞』一九三三年一月二〇日朝刊。
(58) 企業としての東宝については、井上雅雄『文化と闘争――東宝争議 1946–1948』(新曜社、二〇〇七年)、二一―二七ページを参照。

を体現している」、というのが紙屋牧子の当を得た分析である。[59]

『折鶴お千』において最も反時代的な要素は何と言っても弁士・松井翠声の解説だった。その不評は関西に限られた問題ではなく、東京の映画雑誌の批評家たちも、情趣に富む（あるいは少なくとも興味深い）映画の味わいを損ねる要素として松井の解説を断じている。[60]サイレント時代の弁士の解説が場合によっては想像以上に地味だった可能性も捨てきれないが、[61]本章は別の仮説を提示し、実証しよう。松井翠声は弁士用の「説明台本」を読み上げているだけだから退屈なのであり、また、その限りに於いて、録音現場には居合わせることが出来なかった[62]という監督・溝口健二のコントロール下にあった。

松竹大谷図書館には、『浪華悲歌』『祇園の姉妹』とともに『折鶴お千』の内務省の検閲印入り台本が所蔵されている。[63]一九二五年、内務省に国内の映画検閲が一元化されてからは、配給業者は「検閲願」とともに映画のプリントと説明台本二部を内務省警保局警務課分室フィルム検閲室に提出し、実際の検閲に際しては映写機とスプライサーを扱える者一名および台本を検閲室で読み上げる者一名をも提供しなければならなかった。[64]外国映画の台本は字幕の飜訳だったが、日本映画の場合はいくらかの「説明」が加えられた。[65]説明台本も検閲通過していなければ、その台本が付随するプリントの上映もできない。説明台本のうち一部は内務省に保管され、一部は配給業者に返されて常にプリントに伴って全国の映画館を回る。[66]だが、実際の興行の場においては、「映畫の流れやタイトル（字幕）の効果を傷つけない範圍では、タイトル（字幕）以外のところに、各自の獨創を出して、何かと氣の利いたことをちよいと云ひ添えて、映畫を藝術的に生かしてゆくことが［…］説明者として最善の態度である」[67]とみなされていた。ある弁士マニュアルは、説明台本は「シナリオ（撮影臺本）の謄寫本に過ぎぬ程度のもの」なので、これをフィルムと一緒に渡す代わりに「會社の文藝部（または原作者で）、完全な説明者を作つ［ママ］て、各館へ廻すようにすべきであります」と主張する。そうでないと標準的な弁士は高尚な映画の「眞意」をつかめないからだ。[68]逆に言うと、説明台本とはあくまでも弁士が自らのナレーションを作り上げるための材料であって、それを単に読み上げるというのはスタイル上のオプションですらなかった。

とはいえ、例えば東京府では一九二三年施行の警視廳令「興行場及興行取締規則」第七十九條・第八十二條が、弁士は「認可ヲ受ケタル脚本ニ相違スルノ行為ヲナササルコト」と定めており、同令第六十一條九・十が臨検する警察官吏には席を提供し、求めに応じて説明台本や筋書を速やかに提示するよう命じている。(69) また、過去二〇年間の日本初期映画史研究では、映画というイデオロギー装置をまさに体現する臨検警官の役割が強調されてきたのも事実だ。しかし、臨検の目的は弁士が「公安ヲ害シ風俗ヲ紊ス處アル言辭、所作、扮装ソノ他ノ行為」（同令七十九條二）をしたり、映画館が検閲を通っていない映画を掛けたりしないように取り締まることであって、弁士が説明台本に一言一

(59) 紙屋牧子「マキノ正博の一九三四年——トーキーと『泡立つ青春』」『アート・リサーチ』第三号（二〇〇三年）：一八〇ページ。
(60) 村上忠久「『折鶴お千』」『キネマ旬報』一九三五年一月二一日号、五六ページ、岸松雄「『折鶴お千』」『キネマ旬報』一九三五年二月一日号、一一〇ページ、藏田國正「『折鶴お千』」『映画評論』一九三五年三月号、一一六ページ。
(61) マイク無しで喋っていた映画史上の弁士たちは、伴奏音楽が鳴り響いているときは黙っていることが多かった。Jeffrey A. Dym, Benshi, *Japanese Silent Film Narrators, and Their Forgotten Narrative Art of Setsumei: A History of Japanese Silent Film Narration* (Lewiston, N.Y.: Edwin Mellen Press, 2003), 57-60. 思えば、マイクとトーキーはともに基本的にデ・フォレストの発明によって可能になった。音楽にかぶせてノンストップで語る現代の活弁は、こうした意味で音響技術が可能にした「創造された伝統」である。
(62) 田中眞澄、前掲書。
(63) 以下、本章で『折鶴お千』の検閲台本に言及するときは、とくに断らないかぎり松竹大谷図書館所蔵とする。
(64) 「内務省制定の検閲願届書式及検閲手続」『日本映畫事業總覧』（國際映畫通信社、一九三〇年）、七二六—二九ページ。
(65) 柳井義男『活動寫眞の保護と取締』原著一九二九年、牧野守「解説」『活動寫眞フィルム検閲時報』（不二出版、一九八五年）、一五—一六ページ。
(66) 「内務省制定の検閲願届書式及検閲手続」、七二六—七二九ページ。
(67) 東洋映畫説明講習會『映畫説明講習錄』（東洋映畫説明講習出版部、一九二九年）、三ページ。
(68) 東洋映畫説明講習會、前掲書、七ページ。
(69) 「興行場及興行取締規則」大正十年七月警視廳令第一五号、牧野守『日本映画検閲史』（パンドラ、二〇〇二年）、五九七—九八ページに再錄。

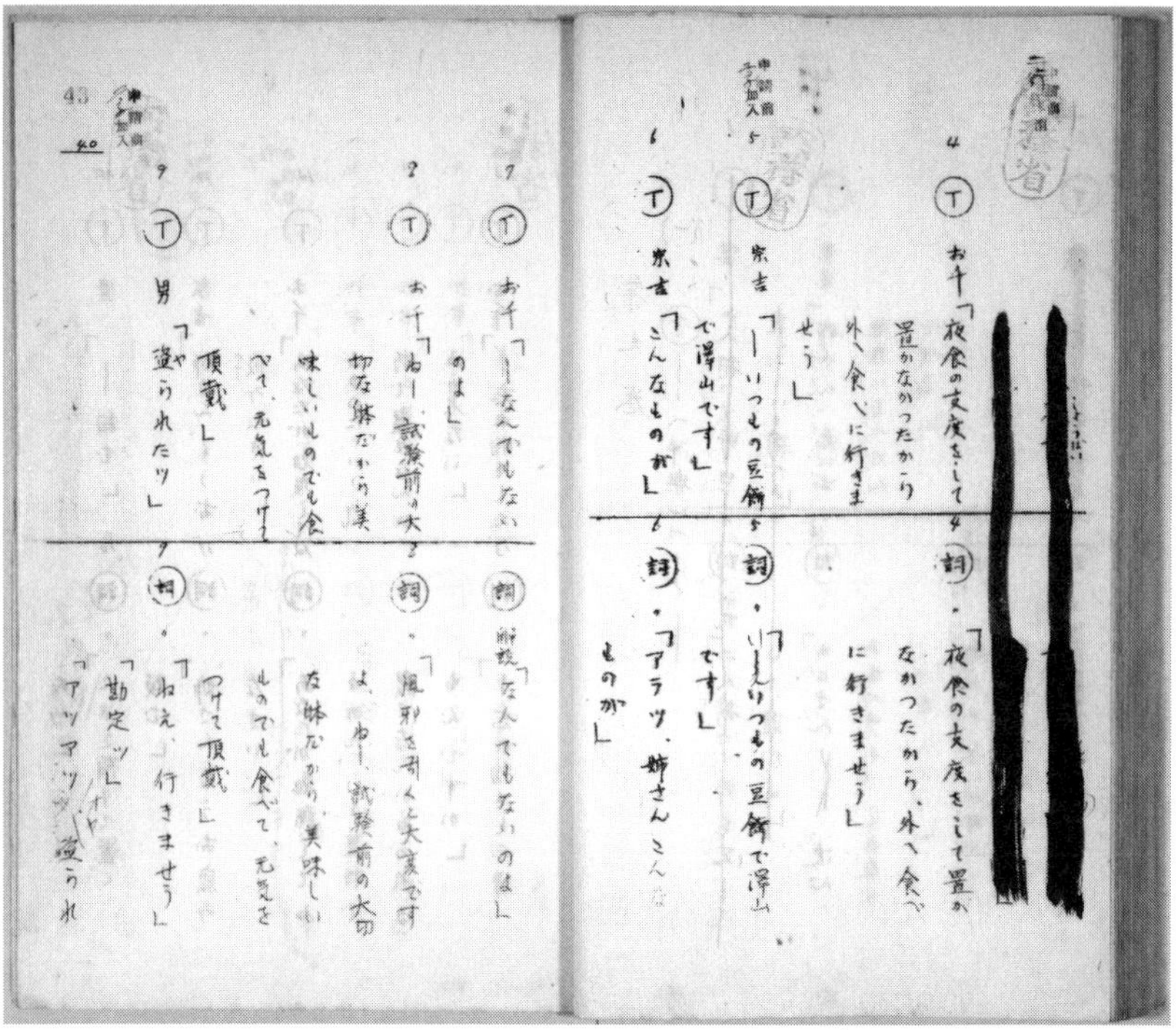
4 (T) お千「夜食の支度をして置かなかったから外へ食べに行きませう」
5 (T) 宗吉「一いつもの豆餅で澤山です」
6 (T) 宗吉「こんなものか」
[redacted]
(詞)「夜食の支度をして置かなかつたから、外へ食べに行きませう」
(詞)「一いつもの豆餅で澤山です」
(詞)「アラツ、姉さんこんなものか」
7 (T) お千「一なんでもないのよ」
8 (T) お千「ねー試験前の大切な体なから美味しいものでも食べて元気をつけて頂戴」
9 (T) 男「や盗られたツ」
(詞)「なんでもないのよ」
(詞)「風邪を引くと大変ですよ、ねー、試験前の大切な体なから美味しいものでも食べて元気をつけて頂戴」
(詞)「ねえ、行きませう」「勘定ッ」「アツアツ、盗られ」

3-4-2：松竹大谷図書館所蔵。

句違わぬ説明を行うことは期待されていなかった。内務省において映画検閲の礎を築いた柳井義男も、「臺本に據つて説明するとは、之に即して説明することで、内容を朗讀することではない。然し内容と違つた説明をしてはならぬ」（強調引用者）と明言している。[70] そもそも『折鶴お千』に関しても、サウンドを切って登壇し、こってりした説明で客席をうならせた道頓堀の弁士たちが罰せられたという記録は見いだせない。言うまでもないことだが、説明台本からのある程度の自由と即興の上に弁士の話芸は成り立っており、それを可能にしていたのはまさに彼／彼女らのパフォーマンスのライヴ性、複製不可能性、一回性であった。

『折鶴お千』の松井翠声にはそうした自由は許されていなかった。なぜなら、サウンドトラックに録音された彼のナレーションは、検閲に提出される説明台本と一言一句同一でなければならなかったからだ。戦前の検閲台本を実際に吟味すると、検閲という装置が物質的な迫力をもって迫ってくる。そのイデオロギー的な実質については次章に譲ろう。本章が『折鶴お千』に関して着目するのは、「プリント」と「台本」を一致させようという検閲の理不尽なまでに強い欲望である。

『折鶴お千』の検閲台本は謄写版で上下二段に分かれており、上段にはⓉとして字幕が、下段には(詞)としてそれに対応する解説（弁士説明）が書かれており、Ⓣ(詞)ともにフィルムの巻ごとに一から番号が振られている（図版3－4－2）。例えば、第三巻でお千が宗吉に語りかける台詞には、29Ⓣお千「きつと我慢して【ゐて】下さいねえ」、29(詞)解説「きつと我慢して【ゐて】下さいねえ」とあり、台本には「ゐて」が書き加えられるとともに、内務省印と「申請前四字加入」の印が押してある。現存プリントの字幕には「きつと我慢してゐて下さいねえ」とあり、この検閲は複本検閲であるため、新検閲（初回）の結果に基づき、プリント、音声、台本上の文字を申請前の時点で一致させているのである。さらに、松井が台本とは僅かながらも異なった台詞を録音時に発している場合、それが訂正され、検閲台本に反映されている。一方、図版3－4－2では、字幕・台本のⓉともに「――いつもの豆餅で澤山です」となっているが、松井は「いーえいつもの豆餅で澤山です」と言っているため、「いーえ」が(詞)に書き加えられ、「申請前三字加入」の判と内務省印がある。このように、松井のナレーションには検閲台本からの大きな改変はない一方、言い落とし、微細な言い換え、感嘆句の相違は散見される。こうした傾向、ナレーションの調子、関西での封切りを目前にした切羽詰まったスケジュールのすべてを考慮に入れると、松井の録音を起こして検閲台本を作ったというよりは、松井の録音原稿をほぼそのまま検閲台本として提出した可能性が高い。

内務省の映画検閲は、「映画作品」あるいはその原盤（マスター・ネガもしくはポジ）ではなく「プリント」（ポジ）を

（70）　柳井義男『活動写真の保護と取締』（有斐閣、一九二九年）、四六七―六九ページ。

検閲の対象としていた。[71] ここには複製技術としての映画が増殖する過程で「悪い」コピーを生み出す可能性に対する畏れが凝縮されており、そのため全てのプリントを確かめざるをえない結果に陥っている。一方で、検閲を原盤に反映させれば「正しい」コピーが作られるということが信じられないのだから、映画を複製技術とは見なしていないという言い方もあるだろう。[72] むろん、ここで問題になっているのは、例えば谷崎潤一郎の短編『人面疽』（一九一八年）のように、複製それ自体によってサイレント映画のプリントがある種の起源なき魔を宿し、それがコピーによってさらに増殖してゆく、というような「無気味な」現象ではない。[73] 内務省が畏れていたのは、コピーを取って切り貼りすれば良いという映画プリントの可塑性であり、そうして「悪い」コピーが生み出される可能性に充ち満ちた遠心的な映画配給・興行システムであった（現に、次節ではこうしたシステムに淵源すると思われる検閲のほころびについて言及することになる）。柳井義男の『活動写真の保護と取締』から引用しよう。

ところで、説明臺本は説明者が之に即して説明を為すべきものといふ以外に、「フイルム」の検閲済なることを證明する手段となつてゐる。詰り「フイルム」の検印以外に、説明臺本の検印や記入部分を取調べ、兩者が符一する場合に限り興行を認めてゐるのである。蓋し、「フイルム」は検閲せられたる時の状態に於て映寫せしむべきもので、恣に加除訂正を為さしめては検閲の趣旨を没却する。ところで、「フイルム」は物自體の性質から自然に毀損し易く、［…］少量の自然毀損は巳むを得ずとするも、恣に切除又は差換へを為しても判らぬとあつては、折角の検閲も底抜けとなつて了ふ。[74]

例えばフィルムが切れてしまい、スプライサーで破損個所を切って繋ぐというのはしばしば起こることだったろう。このような不可抗力の自然毀損と故意の再編集は区別しなければならない。このために臨検が行われるのだが、そこで紙媒体の「説明台本」は、常に改変や毀損の危機にさらされるプリントの真正性と同一性をまがりなりにも担保する参照点、柳井の言葉をかりれば「差金」[75]として、極めて重要な機能を担っていた。弁士のパフォーマンスをコントロールするという意味合いはむしろ二次的であるようにさえ思われる。『浪華悲歌』『祇園の姉妹』のように弁士のいらないオール・トーキーの映画になっても、検閲では同様に「臺本」が一言一句プリントと照合され、プリントとともに日本全国の常設館を回っていたのだから。

かくして、「複本」プリントや大谷図書館所蔵の『折鶴お千』説明台本のようにそれに伴った説明台本もまた、すでに検閲一号のプリントとその台本によって修正個所が判っていてもそれを反映させた改訂版を提出することは許されず、「申請前削除」という形で一からカットと墨塗りをしなければならなかったのだ。松井翠声の悲劇は、トーキーとサイレントの境界線にあって、こうした検閲制度の一環をなす「説明台本」によってサウンドトラックに縛り付けられたことであった。まさに弁士の声をサウンドトラックに書き込むことによって、『折鶴お千』は日本映画史に弁士の消滅を刻みつけたといえる。映像と同期する音の到来は映画興行を標準化・画一化し、製作サイドによるさらなる製品＝映画のコントロールを可能にした。一方、溝口健二はこの歴史的な機会を捉え、「サウンド版」としての演出《ミザンセヌ》に取り込んでいる。具体的にみてみよう。

(71) なお、柳井は「プリント」という用語は使わず、「フィルム」を「プリント」の意味で使うとともに、適宜「映画作品」という意味にも流用している。
(72) 一方、書籍の検閲の根拠となった出版法第十九條によれば、「安寧秩序ヲ妨害シ風俗ヲ壊乱スルモノト認ムル文書図書ヲ出版シタルトキハ」、内務大臣はその流通を禁じ、印刷物のみならず「刻版」を差し押さえることができる。『出版法版権法条例——附・出版及版権願届書式』（敬業社、一八九三年）、八ページ、国立国会図書館近代デジタルライブラリー、http://kindai.ndl.go.jp/info:ndljp/pid/796594（最終アクセス二〇一三年一一月七日）。
(73) 谷崎潤一郎『谷崎潤一郎全集』第五巻、（中央公論社、一九六七年）、二八三—三〇五ページ。
(74) 柳井、前掲書、四六四ページ。
(75) Ibid., 四六五ページ。

第五節　音声と奥行き

『折鶴お千』はサウンドトラックをキャメラの動きをも含む演出《ミザンセヌ》に緊密に結びつけている。映画の中頃（五巻目）、お千が宗吉の勉学を助けることを決意する短いショット・シークェンス（長回しの一ショットのみで成り立つシークェンス）がある。その前のシークェンスでは二人は宗吉が復学を望む斉生学舎をこっそり訪れている。三木稔のキャメラは熊沢の家の前の路地で語り合うお千と宗吉を捉え、ロングショットに後退移動する。坂根のスクリプター・メモもこの冒頭の移動を記録しているが、現存するプリントでこの後退移動部分を含むのは神戸版（およびNFC所蔵のそのコピー）のみである。三木稔と溝口のコラボレーションを特徴付けるハイアングルが、セッティングと中景を横切る人力車によって作られた画面の奥行きをさらに強調している（図版3－5－1）。お千の台詞「お祖母さまの眞心が　あたしに宿つて　姉さんになつて　あなたを　守つてやつてと　逢はせて下つたやうに　思はれますの」は字幕として挿入され、松井が忠実にそれを読み上げる。鐘の音がシークェンスを通して聞こえる。微笑みつつ見つめるお千に宗吉が照れたような眼差しを二回向けてから画面右前方にフレームアウトし、お千も続く。お千がフレームアウトしたタイミングでキャメラは謎の前進移動を開始し、止まる（図版3－5－2）。

この一見不可解な前進移動を理解するには、最後景にある塔とドームが鐘で有名なニコライ堂であり、この移動がニコライ堂へのトラックインであるとの認識が欠かせない。[76] キャメラの動きとセットは監督者によってプランされ、演出《ミザンセヌ》のこれら二要素がその効果を完遂するには、サウンドトラックの鐘の音が必要なのである。ここに溝口健二によるサウンドトラックまで含めた演出《ミザンセヌ》の構築を跡づけることができる。坂根田鶴子は編集の最終段階における巻・場面・尺数の表のなかでこのシークェンスを「ニコライ」と呼んでおり、検閲済の説明台本にも上下段にまたがって「(音)　ニコライの鐘」と記されている。キャメラの動きがショット冒頭をいわば逆廻しにしつつ後景の塔に注意を喚

3-5-1

3-5-2

起し、そうすることによってショット冒頭から聞こえていた鐘の音の音源を「ニコライ堂」へと事後的に帰着させている。裏町の空のニコライ堂には明らかに文明、学問、そして救済のコノテーションが込められているが、それには留まらず、このショット・シークェンスは、短くシンプルな形で溝口のトーキー美学を凝縮している。キャメラ、俳優、セッティング、そして音声が多層的な縦の空間を創造し、あるいは明るみにしつつ、その空間の中に意味を分節化しているからだ。

このショットの中では松井翠声の声は「ニコライ堂」と口にすることもなく極めて消極的な役割に甘んじているが、続く例では溝口の空間構成と密接に連動している。熊沢のもとを逃れたお千と宗吉がともに暮らす長屋を舞台とした二場面だ。ここで松井は、字幕を読み上げるだけに留まらず、字幕にはない登場人物の短いやりとりを演じ、三人称の描写を加えることで、暗い後景の人物に観客の注意を向けることに成功している。最初のシーンでは、お千が長屋に入るとともに、お千のシルエットを前景に入れて暗い室内を捉えた水平のフルショットにカットする。「やっと工面して宗吉に月謝をもたせ　学校へやったあと　お千は　家にかえってくると　もうランプの石油も付きようとするのか　心

(76) ドナルド・キリハラは、その優れた――しかし今日の目から見ると「政治的モダニズム」的な――『折鶴お千』論のなかでこのショットに着目し、「宗吉とお千はフレームを後にするが、キャメラはひとけない路地を前進移動する。ここのキャメラの動きは構図やリアリズムに基づく動機付けを欠いている。空白の空間を前景化すること以外、ここには何の理由もない」と論じている。Kirihara, *Patterns of Time*, 86. キリハラが神戸版を見ていた可能性は極めて低い。

細いまばたきを始めていました」と松井の字幕外説明がヴォイスオーヴァーで聞こえる。この説明によって、点滅する照明と彼女の貧困の間の因果関係が明らかになるばかりではなく、画面が極めて暗いことを考えると、観客にお千の姿を注視させる認知レヴェルでの効果も大きい。

同様の効果がさらに際立つのは、お千がついに隣に住む女衒の老婆の誘いに屈し売春を決意するこのシーン後半である。米びつが空になっていることに気づいたお千が裏窓を通じて隣に助けを求めると、老婆が勝手口から蠟燭を持って現れ、上がり込んでお千をいびりはじめる。高めのキャメラ位置から戸口に座った二人を捉えたフルショットに、松井のナレーション「なにもおまえさんがこんなにもこまることは　ないじゃないか」がかぶり、その最後の部分、「資本《もとで》のいらない　濡れ手で粟の稼業《しょうばい》」は字幕として挿入される。耐えられなくなったお千が立ち上がり、左前景へとフレームアウトすると、老婆も立ち上がり、画面右、お千のほうをみつめたまま、前景の襖に軽くよりかかる。ここで老婆の視線の先をも含めるようにキャメラ位置の低いショットにカットする。カッティング自体は極めて溝口的かつ非古典的だが、アングルは溝口の映画としては際立って水平で、むしろ『出来ごころ』（一九三三年）のような同時代の小津の喜八ものを思わせ、鮮やかな縦の構図で老婆とお千の間の葛藤を浮き彫りにする。右前景に座り、左横顔をキャメラに向けて項垂れるお千に対し、左中景、襖の脇に立つ老婆が冷たい言葉をたたみかけるのだ。老婆の最初の台詞「そんなにおまえさんは　いやなのかい」は字幕としては現れず、松井の声が喋る老婆にかぶる。字幕「喰へもしないくせに　弟に勉強させるなんて呆れた台詞だ」が続き、松井が読み上げている間に画面は速やかに字幕前と同じ縦の構図のショットに戻る。老婆は中央後景の勝手口へと空間を斜めに横切り、前景のお千は唇を噛む（図版3－5－3）。老婆は戸口で画面右、お千へと振り返り、「勝手にするがいいよ」と言う（松井）。たたみかけるように字幕「二人揃って野垂死……いゝ図だよ」が挿入され、松井も素早く読み上げる。画面に戻り、蠟燭を持ったまま老婆が玄関へ下り、最後景の戸を閉めて消えると、前景のお千の横顔が暗い影に沈む（図版3－5－4）。

この照明の変化は現実原則《リアリズム》による動機付けを欠いている。確かに老婆の退場によって蠟燭という光源は消えたが、

3-5-3

3-5-4

3-5-5：最前景はお千の折った鶴。

3-5-6：お千（後景）は熊沢が宗吉（前景）をおびやかす幻（中景）を見ている。

お千の顔とはまったく方向が違う。それにも拘わらず受け容れることが出来るのは、心理的・象徴的に納得がゆくからだ。さらに、老婆の出現以前の部分で折鶴を折りながら独りごちるお千の輝くようなクロースアップに見られるように、このシークェンスではキャメラや小道具についての現実原則《リアリズム》がお千の心情によって浸蝕されている。例えばこのクロースアップでは、折鶴とキャメラの位置が極めて不自然である（図版3－5－5）。宗吉との貧しくとも幸せな束の間の生活こそが、宗吉とお千のフラッシュバックとして始まり、二つの決して相容れぬ幻想の過酷な――そしてリテラルな――並置（図版3－5－6）で幕を閉じるこの映画にあって、物語の現在《ナラティヴ・プレゼント》においては狂気によって語る力を奪われたお千に対し、主体＝主観性を担保している[77]。そして、非現実性と補完しあうお千の主体＝主観性は、警官に捉えられたお千が宗吉に向けて飛ばす折鶴として結実し（「宗ちゃん、魂をあげます」）、消えてゆくだろう。つまり、宗吉の知らないお千を描くこのシークェンスでは、画面上の現実とお千の心情は不可分になっているのだ。

3-5-7

問題のロングテイクの終わりにかけては、字幕は現れず、短いが重要な言葉の応酬は松井の声によって伝えられる。暗闇の中で深く頭をたれたお千は立ち上がって後景の勝手口の明るみに走りより、「おばさん、おばさん」と叫び、しゃがむ。実際より長く感じられる沈黙の後、勝手口は開き、蠟燭を持った老婆が再び登場する（しかし、もちろん前景は暗いままだ）。お千と向き合って上がり框に腰かけた老婆は、「決心がおつきかい」と尋ね、蠟燭を置いて懐から金を出す。「それならこれをはい」と言いながら、老婆は金をゆっくりとお千の手に握らせる。お千は身動きもせず項垂れたままだ（図版3－5－7）。老婆は立ち上がり、勝手口を閉めて出てゆくが、蠟燭は残され、障子に光を反射させてお千を残酷に照らし出す。

ここで松井の声は、最後景や暗闇の中にいて表情を読み取ることが叶わない登場人物に対しする観客の興味や関心をつなぎ止めている。この目的のために弁士は滔々と人物のアクションを解説／描写したり、心理を解釈したりする必要も、だからといって「ご覧下さい」などと言う必要さえない。ミシェル・シオンが「イメージによる音の空間的磁化」と呼ぶ仕組みによって、観客はサウンドトラック上の声をイメージトラック上の登場人物に自動的に振り当てるからだ。[78] 逆に言うと、この音（とりわけ声）のいわば局所化のために、トーキーにおいてイメージが「重さ」あるいは「慣性」を獲得してしまう——それゆえにモンタージュ片としての自由を奪われる——というのは、セルゲイ・エイゼンシュテインが述べるとおりである。心理学者ルドルフ・アルンハイムは、おそらく音とイメージの関係に極度に鋭敏であったため、トーキー懐疑論者になった。同期音が三次元性の錯覚に与える影響について、アルンハイムの言葉に耳を傾けよう。「撮影された名手のヴァイオリンから現実の音が発せられると、視覚像が突如として三次元的になり、実体的（tangible）になる。音響が幻影を完璧なまでに作り上げるので、画像の縁はもはや枠ではなく、穴、あるいは演劇的空間を画する境界となる。音は映画を空間的な舞台へと変えてしまうのだ」[79]。つまり、音はほの暗い奥の間の蠢く人影に観客の注意を向けさせるだけでなく、空間に奥行きを与え、事物を実体化するのだ。この意味で、弁士松井の声は、画面上のイメージに実在感、慣性、三次元性、そして意味を与える音の磁力に依拠しており、その作用自体は同期音と変わらない。ただ、人間（あるいはともかくも顔貌性を持つもの）と声が完全にリップシンクしたときに現れる「生靈が乗り移ったやうな」不気味な実体感を欠くだけである。(80)

弁士・松井の声は、さらに重要な一点において同期音と異なっている。説話論的空間の外部に位置する松井の声は、当然ながらトーキー用語で言うところの「スケール・マッチング」や「音の遠近法」(sound perspective) を欠いており、結果的に極めてフラットなサウンドトラックとなっている。もう少し厳密に言おう。トーキーでは、音と映像の「スケール・マッチング」「図と地の区別」「音の遠近法」を適度にまぜることで物語映画の現実原則《リアリズム》に叶うサウンドト

---

(77)　鏡花の原作では語り手が宗吉に焦点化しているため、お千は文字通り、美しい表層のイメージに留まる。ここで分析しているシークェンスに対応する個所を引用しよう。「徒士町〔おかちまち〕のとある裏の、空瓶屋と檻褸屋〔ぼろや〕の間の、貧しい下宿屋へ帰ると、引傾〔ひきかし〕いだ濡縁〔ぬれえん〕づきの六畳から、男が一人摺違〔すれちが〕いに出て行〔ゆ〕くと、お千さんはパッと障子を開けた。が、もう床が取ってある……／枕元の火鉢に、はかり炭を継いで、目の破れた金網を斜〔はす〕に載せて、お千さんが懐紙〔ふところがみ〕であおぎながら、豌豆餅〔えんどうもち〕を焼いてくれた。／そして熱いのを口で吹いて、嬉しそうな宗吉に、浦里の話をした。／お千は、それよりも美しく、雪はなけれど、ちらちらと散る花の、小庭の湿地〔しけち〕の、石炭殻につもる可哀〔あわれ〕さ、痛々しさ」泉鏡花、前掲書、二六五ページ、『青空文庫』http://www.aozora.gr.jp/cards/000050/files/3543_12126.html.

(78)　Michel Chion, *Audio-Vision: Sound on Screen*, trans. Claudia Gorbman (New York: Columbia University Press, 1994), 68.

(79)　Rudolf Arnheim, *Film Essays and Criticism* (Madison: University of Wisconsin Press, 1997), 30.

(80)　録音技師・友成用三がイーストフォンの発明者・東條政生の演説の声と映像の同期について語った言葉。「所が初め少〔ママ〕合はなかった。それで細かくして三齣入れたが形と聲がしつくり合はない、其時画面を見て居ると東條さんの姿に力がない、テンポは緩慢だし、東條さんの身体は力がない。それで二齣合はした時には、寫眞に力が這入つて來て、例を擧げれば生靈が乗り移つたやうなかんじがしたのです。非常に不思議なことを初めて經驗したのです」。伊藤大輔、飯島正、友成用三、他「日本トーキーその他に就いての座談會」『キネマ旬報』一九三〇年一月二一日号、六四ページ。リップシンクと日本文化の問題については、細馬宏通の『ミッキーはなぜ口笛を吹くのか』（新潮選書、二〇一三年）が刺激的である。

ラックが構築される。「スケール・マッチング」は、音量はイメージトラック上でその音源と想定される人や事物のスケールに「一致」するべきだという考えに基づいている。このリテラルなアプローチに従うと、たとえばクロースアップされた人物は大声で喋っているべきだ、ということになる。一方、「図と地の区別」はより物語映画というミディアムに媒介されたアプローチであり、物語内容の理解や作劇上の効果からみてサウンドトラック上で最も重要な要素を「図」として前景化するものだ。「最も重要な要素」とは往々にして人間の声、とりわけ台詞である。加えて「音の遠近法」とは、物語世界の中で「聴取点」と見なされる人物のパースペクティヴを考慮した音量をめぐる議論である。[81]『折鶴お千』がいかにこうしたトーキー映画の取り決めを無視し、溝口の演出《ミザンセヌ》がどうそれに利しているか、上記のすぐ後に続くショット・シークェンスで検証してみよう。

　ここで描かれるのは宗吉とお千の幸福な食卓であり、上に分析したシークェンスとの間のストレート・カットが省略しつつ示唆しているのは、お千の売春である。この食事シーンはその前と同一の長屋を舞台にしているが、高いキャメラ位置と異なったアングルによって、まったく違った様相を呈す。後景では学校から帰宅したばかりの宗吉が入り口の障子を背にして立っている。シークェンスを通して劇伴が低く続く。お千は朗らかに近づき、外套と帽子を受け取り、右前景にフレームアウトする。宗吉は中景に立ち、下にある湯気の立った夕食を嬉しそうにのぞき込む。お千はすばやく前景左からフレームインして宗吉の向かいにすわる。二人が腰を下ろす動きに合わせてキャメラもやや下降し、宗吉はお千についでもらった御飯を食べはじめ、お千は宗吉の右隣、中景に座って醤油を小皿に注ぎ、にこやかに宗吉を見つめる。茶碗を手に肴をほおばった宗吉は（図版3－5－8）、お千の方を向いて、「姉さん　急にお金持ちに　なったんですね」。字幕が挿入され、松井が読み上げる。字幕の後、お千の笑顔は急速に凍りつき、項垂れるが、宗吉は気づかず食べ続ける。お千は不

3-5-8

3-5-9

安そうに宗吉を見つめ、立ち上がって後景の隣の部屋へと歩いて行く。
キャメラはパンと移動（ドリー）でお千を追って左へ回り込み、構図を刷新する。画面に対して斜めに走る襖と溝が空間を二つに区切っている。左後景に穿たれた深みでは、お千がキャメラに対して斜めに背を向けて台所に座りこんで茶をいれ、右前景では宗吉が楽しい夕食を続ける。宗吉には焦点が当たっていないためディープ・フォーカス撮影ではないが、演出《ミザンセヌ》としては鮮やかな縦の構図である（図版3－5－9）。そこにやや唐突に「――満更悪くない稼業《しょうばい》だらう」という字幕が入り、松井が読み上げる。お千は身を縮ませ、シーンは急速にフェイドアウトする。
「満更悪くない稼業《しょうばい》だらう」という言表の主は明らかに隣家の婆である。その前のシークェンスでも婆はお千を台所の裏窓から覗き、「切れないものは包丁だけだね」などと嫌みを言っているから推測がつくし、神戸版の三五ミリプリントを映写すれば窓に「何か」がいることは見て取れる。しかし、むしろ、字幕と松井の声こそがほとんど不可視な彼女の存在を作りだしているのだ。そして、少なくともこの二シークェンスにおいては「全知」の存在である婆の眼差しと批評の導入こそが、前景で嬉しそうに食物をほおばる男と、後景で自らの売春に対する恥辱の念に震える女の間の対立を、グロテスクなものにしている。さらに重要なのは、この婆の言葉

（81）「音の遠近法」と「スケール・マッチング」の違いについては、Rick Altman, “Sound Space,” in *Sound Theory/ Sound Practice*, ed. Rick Altman (New York: Routledge, 1992), 46–64. ジェームズ・ラストラが明らかにするように、トーキー初期のハリウッドでは音楽産業出身の音響技師たちが「スケール・マッチング」の実践を主張したが、古典的ハリウッド映画のスムースな空間構成を乱すため、徐々に物語空間の連続性を重んじ、背景・前景音を区別するアプローチに変わっていった。James Lastra, *Sound Technology and the American Cinema : Perception, Representation, Modernity, Film and Culture* (New York: Columbia University Press, 2000), chap. 5. なお、初期トーキー、とりわけ『モロッコ』をめぐる日本の映画批評言説では「音の遠近法」が熱く論じられたが、絵画の「遠近法」の受容と同様、「遠近」という訳語に引きずられて「スケール・マッチング」と音源の遠近が入り交ざった意味になり、「聴取点」からの perspective という観点が抜け落ちたと考えられる。

の効果は、映画のサウンド版というフォーマットに依拠していることだ。松井はこの台詞をとりわけ声を顰めるでもなく普通の音量で読んでいる。一方、この縦の構図のアイロニーは、シチュエーションに対する宗吉の徹底した無知に立脚しており、婆の声は彼には聞こえないはずだ。しかし、サウンドトラック上の弁士・松井の声はたとえ登場人物の台詞を読むに際しても物語空間に位置づけられておらず、それゆえにトーキーのように「音の遠近法」や「図と地の区別」を遵守する必要がない。溝口は、弁士解説付きサウンド版のこのような特徴を踏まえた上で、キャメラ位置と演出を決定している(82)。

　松井翠声のパフォーマンスはサウンドトラックへの録音によって映画作家たちの台本と演出に従属を余儀なくされ、それは内務省の検閲によって保証されていた。パフォーマンス＝テクストからフィルム＝テクストへの世界映画史的なプロセスがここに完遂され、純映画劇運動の壮士たちの「正しい」映画への熱い想いが内務官僚の鋏に助けられて実現したというわけだろうか。

　しかし、『折鶴お千』の検閲台本と現存プリントの間には齟齬がある。次章で述べるように、『折鶴お千』への検閲は、すべてお千を欲望と交換の対象とした描写に対して行われており、「風俗」としてカテゴリーされた。本章が分析したお千と宗吉の長屋暮らしを描く第九巻では、お千と女衒の婆による私娼行為に関する場面が切除の対象となっている。その一環として私がここで論じた九巻中の字幕と弁士のナレーションに墨が塗られ、抹消されている（図版3－4－2）。

3Ⓣ婆「――満更悪くない稼業《しょうばい》だらう」
3(詞)解説「――満更悪くは［以下、判読不能］」
申請前二行抹消

削除されているはずなのに現存プリントに存在するセグメントはこればかりではない。例えば、第四巻で僧・浮木がお千に座敷で引き合わされてでれでれするシークェンスは、22Ⓣ／22㊙から33Ⓣ／33㊙まで、四ページに亘って「切除」となり、台本には墨が塗られている。だが、どう考えてもこの部分に位置する台詞や画面で残存するものもある。浮木がかしこまって座るお千をうっとりと見つめて「今春　女学校をご卒業になり　ただいま音楽を御修行中　お経《つとめ》のお声などはさぞすばらしいことでございましょう」というところだ。

これはどうしたことだろうか。本節の分析でも詳述したお千と宗吉の縦の構図が効果を上げるためには、隣家の婆の台詞が不可欠である。内務省の検閲官はこのショットの批判性を見抜いた上で、それを骨抜きにすることに一度は成功した。本節では、映画テクストの意味作用のコントロールにおいて作家の「作家性」の確立が内務省の検閲と共犯関係にあったことを指摘したが、この二つがしばしば真っ向から対立するというのは、あまりに当然である。ところが、婆の台詞はどうした経緯か生き残り、現在の私たちをもゾッとさせる。映画の複製可能性と可塑性、「悪い」コピーを生む力に対する内務省の怖れと猜疑の念は単なるパラノイアではなかったということか。

第六節　前景構図の盛衰

立体の効果には三つの形態がある。

一つは、平板な浮き彫り的な映像がスクリーンの平面にかかっているように見え、普通の映画の範囲にとどまっている。

（82）万田邦敏によれば、これがトーキーであればキャメラをお千の側に置いて逆側からの縦の構図で演出するという。立教大学で本章の基盤となる発表「映画の第四次元」を行った際のコメント（立教大学、二〇一一年一二月三日）。

いま一つは、映像がスクリーンの深みに向かい、観客を未知の深みに引き入れる。最後に（そしてここに最も強烈な効果があるのだが）、リアルな立体的感覚をもった映像が、スクリーンから観客席に「流れ出る」ことである。

スクリーンと観客のあいだのどこかに、巨大な蜘蛛とともに蜘蛛の巣がかかっている……鳥たちがスクリーンの奥を目ざして、客席から飛び出したり、観客の頭上の電線にとまる。[83]

セルゲイ・エイゼンシュテインは「立体映画について」（一九四七年）のなかでこう述べた。映画の奥行きは観客をあるいは未知の深奥へ引き込み、あるいはスクリーンからあふれ出て迫ってくる。細馬宏通がこのパッセージを引用して鮮やかに解説するとおり、「ここで強調されているのは、単なる凹凸としての立体感ではない。スクリーンと観客との関係である」[84]。第三節でみたように、トーキー移行期の日本の映画コミュニティにとっての中心的課題は、まさにこの問題——縦の構図を通していかに観客の「注意」を摑み、奥に引き込むか——であった。さらに細馬は、ここでエイゼンシュテインが語っている「立体感」は3D映画に典型的に現れるような両眼視に基づく効果ではなく、「相対的サイズ、対象の遮蔽関係、相対的高さ、遠近法、光の遮蔽および影、および動き」による「単眼的手がかり」が生み出す奥行き感覚だとしたうえで、エイゼンシュテインのお気に入りの技法として「前景構図」を挙げている。[85]「前景構図」とは「前景にアクセントをおく焦点深度の深い構図」[86]であり、エイゼンシュテイン自身が例とする『イワン雷帝』の第一部（一九四四年）を締めくくるシークェンスでイヴァン（ニコライ・チェルカーソフ）の特徴的な横顔を前景に置き、後景に彼の復位を求める民衆の十字架行列を配したショットや（図版3－6－1）、『市民ケーン』でタイプライターの前のケーン（オーソン・ウェルズ）を前景、リーランド（ジョゼフ・コットン）を中景、最後景にバーン

3-6-1：『イワン雷帝』の第一部

3-6-2：『市民ケーン』

スタイン（エヴェレット・スローン）を配した新聞社のオフィスのショットが代表的だ（図版3－6－2）。これらの例ではどれも前景と後景にドラマチックな連関がありつつ、「相対的サイズ」をはじめとした図像的特徴が強いインパクトと奥行き感を与えている。

先ほど分析した『折鶴お千』のショット（図版3－5－3、3－5－5）も前景構図である。デイヴィッド・ボードウェルがいみじくも指摘するとおり、溝口は一時期――正確に言えば一九三五年から一九三七年まで――積極的に前景構図（英語では aggressive foreground と呼ばれる）を試みるが、その後この技法からすみやかに手を引いている。[87]二〇〇五年のステージング論において、ボードウェルは、溝口の長回しの目的は観客の「恍惚とした関心」を引きつけ、細部への「注意」を維持することだった、という説を展開しており、[88]これには私も概ね同意する。しかし、本節はボードウェルの説を一歩進め、まさにサウンド版『折鶴お千』の例に如実に見られたように、一九三〇年代中葉の溝口による前景構図の実験はトーキー化によって加えられた音声と密接に関わっていたという作業仮説を提示する。以下で、トーキー作品『マリヤのお雪』『虞美人草』『浪華悲歌』の分析を通してそれを実証しよう。

(83) S・M・エイゼンシュテイン「立体映画について」『エイゼンシュテイン全集　第二部　第六巻』（キネマ旬報社、一九八〇年）、二四〇ページ。
(84) 細馬宏通「アメリカの初期アニメイティッド・カートゥーンの「立体感」」『表象』第七号（二〇一三年）：五三ページ。
(85) 細馬、前掲論文、五三―五四ページ。
(86) エイゼンシュテイン「立体映画について」二四一ページ。
(87) David Bordwell, *Figured Traced in Light: On Cinematic Staging* (Berkeley: University of California Press, 2005), 111.
(88) Bordwell, *Figures Traced in Light*, 95.

前章では、溝口における長回しとモンタージュをともに「注意散逸」や知覚の断片化の裏返しとして、観客の「注意」を引きつける戦略として捉える視座を示した。この発想を理論化しているのがエイゼンシュテインの「立体映画について」である。やや長くなるが、前景構図についての原註から引用してエイゼンシュテインの思考を辿ってみよう。

「前景構図」型の画面は、私の理解で自己流に言うと、画面内部の緊張が極端な段階に達しているもので、そのあとにはすぐ、独立した二つの、モンタージュ的にぶつかり合う新しい画面に「分裂する」ことがひかえている。

一画面の表現性と緊張度を高めることをねがうと、「前景構図」の一例としてあげた太鼓は、舞台の動きとともにモンタージュ的区分に入り、太鼓のクロース・アップが独立した画面となって分裂する。

［…］

しかし、この型の構図がもつもう一つの「歴史的」な機能は、もっと興味をそそられる。

それはすくなくとも私にとって、視聴覚対位法などの諸原則を習得するのに、大きな助けとなった。

実際に、二つの空間的次元の二つの構成から、これによく似た二つの画面構成へと、なぜか自然に移行することがあったが、その場合、次元そのものがさまざまな分野に、二つの違う「世界」に……つまり映像と音の分野に所属している。

思うに、私は音と映像の「対比性」を徹底的に探究し、音と映像の両者にとってひとしく根本的な発端——「身振り」のなかに対比性の諸原則を発見したので、映像そのものの内部において、さまざまな次元や規模や所作事の表現法など、いつも二つの面の構成的組み合わせの規則を考える習慣になっている。

そして究極的には、視聴覚的な画面（サウンド・トラックのついたモンタージュ断片）は、「前景構図」が本質的には二つの画面の構成であるという理解が、まったく明白な新しい発展段階に到達したものである。(89)

ここで、エイゼンシュテインは明らかに「ショット内モンタージュ」として前景構図を捉えており、二つの面の間の葛藤と緊張が高まると二つのショットへと分裂すると考えている。さらに、こうした前景と後景の対立は、「太鼓」の例が雄弁に語るとおり、画面／視覚とサウンドトラック／聴覚との対立の理解に繋がっている。エイゼンシュテインの発想はやや奇矯なものだが、同じ一八九八年に生まれ、同じようにサイレント映画に培われた溝口健二の初期トーキーにおける前景構図の実践に照らすと驚くほど合点がゆく。二つのショットの衝突であったモンタージュが、緊迫感とテンションの高さはそのままに単一空間の中に折り重ねられ、かつ、その縦の対立構造が音を媒介にして観客へと迫ってくるさまが体感できるからだ。

『マリヤのお雪』は、川口松太郎がギ・ド・モーパッサンの短編『脂肪の塊』（一八八〇年）の舞台を普仏戦争（一八七〇年）から西南戦争（一八七七年）に移して新派のために翻案した戯曲『乗り合い馬車』（一九三五年）に基づいている。[90] 熊本の田舎町の酌婦・お雪（山田五十鈴）とおきん（原駒子）は、官軍の攻撃から避難する道中、馬車に同乗する町の有力者やブルジョワたちから卑しめられる。しかし、お雪は彼等が飢えると弁当をわけてやる。一行はやがて官軍の隊長・朝倉晋吾（夏川大二郎）に捕らえられ、西郷軍の密偵・佐土原謙介（中野英治）は処刑される。朝倉がブルジョワの娘（歌川絹枝）を差し出すよう命じると、おきんが身替わりを買って出て拒まれる。次に朝倉の元にやってきたお雪との間には恋が芽生えるかと思いきや、進軍ラッパが戦いを告げる。親切にしたはずの町の有力者たちに避

（89）エイゼンシュテイン「立体映画について」二四六ページ、なお、太鼓の例とは、「前景に太鼓が行進曲を演奏する。後景でその音につれて軍隊が前進する」（二四三ページ）というもの。

（90）『マリヤのお雪』をはじめとした『脂肪の塊』翻案については、Shiguéhiko Hasumi, “Cinéma asiatique, singulier et universel: Oyuki la Vierge de Mizoguchi dans le réseau intertexuel filmique,” in *La Modernité après le post-moderne*, ed. Henri Meschonnic and Hasumi (Paris: Maisonneuve & Larose, 2002), 101-05.

難船への同乗を拒まれ、お雪とおきんは荒れ果てた店に帰る。作戦に失敗して追われる身になった朝倉が現れると、二人は嫉妬や葛藤を乗り越えて彼を匿う。お雪に見送られて朝倉は東京へと船出する。

現存する溝口健二作品のなかで『マリヤのお雪』が最もシステマティックに前景構図を使っているのは、恐らく主題と無関係ではないだろう。『脂肪の塊』が近代戦争と軍事占領のもとでのプロイセン人とフランス人の「接触」を主題とし、フランス人社会の内部の格差と軋轢を露呈させていたのと同様に、『マリヤのお雪』もまた日本近代の黎明における内戦を背景としてブルジョワジーの偽善に売春婦の純な献身を対置させている。骨子としては『マリヤのお雪』はまさに植民地戦争状況における「慰安」の物語にほかならず、前年にソヴィエトで撮られたミハイル・ロンムの見事な翻案（一九三四年）をはじめとしたその他の『脂肪の塊』映画と同様に、中国大陸の状況が緊迫の度を強め世界大戦の迫りくるなか、とりわけホットな題材となっていた。以下の分析が明らかにするように、『マリヤのお雪』の前景構図は、侵略者と被侵略者、占領者と被占領者を同一フレームに収め、その間の視覚と聴覚を介した「接触」を演出している。たとえば、溝口健二の空間構成に刺激を与えたのは以下のようなモーパッサンのパッセージではなかろうか。

聞きなれない喉音で叫ぶ号令が、がらんとして死んでいるように見える家々に沿うて伝わっていった。一方、堅く閉めた鎧戸の隙間からは、住民の眼が、いわゆる「戦争の権利」によって生命財産を自由にし、この町の生殺与奪の件を収めた勝利者を、こっそり覗いていた。住民は暗くした部屋に閉じ籠もって、いかなる人知人力も歯が立たない洪水や殺人的大地震にぶつかったかのように、気もそぞろになっていた。[91]

だが、前景構図の鮮やかさにもかかわらず『マリヤのお雪』の物語がどうも収まりが悪いとしたら、それは朝倉隊長のキャラクターが不明瞭だからだ。この男は武力を背景に女を要求する怪物《モンスター》であり、それゆえにこれは「慰安」の

3-6-3：『マリヤのお雪』
（以下 3-6-19 まで同）

物語なのか？　それとも被占領者の女と恋に落ちるロマンチック・ヒーローであり、それゆえに「恋愛」と説得の物語なのか？　何度見てもよくわからない。溝口も当時の日本のシネフィル全般もスタンバーグに入れあげていたことを思えば、『最後の命令』（一九二八年、同年日本公開）でエミール・ヤニングズが演じるロシアの元将軍のように、怪物／ロマンチック・ヒーロー／マゾヒストの間を往還する複雑な曖昧さを醸し出したかったのかも知れないが、ドラえもんのような夏川大二郎ではどちらとしても説得力に欠ける。一方で、朝倉は首尾一貫して正義の人で、深謀遠慮があってブルジョワ娘を要求したとすると、あまりにも説明不足である。

『マリヤのお雪』の冒頭は、溝口の映画が再び音を得た喜びを少々不器用だが溌剌とした技法で示している。まず、九州における戦のさまが、律儀に同期音を伴った砲弾の炸裂、建物の倒壊、屋根から滑り落ちる瓦のショット連鎖によって伝えられる。続いて、置き去りにされたまま西洋音楽を奏でる蓄音機のショットがいささか唐突に挿入され、テクノロジーによる近代化／西洋化の幕開けを自己言及的に告げる[92]（図版3－6－3）。しかし、蓄音機から素早くパンしてショットが終わり、屋内のショットが接続されると、音楽はもう聞こえない。後の溝口におけるサウンドデザインとは違い、まだ音が空間の連続性に寄与していないのだ。『マリヤのお雪』において、空間の連続性は横の隣接空間ではなく、縦の構図、とりわけ前景構図によって与えられ、音声が前景と後景を媒介している。

例えば、占領地の酒屋の前に群がり、水で薄めた焼酎を飲んで気勢を上げる官軍兵士たちを捉えたショットを見て

（91）ギ・ド・モーパッサン『脂肪の塊』水野亮訳（岩波文庫、一九三八／一九五七年）、八ページ。

（92）エディソンによるフォノグラフの発明はたしかに西南戦争と同年の一八七七年だが、倉田喜弘によれば日本での初公開は一八七九年三月二八日、東京商法会議所であった。倉田喜弘『日本レコード文化史』（東書選書、一九九二年）、一一ページ。ここでの溝口の蓄音機の挿入は意識的な虚構であろう。

みよう。最前景左の官軍兵士は中央最後景の萬歳に同調してコメントし、乾杯している（図版３－６－４）。続いて、馬丁の義助（小泉嘉輔）が歌い踊る官軍の騒ぎを見るショットは、被占領者と占領者の間の縦の眼差しというパターンを確立する（図版３－６－５）。

前景構図と音の使用の発展形として極めて興味深いのが、官軍が司令部として占有する町長宅の内部のシークェンスだろう。町は空っぽで避難用の船も確保できなかったとの知らせに町長宅に集ったブルジョワジーは慌てふためくが（図版３－６－６）、ここからキャメラが左に急速にパンし、障子の間に穿たれた深い隙間で信号を送る通信士の姿をフレーム内に視覚化してはじめて（図版３－６－７）、打電の音が聞こえはじめる。大胆かつ鮮やかな繋ぎにより、九〇度左、通信士たちを前景に入れた仰角のショットがモンタージュされ（図版３－６－８）、こんどは後景に官軍の士官たちが見える。打電の音はそのままにキャメラはティルト・ダウンし、縁の下の人影を捉える。同軸の寄りのショットが続き、固唾を呑んで信号音に耳を傾ける密偵（後に佐土原と知れる）の横顔が暗闇に浮きあがる（図版３－６－９）。打電が止むとこんどは俯瞰の縦の構図の中で、通信士の元から通信文が将校たちに伝えられる（図版３－６－10）。耳を傾ける佐土原のショット、通信文を検討する将校たちのフルショットに続いて、キャメラは町長の居間に

3-6-4

3-6-5

3-6-6

3-6-7

戻る。最前景から後景へと卓を囲むブルジョワたちは襖の奥、官軍の様子をおそるおそる覗き見しているが（図版3－6－11）、彼らが歩き去ると襖を閉め、騒々しく言い争いを始める。仰角／俯瞰によってメリハリを増したオーソン・ウェルズ張りの前景構図が打電音を媒介としてダイナミックに編集されている。

これまでの例では、縁の下の密偵・佐土原のショットを除いて、音に媒介され、エイゼンシュテインに倣って言えば観客に向かって「流れ出す」のは、可視化された後景であった。しかし、襖の隙間から官軍を覗くブルジョワジーのショットが示唆しているのは、襖の奥、垂直方向のオフスクリーンを喚起する可能性ではなかろうか。『祇園の姉妹』（一九三六年一〇月公開）以降の溝口が「奥」のオフスクリーン空間を示唆することはほとんどなくなるが、一九三五年、音を空間構成の一要素——モンタージュ片——として手に入れたばかりのほんの一時期、実験的な試みを行っている。前節で扱った『折鶴お千』で婆／松井翠声が発する（発するはずだった?）「——満更悪くない稼業《しょうばい》だろう」という残酷な評言もまた、台所の裏窓の陰の存在を示唆するのだから、同期音ではなくてもこの原理を共有している。以下、『マリヤのお雪』から二つの際立った例を見てみよう。

3-6-8

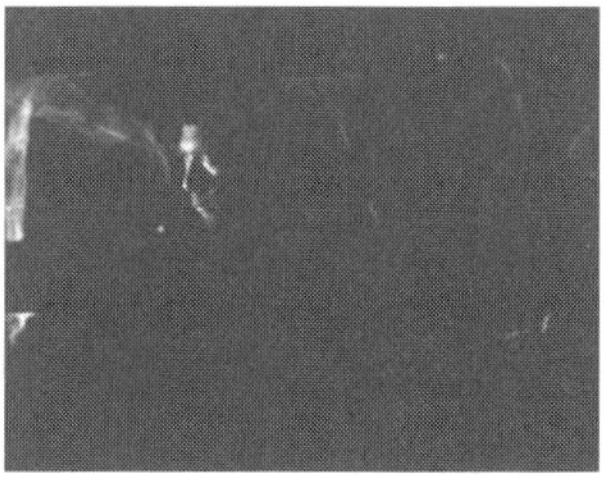
3-6-9

3-6-10

3-6-11

官軍による密偵・佐土原の銃殺は、溝口における暴力の例に漏れず、オフスクリーンに生起する。舞台は官軍の朝倉隊長が駐留する宿屋である。佐土原は朝倉から処刑を告げられ、すでに銃剣を携えた兵士たちに引かれていった。問題のショットでは、最初、朝倉が前景にキャメラに背を向けて座り、中景の土間に居並ぶ囚われの町の有力者たちを尋問しており、後景の障子には繋がれた馬の影が映っている。同一ショットで朝倉は土間を歩き回りながら尋問を続けるが、突如、オフスクリーンに銃声が響き、馬の影がおののく（図版3－6－12）。続く三ショットでは朝倉が佐土原の勇気を讃え、聖母マリアに祈るお雪に気づく。そこから再び場面は図版3－6－12と同じキャメラ位置に戻り、朝倉はブルジョワたちの卑怯さをなじって、最前景左からフレームアウトする（図版3－6－13）。すると、銃殺を終えて引き上げる兵士の一群の影が障子の左から右へと通ってゆく（図版3－6－14）。朝倉のフレームアウトの大胆さといい、最後景の障子の活用といい、縦の空間を最大限に使った前景構図である。ミシェル・シオンが設定した映画における音の三領域に従えば、この銃声の音源は「フレーム外」の、容易に推測可能な物語内の隣接空間に存在する。(93) しかし、画面の奥の馬の影が音に対してまさに「反射」し、音を視覚的に「反映」することによって、音をフレーム外の物語内空間から最後景のスクリーン内スクリーンへと虚の位置づけを行っているのだ。『折鶴お千』の婆の詞の場

3-6-12

3-6-13

3-6-14

3-6-15

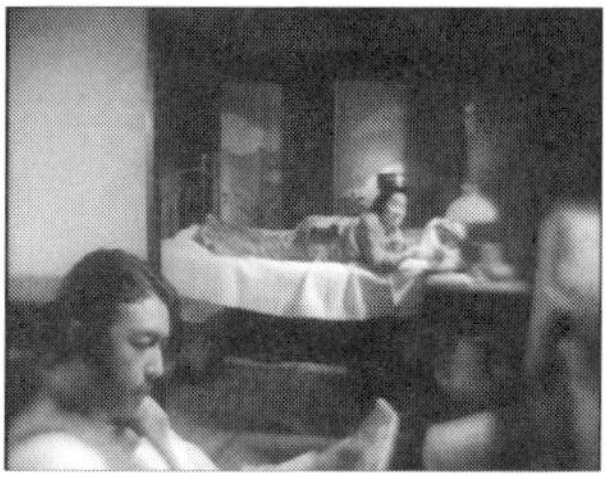
3-6-16

3-6-17

合と同様、溝口はモノに付着し空間化する音の性質と戯れ、観客を前景構図へ引き込む蜘蛛の糸として使っている。

もう一つの例はおきんによる朝倉の誘惑の試みである。ブルジョワの娘・千代の身替わりを志願したおきんは、朝倉のテーブルにやってきてしなをつくり、酒をついだり飲んだりして気を惹こうとするが、朝倉は書類から目を離さずグラスを拒否する。立ち上がり、「案外うぶなのね」と笑いながら、おきんは中景の襖の陰にフレームアウトし、ベッドに座って足をぶらぶらさせて微笑む彼女のフルショットがタブローのように挿入される（図版3－6－15）。続くショットはベッドのおきんを後景に、最前景には無視をきめこむ朝倉を配した前景構図である。おきんは朝倉に視線を送りながらベッドに腹ばいになり、朝倉の帽子をかぶり、煙管に火を付ける（図版3－6－16）。朝倉はようやく後景のおきんに向かい、「貴様、今夜のうちにもここを逃げたいばっかりに、俺を捕虜にしようというんだろう」と言う。それにしても、このショットには、ジャンルの規範からの自由とか文化的な高級感とかいうお題目の傍らで、溝口の明治物が追い求めていたものが露わに凝縮されてはいないか。ぞろりと着物を着くずした田舎芸者が日本間に置かれたベッドに寝そべり、男の洋式軍帽を弄びつつ煙管を吸う——日本と西洋、古さと新しさの不釣り合いな様式の並置／共存が醸し出すエロと頽廃である。

「そんなこと、どうでもいいじゃないの」と微笑むおきんに対し、立ち上がる朝倉のアクションでカットし、ドンデンを返す（一八〇度逆のキャメラ位置）。こうして前景と後景が入れ替わるが、前景構図であることに変わりない（図版3－6－17）。

（93）ミシェル・シオン『映画にとって音とはなにか』川竹英克、J・ピノン訳（勁草書房、一九九三年）、三三ページ。

「身を任せて逃れようというのだろう」と言い捨てると、朝倉は中景の襖を閉めて姿を消す。おきんは笑いながらゆっくりと帽子で顔を蔽う（図版3－6－18）。何事も起こらず、沈黙のうちに一五秒ほどが過ぎてから、襖の向こうから女のすすり泣きと、朝倉の「かけたまえ」という声が聞こえる。おきんははっとして耳をそばだてはじめる。やがてベッドから起き上がって襖を開けると、後景左には千代が立って泣いており、朝倉は右側のテーブルに座っている（図版3－6－19）。

3-6-18

3-6-19

このショットを詳細に描写したあと、デイヴィッド・ボードウェルは述べる。「この五三秒のショットの過程で、深さの関係はたっぷりした前景と十全な後景から襖とおきんの肩に挿まれた劇空間に狭められたわけだ。全体として、語りは我々の知識をおきんの行いへと限定し、新しい犠牲者の発見は、空間の厚みのなかに彼女を見つけなければならないがゆえに、より痛烈なものになっている[94]」。もちろんボードウェルはすすり泣きと朝倉の声に気づいてはいるのだが、分析の力点が視覚を通しての情報の操作におかれているため、おきんが襖を開ける以前に、「フレーム外」音声によって彼方の空間が示されており、観客の視線は音声にたぐり寄せられて千代の姿にゆきつくという演出のメカニズムが看過されている。

『虞美人草』（一九三五年一〇月三一日公開）は、夏目漱石の原作に伊藤大輔の脚本を得た作品だが、演技の戯画性がうまく統御されておらず、「泥臭い」（澤村勉の前掲レヴュー）と評されるのもやむを得ない。溝口としては珍しくデクパージュの映画を試みているが、ハリウッドのコンティニュイティ編集の禁じ手がオンパレードである一方[95]、独自の

3-6-20：『虞美人草』
（以下3-6-29まで同）

3-6-21

パターンを確立しているようにも見えず、正直なところ「失敗」と口走りたい衝動にかられる。ところが、『折鶴お千』『マリヤのお雪』以来の音声と縦の空間の連動に着目すると、トーキー初期の実験作として極めて興味深いのだ。

『虞美人草』の冒頭は『マリヤのお雪』と比べても驚くほど「サイレント映画的」である。ピアノとハープを中心にした劇伴の流れるなか、井上孤堂（岩田祐吉）が家の塀に書かれた「小夜子嬢　我れ君を愛す」「孤堂先生　小夜子さんを僕に下さい」といった類の落書きを消して行く冒頭は（図版3－6－20）、サイレント映画なら孤堂と娘・小夜子のキャラクターを物語る才気溢れる導入であろうが、「ひょっとしてこれも同期音なしのサウンド版なのだろうか」という嫌疑に囚われるほどである。ところが、孤堂が「小夜子在ッテ　天下群百ノ　女性顔色ナシ」という落書きに行き当たり、結局消さずに満足そうな笑みを浮かべつつ画面右に視線を送ると、劇伴が消えて琴の音になる。落書きはまさに門前にあったらしく、孤堂が家の門から大きな行李を持って入ってくるさまが内側からのロングショットで示される（図版3－6－21）。この間、サウンドトラックの琴は同一ヴォリュームで鳴り続いている。孤堂が画面左へフレームアウトしてからもショットは続き、塀の向こうを行き交う物売りの女などが見られる。次のショットは家

（94）　Bordwell, *Figures Traced in Light*, 102.

（95）　タグ・ギャラガーは藤尾が小野に金時計を見せるショット連鎖を詳細に分析し、これがアメリカやヨーロッパではあり得ないことを示した上で、結果は視覚的に面白く、登場人物の内面性への感情移入を妨げる、と高く評価する。Tag Gallagher, "Mizoguchi and the Freedom," *Screening the Past*, no. 13 (December 2001), http://tlweb.latrobe.edu.au/humanities/screeningthepast/firstrelease/fr1201/tgfr13b.htm (accessed December 14, 2013). ギャラガーの溝口論は優れたものだが、私はサイレント時代にコンティニュイティ編集に精通したはずの溝口がトーキーとの融合を試みてつまずいた意義深い失敗作という立場を取る。

3-6-22

3-6-23

3-6-24

3-6-25

の中の前景構図で、中景では小夜子（大倉千代子）が琴を奏でている（図版3－6－22）。「普通の」（＝ハリウッド映画を見慣れた）観客が驚くのは、続いて現れるのが未特定の屋内空間で手紙を読む孤堂のアメリカン・ショット（人物の膝上のショット）であることだ（図版3－6－23）。孤堂と小夜子の位置関係がまったくわからない。その次、つまり屋内に入って三ショット目にしてようやく、見事な前景構図の中で聴取の主体＝孤堂と音源＝小夜子が同一フレームに収まり、最後景の孤堂が前景で琴を弾く小夜子に話しかけ、中景へと歩いて行く（図版3－6－24）。図版3－6－23において孤堂は画面左に注意を向けているが、図版3－6－24の時点で明らかになるように、図版3－6－22のショットは孤堂の視点からは撮られていない。諸々の点でハリウッド的直観を踏みにじるこのショット連鎖をかろうじてまとめているのは琴の音であり、図版3－6－24のショットで最後景の孤堂（このショットの前景と後景を入れ替えるか、あるいは図版3－6－23と正確に同軸上の引きならば「普通」である）を――そして観客を――前景の小夜子に結びつけるのは、音、さらに厳密に言えば、聴取という行為である。

　これと似通った音声と連動した前景構図は、藤尾の母（梅村蓉子）が宗近家に藤尾と宗近一の結婚の約束を反故にするよう談判に来るシークェンスでも見られる。フルショットで捉えられた茶室での親同士のとげとげしいやりとりに

（図版3－6－25）、聞き耳を立てる一の妹・糸子（二條あや子）の上半身のショットが挿入される。糸子は最初スクリーン左に注意を向けているかのようだが、すぐに画面奥の飾り格子のほうに近づく（図版3－6－26）。続く前景構図で、最後景に立ち聞きする糸子の影が映っている（図版3－6－27）。糸子は藤尾の異母兄・甲野欽吾に想いを寄せており、欽吾の身の振り方と直接関わるこの話題には強い関心を持っているのだ。この間、親同士の会話のヴォリュームは変わらないが、糸子の立ち聞きとその最後景の影としての空間化（『マリヤのお雪』の馬を思わせる）によって、縦の空間の奥へと観客の注意を引き込んでいる。類似の例として、藤尾と小野の結婚の可能性について母と欽吾（武田一義）が居間で話していると、最後景の窓に「まあ、綺麗ですこと。小野さん、小野さん」と呼ぶ藤尾（三宅邦子）が現れ（図版3－6－28）、夜空に上がる花火にカットする繋ぎがある。この場合、藤尾には二人の話は聞こえない設定になっているが、観客が後景の彼女に対して注意を向けるのはひとえにその声ゆえである。東京に出てきた孤堂が借家に表札を付けに門口に出て、玄関での小夜子と小野のやりとりを耳にし（孤堂を含まない二人のツーショット）、邪魔しないように門口に留まったまま聞き耳を立てる縦の構図（図版3－6－29）へとカットするくだりにも似た趣向が見られる。

3-6-26

3-6-27

3-6-28

3-6-29

『折鶴お千』と『浪華悲歌』の間に挟まれた『マリヤのお雪』と『虞美人草』は溝口の現存作品フィルモグラフィの中でもマイナーな存在であり、言及するのは粋人中の粋人（ギャラガー、蓮實、ボードウェル）ばかりである。この二作が捉えづらいとしたら、それは、空間化された（物語内での音源がはっきりした）音声の使用による縦の空間の強調と奥のオフスクリーンの提示、それによる画面内モンタージュ、さらにはこの技法が生む観客へと流れだし／奥の空間へと引き込む効果が、溝口にとってはあくまで過渡的なものであり、後年のサウンドデザインへは直接に繋がらないからかもしれない。「私たちが知っている溝口」のサウンドデザインは、「空間化」の逆を行き、音源をフレームの内外あるいは物語の内外の不確定性の中に宙吊りにするところに特徴があるからだ。(96) 音の空間化／図像化は一九三七年の『愛怨峡』ではほとんど見られなくなり、前景構図も同じ映画の酒場のショット（図版3－6－30）あたりを最後に姿を消す。エイゼンシュテインが言うとおり、溝口にとっても、前景構図は「視聴覚対位法などの諸原則を習得するのに、大きな助けとなった」過渡的技法に違いない。

3-6-30：『愛怨峡』の前景構図

興味深いことに、『浪華悲歌』と『祇園の姉妹』の二作において前景構図が使われるのは、電話をめぐるモチーフである。「電話」が音声を伝達するテクノロジーであることは言うまでもない。ところが、すでに長門洋平がその『浪華悲歌』論で的確に指摘しているとおり、「電話」およびそのブースはメッセージを伝達する道具であると同時に、対話者を互いに隔て、外界から遮蔽する機能を果たしている。(97) 本節の文脈で言い換えれば、『浪華悲歌』冒頭近くの電話ブース・シーンにおいて、音声は直接に縦の空間を透過し観客を奥へと引き寄せるのではなく、テクノロジーを媒介として分断を強調し、複数ショットへの分裂を促しているのだ。

『浪華悲歌』から見てみよう。麻居製薬社長夫人・すみ子（梅村蓉子）は、自宅の隣にある店へ顔を出し、トラッキングショットの中を従業員たちから挨拶を受けつつ会計カウンターへと進み、若い社員・西村を芝居に誘う（図版3

3-6-31：『浪華悲歌』
（以下、3-6-37まで同）

3-6-32

3-6-33

3-6-34

－6－31）。この様子を注視しているのが、店の電話交換手であるヒロイン・アヤ子（山田五十鈴）である（図版3－6－32）。アヤ子が外線をつなぐフリをして西村に電話するさまは、ブース内のアヤ子を前景に、西村と去りゆくすみ子を後景に収めた目の覚めるような前景構図で捉えられる（図版3－6－33）。しかし、この構図において「音」はたしかに前景と後景を繋げる装置となってはいるが、メッセージの伝達には電話線が必要なのだ。アヤ子のブースが『マリヤのお雪』の朝倉のベッドルームと根本的に違うのは、仕切りが音声を透過しないことである。この電話シーンは、仕事の電話を装いつつ基本的に色男然とした余裕ある態度で応対する西村（図版3－6－34、3－6－35、3－6－37）と、ずけずけと物を言いつつ、ヤキモチを焼く可愛い女を演出するアヤ子（図版3－6－36）との、多様なキャメラ位置からの「切り返し」でサラリーマン喜劇風に構成されている。[98]

（96）とりわけ見事な例として中期の傑作『残菊物語』と早坂文雄・大谷巌のサウンドデザインの頂点を示す『近松物語』があるだろう。長門、前掲書、第五章。
（97）長門、前掲書、一一三—一六ページ。

ここで「切り返し」を括弧に括らなければならないのは、左の略図からも明らかなように（図表1）、溝口－三木稔のキャメラは「切り返し」という技法が前提とする一八〇度（アクション軸／イマジナリー・ライン）ルールを平然と踏みにじり、多種多様なキャメラアングルに訴えているからだ。ここで最優先されているのは、観客による物語空間の読み取り易さ（＝コンティニュイティ）ではなく、第一に芝居、第二に構図への視覚的関心である。第二点は花を最前景にしたアヤ子の俯瞰ショット（図版3－6－36）に最も甚だしく、『折鶴お千』のお千のクロースアップ（図版3－6－5）を想起させる。山田五十鈴の美貌に対する強いフェティシズム以外、これらのショットを動機づけるものは見あたらない。だが、このように分裂したショット群がまとまりを成し、ほとんどの観客をさほど混乱させることがないのは、アヤ子と西村が電話によって「繋がって」いるからであり、さらに、彼等の位置関係が前景構図で示され、視線の応酬が丹念に追われているため、部屋全体の空間にキャメラ位置をレイアウトするのは骨が折れるのだが、シチュエーションを理解するにあたって困難はない。つまり、一見すると電信装置を使う点で『マリヤのお雪』の打電と類似している『浪華悲歌』の電話シーンは、実のところ視覚によって媒介されており、「音」の効果に対して意識過剰でないからこそ、堂に入った「トーキー的」（長門洋平）表現として成立している。

3-6-35

3-6-36

3-6-37

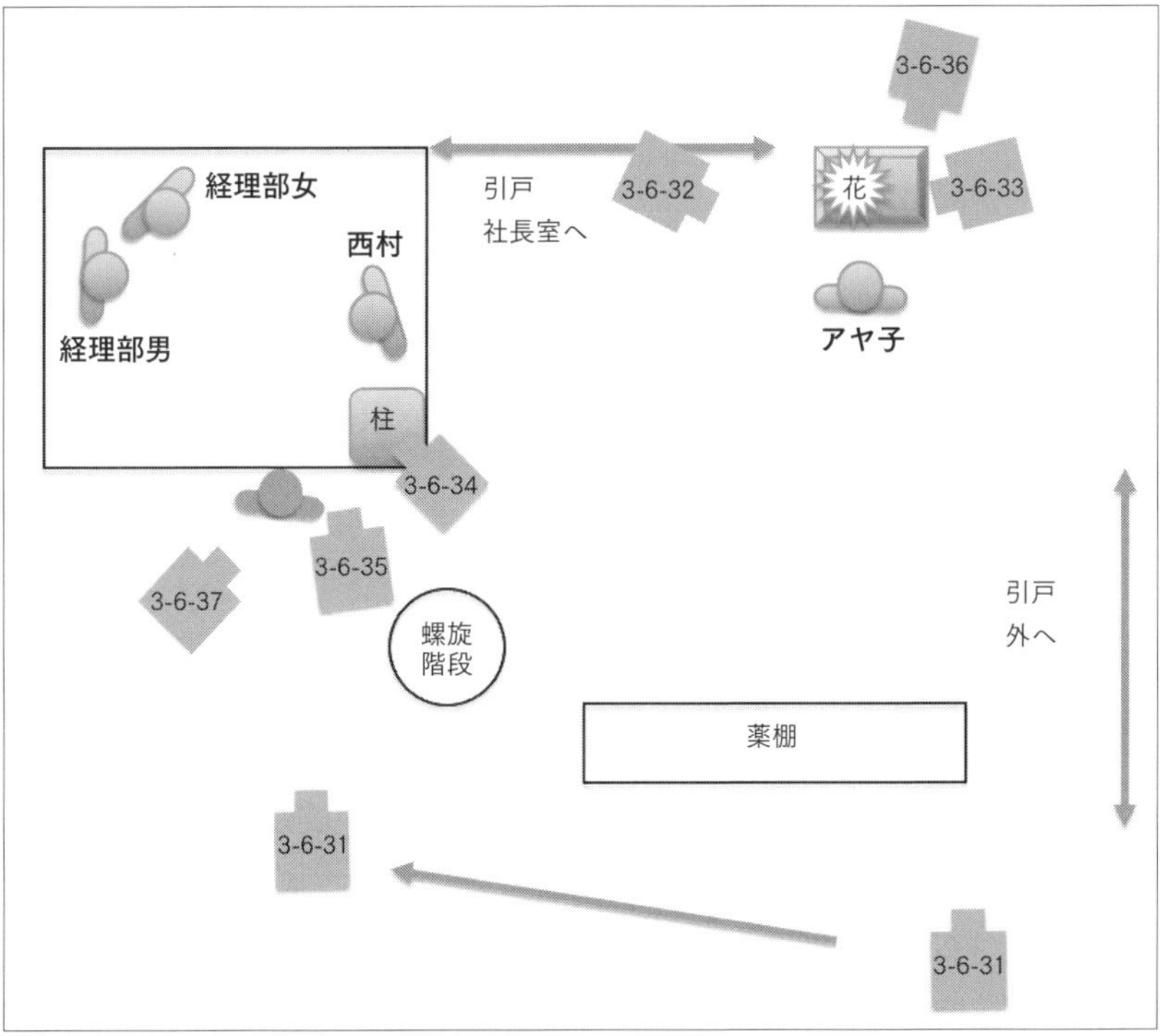

図表 1

(98)　長門の有益な定式化によれば、このシーンのコメディを成立させているのは①アヤ子の不透過性、②受話器から聞こえてくるアヤ子の声が西村以外には聞こえないこと、③西村の声はまわりの同僚に聞こえていること、④私用の電話は禁止であるという認識が職場で共有されていること、の四つの条件である。長門、前掲書、一一五ページ。

3-6-38：『祇園の姉妹』

『祇園の姉妹』の電話モチーフでも鮮やかなディープ・フォーカスによる前景構図がみられる（図版3－6－38）。ここでは、呉服屋の番頭・木村（深見泰三）が、知り合いの自動車屋で電話を借りておかみさん（いわま櫻子）に主人とおもちゃの関係を密告し、丁稚のころから奉公した店にケツをまくって辞めている。前景にいるのは自動車整備工だが、物語内の台詞もアクションもない。この前景構図の持続時間は短く、対話者であるおかみさん、同軸で木村に寄ったアメリカン・ショットと、話者を捉えたショットの編集によってシーンが構成されている。さらに注目すべきは、このシーンにおける音の役割であろう。一連の自動車屋ショットの音響の基底をなすのは、後景の木村の声によって縦の前景構図の奥へと観客を引き寄せる効果というより、ガレージ内の自動車のエンジン音や道行く車（と思われる）の走行音である。説話のこの時点では自動車のノイズは単なる環境音に過ぎないが、ほどなく木村はこのガレージから車と運転手を調達しておもちゃを誘拐し、自動車から振り落として重傷を負わせることになるだろう。環境音として決して「不自然」ではないが、音源がはっきりと視覚化されず、フレームの内と外、物語内現実の内と外の間に宙吊りにされる音の力。『祇園の姉妹』の時点で、溝口健二は、前景構図を通しての音と奥行きをめぐるトレーニングを終え、『残菊物語』に結実するトーキー的音空間の生成へと向かっている。

音と画面の奥行きの組み合わせは直観的にはなかなか納得しがたい。しかし、歴史的・映画史的な文脈の重なりによって、一九三〇年代前半の日本では、長回しとある程度連動した「縦の構図」が、短いショットを積み重ねるサイレント末期のモンタージュ重視の映画形式のオルタナティヴとして浮上した。サイレントとトーキーが並存した数年の間に映画コミュニティの中で蓄積された繊細な理論と実践から、トーキー化の映画美学的な帰結として三点を引き出すことができる。第一の前提として、弁士の退場によって映画テクストの興行の場からの自律性が確立し、映画作家側が意味作用に対する主導権を奪取した。『折鶴お千』のサウンドトラックに焼き付けられ、説明台本に一言一句違わず縛り付けられた弁士・松井翠声の声は、こうした映画史的展開を凝縮している。第二に、字幕と短いショットを組み合わせる狭義のサイレント映画の「話法」は衰退に追いこまれた。一方、第三に、同期音によって空間のより「立体的」な演出《ミザンセヌ》が可能になっている。溝口は『折鶴お千』ではサウンド版というフォーマットに特有なフラットな音空間を逆利用し、後景を演出やキャメラ・ワークによって「前景化」することに成功している。実際に同期音を得た『マリヤのお雪』『虞美人草』は、積極的に前景構図を取り入れ、音源を最後景の「奥」のオフスクリーン空間に位置づけることで、観客を画面へとたぐり寄せる。エイゼンシュテインと同様、トーキーをあくまで「視聴覚的な画面（サウンド・トラックのついたモンタージュ断片）」（エイゼンシュテイン）と捉えた溝口健二は、音という異物を触媒として新たな映画空間を切り開いたのである。

第四章　「風俗」という戦場——内務省の検閲

第一節　はじめに——『浪華悲歌』の場合

溝口健二、あるいは日本映画に関心のある者にとって、『浪華悲歌』（一九三六年）をめぐって映画作家と内務省の検閲との間に何かあったらしい、という話は常識の部類に属する。だが、実際のところ、何が起こったのだろうか。

封切時の『キネマ旬報』によると『浪華悲歌』の尺数は二四四一メートル（八〇〇八フィート、八八分五八秒）となっているが、現存しているプリントはどれも六四〇〇フィート前後、時間にして七一〜七二分に過ぎない。[1] さらに、この映画を「観照の冷たさ」「作家的落着き」を示す「日本映畫には稀な大人の體溫」を持つ作品として絶讃する友田純一郎の同誌映画評に、こうあるのが気になる。

　検閲のわけてきびしい映畫では、情痴ひとつ描くのも容易な業ではないだらうが、この映畫に現れた老年の情痴の描寫は異色あるものだ。志賀廼家辨慶の扮する淺井惣《〔ママ〕》之助と云ふ製藥會社の社長が、電話交換手を圍つた妾宅に赴いて、夕食の支度に、みづから市場へ買い物へ行き、歸宅してはエプロン姿の料理番となつて、妾の為に

食膳を用意してやる好色的まゝごとは笑ひを誘ふ官能的な、怪奇な場面であり、人間老醜の極致であつた。(2)

現行版の『浪華悲歌』も、たしかに父（竹川誠一）が使い込んだ金のために社長・麻居（志賀廼家）の妾になった電話交換手・アヤ子（山田五十鈴）の淪落と男出入りの顚末を語っている。しかし、ここで友田が描写しているような場面は存在しない。ひょっとして検閲で切られたのでは、と勘ぐりたくなるのは人情である。一方、友田の批評を素直に読めば、検閲をくぐり抜けて異色の情痴を描いて見事、と言っているように思われる。

ここでいちおう考慮に入れる必要があるのは、内務省が未検閲作品の業界内試写をあくまで運用レベルで許容していたことだろう。(3) 結果的に、例えば溝口による傾向映画の金字塔『都会交響楽』（一九二九年、現存プリントなし）のような作品では、削除部分の素晴らしさが試写に立ち会った者たちによって神話として語り継がれることになった。一九三〇年の友田純一郎の『都会交響楽』評は、同僚・飯田心美の「各社試寫室より」の絶讃を引用した上で、ブル

（1）友田純一郎「浪華悲歌」『キネマ旬報』一九三六年六月一一日号、一〇六ページ。現存プリントの尺数については東京国立近代美術館フィルムセンターの所蔵フィルムリストに基づく。「浪華悲歌」http://nfcd.momat.go.jp/index.php（最終アクセス二〇一四年一月一四日）。

（2）友田、前掲記事。

（3）柳井義男によれば、「法文に「活動寫眞の「フイルム」ハ本令ニ依リ檢閲ヲ經タルモノニ非サレハ多衆ノ觀覽ニ供スル為之ヲ映寫スルコトヲ得ス」とあるは、此の意味に外ならぬ。（第一條）即公開映寫用の「フイルム」は、總て檢閲を受けねばならぬ。ところで、茲に一つの問題がある。それは取引上の關係で、未檢閲の「フイルム」を數人に觀覽せしめる場合である。普通試寫會と謂はれてゐる。此の場合も嚴格に解釋すれば、勿論多衆の觀覽に供する為映寫するものに外ならぬ。然し、「フイルム」の製作者又は配給者が、取引上其の相手方を交へて映寫する場合は、特定範圍の者に限られ、且商取引の上に缺くべからざる行為である。若し此の如き場合にも、檢閲濟の「フイルム」でなければ映寫出來ないとすれば、當業者はそれがために商機を失するといふことにもなり、其の他いろ〳〵の不利不便が起きることになる。で、規則の明文では此の點を歌つてはゐないのであるが、法の精神解釋から、此の如き取引上の慣行に於て爲す特定範圍の映寫は、之を不問に附すといふことになつてゐる」。柳井義男『活動写真の保護と取締』（有斐閣、一九二九年）、四〇二―〇三ページ（強調は引用者）。その後すぐ、映画の宣伝目的のため「新聞記者又は通信記者等」に対して試写を行うことは「具體的の取引目的を逸脱するもの」なので違反と明記してあるが、実際にプレス試写に対する取締が行われたという記録は未だ発見されていない。

ジョワ娘（入江たか子）が貧民街で施しを与えようとして面罵される名場面の封切版での削除を嘆き、これによって「即ちブルジョアライフ及プロレタリアライフの對比は破壊されてゐるのである」と指摘する。だが、プロレタリアのシーンの大部分を削除されてなお封切版は力強いブルジョワ批判となっており、「頑強にして横暴無盡なる日本檢閲制度も溝口健二を粉砕する事が出来なかつた」、と高らかに反検閲の気焔を上げるのであった。(4)

こうなると、内務省による試写の容認はむしろ意図的ではないかとさえ思われる。内務省とアメリカ占領軍はともに映画検閲を行ったが、後者が言論の自由との矛盾を意識して検閲の事実をひた隠しにしたのに対し、前者はしばしば検閲の意図と威力をひけらかす傾向にあった。内務省の法学士たちが心底恐れたのは、小杉勇演じるドヤ街のヒーローを大衆が実際に大画面で見て血湧き肉躍らせ喝采することであって、友田や飯田のようなインテリが高踏的な映画批評誌で何を叫ぼうと、むしろ日本版“Don'ts and Be Carefuls”（検閲内規、後述）を実例でもって示し、政府の権力を見せつける絶好の機会と捉えていたに違いない。では、『浪華悲歌』でも『都会交響楽』と同様に、オリジナルと封切版の差異をめぐって試写会神話が形成されたのだろうか。

溝口健二その人は、同時代の雑誌に「それでも『浪華悲歌』は、三四ヶ所カットされました。五十鈴が失職している父親と口論する言葉や、男とのベッドのあたりなどが、これは仕方ないでしょう」と述べている。(5) 一方、『浪華悲歌』で溝口との二〇年に亘るコラボレーションを開始した依田義賢の回想は違っている。

ちょっと来てくれ、と、溝さんから連絡があって御室の家へゆくと、溝さんは縁側の陽だまりで興奮した顔であぐらをかいています。ただならぬ様子なので「何かあったのですか」ときくと、「君、えらいもんを書いてくれましたよ」という。「なんですか」「なんですかじゃないよ、僕は、監獄へ行かんならんかも知れませんよ」「『浪華悲歌』がどうかしたんですか」「検閲保留です」。わたしは愕然としました。折角、喜んだのに陽の目を見ないのかといっぺんに暗い気持に胸をつぶしてしまいました。助監督の高木君も来て、そこでビールをあおります。

「内務省から、呼び出しをうけるでしょう。僕は、覚悟はしてますがね」「しかし、検閲が呼んだからといって、そんなに恐れなくてもいいんじゃないですか」わたしがいうと、どなりつけるように、「君は何もしらないんだ。あすこは、ボタン一つで、警視庁から全部に通じているんです。ボタンを押せば、すぐに、警官隊がくるんだよ」といいます。「なんとか話合いは出来ないんでしょうか」「だめですよ。だめです」そういわれて、全く暗澹とした気持でした。そして、溝さんは東上しました。結果を案じていますと、どうやら、保留は解除され、カットもなく通検したという報に、どんなに嬉しかったか知れませんが、溝さんが帰って来たというので、撮影所へ行きますと、溝さんは椅子に腰かけて肩をあげて、ふんぞりかえるようにしてご機嫌です。「大変でしたでしょう。御苦労さんでした。まあ、よかったですね」というと、それには答えず、わたしの顔を見ないで、まわりの所の連中に向い「検閲官なんてもんは、ガキだね。何も知らないよ君」と、えらい権幕でした。一緒に行った高木君に、「おっさんえらい変り方やないか。どうやったの」ときくと、「威張ってますけどね。事務官の部屋へ、おっさん、よう入って来んのですよ。君行ってきたまえといって、廊下に立ってるんです。それで僕がいろいろがんばって、どうやら、うまくゆきそうだというので、しらせにゆくと、そうですか。じゃ、行きましょうと、とたんに威張って入って行ったんですよ」その時の、溝口さんの顔が目に浮ぶようで、腹をかかえて笑いました。溝口さんは弱いのか強いのか、わからぬことがよくありました。(6)（強調は引用者）

（4）友田純一郎「都會交響楽」『キネマ旬報』一九三〇年一月一日号、二六七ページ、飯田心美「都會交響楽」『キネマ旬報』一九二九年一一月二一日号、二五ページ。

（5）溝口健二「『祇園の姉妹』を語る」『オール松竹』一九三六年一〇月号、佐相勉編『溝口健二著作集』（キネマ旬報社、二〇一三年）、一〇二—一〇三ページより引用。

（6）依田義賢『溝口健二の人と芸術』（田畑書店、一九七〇年）、五五—五六ページ。

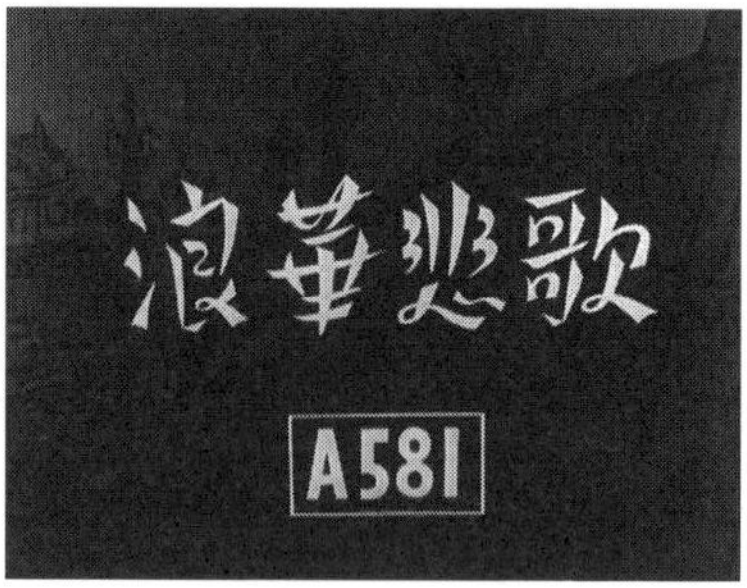

4-1-1

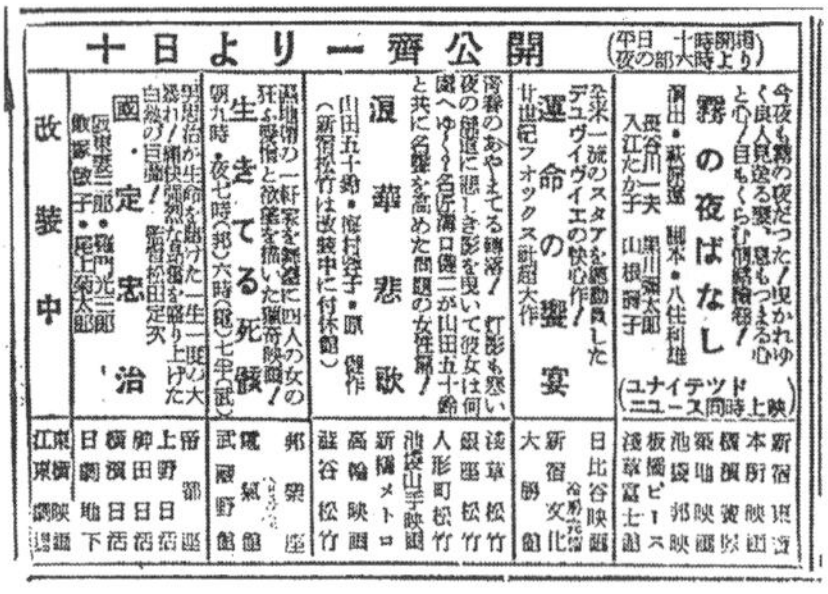

4-1-2：『讀賣新聞』1946年9月9日朝刊。

つまり、『浪華悲歌』は一時「検閲保留」となったが、呼び出しを受けて東上した溝口および高木孝一と検閲事務官の間の折衝の結果、「制限」（削除）もなく検閲通過した、という証言である。

『活動寫眞フヰルム検閲時報』（以下、『検閲時報』）によれば、『浪華悲歌《なにはえれじい》』は一九三六年五月一九日に新検閲一本、複本九本がすべて検閲通過しているが、記録には「制限」の文字は見あたらない。(7)「制限」の場合、『検閲時報』の「拒否又ハ制限ノ部」にフィルムと台本の切除部分の内容と尺数が記されるが、該当巻（昭和一一年度）に『浪華悲歌』の記載はない。つまり、仮に溝口が言うとおり三、四ヶ所の切除があったとすれば、それは『都会交響楽』の場合のように「検閲保留」の間に一旦取り下げ、検閲官が難色を示した部分を「自主的に」削除して申請し直した結果であり、内務省の文書には記録が残らない。ここで重要なのは、そうした自粛を経てもなお、最終的に検閲を通過した『浪華悲歌』は約八九分あったことだ。つまり、志賀廼家辨慶の「好色的ま、ごと」の「官能的」「怪奇」さを含む約一七分を現行版から削除したのは、内務省の検閲官ではない。(8)

現行版のタイトルに挿入された「A581」という文字に注目しよう。板倉史明がその画期的な論考で示したとおり、これは連合国（実質アメリカ軍）占領下にGHQのCCD（Civil Censorship Detachment, 民間検閲支隊）が旧作フィルムに付与した認証番号である。本書でも第六章で詳述するように、敗戦後の一九四五年一〇月ごろから映画倫理規程審査委員会が成立する一九四九年四月まで、アメリカ占領軍はCIE（Civil Information and Education Section, 民間情報教育局）によるシノプシス・脚本・完成フィルムの「指導(=検閲)」とCCDによる最終的な検閲から成る二重検閲の体制を敷いていた。だが、一九四六年一月二十八日からCCDは日本全国に残った日本映画旧作プリントを網羅的に検閲して再映予定の有無を問わず認証番号を与え、「マスター・リスト」を作成した。[9]『浪華悲歌』ではこの認証番号がいかにも差し換えと思しきメインタイトルに付されているので(図版4-1-1)、占領下に再映されたと考えるのが順当だ。現に一九四六年九月初頭には『浪華悲歌』の広告が『讀賣新聞』紙上に連日掲載されており、九月九日の広告によれば(図版4-1-2)、翌一〇日から東京の松竹系映画館で上映されたのは間違いない。

しかし、結論から言うと、問題の一七分を『浪華悲歌』から削除したのはアメリカ占領軍でもない。CCDの「マスター・リスト」によれば、一九四六年七月一一日にNaniwa Elegy(松竹/第一映画)全八巻が公開許可(Passed)として検閲通過し、A581の認証番号を付与されているからだ。[10] CCDによるカットが行われた場合“Passed w/ deletions”(一部削除の上で公開許可)と記されるので、『浪華悲歌』は無傷でアメリカ軍の検閲を通ったことになる。

(7) 内務省警保局『活動寫眞フヰルム検閲時報』昭和十一年度一-六月 査問フィルムノ部、(不二出版、一九八五年)、四四四—四五ページ。

(8) この場面では麻居(志賀廼家)が妾・アヤ子のために魚市場に出かけ、台所に立って割烹着姿で夕食の支度をする。少なくとも台詞とト書きを見る限り、そもそも丁稚上がりで立ち働くのが好きな麻居が買物や料理を真に楽しんでいることが示され、現代の観客はむしろ違和感を感じないのではなかろうか。もちろん、観客の印象はこのシーンの最後のやりとり
アヤ子「…(笑)せき前で頼ンまつせ」
惣之助〔麻居〕「お待たせいたしました、すぐ致します 毎度おほきに、毎度おほきに……」
あたりの演出しだいであり、現存プリントなしでの判断は難しい。

(9) 板倉史明「占領期におけるGHQのフィルム検閲——所蔵フィルムから読み解く認証番号の意味」『東京国立近代美術館研究紀要』第一六号(二〇一二年三月):五五—五六ページ。

(10) “A Master List of Motion Pictures and Lantern Slides Censored by PPB District Station I, Tokyo (October 1945 to September 1946), Revised, 10 December 1946,” Box no. 8601, CIS02811, 国立国会図書館憲政資料室。以下、占領軍の一次資料は特に記さない限り憲政資料室の所蔵である。なお、この「マスター・リスト」の存在については上記板倉論文から教示を得た。

さて、ここで目を引くのが「全八巻」(Reels: 8) との記載だ。内務省『検閲時報』でも『キネマ旬報』でも、一九三六年六月封切当時の巻数は「十巻」となっている。つまり、『浪華悲歌』はあらかじめ八巻に縮められてCCDに提出され、検閲通過したのではないだろうか。

この推測は松竹大谷図書館所蔵の『浪華悲歌』検閲台本の書き込みによって裏付けられる。内務省印が押されたこの台本は、『浪華悲歌』の四本目のプリント (検閲番号K八二二四号) とともに五月一九日に検閲通過したが、表紙の「全拾巻」の「拾」が上から赤鉛筆消され、「八」と訂正されている。この検閲台本には首尾一貫して赤鉛筆が入れられているが、斜線で消されている部分は現行版からの削除部分とほぼ完全に一致する。つまり、一九三六年封切時から配給者であり第一映画倒産後にはプリントを所有していた松竹こそが一九四六年に一七分をカットした張本人とするのが妥当であり、そのカットを行った者が削除部分のメモおよび／あるいは伝達のため、検閲台本に克明に赤を残したと考えられる。

松竹によるカットの理由はわからない。CCDの検閲において問題化しそうな部分をあらかじめ削除したのか、配給・興行上の便宜から単に尺数を短くしたかったのか、あるいはその両方なのか、確定の助けになる資料は現在のところ大谷図書館からもGHQの資料の中からも発見されていない。一九四八年にはCCDの検閲を通ったフランス映画の旧作が再上映前にCIEに持ち込まれ、却下されている例も見られ、[11] 戦前から「問題作」として名高かった『浪華悲歌』がどこかの時点でCIEに提出された可能性も完全には否定できないが、資料的な裏付けはない。一五分以上の削除部分には封切当時から「情痴の描写」と言われた上記の部分が含まれるほか、アヤ子が妾になるのと引き替えに雇われた父と麻居の会社でのやりとりなど、占領軍が「封建性／女性の抑圧」と「売春」の両側面から難色を示しそうなシークェンスも入っている。ただ、時期的にも早いため日本の映画業界が「進駐軍」検閲の意向を把握しきれていたとは思われず、筋に大きな変更を加えず尺数を切り詰めることを至上目標としながら、漠然と危なそうな部分を切っていったというあたりが実情ではないだろうか。ともかく、ここで確認しておきたいのは、『浪華悲歌』の削除を行ったのは内務省でもアメリカ軍でもなく、映画の権利保有者であるということだ。

こうして依田義賢の証言は裏付けられたわけだが、この章の本論に入るにあたって、この証言が描く溝口イメージに疑問を呈しておきたい。ここには、東京帝国大学と警察に代表される権威に弱く、それなのに子供っぽく虚勢を張ってみせる映画作家の姿が活き活きと愛情を込めて描かれており、小心な「庶民」としての溝口像の構築に貢献したエピソードである。だが、溝口の人柄については恐らく的確な描写が、映画作家としての姿勢に関して誤解を招く結果になっている。この映画作家のフィルモグラフィを見れば、「溝口の初期のキャリアが示しているのは、検閲の曖昧かつ変動する限界に対し繰り返し挑戦してゆこうというやる気である。実際のところ、溝口の日活作品の主題は、問題視される題材の一覧表のようだ」と述べるドナルド・キリハラの正しさがわかる。[12] 一九二〇年代ばかりではない。警視庁、内務省、情報局（業務は内務省の検閲官が行った）、アメリカ占領軍、映画倫理規程審査委員会と、溝口はキャリアを通じてその時々の検閲制度を挑発し、検閲官の逆鱗に触れ、あるいは感嘆させ、可能であれば交渉に持ち込むというプロセスを執拗に繰り返し、映画表現の限界を寝技で押し広げてきたのである。その過程でたびたび怯えたり面従腹背したりしても、それこそジェスチャーというものだ。よほど根性が据わっていないかぎり、『都会交響楽』で検閲拒否寸前に追い込まれつつ改訂版を世に出し、『浪華悲歌』で再び検閲保留を無傷で切り抜け、その直後に『祇園の姉妹』を撮って大幅な削除に苦しみつつも、「あの映画［『祇園の姉妹』］の中では花魁が歩いて居りますよ。だ

（11）　H. M. Slott, "An Advice on Old French Film Slated for Re-issue – Women's Capital (Kermesse Heroique)," 16 July 1948, Box no. 5305, CIE(D)01454. スペイン人占領軍をセックスで手なづける一七世紀フランドルの女性たちを描いた『女だけの都』（ジャック・フェデー、一九三五年）に対し、検閲官ハリー・スロットは「町全体がフリー・ラヴ・キャンプと化している」と目をみはり、「公開しても何の建設的な目的にも奉仕しない」と上映を禁止した。『女だけの都』はたしかに占領下には「適さない」気がするが、一九三七年『キネマ旬報』外国映画第一位の名画として知られていた。

（12）　Kirihara, *Patterns of Time*, 54.

が、それは切らんのです。服装が町の人と變らんからでせう」と座談会席上で検閲官の無知を嗤う[13]、というような芸当はできない。ちなみに検閲拒否というのは検閲上最も厳しい措置であり、そもそも検閲に提出することを前提として作られた日本映画では極めて稀であった。検閲保留は正式措置ではないが、「拒否」の可能性をちらつかせるものである。つまり、溝口は度々検閲室に呼び出されつつも、強かにリスクをとり続けてきたのだ。

　映画作家のこうしたふてぶてしい姿勢の証左として、溝口健二著『溝口健二作品シナリオ集』（文華書房、一九三七年）という書物がある。盟友・小津安二郎の筆になる麗しい題字がケースと扉を飾る（図版4―1―3）この書物には、『浪華悲歌』『祇園の姉妹』『愛怨峡』の未検閲脚本が収録されている。管見ではこれら三作の出版された脚本としては最も古く、本章も検閲台本および現存フィルムとともに資料として依拠することになる[14]。だが、この書物の意義は単なる資料的価値に留まらない。そもそも、この書物の「著者」が「溝口健二」というのは尋常ではない。もちろん、溝口は後書で「シナリオはすべて依田義賢君が執筆、小生が想を構へ依田君が筆を走らせ時として依田君アイデアを呈出し小生が加筆した、何處までが彼何處までが我の仕事なるや渾然として分ち難きものあり、よつて共同作品とする」（二七五）と書いている。しかし、それならば依田との共著とすべきだろうし、逆に戦後の『日本映画代表シナリオ全集』に『祇園の姉妹』が掲載されたときは「脚本　依田義賢」がゴシック体でトップにクレジットされ、「原作・監督　溝口健二」とは区別されている[15]。戦前から著名脚本家の作品が書籍として出版される例はあり[16]、いくら共同作業を経たといっても監督の単著として出版され

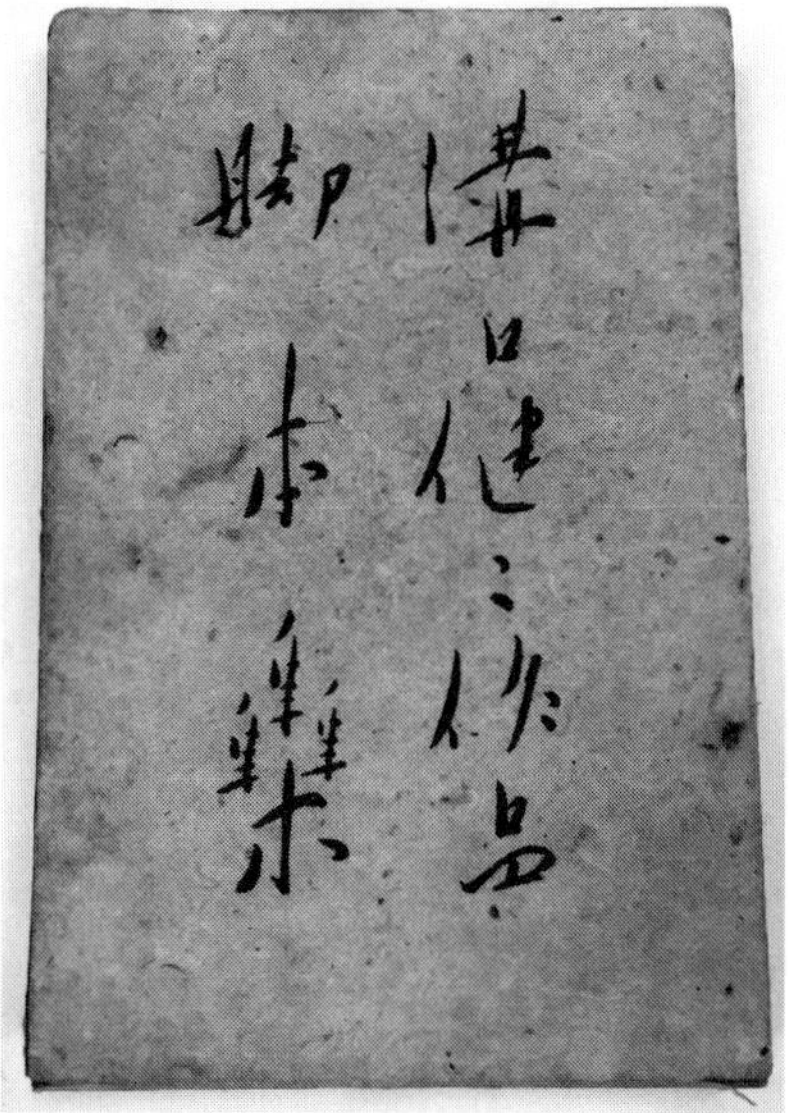

4-1-3：小津安二郎による溝口健二著『溝口健二作品シナリオ集』（文華書房、1937年）ケースの題字。奥付の「シナリオ」がここでは「脚本」になっている。

たケースを私は他に知らない。

そこで以下はあくまでも私の推測だが、『溝口健二作品シナリオ集』は、内務省の検閲官、映画会社（『浪華悲歌』『祇園の姉妹』の一〇年後の運命を見よ）、興行者に抗い、観客に対して映画作家のいわば「ディレクターズ・カット」を示すことを目的としていたのではなかろうか。前章で述べたとおり、検閲台本が検閲済みプリントの同一性を担保する「差金」であったのとまったく同様に、『溝口健二作品シナリオ集』は映画作家として未検閲作品の同一性の差金として——若き脚本家の犠牲のうえに——出版されたとは考えられまいか。この書物に「日本映畫監督協會推薦」のマークが入っていることも考え合わせると、結びの一節「シナリオが果たして文學であるかまた讀物として適當であるか、理に疎き小生の辨へるところでない。友人岩崎昶君の薦めによつて此の集は上枠《[ママ]》の捗びにいたつた、茲に感謝の意を表して置く」（二七六）の謎も解けるというものだ。政府による映画統制強化の前夜、日本の映画コミュニティによるいわば人民戦線として、文学でもなく読物でもなく、そしてシナリオでさえない「映画」の存在証明として、『溝口健二作品シナリオ集』は出版されたのだ。現に、後述するとおり、『浪華悲歌』検閲保留中に自主検閲したと思われる会話もこの書物には記されている。小津も単に題字を提供したわけではなかろう。溝口の没後、新東宝が『西鶴一代女』（一九五二年）を短縮・改題して公開した際、日本映画監督協会理事長として溝口の親友として抗議声明を出したのは小津である。[17]

（13）溝口健二、北川冬彦、滋野辰彦、岸松雄、友田純一郎、山本幸太郎、飯田心美「溝口健二座談會」『キネマ旬報』一九三七年一月一日号、二五七ページ。
（14）以下、この書物からの引用は、本文中の（　）内にページ数を示す。
（15）依田義賢「祇園の姉妹」『日本映画代表シナリオ全集』第六巻、キネマ旬報社、一九五八年、五六—六九ページ。
（16）例えば、北村小松『北村小松シナリオ集』（映画知識社、一九三〇年）。北村は『マダムと女房』（一九三一年）などで知られ、松竹蒲田を代表する脚本家である。
（17）田中眞澄編『小津安二郎戦後語録集成』（フィルムアート社、一九八九年）、三一六ページ。

本章では、大谷図書館所蔵の検閲台本と現行版とをつき合わせてつぶさに吟味することで、『祇園の姉妹』および『折鶴お千』の何が検閲されたかを明らかにする。その結果、溝口健二と内務省の双方にとっての掛金として、女性の身体とセクシュアリティをめぐる規範性が浮上するだろう。こうした分析を有効に行うため、次の第二節では、まず、戦前日本の映画検閲についての先行研究を検討したうえで、内務省の検閲官が何を考え、何を目的に、どのような職務上の自意識を持って、具体的にはいかなる方法に則って検閲を行っていたか、いわば検閲官の論理を再構築する。第三節では『折鶴お千』に対する検閲を通して、内務省の検閲基準、いわゆる「内規」の項目を紹介し、とりわけこの作品で問題となった「風俗」条項について検討する。第四節は内務省の検閲官がいかに『祇園の姉妹』のラディカルな批判を骨抜きにしようとしたか、検閲の実際をテクストに密着して詳細に分析する。

日本映画をめぐる言説においては、精神主義的・権威主義的な検閲官が「米英的」といった言葉を振り回して理不尽・横暴かつ恣意的な検閲を行った、という印象が広く共有されている。[18]このイメージは一九三九年映画法以降、さらに言うと一九四〇年中盤以降に検閲が際立って強化されてからの時期については妥当であり、そもそも、アメリカ占領軍の検閲官と比べても「交渉」の余地が極めて限られていたことにも疑う余地がない。しかし、本章で扱う一九三五年から三七年の時期には、検閲官は書籍や雑誌記事などを通してしばしば検閲の「論理」と「目的」をつまびらかにしている。なお、私が言いたいのは、検閲官も悪人ではなかったとか、ましてや日本映画の第一期黄金時代に貢献したとかいうことではない。私は日本の検閲が例えばハリウッドの映画製作倫理規定（いわゆるヘイズ・コード）のように「生産的」に働いたとは考えていない。[19]だが、彼らの視点に戦略的に同一化し、佐藤洋の言をかりれば「当時の映画文化を背後から見通す監視的視点の追体験」[20]を経ることなしに、どの箇所が、なぜ検閲されたのかはわからず、翻っては、彼らに対する溝口健二の闘いを理解することもできないだろう。このように、検閲官サイドの思考と論理を跡づけ、検閲を極めて非対称な権力関係の中での「折衝」のプロセスとして捉えるという点で、本章はアメリカ映画史における映画製作倫理規定研究とともに、戦前の出版検閲研究における近年の成果に触発されている。[21]

（18）以下、代表的な証言を二つ挙げよう。『ハナ子さん』（一九四三年）をめぐって検閲官とやりあったというマキノ正博は「髙峰秀子が狆を連れて出てきても「米英的」、轟〔夕起子〕と灰田〔勝彦〕が二人で歩いて歌うところも肩を振って歌うと「米英的」で駄目なんです」と言い、怨敵として事務官・熊野御堂定の名を挙げている。マキノ雅裕「親子二代活動屋人生」岩本憲児・佐伯知紀編著『聞書きキネマの青春』（リブロポート、一九八八年）、二三〇ページ。この作品が大幅な削除を受けたことは『検閲時報』に照らして間違いないが、マキノの証言は二転三転している。紙屋牧子「『ハナコサン』（一九四三年、マキノ正博）の両義性——「明朗」な戦争プロパガンダ映画」『美学』第六三巻一号（二〇一二年六月）：一〇九ページ。黒澤明は一九七八年に書かれた『蝦蟇の油——自伝のようなもの』（岩波現代文庫、二〇〇一年）の中で「彼等の事を思い出すと、思わず身体が慄えてくる」（二三〇ページ）と言うほど検閲官を憎悪し、「精神異常者」と罵っている。というのも、脚本作品「サンパキタの花」が検閲を受け、フィリピン娘の誕生日を日本人の同僚が祝うシーンを「誕生日を祝うなどという行為は米英的な習慣だ」と詰問されたり（二二八ページ）、『一番美しく』（一九四四年）の脚本検閲では「勤労動員の学生達を、工場の門は胸をひろげて待っている」という卜書きを「猥褻だ」と言われたりした（二二九ページ）からだ。なお、黒澤の検閲体験としてしばしば言及される『姿三四郎』（一九四三年）の査問は、自伝にもあるように映画検閲ではなく映画法による監督試験であり、そうでなければ小津安二郎が検閲官とともに審査に加わっているはずがない（二五一—五三ページ）。

（19）一九三〇年に作成され、一九三四年から厳格に適用されるようになった映画製作倫理規定（プロダクション・コード、通称ヘイズ・コード）はハリウッドの業界内自主規制であり、正確に言うと検閲ではない。規定全文の見事な翻訳として、加藤幹郎『視線のポリティクス——古典的ハリウッド映画の戦い』（筑摩書房、一九九六年）、一六〇—七四ページがある。映画製作倫理規定による直接的な性と暴力の描写の禁止が「生産的」に作用し、古典的ハリウッド映画の洗練された演出や意味深長な省略に繋がった、という見解は多くの研究者・批評家に共有されている。Richard Maltby, *Hollywood Cinema* (Oxford: Blackwell, 1995), とりわけ 339-44, Lea Jacobs, *The Wages of Sin: Censorship and the Fallen Woman Film, 1928-1942* (Berkley: University of California Press, 1995).

（20）佐藤洋「『検閲室の闇』のイメージをいかに継承するか。」田島太郎著『検閲室の闇に呟く』牧野守監修、最尖端民衆娯楽映画文献資料集⑱、（ゆまに書房、二〇〇六年）、四一六ページ。

（21）紅野謙介『検閲と文学——１９２０年代の攻防』（河出書房新社、二〇〇九年）、紅野謙介、高榮蘭、鄭根植、韓基亨、李惠鈴編『検閲の帝国——文化の統制と再生産』（新曜社、二〇一四年）、牧義之『伏字の文化史——検閲・文学・出版』（森話社、二〇一四年）。

第二節　検閲官という仕事

憲法学者・奥平康弘は戦前日本の映画検閲を五つに時代区分している。第一期（一八九六年―一九一七年）は「映画（活動写真）」ミディアムの草創期であり、映画は芝居や見世物の枠組みの中で地方ごとの警察署によって規制と取締を受けた。第二期（一九一七年―一九二五年）の始まりを画するのは東京における「活動写真興行取締規則」の制定施行であり、この規則によって「検閲」の対象としての映画というミディアムの特殊性と自律性が認められたことになる。第三期（一九二五年―一九三四年）には内務省の省令「活動写真「フィルム」検閲規則」が制定施行され（一九二五年七月）、同省警保局が日本全国の検閲を一元化して掌握する体制が確立された。この時期、映画は娯楽としての強い影響力とメディアとしての自律性を認知されていたが、それゆえにこそ、風俗・保安警察による「取締」の対象とされた。一方、一九三四年、政府に映画統制委員会が設立され、映画を国民の善導・啓蒙の手段として積極的に「指導」「統制」しようという動きが活発化した。これが第四期（一九三四―三九年）になる。こうした動きは内務・文部・厚生の立案による「初の文化立法」たる映画法（一九三九年）の成立として結実し、総動員体制のなか、国家目的のため映画産業と文化を隅々までコントロールする第五期（一九三九年―一九四五年）が始まる。[22]本章が扱うのはこのうちの第四期、内務省の「検閲規則」が存続しつつ、総動員体制に向けた再編成が始動していた時代である。

一九九〇年代に起こった映画学の「歴史学的転回」以降、フィルム・文字ともに一次資料に直接当たる新歴史主義的研究が日本映画についても興隆した。その中で検閲にかんして充実した成果が蓄積されたのは、第一期から第二期への移行期、すなわち「活動写真興行取締規則」成立期と、映画法から第二次世界大戦中の映画統制へ至る第五期についてである。思えばこの二つの転換期には映画というミディアムがいわば「誕生」したり、国家の中での映画の在り方が再考されたりしているので、映画史的関心が集中するのも納得がゆく。長谷正人は、現在では日本のニュー・

フィルム・スタディーズの古典となった論文「検閲の誕生」において、「活動写真興行取締規則」こそが、興行の場のライヴ性と異種混淆性に対して検閲の対象としての「フィルム」＝テクストを析出させたとし、その点で、興行の文脈から自律したテクストの作り手による意味のコントロールを主張した同時代の純映画劇運動と軌を一にしていたと指摘した。(23) アーロン・ジェロー は権田保之助や警視庁による映画観客調査など、「活動写真興行取締規則」の成立過程をより丹念に跡づけた上で、検閲および純映画劇運動によって、映画はテクストの「単一な意味」を通して観客を訓育するイデオロギー装置となったとする。(24)

一九三〇年代後半以降の映画統制にかんしては、一九九〇年代にすでにピーター・ハーイの『帝国の銀幕――一五年戦争と日本映画』がこの時代の作品を網羅的に取り上げ、新聞・雑誌を中心とした同時代の言説分析も行って日本映画の精神主義的傾向と映画製作サイドによるその内面化を分析していた。(25) しかし、ハーイが基本的には統制を抑圧装置と見なす古典的な検閲観に基づいていたのに対し、ともに二〇〇三年に出版された古川隆久の『戦時下の日本映画――人々は国策映画を観たか』と加藤厚子の『総動員体制と映画』は、戦前の映画統制について新たな議論の地平を開いた。古川は「国策映画」「娯楽映画」といった概念を内務省、情報局、文部省、映画産業、一般の観客の間のダイナミクスの中に置き、折衝（というよりはその失敗）として捉える視座を示した。(26) さらに加藤の書物は、内務官

(22) 奥平康弘「映画と検閲」今村昌平、佐藤忠男、新藤兼人、鶴見俊輔、山田洋次編『講座日本映画② 無声映画の完成』（岩波書店、一九八六年）、三〇二―〇五ページ。なお、戦前日本の検閲制度全体を俯瞰する概説としては、今なお奥平論文が最も的確である。牧野守『日本映画検閲史』（パンドラ出版、二〇〇三年）は検閲規則など一次資料の復刻が豊富に掲載されており、資料的価値が高い。牧野は基本的に奥平の時代区分を踏襲しているが、奥平の第三期を一九三一年で割り、全体を五つに分けている。

(23) 長谷正人「検閲の誕生――大正期の警察と活動写真」『映像学』第五三号（一九九四年）：一二四―三九ページ、『映画というテクノロジー体験』（青弓社、二〇一〇年）に再録。

(24) Aaron Gerow, *Visions of Japanese Modernity: Articulations of Cinema, Nation, and Spectatorship, 1895-1925* (Berkeley: University of California Press, 2010).

(25) ピーター・B・ハーイ『帝国の銀幕――十五年戦争と日本映画』（名古屋大学出版会、一九九五年）。

(26) 古川隆久『戦時下の日本映画――人々は国策映画を観たか』（吉川弘文館、二〇〇三年）。

僚・館林三喜男の日記をはじめとした一次資料を駆使して映画法成立のプロセスを跡づけるとともに、植民地も含む日本映画産業と官庁側の積極的協力関係を浮き彫りにし、戦時期における映画の娯楽・教育・プロパガンダとしての重層的な役割を明らかにして、この分野におけるスタンダードとなった。(27) 検閲官の意図を再構築する映画史研究として、本章が加藤らの研究に多くを負っているのは言うまでもない。

一方で、第三・四期、内務省警保局の「検閲規則」による全国統一検閲の一五年間の検閲の在りようについてはどうだろうか。この時期はある意味で検閲制度の安定期であり、プリントが現存している作品もそれなりな数にのぼるため、「映画」のアイデンティティについてのメディア史的なアプローチやその社会的役割についての文化政策研究ばかりではなく、(28) 検閲された映画と向き合うテクスト分析にも大きな可能性が開かれているはずだ。現に、近年、ジェンダーとセクシュアリティを中心としたイデオロギーに着目する研究において、『検閲時報』を参照しつつ個別の映画を検討する良質のテクスト分析が現れつつある。(29) とはいえ、一九三〇年代の日本映画と検閲の関係についての言説の主流をなすのは、やはり前節で引用した依田／溝口証言を代表格とする、被害者＝映画作家側の証言や聞き書きである。ところが、一九四〇―四一年の情報局における雑誌検閲についての佐藤卓己の研究を読めばわかるとおり、戦後、多くの文化人は虚言や曖昧な記述によって文化統制の「協力者」から「抵抗するヒーロー」へと自画像を描き変えている。(30) 私とて映画作家たちがみな嘘つきだなどと証拠もなしに断定するつもりはない。明らかに裏を取る必要のある資料だということを指摘したいだけである。

「裏」はフィルムそのものとともに、内務省側の記述から取らねばならない。「検閲にやられた」という類の証言があれば、『検閲時報』の「制限ノ部」の記述に照らし、さらなる細部については検閲台本にあたるしかない。ところが、戦前の検閲台本のまとまったコレクションとして私が全貌を把握しているのは松竹大谷図書館だけである。(31) 松竹が配給したおかげで『折鶴お千』『浪華悲歌』『祇園の姉妹』の検閲台本が大谷図書館に残されているのは幸いである。とはいえ、内務省はアメリカのヘイズ・オフィスの「映画製作倫理規定」にあたるような検閲標準の正式公開は行っていないし、アメリカ占領軍と違ってダメ出しの理由をレポートにして残してくれたわけでもない。実は「検閲内規」は存在していたのだが、撮影所に対する正式通達として配布されたわけではなく、検閲官の非公式なスピーチや書物を通して開陳されるばかりであった。こうした状況のなか、検閲に携わった内務官僚が著した二冊の書物、柳井義男『活動寫眞の保護と取締』（有斐閣、一九二九年）と田島太郎『檢閲室の暗に呟く』（大日本活動寫眞協会、一九三八年）は極めて重要な資料と言える。[32]

この二冊の書物を著した内務省の「検閲官」とは、どのような者たちだったのだろうか。柳井義男については加藤厚子の解説に詳しい。一八九二年に岡山県に生まれた柳井は、第一高等学校を経て一九一七（大正六）年七月に東京帝国大学法学部政治学科を卒業、同年一〇月に高等文官（〝高文〟）試験に合格する。入省後はまず地方を回り、一九二四年一月ごろから一九二九年六月ごろまで警保局事務官として勤務した。映画検閲を司ったのはこの事務官時代である。その後は再び地方で警察部長や総務部長を務めた後、一九四一年二月八日に関東州庁長官に就任、一九四四年四月五日に依願免本官となっている。[33] その後、同年八月九日付で柳井が陸軍司政長官に任命されたことが

(27) 加藤厚子『総動員体制と映画』（新曜社、二〇〇三年）。
(28) この時期の映画検閲の制度的・法的側面とそれに関する言説については、加藤厚子の優れた論考「映画法策定過程における検閲制度の再構築」『メディア史研究』第二八号（二〇一〇年九月）：二三—四〇ページ、がある。
(29) 河野真理江「上原謙と女性映画——1930年代後半の松竹大船映画における女性観客性の構築」『映像学』第八七号（二〇一一年）、三二ページ、御園生涼子『映画と国民国家——1930年代松竹メロドラマ』（東京大学出版会、二〇一二年）、宜野座菜央見『モダンライフと戦争——スクリーンのなかの女性たち』（吉川弘文館、二〇一三年）。
(30) 佐藤卓己『言論統制——情報官・鈴木庫三と教育の国防国家』（中公新書、二〇〇四年）、とりわけ序章と第五章。
(31) そのほか、コロンビア大学の牧野守文庫、東京国立近代美術館フィルムセンターが知られている。
(32) これ以降、この二冊の参照・引用は本文中の（ ）内にページ数を示す。
(33) 加藤厚子「柳井義男『活動写真の保護と取締』解説」牧野守監修『日本映画言説大系第Ⅱ期 映画のモダニズム期12 活動写真の保護と取締 柳井義男』（ゆまに書房、二〇〇四年）、二—三ページ。

知られており、[34] 戦後、占領地の長官職にあったことを理由に公職追放の対象となったが、一九五一年に解除になった。[35] 一九七〇年に大霞会編の『内務省史』で「映画の検閲」の執筆を担当しているのは、すでに引用したとおりだ。柳井のように高文試験に合格した戦前の官僚にとっては、勅任官、つまり任免に閣議決定を必要とし内閣総理大臣が宣する次官・局長クラスになることが出世の目安であり、とりわけ内務省では県知事（官選、勅任）が目標とされた。[36] 勅任官の関東州庁長官になった柳井は、最高峰とは言えないまでもそれなりに満足できる高みに昇った官僚とみなすことができる。

さて、『内務省の社会史』の著者・副田義也は、映画検閲は「警保行政のなかで後発の領域であり、先行する領域に比較して、重要性がとぼしいとみられていたのではないか。そこに投入される人材も、内務官僚としては二流、三流の人々であった」と断じ、検閲の実務は「高等文官試験の合格者たちが才腕をふるう場ではなかったようである。これによって、内務省の映画検閲は、二流、三流の小役人が映画人いじめをする機会になりはてたのではないか」と推測している。[37] 本節は、副田論文が言及していない主任検閲官・田島太郎を柳井と対比させ、検閲官の職位や職務内容をより綿密に検討することで、副田の問いかけに答えてゆきたい。結論を先取りすると、内務省における検閲・映画統制の行政上のトップである「事務官」の座を占めた柳井義男、ましてや一九三〇年代半ばに同ポストにあった館林三喜男は、今日の「キャリア」官僚の等価物であり、さらにこのカテゴリーの中でも「二流、三流」ではない。[38] しかし、彼らが映画行政を担当したのは長くて数年、すぐに地方局や警保局内の他の課などへ配属になって出世のステップを昇っていった。一方、検閲室で実際にフィルムを扱ったのは田島をはじめとする「ノンキャリア」検閲官であった。副田の推察どおり高文試験に通っていない彼らは、柳井・館林のような検閲事務官とはそもそもトラックが違い、映画の検閲という専門業務に特化した任用だったと思われる。では、彼らはやはりつまらぬ小役人だったのだろうか。

田島太郎は熊谷中学、第四高等学校を経て一九一八（大正七）年に東京帝国大学法学部法律学科（独法）を卒業した。

一九二三年に警視庁興行係に着任、映画検閲に携わり、一九二五年の内務省による検閲の一元化にともなって内務省に移り[39]、主任検閲官として活躍、一九三四（昭和九）年には理事官となった。『検閲室の暗に呟く』を上梓して二ヶ月に満たない一九三八年一二月九日、心臓麻痺のため享年四八歳で急逝する[40]。四高（金沢）→東京帝大の法学士ということで、『検閲室の暗に呟く』末尾の「出版覚書」の匿名筆者は「斯ういふ仕事以外、官吏としてもその行く途はいくらでもあつたのであらうが」と親切に述べている（三八八―八九）。しかし、同じ旧制高校→東京帝大→内務省でも、学歴貴族の王道を疾走した館林や柳井と比較すると、田島の履歴書には道草、迂回、あるいは躓きの跡が見られる。田島が一八九〇年生まれだとすると、帝大卒業は二八歳のときで、当時としてもやや時間がかかっており、さらに警視庁に就職するまでにも五年間の空白がある。なにより、一九一〇（明治四三）年から一九三八年まで、高文試験合

（34）『讀賣報知新聞』一九四四年八月一〇日朝刊、一ページ、「高等試験合格者一覧」秦郁彦編『日本官僚制総合事典一八六八―二〇〇〇』（東京大学出版会、二〇〇一年）、二二九ページ。
（35）「更に大物多数内定」『讀賣新聞』一九五一年七月一一日朝刊、一ページ。
（36）戦前の日本の官僚制における官等制度については、前掲『日本官僚制総合事典』三八三―八四ページを参照。出世についての相場感は、水谷三公『官僚の風貌』（中公文庫、二〇一三年（原著一九九九年））、第二章および第三章、副田義也『内務省の社会史』（東京大学出版会、二〇〇七年）、五一一―一四ページに依った。
（37）副田義也「内務省の映画検閲」副田義也編『内務省の歴史社会学』（東京大学出版会、二〇一〇年）、三一四―一五ページ。
（38）「館林三喜男」戦前期官僚制研究会編・秦郁彦著『戦前期日本官僚制の制度・組織・人事』（東京大学出版会、一九八一年）、一五〇ページ。館林は東京帝国大学法学部政治学科在学中の一九二七年（昭和二）一一月に高等文官試験に合格。最終的には一九四五年八月に総合計画局参事官件内閣総理大臣秘書官になり、同年一〇月に東京都教育局長を経て一九四六年一月依頼免本官、占領下のパージを経て、戦後は出身地である佐賀県で副知事、衆議院議員、さらにリコー社長を歴任している。
（39）柳井義男は「幸ひ警視廳で長年斯道にかけて十分なる經驗と素養を持つて居られる處の各位に、内務省に來て頂くことが出來たのでありまして」（五五四ページ）と述べている。
（40）伝記的情報は以下の訃報に依る。「田島太郎氏ノ逝去ヲ悼ム」『日本映画』一九三九年一月号、一七七ページ、「田島檢閲官」『讀賣新聞』一九三八年一二月一〇日夕刊、「田島太郎氏」『東京朝日新聞』一九三八年一二月一〇日夕刊。

格者名簿に田島太郎の名前は見あたらない。[41] 田島のバックグラウンドや前半生については更なる調査が必要だが、さしあたり、「出版覚書」の「在學中から映畫その他の演藝の方面に多大の興味を有ち、その研究が實を結んで、當時の總監赤池濃氏に招かれたのを幸ひ、この方面の仕事に携はられるやうになつたので、諺にいふ、好きこそもの、上手が、今日、主席檢閲官として名聲を博し、理事官にも抜擢された譯なのであらう」（三八九）というくだりが示唆的である。つまり、震災前の東京で活動写真や演芸に耽溺し、正統的エリートコースから外れたが、やや特殊なコネクションによって専門職を得たというところか。ノンキャリアの判任官（属）は年功で昇進しても一定額で給与は頭打ちだったため、優秀者を「理事官」の名称で高等官に登用する途が整えられたが、[42] まさに田島のためにできたような制度であった。とはいえ、訃報によれば田島の自宅は北多摩郡牟礼であり、戦前のセレブな高級官僚が住むロケーションではない。

その人柄は「洒脱な風貌に加へるに、性磊落、情に厚く」「洗練された話し上手」と評され、[43] 田中純一郎も「家柄がよいために滅多にクビにならないときいていたためか、割合にズケズケと意見を言ったり、多少批判めいた内輪話をするので親しくしていました」と回想している。[44] 一九二七年一〇月、田島が内務省の検閲を無傷で通したセシル・B・デミルのロシア革命もの『ヴォルガの船唄』（一九二六年）が、警視庁によって革命思想を煽ると判断され上映中止となった。これに対して田島は欠勤して不快感を表明したと噂されたが、やがて飄然と出省し、子供の看病をしていたと嘯いた。[45] なお、田島は決してボリシェヴィキ革命に共感していたわけではない。傾向映画については「何となく反抗的な思想、らしい、ものが矢繼ぎ早に飛び出したのでありますが、なにぶんにも映畫會社は資本家であります。自分達の位置を危うくする様な思想とは正反對の立場にあります。從つて、まともに左翼思想のものを作る筈がない」（二七一）と高を括り、「ロシア物、或はロシアを劇中の世界に採つたもの」についても「微々微力なもの」（二七三）と醒めた判断を下していただけである。デミルのメロドラマに浮き足だって職権を無視した古巣・警視庁の粗忽さに呆れたのであろう。だが、心理学を研究して映画の仕組みやその誕生を解説し、あるは旧約聖書、ホメロス、『古事記』、山東京伝に至るまで古今東西の書にあたって接吻の歴史を繙くなど、田島の書いたものは好事家というかオタクっぽい（八—三三、一〇七—一一六）。『検閲室の暗に呟く』では、検閲実務の専門家として、テクスチュアルな水準で具体的に「検閲標準」を詳らかにしているが（後述）、田島の接吻論や映画論は、検閲官の教養や人柄を伝えて読者の親しみを育み、雰囲気醸成に奉仕するものであって、[46] 事務官・柳井が法律と行政の専門家として法体系の中での映画の位置を明らかにし、検閲の正統性を主張した『活動寫眞の保護と取締』とは機能が違っている。

この時期、内務省のノンキャリア映画検閲官はごくおおまかに言って田島理事官と出自、学歴、エートスを共有していたと思われる。一九二五年七月、田島以下検閲官六人の体制で内務省の検閲は開始されたが、[47] 翌年四月には早くも検閲官が十人に増員され、[48] 十人体制は『検閲室の暗に呟く』執筆の頃まで続く。[49] 一九三四年に事務官として着任した小菅芳次によれば、「私以外に九人居る。學歴をいふと東大出の法學士二人、文學士一人、早大出の法學士、文學

(41)　前掲『日本官僚制総合事典』「高等試験合格者一覧」参照。
(42)　前掲『日本官僚制総合事典』、三八八ページ。
(43)　前掲「田島太郎氏ノ逝去ヲ悼ム」。
(44)　田中純一郎『活動写真がやってきた』（中公文庫、一九八五年）、佐藤洋、前掲解説、四一六ページより引用。
(45)　『「ヴォルガの船唄」上映を禁止』『讀賣新聞』一九二七年一〇月二二日朝刊、「田島検閲官冠をなほす」『讀賣新聞』一九二七年一〇月三〇日朝刊。なお、『ヴォルガの船唄』の顚末については牧野、前掲書、二六二—六四ページを参照。
(46)　佐藤洋もすでにこの第二点を指摘している。前掲解説、四一五ページ。
(47)　「蒸し風呂のような暗室で汗」『讀賣新聞』一九二五年七月二日朝刊。
(48)　「人も機械も増し充實する映畫の檢閲」『讀賣新聞』一九二六年四月六日朝刊。
(49)　検閲官の人数に言及している田島の随筆「歪める映像」の初出は『フォトタイムス』第一二巻七号（一九三五年七月）である。なお、田島の死後、一九四二年までには一二人に増員されている。塚原政恒「映画検閲制度の研究——映画配給社職員養成所講演録」『映画旬報』一九四二年一〇月二一日号、三〇ページ。

士各一名宛、中央大學出の法學士二人、同じく専門部出身一人」である。[50] だから知性も常識もある、と彼は検閲に箔を付けたいのだが、何はともあれ大学進学率が多く見積もっても三、四％程度だった時代の大卒には違いない。[51] 鳥取の一九三〇年代中葉に座談会などで積極的に発言したもう一人のノンキャリア検閲官として増谷達之輔がいる。鳥取の名家（ＰＣＬとソニーを作った増谷燐は親戚）に一九〇二年に生まれた増谷は、一九二三（大正一二）年に東京帝国大学文学部社会学科に入学、帝大セツルメントに加わり、一九二六年に卒業論文を提出している。検閲室勤務に続いて内務省嘱託として上海に赴き、戦後は公職停止から復帰して全日本社会教育連合会の専務理事に迎えられ、東洋大学教授として社会学を講じ、雑誌『青少年問題』を拠点に活躍した。[52] 田島も生きていれば増谷のような戦後を送ったのだろうか。

ここで興味深いのは、同じ内務省警保局で書籍・雑誌検閲の実務を担ったノンキャリア検閲官の多くは、警察講習所（現在の警察大学校）出身の警部や警部補、つまり元々は巡査であったということだ。[53] 一方、現在までに名前を確認することができたノンキャリア映画検閲官九人のうち、警部補出身は一九三八年七月に着任した村上慶吉のみである。[54] 書物の検閲官よりも映画の検閲官が全般に高学歴というのは一見すると直観に反するが、おそらく原因は外国語である。竹内洋が述べるとおり、戦前日本の学歴貴族の特権意識を支えた教養主義とはつまるところ西洋からの舶来文化の摂取であり、それをナマで味わえる外国語力は授業、試験、学生生活の中で培われた。[55] もちろん邦画と洋画（＝欧米映画）の担当者を分けて採用するという方法もあり得たはずだが、内務省時代の映画検閲は少人数エキスパートによる恒常的な激務によってかろうじて成り立っており、外国語映画をこなせない検閲官がいては回らなかったと考えられる。

いや、ここには仕事の能率以上の問題があるだろう。内務省が外国映画の検閲にやっきになり、高度な教育を受けた人材を投入したのは、テレビもインターネットもスマートフォンもなかった時代、映画のみが、大衆に対して感性＝美学的に、感覚をとおして、直接に、そして多層的な社会関係の織地をそのままに、他なる「風俗」を体験させることができるミディアムだったからだ。戸坂潤は一九三六年に「映画の芸術価値はこの風俗という物的で感覚的で、肉体的で社会的な、具象性の地盤の上で初めて完了することが出来るというのであり、且又この風俗感覚そのものすでに、丁度自然現象やニュースの実写がそうだったように、独自の芸術的価値が約束されている」と言い、この「映

(50)「フィルムを切るはさみの神經——新進氣鋭の映畫檢閲官・小菅芳次氏との一問一答」『東京朝日新聞』一九三四年四月二日夕刊。

(51) 竹内洋によると、昭和初期に中等教育を修了したのはだいたい人口の一割程度。高等学校ないしは大学予科に進学したのは中学卒業者の一〇—一五％程度である。大学に進学するには旧制高校か大学予科を通過するのが一般的であった。一九三〇年、旧制高校に在学していたのは全二〇歳男子のうち〇・九％。旧制高校から帝国大学に進む真の「学歴貴族」と私立大生の間には歴然とした断層があったが、旧制高校、専門学校・実業専門学校、大学を含めた高等教育機関への進学率が七—八％であった一九三〇年、これら高等教育機関に学ぶ学生のうち、官立大学生が一七％、私立大学生は二六％だった。竹内洋『学歴貴族の栄光と挫折』（講談社学術文庫、二〇一一年（原著一九九九年））、三〇—三九ページ。つまり、「大卒」が人口のトップ三％程度の高い教育を受けた層だったことは間違いない。高等教育機関への進学率は文部科学省「大学・短期大学等への入学者数及び進学率の推移」を参照。http://www.mext.go.jp/b_menu/shingi/chukyo/chukyo4/gijiroku/03090201/003/002.pdf（最終アクセス二〇一四年二月二六日）。

(52) 林長二郎、片岡知恵蔵、増谷達之輔、et. al.「時代劇四方山座談會——検閲官も膝つき合はせて」『日本映画』一九三六年五月号、六五—七四ページ、山田真理子「増谷達之輔時代の思い出」『青少年問題』第五一巻六号（二〇〇四年六月）：三六—三九ページ、宮永孝「社会学伝来考——大正の社会学［3］」『社会志林』第五四巻一号（二〇〇七年）：一三三ページ、http://repo.lib.hosei.ac.jp/bitstream/10114/1040/1/54-1miyanaga.pdf（最終アクセス二〇一四年二月二六日）、東洋大学「第五章　社会学部（1　第1部社会学科）」http://www.toyo.ac.jp/site/soc/chapter05-01.html（最終アクセス二〇一四年二月二六日）。

(53) 千代田区立千代田図書館所蔵の内務省委託本の研究から多くの示唆を得た。とりわけ検閲官のバックグラウンドについては、安野一之『『内務省委託本』調査レポート　第二号——高橋是清『随想録』』二〇一二年六月、二ページを見よ。http://www.library.chiyoda.tokyo.jp/files/findbook/naimushou_report02_2.pdf（最終アクセス二〇一四年二月二六日）。さらに、このレポートから教示を得た資料が、「警察講習所内務省学友会名簿　昭和一三年六月」、ＪＡＣＡＲ（アジア歴史資料センター）Ref.A05020214200、種村氏警察参考資料第六一集（国立公文書館）。また、「内務属は語る」大霞会編『内務省外史』（地方財務協会、一九七七年）、二五〇—六八ページ、は図書検閲に携わった小玉道雄、小学校出の秀才警視・種村一雄などの聞き書きを収録し、内務省ノンキャリアの仕事についての貴重な記録となっている。

(54)「11、警保局勤務内勤者表」、ＪＡＣＡＲ（アジア歴史資料センター）Ref.A05020289600、種村氏警察参考資料第一〇四集（国立公文書館）。

(55) 竹内、前掲書、とりわけ二六一—八五ページ。

画固有なリアリズム」のなかに「他の芸術の真似の出来ない大衆的な満足感を与えるものが横たわっている」[56]と指摘した。このミディアム固有の大衆性ゆえにこそ、内務省は外国「風俗」の門番として、教養主義に育まれ外国語に通暁した映画検閲官を必要としたのである。

その結果、検閲官自身が検閲対象の風俗に親しむというささか皮肉な事態も生じた。田島はトーキー検閲苦労話のなかで、「十弗と云ふのをテンバックス、千両に當る詞にグランド、機關銃をタイプライタア、手榴彈をパイナップルなどは、未だ良い方で、伊太利亞人をデイゴーなぞに到つては手がつけられない」(一六五)などなど、アメリカ口語・俗語の知識を喜々として開陳している。数年後であれば検閲事務官から「米英的」と批判されるべき態度である。出自・教育・趣味において、田島らのノンキャリア検閲官が最も近かったのは、おそらく、岩崎昶らの大学出あるいは大学くずれの映画人であろう。むろん、岩崎が治安維持法によって拘留されたことは私も忘れていない。しかし、日本プロレタリア映画連盟(プロキノ)について、田島が「同人達の本來の生活や服装などから見ましても、流行の尖端を行く銀座マンでありまして、云はゞ流行の尖端を切らうとする遊戯的色彩を多分に含んで居つたものと考へられるのであります」[57](二七二)と訳知り顔に述べているのが印象に残る。田島の目的は言うまでもなくプロキノを矮小化することなのだが、イデオロギー的には真逆であってもハビトゥスを共有する者の言に聞こえる。

一九三四年後半に映画検閲官(おそらく田島)が書いた「発声映写機増設に要する経費」という書類が国立公文書館によって公開されている[58]。トーキー検閲の苦しい実情を描写し、トーキー映写機を二台から四台へ増設するよう要望するこの文書は、検閲現場の声として貴重な資料である。以下、この文書を中心として検閲の作業プロセスを再現してみよう。検閲官はまず担当映画作品の検閲台本の下読みを行う。外国語映画の場合、配給会社が和訳をつけて提出するが、検閲官は原文に照らして意図的な／過失による誤訳をチェックしなければならない。一本平均三時間かかるこの作業は、この時期、勤務終了後自宅へ持ち帰って行うことが常態化していた。トーキー映画は使用言語を問わず、三—四回の映写＝査問を行うのが理想とされる。一回目は画面に集中し、二回目は台本とつき合わせて台詞の聞き取りに専念、三回目にようやく「発聲ト画面トノ合成スル効果ニ就キ綜合的ニ考察」するからである。なお、トーキー映写機がすでに増設されたと思われる一九三六年の『日本映画』のグラビアでは、映写設備のある検閲室は五室あるとされ、一室に三人が座って査問を行っているさまが写っているが、(59)この時期、通常の査問では検閲官一人が一本を担当し、複数で対応するのは問題作の場合のみだった。(60)映写中、削除と判断すると検閲官がブザーを押して知らせ、映写技師が該当箇所に目印の紙片を挿んだ。実際にフィルムをカットしてスプライサーで繋ぐ作業は申請者である映画会社の従業員が行う。削除がある場合、正確さを期し、効果を確認するため、第四回目の査問映写が行われた。こうしたプロセスの中で、担当検閲官が同じ作品を繰り返し見直すのは普通であり、田島は一七回という記録を誇っている(四二)。査問が終われば検閲官は「制限事項」(削除箇所と尺数)などを記した書類を作成し、セルロイドのフィルム上に「検閲済」印と検閲番号を物理的に押捺・穿孔するが、これはCCD認証番号や映倫番号と違って映写して視認するものではない(61)(柳井　四五六)。なお、「映画は日銭を稼ぐ商売」であるため、検閲当局も原則として申請があ

(56) 戸坂潤『思想と風俗』2　映画の写実的特性と風俗性及び大衆性、青空文庫 http://www.aozora.gr.jp/cards/000281/files/1710.html（最終アクセス二〇一四年二月二六日）。戸坂の風俗論に着目し、溝口健二の検閲に対する闘争へと繋げる視点は、牧野守によってすでに提示されている。牧野、前掲書、三三四―三四二ページ。
(57) 牧野、前掲書、二六一ページ。
(58) 「発声映写機増設に要する経費」、ＪＡＣＡＲ（アジア歴史資料センター）Ref.A05020156000、種村氏警察参考資料第三六集（国立公文書館）。
(59) 「検閲室風景」『日本映画』一九三六年五月号、一四―一五ページ。
(60) 柳井義男「映画検閲始まる」大霞会編『続内務省外史』（地方財務協会、一九八七年）、四七ページ。ちなみに、一九四二年の統制下には映画の本数が激減していたにも拘わらず検閲官は一二人のままだったので、一本の映画はまず主査官が見てから四人で見て合議する体制になっていた。塚原、前掲記事、三五九ページ。この新しい審査形態が検閲強化の大きな（あるいは最大の）要因となったことは想像に難くない。複数で審査すれば重箱の角をつついたり深読みをしたりの競争になり、さらに、明らかに過剰に配属された人員は自らの地位の安定のために「業績」を作りたがるからである。
(61) 板倉「占領期におけるＧＨＱのフィルム検閲」、五四ページ、図1。

ればその当日に査問を済ませることを原則としていたという。[62]とりわけ、正月公開作を御用納めまでに検閲する一二月末は多忙を極め、真夜中まで映写が続いた。[63]

キャリア事務官も新聞雑誌では自らを「検閲官」と呼んでいたが、どの程度日常的に映写室での査問に加わっていたのかはわからない。だが、『浪華悲歌』のように検閲拒否の可能性が浮上するケースでは、実務担当のみならずキャリア事務官も映画を見て、見解のすりあわせを行っていたのは間違いない。依田義賢や戦中のマキノ正博の証言からもうかがえるとおり、問題作の監督を呼んで説明、説得、叱責、あるいは恫喝を行う場合、対面して相手になったのは映画検閲部門の管理職たる事務官だったからだ。「活動寫眞と云ふものについては、幼少の頃から趣味がありました」（五五四）と述べる柳井義男、アメリカなど海外へ映画検閲の査察に行って帰朝したばかりという小菅のように、映画に関心のある者もいただろうし、そもそも勉強神経の発達した学歴貴族だから、映画というミディアムの特色と検閲の肝を要領よく押さえることはできただろう。しかし、「検閲官なんてもんは、ガキだね。何も知らないよ君」（前掲）と嘯いた溝口のように、戦前の映画人たちが事務官について無知だとか観念的だとかいった印象を抱いたのも事実であった。溝口と高木孝一が一九三六年初夏に会った事務官はおそらく館林三喜男、あるいは菅太郎と考えられるが、仮に館林だとすれば文化統制に前のめりの三二歳の青年であった。

こうした犠牲者たちの印象記が広く行き渡ったため、現在までほとんど論じられて来なかったが、毎週五．五日（土曜日は午前のみ）、一日七時間前後、集中して映画を分析し、空き時間には業界誌・一般誌・新聞の通信欄・批評欄に目を通し、原作になりそうな小説を読み漁り、結果的に短編も含めれば年に数百本の映画を熟視していた現場の検閲官たちは、実務経験をとおして「映画がわかる」という強い自信を培っていた（一六二―一七四、および前掲「発声映写機増設に要する経費」）。そして、この自信は二つの形態を取って発露する。

第一に、美的判断からは無縁であるという建前の検閲官が、しばしば自らの趣味の高さ、「まともさ」を誇示したいという誘惑にかられ、屈している。たとえば小菅芳次は「私もロサンゼルスでスタンバーグの監督ぶりを見て尊敬した、映畫もあすこまで行けば藝術である、ああいふ人々の藝術作品を我我が無闇に切つてはすまないと思つた」、「我々検閲官だつて映畫の精神が高貴なものか下劣なものかは分るから自然と檢閲の態度に現れてくる」[65]と記者の検閲批判に対して抗弁している。最も奔放に見解を示したのは増谷達之輔であろう。「本當に全精神を打込んで出來上がつてをるやうな立派な寫眞に對しては、手が觸れにくいのです、例へばこの間の日活の『人生劇場』」、と内田吐夢の一九三六年作品を挙げ、中学生の喫煙とそれを見つけて「自分の信念に従ってやるなら堂々とやれ」と言う父親の態度、中学生が机に乗って浪花節を歌う場面について、教育界や一般家庭の通念から大きく乖離していると指摘したうえで、「私切らうか切るまいか随分考へた譯です」「けれどもどうしても手が這入らなかつたのでそのまゝ出したのです」と告白している。[66]しかし、検閲官によるこうした「批評家」的専門性の発露に自己満足以上の効果は期待できない。映画作家の側にしてみればカットされた上に出来が悪いからだと言われれば二重に不快だし、観客も検閲官に批評家の役割は期待していないからだ。

田島のアプローチは微妙に違っている。溝口の失われた名作（一九三四年）の描写であり、次節にも関わるので長くなるが引用しよう。

『祇園祭』と云ふ映畫がある。それに出演して居る、或るスターがある。妖婦型として頽廢的なエロチシズム

(62) 柳井「映画の検閲」、七三九ページ。この原則は台本を持ち帰って読んだという話と矛盾するため、トーキー化によって事情がかわったのかもしれない。
(63) たとえば「春を賑はせる映畫六千巻」『東京朝日新聞』一九二八年一二月二八日夕刊。
(64) 前掲「フィルムを切るはさみの神經」。
(65) 前掲「フィルムを切るはさみの神經」。
(66) 林長二郎、片岡知恵蔵、増谷達之輔、他「時代劇四方山座談會」、七三ページ。少年非行の問題を専門とした未来の社会学者らしい発言である。

の表情の大家として、夙に聲名ある人である。そのスターの「行水の畫面」が、検閲に於てカットされた事がある。

庭である。右に鳥渡した下草のある植木二三本。左は植込。中央に、葭簀《よしず》二枚折の小屏風式衝立、それに、脱いだ着物が襟を披ろげて淺く掛けてある。葭簀の衝立の向う側に、銀杏返しの同女が、裸身の、腰から上の後姿、を見せて居る。両手の上膊部は横腹に沿つて、稍《やや》後ろへの引き目に流れ、肘の所から左右へ直角に開いて居る。視線が足許に落ちて居る首付き。その姿が、両腕を下ろし乍ら、衝立から右端を覗かせて居る盥に蹲踞《そんきょ》するのである。――

夏の爽々しい夕方の風物詩であつたが、國家は藝術で治めるのでは無い、法で治めるのである、と云ふ儼とした建前から、之れがカットされたのであつた。（五四）

削除フッテージを隠匿しているのではないかど勘ぐりたくなるほど詳細かつ熱のこもった描写である。ちなみに、ここで名前を口に出すのも憚られるエロ女優として崇められているのは鈴木澄子だ。田島は『祇園祭』の行水ショットを絶讃した上で、「法」に悖るから削除した、と明快に述べているわけだ。

映画検閲官のプライドのもう一つの、そしてより重要な発露は、「外科医＝編集者」という自己意識だ。田島によれば、「検閲官は、いつも云ふが、外科醫の様なものだ、只切れば良いのではない。悪い所は、殘らず切って、而も寫眞のつながりが悪くならない様に、即ち切つた痕が解らない様に、常に心掛けなければならない。そこが腕だ、何商賣でも技術、腕、と云ふものがある、どうかすると、常設館などで、つながりの悪い場面などがあると「あそこ検閲でやられたな」とか、何とか見て來た様に云う通人を見掛けるが、お笑い草である。今時、そんな腕では、検閲官は飯にならない」（二七二）。つまり、「外科医」比喩のアクセントは「切る」ではなく「繋ぐ」、さらには「治す」にある。「検閲官＝外科医＝編集者」という職業意識は内務省の検閲方針の根本にかかわっている。柳井は、一般的に映画検閲が取り得る立場として、（一）「悪い部分」をカットして上映を許す、（二）作品全体として良いか「悪い」

か判断し、上映の可否を決める、の二つを挙げている。そして、（二）は「検閲官は作者の作意に手を觸るべきものではない」とするものに違いないが、結果的にはおそらく二割程度の映画が上映禁止となって映画業界に多大な損害を与えるであろう、として、内務省の（一）の立場を正当化している（五五五—五七）。

当然のことながら、映画作家や批評家の側から検閲官のご親切な「手術」の腕前を賞賛する声が上がることはなく、従って既存の映画史の中でもまったく認識されてこなかった。しかし、例えば『祇園の姉妹』のような映画テクストを分析するにあたっては、彼らの「検閲官＝外科医」という自意識を知っておく必要がある。検閲官の「手術」は具体的にはセルロイドの皮膚の切り貼り、つまり「編集」によって行われるからだ。田島の著書には、ある日本映画のケースが紹介されている。

女學生が母の云ひ付けで、アパート住ひの從兄の所へ國元からの爲替を屆けに行つて、何心なくドアを開けると、丁度從兄が隣室のダンサーとキッスでもして居た所らしく、女學生が思はず「アッ」と聲を擧げて立ち竦む場面があつた。

——女學生がドアを開けて一歩踏み込む、途端に、「アッ」と鋭い叫びを擧げる。

——單色の空間へ、從兄の半身が下から起き上がつて立ち身で入る。

——單色の空間で、ダンサーの手と從兄の手が離れる大寫し、

と云ふ場面であつたが、その「アッ」と云ふ叫び聲と、從兄の體を起す動作と、女學生の怯えた表情と、從兄の呆然とした顔、この四つで、キッス所ではなく、或は飛んでもない所を、女學生が見てしまつた樣にさへ、効果づけられる危險があつたので、その「アッ」と云ふ聲の録音帶と、起き上がる動作が、一尺程もあつたらうか、それがカットされた。そこで場面は、從兄とダンサーが手を握り合つて居る所を、女學生が不意に發見して、驚き易い娘心を一寸波立たせた、と云ふ程度にがらり變つてしまつた。

これなぞは「最小のカットで、最大な効果を擧げる」といふ鐵則に當箝まる好適例である。こんな場合、寫眞のつながりや、効果の除去について、驚いた顔を切らうか、握つて居る手を切らうか、ポケットに手を突つ込んで、部屋の中を歩き廻り乍ら、ひどく考へ込むのが定石です。（一七四―一七五、強調は原著）

この作品は島津保次郎のトーキー第二作『嵐の中の處女』（松竹蒲田、一九三二年、現存プリントなし）と思われる。『キネマ旬報』の日本映画紹介欄には、高等学校浪人中の春雄（磯野秋雄）の下宿において「扉を開けた綾子の見たものは彼女を危く卒倒させんばかりだつた。春雄が見知らぬ女と一つ床に居るではないか」[67]とあり、映画製作者は、水久保澄子演じる女学生が性交を目撃することを明白に意図していた。だが、日本映画での接吻や抱擁に対しては検閲が厳しいことは周知の事実であり、映画作家の側でも暗示的もしくは間接的表現を常套手段とした。せっかく何一つ見せずに編集だけで性交を表象することに成功したと思っていた島津はさぞがっかりしたことだろう。

田島の自慢話から読み取ることができるのは、内務省の検閲はこうした表現を「洗練された観客」のみが理解しうるものとして看過せず、能う限りの深読みに基づいて「手術＝編集」を行い、作り手が企図した意味をなるべく目立たぬように骨抜きにすることに腐心していたということだ。実際、この映画について言えば、監督と撮影所のステイタスの高さ、一九三二年のトーキーとしての話題性からして、上記の紹介欄を読んだ田島は手ぐすね引いて待っていたに違いない。しかし、この水準でのテクスチュアルな検閲は『検閲時報』のみならず検閲台本を残されたフィルムとつき合わせることなしに跡づけることは難しいだろう。『嵐の中の處女』の当該個所について、『検閲時報』は「第七巻　和服姿ノ春雄ノ半身ガ畫面ノ下部ヨリ畫面ニ入リ来ル部分切除一／三米（風俗）」「第七巻　發聲　第四十八「アッー」抹消（風俗）」と記すばかりである[68]。田島の詳細な回想がなければこの削除は意味をなさなかったはずだ。

さて、ここまで検閲官という仕事をあえて肯定的に描いてきた。しかし、本節を閉じるにあたって確認しておきたいのは、私の叙述が依拠してきた検閲官の饒舌が、作り手や批評家の検閲に対する広範かつまっとうな批判や反感に対する言い訳であるばかりではなく、一九二五年—一九三九年（映画法成立以前）期の検閲制度の法的正統性の欠如を隠蔽する機能を果たしていたことだ。奥平康弘が指摘するように、「当時の憲法、明治憲法にあってさえ、議会の制定する「法律」とそれ以外の「命令」には歴然とした区別が設けられて居た。概していって、市民の権利や自由にかんすることは、「法律」で定めねばならないことになっていた。とりわけ、「言論、著作、印行」の自由は、憲法の明文により「法律」で定めるよう命ぜられていた（明治憲法第二九条）」。一方、「活動寫眞「フイルム」検閲規則」は、一行政官庁たる内務省の「省令」に過ぎず、議会を通った「法律」ではない。(69) 加藤厚子はこうした法的脆弱さに付随した二つの問題を明らかにする。第一に、一九二七年一〇月一八日の大審院判例により、映画のフィルムは「フィルムに印刷された印刷物」との判断が下った。すると、単なる「省令」による現行の映画検閲は違憲となる可能性があり、さらに、印刷物を扱う出版法の対象とするべきとの見解も十分にありえた。(70) この齟齬に最も敏感だったのは事務官・柳井その人であり、確かに印刷物と紛らわしい「フィルム」だが、それ自体では存在しえず、「映写」してはじめて成立するミディアムだから、特殊な扱いが当然である、としている（五〇五—〇八）。「映画」のアイデンティティ・クライシスは実は内務省検閲期まで続いていたと言えるだろう。第二に、検閲によって削除されたフィルムの内務省による「没収」はあくまで「慣例」として行われているだけであって、法的根拠はなかった。なぜなら、削除部分の没収はどう考えても他人の所有権侵害にあたり（明治憲法第二七条）、それが「公益ノ為必要」として行われるときは、「法律」に依拠しなければならなかったからだ。(71) ここでも柳井は問題があることは重々承知したうえで言い

(67)『嵐の中の處女』『キネマ旬報』一九三二年七月一日号、七四ページ。
(68) 内務省警保局『活動寫眞フヰルム檢閲時報』一九三二年、拒否又ハ制限ノ部・附録ノ部（不二出版、一九八五年）、一二二ページ。
(69) 奥平「映画と検閲」、三二四ページ。
(70) 加藤厚子「映画法策定過程における検閲制度の再構築」『メディア史研究』二八号（一九一〇年九月）：三二—三三ページ。
(71) Ibid., 奥平、「映画と検閲」、三—四ページ。

訳を述べている。「然らば、切除《カット》「フイルム」はどうするか、之を申請人の手元に置いたのでは、いつなんどき元の如く繼合はされるか分らない。そこで、申請者の承諾を得て内務省に保管してゐる。此の承諾は所有權拋棄の意思表示である。此の事に付ても亦明文はない。即行政の運用でやっている」（四六〇）。言うまでもなく、こうした「運用」が可能になったのは、内務省が「検閲拒否」をちらつかせて業者を陰に陽に脅していたからである。換言すれば、業界への思いやりから「悪い」部分を削除して上映させてやる、という内務省検閲方針は、全面禁止という第二のオプションの可能性の上にのみなりたっていた。こうして振り返ると、『祇園祭』を切った田島の「國家は藝術で治めるのでは無い、法で治めるのである」という言葉は虚ろに響く。

第三節　「検閲内規」の世界——『折鶴お千』を中心に

内務省の検閲官が基準も定めずに恣意的な判断を行ったというのは、実務のプロセスに照らせば誤りである。内務省警保局では、実務担当者の間で判断に差異が生じないよう、「検閲内規」（以下「内規」、「検閲標準」とも呼ばれる）を設定していた。[72]しかし、柳井によれば内規そのものは「具體的に發表する自由を有しない」（五二八）し、内務省令「活動寫眞「フイルム」検閲規則」に参照点としてその存在が記されているわけでもない。開示できない理由は示されていないが、常識的に考えて、手の内を明かすことは即ち映画の作り手／申請者の側に反論の拠を与えることになり、「警察処分」であるとの理由でアピールをまったく認めない戦前日本の検閲制度にはなじまないからだろう。だが、検閲官は「輿論の批判を仰ぐとともに、製作者側の犠牲を寡少ならしめる」（柳井　五二七）ため、その概要を講演会や著作で伝えるよう務めており、柳井自身、検閲開始から一年目の一九二六（大正一五）年八月に業者との懇談会で行った内規についての講演が『活動寫眞の保護と取締』に第三章「検閲の方針」として再録されている。[73]田島の「検閲標準と交流する話」もまた講演原稿を改稿したものだが、小見出し（下記）は、内規の条文を直接引用しているように見える。柳井と田島の記述に根本的な矛盾点はなく、本節ではより詳細で年代的にもここで対象とする溝口作品に近い田島の説明に主に依拠しつつ、適宜柳井の講演にも言及する。

「活動寫眞「フイルム」検閲規則」第三条には、申請されたフィルムは「公安、風俗又ハ保健上障害ナシト認ムルトキ」に「検閲済」となると記してある。(74) このうち「保健上」とは、映画を見ると目が悪くなるという類の説に対する配慮で、田島によれば『検閲室の暗に呟く』出版時にはすでに過去の遺物と化していたし、内務省でこの理由で不許可になった映画はないという（二四六—四七）。従って検閲の実務のメルクマールは公安と風俗に大別される。柳井はこれを、内規は「我等の民族確信」と「我等の生活習慣」を守ることを大きな目標とする（五二八）、と言い換えている。ここには内務省時代の映画検閲の深く保守的な本質が現れている。

まず、「公安」を田島は「國家社會ノ一般的利益」（二五二）と定義し、「國家社會の平穏なる存在を阻害し、社會共同の平和生活を攪亂する様な、考へ方或は結果を、誘發若は惹起せしめる危險は、公安を害する。と、云うことになる」（二五二）と説明している。ここでは「国家」と「社会」がナカグロなしの連続体として捉えられ、さらに「一般的」という言葉によってこれらの枠組みの内部における利害の対立や力関係が無化されている。「公安」の細目は以下のとおりだ。

(72) 奥平も一九二五年時点での内規を列挙して紹介している（前掲論文、三一六ページ）。本節のリストとは小さな相違点もあるが、年代の違いであろう。
(73) 『検閲時報』によると、『都会交響楽』は一九二九年一一月二八日、切除六メートルのみの「制限」で検閲通過している。この査問は第一節で紹介した飯田心美の試写評（一一月二一日）と友田純一郎の公開映画評（一九三〇年一月一日）の間に起きている。
(74) 「活動寫眞「フイルム」検閲規則」牧野、前掲書、六〇五ページ。

公安ヲ害スル虞アルモノ
A　皇室ノ尊厳ヲ冒瀆スルノ虞アルモノ
B　國家ノ威信ヲ損スルノ虞アルモノ
C　朝憲紊亂ノ思想ヲ鼓吹又ハ諷唱スルモノ
D　現在社會生活ノ根本律則打破ノ思想ヲ鼓吹又ハ諷唱スルモノ
E　國交上ノ親善ヲ害スルノ虞アルモノ
F　犯罪ノ手段方法ヲ示シ及ビ犯罪若ハ犯人隱蔽ノ方法ヲ示スモノニシテ模倣心ヲ惹起スル虞アルモノ
G　前各號ノ外公安ヲ害スル虞アルモノ（五—六）

この中でも例えばA項については検閲による言論弾圧の代表例としてすでに論じられてきているので[75]、本節では溝口の作品に関わるD項に触れるに留める。なお、上記のどれにも明瞭に該当しなくとも検閲官が「公安ヲ害ス」と判断した場合のアンブレラ条項としてG項が存在していることは、内規があるといってもやはり検閲の深い恣意性の証左として強調しておきたい。

C項とD項は紛らわしいが、田島によれば、無政府主義、天皇制の否定、軍隊の否認、朝鮮独立の呼びかけ、そして付け加えれば議会政治の否定など、国家の転覆を唱道するのがC項「朝憲紊乱」にあたり、単なる現行制度の批判はこれに該当しない。そのため、「公開を許して貰ひたい爲に檢閲を受けに來るのでありますから、そう云ふ内容のものを、間違へば内亂罪若くはその教唆や治安維持法に引掛る様な危險を犯してまで、警保局に持込んで來る者は、まあ、今日迄、殆ど無かつたのであります」（二六八）。言い換えると、こうした思想・運動に対しては他の法律や特高警察をはじめとした他の部署が取締・弾圧を担っており、公開目的というその性質上、映画検閲マターではなかったということだ。一方、D項の取締の対象となるのは、「現在の社會組織」の破壊であり、政党政治、資本主義経済、市場経済、私有財産制などの否定、階級闘争の主張を描写して「人々の共感を呼ぶ虞のある場合」（二六九）である。一九三八年、田島は「此の五・六年以來、日本的、なる假面を被り、極右翼主義の擡頭を見せるに至る」（二七〇）と右への警戒感も強めていた。しかし、一般的には「イデオロギー物」、つまりプロキノや傾向映画がここに該当し、田島のこれらに対する醒めた態度はすでに紹介したとおりだ。

では、傾向映画がズタズタに切られたというのはすべて被害者＝作り手の捏造なのだろうか。そうではない。D項の中のサブカテゴリーとして「社會紛議に關するもの」が挙げられているが、具体的には小作争議や労働争議、ストライキの描写のことである。こうした描写は「夫れが、非合法手段によつて行はれて居るにも拘らず、人情の上から、どうもその方に同情を牽き易い、とか、その方が正しいものゝ様に印象され得る様に描寫されて」いるとき、「いけない事」になるのである（二七六—七七）。つまり、情動的な強度と作劇上の説得力を兼ね備え、アジテーションとしての高い効果が期待される映画のみが検閲保留や削除の憂き目を見るのであり、こう言っては何だが名誉である。いったん検閲拒否の可能性をつきつけられ、プロレタリアを描くシークェンスを「自主的に」削除した版が検閲を通過した『都会交響楽』は、なるほど輝くような大傑作だったに違いない。[76]しかし、監督を呼び出して叱責・説得し、申請を取り下げさせて自己検閲版で再度申請させるという内務省の極めてお役所的な対応には落とし穴がないだろうか。申請を取り下げさせたフィルムの問題部分はいくら「運用」でも没収できまい。内務省が検閲するのは公衆の面前で「映写」予定のフィルムだけであって、プリントを持っているのは自由だ。[77]『都会交響楽』の伝説のシークェンスがどこかの土蔵から発見される日も来るかもしれない。

(75) 奥平、前掲論文、三一七ページ、牧野、前掲書、passim、とりわけ二一三—一七ページ。牧野の記述は田島からの長文の引用を含む。

(76) 『検閲時報』によると、『都会交響楽』は一九二九年一一月二八日、切除六メートルのみの「制限」で検閲通過している。この査問は第一節で紹介した飯田心美の試写評（一一月二一日）と友田純一郎の公開映画評（一九三〇年一月一日）の間に起きている。

『キネマ旬報』の一九三七年新年号の座談会での溝口の「まづ檢閲で許された範圍で出來るものでは、男女の闘争、それが一番芝居になりやすいと思ひますからね。興味が持てます」[78]という発言は、「公安」ではなく「風俗」を主戦場とするということであろう。そのための一応の「ゲームの規則」である検閲内規の「風俗」項目は、以下のようになっている。

風俗ヲ害スル虞アルモノ
A　敬神崇祖ノ良風ヲ紊リ又ハ善良ナル信仰心ヲ害スル處アルモノ
B　慘酷ニ渉リ若ハ醜汚ノ感ヲ興フルモノ
C　猥褻ニ渉ルモノ
D　姦通ヲ仕組ミタルモノニシテ貞操觀ヲ紊ル虞アルモノ
E　戀愛ニ關スル事項ヲ仕組ミ其ノ内容下劣ニ渉ルモノ
F　妄リニ他人ノ祕密又ハ家庭ノ内情等ヲ摘發若ハ風刺スル嫌アルモノ
G　業務ヲ怠リ志操ヲ荒廢セシムルノ虞アルモノ
H　智德ノ發達ヲ阻害シ教育上ノ障害ト爲ルノ虞アルモノ
I　児童ノ悪戯心ヲ誘發シ又ハ教師ノ威信ヲ傷クルノ虞アルモノ
J　善良ナル家庭ノ風習ニ著シク反戾スル事項ヲ仕組ミタルモノ
K　感化遷善上ニ障害ト爲ルノ虞アルモノ（六）

ここでもKがアンブレラ条項として「風俗ヲ害スル」ケースをほぼ無限に拡大する可能性を担保している。
田島は「風俗」とは、相当な期間社会的に定着性を持った習俗のことであり、それを「害スル」行為とは、「現在の社會の健全なる通念」に悖る行いであり、いわゆる「風俗係」が扱うような売買春をめぐる事象ばかりを指すわけではないと説明している（三一二―一三）。しかし、戸坂潤の言を俟つまでもなく、マテリアルで感覚的な装いや振る舞いの集積としての風俗の表象を取り締まる映画検閲は、そもそもは売買春とともに地方警察の管轄であったし、内務省に統一されて以降も深く通底していた。実際、警視庁の風俗係に捕らえられる女性を描いた『折鶴お千』は女性の交換そのものを前景化し、その物語はAからCまで、「風俗ヲ害スル虞」のオンパレードの感がある。むろん、田島は映画に描かれている事柄（例えば姦通）自体に問題があるからといって、即座に映画自体が「風俗を害す」とは考えていない。彼の言うところの「指導性」、つまり表象が観客の事柄自体への憧憬やその模倣を誘発するかどうかという影響力の問題、さらに情動的なショックの強さを測る「刺激性」が鍵を握る（三一四―一五）。端的に言えば、「姦通して幸せになりました」は御法度だが、「姦通した愚かな女は不幸になって悔いています」であれば、演出や編集の「刺激性」に応じて考慮されるわけである。ちなみに、戦前の日本では「姦通」という概念は法的にも女性にのみ適用された。こうした意味で、内務省の判断基準はこれまで言われてきたよりもずっとアメリカのヘイズ・オフィス（ブリーン・オフィス）の映画製作倫理規定に基づく自主規制に似ている。

『折鶴お千』は一九三五年一月一一日の査問の結果、合計で七六メートル（二分四六秒）の切除を受けており、これはかなり「切られた」と言ってよい。以下、まず八つの切除箇所を『検閲時報』から引用しよう。

一、第三巻お千ガ脱衣スル個所切除二米（風俗）

（77）この意味で、再公開の予定の有無に関わらず日本国内に存在する旧作プリントを集めて検閲しまくり、ものによっては没収、さらには焼却までしたアメリカ占領軍の強権ぶりは内務省を遥かに凌駕している。板倉、前掲論文、平野共余子『天皇と接吻――アメリカ占領下の日本映画検閲』（草思社、一九九八年）、六五―六七ページ。

（78）溝口健二、北川冬彦、滋野辰彦、他、前掲座談会、二五七ページ。

二、第四巻發聲第二「愚僧も妻を……」ニ該當スル記聲部分並ニ字幕第二「愚僧も妻を……」切除二米（風俗）
三、同巻お千ガ入浴セル場面及ビ字幕第六「色慾外道の……」乃至同第九「飛んでもない」並ニ發聲Ａ「色慾外道の……」乃至同第九「飛んでもない」ニ該當スル記聲部分切除三五米（風俗）
四、同巻浮木ガお千ニ菓子ヲ喰ハセル個所切除十米（風俗）
右切除ニヨリ發聲第二八註「さァこれを進ぜよう…どうも恐れ入りましたなァ」ニ該當スル記聲部分除失
五、第六巻宗吉ノ顔ノ大寫個所切除三米（風俗）
六、第九巻婆ガ戸口ヨリ首ヲ出セル個所並ニ男ガお千ノ家ヲ覗ク個所切除五米（風俗）
七、同巻お千ノ家ノ前ヲ婆ガ往來セル個所及ビお千ノ家ヨリ男ガ飛ビ出ル個所並ニ發聲第三Ａ「おやつ歸つて……」ニ該當スル記聲部分切除七米（風俗）
八、同巻川端ニ蹲マレルお千ノ頭ノ明瞭ニ身ユル個所並ニ男ガ往來ヨリお千ノ傍ニ下リ行ク個所切除一二米（風俗）[79]

これらの切除部分を現存フィルムおよび大谷図書館の検閲台本と照らし合わせると、おおまかに言って（a）僧・浮木（芳沢一郎）の欲望の眼差しの対象としてのお千（山田五十鈴）（一～四）、（b）お千の売春（六～八）、の二つに分けられる。

なお、五は台詞のないショットであると考えられるため検閲台本に残っておらず、厳密に言えば「風俗」以上の理由の同定は難しいが、第六巻は宗吉（夏川大二郎）が熊沢の手下たちから陰惨ないじめを受ける部分にあたる。ここで『検閲時報』の記述を京都文化博物館の坂根田鶴子資料の第六巻のスクリプターメモに照らし合わせると、現行版に残っていない c.u（ママ、close up）を特定することができる。熊沢の手伝いをして貰った金をお千に見せた宗吉は「不浄の金」は使わないように言われ、ナイーヴにも彼女の台詞を熊沢の手下に繰り返して金を返す。熊沢の手下たち（北村、鳥居、藤井）はこれを聞いて腹を立て、宗吉を引きずり回したあげく、「小僧　も少し目先の見える様に　明るくしてやるぞ」（現行版字幕）と頭頂に蠟燭を立たせる。ここで坂根のメモを見てみよう。キャメラに背中を向けた宗吉を前景に、三人が食物を見せびらかすフルショットの描写である（図版４－３－１）。若干の会話字幕の違いはあるが、現行版には明らかに対応したショットがある（図版４－３－２）。坂根のメモではこのフルショットに続き、夏川のク

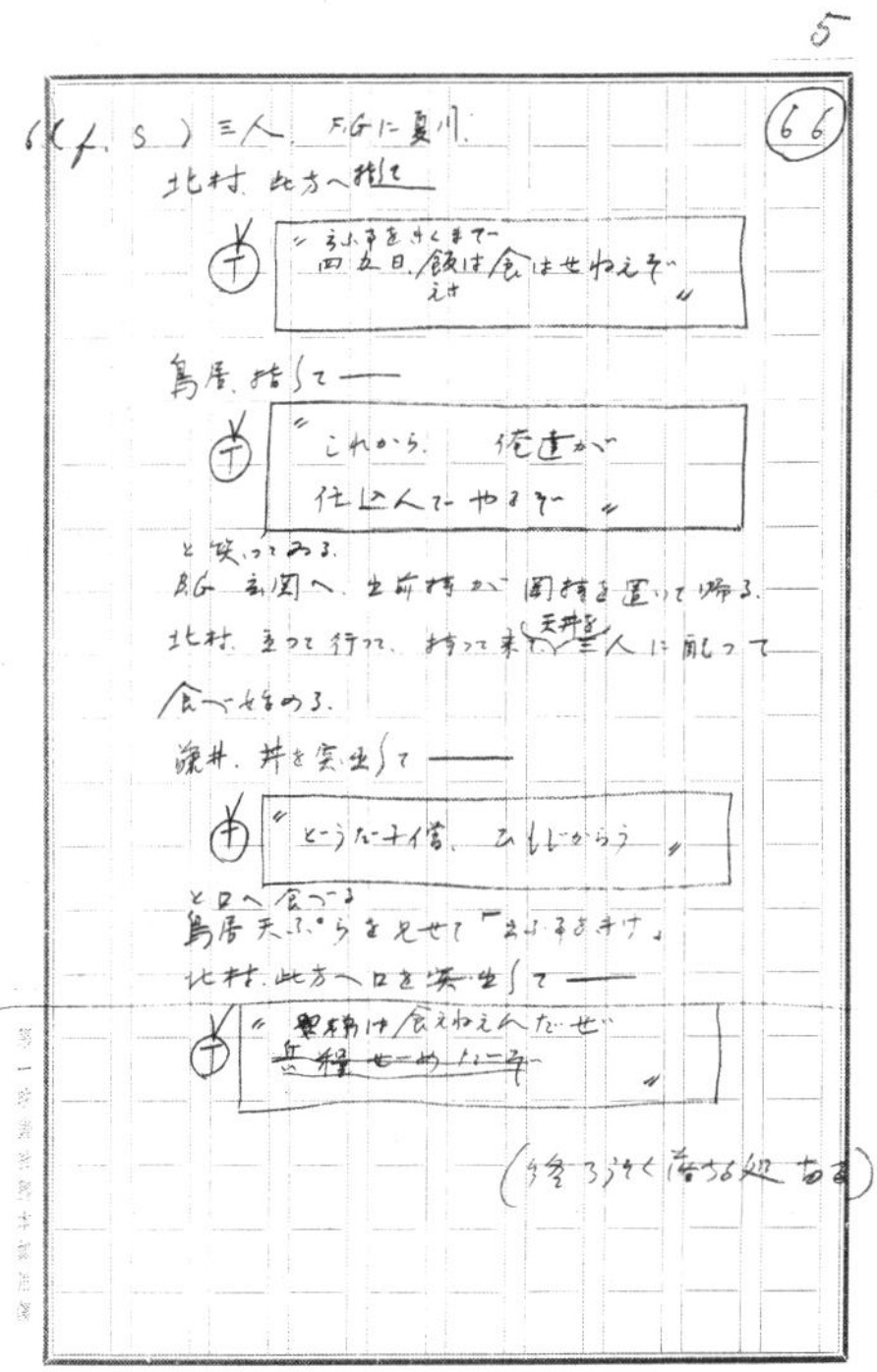

4-3-1：坂根田鶴子文庫、京都文化博物館所蔵。

4-3-2：図版 4-3-1 の描写に対応すると思われるショット。

（79）内務省警保局『検閲時報』一九三五年一―一二月、拒否又ハ制限ノ部（不二出版、一九八五年）、三ページ。なお、原文では文頭はどの項も一だが、便宜上順に番号をふった。

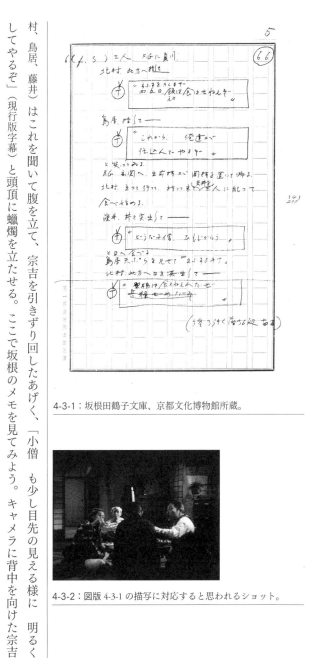

ロースアップが記載されている（図版4－3－3）。現行版ではフルショット↓字幕「食ひてえだらう」（坂根メモでは「貴様は食えねえんだぜ　兵糧ぜめだぞ」）↓路地の柴田のロングショット（図版4－3－4）、というショット連鎖になっているため、坂根メモ上部の7.(c.u)（図版4－3－3）が削除部分である可能性は高い。

　これが何にひっかかったかと言えば、B項「惨酷ニ渉リ若ハ醜汚ノ感ヲ輿フルモノ」であろう。田島は時代劇の剣戟シーンを例にあげ、「袈裟掛にやられ乍ら衣類も裂けず、血も滲まず、チャカ、チャンチャンと、御陽氣至極の立

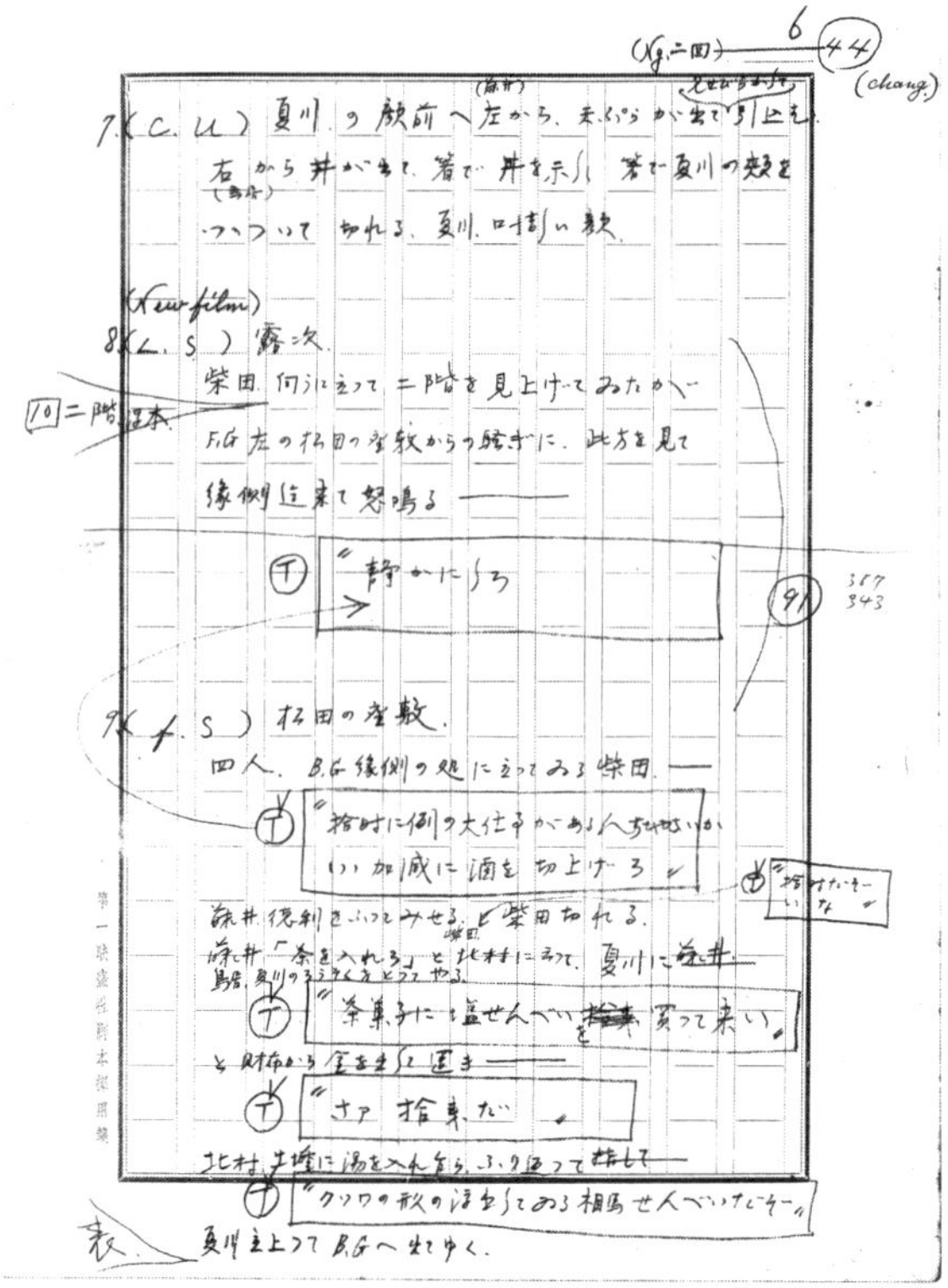

4-3-3：上から3行がクロースアップの描写。坂根田鶴子文庫、京都文化博物館所蔵。

4-3-4：現行版で4-3-2に続くショット。4-3-3の5行目からの描写がある。

廻り」は問題ない、と述べている（三二三—二四）。ところが、「その時、颯つと血飛沫が上つたり、半面血に塗《まみ》れた顔の大寫が出ますとか、或は、ウアーッツ、と云ふ様な、苦悶の叫聲が發せられますとか、苦しみ悶掻く表情が現れたりしますと、實感或は迫眞性を生じ、慘酷、と感ずる常態を發生します。卽ち、カットと云ふ事になるのであります」[80]（三二四）。『折鶴お千』の溝口は——坂根のメモによれば——血の一滴も見せることなく、強烈な演出だけでそれ以上のインパクトを達成している。現行版のこのシークェンスは、画面内で展開するいじめの凄惨さに比してキャメラが常に離れており、しかも宗吉はうつむいて背中を向けているため、監督の作劇上の意図が曖昧で消化不良の印象を与える。宗吉のクロースアップがあってこそ、一見無償に思われる子供じみたいじめが宗吉の心情へと回収され、お千に対する熊沢の一連のDVとともに、被害者の側から描いた——それでいて明らかに「獵奇」[81]に傾く——嗜虐的な描写の連鎖に連なってゆく。検閲官が十全に意図し、結果的にある程度成功したのは、こうした連鎖を断ち切ることであった。

　お千の性と身体をめぐる（a）と（b）では、検閲官はどう考えても内務省に対する挑戦状としか思われない過激なショットを削除するとともに、このようなイメージの連鎖の破綻をも企図していた。（a）の一、三、四はC項「猥褻ニ渉ルモノ」に抵触したと考えられる。猥褻はさらに「接吻、抱擁、裸形、舞踊、痴態、性的暗示、遊興、其他」（三二八）に細分されているが、お千の入浴をめぐる一、三は「裸形」であろう。「裸形」に対する田島の姿勢は前節の『祇園祭』における鈴木澄子の行水姿についてのコメントに集約されたとおりだ。つまり、「映畫に於きましては、國家は、主權の下に、社會一般の利益に於て行動す可きことを、その本領とする、と云ふ建前に從ひまして、藝術家並に其の系統に屬する人々には、誠に御氣の毒ではありますが、俗人への刺戟性を中心として考慮し、裸形の處置を致す」（三三七）のである。しかし、さらに興味深いのは、田島が「映畫は一脈の氣分乃至情緒を、畫面及びダイヤロー

（80）このような検閲方針が時代劇の殺陣をはじめとした戦前日本映画のアクションと暴力の表象にもたらした影響は大きいと考えられる。
（81）未検閲版に基づく村上忠久の試写評にある表現。村上忠久「折鶴お千」『キネマ旬報』一九三五年一月二一日号、五六ページ。

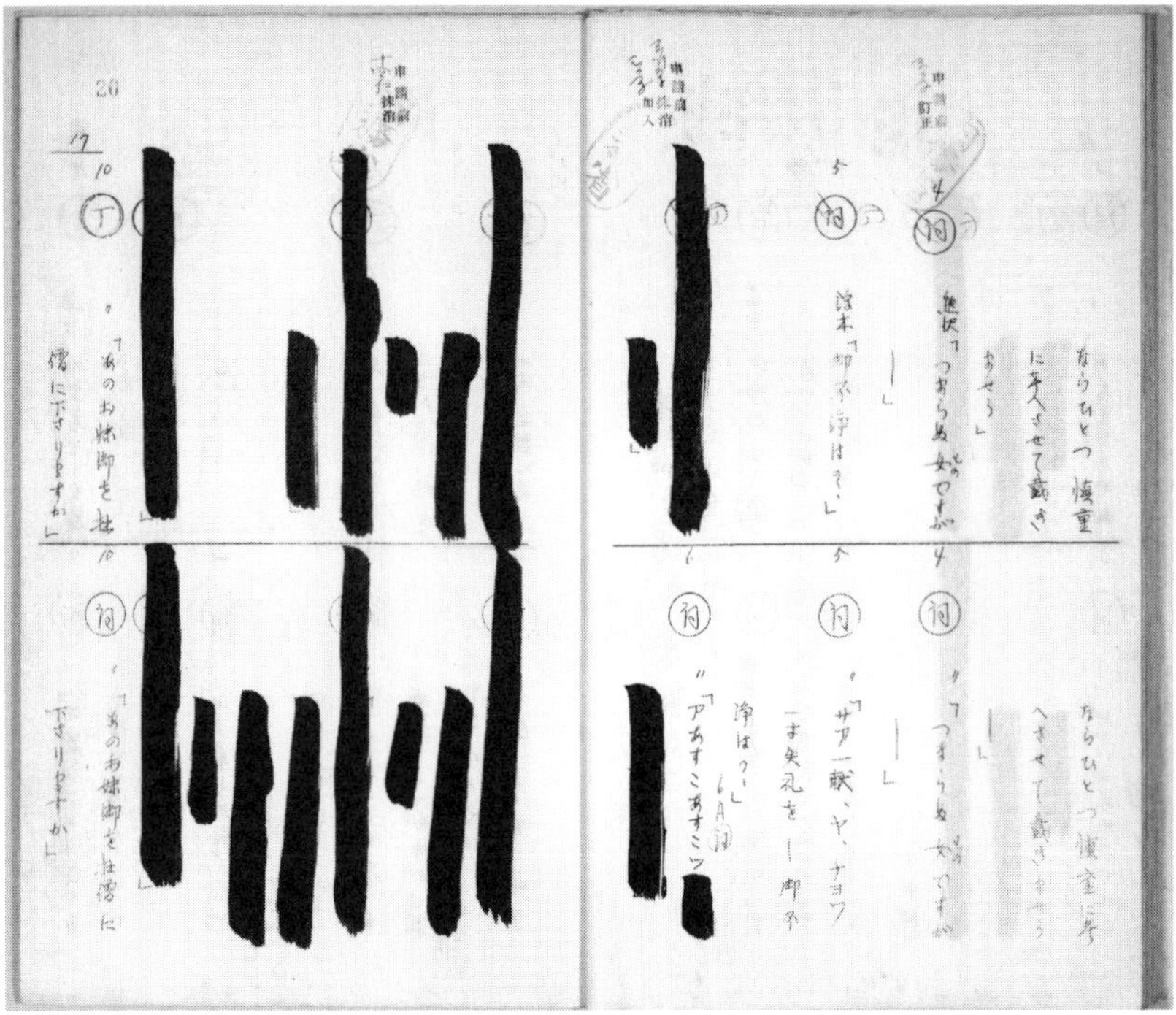

4-3-5：松竹大谷図書館所蔵。

グの展開によつて、流して行くものでありますから」、たとえボッティチェルリの《ヴィーナスの誕生》のような泰西名画を撮影したとしても、「それが、現に流れて居る氣分なり情緒なりによつて、反社會性を生ずるものでありますときは、之がカットとなる場合を生ずる」(三三八)と述べていることだ。つまり、ヌードの「猥褻性」は当然ながら映画の説話論的な文脈によって大きく決定される。

こうした内規に照らすと、たしかに一、三、のお千の脱衣・入浴はとりわけ「猥褻」である。お千は美人局という詐欺・恐喝の道具として僧侶・浮木を誘惑し性交に及ぶ下準備として入浴しているのであり、さらにその入浴姿を浮木に垣間見させるよう情夫・熊沢とその手下が計略している。一、は台詞のないショットであるため検閲台本には痕跡が残っていないが、お千は「どうせ　あたしや　白粉を塗って　化ける　女狸さ」(字幕+松井翠声)と手下に捨て台詞を吐いて浴室の引き戸を閉め、浴室内部にカットして、湯をわかしていた宗吉をいたわって会話する（字幕＋松井翠声）。このツーショットから宗吉が画面右にフレームアウトし、残されたお千は宗吉の方（画面右）を見送りながら手拭いで涙をぬぐう。現行版では裏口で涙ぐむ宗吉のフルショットに繋がっているが、このショットがお千の視点ショットである可能性は極めて低く、間にはお千の脱衣があったと思われる。なお、この場面は坂根のメモが欠落しているため、推論の域を出ない。

三、は三五メートルつまり一分一六秒に及ぶ一場面丸ごとの削除である。現行版では、座敷で熊沢と松田の妻に酒を振る舞われていた浮木は軽く酩酊して席を立つ。一階の階段の下で松田と手下が何か相談しているが、気配を感じて会話をやめ、画面左右に別れると、暖簾の向こうから浮木が現れる。「ご不浄は？」（字幕＋松井）と画面右を見ながら尋ねる浮木に、画面左にいる松田が右を指し示し、それにあわせて松井の解説が「ア、あすこあすこ」と言う。キャメラは右、さきほどお千が閉めた浴室の戸に向かう浮木を追ってパンし、浮木が引き戸に手をかけ、開けんとするところでショットは切れる。検閲台本の墨塗りを透かして解読すると、削除シーンは以下のようなものだった（図版4－3－5）。

6（詞）Ⓣ　松田「色欲外道の搦め手からだ」
申請前三字抹消
三字加入
7Ⓣ　お千「どこ迄あたしに生恥をかゝせるつもりだい」

6（詞）解説「アあすこあすこツ色欲外道の搦め手からだ」
7（詞）解説「どこ迄あたしに生恥をかゝせるつもりだい」

8Ⓣ　松田「生佛――御意に召しましたか」
9Ⓣ　浮木「飛んでもない」
申請前十四行抹消

8(詞)　解説「まア宜いさ　しつかりやれう［判読不能］どうですなア　生佛――御意に召しましたか」
9(詞)　解説「飛んでもない」

この後、茫然自失の体で座敷へ帰って来た浮木が座り、したり顔の熊沢に、子供のようにはしゃぎながら「あのお妹御を　拙僧に――　下さりますか」（字幕＋松井）と尋ねるところからは現行版にも残っている。

浮木が浴室の戸を開けてから松田の台詞が字幕で入り、すべては計画の一端と観客に知らしめた上で、浮木がお千の入浴姿を目の当たりにしたと考えられる。ここでも坂根のメモが欠落しており、デクパージュや演出の細部はわからない。お千の台詞により、彼女は不意をつかれたことが読み取れるが、ここで「生恥」が松田の台詞「生佛」へと連鎖して行く。

『折鶴お千』の入浴モチーフはかなりインパクトのあるものだったらしく、試写を見た同時代の批評家たちも言及している。村上忠久は「風呂に入るお千をかひま見る僧浮木の描寫、裏切りを知つた熊澤のお千への慘虐、之等は既にアブノーマルの世界であり、映畫がその興味をかうした所に見出す事はとらない」[82]、岸松雄も「山田五十鈴の入浴姿を見せ、夜鷹のさまを見せることの興味は、恐らくは検閲の鋏を免れ得ないところであらうが、それが單に春畫的なる好みを狙つたものであるならば愚といふべし」[83]と述べ、ともに批判的であるばかりではなく検閲による削除を予想している。削除部分は現存しない以上、実証することはできないが、ここまで拒否反応が出るというのは興味深い。この入浴モチーフは単に女性の「裸形」が露出しているからというよりも、女を食い物にするペテン師たちによってセッティングされた覗き見に、堕落僧の色欲の眼差し（狭義の視点ショットとは限らないが）への同一化を通して参加せざるをえない構造になっているため、検閲官と批評家にとりわけ卑猥で後ろ暗い印象を与えたのではなかろうか。

さらに、（a）お千と浮木のエピソードの全体は、内規のA「敬神崇祖ノ良風ヲ紊リ又ハ善良ナル信仰心ヲ害スル處アルモノ」、つまり「宗教夫れ自體を否定したもの、又は、宗教家を侮辱したもの」（三一九）を不可とする条項と微妙な関係にある。ちなみに、田島は明治憲法第二八条「信教の自由」をこの項の根拠として引いており（三一七）、対象となる宗教は国家神道には限らず、仏教やキリスト教ももちろん該当するのだが、「いくらなんでも非道すぎる」という印象を与えない限り、架空の宗教家への侮辱は許容されていた。つまり、浮木という名の架空の僧を色と金に目がくらんだ馬鹿者として描いているということは、単独では「風俗」による制限の理由を構成しないし、仮にそうであれば、この程度の削除では済まないだろう。

それにも拘わらず、一、四、では、この宗教条項が「猥褻」という判断を暗に支えているはずだ。つまり、浮木が通念として高潔な人格が期待される僧侶ではなく、例えば単なる富裕な商人であれば、以下のような表現・描写がどの程度問題になったかはわからない。まず、一、の削除は浮木の「拙僧も妻を焼死せて以來孤閨を保つこと久しく」という台詞（字幕と弁士解説）である。四、では25Ⓣ／25(詞)（19／22枚）から、33Ⓣ／33詞まで、四ページ半に亘って削除と思われる部分が墨塗りされている。[84] これは風呂から上がって美しく身繕いしたお千と浮木が座敷で対面するシーンであり、透かして見る限り、浮木に「これを進ぜやう　ホラ　サアサア　口をアンとなア［以下判読不能］」という台詞（28(詞)）があり、C項「猥褻」の「痴態」にひっかかったと思われる。田島によれば、「痴態。とは、主として、異性間の、性的背景を持つた遊戯的行爲、及び、性的に色彩の強い擧措を總稱致します。世俗に、戀愛的表現の濃い

（82）村上、前掲批評。
（83）岸松雄「折鶴お千」主要日本映画批評『キネマ旬報』一九三五年二月一日号、一一一ページ。
（84）この墨塗個所は上記『検閲年報』の記述四よりも広く、どの現行版にも『年報』で「削除」と記されている部分以外は残っていることから、墨塗および検閲台本の出自についてはさらなる調査が必要である。

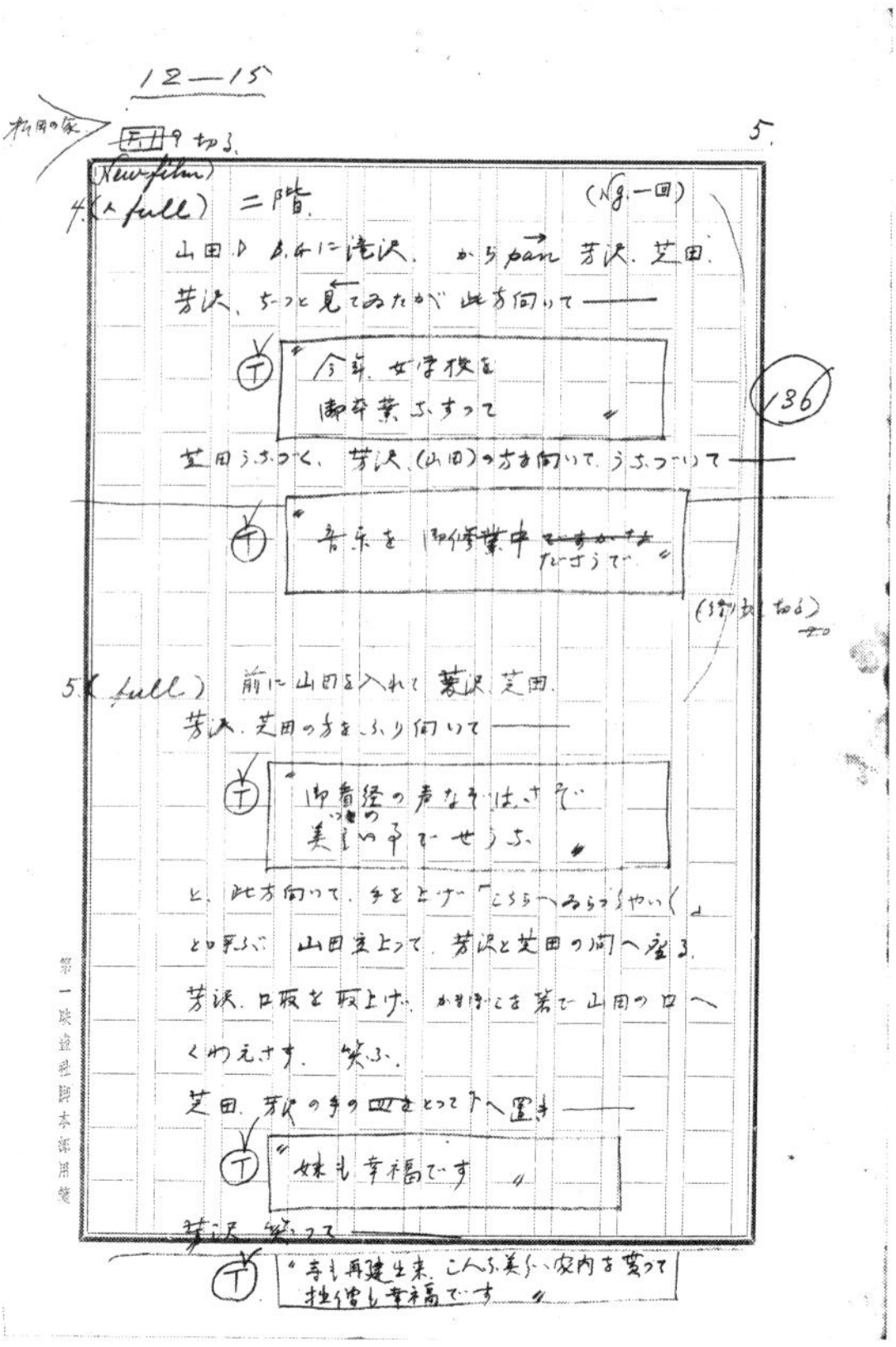
12―15

二階

妹も幸福です

4-3-6：現行版には浮木がお千にかまぼこを食べさせる部分がない。坂根田鶴子文庫、京都文化博物館所蔵。

ものに對しまして、見ちやぁ居られねえ、と申す言葉が御座いますが、あれなどは、正に、痴態の一部分を的確に具表致して居ります」（三三三）。坂根のメモ（図版4－3－6）を参照し、現行版とつき合わせると、おそらく削除されたのは、お千（山田）が浮木（芳沢）と熊沢（芝田）の間に座ってからの、「芳沢、口取を取り上げ、かまぼこを箸で山田の口へくわえさす。笑ふ。芝田、芳沢の手の皿をとって下へ置き――」という部分であろう。現行版ではお千が座るとすぐに熊沢の台詞字幕「こんなに可愛がって　いただいて　せん子も幸福です」に繋がるが、字幕の後では浮木がそれまで持っていなかった箸を手にしており、検閲官＝外科医が「手術」を行い、「見ちやぁ居られねえ」と判断した部分を切除して縫合した痕が微かながら確認できる。

一方、お千の売春をめぐる（b）の削除（六―八）は、いったい内規のどの項に当たるのだろうか。柳井義男は一九二六年に風俗の項目の一つとして「遊郭」を挙げ、之は芝居の筋から見まして、必要なる範圍には殘して居りますけれども、遊郭の場面に多くの興味を持たして作ると云ふ様な、さう云ふ寫眞でありますれば制限を受けるのであります。遊郭が出て來ると云ふことは吾々は別に拒否する譯ではないのでありますが、併し又斯様な社會の暗黑面と云ふものは、必要な程度以上に見せなくとも宜いではないかと考へられるのでありまして、「ストーリー」の關係上必要な程度だけ認めて居るのであります。（五八三）

と述べている。一方、田島はC項「猥褻」の細目「遊興」の説明で、映画の中に遊郭の「細見」（ガイド）として機能するような描写があれば「遊興心を唆《〔ママ〕》る虞は十分でありますので、用捨なく不許可、或はカットであります」（三四七）と述べるに留まっている。夜鷹が川縁にしゃがむ姿がここに該当するのかどうかは疑わしい。六から八まで、仲介の婆の役割、お千の家を出て行く客、お千に近づく客、と売買春の社会的ディテールが削除されている一方、売春が行われているという物語内現実自体は行為そのものを見せなくても誰の目にも明らかである。第一節で引用した『キネマ旬報』座談会における溝口の花魁についての発言からもわかるとおり、売春が「切られる」可能性の高い題材であるということは映画業界の共通認識になっていた。

従軍慰安婦をめぐる論争でしばしば声高に主張されるとおり、たしかに戦前から一九五八年まで日本では売春が合法化されていた。しかし、歴史家・永井和が喝破したように、「公娼制度のもと、国家は売春を公認してはいたが、それは建て前としては、あくまでも陋習になずむ無知なる人民を哀れんでのことであり、売春は道徳的に恥ずべき行為＝「醜業」であり、娼婦は「醜業婦」にすぎなかった。国家にとってはその営業を容認するかわりに、風紀を乱さぬよう厳重な規制をほどこし、そこから税金を取り立てるべき生業だったのである」[85]。一方、小野沢あかねが明らか

（85）永井和「日本軍の慰安所政策について」（二〇〇四年のソウル大学校における発表原稿を改訂・補足）http://nagaikazu.la.coocan.jp/works/guniansyo.html#refadnt2（最終アクセス二〇一四年三月一六日）また、藤目、前掲書、九二ページも参照。

にしたとおり、一九二〇年代、女性と子供の人身売買を禁止する国際条約を批准して「一等国」としての体面を保つことが政府にとって喫緊の課題となり、既存の公娼制度との矛盾が認識された。一九三一年に国際連盟から東洋婦女売買調査団が派遣され、矯風会をはじめとした国内の廃娼運動とも連動し、一九三三年には、日本の公娼制度を実質上の人身売買として批判する報告書が公開された。一九三五年に内務省は現行の公娼制度は廃止して別の管理体制のもとで売買春を存続させる方針を固めたが、業者の反対によって実現には至らなかった[86]。このような歴史的文脈に照らすと、内務省の論理によれば、売春はそれ自体で公序良俗に反する卑しむべき醜業でありながら、一部形態は国家によって公認・管理されているため、二重に隠蔽すべき、真の意味で「猥褻」な行為となっていた。興味深いことに、一九二六年にはあった「社會の暗黒面」たる公娼制度（遊郭）の表象についての明確な内規条項が、一九三〇年代中葉には曖昧化するか言及されなくなっており、ケースバイケースでAからJに至る内規を当てはめるか、あるいはアンブレラ条項であるKを適用していたと思われる。

『折鶴お千』に対する内務省検閲は、女性の入浴姿や売春など、当時としては過激な細部を行き当たりばったりに切除していったわけではあるまい。「外科医」たるもの、映画全体の「治癒」を目標とするからである。この映画の核心をなすのはまさに女性の交換《トラフィック》＝売買であり、売られる女であるお千は、どうやら天平時代のものと思しき浮木の寺の菩薩像と繰り返し重ねられる。お千の裸形が「生佛」として売買に先だって見本として提示されるように、寺から運び出された菩薩像は西洋人に鑑識される。実際、熊沢のコントロールする詐欺のネットワークの中では、浮木は菩薩像と引き替えにお千を手に入れることになっており、二体は等価物である。この交換《トラフィック》＝売買の歯車を止めて脱出するために、お千は浮木の代わりに坊主頭にした宗吉と寝て、結果的に助けられた浮木に「菩薩」と崇められることになる。売春婦を聖なるものと結びつけるレトリックは陳腐なものだが、『折鶴お千』においては、菩薩像の聖性自体が商品化されることによって毀損されており、つまり、視覚的には山田五十鈴に対するフェティシストな崇拝を貫きつつも、レトリックの底はあらかじめ抜けているのだ。浮木事件の大団円に続き、松竹版および神戸版では映画の語りはいったん現在に戻り、梅毒に脳をやられたお千は凄惨な眼差しで「あたしは　菩薩だ」と口走って（本書カバー写真）停車場の他の客にたしなめられる。菩薩に擬えられるならよいが、気狂いでなければ菩薩だと自称などしない。お千が風俗係に拘留されて罰せられ、宗吉と生き別れになるのは、実を言えば売春という「醜業」に従事したからではなく、それを公の鑑札を得ずに隣の婆に唆されて私的に行い、その結果ひとときでも「幸せ」になったからである。『折鶴お千』は公娼制度を根幹とする女性の交換＝売買《トラフィック》のシステム、つまり内務省の取締の対象としての「風俗」システムの中で、女性は決して主体たり得ないということを徹底して描いている。内務省の検閲が試みたのは、この残酷なシステムの描写を少しでも鈍らせることであったろう。

このような女性の交換＝売買《トラフィック》と内規Jが謳う「善良ナル家庭ノ風習」との間の関係を衝いたのが『浪華悲歌』である。なお、ここで言う「善良」とは、田島によれば「現在の健全なる社會通念が、日本の家庭に於ける風習、として、その存在を公然認めて居る風習」（三七八）という程度の、つまり、「模範的」である必要はないが規範的な意味合いである。こうした規範的な家族の通念に反する行為を中心に据え、かつそれを「悪」として提示しない映画が問題とされたのだ。その典型として田島が名指すのは個人主義と利己主義であり、「我國の如く、一家互に犠牲的精神に瀝ちて共榮する。と云ふ理想とは雲泥の差」（三七九）であった。田島が例として挙げるのは、一人前になった同居の息子に家賃を要求する親を「当然」として描くアメリカ映画である。

一方、『浪華悲歌』のヒロイン・アヤ子（山田五十鈴）は、表面的にはずけずけとものを言う勝ち気な女性で、洋装で喫煙する典型的な「モガ」に見えるが、その実、好きでもない雇い主の妾になって遣い込みをした父の苦境を密かに救い、しかもそれを決して兄妹には告げないという「犠牲的精神に瀝ち」た孝行娘である。このような戦前期日本

（86）小野沢あかね『近代日本社会と公娼制度——民衆史と国際関係史の視点から』（吉川弘文館、二〇一〇年）、とりわけ一九三〇年代の国際関係と外務省・内務省のかかわりについては、第二部を参照。

の「風俗」のアポリアは検閲にとって頭の痛い問題だった。検閲台本にも現行版にもないが『溝口健二作品シナリオ集』には存在する以下のやりとりは、このアポリアを直撃しており、溝口自身が「カットされた」と語るように、おそらく自主的に削除あるいは撮り直しをしたと思われる。元々の三巻目、借金取りが帰った後、父親、アヤ子、妹が食卓を囲むシーンだ。父親の「罰當り奴……ここまで大きうして貰ふたのは、誰のお蔭やと思ふてんにや？」（検閲台本、現行版ともに有り）に続いて、

「大きうすんのは親として當り前のことやないかいな」
幸子も茶碗を置いて
「姉ちゃん、やめいな」
「ふふん、早う、大きうして喰ひ物にならんかいな、思ふてんやろ……」
「何んちふこと云ふのや……」[87]

とある。ここから検閲台本・現行版でも「こんなとこにうろうろしてたら、ほんまにえらい眼に會ふは」（おもちゃ）と口論になるが、ついにおもちゃが出て行く際の捨て台詞「出て行くがん……喰ひものにされんさきに出て行くがん……誰がこんなうちにゐたいことあるもんか……」は削除されている。

内規のF「妄リニ他人ノ祕密又ハ家庭ノ内情等ヲ摘發若ハ風刺スル嫌アルモノ」、つまりプライバシーの侵害の条項にかこつけて、田島が面白い例を挙げている。かつて、父親を借金苦から救うため、九州の高等女学校卒業生が遊郭に身売りしたが、結果的に女学校の同窓会やその他婦人団体が募金をつのり、すんでのところでこの娘を遊郭から救出するという事件があった。さっそくこの事件に取材した映画が作られたが、その中に、救われて故郷の停車場に帰ってきた娘を大勢が歓呼の声で出迎えて「凱旋將軍でも歓迎する様な狀態を呈した實寫の場面」（三六一）が挿入さ

れていたのが検閲で大問題になり、結果的に田島は通さなかった。「如何に乙女心の衷情憐掬す可きものがあるとは云へ、また、一人の人間を、地獄の入り口で救つた喜びからとは申せ、相當な教育を受けた身であり乍ら、近代道徳の甚だ悦ばざる境地に、自ら進んで投じた女、云はば道徳的に日蔭者の女を、陽々天日を恐れず、お祭り騒ぎで歡迎するやうな映畫」（三六一—六二）を許しては、模倣の危険が生じ、また、娘のプライバシーの問題もある、というのが理由であった。なお、何万人もの娘が遊郭に身売りをしていた時代に、この娘だけが「救済」に値し、その物語が映画化されるほどの事件性を帯びたのは、田島の口吻からも窺われるとおり、娼妓になるなどあり得ない高学歴のブルジョワ娘だったからだ。[88] ちなみに次節でとりあげる『祇園の姉妹』のおもちゃ（山田五十鈴）も高等女学校卒という設定だが、依田義賢もそんな芸妓は祇園乙部に実在しないと承知していた。[89] ともかく、親権者の借金の形に性的サーヴィスを提供するのは「近代道徳の甚だ悦ばざる境地」に身を置くことにほかならず、たとえ国家が公認していても道徳的な「日蔭者」、「醜業婦」になることであった。

『浪華悲歌』が検閲拒否の可能性をつきつけられたのは、おそらく、どう考えても一九三六年の日本人女性として「善良」とは言えないふてくされた態度を取るアヤ子が、貞操を売ることで親に尽くし、国際連盟からも批判された「近代道徳の甚だ悦ばざる」日本の実状を露呈させていたからだ。溝口健二は一貫して「日本的」家族内の搾取を描き続けた。しかし、一方で、アヤ子は道徳的な「日陰者」、「かわいそうな女」（志村喬扮する刑事の言）「不良少女」として物語のうえで罰せられ、彼女のささやかな夢であった結婚の可能性も破れている。女事務員の男出入りという類

（87）溝口、前掲書、二四ページ。
（88）「公娼の概況」ＪＡＣＡＲ（アジア歴史資料センター）Ref.A05020102900、種村氏警察参考資料第3集（国立公文書館）。この内務省警保局の一九二五（昭和一）年の文書によると、一九二四年三月の調査では、全国の四八六三三名の娼妓のうち尋常小学校中退者と無就学者が三二〇九五名で圧倒的な多数を占め、高等女学校のような中等教育を終えたものはわずか四七人であった。
（89）依田、前掲書、六五ページ。

似の題材でも、田島検閲官に「個々の場面的には大した事はないが筋が全くひどいもの」[90]と日本公開を阻まれたジーン・ハーロウ主演の所謂プレコード・ハリウッドのゴールド・ディガーもの『赤髪の女』（*Red Headed Woman*, ジャック・コンウェイ監督、MGM、一九三二年）、あるいは『浪華悲歌』の発想の源として監督と脚本家が名指す岡田三郎の短編「舞台裏」「三枝子」のアモラルな軽さ、ユーモア、シニシズムと比べると、『浪華悲歌』もアヤ子も生真面目である。[91]「風俗」をあくまで社会的・道徳的な戦場としてとらえる溝口の真面目さこそが、『浪華悲歌』を一時的に検閲室に留め置き、かつ、結果的にはその無傷の公開を可能にしたのではなかろうか。本書は占領下の溝口作品とGHQの検閲を論じる第六章で再びこの問題に立ち返ることになるだろう。

第四節　『祇園の姉妹』の善導

『日本映画』一九三六年六月号の座談会上、時代劇傾向映画の名作と謳われた『傘張剣法』（辻吉朗監督、日活太秦、一九二九年）について増谷達之輔と主演の沢田清がこう回顧している。

増谷〔達之輔〕：『傘張《ママ》り劍法』は實は僕が見たのですけれどもね、どう誤られたのか、増谷檢閲官は非常に話がよく分るといふ風に盛んに日活の方では宣傳したので、何か日活と特別な關係があるやうにとられはしないかと思って非常に迷惑しました。

〔…〕

澤田〔清〕：あの『傘張劍法』のやうな寫眞は二へん續けて撮りましたが二へん目はもうめちゃくちゃに切られてしまつた。

増谷：あ、いふものを二本も撮ると、最初はさうでもなかつて〔ママ〕も、二度目はやはりイデオロギー的に相當な根據があると考へますからね。(92)

実のところ、「公安」と「風俗」のカテゴリー違いこそあれ、これこそ数ヶ月後に『祇園の姉妹』に降りかかった運命だった。増谷が披露する検閲の論理に従えば、同じ監督が前作と類似の題材を扱い、大きなリスクを取り続けた第二弾こそは、よりいっそう厳しく戒められなければならない。『浪華悲歌』の検閲通過は、「本當に全精神を打込んで出來上がつてをるやうな立派な寫眞」（増谷、内田吐夢『人生劇場』について、前掲）であるという検閲官の価値判断に支えられていたに違いないが、こうしたロマン主義的・作家主義的な検閲であればあるほど、作品単体ではなく作家のイデオロギーが問われることになる。かくして、通説とは異なり、『祇園の姉妹』が『浪華悲歌』よりも激しい「鋏厄」を受けたのである。

『祇園の姉妹』の筋書をやや詳しくおさらいしておこう。祇園乙部であくせく働く姉妹芸妓・梅吉（梅村蓉子）とおもちゃ（山田五十鈴）の家に、古澤新兵衛（志賀廼家辨慶）が転がり込んでくる。木綿問屋の社長として羽振りをきかせ、梅吉の旦那だったこともある古澤だが、倒産して無一文になったところだ。昔気質の梅吉は喜んで置いてやるが、モダンなおもちゃは冷たい。客と芸者の関係を搾取のバトルと捉えるおもちゃは、自分に気がある呉服屋丸菱の番頭・木村（深見泰三）から反物を巻き上げ、梅吉に着物を作ってやる。良い着物で大きな宴席に出た梅吉は、古澤も知り

(90)「検閲官も悩まし！　映畫カット物語の数々　田島太郎氏の談」『東京朝日新聞』一九三三年四月二七日夕刊。レア・ジェイコブズによれば、『赤髪の女』は喜劇性のため映画製作倫理規程に抵触しないという業界自主規制側の見方もあった。Jacobs, *The Wages of Sin*, 82. しかし、結果的に北米でも幾つかの地方検閲で上映不可となり、キリスト教団体の非難を集めたこの映画を、言語と風俗の壁を越えて笑い飛ばすことのできる日本人観客はごく少数だっただろう。

(91) 岡田三郎『舞台裏——他八篇』（慈雨書洞、一九三六年）、三一—九〇ページ。

(92) 林長二郎、片岡知恵蔵、増谷達之輔、他、前掲座談会、七二ページ。

合いの骨董屋・聚楽堂（大倉文男）に会い、家に連れてくる。おもちゃは一計を案じ、聚楽堂に金を出させて古澤を追い出し、梅吉の旦那にしようとする。一方、木村は梅吉の着物の件が主人・工藤（進藤栄太郎）にばれて叱責を受けるが、結局、談判に来た工藤はおもちゃに誘惑され、旦那になる。かつての番頭・定吉（林家染之助）の家の二階に居候している古澤に木村がばったり出会ったことから、梅吉はおもちゃの計略を知り、家を出て古澤のもとへ身を寄せる（第三章第六節）。梅吉の家で工藤とおもちゃに鉢合わせした木村は、工藤の妻・おまさ（川島なみ子）にこれを密告して店を辞める。木村は更に自動車屋の友人に頼んでおもちゃを誘拐し、車から振り落として重傷を負わせる。梅吉が病院にかけつけている間に、古澤は田舎に帰った妻から人絹工場長として呼び返され、梅吉には手紙一本残さず、定吉を連れて旅立っていた。病室で梅吉は気を落とし、おもちゃは芸妓制度の非人間性を弾劾する。

『祇園の姉妹』は新検閲一本、複本一一本が一九三六年一〇月一四日、十個所の制限事項（切除）ありで検閲通過している。[93]『検閲時報』で制限の内実を見てみよう。

【發聲フイルム式】

◆祇園の姉妹　　（検閲版號　Ｋ　一八、〇〇二）

制限事項

一、切除一〇八米

一、第一巻古澤ガ八坂神社下ノ電車道ヲ歩ミツヽアル場面切除四米（風俗）

二、同巻下著（**スリップ**）ヲ着ケタル「おもちゃ」ノ寝ソベリ居ル場面切除（之ニ依リ記聲第二七乃至第三四ヲ除失ス）二二米（風俗）

三、第三巻記聲第一八中「ぜぜ浦の」ヲ之ニ伴フ畫面ト共ニ切除〇・五米（風俗）

四、第六巻記聲第一〇〇中「ぜゼ浦の藝妓やらの相手になるかいな」ヲ之に伴フ畫面ト共ニ切除一米（風俗）
五、第七巻「おもちや」ガ火鉢ニ足ヲ掛ケ靴下ヲ穿ク場面及ビ之ニ續ク工藤ガ「おもちや」ノ家ノ離座敷ニテ按摩ヲ取リツヽアル場面並ニ梅吉ガ聚樂堂ノ世話ニナラントスル決意ヲ「おもちや」ニ告グル場面ヲ之ニ伴フ記聲第三乃至第二三ト共ニ切除五六米（風俗）
六、同巻記聲第四一及ビ第四二ヲ之ニ伴フ畫面ト共ニ切除五米（風俗）
七、第八巻記聲第七八中「おゝ汚な」ヲ之ニ伴フ畫面ト共ニ切除〇・五米（風俗）
八、同巻記聲第八四及ビ同第八五ヲ之に伴フ畫面ト共ニ切除三米（風俗）
九、同巻記聲第九二及ビ同第九三ヲ之ニ伴フ畫面ト共ニ切除八米（風俗）
十、第九巻「おもちや」ガ自動車ヨリ故意ニ振リ落サルル場面ヲ之ニ伴フ記聲第三九乃至第四一ト共ニ切除八米

一、説明台本抹消
一、切除**フイルム**中ノ記聲及ビ音響部分ニ相當スル字句抹消(94)

松竹大谷図書館は『祇園の姉妹』の検閲台本を二冊所蔵している。そのうち一冊は表紙に「検閲番号K第壱八〇〇弐」「祇園の姉妹第壱号」とあり、上記の制限事項が全て手書きで記してあることから、この台本こそがまさに新検閲として査問され、切除が行われた原本であることがわかる（図版4‐4‐1）。極めて貴重な資料である。もう一冊

(93)　内務省警保局『映画検閲時報』第二三巻（一九三六年七‐一二月）（不二出版、一九八五年）、九八〇―八一ページ。
(94)　内務省警保局『映画検閲時報』第二四巻（拒否又ハ制限ノ部、一九三六年一‐一二月）（不二出版、一九八五年）、一八六ページ。なお、原文ではどの制限事項も「一」だが、便宜上順に番号をふった。太字は原文のまま。

4-4-2

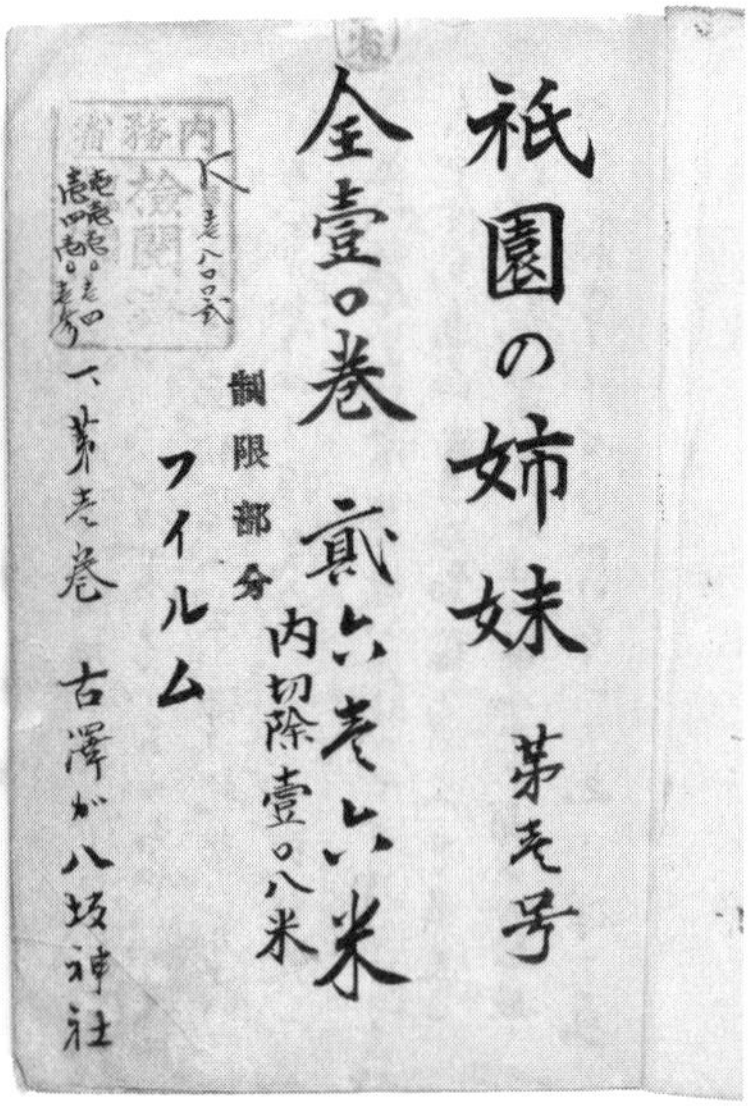

4-4-1：『祇園の姉妹』K第壱八〇〇弐号検閲台本。松竹大谷図書館所蔵。

には「K壱八、〇壱弐号」とあり、複本のうちの一冊で内容は第一八〇二号とほぼ同じである。以下、本節は新検閲の第一八〇二号台本（以下、『祇園の姉妹』検閲台本）、現存フィルム、『溝口健二作品シナリオ集』をつきあわせて分析を行う。

だが、まず確認しなければならない。検閲台本表紙にあるとおり、『祇園の姉妹』は内務省によって一〇八メートル（三分五六秒）に及ぶ切除を受けたが、それでも一九三六年に検閲通過して公開された版は二五〇八メートルの十巻ものであり、九一分二五秒あったはずだ。ところが、現存するプリントはどれも六九分である。[95]『祇園の姉妹』もまた占領下に旧作としてCCDの検閲を受けている。一九四六年五月一一日に「全八巻」が“passed w/ deletions”（一部削除の上で公開許可）としてA560の認証番号を与えられており[96]、現行版のタイトルでも「大映株式會社提供」の上にこの番号を確認することができる（図版4－4－2）。『祇園の姉妹』は一九四六年九月一七日に大映配給のもと「装いを新たに」公開されたようだ[97]（図版4－4－3）。この作品についてCCDの詳しい検閲報告は発見されていないため、アメリカ占領軍によって行われた削除が二〇分にのぼった可能性も捨て去ることはできない。しかし、『祇園の姉妹』の検閲台本にも、ほぼ同時期に松竹系で配給された『浪華悲歌』の場合と同様、赤ペンで書き加えられたメモがあり、そこで斜線で消されている部分はほとんどの場合、現行版に存在

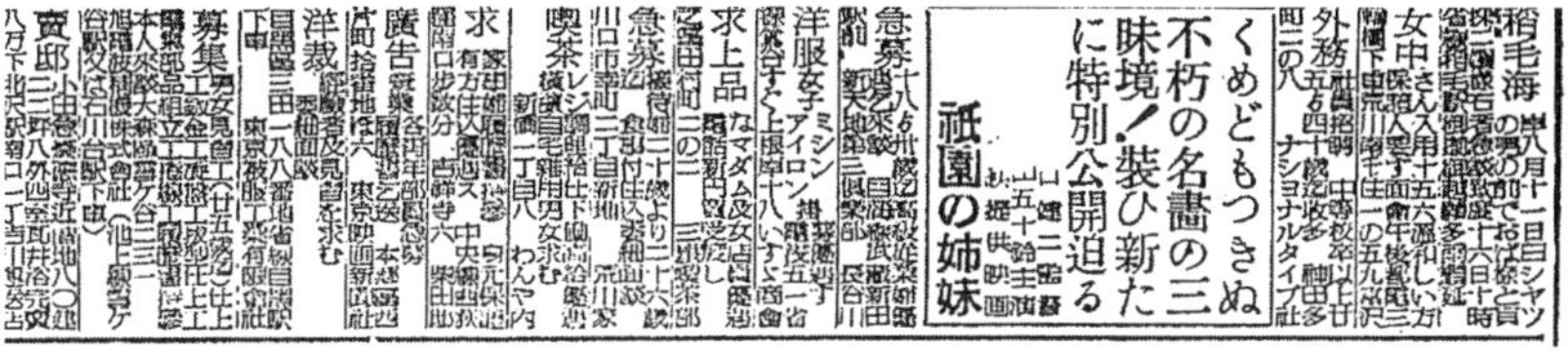

4-4-3：『讀賣新聞』1946年9月12日号朝刊、広告。惹句が意味深である。

しない。赤ペンが削除しているのは、非民主的とか封建的とか卑猥とかいうより、むしろおもちゃについての本筋とは直接の関係がないエピソードである。松竹があらかじめ二巻分を削除したうえで八巻としてCCDに提出し、マイナーな削除を受けたと見るのが妥当だろう。CCDは旧作を“suppress”（公開禁止）するにあたってまったく躊躇する必要がなかったので、内務省のように面倒なカットを行ったとは思われない。すでに見て来たように、映画法以降はともかく、一九三六年の時点で内務省検閲官によるカットは法的なグレーゾーンにあり、最小限のカットで最大限の「治療」を行うことに職業的なプライドを賭けてもいた。二巻にも及ぶカットをシークェンス単位で平然と行うことができたのは、フィルムを所有する松竹であろう。

検閲台本の巻数とシナリオ上の場面ごとの概要、内務省による制限（削除）をまとめると章末の表4のようになる。網がけは現行版で欠落している部分で、これは検閲台本中に赤ペンが×印や斜め線で削除を指定している個所とほぼ重なる。現行版と赤ペンの間のわずかな齟齬は欄外のアステリスクで示した。本章は内務省の検閲を主題としており、一九四六年に行われた削除については意図や事情を説明する資料も見つかっていないため、本格的な分析を行うことはできない。だが、これだけは言っておきたい。今回、かつて存在したフィルムと少なくとも台詞は一言一句違わない検閲台本と現行版を見比べてはじめて、小津安二郎が『祇園の姉妹』を溝口健二の代表作とみなし、三〇年代の批評家が口を揃えて日本映画史を画する「大人の映

（95）東京国立近代美術館フィルムセンターの所蔵フィルムリストに基づく。「祇園の姉妹」http://nfcd.momat.go.jp/index.php（二〇一四年三月一七日アクセス）。
（96）前掲“A Master List,” CIS02811.
（97）さらに『讀賣新聞』一九四六年九月一六日号朝刊には帝都座、日活神田などで翌日公開の広告がある。

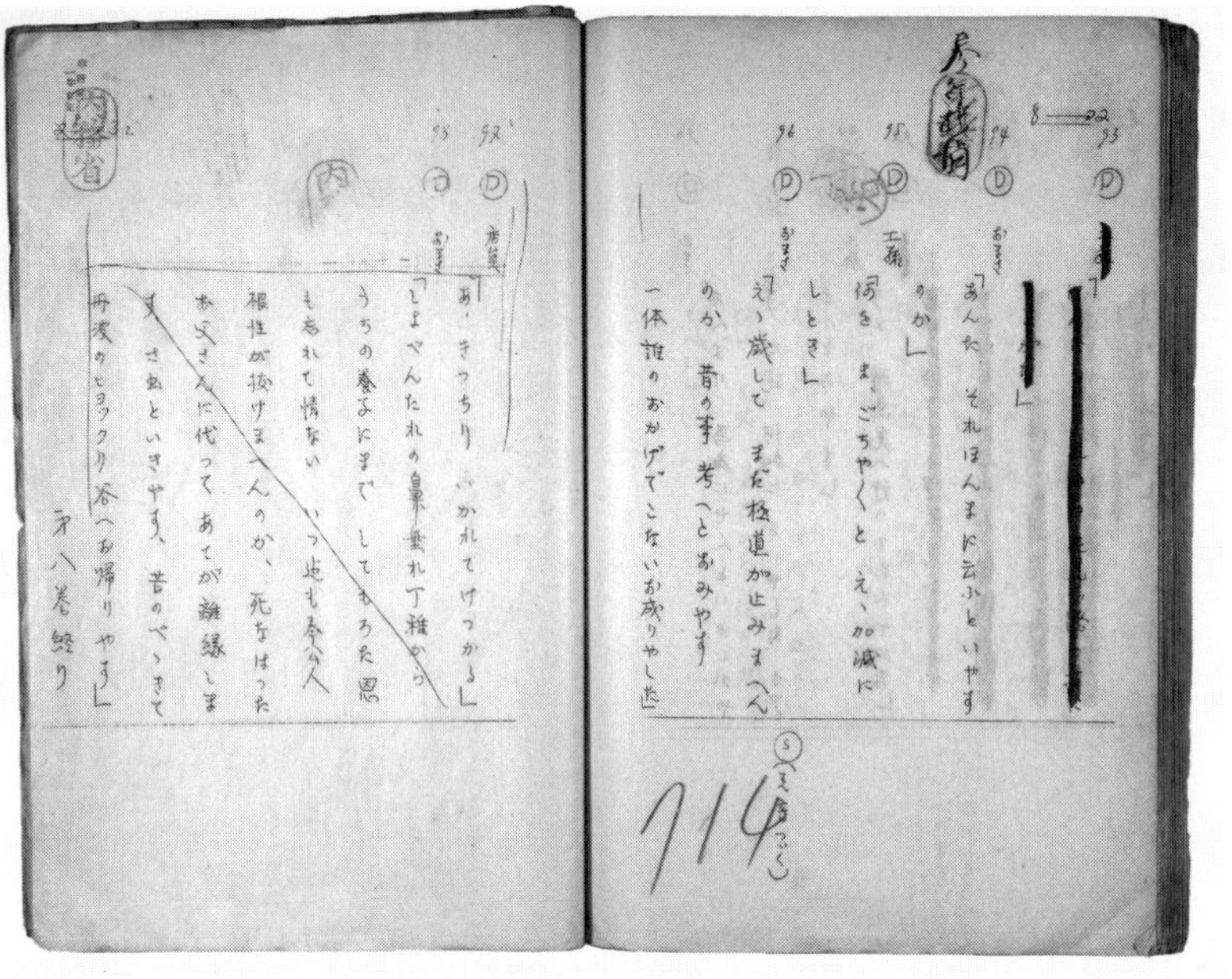

4-4-4：『祇園の姉妹』K 第壱八〇〇弐号検閲台本。松竹大谷図書館所蔵。

画」と述べていた理由の合点がいった気がする。

全体の二割近い尺数が削除されているにも拘わらず、検閲台本は現行版と筋書上ほとんど違いがない。表4から明らかなように、一九四六年当時まだ十分なスター・ヴァリューがあった山田五十鈴のヒロインが行動するシーンが残され、志賀廼家演じる居候・古澤をはじめとした男たちの日常生活や性格の描写シーンが集中的に削られているからだ。その結果、私たちに残された唯一のヴァージョンである現行版は、魅力的な若い芸妓が浅知恵をめぐらし、男どもを操ろうとするがあえなく失敗して家父長制批判を叫ぶ、という物語をやや急ぎ足で追っている印象が強い。一方、古澤が風呂で浄瑠璃を謡ったり、梅吉の家に掛け取りに来た御用聞きたちに支払いをしたり、さらには妻の田舎へ向かう夜汽車の中で番頭相手に酒をあおりながら、「こうなつたら　儂の天下や　支配人になつてわしがいつてみ　営業成績は万点や　なんと云ふても田舎者はあかん　することなすこと姑息やさかい　その中に独立で工場も　経営するがな　そうなつたら　しめたもんや　古沢新兵衛にも　もう一と花咲かせてやらんとな」と気焔を上げたりする一連のシーンがなくなることで、大枠としてのキャラクターに変更はなくても、映画の時空間の中での厚みが減ったのは間違いないと思う。工藤（進藤栄太郎）についても同様だ。検閲台本によれば（図版4−4−4）、おもちゃとの関係をなじる妻・おまさの攻撃はより激しく、しかも、溝口−依田一流の残酷さで丸菱の従業員にも丸聞こえであることが示される。現行版は「ええ年して　まだ極道がやみまへんのか」で終わっているが、その後、

店員「あ、きつちりいかれてけつかる」
おまさ「しよんべんたれの鼻垂れ丁稚からうちの養子にまで　してもろた恩も忘れて情ない　いつ迄も奉公人根性が抜けまへんのか、死なはつたお父さんに代つて　あてが離縁します、さといきやす、昔のべゝきて丹波のヒヨツクリ谷へお帰りやす」

という強烈なやりとりが続くからだ。こうした中年男たちの戯画的な風俗スケッチが堆積し、社会関係の織地の厚いバックグラウンドを成すことで、いささか抽象的な理念を山田五十鈴の闊達なパフォーマンスで魅せるおもちゃ像がより一層際立つというものだろう。なお、これは決して単なる「物語」「内容」の問題ではない。例えばここで検閲台本から引用した工藤、おまさ、店員のやりとりは、いったいどういうキャメラ位置から、どのように演出《ミザンセヌ》したのだろうか。

しかし、オリジナルの『祇園の姉妹』が織り上げた風俗の細部を断ち切ったのは、もちろん、プリントの権利保持者だけではない。内務省の検閲は、尺数を縮めつつ物語の趣旨を変えないことを目標としたとおぼしき一九四六年の大幅削除とは大きく違い、最小限の削除で最大限の意味の改変を目ざしただけに、別の意味で質が悪かった。

すでに引用した内務省の制限部分の記述と検閲台本を対応させると、内容的に以下の四つに分類できる。

①地域の特定：一、三、四、九
②猥褻（C）：二、五、七、八
③梅吉の決心：五、六
④車から振り落とされるおもちゃ（B）：十

『祇園の姉妹』の検閲禍としてもっとも人口に膾炙しているのは④であろう。現行版は、木村が調達したタクシーの後部座席で、「降ろしとくれやす、降ろしとくれやす」と訴えるおもちゃのミディアム・クロースアップから暗い空と高い木々が流れて行く車窓の風景にカットし、シークェンスが終わる。この後、検閲台本では、

38Ⓓ　運轉手	「うるさいガキやな　こいつ」	Ⓢ（自動車の止る音）
39Ⓓ　おもちや	「馬鹿もん　覚えてエー」	Ⓢ（エンヂンの音）つゞく
40Ⓓ　おもちや	「あツ（悲鳴）」	Ⓢ（ドアの閉る音）
41Ⓓ　木村	「ざまみい」	
壱〇行抹消		

となっている。検閲台本には台詞のみ記載されるのが普通なので、こうしたアクションの削除はわかりにくい。『溝口健二作品シナリオ集』を参照しよう。

おもちゃ「降ろしとくれやす、降ろしとくれやす」

木村「君、止めてやつてくれ」
おもちやぶる〲ふるへる手で金を拂つて、降りようとする

45［ママ］街。
おもちやが降りようとするとき

55　自動車の中。
木村の足が運轉手のアクセルをふむ。

56　街。
自動車は急にスピードを出して、おもちやは地面にたゝきつけられる。
自動車は去つてゆく。
　木村の聲「お前らみたいな、くさつた人間は、そうして苦しむとえゝのや」
おもちや苦しんで起き上がらうとするが、なか〱起き上れない。(98)

検閲台本と『溝口健二作品シナリオ集』の間には台詞の面で若干の違いがあるが、検閲台本のⓈ［サウンド］欄も「自動車の止まる音」「エンジンの音つづく」「ドアの閉まる音」となっているところから、このアクションは、いったん車を止め、おもちゃが降りようとしたところでアクセルを入れて振り落とす、というものだったと考えてよいだろう。

(98) 溝口、前掲書、一五七―五八ページ。

すでに見たように、検閲内規では、描かれている事象自体ではなくその表象の「指導性」「刺激性」に重点を置いて「惨酷ニ渉リ若ハ醜汚ノ感ヲ輿フル」か否かを判断していた。今まで、車から振り落とすところが検閲で切られたと聞くたび、ぼんやり疑問を感じていた。助手席の木村がどうやって後部座席のおもちゃを突き落としたのだろう。何より、ほとんど一瞬のアクションのはずで、リアクションを長々と撮らないかぎりさほど残酷にはならないだろうに、と。なるほど、検閲台本には性化された暴力の手の込んだ手続きが示され、木村の冷たい嗜虐性が伝わってくる。失われた完全版の中では、自動車屋で響いていたエンジン音（第三章第六節）がここで効果を完遂していたのである。

4-4-5：『祇園の姉妹』
（以下、4-4-10まで同）

①については溝口自身の発言がある。座談会席上、「あゝいふところをとるのは検閲規定でいけないのぢやないですか」という岸松雄に対し、溝口は「さあ、どういふものですか」と、花魁を見逃した検閲官の無知を指摘したあと、こう続ける。

溝口：しかし矢張り先方でも考へて居ることは考へてゐる。祇園［八坂］神社を通つて［志賀廼家］辯慶を歩かして路地に入れたのです。つまり京都の中央から曲るとあゝいふ所がある。街の中心の横にさういふものがあるといふので、それは切られました。

飯田［心美］：地域が分かるからですね。[99]

現行版では妻と口論して自宅の奥の間を出て行く古澤のロングショットからストレート・カットですでに祇園町とおぼしき路地を歩む古澤の後ろ姿（図版4－4－5）に繋がっている。「風俗」の政治についての映画作家の意図が検閲に正しく理解され、それゆえに切除された好例と言えるだろう。なお、すでに見たように、公娼制度についての内規はこの頃には曖昧化しており、どの条項にこの切除が該当するかといえば、飯田心美が示唆するとおり、一種の地域的なプライバシーであろう。内規とはまた別に、検閲処分の「制限」のありかたのうち、「改訂」「切除」と並んで「土地的制限」があった。これは、ある地方で起こった事件に材を取った映画の公開をそのご当地でのみ差し止めたり、ある種の性病についての映画の上映を医療従事者の会合に限って許したり、映画の趣旨によって上映可能な「場」を限定する検閲処分である（柳井、六五〇―五一）。『祇園の姉妹』にこうした土地的制限は適応されていないが、一、の切除はこの方針と軌を一にするものだ。

「ぜぜうら」という言葉に対する徹底した抑圧（三、四、九）もこの方針から説明することができる。膳所裏（当て字で「ぜぜ浦」とも）とはこの映画の舞台である祇園乙部の俗称で、戦後には「祇園東」と呼ばれた現在の祇園会館西の一角を指し、江戸時代に近江の膳所藩の京屋敷があったことに由来する。[100] そもそもこの映画のタイトル自体が「祇園」という地名を含んでいるうえに、京都を知る観客には舞台がどの地域かは一目瞭然だったはずだが、売買春にからんでこの語が持った蔑称としてのコノテーションが作用したと思われる。それぞれ削除部分を挙げよう。巻数と場面の状況は表4を参照していただきたい。

三、

15Ⓓ　工藤「あのう　地味な蘭菊の友禅ちりめんがあつたなァ」

16Ⓓ　木村「ヘイ」

17Ⓓ　工藤「あれ　何処へ賣つたんや」

（99）溝口、他、前掲座談会、二五七ページ。

（100）小嶋一郎「祇園東と「祇園をどり」」京都Xわカル、京都市産業観光局観光ＭＩＣＥ推進室 http://kanko.city.kyoto.lg.jp/wakaru/life/kagai/more/file08.html（最終アクセス二〇一四年三月二三日）。

18Ⓓ　木村「あれは　ぜゞ浦の扇屋へ店借りしてはる藝妓はんに賣りました」
四字抹消（墨字・内務省印）

四、
100Ⓓ　工藤「阿呆なこと云ひないなぢやら〴〵ともうぜぜ浦の藝妓やらの相手になるかいな」
壱行壱弐字抹消（墨書き）
101Ⓓ　奥「あんたはんのこつちやもん　判りますかいな」

九、
91Ⓓ　工藤「うゝ　得意先へ行つてたんやがな」
92Ⓓ　おまさ「島田に結うてる得意先どつしやろ　ちやんと保どんから　電話で聞いてまつせ、丁稚や番頭やあるまいし　人聞きの悪い　膳所裏《ぜぜうら》みたいなとこでへたり込んで」
93Ⓓ　工藤「ほんなら　これから花見小路の方にするがな」
94Ⓓ　おまさ「あんた　それほんまに云ふといやすのか」

「膳所裏」がどれも工藤の登場する場面で使われ、低ランクで卑しむべき悪所を意味していることがわかるだろう。ちなみに九の93Ｄにある「花見小路」とは祇園甲部を指す。三はシーン全体が一九四六年に削除されているため確認できないが、現行版の四と九の該当個所を見ると、ジャンプカットのように「飛んだ」印象を受ける。また、かなり中身のあるやりとりをごっそり切除した九は、画面としてはなかなかスムースな「手術」だし、会話の繋がりも検閲官の苦肉の策なのだろうが、やはりいささか不自然である。とはいえ、どちらの個所もそもそも切除があったと知らなければ見過ごしてしまうだろう。ロングテイクのただ中であっても手術は可能である。
九の「膳所裏」に先だつ工藤と妻のおまさのやりとりの中で、七、八、はともに台詞がCの猥褻条項に抵触したと思われ、ここでは①に分類した。削除された台詞は具体的には以下のようなものであり、現行版ではともに微かなジャンプカットとして痕跡が残っている。

七、
77Ⓓ 工藤「[…]どうしたんや 塩梅でも悪いんか」
78Ⓓ おまさ「おう 汚な！ねきへよらんといとくれやす」

八、
82Ⓓ おまさ「お風呂沸いたるか」
83Ⓓ 女中「もう一寸どす」
84Ⓓ おまさ「ほな 熱うく沸かして 旦那はん早よ放り込んで」
85Ⓓ 工藤「何で 儂が風呂へ入らんならんにや」
86Ⓓ おまさ「こんな 汚らわしいもん 犬にでもやつとしまい」

86Ⓓのおまさの台詞は残っているので、祇園の土産を「汚らわしい」と投げ捨てるのは構わないわけだ。つまり、風呂に入れなければならないような「汚さ」は、夫と芸妓の間の身体および性器の接触を直接的に示すからこそ削除の対象となるのである。「猥褻」の下位区分では「性的暗示」となるだろうか、それともアンブレラ条項「其他」であろうか。

4-4-6：現行版でのおもちゃの登場。

　これらがサウンドトラック上の言葉を取り除くためにイメージ・トラックの少々の非連続性を辞さなかった例だとするなら、②の二では、画面上に露出したおもちゃの身体によって台詞を含むかなりの尺数が削除の憂き目に遭っている。古澤が梅吉の家に転がり込み、長火鉢の前に落ち着いたところで、「あゝ、もう厭になつた」という台詞に続き、二二メートル（四八秒）に亘って、家の重苦しさを愚痴る古澤と調子を合わせる梅吉の会話が削除されている。[101] このやりとり自体はごく無害なものだが、『溝口健二作品シナリオ集』にはこの該当部分の直前に「奥の間に寝てゐるおもちゃ、人の來た様子に眼を覺まして起き上がる。枕許のたばこをふかす[102]」というト書きがあり、これが「下著（**スリップ**）ヲ着ケタル「おもちゃ」ノ寝ソベリ居ル場面」に当たる。つまり、画面はおそらくスリップ姿のおもちゃの目覚めと一服であり、おもちゃのパースペクティヴから、古澤と梅吉の会話が画面外の声として聞こえていたと思われる。

　先に挙げた「汚な」の削除とも共通するが、『祇園の姉妹』に対する内務省の検閲は性的なるものに対する極度の繊細さによって特徴付けられており、その細やかさがなんとも言えず卑猥である。現行版のここに続く場面を見ればわかるとおり、おもちゃはスリップ姿で登場し（図版4－4－6）家の中を闊歩しており、下着であることや露出度自体が問題ではないのは明らかである。横臥と喫煙というそれぞれ性行為と直接に繋がりあるいは換喩や隠喩となる行為と結びついてはじめて、「猥褻－裸形」として削除の対象となるわけだ。それにしても、ト書きを読み、想像を繞らせていて確信に至るのは、奥の間の薄暗がりに少々寝乱れたスリップ姿の山田五十鈴が身を起こし煙草に火を付けるこのショット（おそらく長回しであろう）は、ゾクゾクするような見事な出来だったに違いない——そしてその見事さこそが検閲の鋏を動機付けたに違いない——ということだ。いかにしてヒロインを画面に登場させるかという問題に対する満を持した（に違いない）回答が削除されてしまったのは、溝口もさぞ無念だったろう。

　スリップ・シーンにもすでに明らかなとおり、『祇園の姉妹』における溝口の演出はオフスクリーンの空間や二間

4-4-7

4-4-8

4-4-9

4-4-10

続きの空間構造を活用した複雑で密度の濃いものであり、それだけに、五六メートル（二分二秒）にのぼる五の削除は多層的な内容を含んでいる。『検閲時報』の記述をまとめると、梅吉の家を舞台にしたこのシーンには、（一）火鉢に足をかけてストッキングを穿くおもちゃ（裸形）、（二）愛人であるおもちゃの部屋に寝そべって按摩を取る工藤（痴態）、（三）聚楽堂に世話になる意志を表明する梅吉（？）、の三要素が含まれていた。

現行版では、工藤に買ってもらった洋服を着ながら自慢するおもちゃを前景に、うかない顔の梅吉を後景にした縦の構図から（図版4－4－7）、長火鉢の前でおもちゃの戦利品を見つめる梅吉のフルショットにつながり（図版4－4－8）、気乗りのしない様子で聚楽堂からの世話をしたいという申し出について梅吉が言及すると、路地を歩く聚楽堂にカット・アウェイし（図版4－4－9）、聚楽堂が路地の右に入ったところで、梅吉と身支度を終えて隣にすわっているおもちゃがオフスクリーン右の引き戸の音に振り向くフルショット（図版4－4－10）に繋がる。ところが、図版4－4－7と図版4－4－8の間には、以下のような込み入ったやりとりがあった。

（101）削除部分二、は以下のとおりである。

27Ⓓ　古沢「わしな、當分こゝへ置いて貰ほとおもて来たんや、な、えゝやろ、もうちが厭で〱何や化物屋敷にゐる様な気がして、陰

3 Ⓓ おもちゃ「姉さんのＯＫ取りにか、そら絶好のチャンスやがな、うまい事取り込んでおやりやはりな、こんな世界に居たら、かう云ふ風にやるのが一番の倖せやと、あては思ふな、な、姉さん、こゝらで宗旨替へして、さつぱりあての言ふ通りにおやりやはいな、え」
4 Ⓓ 梅吉「古沢さんも、あんまりや、あてがあない、案定したげてるのに、あんまりやわ」
5 Ⓓ おもちゃ「又　愚痴か」
6 Ⓓ 梅吉「そやけど、あの人だけは、あんな人やと思はへなんだけどな……」
7 Ⓓ おもちゃ「あんなおやぢ、あかへんちうたら」
8 Ⓓ 工藤「えらい揉めたるな」
9 Ⓓ おもちゃ「（笑声）ほんまに」
10 Ⓓ 工藤「（溜息）今日は何喰べよ」
11 Ⓓ おもちゃ「あて、洋食が喰べたいわ」
12 Ⓓ 工藤「さうか、ほな何処にしよう」
13 Ⓓ おもちゃ「さァ　何處がよろしやろ」
14 Ⓓ 梅吉「ちやあちやん〳〵」
15 Ⓓ おもちゃ「何やね……どうしたん、え」
16 Ⓓ 梅吉「なア　あて聚楽堂はんの世話になろ思うてんにやけど」
17 Ⓓ おもちゃ「ほんまか、姉さん」
18 Ⓓ 梅吉「ふん、ほんまや」
19 Ⓓ おもちゃ「ほんまに」

20Ⓓ　梅吉「ふん」
21Ⓓ　おもちゃ「まァ　嬉し　姉さんがそんな気になつて呉れはつて、あてほんまに、こんな嬉しい事あらへんわ、えらい〳〵　ほんまに姉さんは　えらいわ」
22Ⓓ　梅吉「そやかて　何や　あてえげつない様な気がするわ」
23Ⓓ　おもちゃ「何が　えげつないもんか　そんな事　あるかいな　當り前や、そう来な嘘や、ほんまに嘘や」
24Ⓓ　聚楽堂「御免やす」

ストッキングをはくおもちゃの仕種がどんなに扇情的だったのか、マッサージを受けながら寛ぐ工藤がどんなに退廃的だったのかはわからない。だが、現行版だけ見ていると姉妹トークと思われた戦利品の自慢は、実は工藤その人の目前で行われていたわけだ。

何と言っても驚きなのは、梅吉がはっきりと聚楽堂の「世話になる」意志を表明していることだ。この削除部分の後、聚楽堂を迎えて「ぶぶおひとつ」と茶を出してからの様子など、現行版ではいかにも気乗りのしない風情に見え

気でかなんね」
28Ⓓ　梅吉「そら　そうどすわなア」
29Ⓓ　古沢「もう二度と家へ帰る気にならんわ、いや　ほんまに頼むで」
30Ⓓ　梅吉「エヽ　そらもう　その代り何も　お世話出来しまへんえ」
31Ⓓ　古沢「ほら　かまへん」
32Ⓓ　梅吉「あんたはんさへだいじよ　おへなんだら、何ぼでも、おいでやす」
33Ⓓ　古沢「いや、うちの奴な、自分の実家［さと］へ一緒に帰らうと云ひよんにやけど……わし京都にゐてさへ、大概陰気やろ……あんな泣きみそと郷里［くに］い、いたら、病気になつて案定死んでしまうがな」
34Ⓓ　梅吉「そら、そんな事おへんやろけどな」

(102) 溝口、前掲書、九二ページ。

ていたのだが、物語内容が違うとベテラン芸者の落ち着きの顕れとして感じられるから不思議だ。さらに聚楽堂と梅吉の場面の最後にあたる六では、

40Ⓓ　聚楽堂「世話さしてくれるか?」
41Ⓓ　梅吉「お願ひします」

という決定的な承諾のやりとりが五メートルにわたって削除されている。内務省の検閲は、義理堅いとはいっても「世話になる」ことを職業上の必要として受け止めている現実主義者から、元旦那への恩と情愛にこだわる貞女へと、まさに最小限のカットによって梅吉のキャラクターを一変させたのである。さらに、この変更によって、梅吉の顚末は、おもちゃと同様の戦略とタイミングの失敗談から、お人好しで純な芸妓の哀話になった。私たちはしばしば『祇園の姉妹』をモダニティと伝統、物質主義と人情、利己主義と義理、といった二項対立を具現する姉妹の物語として理解してきたが、この物語自体、検閲官のモラルな整形手術によって生み出されたものに過ぎなかった。実は『溝口健二作品シナリオ集』でも一九五八年の『日本映画代表シナリオ集』でも、検閲台本とは若干の違いはあるとはいえ、梅吉の決意は同様の場面での「あても聚楽堂はんと一緒になろか」「ええ、あたし、お世話になろうかと思うてんのどすわ」といった台詞で明示されている。(103) 溝口–依田は、梅吉も芸妓である以上は金とひき換えに男と関係することぐらい当然と考えているというクールな物語の痕跡を文字として残し、封切版および現行版のセンチメンタルな二項対立が自分たちの意図したものではないと主張したかったのではなかろうか。

それにしても、内務省によるこの「手術」は、いったい内規のどの項に照らして行われたのだろう。一見するとDの姦通条項が適用されるように思われるが、田島は「姦通」の成立の前提となるのは単なる同棲や常習的な性的交渉ではなくあくまで婚姻あるいは内縁関係であるとし(三四七)、「水商賣の人達が、所謂旦那、なるものゝ外に隠し男

が出來ました所で、それは姦通と云ふ事に扱はない」（三四八）と明言している。もちろん、「風俗」についての内規にはアンブレラ条項Jがあるため、実のところほぼ何でも「風俗ヲ害スル虞」があるとして削除できるのだが、梅吉のケースはあからさまに猥褻でも通念に反するわけでもないだけに極めて示唆的である。テクストに深く分け入り、その織目を隅々まで把握したうえで意味とイメージの連鎖の縦糸を密かに断ち切り、繋ぎ直すことで全体の絵柄を一転させてしまう、まさにプロの仕事である。ここで内務省の検閲官が正確に理解していたのは、こういうことだろう。溝口健二の映画世界が「現在の社會の健全なる通念」たる風俗を転覆する最もラディカルな可能性を持つのは、ラストシーンで病床のおもちゃが叫ぶようなあからさまな家父長制批判においてではなく、性的サーヴィスも情緒も芸術もすべて金銭に還元される地平を見据え、そこで営まれる日常生活を平然と描くことで、「姦通」「貞操」「家族」といったカテゴリー自体を脱臼させてしまうときだ。検閲による「善導」のせいか、作家本人の生真面目さのせいか、こうしたヴィジョンが画面上に実現されることは必ずしも多くなかったが、同時代の検閲官ばかりではなく後世の私たちもこの可能性を認識しなければならない。

遡行的にみると、『浪華悲歌』『祇園の姉妹』の二作が撮られた一九三六年は日本映画史の転回点であった。アジアの帝国として国際舞台へと躍り出た恍惚と不安に駆り立てられた日本政府は、原則として映画を単に「取り締まり」、個々の作品の「悪い」部分を切除し治癒するという内務省統一検閲時代の映画政策から、映画法へと繋がる積極的統制へとシフトしつつあった。舘林三喜男ら内務官僚らが中心となる形で、産業全体を統制下に置くことでより「良い」国民的娯楽と芸術の創造に貢献させる政策立案が活発に行われていた。一方、次章で述べるように、女性の表象をめぐって一九三七—三八年に検閲が強化され、喫煙、ダンスなどの風俗が制限の対象となり始める。『浪華悲歌』と『祇園の姉妹』は一年後には作りえなかった作品である。本章が示したのは、まさにこのような風俗の転換期にお

（103）溝口、前掲書、一四一—四二ページ、依田、前掲脚本、六五—六六ページ。

いて、溝口健二と内務省の検閲ががっぷり四つに組んでいたということだ。溝口はまさに風俗を戦場として、女性の交換《トラフィック》＝売買、とりわけ公娼制度に集約されるようなそれを公認しつつ貶める家父長制のシステムを見据え、この制度と家族主義の美風の間の深い共犯関係を執拗に描いた。「風俗」の門衛であり、セルロイドの皮膚を切り貼りする外科医たる現場の検閲官は、そして、溝口の挑戦を深く理解した上で、ほとんど卑猥なほどに繊細な「手術＝検閲」で応えたのである。溝口の「風俗」をめぐる闘争は統制下でも続けられるだろう。しかし、その優れてモダンな戦いは、モダンガールから「芸」「芸術」および家族へと対象を移してゆく。

表4-1　『祇園の姉妹』の検閲の状況（網かけ＝現行版に存在しないシーン）

巻（検閲）	場	時	概要	内務省検閲による制限（削除）個所	松竹による削除（シーン内のもの）	鉛筆書き尺数	備考
1	古澤の店の間	昼	店のトラベリング				
	古澤の店→奥	昼	競売のトラベリング		競売の後半、鉄瓶などを売っているところ		
	古澤の奥の間	昼	古澤、定吉、古澤の妻愚痴を言い、古澤、出て行く				
	祇園町の路地	昼	梅吉の家へ向かう古澤	一、第一巻古澤ガ八坂神社下ノ電車道ヲ歩ミツ、アル場面切除四米			
	梅吉の家の中	昼	古澤入る、梅吉、おもちゃ奥の間で起きる→台所	二、同巻下著（スリップ）ヲ着ケタル「おもちゃ」ノ寝ソベリ居ル場面切除二二米			

	路地	昼	湯へ行く古澤		ぢぢむさい、桐一葉、のあたりは赤ペンで横線があるが、切除されていない		
1/2	梅吉の家、奥	昼	梅吉、おもちゃ			768	シークェンスの途中で巻が切れる
	銭湯の湯の中	昼	湯につかって浄瑠璃をうたう古澤				
	梅吉の家、奥		梅吉、おもちゃ				浄瑠璃の部分が切除され、元のシーンに
	八坂神社境内	昼	梅吉とおもちゃお詣り、梅龍が木村の話		梅竜が去ってから、「梅竜はんは商賣が上手や　あの人かて大分貯めてはるちゅうやないか」以後、二人のやりとり		
	梅吉の家	昼	古澤、おちょぼ、酒屋				
	扇屋	昼	おかみ、おもちゃ、大きな宴会に梅吉を出す話		おもちゃが女将に古澤の悪口を言いつのるところ、赤ペン		
	梅吉の家	昼	梅吉、古澤のもとにセルの反物と鮨をかって帰ってくる				
2/3	扇屋	昼	木村がやってくると、おもちゃが現れて反物をまきあげる		三巻目になってから、おもちゃと木村の「野暮なこと／わかってまんにやけど」赤ペンだが削除なし	714	シークェンス途中で巻が切れる：おもちゃ「〜真に受けてからに」切／おもちゃ「もうえゝわあんたが」
	丸菱の店先	夜	帳簿をつける木村、工藤の不審の目	三、第三巻記聲第一八中「ぜぜ浦の」ヲ之ニ伴フ畫面ト共ニ切除〇・五米			

	料亭	午後	宴席にでている梅吉、聚楽堂に会う		この宴席場面の冒頭、梅吉と他の客と飲み比べするところが削除		
	梅吉の家	夕暮	古澤が留守番、おちょぼ、かけとり（洗濯屋、洋食屋）、おもちゃ帰宅				
4	路地	夕暮	聚楽堂と梅吉が帰ってくる				
	梅吉の家	夕暮	梅吉、聚楽堂、古澤、おもちゃ				
	円タクの中	夕暮	おもちゃ、酔いつぶれた聚楽堂を送る				
	下木屋町の店	夕暮	聚楽堂、目をさます、おもちゃが梅吉の話をし、百円出させる		おもちゃ「まさか小遣ひ位では……」聚楽堂「ほんま云はんときいな」までが、赤ペンが引かれているものの残ってる	726 719 (strike)	「下木屋町やな」の前で赤ペンが入り、「4巻　第二巻」と書いてある。赤ペンの線の左に、「第四巻」
	梅吉の家の中	夜	古澤は晩酌しながら義太夫、梅吉、いっしょに唄っていたが、呼ばれて出て行く				
5	路地	夜	梅吉とおもちゃすれ違う				
	梅吉の家の中	夜	おもちゃ、古澤に五十円払って引導を渡す				
	路地	夜	古澤出る				
	祇園町	夜	古澤、定吉とばったり会い、飲みに行く		ここには赤ペンが入っているが、残っている		

	路地	夜	梅吉、帰ってきて、おもちゃから古澤が去ったと告げられる			762	「4巻」赤ペンでタテの区切り、その左側（次のシーン）のところに「5巻」
	聚楽堂の店の中	昼	おもちゃが聚楽堂の店を訪ねてきて梅吉の顚末を語る				
	梅吉の家の中	昼	梅吉とおもちゃ、古澤と聚楽堂について語る　おもちゃ説教			430	このシーンは大幅な削除
6	丸菱の奥の間	朝	工藤、となりには妻、木村の反物の横領を追及する				
	路地	昼	木村、梅吉の家へ来る				
	梅吉の家の中	昼	木村、おもちゃに相談				
	祇園町	昼	工藤、祇園町に向かう				
	梅吉の家の中	昼	木村、おもちゃに事情を話し、うまく話を合わせるよう頼み、去る				
	梅吉の家の中	昼	工藤の訪問、おもちゃの誘惑				
	梅吉の家の中	昼	続き				
	路地	昼	不安げな木村				
	梅吉の家の中	昼	おもちゃによる工藤の誘惑、工藤の陥落				

	丸菱の店	昼	木村が帰って来て、工藤が帰っていないことを知る				
	丸菱の店	夜	工藤が帰ってきて木村を叱る、工藤の妻の不審そうな様子	四、第六巻記聲第一〇〇中「ぜぜ浦の藝妓やらの相手になるかいな」ヲ之に伴フ畫面ト共ニ切除一米		927	
7	梅吉の家	昼	おもちゃ、戦利品を梅吉に見せる、工藤は奥、聚楽堂来る	五、第七巻「おもちや」ガ火鉢ニ足ヲ掛ケ靴下ヲ穿ク場面及ビ之ニ續ク工藤ガ「おもちや」ノ家ノ離座敷ニテ按摩ヲリツ、アル場面並ニ｜吉ガ聚樂堂ノ世話ニナラントスル決意ヲ「おもちや」ニ告グル場面ヲ之ニ伴(旧)フ記聲第三乃至第二三ト共ニ切除五六米、六、同巻記聲第四一及ビ第四二ヲ之ニ伴フ畫面ト共ニ切除五米			
	八坂下葉茶屋表	昼	子守りをしている古澤に木村が行き会う				
	路地	昼	木村やってきて、梅吉の家に入る				
	梅吉の家の中	昼	木村、梅吉に古澤の話、聚楽堂を置いて梅吉出て行く				
	路地	昼	聚楽堂を振り切って梅吉、去る				

	梅吉の家の中	昼	木村				
	アラスカ	昼	おもちゃと工藤、工藤財布を忘れたことに気づく			544	
8	梅吉の家の中	昼	木村、工藤の財布に気づく				
	八坂下葉茶屋表	昼	子守りをやっている古澤のもとに梅吉がやってくる		赤ペンが入っているものの削除なし		
	梅吉の家の中	昼	工藤、おもちゃと帰ってくる、木村、怒って出て行く				
	梅吉の家の中	昼	工藤、おもちゃに事情を話し、出て行く				
	同、二階	昼	梅吉と古澤、定吉の家の二階で話し合い、辻褄があう				
	千本	?	木村、興奮して歩いている		科白がないため、台本では確認不可能		
	梅吉の家の中		工藤、丸菱へと去る				
	自動車屋	夜	木村、電話を借りて丸菱にかける				
	丸菱の店の間	夜	工藤の妻、電話口				
	自動車屋	夜	木村、工藤の妻に密告、店をやめ、自動車を手配				

	丸菱の家	夜	工藤帰宅、妻、激怒	七、第八巻記聲第七八中「おゝ汚な」ヲ之ニ伴フ畫面ト共ニ切除〇・五米、八、同巻記聲第八四及ビ同第八五ヲ之に伴フ畫面ト共ニ切除三米、九、同巻記聲第九二及ビ同第九三ヲ之ニ伴フ畫面ト共ニ切除八米		714	
9	梅吉の家の中	夜	おもちゃのところへ梅吉帰って来てすぐ古澤のもとへ去る				
	路地	夜	座敷から帰って来たおもちゃ、運転手に連れ出される				
	自動車	夜	運転手、おもちゃ、木村				
	街	夜	おもちゃが降りようとする				
	自動車	夜	木村がアクセルを踏み、車が急発進する	十、第九巻「おもちゃ」ガ自動車ヨリ故意ニ振リ落サルル場面ヲ之ニ伴フ記聲第三九乃至第四一ト共ニ切除八米			
	街	夜	おもちゃは地面にたたきつけられる				
	葉茶屋の二階	夜	定吉が呼びに来て、梅吉、古澤を置いて病院へ		梅吉と古沢がお砂糖と酒？の話をして仲睦まじくしているところに定吉が入って来るが、このやりとりのところは赤ペン		

	病院の病室	夜	おかみ、病床のおもちゃ、梅吉が来て心配し、でてゆく		梅吉と看護婦のやりとりが赤ペン	730	
10	葉茶屋の表	夜	梅吉入る				
	同二階	夜	梅吉入るが誰もいない				
	同階下	夜	定吉の妻、梅吉に古澤と定吉が古澤が発ったと告げる				
	汽車の中	夜	古澤と定吉、酒を酌み交わしながらこれからについて語りあう				
	病院の廊下	夜	梅吉、入って来る				
	病院の病室	夜	梅吉入る、おかみ帰る、おもちゃの演説			318	

第三部　溝口の「女性映画」——松竹京都時代

第五章　芸道物考

第一節　はじめに――芸道と逃道《にげみち》

一九五〇年夏、映画批評家・筈見恒夫相手の芸談のなかで、溝口健二は『日本橋』（一九二九年）に始まる一連の明治物についてこう述懐している。

それに鏡花ものの庶民的な反抗精神が、あの時代のぼくに共感があつたにちがいない。それだから、今のぼくに鏡花をまたやれといっても無理だ。芸道ものにしても、そうだ。ちょうど軍部が威張っていたころで、何かと検閲がやかましい。『浪華悲歌』の方向へすすもうとすれば頽廃的なんていわれる。芸道ものというのが、逃道だったんだね。

もちろん、逃げてばかりではない。ぼく見たいな明治生まれの人間の、その時代に対するノスタルジーさ。(1)

つまり、戦後、溝口は「芸道物」（以下、「物」は漢字表記とする）を泉鏡花原作の作品群と対《つい》にして明治物の一種とし、

『浪華悲歌』のような現代の「風俗」を戦場とする闘争からの「逃道」と呼んでいる。「芸道物」とは何か、というのは本章の主題であるが、さしあたり、歌舞伎、人形浄瑠璃、三味線、能など日本の伝統芸能、とりわけパフォーミング・アーツの世界を舞台に、芸道に精進する人物と恋人、家族、師匠などとの人間関係を描いた映画としよう。よく知られた作品として、溝口の『残菊物語』（一九三九年）『浪花女』（一九四〇年、現存プリントなし）『芸道一代男』（一九四一年、現存プリントなし）の「芸道三部作」、さらに成瀬巳喜男の『鶴八鶴次郎』（一九三八年）『歌行燈』（一九四三年）『芝居道』（一九四四年）などが挙げられる。

溝口はしばしば同時代の批評的トレンドに阿って過去の自作にコメントしており、芸道物に「逃道」を見出したことに対する弁解調のトーンは、占領下の戦後民主主義の文脈で左翼映画人によって展開された批判を意識したものだろう。瓜生忠夫は一九四七年に苛烈な溝口論を書いている。

一切をあげて帝國主義を謳歌し、戦争を讃美し、葉隠精神を鼓吹してゐるとき、凡そそれとは正反對に見える世界を描くことは、一つの反抗的態度の如く見えないことはない。しかしあのやうな時代に、さうした態度が許されたといふことは、何よりも先づ、作家の描かんとしたものが、本質的に當地の政治と矛盾するものではなかつた、といふ一事が重大なのである。

後に藝道物といふ言葉で稱ばれたやうに、溝口の好んで選んだ素材の世界は、古い芝居者の世界か、或ひは花柳界のやうな、とにかく、日本の社會の中で、正常な人間關係が支配してはをらない世界であつた。これらの世界を一口に「封建的」と人々は片付けるのであるが、人身賣買を行ひ、名義上の娘即ち養女をして淫をひさがしむる花柳界や、座頭を中心とする、親方と徒弟關係の世界、謂ゆる「仁義」「義理」「人情」の人間關係といふものは、單に「封建的」とでは片付けられないものであつて、むしろ封建以前、半奴隷的社會と稱ぶことの方がふさはしい「社會」であるとへるのである。(2)

すなわち、瓜生は、占領期的な意味で「封建的」な溝口の映画世界は、そもそも総動員体制下の日本政府のイデオロギーと親和性が高かったと言っている。本章は瓜生の洞察に一定の重要性を認めつつ、こうした「封建的」世界が映画史的・歴史的に担った重層的な意味を明らかにすることで反論することになる。ここでは溝口の発言の文脈として押さえておきたい。

芸道物についての見方は、映画作家の芸談から数年後に飯島正が出版した『日本映画史』において、単なる戦争や政治からの逃避を越えた積極的な実質を獲得する。飯島は溝口の戦前トーキーを『浪華悲歌』『祇園の姉妹』『愛怨峡』『あゝ故郷』の「リアリズム系統」と「芸道物」に二分し、

もちろんこれらの「藝道もの」は、溝口が決して不本意につくったものではなく、すでに初期のころからこういう藝道の世界に彼がことさら興味をもち、それを映畫の主題としてきたことは、無聲映畫時代の作品にあきらかであるが、戰時體制の強化につれて、溝口のつくりたい映畫が、結局はそこに限定されるにいたったことも事實である。藝道に對する熱意とか執着とかを表現することが、檢閱の極端にうるさいその當時、やっと溝口が逃げこみうる唯一の境地であった觀がある。そこでならば、溝口はいやな氣がねをすることもなく、映畫に精進することができたのである。[3]

(1)　筈見恒夫「溝口健二芸談」『東京新聞』一九五〇年八月二〇日。
(2)　瓜生忠夫『映画と近代精神』(學徒圖書組合、一九四七年)、一〇〇―〇一ページ。同時代的にかなり影響力を持ったと思われる瓜生の溝口批判に光を当てた研究として、佐藤圭「戦後溝口作品の同時代的批判言説の再検討――『近松物語』まで」『映画学』第二二号(二〇〇八年):七二―七五ページがある。
(3)　飯島正『日本映画史　上巻』(白水社、一九五五年)、二二一―二二ページ。

英語圏において「逃避《エスケイプ》」あるいは「逃避主義《エスケイピズム》」という語が映画論の文脈で使われるとき、通常意味するのは辛い現実から明るく楽しく夢のように美しい虚構の世界への観客の逃避であり、典型的にはミュージカル映画などの娯楽作品が思い描かれる。(4)一方、飯島がここで明確にしているとおり、芸道物は映画作家の検閲からの逃避であり、行きついた境地は芸に打ち込み執着する厳しい鍛錬の世界、芸道であった。飯島は、溝口は芸道という舞台を得ることで人間研究のエチュードを積み重ねることができた、と評価している。(5)

このように戦後初期の溝口の存命中にすでに確立していた芸道物逃避説を発展させつつ転回させたのは佐藤忠男である。佐藤は芸道物においては「修行の厳しさを強調し、また芸の神髄に達するためにはただ技術の訓練だけではなく、苦しい生活に耐えて人格を鍛えたり、私生活の幸福を犠牲にしたりすることが必要だと主張される」と指摘した。(6)私生活における幸福と芸道の相克というアイテムが発見されたことで、芸道物はさらに繊細な政治性を帯びることになる。

以上のような芸道ものの定型は、国民に自己犠牲と国家への忠誠と戦争に勝つための技術の訓練とを要求する政府の方針と矛盾しなかったから、政府はこの種の映画を積極的には奨励はしなかったけれども容認した。戦争協力に積極的でなかった映画人たちにとっては、これは、封建的倫理への妥協や屈服ではあっても、少なくとも直接に戦争を賛美することではなかったから、芸術家としての良心を大きく傷つけられずにすんだ。とくに、それまで主として恋愛を主題としてきた映画人たちにとっては、芸道ものは恋愛を重要な主題としてとりあげることを許される数少ない機会のひとつだったのである。(7)

ここで佐藤は、検閲や露骨な戦争賛美からの逃避にとどまらず、ヒーローやヒロインの芸道（あるいは芸道精進する恋人）への自己犠牲が国家への忠誠や献身と重ねられ、国家の方針と軌を一にするものとして芸道物を捉える視座を提示している。さらに、後述するように、検閲が強化された一九三七年以降、恋愛《ロマンチック・ラヴ》——佐藤にとっては極めて肯定的な概念である――を取り上げることができた貴重な題材だったという指摘も重要である。

芸道物を潜在的プロパガンダとみなす説は佐藤の溝口論に萌芽していたが、『残菊物語』を「記念碑的形式《モニュメンタル》」の重要な例として分析するダレル・デイヴィスによって本格的に展開される。デイヴィスは、一九三〇年代末以降の日本映画に、伝統的な家族制度、生活様式、芸術を利用し、荘厳な語りの構造、演出、キャメラワークを組織して聖なる「日本的なもの」への畏怖と日本人としての自己同一性の誇りへと知覚を通して観客を覚醒させる「記念碑的形式《モニュメンタル》」を見出す。デイヴィスによれば、歌舞伎という日本の伝統芸能の世界を舞台に、細部に対する観客の注視と沈潜、畏敬の念を促す長回しとキャメラワークでもって、芸術家の精進、女性の自己犠牲、家族制度の秩序回復を描く『残菊物語』は、まさにこの形式を具現している。(8) デイヴィスの議論は「日本的なもの」批判でありながらその同一性を前提としており、芸能でも芸術でも家族制度でも、歴史的・地理的な複数性と異種混淆性を捨象して「伝統」の名の下に十把一絡げにする文化本質主義という印象は否めない。しかし、今日の観客にとっては、戦時下の芸道物を支配する奇妙な禁欲性とマゾヒスト的な修練と受苦への熱情には、「欲しがりません勝つまでは」とか「一億總火の玉」など人口に膾炙した太平洋戦争中のスローガンと強い親和性があるように思われる。(9) ピーター・B・ハーイが『帝国の銀幕――十五年戦争と日本映画』で指摘した戦時下日本映画の「精神主義」と芸道精進を重ね合わせ、芸道物を総力

(4) Richard Dyer, "Entertainment and Utopia," in *Genre, the Musical: A Reader*, ed. BFI (New York: Routledge, 1981), 177. ダイヤーのミュージカル論はこうした一般的な認識から出発しつつ観客の不満や希求を認めつつ統御する「ユートピア」としてミュージカル映画を分析しており、本章では後に本格的に取り上げる。

(5) 飯島、前掲書、二三八ページ。

(6) 佐藤忠男『溝口健二の世界』(筑摩書房、一九八二年)、一四二ページ。

(7) Ibid., 一四三ページ

(8) Darrell William Davis, *Picturing Japaneseness: Monumental Style, National Identity, Japanese Film* (New York: Columbia University Press, 1996). 記念碑的形式《モニュメンタル》の定義については 41-46,『残菊物語』分析は第五章を参照。

(9) ピーター・B・ハーイ『帝国の銀幕――十五年戦争と日本映画』(名古屋大学出版会、一九九五年)。

戦のため自己犠牲を厭わぬ国民＝主体として召喚するイデオロギー装置と考えることも可能だろう。かく言う私も、一九九六年に提出した修士論文では、こうした視座を十分に相対化することなく芸道物を捉えていた。

このように、戦時下の芸道物をめぐっては、戦後民主主義的な封建性批判に始まり検閲と軍国主義からの「逃避」とする当事者たる映画作家や批評家たちによる事後的な認識から、「逃避」を装い、戦争と無縁の題材を扱いながら、その実、総力戦への自己犠牲と精神主義の神話を内面化したイデオロギー装置であるとの九〇年代以降の見解に至るまで、相争うかに見える解釈がなされてきた。本章の目的は、しかし、逃避、イデオロギー装置、あるいは抵抗《レジスタンス》というふうに芸道物に一義的な解釈を与えることではない。芸道物とは徹頭徹尾多義的な——あるいは八方美人な——テクストだからだ。実際、古川隆久や加藤厚子の年別の興行成績表を見ればわかるように、総動員体制下の芸道物のほとんどは、監督や映画会社を問わず興行的に成功している[10]。

演劇学者・神山彰は、映画および演劇における芸道物が戦時中に流行した理由について、いみじくもこう述べている。

それは一つには、先ほど触れた諸要素の連続による、長い忍耐と労苦の末に訪れる吉兆と栄誉という構成は、その時代の（あるいはいつの世も）庶民の果敢ない心性に訴えかけること強かったからである。二つには、以上の理由により、当局の検閲が「芸道物」に甘かったからである。そこで、いつもの人物像と展開、観客の動員力等で文句のつけようのない「芸道物」を題材に、光線やカメラ・アングルによる表現性の強い映画の世界で、題材大衆的、表現先鋭的という組み合わせのこの時代の傑作が生れた。

興味深いのは、「芸道物」は、戦前・戦中の日本でも、戦後のGHQの時代にも検閲に通りやすく、極めてイデオロギー的な「偏向」があるにもかかわらず、ニュートラルな精神を訴え、鼓舞するものと評価されがちなことである。言葉を換えていえば、「政治的見解」からしても、両義的な「解釈」のできるものとして、暗黙に了解されてきたといえるだろう[11]。

神山は具体的な作品には触れていないが、的確な洞察である。戦時下にも占領下にもイデオロギー装置のふりをすることも、実際そのように機能することも可能だったがゆえに、芸道物は映画の作り手たちにとっても、そしておそらくは精進と苦難の先に輝く栄光の物語を渇望する観客にとっても、「逃道」たりえたのである。実際、映画法下に文部大臣賞を受けた『残菊物語』も含めて、ＧＨＱの検閲によって上映を禁じられた芸道物は見あたらない[12]。さらに一九四六年封切の新作『恋三味線』（野淵昶監督、大映）は、三味線の若い名手（嵐寛寿郎）が思い上がって喧嘩に巻き込まれ、師匠との確執の末、出奔→遊女上がりの女（月宮乙女）に支えられ流して歩く旅回り→見出されてカムバック、という『残菊物語』とほとんど同一の物語を語っているが、最後に主人公は杵屋の名跡を辞退し、女と結婚しかつ腕一本で芸道に生きることを決意する。この展開は優れて戦後民主主義的／アメリカ的だが、後述するように、『残菊物語』にすでに内在していたとも言える。付け加えれば、一九四六年二月、占領下に公開された最初のアメリカ映画となった『キュリー夫人』（マーヴィン・ルロイ監督、ＭＧＭ、一九四三年）は、神山の示唆するところに従えば「科学者芸道物」としか呼びようのないものである。

本章は溝口健二作品『残菊物語』を中心に、現存プリントの存在しない『浪花女』『芸道一代男』『団十郎三代』については文字資料に依拠して、「芸道物」として歴史的な文脈に位置づける。具体的には、「明治物」をはじめとした関連ジャンルや新派との間メディア性を視野に入れ、映画産業と観客との結節点に位置する「ジャンル」の問題系を

（10）古川隆久『戦時下の日本映画——人々は国策映画を観たか』（吉川弘文館、二〇〇三年）、一〇三、一二三、一七三ページ、加藤厚子『総動員体制と映画』（新曜社、二〇〇三年）、一二〇—一二一、一六二—六三、二五五ページ。

（11）神山彰『近代演劇の水脈——歌舞伎と新劇の間』（森話社、二〇〇九年）、二三一ページ。

（12）"A Master List of Motion Pictures and Lantern Slides Censored by PPB District Station I, Tokyo (October 1945 to September 1946), Revised, 10 December 1946," Box no. 8601, CIS02811, 国立国会図書館憲政資料室。

考察することで、一本の映画に折り畳まれた歴史性の諸相を明るみにする。とりわけ、ジェンダー、階級、文化資本という観客を差異化する要素を「総動員体制」「国民映画」によって特徴づけられる戦時下の映画文化の中で前景化したい。以下、第二節で『鶴八鶴次郎』にハリウッド映画とも密接に関わった芸道物の異種混淆的な「起源」を見出す。第三節は比較的知られていない作品『月夜鴉』（井上金太郎監督、松竹下加茂、一九三九年三月公開）の分析をとおして、小説、新派、映画を横断する「芸道物」の成立を跡づける。第四節では、『鶴八鶴次郎』『月夜鴉』で獲得した芸道とジェンダーについての視座から溝口の作品を分析する。溝口の第二期新興キネマ時代（一九三七―一九三八年）のフィルモグラフィに芸道物と通底するジェンダーの問題系を見出したうえで、舞台との間メディア性と映画ミディアムの特殊性にともに立脚した『残菊物語』が総動員体制下で占めた特権的なポジションを明らかにする。第五節では溝口の失われた作品『浪花女』『芸道一代男』『団十郎三代』を再構成することで、溝口のフィルモグラフィにおける芸道物の全貌を粗描するとともに、占領下・戦後作品との連続性を示唆したい。

さて、本論に入る前に、いささかやっかいな問題に対処しておかなければならない。芸道物とはジャンルか？　という問である。映画における「ジャンル」概念については、過去五〇年間、とりわけ英語圏で気が遠くなるような量の書物と論文が生産されてきた。本章は、最低限かつ包括的な定義として、ジャンルとは映画の「種類」のことであり、ある種類を特徴づける物語、セッティング、登場人物、図像《イコノグラフィー》などの類型についての認識が、製作・配給・興行に携わる映画業界人、観客、批評家の間で共有されていることがその成立要件となる、というものを提案したい[13]（たとえば、ギレルモ・デル・トロの『パシフィック・リム』（二〇一三年）が「怪獣映画」であり、かつその歴史に明らかなオマージュを捧げる大前提として、そもそもハリウッド、世界の観客、批評家がそうしたジャンルの存在を認識している必要がある）。ジャンルという概念が映画研究にとって有用なのは、単なるコレクションと分類への情熱に奉仕するためではない。ジャンル概念が作家とテクストに閉じられた分析を開き、ほぼ不可避的に「観客」という第三項、さらには映画産業や社会的・歴史的な文脈を招き寄せるからだ。

こうして、過去二五年間、主にハリウッド映画を対象としたジャンル研究においては、ジャンルを同定する際の歴史性――あるいはその欠如および曖昧さ――が中心的な論点となってきた。すなわち、一方で第二次大戦後フランスの批評家たちによって名付けられることによって遡行的に見出された「フィルム・ノワール」に対して映画史的批判が進み、それまでの研究・批評が対象としてきた作品の少なさや恣意性が指摘され、フランスでの映画史的文脈も明らかになるとともに、むしろ批評的概念としての可能性が再検討された。[14] 他方、一九七〇年代以来、主流（＝ハリウッド）映画に対するフェミニスト批評の大前提となってきた「メロドラマ＝女性映画」という視座に新歴史主義的立場から疑問が投げかけられた。ベン・シンガーやスティーヴ・ニールによれば、一九一〇年代から五〇年代にかけて、*Variety* のような同時代の映画業界誌は一貫してスペクタクルとサスペンス、息もつかせぬ展開を特徴とする活劇を「メロドラマ」と呼んでおり、女性観客のためのお涙頂戴作品のことではなかったのである。[15]

（13）「ジャンル」はしばしば描写されても定義されない。『フィルム・アート』は、ジャンルは映画の「タイプ」であるとしたうえで、「映画の作り手、映画業界の重役、批評家、そして観客の誰もが、ある種の作品群には重要な類似点があるという共通理解を生むことに寄与している」とのべ、「あるジャンルは定義するよりも判別するほうが簡単である」とすみやかに主要ジャンルの描写に移行する。ボードウェル、トンプソン、前掲書、一〇四ページ。

（14）James Naremore, *More Than Night: Film Noir in Its Context* (Berkeley: University of California Press, 1998); 中村秀之『映像／言説の文化社会学――フィルム・ノワールとモダニティ』（岩波書店、二〇〇三年）。フィルム・ノワールをめぐる言説のまとめとしては、Steve Neale, *Genre and Hollywood* (New York: Routledge, 2000), Kindle edition, chap. 4 を参照。

（15）Ben Singer, "Female Power in the Serial-Queen Melodrama: The Eiology of an Anomaly," *Camera Obscura*, no. 22 (January 1990): 90-127; Steve Neale, "Melo Talk: On the Meaning and Use of the Term 'Melodrama' in the American Trade Press," *The Velvet Light Trap*, no. 22 (Fall 1994): 66-89; Neale, *Genre and Hollywood*, chap. 5. 日本語で読めるメロドラマ批評史として、ジョン・マーサー、マーティン・シングラー『メロドラマ映画を学ぶ――ジャンル・スタイル・感性』中村秀之、河野真理江訳（フィルムアート社、二〇一三年）、および河野による「メロドラマ映画研究の現在」、二五〇―六二ページ。なお、河野真理江の博士論文「戦後日本「メロドラマ映画」の身体―撮影所時代のローカル・ジャンルと範例的作品（立教大学、二〇一五年）は、現在のところ最良の「メロドラマ」日本映画史研究である。

このようなジャンル研究史を踏まえて、改めて芸道物についての問いを整理しよう。少なくとも一九五〇年の時点では溝口が「芸道物」という語を使っているにしても、現在「芸道物」とされている映画が作られ観られた時代に、それらは果たしてそうと呼ばれていたのだろうか。つまり、芸道物とは歴史的なジャンルなのか、批評的概念なのか、それともその両方なのか。また、仮に歴史的ジャンルだとすれば、どのぐらいの本数の映画が実際にそう呼ばれていたのだろうか。

管見では、「芸道物」という言葉が初めて現れるのは一九四一年二月、溝口健二による初代中村鴈治郎の伝記がその名も『芸道一代男』と題されて封切られる前のことである。『讀賣新聞』の映画評は「これは溝口健二監督作品一聯の、いはゆる「藝道もの」だが、こんどは『残菊物語』『浪花女』とはやゝ趣向が變つて」と切り出し、[16]『映画旬報』の筈見恒夫も「溝口健二の藝道もの三部作に終止符を打つと云ふ『藝道一代男』は」と書き始め、[17]溝口自身、『映画評論』誌上で「『残菊物語』『浪花女』と倶に一連のいはゆる「藝道物」の完成である」と述べている。[18]すなわち、「三部作」の第三作が完成してはじめて、五代目尾上菊五郎の子息・菊之助を描いた『残菊物語』（一九三九年一〇月一〇日公開）、浄瑠璃三味線の豊沢団平の妻・お千賀を主人公とする『浪花女』（一九四〇年九月一九日公開、現存プリントなし）が遡行的に「芸道物」と呼ばれることになったのである。あるスタジオで試行錯誤のなかで作られた数作品が遡行的に名指される経緯は、リック・アルトマンが述べる一九三〇年代ワーナーにおける「伝記映画《バイオピック》」の成立事情と類似しており、[19]「芸道物」の命名も映画作家や批評家の発想というよりは、松竹下加茂の方針と思われる。

とはいえ、『残菊物語』『浪花女』はもちろん、それ以前の『流轉』『藤十郎の恋』『鶴八鶴次郎』『月夜鴉』についても、グラビア、惹句、批評には一貫して「芸道」という言葉が使われており、「自己の藝道を守り通すために、不運な一生を若くして終わつた男が主人公」[20]、「藤十郎は藝道の冷酷さに今更の如く心は痛み胸はつぶれる思ひであつたが」[21]、「藝道修行に絡む「女」のまごころと義理人情が描かれている」[22]、「文楽を舞臺にして藝道の世界を描いたテーマは『残菊物語』の感慨を再び、われわれに齎《もたら》すにちがひありません」[23]、「明治の末期より大正の初めにかけて一世を風靡せる新内語りの藝道の裏にひめられし哀婉の譜！」[24]、「日本古來の三味線藝道の中に逞ましくもうずまく愛慾の相剋を描く」[25]、と謳われている。つまり、「芸道」という語自体は『芸道一代男』以前から意味的な連続性と一貫性をもって使われていた。これらのフレーズの中で、「芸道」は伝統的大衆芸能の実践としてはっきりとした輪郭をもち、かつ、それに「絡」んだり、「裏にひめられ」たりする人情、恋愛、あるいは愛慾との「相剋」がとりわけドラマの核心として強調されている。こうした同時代の資料に照らして、本章が「芸道物」として扱うのは、日本の伝統的大衆芸能におけるプロとしての仕事の世界を舞台に、そこでの価値観とエートスを作劇上の糧としており、そうしたセッティングが広告の惹句、グラビアの謳い文句、映画批評において「芸道」という言葉、あるいは「藝と恋の二筋道」[26]など極めて近似した表現によって前景化されている映画である。

だが、芸道物にこのような歴史的かつ明瞭な輪郭を与えることができるからといって、「ジャンル」と呼んで良いものだろうか。そもそも、戦前に「芸道物」とはっきり呼ばれているのは溝口作品だけであり、成瀬巳喜男の『歌行燈』（一九四三年二月一一日公開）なども「命の限り守り通した逞しき藝道一筋」[27]と惹句にあっても「芸道物」と名指さ

(16) 坤「『藝道一代男』」『讀賣新聞』一九四一年二月四日夕刊。
(17) 筈見恒夫「『藝道一代男』」『映画旬報』一九四一年二月二一日号、五〇ページ。
(18) 溝口健二「『藝道一代男』の製作記録」『映画評論』一九四一年二月号、五六ページ。
(19) Rick Altman, *Film/Genre* (New York: BFI, 1999), 38-48.
(20) 滋野辰彦「『流轉　第一部炎・第二部星』」『キネマ旬報』一九三七年一一月一日号、九一ページ
(21)「藤十郎の恋」〈日本映画紹介〉『キネマ旬報』一九三八年四月二一日、七一ページ。
(22) K「新映畫評『残菊物語』」『讀賣新聞』一九三九年一〇月二〇日号夕刊。
(23)（グラビア『浪花女』）『スタア』一九四〇年七月一五日号、二六ページ。
(24)（広告『鶴八鶴次郎』）『讀賣新聞』一九三八年九月二三日夕刊。
(25)（グラビア『月夜鴉』）『松竹』一九三九年四月号、七三ページ。
(26)『すみだ川』（井上金太郎、松竹大船、一九四二年九月三日公開）の惹句。（広告『すみだ川』）『映画旬報』一九四二年八月一日号。
(27)（広告『歌行燈』）『映画旬報』一九四三年二月一日号。

れていない。[28] つまり、次節で詳述するように、芸道物は当時紛れもなく日本映画を代表する監督だった溝口健二の作品として、依田義賢、川口松太郎らとの協働のもと、新派と密接に連動しつつ、白井信太郎が撮影所長を務める松竹下加茂スタジオにおいて一九三九年から一九四一年にかけて生み出されている。極めて限定された歴史的・映画史的・間メディア的な文脈の中で、特定の強い作家性に端を発するところから、むしろ「サイクル cycle」と呼ぶのが相応しい。[29] 溝口以外で戦前に芸道物を作ったのは同じ松竹下加茂の井上金太郎、東宝の成瀬巳喜男とマキノ正博という限られた作家たちであり、撮影所、題材、原作、俳優など二重三重に限定された戦中期特有のサイクルと捉えるのが妥当だ。しかし、「芸道サイクル」などと不器用な外来語を使うには及ぶまい。「物」という日本語は「時代物」のような包括的ジャンルから「鏡花物」のような狭いカテゴリーまで汎用性があり、まったくもって融通無碍である。

本章はこうして「芸道物」を特殊な歴史性を帯びたサイクルとして捉えるが、そう認識したうえでなおかつ批評的概念として活用することは有益だと思う。そもそも、芸道物は、明治物、時代物、伝記映画のようにさまざまなジャンルの交叉する地点に生み出されている。一方で、恋愛／人情と相剋するまでのプロフェッショナルな精進という「芸道物的」エートスは、とりわけこの時期、伝統芸能の世界をセッティングとしない他の作品群にも共有されている。黒澤明『姿三四郎』（一九四三年）や溝口自身の『宮本武蔵』（一九四五年）は柔道や武道への禁欲的な精進を描いているし、例えばマキノ正博の『婦系図』（正・続、一九四二年）、千葉泰樹『白い壁畫』（一九四二年）などは「科学者芸道物」と呼ぶこともできるだろう。[30] さらに、例えば、まさに芸道物が成立せんとする一九三八年をクライマックスとした『風立ちぬ』（宮崎駿監督、二〇一三年）を敢えて「芸道物」と名指し、精進の成果を晴の舞台で披露する夫と結核で死の床に横たわる妻のクロスカッティングを『残菊物語』に擬えることには、存外の批評的意義があるだろう。次節で述べるように、芸道物とはそもそも、女性の精神的・職業的自立への希求と社会との相剋を主題としていたはずだったのだから。

第二節　芸道物の誕生――『鶴八鶴次郎』、ハリウッド、「新しい女性」

芸道物に「創造主」がいるとすれば、川口松太郎である。川口の短編小説『鶴八鶴次郎』（一九三五年）は『風流深川唄』『明治一代女』とともに同年九月に第一回直木賞を受賞し、一九三八年一月には川口本人による戯曲版を新派が明治座で初演して好評を博し、成瀬巳喜男が脚色・監督した同名映画は同年九月二九日に封切られた。[31] しかし、川口の「創造」は霊感のみを糧に無から行われるという類のものではない。良く知られているように、『鶴八鶴次郎』は『ボレロ』（ウェスリー・ラッグルズ監督、パラマウント、一九三四年二月二三日公開、日本公開同年五月一九日）の翻案である。[32]

（28）赤井紀美は、演劇における「芸道物」についての優れた論文「〈芸道物〉の時代――『残菊物語』を中心として」『演劇学論集』第五六号（二〇一三年春）：三九―五五ページにおいて、戦前に新派によって上演された「芸道物」として八本の作品を挙げつつ（四〇ページ）、「管見によれば〈芸道物〉という語が使用されるのは戦後になってからである」と述べている（五一ページ、註一）。「芸道物」という呼称はまさに映画と演劇の間のキャッチボールのなかで成立していったと考えられる。

（29）スティーヴ・ニールによれば、「「サイクル」という語も時として使われ、特殊かつ限定された時期に作られ、多くの場合、特定の商業的成功を基盤とする一連の映画を意味する。例えば『宝島』（一九三四年）と『巌窟王』（一九三四年）の成功にならって作られた歴史冒険サイクル［…］や、『悪魔のいけにえ』（一九七四年）や『ハロウィン』（一九七八年）にならった「スラッシャー」や「ストーカー」映画などがある」。Neale, *Genre and Hollywood*, 7, loc. 176. アルトマンは、あるスタジオの特定の人材に依拠した「サイクル」は、業界全体で応用可能な要素が見出されたとき「ジャンル」化し、ジャンル化とともに形容詞（musical comedy）が名詞化する（musical）、という仮説を立てている。Altman, *Film/Genre*, 59-62.

（30）「科学者芸道物」については、神山『近代演劇の水脈』、二三一ページを参照。映画への応用は、拙論「メロドラマの再帰――マキノ正博『婦系図』（一九四二年）と観客の可能性」藤木秀朗編『観客へのアプローチ』（森話社、二〇一一年）、一九九―二二八ページ。

（31）小説から新派の『鶴八鶴次郎』成立については、赤井の論文を参照。赤井紀美「川口松太郎『鶴八鶴次郎』論――流動するテクスト、揺籃期の〈芸道物〉をめぐって」『演劇学論集』第五八号（二〇一四年春）：一―二〇ページ。

（32）蓮實重彦「ラヴェルと新内」『國文学　解釈と教材の研究』第四二巻第四号（一九九七年三月）：六―一〇ページ。

さらに、小説『鶴八鶴次郎』の出版と映画版公開の間に、トーキー活用法の一つとして音楽家や舞台芸術家の伝記映画《バイオピック》が日本の映画文化の中で脚光を浴びたことも見逃せない。今日では小津安二郎の『一人息子』（松竹大船、一九三六年）に挿入されている「トーキー」として世界映画史に記されているフランツ・シューベルトの伝記映画《バイオピック》『未完成交響楽』（ヴィリ・フォルスト監督、オーストリア、一九三三年、日本公開一九三五年二月）、同じヴァルター・ライシュの脚本によるオペラ作曲家・ヴィンチェンツォ・ベッリーニの伝記『おもかげ』（カルミーネ・ガルローネ監督、イタリア、一九三五年、日本公開一九三六年四月）が封切られ、好評を博していた。[33] 日本映画としては、まず成瀬の『桃中軒雲右衛門』（ＰＣＬ、一九三六年四月二九日公開、原作・真山青果）、山本嘉次郎『藤十郎の恋』（東宝、一九三八年五月一日公開、原作・菊池寛）が挙げられるだろう。また、『流轉』は若き井上靖が『鶴八鶴次郎』の顰みに倣って『未完成交響楽』を徳川時代の歌舞伎界を舞台に翻案した小説であり、一九三六年に千葉亀雄賞を受賞ののち、翌年には二川文太郎監督によって映画化されている[34]（第一部・炎、第二部・星、松竹下加茂、一九三七年九月二日、二三日公開、七分の断片のみ現存）。こうして、作曲家や浪曲師、歌舞伎役者を主人公とした作品が異色作あるいは話題作として注目されたが、どれも天才的男性芸術家の苦悩を描いている。溝口健二の芸道三部作における女性の重要性、天才より芸道精進を重んじるエートスを鑑みるとき、芸道物のサイクルとしての成立を画するのは、やはり『鶴八鶴次郎』であろう。

『鶴八鶴次郎』と『ボレロ』の関係は映画公開時には周知の事実であった。[35] さらに、批評家・清水千代太が「これは大體の筋は『ボレロ』で、ディテールを『スヰング』から採つてゐるらしいな」述べているのも興味深い。[36]『スイング』（原題 *Swing High, Swing Low*, ミッチェル・ライゼン監督、パラマウント）にはたしかに『鶴八鶴次郎』との類似点も多いが、一九三七年三月一二日にアメリカで公開、日本でも同年公開の作品であり、小説化以降、映画化の時点で成瀬や東宝のスタッフによって参照されたと考えられる。そもそも『スイング』自体、キャロル・ロンバード主演のバックステージ・ミュージカルとして『ボレロ』とは強い間テクスト的関連がある。『鶴八鶴次郎』ひいては芸道物とハリウッドの間には、個別作品を越えたジャンル的関係性を見ることができるのではなかろうか。伝統芸能を扱って「日本的」であるはずの芸道物の起源がハリウッド映画にあるということ自体は、日本の翻案映画文化について研究が積み重ねられた今日、驚くにはあたらない。本節は、その指摘に留まらず、川口松太郎らの日本の大衆文化の担い手たちが、検閲強化の直後、いかにハリウッド映画のジャンルを換骨奪胎しつつパーツをブリコラージュし、結果として芸道（仕事）と恋愛の矛盾という極めて非ハリウッド的な物語類型を立ち上げたか跡づけたい。

まず、映画版『鶴八鶴次郎』の梗概をやや詳しく押さえておこう。明治末から大正初めにかけて、新内の太夫（語り）・鶴賀鶴次郎（長谷川一夫）は三味線の鶴賀鶴八（山田五十鈴）とコンビを組んで人気の絶頂にあった。鶴八（本名・お豊）の亡母・一世鶴八が鶴次郎にとっても師匠となる。二人は高座ではぴったりと息のあった芸を見せ、互いに好意を抱いているのだが、楽屋では意地の張り合いで喧嘩が絶えず、鶴次郎の番頭・佐平（藤原釜足）も手を焼いていた。有楽座で行われた名人会に大御所たちに混じって参加して評判をいっそう高めるが、お豊が後援者・松崎（大川平八郎）の招待を受けたところから喧嘩が始まる。一緒に高座には上がらないと言い張る二人を支配人・竹野（三島雅夫）がお客をないがしろにするのかと叱り、ようやく収まる始末である。竹野と佐平は計略をめぐらし、二人を箱根にやる。松崎との結婚話が持ち上がっていたお豊が、そうなれば芸を捨てるかもしれないと鶴次郎に相談したところ

(33)『未完成交響楽』は『キネマ旬報』の一九三五年度外国映画ベストテンで四位にランクされている。「昭和十年度優秀映畫決定」『キネマ旬報』一九三六年二月一日号、四〇ページ。『おもかげ』については、配給会社・東和の広告（『キネマ旬報』一九三六年四月一一日号、二六—二七ページ）、および内田岐三雄の批判的なレヴュー（『キネマ旬報』一九三六年四月一日号、一〇八ページ）を参照。

(34) 高木信幸「『流転』成立考——井上靖文学生成の一過程」『国文学攷』第一五六号（一九九七年一二月）、一五—二八ページ。『流轉』の断片の存在については大澤浄氏から御教示いただいた。

(35) 水町青磁は、「この原作は川口松太郎である。その又、原作は外畫『ボレロ』である。このことは川口松太郎が外畫を日本の大衆文藝賞作品にまでに翻案した力量を認める外、何等の意義はない」と『キネマ旬報』の批評の冒頭で述べる。一九三八年一〇月二一日号、六八ページ。

(36) 飯田心美、友田純一郎、滋野辰彦、清水千代太「『鶴八鶴次郎』合評」『キネマ旬報』一九三八年一〇月一日号、一〇〇ページ。

から、二人は互いの思いを知り、結婚することになる。鶴次郎はかねてから寄席を持つことを夢見ていたが、お豊が母の遺産を出して物件も手に入り、結婚と同時に「鶴賀亭」を開業することになった。ところが、実はお豊の金が松崎から出ていたことを知って鶴次郎は激怒し、大喧嘩の果てに二人は別れてしまう。相方を失った鶴次郎の人気は急落し、旅回りの惨めさを酒で紛らわす日々を送る。一方、お豊は松崎と結婚して大身の料理屋の若奥様となり、芸事好きの家族たちにも大切にされて何不自由ない身の上だった。鶴次郎の様子に心を痛めた佐平は竹野に相談を持ちかけ、鶴八鶴次郎のコンビを復活させて二年ぶりで名人会に出す算段をつけた。お豊も協力を約束し、松崎の了承も得て、二人は再び有楽座の舞台に上がった。大好評のうちに名人会も最終日が近づき、鶴八鶴次郎には帝劇から出演依頼が寄せられる。芸の世界のやり甲斐に生き返ったお豊は、かりに反対されれば離縁してでも高座に出ると言い出す。最終日の楽屋で、鶴次郎はお豊の三味線を「拙い」と言って喧嘩をふっかけ、コンビの将来はご破算になる。堅気の安定した生活を捨てて芸人に逆戻りしようとするお豊を思いとどまらせるため、心にもない嘘を言った鶴次郎は、佐平を相手に痛飲するのだった。

この『鶴八鶴次郎』映画版は小説の極めて忠実な翻案である。原作が「鶴次郎はあまり美男子でなかったが、その代り芸人らしい厭味もなかった。鶴八は愛嬌のある十人並の器量だったし」と描写する地味なカップルに平然と絶世の美男美女をキャストするなどの変更点も、総じて「映画化」に伴う便宜的／商業的なディテールの変更に過ぎない。[37]そもそも映画を翻案した小説なのだから映画に再翻案しやすいのは当然だろうか。だが、しばしば指摘されてきたとおり、映画『ボレロ』と小説『鶴八鶴次郎』の間には幾つかの大きな差異がある。

『ボレロ』では、アメリカの炭坑で働くベルギー人ラウル（ジョージ・ラフト）がヨーロッパに戻ってダンサーとして成り上がり、ついにヘレン（キャロル・ロンバード）という最高のダンスパートナーと公私ともに結ばれ、自分のナイトクラブをパリに開くが、結局は転落の運命を辿る。「小男で、押しが強く、己惚れ屋できざで、好色趣味タイプの彼、もしこんな男が身近にゐたら我慢が出來ないほど不愉快な存在になるだらうが、この男のそれらの特徴を思ひ切り生かし、それに磨きをかけ、一つの「魅力」に仕上げ」たこの映画は、[38]その後の『市民ケーン』（オーソン・ウェルズ監督、一九四一年）を典型とするハリウッド映画のある種の類型に収まっている。すなわち、強烈な才能、個性、エゴ、欲望、カリスマを併せ持った男（そう、男である）の公私両面での栄光と挫折、周囲との軋轢、自己破滅的な衝動を描く伝記映画《バイオピック》だ。『市民ケーン』同様、『ボレロ』も一九一〇年代を代表するダンサーであったモーリス・ムヴェという実在の人物の生涯に材を取っている。[39]

デイヴィッド・ボードウェルによれば、古典的ハリウッド映画は二つのプロットラインから成り、「一方は異性同士の恋愛（男／女、夫／妻）に関わり、他方は別の領域――仕事、戦争、使命や探究、その他の個人的関係――に拘わる。それぞれのラインは目標、障害、クライマックスを持つ。［…］たいていの場合、恋愛の領域ともう一方のアクションの領域ははっきりと区別されるが、相互に依存しあっている。プロットは一方のラインを他方より先に閉じることもあるが、おうおうにして二つのラインはクライマックスで一致する」[40]。前節で紹介した芸道物の惹句「芸と恋の二筋道」とはまさにこのことである。古典的ハリウッド映画のクライマックスにおける二筋道の「一致」は、『ロッキー』（ジョン・G・アヴィルドセン監督、一九七六年）のラスト、試合を戦い抜いた果てに恋人・エイドリアンの名を叫ぶロッキー（シルヴェスター・スタローン）の姿に集約されるとしばしば言われるが、ヴァリエーションの幅はかな

（37）川口松太郎「鶴八鶴次郎」『昭和国民文学全集⑧川口松太郎集』筑摩書房、一九七四年、一〇ページ。その他の変更点として、（一）旅行先：高野山での先代の法事→箱根、（二）お豊が金を借りたのは松崎家の若旦那だが結婚したのは末弟→ともに大川平八郎演じる若旦那、というものがある。そのほか、短編である原作に映画が補ったキャラクターとして、三味線が下手なのに鶴次郎の嫁になりたいと言う日本橋の大店の娘（椿澄枝）と、鶴八が去ったあと一時期鶴次郎の相方を務める鶴吉（伊藤智子）がいる。

（38）飯田心美「『ボレロ』」『キネマ旬報』一九三四年六月二一日号、四六ページ。

（39）The AFI Catalog of Feature Films, s.v. "Bolero," http://www.afi.com/members/catalog/DetailView.aspx?s=&Movie=4452 (accessed May 9, 2014)

（40）David Bordwell, "Classical Hollywood Cinema: Narrational Principles and Procedures," in *Narrative, Apparatus, Ideology: A Film Theory Reader*, ed. Philip Rosen (New York: Columbia University Press, 1986), 19.［デイヴィッド・ボードウェル「古典ハリウッド映画　語りの原理と手順」杉山昭夫訳、岩本憲児、武田潔、斉藤綾子編『新映画理論集成②』フィルムアート社、一九九九年、一七八―一七九ページ］引用にあたって訳を一部改変した。

り広い。『ボレロ』では、第一次世界大戦から生還したラウルは、ようやくナイトクラブのオープニング・ナイトを迎える。すでにコリー卿夫人となったヘレンも客として駆けつけるが、ラウルの現パートナーであるアネット（サリー・ランド）が泥酔して現れたことから、急遽舞台に上がって「ボレロ」を踊ることになる。しかし、戦争で心肺機能を傷めたラウルは、医者からダンスを禁じられていた。ヘレンに助けられて見事に踊り終えたラウルは、次のナンバーの出の直前に楽屋で倒れ、観客の拍手とヘレンの別れの言葉をオフスクリーンに聞きつつ絶命する。ラウルは「ボレロ」の成功とヘレンとの復縁という二筋道の達成を果たしたかにみえながら、ともに失ったわけだ。

『鶴八鶴次郎』、ひいては来るべき芸道物全体との関係においてとりわけ重要なのは、このバックステージ・ミュージカルと「芸と恋の二筋道の間の相剋」という芸道物のプロット構造との隔たりである。まず、『ボレロ』においては二筋道の達成の「障害」となるのはラウルの過剰なエゴと自己顕示欲であって、二筋道の相剋そのものではない。ヘレンが彼を捨ててコリー卿を選んだのも、彼自身が踊れなくなったのも、自己宣伝だけを目的として第一次大戦に志願したからである。一方、『ボレロ』で「芸道」に相当するプロットラインを構成するのは、ラウルであれヘレンであれ、ダンサーの芸への「精進」というよりは成功への欲望、野心である。確かにヘレンはスリップ姿の「オーディション」でラウルにダンス技術の高さを知らしめるが、そうした機会を得たのもそもそも「私、野心満々なの」という宣言のおかげだ。『ボレロ』に限らず、ハリウッドのバックステージ物においては、“The show must go on”というフレーズに集約されるプロ意識はしばしば言及されても、ダンスや歌に「精進」するプロセスはほとんど描かれない。ルビー・キーラーが無名のコーラスガールから主役に大抜擢されるのは彼女の最初から卓越したタップダンスがついに「発見」されたからで、修練を積んで技量自体が向上したからではない。フレッド・アステアが体現するように、ダンサーの優美さとは「楽々さ《エフォートレス》」と不可分だからだ。「娯楽」たる「芸」は「愉快さ《ファン》」と同義でなければならない。[41] さらに付け加えれば、『ボレロ』は、ハリウッドのバックステージ物全般と足並みを揃え、「芸人」の社会的地位および階級の問題を希薄化している。

一方、川口松太郎が『ボレロ』から『鶴八鶴次郎』に拝借したのは、バックステージというセッティング、一九一〇年代というレトロな時代設定、ラウル＝鶴次郎とヘレン＝鶴八双方の鼻柱の強さ、といった大枠に加え、女芸人がパートナーと別れて富豪と結婚するが最後の晴舞台を共に務めるクライマックス、仕事の日常を離れた旅行先での愛の告白という道具立てであろう。しかし、そのうえで川口は、このハリウッド映画に対して、またもやハリウッド映画を典拠として更なる改変を加えている。すなわち、『ボレロ』＝『鶴八鶴次郎』のスクリューボール・コメディ化である。

リチャード・モルトビーによれば、「スクリューボール・コメディをロマンチック・コメディの他のヴァージョンから区別するのは、カップルの恋愛の成就を阻む障害が、外的な要因によってではなく、二人の間の敵意によってもたらされていることだった。スクリューボール・コメディに特徴的なプロットは、人格や価値観の不一致による衝突をめぐって構築されており、そりが合わない恋人同士のエスカレートする争いによって活力を得ていた」[42]。つまり、スクリューボール・コメディとはカップル間の喧嘩を魅力と原動力としたコメディに他ならない。もっとも、一九三四年の時点では日本はもちろんアメリカでもscrewball（変化球→「イカレた」）という形容詞はコメディに対して使われていなかったので、『鶴八鶴次郎』を執筆中の川口松太郎は「ここは一つ二人の関係をスクリューボール風に」と考えたわけではあるまい[43]。むしろ、天才的アレンジャーとして、同時代のハリウッド映画に興隆しつつあったある種の傾向を明敏に捉え、ジャンルや原作の枠を越えて――そもそも正式の翻案でも何でもないのだから拘束される謂

(41)　むろん、これはあくまでも表象の問題である。Dyer, "Entertainment and Utopia," とりわけ『パリの恋人』（スタンリー・ドーネン監督、一九五七年）を論じた178-79を参照。

(42)　Richard Maltby, "*It Happened One Night* (1934): Comedy and the Restoration of Order," in *Film Analysis*, ed. Jeffrey Geiger and R. L. Rutsky (New York: Norton, 2005), 219.

(43)　ティノ・バリオやモルトビーが明らかにするとおり、ハリウッドの映画業界誌がこの種のコメディに対してscrewballという語を使うのは一九三六年の『襤褸と宝石』（グレゴリー・ラ・カーヴァ監督、ユニヴァーサル）、より正確にはキャロル・ロンバード演じるヒロインの形容

われはないわけだが――いち早く採り入れたというところだろう。かくして、鶴八と鶴次郎の恋愛の成就にとっての「障害」は、二人のスクリューボール的な意地の張り合い／喧嘩となった。

モルトビーも指摘するとおり、スクリューボール・コメディにおける喧嘩の重要性は、一九三〇年代初頭から台頭したミュージカルの一群と共通している。[44] リック・アルトマンによって「お伽噺ミュージカル」と名付けられたこのジャンルに含まれるのは、『ラヴ・パレイド』（パラマウント、一九二九年）に始まるルビッチの一連の艶笑オペレッタ、ルーベン・マムーリアンの『今晩は愛して頂戴ナ』（パラマウント、一九三二年）、さらには『空中レビュー時代』（ソーントン・フリーランド監督、RKO、一九三三年）、『コンチネンタル』（マーク・サンドリッチ監督、RKO、一九三四年）らのフレッド・アステア／ジンジャー・ロジャース作品、そして『ヨランダと盗賊』（MGM、一九四五年）以降のヴィンセント・ミネリの異国歴史ものなどである。お伽噺ミュージカルは、ヨハン・シュトラウス二世やフランツ・レハールが作曲したウィーンのオペレッタ、さらにはピエール・ド・マリヴォーの喜劇などと間メディア的な連続性を持ち、基本的にはヨーロッパの貴族社会あるいはアメリカでも上流の「お伽噺のような」非現実的セッティングを特徴とし、美しくかつ大人なカップルの性愛関係を展開の軸としたコメディだ。[45] とりわけ、アステア／ロジャース作品と同時代のスクリューボール・コメディに共通して「バトルとしてのセックス」という主題を見出すアルトマンは、この勃興を一九三四年の映画製作倫理規定の厳格適用による性的描写の自主規制に結びつけたうえで、以下のように述べる。

> セックス・コメディから取り除かれたセックスは行き場を求め、同時代の多くの映画では冒険として再登場するが、ここではバトルとして再浮上する。非ミュージカルのスクリューボール・コメディとともに培われたアステア／ロジャース映画は、ホークス、キャプラ、そしてキューカーの映画から明らかに拝借し、かつ影響を与えている。この貸借関係が築かれるのは、イメージ・デザインを通してではなく（非ミュージカルのスクリューボール・コメディは、たとえプロットは強く様式化されているにしても、現実のアメリカを背景として提示するから）、けんか腰の応酬

を通してであり、とりわけ、性的エネルギーが言い争いへと変換され、恋着の強まりが逆説的にも恋人候補生二人の間の対立の激化と並行して進む、という特徴的なプロット構築を通してなのである。(46)

かくして、アルトマンがアステア／ロジャースの真のトレードマークとして挙げるのは、二人が敵意をダンスや歌に変換するナンバー（例えば一九三六年の『有頂天時代』で言えば "Pick Yourself Up," "The Way You Look Tonight," "A Fine Romance"）であり、これらが並行関係にあるのは、ケーリー・グラントやウィリアム・パウエルとキャサリン・ヘップバーンやキャロル・ロンバードが丁々発止と繰り広げる刺々しい応酬とドタバタの寸劇である。鶴八と鶴次郎が国境やジャンルを超えて響き合っていたのは、こうしたスクリューボール・コメディ的カップルであった。

スタンリー・カヴェルはスクリューボール・コメディの七作の金字塔を「再結婚コメディ」と名付け、その成立要件として「新しい女性の創造」を挙げる。(47)カヴェルによれば、クローデット・コルベール、アイリーン・ダン、キャサリン・ヘップバーン、ロザリンド・ラッセル、バーバラ・スタンウィックらの女優たちおよび彼女らが演じるヒロインは、一方で一九二〇年に婦人参政権を勝ち取ったフェミニズムの闘士たちの娘世代であり、他方では、アメリカ

が最初であって、そこから遡行的に『或る夜の出来事』（フランク・キャプラ監督、コロンビア）、『特急二十世紀』（ハワード・ホークス監督、コロンビア）、『影なき男』（W・S・ヴァン・ダイク二世監督、MGM）の一九三四年の三ヒット作に端を発する同一傾向のロマンチック・コメディの「サイクル」がこう名付けられるに至った。業界内ではこの「サイクル」は一九三八年には収束したとみなされていたが、現在に至るまで批評的／歴史的ジャンルとして有効性を保っている。Tino Balio, *Grand Design: Hollywood As a Modern Business Enterprise 1930-1939* (Berkeley: University of California Press, 1993), 268-76; Maltby, "It Happened One Night," 221-23.

（44）Maltby, "It Happened One Night," 225.

（45）Rick Altman, *The American Film Musical* (Bloomington: Indiana University Press, 1987), 129-99.

（46）Altman, *The American Film Musical*, 167-68.

（47）Stanley Cavell, *Pursuits of Happiness: The Hollywood Comedy of Remarriage* (Cambridge, MA: Harvard University Press, 1981), 16.

におけるトーキー映画芸術の確立期が旬の時期に重なっていた。再結婚コメディとは、『人形の家』のノラが「教育」を求めて夫を捨てるが、奇跡的にも夫は教育を可能にする対等なパートナーとして再生し、それゆえに夫と再び結婚するという物語であり、ここでの相互の認識や教育は言語を媒介としている。[48] スクリューボール・コメディ＝再結婚コメディはまさに「早口姐ちゃん〈fast-talking dames〉」なくしてあり得ないのだ。[49]

一九三八年に映画『鶴八鶴次郎』が日本で可能になったのは、山田五十鈴という「早口姐ちゃん」がいたからだ。ハリウッドの姉妹たちに比べると一九一七年生まれと少々若い山田だが、成熟した落ち着きをもって二十代半ばという設定の鶴八を演じている。鶴八が臆することなく鶴次郎に言葉を返し、べらべらとまくし立てさえするのは、揺るぎない「自惚れ」があるからだ。そして、山田が明るく美しく色っぽい単なる時代劇の娘役のイメージを易々と乗り越え、新興キネマから東宝への移籍第一作としてこうした役を与えられて、啖呵の口跡の良さに観客を陶然とさせることができたのは、一九三六年の二本の溝口監督作品『浪華悲歌』『祇園の姉妹』の功績であろう。アヤ子もおもちゃもその「不良少女」あるいは「淪落の女」ぶりばかりが強調されるが、ともに高い教育を受け、早口の関西弁で男を圧倒するモダンガールであった。しかし、鶴八と山田五十鈴には、さらに、女として——というよりも、人間として——電話交換手や不見転《みずてん》芸者に欠けていたものがあった。芸である。ここに、「スクリューボール・コメディ化」という操作をとおして川口松太郎と成瀬巳喜男が『ボレロ』（および成瀬のフィルモグラフィで言えば『桃中軒雲右衛門《バイオピック》』）に加えた抜本的な改変の内実が明らかになるだろう。すなわち、エゴイスティックな男の芸人の伝記映画が、芸道に支えられた「新しい女性の創造」の物語に書き換えられ、女性にとっての恋愛／結婚と芸の相剋という主題が浮上するのである。こうした意味で本論は、一般に女のために芸を捨てる男の物語とされてきた『鶴八鶴次郎』の読み替えを提案している。

鶴八は結局、芸を捨てるではないか、と言う向きもあるかも知れない。キャサリン・ラッセルも「この映画は女性に対する恩着せがましい態度に満ちている［…］。映画の最後にコンビが仮初めの復活をするとき、豊［鶴八］は三味

5-2-1：嫁入り先の座敷で若奥様として三味線を披露する鶴八のフルショット。

5-2-2：鶴八の暗澹たる表情にトラックイン。

線こそ天職であり、高座に立つことによってのみ満たされると告白する。映画は豊からこの可能性を奪うことで鶴次郎の残酷な行いを支持するが、この結末はあまりに不条理であり、女三味線弾きとしての豊の無力化をまざまざと見せつけるというのが主たる効果になっている」、と嘆いている。[50] しかし、ここでラッセルも気付いているとおり、『鶴八鶴次郎』の眼目は、台詞、演出、キャメラワークでもって鶴八の芸道への情熱をありありと示し、その自負と欲望を認知することにある。大家の若奥様に収まった鶴八が、瀟洒な座敷で優しい夫に見守られ、喝采する芸好きの親戚一同を前に三味線を弾く短いシーンがある。ここでキャメラは三味線の音のたかまりと連動しつつ、圧倒的に暗い彼女の表情にトラックインする（図版5－2－1、5－2－2）。彼女のミディアム・クロースアップにディゾルヴされるのは旅回りの鶴次郎の番付表であり、サウンドブリッジによって三味線がつづくなか、キャメラはパンして白々と晴れた田舎道を写す。原作には該当モチーフのないこのトラックインとディゾルヴがあってこそ、有楽座でのカムバックの後、楽屋で鶴次郎を相手にした鶴八の長台詞が説得力をもって響いてくるというものだ。「あたしはこの生き甲斐のある芸の仕事に、もう一度惚れ込んだのよ。きっとこの五日の間に、今迄忘れていた芸人の血が、私の身体の中を巡りだしたんです。蛙の子はやっぱり蛙なのよ。でもあのまま忘れていれば、生涯松崎の妻で終わったかも知れないけれど、今となってはもう駄目なような気がする」。『ボレロ』の同一場面

（48）　Cavell, *Pursuits of Happiness*, 17-23.
（49）　Maria DiBattista, *Fast-Talking Dames* (New Haven: Yale University Press, 2003), chap. 1.
（50）　Catherine Russell, *The Cinema of Naruse Mikio: Women and Japanese Modernity* (Durham: Duke University Press, 2008), 138.

におけるヘレンが、共に踊るのはこれが最後だとラウルに告げ、「私たち一度は愛し合ったけど、それももうおしまい。あなたとは幸福になれない。でも、ボブ〔コリー卿〕とは、とっても幸せなの」とうっとりと続けるのとは大違いである。全ての主要登場人物から幸福の可能性すら奪う『鶴八鶴次郎』の陰惨な結末は、成瀬一流の諦念の顕れでもあろう。しかし、ちょうど『ブロンド・ヴィナス』（ジョゼフ・フォン・スタンバーグ監督、パラマウント、一九三二年）や『紅唇罪あり』（アルフレッド・E・グリーン監督、ワーナー、一九三三年）のような「淪落の女もの」が、(51)ヒロインの取って付けたような改心と不自然なハッピーエンドによって家父長制的価値観の欺瞞を顕示したように、あまりに不条理なお涙頂戴は逆に別の／あり得たかもしれない《オルタナティヴな》可能性を照射するだろう。

本章は、芸道物の異種混淆的な「起源」たる『鶴八鶴次郎』に、スクリューボール・コメディ的な「新しい女性の創造」、およびそのこれ見よがしな《パッシヴ・アグレッシヴ》抑圧を見出す。だが、「新しい女性」の芸人＝職業婦人としての能力、欲望、野心を認知し、認知したうえで抑圧するという手の込んだプロセスは、一九三八年の歴史的・映画史的文脈に置いてはじめて合点がゆくだろう。

この文脈とは、端的にいって、戦時の総動員体制へと国民と産業を召喚し組み込んでゆこうとする全体主義的力に対して、映画産業および女性がそれぞれ示した、錯綜しときに相矛盾する応答である。一九三七年七月、日本と中国は宣戦布告のないまま全面戦争に突入する。映画の重要性を認識し、映画検閲官の「カット」に象徴されるような消極的取締にとどまらず、映画産業自体を積極的に取締・指導することで映画の質的向上を図り、国民を善導するとともに海外における日本のイメージをコントロールしようという官庁および政治家の動きは、満州事変を経た一九三三年二月、衆議院での「映画国策樹立ニ関スル建議案」可決まで遡る。しかし、日中戦争の開戦によって、映画の積極的統制は国民精神総動員運動の一貫として内務省と文部省が協力して展開する重要プロジェクトとなった。(52)一九三七年一一月、事務官・館林三喜男を中心として内務省警保局は映画法の起草に着手する。前章でみたように、「活動写真「フイルム」検閲規則」はあくまでも省令であった。映画法は、言論の自由や所有権の侵害にあたる検閲に法的根拠を与え、ミディアムとしての「映画」を規定し、かつ、戦時下により徹底した映画業界のコントロールを可能にした。大蔵省や法制局の決済を経て、一九三八年三月、内務省・文部省・厚生省の三省によって帝国議会に提出された映画法は両院で可決され、一九三九年四月五日公布、同年一〇月一日に施行される。一九三八年一二月の段階で館林は映画法の内容を映画業者に対して内示しているが、新規参入を阻んで過当競争を防ぎ、映画の法的地位を高める「初の文化立法」に対し、業者は全面的な賛意を示したという。[53]『残菊物語』が映画法施行の十日後に公開されてそこに定められた文部大臣賞の一つに選ばれたことを鑑みると、芸道物はまさに映画法とともに誕生したと言って差し支えないだろう。

映画法は脚本の事前検閲を導入したことで悪名高い。しかし、本格的統制の立法化が日程にのぼるなか、施行以前にすでに検閲の強化は進められていた。一九三六年秋からとりわけ外国映画を中心とした問題作品については十人の検閲官・事務官が合同で査問にあたっていた。[54]さらに、開戦から一年が経過した一九三八年七月三〇日、大日本活動写真協会において内務省の映画検閲当局と東宝を除く映画会社のシナリオ作家代表が五時間に及ぶ協議を行い、以下の項目を決定している。

一、欧米映画の影響による個人主義的傾向の浸潤を排除すること。
一、日本精神の昂揚を期し特にわが国独特の家族制度の美風を顕揚し、国家社会のためには進んで犠牲となる国民精神を一層昂揚すること。

(51) Jacobs, *The Wages of Sin*,『紅唇罪あり』の終わりについては 78-81,『ブロンド・ヴィナス』についてはchap. 4を参照。
(52) 加藤、前掲書、二八―三〇、三八―四〇ページ。
(53) 映画法成立をめぐる官庁間および業者や議会との折衝の過程については、加藤厚子の優れた研究に依拠している。加藤、前掲書、四八―七〇ページ。また、戦間期の日本映画を考えるにあたっての日中戦争の重要性については宜野座、前掲書から多くを学んだ。
(54) 加藤、前掲書、三六ページ、「外國映畫にお灸」『東京朝日新聞』一九三六年一〇月一日夕刊。

一、青年男女、特に近代女性が欧米化し、日本固有の情緒を失いつつある傾向に鑑み、映画を通じて国民大衆の再教育をなすこと。

一、軽佻浮薄な言動動作を銀幕から絶滅する方針を執り、父兄長上に対する尊敬の念を深からしめるように努めること。(55)

現在、田中純一郎『日本映画発達史』（一九七六年）の「映画臨戦体制」の章でこれら四項目に出くわす者は、露骨に抑圧的な内容に驚くのが常である。しかし、当時の『キネマ旬報』と『東京朝日新聞』の見出しはそれぞれ「シナリオ作家も日本精神昂揚を決議」「歐米化を排撃　脚本作家と當局懇談」と勇ましく、映画産業・脚本家側の主体的な取り組みであるかのように報じられていた。(56) 実際のところは、検閲強化に不安を募らせた業界が改訂された（と推測される）内規に基づいた新たな“Don'ts and Be Carefuls”を説明するよう当局に依頼したのではないだろうか。さらに、後段で触れるように、どちらの記事も恋愛の主題も適切な取り扱いであれば認められる、という旨を付記していることを覚えておこう。

明確に「女性」に言及しているのは第三項のみだが、欧米映画の影響による個人主義化を戒め、軽佻浮薄な言動を追放して「わが国独特の家族制度の美風」を守ろうと主張するこの声明が照準を合わせているのは、まさに女性の表象のありようであり、ひいては女性観客であった。実際、一九三六年秋以降のこの時期、欧米化した近代女性、いわゆる「モガ」の映画物語内における振る舞いを検閲はとりわけ厳しく戒めている。一九三六年一一月と一二月に封切られた五所平之助『新道』（松竹大船、菊池寛原作）では、リベラルな親（斉藤達雄と吉川満子）に育てられ因習に囚われない自由闊達な華族の娘（田中絹代）が、飛行機乗りの恋人（佐野周二）と婚前交渉の結果妊娠し、結婚の誓いも空しく彼が事故死すると弟（上原謙）と結婚する。河野真理江の研究がすでに男性性《マスキュラニティ》分析の視点から明らかにしているように、『新道』は婚前交渉へ至る描写を中心に大幅な切除の対象となった。(57) さらに、一九三七年七月に公開された山本薩夫のデビュー作『お嬢さん』（ＰＣＬ、吉屋信子原作）では、合計五六メートル（二分二秒）、六カ所に及ぶ切除がなされたが、そのうち三カ所が離島の女学校に英語教師として赴任するお嬢さん（霧立のぼる）の喫煙に関わっているのが興味深い。(58)「お嬢さん」はタイトルバックでもドヤ顔でキャメラに煙を吹きかけており、純粋だがナマイキな言動、鄙びた着任地でも変わらぬゴージャスな洋装とともに、喫煙は彼女のトレードマークであって、それ自体が切除の対象になったわけではない。しかし、『検閲時報』と現存フィルムから判断するかぎり、喫煙が女学生を教えるという立場と抵触する場合には徹底して切除されている。

映画文化と女性、職業、さらに再生産《リプロダクション》を結ぶ地点に位置し、政府、業界、知識人、一般観客の間の力学のなかでかなりの作用を及ぼしたと思われるのは、一九三五年から一九三七年初頭にかけてメディアを賑わせた映画女優・志賀暁子のスキャンダルである。(59)一九三五年七月、新興キネマの新進スターだった志賀は、前年に受けた堕胎手術が発覚し、刑法の堕胎罪違反で逮捕される。一九三六年一一月二六日、志賀は懲役二年・執行猶予三年の判決を受けるが、検事が論告のなかで山本有三の小説『女の一生』（一九三二―一九三三年）に言及したことが引き金となり、この事件はまさに女性、近代、文化をめぐる言説の磁場として機能した。元県知事を父に持ち、高等女学校出で英語に堪能、映画内（村田実『霧笛』一九三四年）でも私生活でも西洋人と浮き名を流した典型的なモガの堕胎は、同じ撮影所の映画監

(55) 田中純一郎『日本映画発達史Ⅲ戦後映画の解放』（中公文庫、一九七六年）、一三ページ。
(56) 『キネマ旬報』一九三八年八月一一日号、二六ページ、『東京朝日新聞』一九三八年八月二日夕刊。
(57) 河野真理江「上原謙と女性映画――一九三〇年代後半の松竹大船映画における女性観客性の構築」『映像学』第八七号（二〇一一年）：二四―四九ページ。また、宜野座、前掲書、一三〇―三五ページには「妊娠」をめぐる興味深い分析がある。
(58) 内務省警保局『映画検閲時報』一九三七年「制限ノ部」、不二出版、一九八六年、八七―八八ページ。
(59) 志賀スキャンダルについては、志村三代子の「映画女優とスキャンダル――『美しき鷹』（一九三七年）と女優志賀暁子をめぐって」『演劇博物館グローバルＣＯＥ紀要　演劇映像学』第一集（二〇〇八年）：二七―四七ページ、同『映画人・菊池寛』（藤原書店、二〇一三年）、一四一―一七六ページ、Chika Kinoshita, "Something More Than a Seduction Story: Shiga Akiko's Abortion Scandal and Late 1930s Japanese Film Culture," *Feminist Media Histories* 1, no. 1 (January 2015): 29-63 を参照。

督・阿部豊に誘惑されて捨てられた結果であったため、映画界のモラルに対する批判キャンペーンへと発展する可能性を孕んでいた。しかし、深い改悛の情を示した志賀には山本有三や菊池寛らのリベラルな文化人から同情的なコメントが寄せられる。さらに、山川菊栄をはじめとしたフェミニストたちがこの事件を「職業婦人の問題」として重く捉えたことは特筆に値するだろう。(60)

このように、「産めよ殖やせよ」の呼びかけに熱く応えたとは思いがたい世論と映画業界に釘を刺したのが、人口問題についての内務省のコメントである。『東京朝日新聞』一九三七年一一月二一日夕刊には「禍はアメリカ映畫」という見出しが躍り、人口自然増加が前年に比して十五万七千七百七十七人も減少したという一九三六年度人口動態調査のショッキングな結果について、内務省社会局内人口問題研究会による原因の分析を伝えている。ここで内務省は、不況の深化による経済心理、避妊法の普及を指摘するとともに、「外國映畫等の影響により子供に對し「非生産的なもの」といふ考へ方、アメリカナイズされた風習が瀰漫《びまん》した結果であらう」と述べており、さらに婚姻数の七千余件減については、「女性の職業進出といよく晩婚時代に入つた事を特徴づける現象」とする。(61) アメリカ映画と出生数を直結させる内務省社会局の豊かなイマジネーションに危機感をつのらせた岩崎昶は、直近の『キネマ旬報』で辛辣な批判を展開する。岩崎の主張は、以下の極めて真っ当な——そして注意深く言葉を選んだ——考察に集約されるだろう。

> 要するに、より高い生活と文化とに對する欲求が日一日と強まつて行きながら、その半面に物質的な生存の保證が刻々に取り拂はれて行く、さういふ社會的な現實がわれわれの出産率にブレーキをかけるのだと見られる。だから内務省のお役人からその責任を負はされてアメリカ映畫は、さぞ迷惑な顔をするだろうが、だが、それは決して單なる濡衣ではないのである。といふことは、アメリカ映畫が、それ自身すでに前述した「より高い生活と文化に對する希望」と「物質的窮乏」との矛盾から生れた impotence の社會的學術的表現であり、それ故に、同

じ型のわが國の社會の大衆にアピールし、且つ彼等の中にすでに成長しつゝある同じ心理と思想とを助長するのであるから。[62]

すなわち、岩崎は、価値判断としては真逆でありながら、内務省の分析は当を得ていると言っているのだ。「物質的な生存の保證が刻々に取り拂はれて行く」現実とは、資本家による搾取のみならず、始まったばかりの戦争を痛切に指しているだろう。大恐慌期のアメリカ映画を同時代で浴びるように見ていた岩崎は、スクリューボール・コメディからディズニー映画まで、産業資本主義モダニティにおける人々の希求や欲望の分節化および折衝として認識しており、それゆえに同じ条件下にある日本人の琴線にも触れたと述べているわけだ。[63]

本章がハリウッド映画のリメイクに始まった芸道物の成立に見出すのは、一方で、映画テクストのレヴェルでのこうした分節化であり、他方では、当局からの批判に対応しつつ、観客を動員できる新しいタイプの商品を創造しようとする映画産業の戦略である。総力戦のための国家総動員体制が急速に整備され、女性のアメリカ化・個人主義化の帰結としての「わが国独特の家族制度の美風」の頽廃、「日本固有の情緒」の喪失、晩婚化・少子化が脅威として問題化し、その原因として映画文化が名指された。しかし、芸道物が当局の意向をひたすら「反映」したり、あるいは無意識的に「徴候」として示したりするという見解は単純に過ぎるだろう。

「新しい女性」は銀幕の内外を跋扈していた。職業婦人、つまり戦前期に専門職、事務職、小売・サービス業に従

(60)　山川菊榮「暁子の場合　尾去澤の慘事」『婦人公論』一九三七年一月号、一六二―六五ページ。
(61)　「禍はアメリカ映畫　注目すべき昨年度の出産激減」『東京朝日新聞』一九三七年一一月二日夕刊。
(62)　岩崎昶「アメリカ映畫と出產率」『キネマ旬報』一九三七年一二月一一日号、九ページ。
(63)　このように「同じ型のわが國の社會の大衆」に対するアメリカ映画の力を評価する点で、岩崎昶のこの批評とミリアム・ハンセンのヴァナキュラー・モダニズムとしてのハリウッド映画という視座に共通性を見出すことは十分に可能だろう。

事したホワイトカラーの女性被雇用者は、一九二〇年から一九四〇年の二十年間で三五万人から一七五万人へと五倍増した。[64] 一九三一年の東京市の調査に基づく金野美奈子の研究から職業婦人の典型像を抽出すれば、高等女学校などの中等教育を修了しており、ホワイトカラー層の出身で、家計補助を目的として働く十六歳から二五歳の未婚女性、ということになるだろう。[65] 彼女たちのように賃金労働につく者は女学校卒業者として決してマジョリティではなく、働かなければならない、という憐憫の眼差しを注がれることも多かったが、一方で、「山と積まれた用事を端からズンズン処理して行く」のが面白い、などなど、仕事自体に大きなやり甲斐を見出す声も社会調査や婦人雑誌の投稿記事から聞こえてくる。[66] 芸道物と同時代の日本映画の現代劇は、入江たか子（成瀬巳喜男『女人哀愁』、同『禍福』上下巻、山本嘉次郎『良人の貞操』、すべて一九三七年）、桑野通子（島津保次郎『家庭日記』、一九三八年）、轟夕起子（内田吐夢『限りなき前進』一九三七年）、原節子（伏水修『東京の女性』一九三九年）、すでに述べた霧立のぼるや山田五十鈴など、魅力的な職業婦人に溢れており、水野祥子はこうした映画群をいみじくも「職業婦人映画」と呼んでいる。[67] この時代の日本は農業国であり、職業婦人の数自体は決して多くなかったが、メディアや大衆文化における存在感は大きかった。さらに、東京市による一九三二年の『婦人職業戦線の展望』は、金野や濱（山崎）貴子の研究では「職業婦人」という枠組みから外れるブルーカラーの女工も含めた調査だが、職業婦人の娯楽、余暇の過ごし方の代表格として映画を挙げる。「映畫はまことに現代職業婦人の娯楽の世界に君臨してゐるものである。これは實に「讀書」に次ぐ數を占めてゐる。後に述ぶるところの休日利用法を見ても、外出では映畫見物が一番である。[…] 實にシネマ狂時代といふべきである」。[68] すなわち、「職業婦人」は、洋装が似合う明眸皓歯の現代劇スターにハリウッドに倣った新しいヒロイン類型を提供しただけではなく、興行面でも無視できない観客層であった可能性が高い。

職業婦人は良妻賢母思想と「わが国独特の家族制度の美風」――つまり家父長制近代日本版――にとって潜在的あるいは顕在的な脅威として、一九二〇年代から常に警戒されていたが、[69] すでに見て来たとおり、日中戦争開戦後の総動員体制下にはその表象が問題化する。ここで、『鶴八鶴次郎』および次節で取り上げる『月夜鴉』は、「職業」を

「芸」に変え、時代を明治末〜大正初期あるいは徳川時代という過去に設定し、さらに最終的に女性が「恋と芸の二筋道」の相剋に押しつぶされる結末を導入するという三重の置換を行うことで、検閲を恐れることなく、闊達な「早口姐ちゃん」によるスクリューボール・コメディ的な恋愛物語をスクリーン上に実現したのである。結果的に、『鶴八鶴次郎』は堅いとしても、三味線の女師匠と年下の弟子の恋愛をＳＭ調に描いて「凡らく相當の鋏危があるとは誰もが信じて居た」(70)『月夜鴉』までも、無傷で検閲を通過している。(71) 映画法施行前夜のこの時期、やがて「芸道物」と呼ばれることになるサイクルは、ハイリスクの題材を扱いつつ「鋏危」を回避することを可能にし、映画産業に束の間の「逃道」を提供したのである。

（64）濱（山崎）貴子「１９３０年代日本における職業婦人の葛藤——読売新聞婦人欄「身の上相談」から」『京都大学大学院教育研究科紀要』第五七号（二〇一一）：五三一ページ。
（65）金野美奈子『ＯＬの創造——意味世界としてのジェンダー』（勁草書房、二〇〇〇年）、五三―五九ページ。
（66）Ibid.、七五ページ。
（67）Sachiko Mizuno, "Reconfiguring Modern Femininity for Empire: Professional Woman and Tokyo in WOMEN IN TOKYO (1939)," presentation, Josai International University, Tokyo, May 23, 2009.
（68）東京市編『婦人職業戦線の展望』白鷗社、一九三二年、八三ページ。なお、同ページには、職種ごとに「趣味」として挙げた事柄の総数に対しての「映画鑑賞」の割合を示した表があるが、事務員で一五%、店員二〇%、タイピスト一五%に対し、女工二八%、食堂給仕三二%と、教育程度の高いホワイトカラーの職のほうが映画を娯楽として挙げる割合がいささか低くなっていている。なお、「休日の利用法」では、「映画見物」が「家事手傳」「裁縫」についで三位である（八七―八八ページ）。
（69）Margit Nagy, "Middle-Class Working women During the Interwar Years," in *Recreating Japanese Women, 1600-1945*, ed. Gail Lee Bernstein (Berkeley: University of California Press, 1991), 199-216.
（70）今村三四夫「松竹斷片録」『松竹』一九三九年五月号、五一ページ。
（71）『鶴八鶴次郎』は一九三八年九月一三日、『新篇　月夜鴉』は一九三九年三月一四日に通検している。それぞれ、内務省警保局『映画検閲時報』第三〇巻（査問フイルムの部、昭和一三年七―一二月）、不二出版、一九八六年、一三六ページ、第三二巻（査問フイルムの部、昭和一四年一―一二月）、一三八ページを参照。

第三節　ミッシング・リンクとしての『月夜鴉』

そもそも「芸道」自体が、いわば積極的逃道として成立したと言うこともできるだろう。西山松之助は、江戸後期約一世紀半に芸能の各分野で名人が輩出した前提条件として、徳川幕府による様々な統制と厳しい身分制、思想や信教の自由の弾圧と、発展する民衆の力のダイナミズムを挙げる。「どちらを向いても頭打ちの貧乏人たちでも、どんなまずしい職人でも、天分に恵まれた逸材は、その天性をどこまでも伸ばすことのできる天地が、芸道の世界にはひらけてきたのである。どこもここも疎外された人間でありながら、しかも、疎外されたその現状を打破するには、あらゆる方面の圧力が強すぎた。ただ一ヶ所だけ遊芸とか芸道の社会は、無抵抗の自由世界であった(72)」。つまり、身分制社会のなかで唯一開かれていた社会移動と自己発現の場として、芸道があったというのだ。さらに、西山によれば、こうした「自由世界」は（一）市場経済、そして（二）俗世との遮断による「変身」のうえに成立した。「こういう名人が出現したのも、その名人芸を世の中の人たちが、高価な商品として買うという、高い評価をするようになったからである。つまり、芸人も職人も、すぐれた商品を作れば、それが高い評価をえて、世の中に高名な芸人として、あるいは職人として名をなすことができたのである。これは身分制のきびしい封建社会においては、さきに述べたような、変身の思想、現実遮断の論理と同様に、底辺社会から上層社会への上昇転化をとげたことになるのである(73)」。（二）の「変身の思想、現実遮断の論理」とは、源氏名を取って前身の身分を消し去って「歌舞の菩薩たる高級な美女に変身する」遊女とまったく同型の論理であり、「俗世の人間を断ち切った別人になっていること」にほかならない(74)。こうして、芸を商品化し、かつ「素人」の世界から自律した閉鎖社会に属する「玄人」として、芸人のアイデンティティとエートスが形成されたのである。

このような芸人世界のありかたは、芸道物にとっていくつかの意味をもつだろう。第一に、芸道のこうした特徴は、近世にありながら市場経済と社会移動といういわば近代的な側面に支えられていただけに、戦前の日本映画としては極めて例外的に、芸道物においては時代設定が徳川時代（『藤十郎の恋』『月夜鴉』、『男の花道』）であって時代劇と分類されても、明治時代（ほとんどの芸道物）であるため明治物と分類されても、大枠としては差が生じない。第二に、芸道の世界は独自のヒエラルキーに支配されていると同時に、根底では芸の実力がすべてであるために、歌舞伎や文楽のように予め制度的に可能性が封じられていない限り、女性にとっても能力を発揮し、向上心や野心を満たし、しかも経済的に自立する道が開かれている。第三に、このように芸道にとって全てである「実力」は、まさに実践によって示されなければならない。この当たり前に思われる事実の重みを受け止めるため、西山による芸道の定義を引用しよう。

芸道というのは、芸を実践する道である。芸とは、肉体を用いて、踊ったり、演じたり、画いたり、嗅いだり、味わったり、話したり、弾いたり、等々、身体の全体または一部をはたらかすことによって、文化価値を創りだすとか、または再創造するとかする、そのはたらきをいう。こういうはたらきで創りだされるものは、芸術作品であるが、それが作品として完結してしまったものとか、客体化してしまった芸術品には、芸道は無関係である。もちろん、芸道には芸術作品として客体化しないようなものが多い。いわゆる無形文化といわれるものが多いからである。このようなはたらきをするときの、はたらきかた、その方法、さらにいえば、演じ方とか、それぞれの文化領域における具体的な実践法、それが道である。歌・弓・馬・箏・槍・落語等々、さまざまなジャンルにあって、それを演じる演じ方、それが芸道である。[75]

（72）西山松之助「名人」『西山松之助著作集第六巻　藝道と伝統』吉川弘文館、一九八四年（初出一九六〇年）、一三〇ページ。
（73）西山松之助「近世芸道思想の特質と展開」前掲書（初出一九七二年）、一六六ページ。
（74）Ibid.、一六四ページ。
（75）Ibid.、一四二ページ。

つまり、芸はまさに「パフォーミング・アーツ」であって、身体によって「いま・ここ」に一回かぎり顕現するものである。そして、優れたパフォーマンスへと至る「通路」として、方法、つまり型や規範を蓄積してきたのが「芸道」ということになる。ここから「芸道精進」という芸道物のモチーフが生まれると同時に、バックステージ・ドラマとして、パフォーマンスの場面を映画の中でいかに扱うか、という問題が芸道物映画の核を形成してゆく。

本節では、徳川時代と明治・大正にまたがる時代設定、ジェンダー、バックステージ・ドラマとしてのパフォーマンスの扱い、という芸道の論理から引き出された視座から、芸道物としての『鶴八鶴次郎』と『残菊物語』の間のミッシング・リンクとして『月夜鴉』を分析することになる。当時第一線級の時代劇監督とみなされた井上金太郎が監督し、紛れもないスターが主演した『月夜鴉』は、ハリウッド式に言えば「A」作品なのだが、今日言及されることはほとんどない。この作品が一九三〇年代日本映画史に燦然と輝く『鶴八鶴次郎』と『残菊物語』を「繋ぐ」のは、ほぼ一年の間隔で作られた二作品の間に製作され、二作同様に映画と前後して新派の舞台でヒット作となっており、さらに重要なことに、前者と同じ川口松太郎の原作を後者の脚本家である依田義賢が翻案しているからだ。『月夜鴉』は『残菊物語』と同じ松竹下加茂の作品であり、主演の飯塚敏子は『残菊物語』のお徳候補として田中絹代の次に挙げられ[76]、一方の高田浩吉はかなりのウェイトを占める中村福助役で出演しているなど、キャストも重なっている。『月夜鴉』は、依田が川口松太郎と成瀬巳喜男の『鶴八鶴次郎』のアイテムを咀嚼しつつ、芸道物の主題と作劇をいわば「発見」したプロジェクトであった。

川口松太郎の小説『月夜鴉』は『サンデー毎日』に一九三八年五月一日号から同年七月三一日号まで一四回にわたって連載された。物語は大正末から昭和初期あたりの東京に設定され、長唄三味線の杵屋和十郎の家を舞台とする。家元・和十郎の一人娘・お勝は、芸に秀でたしっかり者で、内弟子の稽古をすべて引き受けるばかりではなく、数年前に母が他界してからは家の中も取り仕切っていた。家元は二八になったお勝に婿を取って跡目を継がせなければと口では言うものの、その実、娘を手放しがたく思っていた。住み込みの弟子の中でも一七歳の少年・和吉はとりわけ上達が遅く皆に馬鹿にされていたが、お勝の身の回りの世話をするうち藏の中で稽古をつけてもらうようになる。お勝は覚えの悪い和吉に平手打ちや鞭を加え、二人は嗜虐と被虐の快楽に支えられて芸道修行にのめり込み、和吉は驚くべき上達を示す。歌舞伎座での『勧進帳』興行に欠員が出ると、お勝は家元に頼み込んで和吉に弾かせ、実力を示すことに成功した。家元は主だった弟子を引き連れて大阪に旅行する。東京に残されたお勝は、一生そばに置いて欲しいという和吉に結婚を約束し、性的関係を持つ。一方、弟子筆頭格の和次郎は旅先で家元にお勝との結婚を願い出ていた。お勝が断ると、和次郎は腹いせに和吉との関係を家元に告げ口する。家元は激怒し、お勝は和吉を伴って理解のある叔父・吉次郎の家に出奔し、所帯を持つ。お勝の妊娠をきっかけに家元は和吉との結婚は許すが、四代目の名跡は認めない。お勝は一年で和吉を四代目に値する芸人に鍛えると約束する。歌舞伎座での一門の発表会で和吉には『綱館』のタテ三味線という華々しいスポットが与えられる。激しい稽古のためお勝は流産してしまうが、その甲斐あって和吉は見事に実力を示し、人々の賞賛のなかで家元の承認を勝ち取った。晴れて披露宴を迎えた二人だが、三一歳のお勝はめっきり老け込んで見えた。年月が経つにつれ、四代目和十郎を継いだ男盛りの和吉に対して老いてゆくばかりのお勝は嫉妬をつのらせ、誤解からついに斬りつけて浅傷を負わせるが、それをきっかけに二人はかつての快楽を思い出すのだった。

『鶴八鶴次郎』とは違い、この物語の原案をハリウッドに探しても見あたるまい。戦後のフレッド・アステア作品（『イースター・パレード』一九四八年、『バンド・ワゴン』一九五三年、『パリの恋人』一九五七年）に典型的にみられるように、男性が上であれば年の差は問題にならないが、女性が一回り上でしかも師匠の立場、さらにＳＭ調とあっては、映画製作倫理規定とかいう以前に当時のアメリカ社会のジェンダー規範からして無理だろう。しかし、そこは川口松太郎、『月夜鴉』にも元ネタがある。谷崎潤一郎の『春琴抄』（一九三三年）、あるいはむしろ島津保次郎によるその映画化

(76)　花柳章太郎「てりふり人形」『日本映画』一九三九年一一月号、一四〇および一四五ページ。花柳によれば、飯塚敏子は子宮外妊娠のため辞退せざるをえなかったという。

『春琴抄　お琴と佐助』（松竹蒲田、一九三五年六月一五日公開、以下『お琴と佐助』）である。拝借したのは、琴や三味線という絃の芸道、主人の娘と身分の低い使用人／弟子という設定、芸道修行の上下関係に基づく折檻とそこに生じる快楽、娘の妊娠、という程度であろう。ここで重要なのは、そのうえで川口が『春琴抄』を徹底して芸道物化していることだ。[77]すなわち、芸道を単なるセッティングから物語の中心に変え、ヒロインを裕福な商家のお嬢様から家元の跡取り娘にして、自律した閉鎖社会に焦点を絞ったのである。妊娠の扱いも興味深い。『春琴抄』でも映画『お琴と佐助』でも、春琴が産んだ赤ん坊は佐助の子であることを否定され、あっさり里子に出されている。小説『月夜鴉』でも男女の関係から子供という緩衝地帯や夾雑物が取り除かれるのは同じだが、猛稽古のために流産したお勝は「私たちは子供を殺してしまったんだよ、お前さんのお稽古で、初めての子供を、闇から闇へ葬つてしまつてゐる。今日の、綱館には大きな犠牲が拂つてあると思つて下さいよ」と和吉の手を握って訴えており、胎児は芸道への生贄とされている。[78]

『月夜鴉』は今日からみるとエイジズムとセクシズムに満ちた不快な小説だが、一方で、芸道物化することで、鶴八と同様、お勝の自信、プライド、自由への意志を認知している。例えば、連載の冒頭、叔父・吉次郎と家元との間には、「彼奴の三味線はどこにゐても直ぐに判りますよ」「女とは思はれない、あれが男だつたら、兄さんも心配しないですむな」「全くだ、四代目の名跡も気兼ねなく彼奴にゆづれるんですが、男に生まれてくれなかつたのが、何より残念です」「女ではいけないかね、和十郎と云ふ名跡をつぐのに……」「そいつはいけません。由緒のある名前だけに、女では困る。第一、立三味線が女だつたら、舞台へ出てどうなります、山台に女が一人乗つてゐたらどんな格好だと思ひます」「可笑しいかね」「世間が承知しませんよ、いくらお勝の藝を認めてくれたにしたところで、女の和十郎なぞはいけません。親の私が承知できません」という会話が交わされる。[79]また、芸道の開く「自由」についても、下町の左官屋の息子である和吉に「身分が違ひますもの」と言われたお勝は、はっきりと「藝人に身分はない。藝さへ上手なら、自然と身分が高くなる。堅気さんと違ふのはそこだよ。［…］藝人くらゐ實力がものを云ふ社會はないんだから」と切り返す。[80]

依田義賢と井上金太郎（秋篠珊次郎の名で脚本にも参加）は映画化にあたって、芸人・お勝の「新しい女性」たる側面をこうした台詞とともにほぼ手つかずに残しつつも、かなりの変更を加えている。変更の幾つかの側面は、明らかに検閲回避が目的だろう。第一に、時代設定が大正から徳川時代に変わり、時代劇になっている。前述したように芸道において徳川時代と近代は連続性があるので、大枠ではせいぜい叔父・吉次郎が吉之進（富本民平）という旗本になっている程度の違いに過ぎない。しかし、原作では家元・和十郎の留守にお勝が和吉に洋服を着せて銀座を闊歩するが、映画では前髪を落とさせているというふうに、広い意味で性をめぐる「風俗」の水準で生々しさが殺がれる効果は大きいだろう。風俗を巡っては、第二に、お勝の妊娠と流産は跡形もなく削除されている。一九三五年の『お琴と佐助』が春琴（田中絹代）の婚外妊娠を保持しつつ、満開の桜の下で母（葛城文子）と娘のやりとりをエレガントに演出しているのは、ふてぶてしい原作に利しただけではなく、女性のリプロダクションについて検閲の許容範囲が広かったからだろう。なお、『月夜鴉』は映画より遅れて一九三九年五月に明治座で川口による台本を新派が初演しているが、戦後の台本を見る限り、時代設定も妊娠も小説どおりである。(81) 第三に、映画は『網館』の成功の日で終わり、結婚生活や陰惨な後日談はすべてカットされている。

映画『月夜鴉』で和吉を演じる高田浩吉はそもそも『お琴と佐助』の佐助として高い評価を得ており、この二映画

(77) なお、赤井の研究によれば『春琴抄』は「琴の名手である主人公春琴が愛しい我が子を捨ててまで〈芸道〉に精進する姿」を描くいわば「芸道物」として一九三九年七月の歌舞伎座で上演された。赤井、「〈芸道物〉の時代」、五〇ページ。『春琴抄』自体の芸道物化と『月夜鴉』の関係についてはは今後の研究課題としたい。

(78) 川口松太郎「月夜鴉　第十一回」『サンデー毎日』一九三八年七月一一日号、三五ページ。

(79) 川口松太郎「月夜鴉　第一回」『サンデー毎日』一九三八年五月一日号、三ページ。

(80) 川口松太郎「月夜鴉　第七回」『サンデー毎日』一九三八年六月一二日号、三五ページ。

(81) 鬼太郎「今の世には今の事――朗らかなる明治座の新派劇」『讀賣新聞』一九三九年五月一四日夕刊、川口松太郎『月夜鴉　四幕八場』、一九五二年五月三〇日、松竹大谷図書館蔵。なお、初演のお勝は花柳章太郎である。

テクスト間の連関は極めて密接だ。例えば、藏の中でお勝（飯塚敏子）と和吉が稽古に励む月日の経過を表して梅の木の季節の移り変わりをディゾルヴで見せる手法は『お琴と佐助』にも見られる。とはいえ、『月夜鴉』には『鶴八鶴次郎』を媒介としてスクリューボール・コメディの遺伝子が混入しており、映画の前半を通して物語の展開と興味の原動力となるのは、余裕綽々の「早口姐ちゃん」お勝＝飯塚敏子と、おどおどしたマゾヒスト和吉の間のコミカルな応酬と、不器用な和吉がくりかえすスラップスティックな失敗である。しかし、芸に秀でて自信に溢れ、好きな男を見事に仕込んで家父長を屈服させた女が、芸と恋の二筋道の両方で高らかに勝利を謳歌するなどということは、一九三九年の日本では許されない。許さないのは内務省だけではないだろう。『キネマ旬報』の『月夜鴉』レヴューは、「それにしても、今の此の時勢にかうした變態的な愛情の表現を映畫として扱ふことは、即ち一つの映畫としての興味の重點をかうした物に置く事はとらない」と断じ、芸道への精進をより重視すべきだったとして、「映畫としての價値は低いとは言へない迄も、何か今の社會状勢にそぐはぬ頽廢の想ひを興へられる事は感心出來なかつた」とたしなめているのだから。(82) ちなみに、この時期、狭義の性的倒錯ばかりではなくジェンダー規範からの逸脱もしばしば「変態」「頽廃」と呼ばれているのは、『浪華悲歌』で見たとおりだ。小説『月夜鴉』では流産によって病み窶れていたお勝だが、映画では叔父の妻・お民（伏見直江）の先夫（舟波邦之助）から二人の娘・お光をかばって手に怪我を負う。この外傷はまさにファリックな女性の去勢として機能し、三味線も弾けなくなると悲観したお勝は、和吉の『網館』での成功を二階立見席から見届けてから、年の差を理由に姿を消して身を引こうとするのだ。結局は和吉と吉之進夫妻に見つかって思いとどまるが、彼女の「去勢」は取り返しがつかない。

このように、『鶴八鶴次郎』から『月夜鴉』を経て『残菊物語』へと至る芸道物の成立とは、一面では、男性と対等なパートナーとして高座に並んでいた女芸人がバックステージで見守る妻へと後退するプロセスである。『月夜鴉』がミッシング・リンクたりうるのは、お勝の物語の中にこのプロセスが折り畳まれているからに他ならない。しかし、本論の主眼は、このような「新しい女性」の敗退を告発しあるいは嘆くことにはない。そうではなく、逆に、『残菊物語』のバックステージに佇むお徳のなかに、鶴八やお勝を見出すことである。

舞台、バックステージ、客席の間の力学は、バックステージ物、さらには音楽映画としての芸道物をどう構築してゆくかという映画の問題系と直結している。『月夜鴉』について、ファン雑誌『松竹』では「『流轉』は『未完成交響樂』といふ音樂映畫からヒントを得たものであつた。その意味に於いて此の『月夜鴉』も時代音樂映畫であると言ふ向きもある。それ丈けに俳優としての努力も亦大きい譯である、顔だけが良いといふ俳優は即にトーキーになつて通らなくなるわけである」とコメントしている。[83] さらに興味深いのは、『キネマ旬報』誌上の『鶴八鶴次郎』合評での批評家たちのコメントだ。

飯田［心美］：僕なんかは日本的な音樂要素を採り入れた寫眞として割合に出來はよく行つて居ると思ふ。

友田［純一郎］：あれほど日本音樂を劇の重要な要素として取り扱つたものは今までないね。さういふ意味では可成り巧く處理して居るのぢやないかと思つたね。唯遺憾なことは新内といふのはわれわれに分らない藝であるといふことね。その爲にその感銘は薄いね。新内が分つたらもつと……[84]

山田五十鈴の三味線はなかなかああは弾けない、さすが上手だと言われれば納得するものの、分からないというのが実のところのようだ。[85] 一方、『桃中軒雲右衛門』についての合評会では、同じ友田が「僕は雲右衛門をきいて居るが、成瀬なり月形［龍之介］なりが雲右衛門の節その儘を模したといふミソがあると思ふ。［…］吹き變へた方がよかつた

(82) 村上忠久「月夜鴉」『キネマ旬報』一九三九年四月一一日号、八一ページ。
(83) 今村三四夫、前掲記事、五一ページ。『流轉』については本章註20を参照。
(84) 飯田心美、友田純一郎、滋野辰彦、清水千代太「『鶴八鶴次郎』合評」『キネマ旬報』一九三八年一〇月一日号、一〇一ページ。
(85) Ibid.

に違ひないし浪花節はもつと少くす可きだつた」と述べている。(86)

こうした批評家たちのコメントは、第一に、「芸道物」の快楽のかなりの部分は、ミュージカル映画や音楽映画と同様、題材となっている大衆芸能のパフォーマンスそのものに在るということを示している。それは、第二に、スターの人選を決定するだろう。芸道物の役者たるもの、「芸人」として着物を着てサマになるばかりでなく、浪曲であれ新内であれ長唄三味線であれある程度こなす必要がある。こうして、清元の名取である山田五十鈴、そもそも芝居の女形だった長谷川一夫を筆頭に、芸道物の主演者は自ずと定まっていった。この点と一見矛盾するように見えるが、第三に、サウンドトラックの浪曲や新内、さらには歌舞伎や文楽の黒御簾音楽そのものが観客に強く訴え、しかもその「芸」のレヴェルの高さが芸道物としての説話論的な説得力を担っている以上、本物の名人によるダビング（プレスコ）やスタンドインが必須になってくる。月形龍之介の浪花節は宴会芸としては絶品でも、雲右衛門は複製技術時代の芸術家であっただけに、「オリジナル」を知る多くの観客にとって落差は明らかだっただろう。『お琴と佐助』の田中絹代は日本音楽のバックグラウンドがあり、本作のために琴を特訓したが、山田流箏曲の名人・今井慶松が作曲ばかりではなく演奏を行っている。(87)『ある愛の譜　滝廉太郎物語』（一九九三年）の澤井信一郎が、鷲尾いさ子にピアノの猛特訓をさせたうえで、見事に弾きこなす彼女の映像に吹き替えをしていることを考えれば、音楽映画の作法として納得がゆく。(88)最後に、観客層と邦楽に対する理解度が大きな問題となっていることは『キネマ旬報』の批評家たちの言から痛切に伝わってくるとおりだ。友田純一郎は『桃中軒雲右衛門』について「ジャズ音樂とか近代音樂を聴いてゐて、浪花節を餘り聽かない人は、先づあの浪花節に辟易するに違ひない」と言っている。(89)教養主義的な旧制高校エートスが色濃い『キネマ旬報』同人は、日本の伝統的大衆芸能に対するリテラシーの低さにおいて際立っており、おそらく芸道物が実際にターゲットとした観客とはずれがあるだろう。このように、芸道物の作り手およびその主たる観客層は、山の手のインテリと農村出身の陸軍士官という昭和戦前期の文化戦争《カルチャーウォー》の両陣営にとって異質であり、この他者性は早くも一九四〇年ごろには問題化してゆく。

5-3-1：『桃中軒雲右衛門』
（以下、5-3-4まで同）

5-3-2

5-3-3

5-3-4

しかし、『キネマ旬報』同人やかく言う私のように長唄や新内に対するリテラシーが不十分でも、芸道物を映画として享受することは十分に可能だ[90]。それは、芸道物がバックステージと舞台の関係、オフ／オンスクリーンの音声など、パフォーミング・アーツとの間メディア性に立脚すればこそ、逆に、徹頭徹尾映画的な論理で時空間を構築しているからである。『桃中軒雲右衛門』の白眉をなすのは中盤の雲右衛門とお妻（細川ちか子）の本郷座の舞台である。とりわけ、舞台斜め裏から二人を捉えて位置関係を示し（図版5－3－1）、お妻の三味線がわざと躓くと一八〇度逆向きにカットしてバストショットで彼女の不敵な笑みを見せ（図版5－3－2）、そこからさらに「すじかい」で一八〇度切り返して図版5－3－1とほぼ同軸で雲右衛門のリアクションを繋ぎ（図版5－3－3）、雲右衛門が正面の観衆に向き直るのをきっかけに正面のロングに切り替わり（図版5－3－4）、そのまま客席をなめて右へトラヴェリングするショット連鎖は水際立っており、雲右衛門と舞台を共にしながらも客席からは襖の陰に隠れて見えないお

（86）水町青磁、山本幸太郎、岸松雄、飯田心美、友田純一郎「『桃中軒雲右衛門』合評」『キネマ旬報』一九三六年五月一日号、七七ページ。
（87）東山千栄子、水谷八重子、杉村春子、田中絹代、ミヤコ蝶々『私の履歴書――女優の運命』（日経ビジネス人文庫、二〇〇六年）、三五二ページ。

妻の特異な位置関係を字義的《リテラル》にも修辞的《フィギュラティヴ》にも最大限生かし、二人の芸のバトルを見事に捉えている。

『鶴八鶴次郎』は鶴八鶴次郎のコンビだけでも八八分中四回にのぼる新内のパフォーマンスを含み（日活ロマンポルノのセックス・シーンよりやや少ないというところか）、飯田心美や友田純一郎が躊躇いながらも指摘するとおり、演目や詞と物語の展開が連動している。そもそも新内は心中の道行きを典型とする官能と死の主題を中心としており、大衆芸能に通暁した川口松太郎が「アパッチ」ダンスの名手を主人公とした映画『ボレロ』からこのジャンルを発想したのは理に適っているだろう。成瀬の『鶴八鶴次郎』が芸道物の成立において画期的であり、川口の小説を越えて飛翔しつつ間違いなく『残菊物語』への道を拓いたのは、新内のパフォーマンスからバックステージの物語内容への接続のタイミングゆえである。二人を観客に紹介する喜楽亭での舞台シークェンスでは（図版5－3－5）、「明け暮れ恋しい妻の顔　見るに嬉しく　走り寄り　我が身をともに　うちかけに　ひきまといよせ［…］抱きしめ　しめよせ　抱きける」という艶っぽい語りに感心して聞き惚れる客席の通人たちがモンタージュされ（図版5－3－6，5－3－7）、舞台が終わってから同じ観客たちが「鶴八と鶴次郎ってのは夫婦かい」「しかし何だねえ。ああして並べておくと危ないねえ」といった会話を交わす。寄席の粋な雰囲気を伝えつつ（粋が不十分だという見解は『キネマ旬報』同人たちも伝聞

5-3-5：『鶴八鶴次郎』
（以下、5-3-7まで同）

5-3-6

5-3-7

として紹介してはいるが）、まさにこの映画の主題である二人の「危な」くかつ芸のうえで息のあった関係をパフォーマンスによって見せているのだ。また、名人会では舞台上の二人の『蘭蝶』の「世帯固めて落ち着いて」というくだりが、竹野と番頭が二人を結婚させて落ち着かせようという算段をしているバックステージに接続される。『蘭蝶』は声色師とその妻と花魁の三角関係が不倫の二人の心中に終わるという物語だが、言うまでもなく、成瀬は意図的に文脈を無視した「モンタージュ」を行い、映画性を顕示する。二人の最後の共演となる名人会の千秋楽では『道中膝栗毛』を演目とし、映画中はじめて――そして最後に――二人の掛け合いの妙を聴かせる。このように、『鶴八鶴次郎』では同時代のアステア－ロジャース物と同様、「ナンバー」が重層的な役割を果たしている。すなわち、第一にダンスや新内そのものがスペクタクルとしての快楽を与え、第二にナンバーの内容が説話論的な機能を果たすと同時に、第三に、ナンバーがまさしくセックス・シーンのように、カップル間のバトルであり愛の行為であるパフォーマンスとして機能するのである。同じく長谷川一夫が歌舞伎役者を演じた『藤十郎の恋』では、リハーサルこそあっても舞台場面は挨拶の口上に留まり、ほとんど登場しない。一方、川口の小説は新内のパフォーマスを活写しているものの、新派の舞台版ではパフォーマンスは最小限、しかも舞台の袖から聞こえてくるだけである。成瀬の『鶴八鶴次郎』が芸道物の「ミュージカル映画」としての側面を切り拓いたと言えるだろう。

一方、『月夜鴉』が『お琴と佐助』の記憶に基づきつつ導入したのは、「芸道精進」をリテラルに、かつ性化されたパフォーマンスとして見せる厳しい稽古場面と、演奏の効果的なダビング（プレスコ）であろう。だが、『お琴と佐助』の春琴の琴が基本的にはお座敷芸であったのに対し、『月夜鴉』のクライマックスを成す『網館』は大舞台の壇

(88)　澤井信一郎、鈴木一誌『映画の呼吸』（ワイズ出版、二〇〇六年）、三四四―四五ページ。
(89)　水町、他「『桃中軒雲右衛門』合評」、七七ページ。
(90)　むろん、こうして居直ることは本意ではない。本章が日本音楽に造詣の深い論者による芸道物研究の呼び水あるいは捨て石になることができれば幸いである。

5-3-8：『月夜鴉』のお勝は観衆に紛れ、

5-3-9：舞台の正面二階から夫・和吉のパフォーマンスを見守る。

5-3-10：見事な演奏を披露する和吉。

5-3-11：安堵したお勝は身を引く決心をする。

5-3-12：楽屋の家父長・和十郎は椅子に座って感嘆する。

上のタテ三味線であり、女ゆえにそこに上がることができず、「去勢」によって「バックステージ」という位置を内面化して身を引く決意をしたお勝は、観衆のなかに身を潜め（図版5－3－8）、観衆の賞賛の眼差しの中で見事期待に応える夫のパフォーマンス（図版5－3－9、図版5－3－10）を見守り、格子の影で安堵の笑みを浮かべて身を引く決心をするが（図版5－3－11）、家父長／師匠の賞賛（図版5－3－12）と夫の献身はハッピーエンドをもたらす。舞台、家族／親戚、師匠、バックステージを繋ぐ空間構成のなかで、お勝の役回りは『残菊物語』のお徳へと引き継がれ、加藤幹郎が「視線の集中砲火」と呼んだ圧倒的なクライマックスのパトスへと収斂してゆく[91]。

第四節　芸道物としての『残菊物語』

一九三六年九月二二日の第一映画解散から、一九三九年春の松竹下加茂参加までの三年弱の間、溝口健二は新興キネマ大泉スタジオに在籍し、『愛怨峡』（一九三七年六月一七日公開）、『露営の歌』（一九三八年二月一七日公開）、『あゝ故郷《ふるさと》』（一九三八年九月二九日公開）の三作を監督している。妊娠映画『愛怨峡』の詳細な分析は第七章に譲るとして、大泉時代と芸道物との結びつきに触れたい。一九三八年の二作はプリントが現存しないが、映画雑誌の紹介記事、批評、『あゝ故郷』については脚本から、物語についてはかなりの情報を得ることができる。広く歌われていた同名の軍歌をフィーチャーし、南京陥落を一つのクライマックスとした『露営の歌』は、近年では「問題にならない駄作」[92]、「溝口は、小津とは違って戦争についてのはっきりした信念はもっていなかったと推測できる」[93]作品と断じられているが、戦地の描写は二シーンにとどまる銃後映画で[94]、新興キネマは常設館に「若い女の見る戦争映画」としての宣伝を呼びかけている[95]。一方、『あゝ故郷』は『浪華悲歌』『祇園の姉妹』『愛怨峡』の系譜に連なり、山形の小都市を舞台に方言を生かしたリアリズム現代劇として[96]、同時代の批評家からそれなりに評価された[97]。

(91)　加藤幹郎「視線の集中砲火――『虞美人草』から『残菊物語』へ」四方田犬彦編『映画監督 溝口健二』（新曜社、一九九九年）、一三七―一四四ページ。
(92)　佐藤忠男、前掲書、一四二ページ。しかし、仮に封切時に見ていたとしても佐藤は七歳だったはずである。
(93)　ハーイ、前掲書、一六〇ページ。ハーイは同時代資料から『露営の歌』の物語を再構築している。
(94)　『露営の歌』の物語については『サンデー毎日』一九三八年三月一〇日号に掲載された「映画物語『露営の歌』」を参照。
(95)　新興東京情報部編『新興映画東京作品テキスト　露營の歌』昭和一三年度第五号、早稲田大学演劇博物館蔵、三ページ。
(96)　製作中に出版された『あゝ故郷』脚本の台詞は標準語で書かれている。原作・小出英男、脚色・依田義賢「シナリオ『あゝ故郷』」『日本映画』一九三八年七月号、一六一―八三ページ。しかし、同シナリオの末尾には、「篇中の町は東北のある町といふだけで決めてないが、これが撮影にあたつて、何處と決ればそれによつて、人物の會話に方言の修飾が加へられることになつてゐる」とあり、新聞記事によれば、結だが、このような題材の違いを捨象したとき、三作の新興キネマ大泉作品からは一貫したテーマが浮上する。すなわち、山路ふみ子をヒロインとして、シングルマザー（あるいはシングルマザー的状況にある女性）の家父長制に抗する戦いと現代資本主義社会でのサバイバルを描くことだ。むろん、子供の父にも、家父長にも、安定した生活にも、そして故郷にも「No」をつきつけ、旅回りの漫才師としての生活を選び、気の合うパートナーと血縁に基づかぬ家族を築く『愛怨峡』のふみと比べるとき、夫の戦死の知らせ（……と思いきや南京で大手柄、というオチなのだが）によって子供を奪おうとした家父長と涙の和解をする『露営の歌』の信子の姿は、戦争によっていかなる葛藤もリセットされる、という誘惑を具現しているかもしれない。一方で『あゝ故郷』のお美代は、娘を芸者にしてでも一旗挙げる夢を追い続ける愚かな父をどうしても捨てられない。[98] とはいえ、お美代が交換のシステムに身を投じるのは、単なる犠牲的孝行心からではない。妊娠中のお美代を置いてアメリカに留学し、経済学を修めて帰国するや約束を反故にして地元有力者の娘を娶る元恋人のデパート誘致・開業の野望に抗し、立ち退きを拒否する親戚のために身を売って金を作り、地元の商店街を救いつつも、父と子供とともに故郷を捨てるのである。

シングルマザーの抵抗とサバイバルというテーマは、しかし、言ってしまえば『あゝ故郷』より二週早く公開され大ヒットした『愛染かつら』（前・後篇）（野村浩将監督、松竹大船、一九三八年九月一五日公開、川口松太郎原作）と共通しており、実際、この時期松竹大船撮影所長と新興キネマ副社長を兼任し、新興立て直しのためにリーダーシップを発揮していた城戸四郎の敷いた路線に沿うものであった。[99] 一九三六年から一九三九年あたりまでのシングルマザーの主題は、芸道物と同一のイデオロギー的両義性（二枚舌）を示している。すなわち、「芸道」「母性愛」はともに大衆的アピールを持ち、かつ内務省の「わが国独特の家族制度の美風」や「国家社会のためには進んで犠牲となる国民精神」の顕揚と齟齬をきたさない主題である。従って、芸道物の場合とまったく同じように、「シングルマザー物」（もちろん当時そのように呼ぶ者はなかったが）もまた、家族国家を支え女性の「伝統的」性役割を「自然」の名の下に固定化する「母性」賞揚のプロパガンダとみなすことも、実際そのように機能することも可能だった。しかし、まったく同時に、これら二つのサイクルは、明らかに非規範的でしばしば差別と蔑視の対象となってきた社会的グループの成員を主人公として好意的に描き、しかも当時ますます描きにくくなっていた恋愛《ロマンチック・ラヴ》を芸道や母性との相剋の中に浮き彫りにする。ともに創造主として川口松太郎を戴くこの二つのサイクルには親和性があり、溝口の『芸道一代男』や井上金太郎の『すみだ川』（松竹、一九四二年九月三日公開、川口松太郎原作）など、シングルマザー芸道物と呼べよう作品も生まれている。

シングルマザー物の社会批判や「抵抗《レジスタンス》」の度合いは、映画作家と観客、および両者を取り持つ映画産業・文化の作品ごとの文脈によってかなりの振幅があるだろう。『愛怨峡』のような先鋭的なケースは、まさに同時代にシングルマザーとその子の生活を扶助する母子保護法の制定を求めたフェミニストたちと共通のジレンマを示している。(100) すなわち、山田わか、市川房枝、山川菊栄らのフェミニストたちは、産児制限が「個人主義的」として批判され、女性参政権を求める婦選運動が終結に追い込まれた一九三七年、「わが国独特の家族制度の美風」（＝家父長制近代日本版）と呼ばれる既存の社会を改革し、女性の権利を伸張するために、「母性」を拠として掲げて母子保護法成立にこぎつけたのである。(101) しかし、祭り上げられた母性は容易に裏目に出て女性およびその表象を拘束することになるだろう。新

局は山形県の天童付近を舞台としてキャストは山形弁研究に二ヶ月を費やした。「山形辯、五十回——山路ふみ子三井章正へ同情」『讀賣新聞』一九三八年八月三一日夕刊。しかも、全ての役柄が一様に山形弁を用いるわけではなく、アメリカ帰りの若き実業家や地元有力者にはあえて標準語を喋らせるなど、繊細な演出がなされていたようである。木澤潤「方言に就て」『キネマ旬報』一九三九年一月一日号、一七六ページ。

(97) 飯島正、前掲書、一二一ページ。『キネマ旬報』は「ストーリイとしては首尾貫徹してゐないとしても、この映畫に登場する人物が殆どみんなと云つていゝくらひに現實の生氣を持つてゐることは驚嘆に値ひする」と賞する。友田純一郎「『あゝ故郷』」『キネマ旬報』一九三八年十月一日号、九〇ページ。

(98) 友田純一郎はとりわけこの点に批判的である。友田、前掲記事。

(99) 「良心物當らず〝質〟か〝量〟か悩みの六車（新興）所長」『讀賣新聞』一九三八年一一月五日夕刊。

(100) 母子保護法については、荻野美穂、前掲書、一一四ページ。

(101) 婦選運動と総力戦については、西川祐子『近代国家と家族モデル』（吉川弘文館、二〇〇〇年）、一六〇—九〇ページを参照。

興大泉時代の溝口もまた、婚姻制度の外で快楽を味わい、家族制度の美風に「No」を言い、自分の身の振り方は自分で決める女を描くためには、「母性」という方便を必要とした。

だが、『愛染かつら』とは対照的に、溝口のシングルマザー物は大衆の熱い支持を得たとは言い難い。とりわけ『あゝ故郷』の興行不振は特筆すべきもので、溝口は責任を感じて辞意を表明したとされる。[102]「場末の館に探した恩師の〝不評作〟」と題し、山田五十鈴の「私には一番勉強になるので、先生の御作品は必ずみてゐます、こんどの『あゝ故郷』は忙しかつたので、やつと早稲田で探し出して観ました、先生はナゼかこの映畫にお氣を落としていらつしやるといふので、近くお訪ねして元氣をつけてあげます」というコメントを載せた珍妙な新聞記事さえ現れる始末だった。[103]そもそも、娯楽映画の殿堂・新興キネマと『浪華悲歌』『祇園の姉妹』でリアリズムの巨匠となった溝口健二の折り合いは難しいうえに、検閲強化が企画の困難に拍車をかけていた。『愛怨峡』後の一九三七年後半、三好一光原作の淪落の女もの、丹羽文雄『薔薇合戦』の映画化が相次いで頓挫している。[104]さらに、一九三八年春には同じ新興大泉の曽根千晴監督『女は嘆かず』が『露営の歌』を盗作するという事件が起きた。[105]怒りの収まらない溝口を東宝の森岩雄は三年間二万五千円、前金一万円の破格の待遇で引き抜きにかかったが、東京撮影所長・六車修と城戸副社長が三年間月給千二百円を提示して引き留めた。[106]当時、大卒銀行員の初任給が七〇円、高文試験に通ったキャリア官僚で七五円、官僚として栄達を極めた官選の東京府知事でも年俸五千三百五〇円である。[107]売れない映画を作る監督に新興キネマがこうした高給を支払っていたのは、ひとえにその批評的な名声によるブランド力のためであろう（追い詰められれば売れる映画も撮れることを知っていた可能性もあるが）。しかし、『あゝ故郷』の大コケにより、新興／松竹首脳部は溝口の使い途について再考を迫られたと考えられる。

一九三九年春、新興キネマに籍を置いたまま、溝口健二は松竹下加茂撮影所に加わった。[108]松竹副社長／新興キネマ社長であり、同年七月一日には下加茂撮影所長に就任することになる白井信太郎は、[109]林長二郎退社以後の時代劇の不振への思い切った対策として、下加茂を支えてきた衣笠貞之助に加えて溝口と伊藤大輔を招き、三巨匠に明治物や新しいタイプの時代劇を撮らせる方針を打ち出していた。(110)『キネマ旬報』上の座談会で『あゝ故郷』について尋ねられた白井は「溝口君にはあゝ云つた題材がいけないと思ふ」と答えており、「スランプ」に陥っている溝口を「甦生」させる自信について問われると、「現代劇が得意である溝口君を態々《わざわざ》下加茂へ連れて來て時代劇をやらすといふ私の決心で、多少分つて戴けるのぢやないかと思ふのですがね」と応じている。(111)溝口の一九五〇年代大映作品に親しんでいる者にはむしろ意外だが、一九三九年の時点で時代劇は『唐人お吉』一本だけであり、この現代劇と明治物の名匠を時代劇専門の下加茂に呼んで明治維新を舞台とした第一作「浪花女」を準備中、というのは実に革新的であった。(112)なお、この「浪花女」は文楽の世界を描いた一九四〇年作品とは別物で、幕末を生き抜き大阪商工会議所の初代会頭となるなど商都の発展に尽くした薩摩人・五代友厚を主人公とした「歴史映画」となるはずであった。(113)

(102) 前掲記事「良心物當らず〝質〟か〝量〟か悩みの六車（新興）所長」。
(103)『讀賣新聞』一九三八年一〇月一二日夕刊。
(104) 依田義賢「溝口健二氏の今後」『キネマ旬報』一九三七年八月二一日号、八ページ、同「私はかうしてシナリオを書く」『日本映画』一九三七年一二月号、九八―一〇五ページ。
(105)「同じ新興東京の製作映畫に盗作の爭ひ」『讀賣新聞』一九三八年二月一八日夕刊。
(106)「溝口監督を繞り攻防戰の末新興側勝つ」『讀賣新聞』一九三八年三月九日夕刊。
(107) 週刊朝日編『明治大正昭和値段史年表』朝日新聞社、一九八八年、五一、六七、一四八ページ。
(108) 内田吐夢、溝口健二、清水宏、八尋不二、筈見恒夫、津村秀夫、南部圭之助、内田岐三雄「春宵映畫よもやま（一）」『スタア』一九三九年五月一日号、六ページ。
(109) 松竹株式会社『松竹百年史　第一巻本史』松竹株式会社、一九九六年、六〇九ページ。
(110) 白井信太郎、田中三郎、飯田心美、他「白井信太郎氏を圍んで――」『キネマ旬報』一九三九年四月一日号、九二―九九ページ。
(111) Ibid.. 九八ページ。
(112) 溝口健二、加賀耿二、八木隆一郎、土井逸雄、古川良範、絲屋壽雄「溝口健二を圍んで」『新映画』一九三九年五月号、一二一ページ。
(113) Ibid.. 一二三ページ。溝口によれば、「一個のネーションとしての日本といふ最高目的のために、薩藩とか士族身分とかいふ狭い量見や古い因習一切を切り捨てねばならず、自然其處に生じる時代の悲劇にも止むを得ないことだとほろ苦い氣持で離れた處から見送つてゐるといったやうなのが」五代であった（ibid.）。なお、適切なカタカナ表記の「ネーション」は原文のままである。

この企画にかわって『残菊物語』が浮上した経緯については、雑誌『スタア』の記事が詳しい。依田義賢と八尋不二の脚本が第四稿まで行っても決定稿とならず、五代の伝記としての「浪花女」は立ち消えとなる。さらに、衣笠貞之助は東宝に転出、伊藤大輔作品は中止の憂き目を見ており、鳴り物入りで発表された白井第一回企画は総崩れであった。「その頃、東京にてひらかれた、松竹東西企畫會議の席上、演劇部と映畫部の提携が問題になり、その第一歩として、映畫出演に多大の興味を持つと傳へられる、花柳章太郎丈の出馬が、提案された。／かくして、本社側と、花柳丈の交渉となり、花柳丈は、舊友、溝口健二の演出で、かねて映畫化を望んでゐた村松梢風氏の原作になる『残菊物語』なら、と云ふので、企畫は、忽ち實現される」ことになったという。[114] あくまで私の推測だが、依田義賢が下加茂のために書いた芸道物『月夜鴉』がちょうど同年三月に公開されて検閲にも観客にも受けが良く、芸道が溝口にとって興味と自信の持てる題材だったことはプラスに働いたに違いない。

さらに、『残菊物語』は、一九三七年春に歌舞伎と新派の興行をほぼ独占する松竹興行株式会社が松竹キネマ株式会社と合併して発足した松竹株式会社の特作として、まさに理想的な企画であった。大谷竹次郎社長の言葉によれば、この合併は映画が演劇と「對等の地位を獲得するに至」った近年の発展に鑑み、二部門間の交流を容易ならしめるとともに経営合理化を可能にするものであったが、より直接には、「新興の會社だけに最初から演劇、映畫、レヴュウの三者を一つの經營に屬せしめ」た東宝＝ＰＣＬブロックの発足（一九三六年）に刺激されたものだった。[115] かくして『残菊物語』の製作が開始される。

映画『残菊物語』については、すでに日本映画研究の粋を集めた優れた批評と分析がなされており、私自身も音響に特化した作品論を英語で書いているため、[116] ここでは今まであまり顧みられることのなかった「芸道物」としての側面に焦点を合わせたい。

映画に先行する『残菊物語』テクストとしては、まず一九三七年に『サンデー毎日』に連載された村松梢風の同名短編小説があり、さらに同年一〇月にはそれを巌谷三一（慎一）が翻案した戯曲を新派が明治座で初演している。小説『残菊物語』は、明治一八年から数年間の歌舞伎界を舞台に、五代目尾上菊五郎の養子で早世した尾上菊之助と、五代目の実子・幸三（後の六代目菊五郎）の乳母・お徳の身分違いの恋を描く。お徳との関係が原因で菊之助は勘当されて大阪へ下り、やがて二人は所帯を持つ。五年の苦労の末に菊之助の芸は上達するが、お徳との別れが尾上家復帰の条件であった。結局、菊之助は東京に帰参し、お徳は結核で死ぬ。実話に基づくこの大枠は舞台、映画でも変わらない。だが、演劇学者・赤井紀美が述べるように、新派の舞台では、喜多村緑郎演じた五代目菊五郎により重きを置くことで、歌舞伎の世界を背景とした艶めいた恋物語が芸道物へと接近した[117]。さらに、小説や舞台では演目や役柄の名前で示唆されるだけだった歌舞伎パフォーマンスを映画空間に組み込んでいわば「ミュージカル映画」化し、芸道物化を完遂したのは、ほかならぬ脚本家・依田義賢であった。

　翻案の意図については依田の同時代のコメントが『日本映画』に掲載されており、極めて示唆に富む。まず、芸道物化プロセスを跡づけよう。依田によれば、「何よりまづ最初に考へなければならないことは、菊五郎の養子菊之助が、義弟にあたる幸三の乳母の（乳母であるから既に子供を生んだ女である）お徳と、どういふ動機から戀愛關係を生じたかといふことであつた」[118]。原作では、ある秋雨の日、家の者が出払ってしまい、暇をもてあました菊之助が茶を持っ

（114）「溝口健二・花柳章太郎・残菊物語」『スタア』一九三九年八月一五日号、一六ページ。すでに同年四月、花柳章太郎はインタヴューに答えて映画出演への意欲を表明し、やるなら『残菊物語』を衣笠貞之助演出で撮りたいと言っている。桃野照夫「花柳章太郎丈の映畫談」『スタア』一九三九年四月一五日号、三三ページ。新聞報道からみて、『残菊物語』の企画が固まった時期は一九三九年五月上旬と思われる。「花柳が映畫へ『残菊物語』に處女出演」『讀賣新聞』一九三九年五月一八日夕刊。なお、『讀賣新聞』記事はお徳役として田中絹代の名を挙げており、『スタア』は北見禮子の撮影風景を写真入りで伝えている。

（115）『松竹百年史』、二二五ページ。

（116）Chika Kinoshita, “Floating Sound: Sound and Image in The Story of the Last Chrysanthemum,” in *Mizoguchi the Master*, ed. Gerald O’Grady (Ontario: Cinémathèque Ontario, 1996), 45-47.

（117）赤井、「〈芸道物〉の時代」、四四―四七ページ。

（118）依田義賢「殘菊物語のシナリオに就いて」『日本映画』一九三九年一〇月号、七五ページ。

て来たお徳にふと目をつける。「銀杏返しに結つて、野暮臭い木綿の着物を着て、ろくに化粧もしてゐないお徳が菊之助の眼には不思議なほど美しく見えた。／其の明るい眼付や、健康な皮膚の色が、娼妓や藝妓とは全く異つた趣きを感じさせた。／彼は此の歳上の素人女に非常な魅力を感じた[119]」。そして約一ページの間に二人は出来てしまい、菊五郎の屋敷で逢い引きを繰り返す。依田が指摘するとおり、これでは「菊之助のお徳に對する戀愛は玄人の女に観《［ママ］》られないような清純さを肉體的に見出すような、非常に不眞面目な動機からであり、お徳に對する態度は極めてエゴイスチックな不逞なもの」となり（七六）、お徳のほうも美少年の若旦那（映画からは測り難いが、菊之助の歳は一九、お徳は二一である）と肉体関係に及ぶに際して躊躇はミニマムである。一方、舞台版では柳橋の芸者二人が屋敷で鉢合わせて一悶着起こして去り、それからお徳と二人だけになる。確かにここでは軽薄な玄人女と彼女らに対する菊之助の失望が描かれ、純なお徳と対置させることで、菊之助の側には「同情ある戀愛の動機」が付与されている[120]。しかし、依田が求めているのは、恋愛感情が芸道に対する真摯な思いと密接に連動することであった。すなわち、菊之助が「名門の子弟故の不當な名聲世辭と云ふやうなものをなくして、正しい自分一人の力による名聲を得たいといふ純粋な誠實な氣魄がすべてを貫いて」ゆくことであり、阿諛追従のなかで孤独の念に苛まれたとき、お徳が現れて「誠意にみちた苦言を呈して」くれるべきなのだ[121]。かくして、深夜、柳橋帰りの菊之助（花柳章太郎）が幸坊をあやすお徳（森赫子）と川縁で行き会い、はじめてゆっくり語りあう、名だたるショット・シークエンスが創出されることになる。

本章を通して論じてきたように、歴史的・映画史的経緯からいって、「芸道物化」の鍵となるのは女性である。そして、森赫子演じるお徳ほど、そもそも顔が「見える」か否か、顔が美しいか醜いか、さらに声質の良し悪しといった基本的な認識にはじまって、その演技や役柄の人物設定そのものに至るまで、公開当時から批評的見解が分かれてきたヒロインも少ないだろう。加藤幹郎とダレル・デイヴィスは、ともに菊五郎夫人・里（梅村蓉子）がお徳を解雇するシークェンス・ショットの綿密なテクスト分析を通して、お徳は自己を犠牲にして尽くすヒロインであり、顔の可視性《ヴィジビリティ》が低く、クライマックスの歌舞伎シークェンスを除いて視線の主体となることがほとんどないため、そもそも主体としての位置《ポジション》を与えられていない、⑿という解釈を提示した。脚本の依田その人も、お徳を「何の報酬も求めず、只一途に主人の着實な成長を願ふ忠實な下婢」とし、「お徳が成し遂げる戀人への完全な犠牲に最も高い戀愛があるといふのを主題としたかつつた」と述べており、⒀この見解に一定の説得力があるのは間違いない。しかし、一方で佐藤忠男は、独り大阪に帰ってきたお徳が菊之助について尋ねられて口にする台詞、「あんな男といっしょにいるの面白くなったのさ」に着目する。佐藤によれば、ここには菊五郎の跡取りの妻の座が目的と誤解され、そのことによって「最大の人格的侮辱」を受けた率直で正直な女が潔白を晴らすという「意地」の物語が凝縮されており、『残菊物語』とは「失恋を装って人間的な誇りを確保した女の勝利の歌」であって、それが結果として「彼女を抑圧し、彼女を侮蔑的な身分差別で傷つけた主人一家に全力をあげて奉仕した」ことになってしまうのは悲劇的アイロニーであったと喝破する。⒁ほぼ同時期に、リンダ・エーリッヒもまた、お徳の強さ、抵抗、聡明さに着目している。⒂近年では、お徳に「言葉の力」を見出す蓮實重彥、サウンドデザインの分析によって視覚偏向の『残菊物語』解釈を揺るがし、いかにヒロインの声が作品世界を支配しているか論証する長門洋平と、彼女の力と意志を強調する批評が書かれている。⒃本章も基本的にお徳の「強さ」を論じることになるが、その際、先行研究を踏まえたうえで敢えて焦点を当てるのは、彼女と「芸」「芸道」の関わりである。

---

(119) 村松梢風『残菊物語』(中央公論社、一九三八年)、七ページ。
(120) 依田、前掲記事、七六—七七ページ、山路董「見たまゝ殘菊物語」『演芸画報』一九三七年一一月号、四二ページ。
(121) 依田、前掲記事、七七ページ。
(122) Davis, *Picturing Japaneseness*, 120-23, 加藤、前掲論文、一四四—四九ページ。
(123) 依田、前掲記事、七七ページ。
(124) 佐藤忠男、前掲書、一四五—四七ページ。
(125) Linda C. Ehrlich, "The Artist's Desire: Eight Films of Mizoguchi Kenji," Ph.D. diss., University of Hawai'i, 1989, 156.
(126) 蓮實重彥「言葉の力——溝口健二監督『残菊物語』論」蓮實、山根編『国際シンポジウム溝口健二』、二二七—四九ページ、長門、前掲書、第五章。

依田が菊之助とのなれそめを考える過程でお徳のキャラクターに加えたのは、歌舞伎の芸がわかるという際立った特徴だった。入谷竜泉寺（原作では浅草諏訪町）の職人の家に育ったお徳は、芝居や芸事に親しみながら成長したとしても不自然ではない。だが、さらにお徳は自分の批評を若旦那に告げて芸道精進へと導こうとするのである。深夜の新富河岸で、お徳は菊之助を乗せた人力車といったんすれ違ってから、わざわざ呼び止めて帰り途を共にする。土手を歩く二人を仰角の広角レンズで捉え、移動撮影で追い、ガス灯や通行人、物売りの動きとステージングするこのショットの世界映画史的な独創性《オリジナリティ》には瞠目すべきであり、匹敵するものとしては二年後の『市民ケーン』の知事戦惨敗後の選挙事務所におけるケーン（オーソン・ウェルズ）とリーランド（ジョゼフ・コットン）の応酬ぐらいしか思いつかない。このキャメラ位置と移動撮影、広角の歪みを考慮に入れたセットが示しているのは、クロースアップに寄ることなく、役者、事物、セッティングとキャメラのコレオグラフィによってこの重要な場面を描ききろうという監督の強い意志である。[127]

河岸シークェンスのクライマックスは、菊之助の演技は評判通り下手だとお徳が告げるところだ。彼女は菊之助の二、三歩後ろを歩きつつ語りかける。入谷の実家に帰ったところ、菊之助の芝居を叔母がけなしていた、しかし舞台を見ずには抗弁できない、と。この間、ガス燈が画面右からフレームインし、菊之助がふりかえって二人が止まり、また歩き出す。キャメラは右手後方から二人を追う（図版5－4－1）。「それで、早速拝見したんですのよ」というお徳に、菊之助が「で、どうだったい？」と心配そうに尋ねるあたりでキャメラは二人を追い越しにかかり、お徳が「若旦那、世間のお世辞やおだてにお乗りになっちゃいけませんよ」と返すところで前に回り込む。こうして、「お芝居を見せていただきましたけど……」「駄目だったかい？」「ええ……」というやりとりでは、キャメラは前方から、つまり後ろを歩くお徳の顔が見える向きから、決定的な瞬間を捉えている（図版5－4－2）。封切時には可燃性フィルムの輝くような大画面に映写されたことを考慮に入れれば[128]、語る主体としてのお徳は画面上でも認知されていると言えるだろう。

5-4-1：「叔母が来ていましてね、若旦那のお芝居のことで嫌なことを言うですのよ」と言うお徳に菊之助は振り返り、立ち止まる。

5-4-2：キャメラは二人を追い越して回り込み、「だめだったかい？」「ええ……」という決定的瞬間にはお徳の表情を捉える。

ドナルド・キリハラが指摘しているとおり、このショット・シークェンスでは、広角の歪みと仰角、ガス燈柱の効果によって平板で抽象的な空間が生まれている。[129] 一方で、この抽象性が画面を満たす夏の夜の情緒と齟齬をきたすことはない。そして、この奇妙に濃密な空間を支配するのは、蓮實や長門の主張どおり、お徳＝森赫子の声なのである。お徳のような単なる使用人が若旦那にわざわざ「芸が拙い」と教えてやるというのは、普通に考えてあり得ないシチュエーションであり、彼女を解雇する際に女主人さとが激昂して口走る言葉、「そんなことは奉公人のすることじゃないよ」のほうがはるかに常識的である。しかも、川縁のお徳は、おずおずとした口調で言い訳をしながらも、硬質で伸びのあるよい声で、叔母の批判も無理はないと思った、菊五郎が言うとおり芸が第一だ、遊びを控えて修行しろ、といった厳しい内容を畳みかけるのだ。依田による芸道物化の過程で、芸道への禁欲的な情熱と恋愛感情を一致させるという総動員体制的な理念を達成するため、年下の色男に尽くす無知で純な下女が、圧倒的な身分の差がありつつも、芸

(127) 依田の回想によれば、広角でやろうと言い出したのは溝口であって、キャメラマン三木稔は「ワイドのレンズを使って、ワンカットで長い横移動などするると、画面を通過する柱などが斜になったりするよ。屋根の高さなども工夫しなきゃならないし、焦点深度はよくなるが、奥行が遠くなって、実在の距離感とちがってくる、そんな欠点があるんだが、それをいうと、だめだから、一切欠点はいわないで、それは装置の水谷君などと相談して工夫するとして、よいところばかりいったんだよ」と述べたという。依田『溝口健二の人と芸術』、八八ページ。しかし、一九三九年の時点で溝口が広角の効果について無知だったとは思われない。

(128) 二〇一五年一二月にデジタル修復版の映写を東劇で見た印象は、この推測を支えるものだった。

(129) Kirihara, *Patterns of Time*, 147-48.

と芸道の確かな理解に立脚して観客《けんぶつ》としてもの申し、やがて男を「教育」する「新しい女性」へと変容を遂げたのである。佐藤忠男に倣って言えば、ここにこそお徳の「意地」の拠《よりどころ》があり、赤井の言を借りれば、「舞台において父五代目菊五郎が担っていた菊之助の〈芸〉に対する指導的役割が映画ではお徳に移[130]」ったのである。

溝口健二の「リアリズム」とは本当らしさのことではない。このシークェンスに典型的に現れるように、抽象的な理念が剝き出しになった「ありそうもない」内容を、ほとんど幾何学的といってよい空間構成と、綿密な演出《ミザンセヌ》から匂い立つ情緒と、そして俳優の語りの力によって有無を言わせず納得させることである。こうして、蓮實がいみじくも指摘するように、シークェンスの終わりにお徳が菊之助に告げる言葉「生意気なことをいって、堪忍してくださいね」の艶めいた余韻が、その後の物語の展開を決定づけてゆくのである。[131]

お徳のキャラクターについて付言すれば、依田も留意しているように、乳母というのは単なる子守とは違い、自らも出産直後でなければ務まらない仕事である。お徳の過去について、梢風の原作は「お徳は［…］、浅草諏訪町の塗物師の娘で、一度さる處へ嫁に行つたが運悪く一年も居ないうちに亭主に死なれてしまつた。其の時既にお徳は妊娠してゐたので、先方の家で子を產み落して離縁になつて歸つて來てブラ〳〵して居るところへ、音羽屋から乳母の話しがあつたので傭はれて來たのであつた」とあっさり説明しているが、[132] 映画では何の言及もない。さらに、蓮實の指摘どおり、原作では（そして史実のうえでも）菊之助とお徳の間に生まれた男児が映画では割愛されている。[133] 第七章で論じるように、お徳の過去と二人の間の実子の消去は彼女に非母性的な妊娠の身体を与え、溝口映画の身体性の王道に据えるだろう。本章では、お徳の不透明な過去と結びついた情動的肉体労働が、彼女の尾上家における地位をより低めていることを確認しておこう。しかし、驚くべきことにお徳は、至高の芸道と授乳を結びつける。さとに暇を出される際に、「いえ、大旦那はほんとうの芸の上だけのこと、あたしの云うのは、例えば若旦那の芸ってものにも、こう、お乳を差し上げる乳母のようなものが……」と抗弁して彼女の逆鱗に触れているのだ。

『残菊物語』のロングショットと長回しのシステマティックな使用については、役より二五歳上だった花柳の外見をカヴァーしつつ、演劇的な演技の持続を残してやるためだったというのが定説である。だが、実際のところ、数分間歩き続け、二人の距離と立ち止まるタイミングが常にキャメラとの関係によって規定されるこのシークェンスは舞台ではありえないという意味で極めて非演劇的であり、花柳と森が見事な演技を見せているのは、多くの名優たちと同じように、メディア間の差異に適応したからであろう。

『残菊物語』は、歌舞伎の世界を舞台に新派劇を翻案すればこそ、映画というミディアムの特殊性に意識的であった。すでに前節で述べたように、新内や長唄三味線のパフォーマンスを「そのまま」物語に折り込むことができること自体、新派の舞台とは決定的に違っていた。『残菊物語』の場合も、現に花柳章太郎は映画の劇中劇として歌舞伎の演技を見せているようにスタンドインなしで演じる能力は十分あるにもかかわらず、新派の『残菊物語』に歌舞伎の場面は存在しない。[134] 映画では、ちょうど名古屋に公演に来ていた中村福助（高田浩吉）にお徳が窮状をうちあけ、お徳と菊之助の別離を条件に、守田勘弥（葉山純之輔）と中村芝翫（嵐徳三郎）も、福助の代役として『積恋雪関扉《つもるこいゆきのせきのと》』（以下、『関の扉』）の墨染役として菊之助にチャンスを与えることに同意する。小説では京都の南座でこの三人とともに『関の扉』に出演した旨が記されているが、[135] 新派ではオフステージにも現れず、菊之助の「上達」は大阪の侘び住まいに舞台を終えて帰って来た際のやりとりを通して伝えられる。

映画『残菊物語』における『関の扉』の舞台は、舞台裏やお徳が祈る奈落まで含めると、キャメラ移動による位置の変化を除いても一五種類にのぼるセットアップから撮られ（図版5－4－3〜17）、キリハラの指摘通り「注視され

(130) 赤井、「〈芸道物〉の時代」、四九ページ。
(131) 蓮實、前掲論文、二三九―四〇ページ。
(132) 村松、前掲書、六ページ。
(133) 蓮實、前掲論文、二二二ページ。
(134) 山路菫「見たまゝ　殘菊物語」『演芸画報』一九三七年一一月号、四二―四五ページ。
(135) 村松、前掲書、三七ページ。

5-4-3

5-4-4

5-4-5

5-4-6

5-4-7

5-4-8

5-4-9

5-4-10

5-4-11

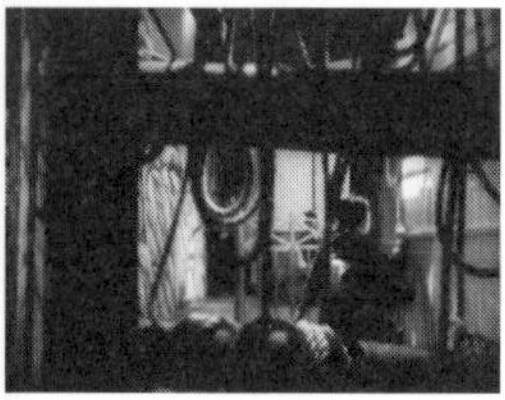
5-4-12

5-4-13

5-4-14

5-4-15

5-4-16

5-4-17

『関の扉』のセットアップ

た」（あるいは「視線の集中砲火」にさらされた）パフォーマンスとしてデクパージュされている。(136) 徹底して長回しを用いたこの作品において、歌舞伎のシークエンス（『関の扉』のほか冒頭の『東海道四谷怪談』および終盤の『石橋』）ばかりがショット数が多く、デクパージュによって構成されていることは、批評家や研究者の関心を集めてきた。(137) バーチは、歌舞伎シークエンスを支配するのは『残菊物語』全体とは異なる再現＝表象的《リプレゼンテーショナル》なシステム、つまり古典的ハリウッド映画を典型とするシステムであり、優れて現前＝提示的《プレゼンテーショナル》な芸術である歌舞伎を撮るのにそれに依拠するのは、溝口の弁証法的感覚を示す、と主張する。(138) キリハラの解釈も、歌舞伎シークエンスのデクパージュはその他のシークエンスの長回しを逆照射するというものだ。(139) しかし、こうしたメタ映画的な解釈は、実のところ歌舞伎の非再現＝表象性とは関係がないだろう。ボードウェルは、再現＝表象的な近代演劇を扱ったはずの『女優須磨子の恋』（松竹下加茂、一九四七年）の舞台シーンに対して類似のコメントを加えているのだから。「一般には、舞台のシーンはロングショットで、舞台裏のドラマはクロースアップで扱うものだと考えるだろう。しかし、溝口は、ほとんど強情と言ってもよいほど、最も近接したショットを須磨子のパフォーマンスやリハーサルのためにとっておき、あたかも劇場と人生の間の差異を際立たせたいかのようだ」(140)。

本書は、溝口が舞台シークエンスをデクパージュの映画に仕立て、バックステージや日常の居住空間を長回しで撮る理由はもっと単純だと考える。歌舞伎であれ新劇であれ、舞台上のパフォーマンスは溝口のキャメラに対してでは

(136) Kirihara, *Patterns of Time*, 152-53, 加藤「視線の集中砲火」、一三七―四四ページ。
(137) 実際、Cinemetricsデータベースは『残菊物語』全体のＡＳＬ（五八・六秒）に対して、歌舞伎のシークェンスのみのＡＳＬを別に算出して比較しており、『関の扉』シークェンス（Second Kabuki）のＡＳＬは一六・八秒である。Cinematrics Database, s.v. “mizoguchi,” http://www.cinemetrics.lv/database.php, accessed April 12, 2016.
(138) Burch, *To the Distant Observer*, 230.
(139) Kirihara, *Patterns of Time*, 155.
(140) David Bordwell, *Figures Traced in Light: On Cinematic Staging*, 126.

なく、物語内観客に対して演じられているからである。これは『関の扉』の場合のようにパフォーマンスを見守る登場人物が示されている場合であっても、『東海道四谷怪談』のように観客席や舞台裏の特定の人物の視点が抽出されない場合でも、それこそバスビー・バークレーのミュージカルのように舞台をめぐる説話論的な制約を無化しないかぎり変わらない。また、実のところ、『滝の白糸』や『女性の勝利』（松竹大船、一九四六年四月一八日公開）のように、法廷という名の劇場を扱うシークェンスでも事態は同じであり[141]、ここで問題になっているのがメタ芸術的な自己言及性ではなく、プラクティカルな意識であると同時に、映画的空間の基底をなす条件であることがわかる。プロフィルミックな事象がキャメラからの自律性をもって展開していることになっている以上、多様なセットアップとスケールでそれを切り取り、再構成するしかない。逆に言えば、溝口健二の長回しは、ステージングと密接に連動し、俳優と事物と周囲の環境との関係を徹底してキャメラの単眼に従属させることなしに成立しないのである。

こうして見たとき、例えば五代目菊五郎（河原崎権十郎）が菊之助を勘当する名高い長回しのショット・シークェンスがいかに「映画性」を顕示しているかわかるだろう。そもそも、物語内における諸空間——玄関、庭、廊下、階段、座敷から台所までの様々な部屋——の間の距離感の演出《ミザンセヌ》こそが、舞台とは全く違う映画の真骨頂である。このような映画の特殊性があればこそ、この物語はすでに小説と新派の舞台になっていたにも拘わらず、五代目菊五郎宅に実際に出入りしていた権十郎が積極的に考証に参加し、セットによる菊五郎宅のオーセンティックな再現を試みているという逸話が、製作途中の絶好の宣伝材料として新聞に報じられたわけだ[142]。そもそもこのシークェンスは小説では「お徳との關係がいまだに切れずにゐることがわかつた時には、菊五郎は今度こそ火の玉のやうになつて怒つた」の一行であり[143]、戯曲では二幕一場、鬼子母神境内の茶屋で菊之助がお徳と密かに逢っていると、ちょうど一門を引き連れて参詣していた五代目がその場に踏み込んで口論し勘当に至ることになっている[144]。依田は「舞臺脚本が頻繁に場面の轉換が不可能なため、各場面場面に不自然な無理な集中的な表現描寫のされてゐることを見抜かねばならないことである。そうしてそれは適當に映畫的に分割しなければならないのである」と述べ、そのような映画的分割の好例として

このシークェンスを挙げる。(145)

鬼子母神の茶屋のシークェンスの最後にディゾルヴして、やや後ろめたい気持で帰宅した菊之助が映り、そこに間髪を入れずにさとが呼びかけるのは、依田によれば、密会の場へ踏み込むという緊迫した舞台の効果を代替するためであった。ここから、六分余りのショット・シークェンスは、（一）座敷で五代目が菊之助の真意を問い質す、（二）隣接した部屋で実兄・栄寿太夫（川浪良太郎）とさとが菊之助の説得を試みるが失敗、（三）座敷に戻った菊之助が五代目にお徳との結婚を願い出るが却下されて出奔する、という三段階に分かれている。しばしば指摘されてきたように、家父長・五代目は画面外に留まることでかえって権力を存分に行使する。「見たまま」によれば舞台でも同場面で効果的に使われていたという煙管を灰皿にうちつける音や、あるいは沈黙自体が画面外の五代目を強烈に示唆し、画面に寛いだ着物姿で現れていても（権力者はカジュアルな服装であればあるほど恐ろしいという見本である）、頻繁に栄寿によって顔がブロックされている（図版5-4-18）。（二）の間、キャメラおよび人物の移動によって創り出された全く新しい構図と空間構成のなか、栄寿とさとによる説得が試みられるが、三人の登場人物、とりわけさととともに、観客はつねに画面外の五代目の反応に思い巡らしては不安に脅かされる（図版5-4-19）。キャメラの動きによって常に更新される画面外の空間、精密に計算された俳優の配置と運動・所作によるブロッキング、間仕切りの間に穿たれる異質の空間——映画『残菊物語』は、演劇の世界を舞台に、演劇人を主としたキャストを用い、強い間メディア性

(141)　瓜生忠夫は、『女性の勝利』の法廷シーンのデクパージュについて、「法の精神の解釋」という人間的・近代的な主題を扱っているため非分析的な（と彼が考える）長回しでは描けなかった、と述べている。瓜生、前掲書、一一一ページ。瓜生を代表格とする長回し批判については、佐藤圭、前掲論文、七一—七五ページ。

(142)　「出入り廿年の五代目宅　下繪を描いた五十餘圖　〝殘菊〟完璧に　權十郎丈の精進」『讀賣新聞』一九三九年六月二二日夕刊、花柳、前掲記事、一四七ページ。

(143)　村松、前掲書、一八ページ。

(144)　山路「みたまゝ」、四二—四三ページ。

(145)　依田「殘菊物語のシナリオに就いて」、七九ページ。

5-4-18：栄寿（画面左前景）によって菊五郎の顔がブロックされている。

5-4-19：「あっしはもう六代目の名跡もいらない」という菊之助（中景右）に前景画面外左の菊五郎を意識する義母・さと（中景左）。

を意識すればこそ、逆に映画ミディアムの特殊性に依拠することで、その新しさ、違い、さらには芸術としての価値を確立しようと試みたのである。

『残菊物語』は溝口健二のキャリアばかりではなく、戦前日本映画史の一つの里程標となった。ここで私が言いたいのは、この映画が、内務省や文部省の官僚、批評家、業界人、一般の観衆、というように、考え得るあらゆる種類の「観客」によって芸術の薫り高き娯楽作品として高く評価されたということだ。映画脚本の事前検閲、映画監督、俳優、キャメラマンの登録制、映画事業の認可制、文化映画の強制上映などを法制化した「初の文化立法」映画法は、『残菊物語』公開に先立つこと十日、一九三九年一〇月一日にいみじくも施行された。そして、翌年三月、映画法に定められた推薦制度に基づき（映画法第十條、映画法施行規則第一六條）、『残菊物語』は文部大臣賞を受賞する。[146]『残菊物語』が『キネマ旬報』同人をはじめとしたインテリ映画批評家から絶讃されたこと自体は驚くにあたらない。しかし、当時の日本映画文化の文脈で彼らが強調したのが演劇との連携であり、「大人の映画」としての側面であるというのは注目に値する。『キネマ旬報』誌上の合評会でのやりとりを見てみよう。

水町〔青磁〕「清水〔千代太〕さんなどが日本映畫に大人の寫眞がないといふことをよく云ふが、その點ではこの作品などは正に大人の見るものですよ。」

清水「この映畫なら四十歳以上のインテリが見て感心すると思ふ。映畫の本質を解しないで輕蔑してゐた人でも、これを見れば映畫といふものはいゝものだと思ふに相違ない。その點からも劃紀的な作品だ。」

水町「[…]今まで芝居ばかり見てた奴がこの寫眞は見るやうになるだらう。従つて映畫といふものが廣い範圍の人々に見られるといふ意味で非常にいゝ。新派の觀客も見るし、見てきつと感心するからね。」

筈見〔恒夫〕「新派と映畫といふことではたいしたことはないけれども、詰り新派を見る年齢の人が映畫を見るということになったらたいしたものだと思う。」

[…]

滋野〔辰彦〕「それもあるし、劇壇でえらい地位にある花柳章太郎が映畫に出て、そして成功したといふことに意義がある。今の映畫俳優の演技が拙いといふことが日本映畫の内容を高める爲の障碍になつて居り事實われわれが見ても拙いと思へる。それには劇壇との交流が少な過ぎるからさうなつて居るところもあるだらう。[147]」

このように、批評家たちは口を揃えて『残菊物語』を「大人」の鑑賞に十二分に耐える作品として賞賛し、それゆえに既存の映画観客外の層の開拓に大きな期待を寄せ、さらに、花柳をはじめとした一流の演劇人とのコラボレーションが日本映画の文化的地位と実力の向上に寄与するに違いないと考えた。この時期、「新派悲劇」と蔑まれたセンチメンタルな日本映画は確かに時として新派を原作としていたが、新派の舞台そのものとは観客層がずれていたと考えられる。[148] 同時代の『演芸画報』の新派の劇評や「見たまま」から判断するに、明治座や歌舞伎座など決して入場料の安くない東京の劇場に実際に足を運んだ新派の観客たちは、泣きに来る大衆というよりは、役者の芸と衣裳を味わいに来る粋人という印象が強い。こうした非教養主義的な「趣味」の蓄積は、関東大震災以降の新中間層に代表さ

(146)「初の大臣賞」『讀賣新聞』一九四〇年三月二四日夕刊。劇映画としては『土と兵隊』(田坂具隆監督、日活多摩川、一九三九年一〇月一四日公開)が「特賞」賞金一万円、『土』(内田吐夢監督、日活多摩川、一九三九年四月一三日公開)が『残菊物語』と同じ賞金三千円を獲得している。映画法の条文は牧野守『日本映画検閲史』六四三—六六三ページの再録を参照。
(147)筈見恒夫、友田純一郎、水町青磁、滋野辰彦、清水千代太「『残菊物語』合評」『キネマ旬報』一九三九年一〇月一一日号、二三ページ
(148)本段落の記述は拙論「メロドラマの再帰」による。

れる「丸ノ内・銀座」文化や旧制高校的な『キネマ旬報』同人から見れば「古い」とも言えようが、必ずしも「低く」はなかった。[149] 一九一〇年代の活動写真時代以来、日本映画は「洟垂小僧」と「子守娘」、すなわち労働者階級の年少者を観客とするとされており、[150] 一九三〇年代中盤以降に映画国策と連動して興隆した真に「ナショナルな」映画文化の構築への動きは、上向きの観客層の拡大であると同時に、上から目線の啓蒙運動であった。『残菊物語』における大人の演劇・新派との協働は、こうした動向の中で一定の評価を受けたのである。[151]

一方、『残菊物語』が『元禄忠臣蔵』と大きく違うのは、一九三九年の松竹の興行成績第四位と興行的にも大成功を収めたことだ。[152] 佐藤春夫によれば、通俗的に甘くなりうる題材を「歌舞伎役者の生活といふものに仕立直して、甘いところも辛いところもその主題のなかへ追ひ込んだおかげで通俗を稍《やや》まぬがれてその大衆性だけをつかまへたのがまづシナリオ作者の手柄」であった。[153] 佐藤の『残菊物語』評は以下の粗描で締めくくられている。

なほ同じ見物席にゐた二人の青年將校のひとりが何か囁くと相手の一人は

「うん、いい」

とかるくうなづいて單簡明瞭に答へて置いて疊んだハンケチを取出し手早くちよいちよいと眼の上をたたいてゐた。遊びに出ようとする菊之助の財布を取り上げようとするお徳をひつぱたいた菊之助がごろりと横たはつて苦惱してゐるところへお徳があやまりに來るあたりであつたが、銀幕の上も見物席もここは好かつた。[154]

内務省の官僚、津村秀夫のようなイデオローグ、彼らと旧制高校的エートスは共有しながらも基本的にリベラルな『キネマ旬報』同人から、農村的で質実剛健を旨とした青年将校まで、芸道という特殊な題材を扱いながら高級感を保ち、色恋を描いてきっちり泣かせる『残菊物語』は、間メディア的な文化的布置のなかで奇跡的なパフォーマンスを見せ、総動員体制・映画法時代の映画文化の開幕を飾ったのである。

第五節　芸道物のゆくえ

一九四〇年七月、松竹下加茂撮影所長・白井信太郎は映音の京都スタジオを買収して松竹太秦撮影所と名付け、『残菊物語』の成功を範として封切日を定めずに時間をかけて秀作を製作する「日本特作映画プロダクション（仮称）」の拠点とした。(155) かくして、松竹は太秦の「特作プロ」作品『浪花女』（一九四〇年九月一九日公開）、『芸道一代男』（一九四一年二月九日公開）を売り出し、名匠・溝口健二の「芸道三部作」として芸道物サイクルを確立する。そののち、溝口は『元禄忠臣蔵』（前篇一九四一年一二月／後篇四二年二月、第一章参照）が大コケし、一九四二年の夏には「支那派遣軍」の企画による松竹と中華電影公司の合作映画「甦へる山河」の準備のため、依田義賢とともに中国（上海と揚州）に一ヶ月ほど旅している。(156) しかし、「甦へる山河」の製作は脚本執筆段階で早くも難航し、「文字どう《ママ》り溝口十八番に

---

(149) 例えばマキノ正博の『婦系図』（正・続篇、東宝、一九四二年）の興行分析は、新派の当たり狂言としての知名度を強調した上で、「ただしやや古風な感じを持たせることも事実で、この点は若い学生やオフィス・ガールに取ってはやや興味が薄いとも言える」と指摘する。「封切映画興行研究　『婦系図』」『映画旬報』一九四二年七月八日号、五四ページ。

(150) 戦前日本映画の観客層については、田中眞澄の先駆的業績「時代劇映画史論のための予備的諸考察（戦前篇）」京都映画祭実行委員会、筒井清忠、加藤幹郎編『時代劇映画とは何か』（人文書院、一九九七年）、一七―四四ページを参照。

(151) 事象としては異なるが、映画産業の上昇戦略と啓蒙運動、映画と「メロドラマ」の関わりを分析した先行研究として、藤木秀朗「メロドラマ演劇の映画への摂取――一九〇八年アメリカ映画産業の実践」『映像学』第五九号（一九九七年）：二三―四〇ページがある。

(152) 古川隆久『戦時下の日本映画』（吉川弘文館、二〇〇三年）、一〇三ページ。

(153) 佐藤春夫「きせわた――殘菊物語を見て」『日本映画』一九三九年一二月号、二〇ページ。

(154) 佐藤春夫、前掲記事、二二ページ。

(155) 『松竹百年史』、六一〇―一一ページ。

(156) 戦火の中の中国旅行については、依田、前掲書、一二〇―二九ページを参照。

なつてゐる藝道人情噺の世界」に帰って『団十郎三代』を撮り、一九四四年六月二二日に封切した。[157] これら映画法下の芸道物三作品はどれもプリントが現存しないが、とりわけ太平洋戦争開戦前に撮られた『浪花女』『芸道一代男』は、日本を代表する巨匠が大松竹で放った特作であったため、脚本をはじめ同時代の資料には事欠かない。[158] 三作とも、『残菊物語』には及ばない」という枕詞つきとはいえ批評家からは概ね高い評価を受け、『浪花女』で溝口作品に初主演した大船の田中絹代をはじめとした松竹のスターパワー、歌舞伎や文楽の世界という題材も相俟って、興行的にも成功している。[159] 本章はこれら失われた作品の精緻な再構成は他の機会に譲り、芸道物としての側面、つまり女性と家族の表象、一種のミュージカル映画としてのパフォーマンスの扱いに着目する。

なお、一九四〇年夏にはいわゆる「七・七禁令」によって検閲が強化され、[160] 内務省・文部省によって「大衆の娯樂生活を高めて行く、今日の言葉でいへば、新體制といふ氣持に全部がならないといけない」という方針が打ち出されるなか、[161] ますます多くの作品が検閲は通過しても「低調」（「調子が悪い」ではなく「低俗」の意）「軽佻浮薄」「不健全」「国策に対して」非積極的」などと見なされ、文部省によって「非一般」と区分されて一四歳未満の者（保護者の同伴する六歳未満の子供は除く）は観覧が禁じられるようになった。[162] 芸道精進という言い訳はあるものの芸人の世界を舞台に基本的に色恋を扱った芸道物に対し、当局の対応は極めて興味深い。『浪花女』は文部省の推薦を得たが、ほぼ同時期の『新月夜鴉』（井上金太郎監督、松竹京都、一九四〇年一〇月一〇日公開、現存プリントなし）は一〇月二日に「非一般用映画」として通検した。[163] そもそも文部大臣賞を受賞したはずの『残菊物語』も、小学校教員に対する一九四〇年八月の調査によれば、主人公の駆け落ちなどを理由に「児童に見せたくない一般用映画」として『愛染かつら』や『支那の夜』とともに名指しされていた。[164] つまり、当局の側からみれば、作品の有無を言わせぬ格調の高さと、おそらくは津村秀夫らの絶讃のおかげで、不適当なはずの題材を渋々賞賛していたのであり、映画産業の側にすれば溝口の芸道物はまさに格好の「逃道」であった。

『浪花女』は、明治前期の大阪の文楽の世界を舞台に実話に材を取った依田のオリジナル脚本である。[165] 豊沢団平

（阪東好太郎）は三味線の名人だが、芸道一途のやもめで身の回りに気が回らない。大きな料理屋の娘で利発で勝気なお千賀（田中絹代）は、団平の芸と心根に惚れ込んで押しかけ女房にやってくる。物語は、団平・お千賀のカップルと、団平の芸の上でのパートナーである越路太夫（浅香新八郎）、その妻でやはり気の強いおたか（梅村蓉子）、団平と結婚することになっていた芸妓のおくに（中村芳子）、やくざ上がりの人形遣いでおくにの夫になる文吉（高田浩吉）らの間の葛藤を描く。お千賀の独断により、団平は越路とのコンビを解消して文楽座を離れ、分派の彦六座に芸の未熟な大隅太夫（川浪良太郎）とともに参加することになるが、人気は下がる一方で旅回りを余儀なくされる。越路は団平を心配し、やがて『壷坂霊験記』の原作を持ってお千賀を訪ねてくる。こんどは大隅とのコンビを解消させようとするお千賀に団平は激怒し、ついに別れを宣告する。結局、喧嘩の怪我が原因で失明した文吉の芸道精進に献身するお

(157)「團十郎三代」『新映画』一九四四年六月号、一一二ページ。
(158) 脚本以外は佐相編『溝口健二著作集』一四一―二〇四、二二四―四一ページに再録されている。
(159)『松竹百年史』によれば、『浪花女』は「作品的にも興行的にも松竹映画本年度有数の収穫となった」（六一〇ページ）。また、『キネマ旬報』の「興行価値」欄は『浪花女』について「『殘菊物語』を作った溝口監督の得意な明治物であり、田中絹代その他、松竹お馴染が出てゐる大作といふので東京でも大阪でも以上な吸引力を發揮した」という。飯田心美「『浪花女』」『キネマ旬報』一九四〇年一〇月一一日号、二八ページ。興行成績は松竹第六位であった。古川、前掲書、一二三ページ。『団十郎三代』も封切館入場者数順位で一三位と健闘している。加藤厚子、前掲書、二五五ページ。
(160) 古川、前掲書、一三四―三五ページ。また、検閲強化の直接の引き金は『支那の夜』（伏水修、東宝、一九四〇年六月五日公開）の大ヒットであった。同書、一二五―三一ページ。
(161)「新體制と映畫の行く道②文化行政の實例――渡邊、不破両事務官と中村武羅夫氏との對話」『讀賣新聞』一九四〇年八月二一日夕刊。
(162)「非一般用映画」については、加藤厚子、前掲書、五二ページ。
(163) 内務省警保局『映画検閲時報』第三四巻（一九四〇年査問フィルムの部）、六〇九ページ。
(164) 古川、前掲書、一〇二および一四三ページ。
(165) 依田義賢「浪花女」『キネマ旬報』一九六六年八月号別冊〈日本映画シナリオ古典全集第五巻〉八四―一〇八ページ。以下、この脚本からの引用は本文中の（　）にページを示す。物語の要約はこの脚本および『キネマ旬報』の「紹介」（一九四〇年八月二一日号、一三ページ）による。

くにの姿にうたれたお千賀は、自分の非を悟り、ついに『壷塚霊験記』を完成させるのだった。
脚本や当時の映画評から判断するかぎりこの群像劇の中心は明らかに団平ではなくお千賀であり、そのお千賀はエゴ、知性、意志、行動力、芸術的才能に溢れた強烈なヒロインで、しかも極めて観念的な「芸道」観に衝き動かされている。団平がたまたまお千賀の家で倒れたところから二人は知り合うが、二人の会話が示すのは、お千賀の団平というより「芸」への熱情と野望である。

お千賀「わたしも、ほんのまね事みたいな舞を舞いますけど、浄るりほどはげしい芸ごとが、ほかにありますやろか。そりゃなんの芸ごとでもいっしょですけど、こう言うとはしたない言い方かもしれませんが、あない馬鹿正直なくらい、まともにからだ中の力をふりしぼってなさる、芸ごとはたんとないと思います」
団平「そうだっかいな」
お千賀「なる程、男一生のお仕事でございますね。わたしが男ならやるとこですけど」
団平「ハハハ……」（八八）

さらに、彼女が同じ依田の筆になるお徳やお勝を凌ぐのは、観客や演者としての技量のみならず、文才に恵まれているところだ。田中絹代が具現したお千賀の強烈なキャラクターは同時代の男性文化人に嫌悪感を与えたが、[166]溝口が意図したのは単なるワガママ女ではなかっただろう。監督と女優との極めて禁欲的な——まさに作品の芸道精進を地でゆく——対談の席上、お千賀と『お琴と佐助』のお琴を同一視する田中に対し、溝口はこう返答している。

溝口　お琴は非常に嬌慢な心の持主です。封建時代にあった身分関係を全く捨てきれずに持っていた不幸な時代に取り残されて行った女だったが、千賀女はそれとは全く反対に、封建的なものを持った社会の中で生活して来乍ら、近代資本主義の台頭期だった明治初期の社会の中に立派に生きて行くことの出来た女だったので、千賀女とお琴を混同して考えることはもっとも危険な考え方だと云わなければならない。あれを演った時の貴女のお琴は立派だった。だが今度の千賀女はそれと全く正反対の性格の女だと設定しておいてやって欲しい。

田中　よくわかりました。只今のお言葉でつき物が振い落とされたような気持ちになりました。(167)

溝口はお千賀の中に、芸人をマネージし作品を創造して売る側に回ることのできる近代的な「新しい女」を描きたかったのかもしれない。つまり、溝口は『浪花女』を明らかに明治＝近代黎明期の女性伝記映画《バイオピック》として認識していた。そして、『奥村五百子』(豊田四郎監督、杉村春子主演、東宝、一九四〇年六月二六日公開、現存プリントなし)を反面教師として、「偉い女」であっても「女を主人公にする場合は、何といっても女らしさがなければいけない」「多少のエロチシズムと、美しさといふものがなければいけないんぢゃないか」と主張し、同じく物書きを主人公とした『樋口一葉』(並木鏡太郎監督、山田五十鈴主演、東宝、一九三九年五月三一日公開)については、「一葉がものを書く時にはいつも机の前に坐つて、大見得をきつて書いてゐる。これぢやいけないと思ひますね。臺所で包み紙に書いてゐたつていゝぢやないですか。その方が却つて女らしさ、生活と闘ひ乍ら勉強してゐる姿が描けるんぢやないかな」と述べている。(168)

このような「女らしさ」や生活感の強調が実際にどのようなお千賀像に結晶したのか(あるいはしなかったのか)、画面なしに判断することはできない。だが、確実に指摘できるのは、占領期に同じ松竹京都で田中絹代を主演に据えて

(166) 里見弴は団平が「せめて一遍くらゐ、あの性格不明の女房を恐れ入らせて貰ひたかつた」と述べる(「『浪花女』を見て雑感」『日本映画』一九四〇年一一月号、七二ページ)。
(167) 溝口健二、田中絹代「溝口健二・田中絹代対談会」『新映画』一九四〇年八月号、佐相編『溝口健二著作集』、二六八ページ。
(168) 小倉武志「溝口健二の新作――新作品『浪花女』とは」『新映画』一九四〇年五月号、三四ページ。なお、豊田の『奥村五百子』は六月二六日公開のはずだが、インタヴューの時点で溝口は見ている。

製作された明治女性の伝記映画『女優須磨子の恋』（一九四七年八月一六日公開）および『我が恋は燃えぬ』（一九四九年二月一五日公開）との驚くべき連続性である。今日一般に「女性解放三部作」に含められるこれら二本は、アメリカ占領軍によって押しつけられた題材とされてきたが、女性の国民化は実は総動員体制下のプロジェクトでもあった。溝口と田中は、お千賀を須磨子や英子のように強いエゴと信念を持った闘うパイオニアとして造形していたに違いない。実際、彼女らは仕事への情熱に囚われ、酷薄で自己中心的な「嫌な女」だが、こうした資質や行動は、男性であれば、熱血、決断力、カリスマ性の表れとしてしばしばプラスに評価される。そこに溝口にとっての「女らしさ」——それは決して従順さや優しさではなく「美しさ」「エロチシズム」や生活感なのであろう——が強引にオーヴァーラップされることで、今日に至るまで観客の規範的ジェンダー観を刺激し、あるいは自問を迫る女性像が立ち上がる。

しかし、上記の梗概に明らかなように、『浪花女』の脚本はお千賀の野心と能力を認知したうえで彼女を断罪し、もう一人のヒロイン・おくにとの対比をとおして誤りを認めさせる。大塚恭一によれば、「[…]田中絹代のお千賀にはそれ程の精彩がない。この作品に出て來る女では、むしろ、中村芳子のおくにが作者の全幅の愛情を受け、役も適役で今までの作品のヒロインの立場にあるとも思われるが、敢てお千賀をヒロインとして前面に出し、おくにに伴奏をつとめさせたのは、溝口健二が一つの飛躍を志したと見られぬこともない」[169]。ここには、『女性の勝利』（松竹大船、一九四六年四月一六日公開）『夜の女たち』（松竹京都、一九四八年五月二六日公開）『我が恋は燃えぬ』、さらに『お遊さま』（大映京都、一九五一年六月二二日公開）に至るまで溝口－田中絹代作品の多くを支配する「二重ヒロイン体制」とも呼ぶべき構造がすでに完成形で与えられている。すなわち、田中絹代演じる表のヒロインは、知性、美貌、志などの資質や出自において常に上位に祭りあげられるのだが、典型的には戦後の水戸光子によって演じられる裏のヒロインが、すべての点において田中の下位とされているにも拘わらず——あるいはされていればこそ——体を張って被害者となることによって「勝ち」、観客の同情と演出上の関心の中心としてのヒロインの座を事実上簒奪してしまうのである。執拗に反復される説話論的構造の背後には、もちろん、たとえば溝口の田中に対する崇拝と綯い交ぜになったサディズムを想定することもできるだろう。だが、芸道物サイクルという補助線は、こうした構造を作家の個人的な（というか私的な）物語に還元するのではなく、映画史的文脈へと開くことを可能にする。つまり、この構造は総動員体制下の芸道物を特徴付けるこれみよがし《パッシヴ・アグレッシヴ》な女性の挫折＝去勢に淵源し、さらには『東京の女性』や保健婦を扱った厚生省企画参加映画『女の手』（瑞穂春海監督、松竹大船、一九四二年一一月一九日公開）のような「職業婦人映画」における、職業上の成功を収めた女性に対する「ジェンダー規範の報復」としての失恋と響き合うのである。(170)

脚本によれば、『浪花女』には『義経千本桜』「道行の段」、『菅原伝授手習鑑』「四段目・いろはおくりの段」（総ざらい）、『花上野誉石碑《はなのうえのほまれのいしぶみ》』「四段目・志度寺の段」、『壺坂霊験記』「沢市内の段」の四つの文楽パフォーマンスのシークェンスがあった。そもそも『浪花女』は文楽の世界を舞台とするばかりではなく、浄瑠璃『壺坂霊験記』誕生の物語である。盲目の沢市に献身する貞女・お里に起こった奇跡の物語には、文吉とおくにの関係が直接的に重ねられており、さらに、その作者たる団平とお千賀の夫婦の物語が入れ子構造をなしてパフォーマンスの重要性は際立っている。これらの映画内パフォーマンスはもちろん、練習場面のためにも大阪の文楽座の錚々たるメンバーによるプレスコが何日にも亘って行われたのは、溝口の「『浪花女』製作日記」が示すとおりだ。(171) とりわけ、吉田栄三、吉田文五郎が人形、竹本織太夫、竹本文字太夫らが太夫を務めた『義経千本桜』「道行の段」はその貴重さから早稲田の演劇博物館に寄贈を求められたという。(172) 一方、団平役の阪東好太郎や大隅太夫役の川浪良太郎らは、なんとかサマになる

(169) 大塚恭一「『浪花女』の次に来るものを望む」『映画評論』一九四〇年一一月号、一一三ページ。
(170) 宜野座、前掲書、一七六―一七九ページ。
(171) 溝口健二「『浪花女』製作日記」『改造』一九四〇年一〇月号、一二八―一三六ページ、佐相編『溝口健二著作集』一八〇―一九二ページに再録。
(172) 依田『溝口健二の人と芸術』、一〇〇ページ。実際に寄贈されたかどうかは定かではない。

よう文楽座のメンバーの特訓を受けて本番に臨んだ。[173] プレスコによる吹き替えに対して、里見弴の評価は「越路や南部役の語つてゐる身ぶり、――實際には聲を出してゐないだけに、せめて仕草で馬力をかけようとのご心情は重々お察するにしても、いかにもまづすぎる」と手厳しい。

当時の映画評は、『浪花女』は明らかに様々な要素を詰め込みすぎており、阪東や川浪をはじめとしたミスキャストに足を引っ張られてまとまりに欠けるが、溝口の底力を感じさせる破綻した力作になっている、ということで意見の一致を見ている。破綻の印象にとりわけ貢献したのは、文楽座による圧巻の舞台だったようだ。里見によれば、「一般の看客には、榮三、文五郎出演の吉野山の條が退屈だしさうかと云つて、文樂好きにとつては、何も不自由ツたらしく活動で見ないでも、いくらでも生《しょう》のもので堪能できるのだからもつと切れ、と云ふ人が多いやうだが、私は別にさうも思はなかった。[…] 明治十九年の物語から、あの二人だけが現代へぷくりと浮びあがつて、樂やをさらけ出された感じもないではない[174]」。しかし、演劇人である古志太郎は「…ひとたび文樂座連が舞臺に竝ぶや、諍へないその圖太く嚴しく豪華に幻しき藝の魅力の素晴らしさ（おそらく文樂の何物たるかを知らない人でも知らないなりに驚異として）折角築き上げようとする本筋のイメイヂを、無惨に消し去つて了ふ逆効果とさへなつてゐるのである」として、一般観客へのインパクトを強調する。[175] さらに映画批評家の飯田心美もまた「溝口は溝口で、己の愛着する文樂の舞臺と物語の間に小くない隙間をこしらへ、二つをチグハグに分裂させた」と指摘し、この隙の多い「失敗」作の「特異な味」たる文楽の舞台は筋から「遊離して」いると書いているので、[176] パフォーマンスはたしかに突出していたようである。南部圭之助が「浄瑠璃の切り方の「亂暴」さに至つては、明日を争ふ爲のニュース映畫の編輯さへも、今日ではかくの如くひどくはない筈である」と激怒しているところをみると、[177] 地の物語とスペクタクルのなめらかな統合《インテグレーション》とは別の何ものかを溝口は目ざしていたのかもしれない。未曾有の本格的な文楽パフォーマンスを芸道精進の物語と入れ子構造にした『浪花女』は、少なくとも、間メディア的美学の壮大な実験であったと言えるだろう。

『芸道一代男』は一世中村鴈治郎（一八六〇―一九三五）の伝記であり、七周忌を迎える一九四一年二月に向けて追善映画として「特作プロ」での製作が『浪花女』製作中にすでに日程に上っていた。(178) 溝口のメガロマニアックな面が出た『浪花女』に対し、この企画は、鴈治郎との密接な協力関係を梃に松竹を築き挙げた白井松次郎会長肝煎りで、息子の中村扇雀に主役を演じさせることまで決まっており、与えられた仕事を肩の力を抜いてきっちりこなしたようだ。

前作の反省に基づき、プロットも父・母・子の親子の情と芸道の相剋を描いた比較的シンプルなものである。(179) 物語は幕末の大阪に始まる。嵐珏蔵《かくぞう》（阪東蓑助）は新町の名門置屋の娘・お妙（梅村蓉子）と同棲し、玉太郎という幼子もある。ところが、母親の死によって扇屋の女将を継ぐことになったお妙には役者との結婚は許されず、結局、珏蔵は玉太郎を残して江戸へ行き、役者に戻る。一八年の月日が経ち、維新後の遊女解放令のため扇屋は没落、お妙と玉太郎（中村扇雀）は呉服の行商をして生活していた。珏蔵の友人・實川延若（嵐吉三郎）は玉太郎に父のことを話し、役者になるよう勧める。母を説得して實川鴈治郎として芝居を始めた玉太郎だが、家柄がないため苦労し、旅館の娘・

(173) 佐藤邦夫「阪東好太郎　豊澤團平『浪花女』」『スタア』一九四〇年七月一五日号、一三ページ。溝口によれば、プレスコ撮影はかなりの困難を伴った。例えば、川浪は古野〔栄作〕組とかけ持ちで出演していたため、七月二九日にはようやく体が空いたが、稽古が不十分で語りのプレスコとまったく合わなかった。そこで「午後二時より再び稽古を開始、五時より本番撮影にかゝり二カット目移動の準備成り本テストにかゝつた時トーキー部マイクに故障を生じ撮影不能となり九時二十分中止す」。しかし、翌三〇日には撮影は良好に終了したという。溝口「『浪花女』撮影日記」、一三四—一三五ページ。

(174) 里見、前掲記事、七一ページ。

(175) 古志太郎「浪花女」『日本映画』一九四〇年一一月号、一二三ページ。

(176) 飯田、前掲記事。

(177) 南部圭之助「浪花女」『新映画』一九四〇年一一月号、二一ページ。

(178) 『浪花女』撮影中の一九四〇年六月二五日に、白井松次郎松竹会長が、鴈治郎の息子で主演が決まっていた中村扇雀を伴って撮影所に溝口を訪れ、打ち合わせののち、三木滋人キャメラマンがテスト撮影をしている。溝口「『浪花女』製作日記」、一三一ページ。

(179) この梗概は『映画旬報』の「紹介」（一九四一年一月二一日号、四五ページ）、および脚本（依田義賢「藝道一代男」『日本映画』一九四〇年一一月号、一七七—九九ページ）を参照した。同時代の映画評によって脚本と映画には違いが指摘されているが、映画は現存せず、梗概の水準では問題にならないと判断する。

おなみ（中村芳子）を心の支えとする。今は中村翫雀となった珏蔵は大阪にやってきて鴈治郎と再会し、役者などやめるように言って反発を招く。結局、翫雀は自らの代役として鴈治郎を道頓堀の芝居に抜擢してやり、病気を押して旅に出る。この『河庄』での紙屋治兵衛役が鴈治郎の出世作となる。父の思いと計らいを知らされた鴈治郎は母と共に神戸まで駆けつけるが、舞台で倒れた翫雀は息を引き取ったばかりだった。

『芸道一代男』の製作にあたって、溝口は「家族制度の持つ伝統から生れる美しさ、さう云ふものとして鴈治郎の生涯を描きたい」と述べている。すなわち、「およそ一代の名人とか達人とか稱せられる人物は決して一世にして忽然と出現するものではなく、親から子、子から孫へと行く代もの長い間の家族生活のうちに積み重ねられ受け繼がれた努力や傳統やが時を得、人を得て華を咲かすもの」であって、さらにこの論理を拡大すれば「日本の今日の姿も萬邦に比類なき國體をうけ繼いで來た傳統の力の顕現」と見なされるのである。[180]ここでは明らかに家族、伝統、国体がイコールで繋がれ、美の源として賞揚されている。ところが、驚くべきことに、続くパッセージで溝口は価値判断としてはほぼ正反対の主張を展開し始める。「人間よりも家といふ観念が固定化し硬化し、必要以上に人間の生活を抑へつけ妨害する。そこで翫雀は憤慨して妻子を捨てゝ東京に出て再び舞臺に立つ。これがこの作品の發端になつてゐるが、かういふ家族制度のもつ一つの短所といふか、さういふ矛盾面を持つ家族生活を背景にして鴈治郎の姿を髣髴させたい」。[181]『芸道一代男』については依田義賢の「溝さんをして、父と子の相剋を、逡巡させたほど、時局は強い強制下にあったのです。親に、主人に、楯つくことは皇国精神への反逆だというのでしょう」という証言もあり、[182]七・七禁令以降の検閲強化のなかでシニカルに家族＝伝統＝国体へリップサービスを行ったという可能性も排除できない。だが、恐らく総動員体制下のサイクルとしての芸道物の真骨頂はこの徹底した両義性にあるだろう。水谷浩渾身の扇屋の台所のセットや、父が子の演技を見守る『河庄』のパフォーマンスで伝統や芸道の黒光りする威圧感をまさに感性的に納得させ、かつ、それとの「相剋」をとおして恋愛《ロマンチック・ラヴ》や親子の情を析出させるのである。

ここで相剋のドラマを展開させるのはもっぱら女性であり、津村秀夫はその優れた『芸道一代男』論のなかで

「『藝道一代男』の描いてゐるのは實は女である」「これは『鴈治郎の母』と題した方がふさわしいやうな作品である」と喝破している。(183) 津村の力点は日本女性の犠牲的精神を賞揚するところにあるのだが、脚本を読むかぎり、この物語はお妙が家業を継ぐために男を捨てたことに端を発していることは指摘してよいだろう。生産手段を所有するがゆえに苦悩するお妙の姿は、むしろ戦後の『雪夫人絵図』『武蔵野夫人』や、同じく何百年と続いた置屋を舞台にした『噂の女』へと重なってゆく。『芸道一代男』をはじめとした戦前期芸道物における「家族」とは、生産／仕事の場――歌舞伎であれ置屋であれ――から切り離されて再生産／愛と癒しにひたすら奉仕する戦後的ないわゆる「近代家族」とは極めて異質であり、プロフェッショナルな「自由世界」の構成単位である以上、恋愛はもちろん親子の愛情ですらそこに厳しく対立する。こうした物語世界は、ハリウッドのミュージカルに「起源」を持ちながらも、恋と芸の二筋道がカップル、さらには家族の誕生というハッピーエンドへと収斂しないという点で、きわめて非ハリウッド的である。ちなみに、戦後芸道物の傑作である伊藤大輔監督『獅子の座』（大映、一九五三年）は、極めて過酷な能楽修行の物語でありながら、父＝師匠（長谷川一夫）、母（田中絹代）、息子（加藤〔津川〕雅彦）から成る核家族間の愛情と芸道精進との二筋道が、クライマックスのパフォーマンスの中にともに達成され、圧倒的なパトスを生む点で対照的である。『獅子の座』が現代日本の観客の多くに中学受験の経験を想起させることを思えば（子と親のどちらに自己同一化するかは当人の年齢／立場次第であろうが）、この作品は戦後家族のパラダイムと芸道物を融合した希有な例と言えるだろう。

(180) 溝口健二「『藝道一代男』を語る」『映画』一九四一年二月号、三三ページ。
(181) 溝口「『藝道一代男』を語る」、三九ページ。
(182) 依田『溝口健二の人と芸術』一一一―一一二ページ、強調は原著者による。
(183) 津村秀夫「悲劇的精神――『藝道一代男』について」『新映画』一九四一年四月号、六三ページ。

『芸道一代男』とジャンルとのかかわりにおいて特筆すべきなのは、溝口本人をはじめとして複数の同時代の論者がこの作品を「メロドラマ」と呼んでいることである。一方で、今日では戦前期を代表する「メロドラマ」と考えられている『残菊物語』だが、この映画をそう呼んだ同時代の文献は見あたらない。第一節で触れたように、スティーヴ・ニールらの研究によれば、ハリウッドの歴史的ジャンルとしての「メロドラマ」は、スリルとサスペンス、アクションを駆使した作り事の魅力、いわば活劇性こそが身上とされ、たとえばラウォール・ウォルシュが典型的な作り手とみなされた。戦前から少なくとも占領期までの日本の映画文化においても、カタカナ語「メロドラマ」はハリウッドとほぼ同じ意味合いで使われていた。[184]「メロドラマ」概念の歴史性こそが、『残菊物語』と『芸道一代男』の位置関係を明らかにするだろう。まず、溝口は「今回の仕事に当っては、話を単純にする事に留意した」とし、「高度な扱いと内容を持ったメロドラマ――それくらいの気持で『芸道一代男』を見てほしい」と述べる。[185] 作家本人のこうした形容を承け、筈見恒夫は「溝口が、こんなに人間探究の熱情を棄て、平坦な性格のみで、メロドラマを組み立てたのは珍らしいことである」と書く。[186] つまり、ここで「メロドラマ」とは筋立ての進行と効果を重視した非心理的な作劇を指しており、これは筈見が一九三〇年代後半に展開した「メロドラマ」論とも整合性がある。さらに、筈見は無伴奏で通した『残菊物語』『浪花女』から一転して『芸道一代男』が「伴奏を随所に取入れ、性格の描写や、人間観察の特權を放棄し、専ら感傷をそゝらうとしたこと」にも批判的だ。[187] すなわち、この時期の日本の映画文化におけるカタカナ語「メロドラマ」は例えば悲恋や母性愛のような題材でも、お涙頂戴という言葉に代表されるような効果でさえなく、作劇とプロット構成のいわば「モード」を指していた。[188] こうした意味で、菊之助とお徳のカップルを凝視し、松竹下加茂を背負って映画の文化的地位向上を賭けた『残菊物語』は「メロドラマ」とは呼ばれえず、追善映画として芸道物サイクルを確立させた『芸道一代男』は、あえてそう名指されることでプロの娯楽作品としての心構えを見せたのであろう。

三年の沈黙の後に溝口が芸道物に復帰した『団十郎三代』は、幕末から明治初期にかけての歌舞伎界を舞台に、七代目市川団十郎／海老蔵（河原崎権十郎）の家に仕える乳母のお加納（田中絹代）をヒロインとして、海老蔵と後妻のお爲（飯塚敏子）亡きあと、幼なじみの直吉（阪東好太郎）との結婚も諦めて髪結いになったお加納が、遺児のあかん平／新之助（澤村アキヲ、後の長門裕之）とおひろ（京マチ子）を立派に育て、歌舞伎役者としての将来のため新之助を九代目団十郎に託すまでを描く。[189]

『団十郎三代』の公開された一九四四年六月にはサイパン島が陥落しており、この夏には日本の敗戦が軍事上は決定的となる。国内経済の逼迫にともない、映画産業に対しても一九四四年四月から決戦非常措置が取られ、興行一時間四〇分、興行回数平日三回、休日四回、劇映画の長さは二千メートル（七三分）までに制限されていた。その中で、『団十郎三代』はこの措置以前に着手された脚本を見事に一七八三メートル（六五分）に短縮し、この尺数でも良い映画は出来るという見通しを示したとして大日本映画協会から表彰状を送られている。[190] 長尺と長回しで知られた映画作家は、いかにこの制限と折り合いをつけ、あるいは利用したのか――『日本映画』の匿名の論者が水際だった描写を残している。

（184）拙論「メロドラマの再帰」。河野の前掲博士論文が示すように、一九五〇年代前半に日本語の「メロドラマ」概念に変容が訪れる。
（185）溝口健二「『芸道一代男』に描くもの」『映画之友』一九四一年一月号、佐相編『溝口健二著作集』二二五ページ。
（186）筈見恒夫「『藝道一代男』」『映画旬報』一九四一年二月二一日号、五〇ページ。また、友田純一郎は、肉親の愛情の強調を「メロドラマチックな構成および表現においてつらぬいてゐるところに溝口の老熟さがあり且この作品の一様ではない訴心力がある」としたうえで、「新派劇にも通じがちな常套な劇的内容」を批判している。友田純一郎「『藝道一代男』」『映画評論』一九四一年三月号、七九ページ。
（187）筈見、前掲記事。
（188）このように「メロドラマ」を「モード」として捉える視座は、リンダ・ウィリアムズによって与えられている。Linda Williams, "Melodrama Revised," in *Refiguring American Film Genres: History and Theory*, ed. Nick Browne (Berkeley: University of California Press, 1998), 42-88. ここでウィリアムズはこうしたモードをアメリカの娯楽映画の特徴としているが、一九四一年の日本でも、このカタカナ語がアメリカニズムとの結びつきを含意していた可能性は高い。
（189）この粗筋は「團十郎三代」『新映画』一九四四年六月号、一二―一三ページに基づく。
（190）『松竹百年史』六一九―二〇ページ、「『團十郎三代』」『日本映画』一九四四年七月号、一二―一三ページ。

［…］溝口健二は彼の長いカットの癖を巧みに生かして、その長カットのなかに出來るだけ澤山の芝居を盛り込む工夫を凝らしてゐることが特に目を惹く。一つのカットのなかに出來るだけ内容を盛りこむために一カット中の芝居がちやんと順序を立てゝ計算されてゐる。しかも、その芝居は決して單に組立てられたといふ機械的なものではなくて、そのなかに適當に情感がにじんでゐる。前景と後景の芝居が一カットに盛られてゐるところもある。畫面内の芝居によつて畫面外の芝居が暗示されてゐる所もある。高津神社の繪馬堂の場面のやうに鳩の鳴聲だけで直吉とお加納の樂しさがぐつと生かされてゐる箇所もある。船と岸を横から眺めるといふカメラの位置の考慮によつて別離の哀愁が高まつてゐるラストの如きすぐれたシーンもある。[191]

溝口の前景と後景の「ショット内モンタージュ」が、水辺の叙情が、オフの音の活用が、極度の制限のなかでひときわ光彩を放っていたに違いない。

一方で、この批評は『団十郎三代』に漂う「一抹の陰影」を指摘している。「冒頭の八代目［団十郎］の自殺は隠されてゐるが、お爲の死の場面は演出が巧みなだけに暗い印象が大きい」[192]。そもそもお爲は日活時代から溝口組を支えた名女優・梅村蓉子が演じていたが、ロケ撮影中に盲腸炎に腹膜炎を併発して亡くなり、飯塚が代役として引き継いだ[193]。ほぼ同時期（一九四四年五月一一日）に公開された成瀬巳喜男の『芝居道』（東宝）で障子に影が映る名高いシーンに典型的にみられるように、尺数や撮影条件の厳しい制限のもと、抑圧、圧縮、置換を経た密度の濃いイメージが生まれ、アレゴリカルな読みを誘う。こうしたイメージは総動員体制下の歴史的・映画史的文脈によって多義性を折り込まれており、さらに、後の世代の観客は戦時下の映画にはイデオロギーもしくは抵抗を投影しがちだ。フィルムの存在しない『団十郎三代』についてはそうした読みの可能性が閉ざされているのは言うまでもないが、それにしても『松竹百年史』にある「［…］三代の團十郎に仕えた雇女お加納の犠牲的精神が、河原崎権十郎を相手に、田中絹代の秀抜な演技によって、時局下の女性に強い感銘を与えた」という記述は目を引く。[194] 我が子のように育ててきた少年を手放して芸道に捧げるお加納に、少年兵の母は自らを重ねて涙したのだろうか。

総動員体制の下、溝口健二によって確立された芸道物は絶妙なポジションを占めることに成功した。すなわち、芸道精進との相剋のなかに恋愛や親子の情を描くばかりではなく、かつては卑しめられることもあった芸能を高級文化として映画テクストのなかにとりこみ、新しい日本音楽ミュージカル映画を創造した。さらに、こうした間メディア性のなかから、ステージングやキャメラワークをとおして映画ミディアムの特殊性を立ち上げることによって、溝口健二の芸道物は映画法下の文化的布置において映画の地位の向上に大きく貢献した。しかし、そもそもハリウッド映画に起源を持ち、非規範的な芸人の世界を舞台とした芸道物は、当局からは非時局的とみなされる可能性を常に孕みつつ、優れた興行成績を上げ続けた。徳川時代や明治という設定による時間的隔たり、雑駁に言えば「日本的」な題材、禁欲的な芸道精進のエートスこそが、観客に訴える色恋の物語と「新しい女性」の描写を可能にしていた。こうして、統制下の言説空間における芸道物は、映画観客、同業者、批評家をはじめとする知識人、伝統演劇・芸能に携わる芸人とその観客、さらには内務省・文部省の官僚など多種多様な具体的「観客」に訴えることを希求し、抑圧、圧縮、置き換えなどを経て、多義性を自らに折り込んだのである。一九四五年九月以降、松竹京都における溝口は、まったく異なった、しかし同様に厳しくコントロールされた言説空間の権力関係の中で闘いを継続することになるだろう。

(191) 『「團十郎三代」』『日本映画』一九四四年七月号、一三ページ。
(192) Ibid.
(193) 前掲「『團十郎三代』」『新映画』、一三ページ。
(194) 『松竹百年史』、六一九ページ。

第六章　占領下の女性解放——大衆フェミニスト・プロパガンダとしての溝口映画

第一節　はじめに

溝口健二は普通の意味において——つまり、セクシズムを廃し、女性の権利拡張と機会均等のために闘う、という意味で——フェミニストだったのだろうか。この問いは、連合国（事実上アメリカ合州国）占領下、溝口が撮った『女性の勝利』（松竹大船、一九四六年四月一八日）や『我が恋は燃えぬ』（松竹京都、一九四九年二月九日）のような明らかなフェミニスト・プロパガンダをどう捉えるかという問題と密接に関わっている。

占領期の溝口については、「スランプ」だったという評価が定着しており、[1] しばしばその証左として同時代の批評が引かれる。例えば『女性の勝利』について、村上忠久は公開時の『キネマ旬報』に「それ〴〵の［登場人物の］場合が各〻一つの社會問題を提出してゐるのに、それらが一つに融和して、女性解放と言ふ主題を浮彫する事に失敗してゐた」と書いた。[2] 岩崎昶もまた、「『浪花悲歌［ママ］』や『祇園の姉妹』で「解放されざる女性」の宿命的な悲劇を描いてあれほどまでの高いリアリズムに達した溝口健二は、この「女性の解放」を主題とした映畫では、主題に對する作家的な燃燒とそしておそらく興味との不足から、何等の感銘をも與えない。もちろんこの場合、主人公の女辯護士に當然要求される理知と意志とが、もはや女優田中絹代の「演技」の範圍を超えていた、ということも忘れることができない」と手厳しい。[3]「解放されざる女性」を描いて他の追随を許さぬ溝口が、「解放された」インテリ女性を描くと精彩を欠くという岩崎の見解は、現在に至るまで日本語の溝口論における定説になっている。しかし、この見解を支えているのは、日本近代のこの時点ではほぼ「階級」に直結していた「学歴」に基づく差別意識とそれと分かちがたく結びついたセクシズムに他ならない。[4]端的に言うと、小学校出の溝口にインテリ女性はわからない、インテリ＝中流以上の出でなければ「解放」されない、ということであり、これについては佐藤忠男の『女性の勝利』論が真っ当な反論として機能する。[5]一方、占領下の溝口作品における女性の描写に対して男性批評家がしばしば展開してきた批判には、往々にして、自己主張の強いヒロインに対する嫌悪や拒絶（リアルではない＝こんな女が存在してはいけない）が剝き出しである。しかし、溝口の占領期作品で興行的に失敗したものはなく、堀ひかりが明らかにしているとおり、雑誌『映画物語』を愛読するような松竹ファン層の女性は逆境に負けないヒロインを支持していた可能性がある。[6]他方で、

（1）津村秀夫は一九五八年の時点で「戦争末期から戦後へのスラムプは見るも無残なもので、田中絹代主演『女優須磨子の恋』でいくらかマシになったものの、彼が眞實に立ち直ったのは『夜の女たち』であった。これはその歳［ママ］の『キネマ旬報』のベスト・テン投票で第三位を得ている。しかし翌年はまた景山英子の伝記に材を採った『わが恋は燃えぬ』で失敗した。わたくしなどはこの作品を見る気にもならなかった」と述べている。津村秀夫『溝口健二というおのこ』（実業之日本社、一九五八年）、二〇六ページ。

（2）村上忠久「『女性の勝利』」『キネマ旬報』一九四六年七月上旬号、三六ページ。

（3）岩崎昶、『日本の映畫』（日本民主主義文化連盟、一九四八年）、九二―九三ページ。

（4）瓜生忠夫は『女性の勝利』の主たる問題点として、「ヒロインの愛人である思想犯＝大學教授」が「ヒステリカルな感情的憎悪」を彼を獄に送った検事に対してぶつけること、その検事が「まるで地主と大商人のチヤンポンのやうな卑俗さ」に描かれていることを挙げている（瓜生、『映画と近代精神』（學徒圖書組合、一九四七年）、一〇九ページ）。瓜生本人がどの程度自覚的かはわからないが、これは要するに彼自身のような東京帝大出の学歴貴族を溝口はそれらしく描いていない、と言うに等しい。

（5）「民主主義というものは、弁護士のひろ子やその恋人の大学教授のような、学問をしたインテリが、もとのような無知で何もできない民衆に嚙んで含めるようにして教えてやるものである、という考え方が、ほとんどなんの疑いもなくそこに展開されていて、びっくりしてしまうのである」。佐藤、『溝口健二の世界』（筑摩書房、一九八二年）、一五九―一六〇ページ。

マルクス主義や組合運動の立場からは、例えば『我が恋は燃えぬ』における女性の問題が、それを構造的に支えているより大きく重要な社会の矛盾、つまり階級闘争に十分に結びつけられていないがゆえに、単なる女性映画に留まっていると批判された(7)。

こうした文脈に照らすとき、一九四七年の織田作之助および田中絹代との鼎談における溝口の発言は極めて示唆的である。「僕らはどんな女の人にひかれるんでしょうね」という織田の質問には、即座に「それは、やっぱり才能のある女ですよ」と答え、「男が生活力をもつということは、要するに才能のあるなしの問題だが、それとおなじように、女がりっぱな才能をもっているということは、女としての独立性をもつことで、それが魅力になるんだろうね」と敷衍する(8)。溝口は、鼎談を通して、織田の「たとえば文学がわかったって、絵がわかったって、そんなものはすこしも女の魅力にならない」（三〇一）、といった数々のセクシスト発言を無視し、あるいははぐらかし、女性が能力を発揮して政治的決定権や経済的自立を獲得しつつある「現在」の状況を讃えている。「才能のある女は、その才能のあることが、その女の人をしとやかにしてるんじゃないですか」と織田が水を向けても（現在でもセクシストと思われずに女性を黙らせたいオヤジの常套句である）、「だから、女のうつくしさというものは、うつくしい顔をみてうつくしいと感ずるのではなくして、仕事に向って熱中しているときは、どんな顔をしていても、どんなかたちをしていてもうつくしい。電車の車掌にしても、運転手にしても、ハンドルかなにかをもって、キッと前方をみて運転しているときの、つまり真剣さというか、それがうつくしいんだ」（三〇五）と決然と返している。このような映画作家本人の発言と『女性の勝利』や『我が恋は燃えぬ』の送るメッセージを素直に受け取れば、溝口健二はフェミニストであったと考えられる。

だが、GHQ／SCAPによる検閲が存在した占領期、「閉ざされた言語空間」における作者の思想や意図とは何だろうか(9)。とはいえ、私は溝口の女性解放についての発言や映画作品がGHQ／SCAPに強制された結果だとは思っていない。仮にプレッシャーがあってもここまで積極的になる必要はないし、現に織田作之助のような発言がことさらに抑圧されることはなかった。だが、ＧＨＱの検閲を考慮せずに占領期の溝口のフィルモグラフィを検討することはできない。本章の第四節で詳説するように、のちに『西鶴一代女』（一九五二年）となる企画は井原西鶴の原作（一六八六年）そのままの「好色一代女」の題名の下に松竹京都で立ち上げられ、一九四八年一一月、依田義賢の手になる脚本がＧＨＱの検閲に提出されるまでに至っていた。[10] ＣＩＥ（Civil Information and Education Section, 民間情報教育局）の「好色一代女」検閲台本[11]とそのページ上に残された検閲官のメモから判断する限り、ジェンダーとセクシュアリティの問題――より厳密には売春と堕胎――がＣＩＥの「好色一代女」に対する「不可」判断の根本にあったと考えられ

（６）堀ひかり「映画を見ることと語ること――溝口健二『夜の女たち』（一九四八年）をめぐる批評・ジェンダー・観客」『映像学』六八号（二〇〇二年）：四七―六八ページ。

（７）Ｈ生「わが恋は燃えぬ」『映画サークル』一九四九年三月号、二ページ、村田静子「『わが恋は燃えぬ』によせて」『国鉄文化』一九四九年四月号、五八―五九ページ。村田は東京大学史料編纂所所員であり、一九五九年には『福田英子――婦人解放運動の先駆者』（岩波新書）を出版している。村田のその他の批判としては、史実との違い、福田英子の多面性を捨象していること、そして男性批評家が繰り返し口にした絹代にインテリ女性は演じられない、という点がある。「主役の田中絹代の平山英子は好演技であったが、しかし何か眞にせまるもののたりなかつたのはいまの絹代のもつ限界であろうか。水戸光子のお千代は、しいたげられた弱い女の役として、わりに板についていたのに反して英子のような、たたかつた女性を演じることのできる女優は、今の日本に数少いであろうことは悲しい」（五九ページ）。しかし、田中絹代は演技者として、そして数年後には女性監督として、闘いを続けていた。

（８）溝口健二・織田作之助・田中絹代「美と才能について」『女性改造』一九四七年一月号、溝口健二著、佐相勉編、前掲書、三〇一ページより引用。以下、この鼎談からの引用はページを本文カッコ内に示す。なお付言すれば、女性に関して見解の相違はあっても、織田と溝口には信頼関係があった。

（９）ＣＣＤのメディア検閲についての先駆的業績として、江藤淳『落ち葉の掃き寄せ――敗戦・占領・検閲と文学』（文藝春秋、一九八一年）、および同『閉ざされた言語空間―占領軍の検閲と戦後日本』（文春文庫、一九九四年）。雑誌記事はすべてＣＣＤによって検閲されている。

（10）以下、ＧＨＱ／ＳＣＡＰの検閲を受けた企画・台本は「好色一代女」、映画作品は『西鶴一代女』と表記して区別する。

（11）"Shochiku Kyoto — The Lewd Woman of the Age (Koshoku Ichidai-Onna)," 国立国会図書館憲政資料室、Box no. 5268, マイクロフィッシュ番号CIE (B)01883-01885. 以下、占領期の一次資料については特に断らない限り国立国会図書館憲政資料室所蔵（原本はアメリカ国立公文書記録管理局所蔵）とし、Box no. とマイクロフィッシュ番号のみを記す。

る。[12]ところが、占領軍による検閲が終了してから作られたはずの『西鶴一代女』は、ロマンチック・ラヴと母性を顕揚し、救済の物語を語って西鶴の『好色一代女』や、それにより忠実だった一九四八年版台本から乖離している。溝口は検閲を内面化したのだろうか？　検閲と作家の意図との奇妙なねじれに対するこの認識を起点として、本章は、作家の「表現」とその抑圧という古典的なモデルを疑問に付し、接触と対話、折衝の過程として占領期の映画テクストの生成を捉える。こうした接触・対話・折衝が、軍事占領という徹底して非対称な権力関係のなかに生起したことは言うまでもない。

本章が「占領期」作品として扱うのは、「好色一代女」企画のほか、CIEおよび占領軍の諜報機関であるCCD（Civil Censorship Detachment, 民間検閲支隊）の二重検閲を受けた『女性の勝利』、『歌麿をめぐる五人の女』（松竹京都、一九四六年一二月一五日公開、以下『歌麿』）、『女優須磨子の恋』（松竹京都、一九四七年八月一七日公開、以下『須磨子』）、『夜の女たち』（松竹京都、一九四八年五月二六日公開）、『我が恋は燃えぬ』の五作品である。CIEによって脚本検閲まで受けたのち映画倫理規程管理委員会（旧映倫）を通過した『雪夫人絵図』（新東宝・滝村プロ、一九五〇年一〇月二一日公開）は占領期の境界線上にあるが、女性の快楽と姦通という主題には五〇年代の作品群との類縁性が強く、松竹作品でもないため、次章で論じることになる。

過去二〇年ほどの溝口論においては、女性パイオニアを描いた『女性の勝利』『須磨子』『我が恋は燃えぬ』を「女性解放三部作」として一括りにし、[13]徳川時代の町人文化や性労働者の世界のように比較的「溝口らしい」題材を扱った『歌麿』と『夜の女たち』をやや独立して取り上げるという姿勢が一般的である。しかし、同時代資料に「女性解放三部作」という呼称はみあたらない。一方、本章でみるように、パンパンや遊郭に根ざした浮世絵文化など、興行的には明らかに「エロ」題材を売りにした映画でも、女性の抑圧を暴き、糾弾し、解放を謳う「女性解放」のジェスチャーなしにはGHQの検閲を通らなかった。こうした認識に基づくと、『女性の勝利』から『我が恋は燃えぬ』まで、「占領と女性」という一貫した枠組みの中で作られていると考えるのが妥当だろう。そのうえで、本書はあくまで批評的営為として、占領期の五作品に対する新しい視点の導入を提案する。すなわち、総動員体制下に溝口が立ち上げた芸道物の系譜に直接に連なる「芸」を主題とした作品として『歌麿』および『須磨子』を捉え、「好色一代女」をも含めた残る四作品に共通した主題として「売春」「妊娠」を抽出する。

この三つの視点の共通した基底となっているのは性愛および女性の商品化であり、この問題系はアメリカ占領下という「コンタクト・ゾーン」において、ナショナリズムと密接に連動しつつ前景化された。(14) 第二章で引用した酒井直樹の言を再び借りて言えば、植民地状況においては、「まず第一に、強姦は一人の女性の意志の侵害である。しかし、それは同時に、ある——父親、兄弟、夫、あるいは同国民の男性といった——その女性を所有することになっている男性の所有権の侵害なのである」(15)。つまり、日本人女性の交換と所有は、その主体として占領軍のアメリカ人男性が現れるとき、日本人男性によるホモソーシャルな支配に対する侵害となる。このような性化されたナショナリズムは、

（12）なお、『西鶴一代女』映倫提出台本によると、旧映倫（映画倫理規程管理委員会）の審査を五二年四月一日に通過した封切版プリントは一四八分（一三一八二フィート）だった（早稲田大学坪内記念演劇博物館、『西鶴一代女』全十五巻）。現在所在が確認されているプリントはどれも一三六―七分であり、ヴェネツィア映画祭上映のために再編集した短縮版と思われる（溝口健二「国際演出賞を受けて——狙った間の成功」『讀賣新聞』一九五二年九月二二日朝刊）。

（13）内藤誠「占領下の溝口映画」、四方田犬彦編『映画監督 溝口健二』（新曜社、一九九一年）、二五一ページ、斉藤綾子「聖と性——溝口をめぐる二つの女」、同上、二七八ページ。内藤も斉藤も「と俗称される」としているものの根拠を示していない。だが、かく言う私もパンフレット『はじめての溝口健二』の『女性の勝利』『歌麿』の項でこうした姿勢を共有している（角川ヘラルド映画株式会社／コミュニティシネマ支援センター、二〇〇六年、三六ページ）。

（14）メアリ・ルイーズ・プラットによれば、「コンタクト・ゾーン」とは、「植民地主義、奴隷制、あるは今日の世界でなお生きられているそれらの余波のように、しばしば高度に非対称的な支配と服従の関係のなかで、異なる文化どうしが出会い、衝突し、互いを模索し合う社会空間」を指す。Mary Louise Pratt, *Imperial Eyes: Travel Writing and Transculturation* (New York: Routledge, 1992), 4. 占領期の映画文化を「コンタクト・ゾーン」として捉えるアプローチは、Jennifer Fay, *Theaters of Occupation: Hollywood and the Reeducation of Postwar Germany* (Minneapolis: University of Minnesota Press, 2006), Kindle edition および Hiroshi Kitamura, *Screening Enlightenment: Hollywood and the Cultural Reconstruction of Defeated Japan* (Ithaca: Cornell University Press, 2010) から教示を得た。

（15）酒井直樹『日本／映像／米国——共感の共同体と帝国的国民主義』（青土社、二〇〇七年）、二九ページ。

アメリカ兵相手の性労働者「パンパン」をヒロインとした『夜の女たち』のように明白なケースばかりではなく、占領下に性と生殖を扱う限りにおいて――すなわち、溝口の占領期作品すべてにおいて――映画テクストとその製作・検閲、そして今日にいたるまでの受容の在り方を決定してきた。アメリカ占領下で日本人女性が様々な意味で「解放」されたことは、戦前日本的な家父長制の信奉者には極めて不快であるに違いない。

しかし、一方で、「アメリカ人によって「解放」された日本人女性」という構図は、ガヤトリ・スピヴァックが見事に言い当てたところの、「白人の男性たちが茶色い女性たちを茶色い男性たちから救い出している」レスキュー幻想そのものである。[16] このような幻想は、植民地主義、人種差別、セクシズムが綯い交ぜになった欲望をあられもなくシナリオ化している。近年、英語・日本語の双方で、占領軍を対象とした特殊慰安施設協会（Recreation and Amusement Association）など、これまで「女性解放の占領政策」の美名に隠蔽されてきた日本人女性の人権の蹂躙を明らかにし、「レスキュー幻想」とコインの裏表をなす差別構造がその根底にあることを鋭く指摘する研究が行われてきた。[17] すなわち、アメリカによる日本女性の「解放」は、アメリカ人（女性も含む）による日本人女性の野蛮な日本人男性からの解放、という「恋愛」や「連帯」の心地よい物語によって白人と非白人、西洋と非西洋の間の権力関係を再生産し、かつ、対象である日本人女性を救済に価する者としない者に分割するのである。

本章が明らかにするのは、溝口の映画群は、占領下の女性の「解放」の矛盾と重層性を露呈させ、分節化し、最終的には批判しているということだ。日本の家父長制に対する脅威としてのアメリカによる日本人女性の解放という枠組みと、アメリカの人種主義・家父長制のレスキュー幻想の双方に亀裂を入れるため、本章は歴史化の戦略をとって戦前・戦中の映画史との連続性を明るみに出す。松竹の女性映画や芸道物など戦前以来のジャンルやサイクルに性愛や妊娠などセンセーショナルなアイテムを加えた占領下の溝口作品は、GHQとの折衝の果てに実現した商品であり、かつフェミニズムの大衆プロパガンダであった。こうした不純な側面が、占領期の溝口の安定した興行成績を支えると同時に、男性批評家の悪評を招き寄せた。しかし、本章が最終的に指し示し、身体の問題を扱う次章に繋げるのは、センセーショナリズムに訴える商業性、フェミニズムを推進するプロパガンダ性、GHQの検閲との折衝のプロセスのなかで、いわば抑圧されたものの回帰として浮上する、死に裏書きされた身体性である。

GHQの映画政策・検閲、および占領下の映画文化に関しては、平野共余子、谷川建司、北村洋によって徹底した研究が行われている。[18] 主に平野と谷川の業績に依りつつ「占領軍の検閲」の手続きを概観しておこう。いわゆる「占領軍の検閲」は日本の政府機関を通すことなくGHQによって直接行われ、アメリカ軍の民間諜報局に属するCCDと、対日本宣伝・教育組織であるCIEの映画演劇班が映画の検閲に携わった。フィルムはCCDのコードに照らした審査を通過し認証番号を授与されることなしには、営利・非営利を問わずいかなる形態の公開も許されなかった。従って、CCDこそが映画にとって生殺与奪の権限を持っていたのであり、この意味で「検閲」と呼びうるのはCCDである。しかし、CCDの役割はあくまで完成したフィルムの検閲であるのに対し、CIEは、企画中の映画のシノプシス、撮影台本、完成したフィルムに目を通し、占領軍の民主化・非軍国化の目的に照らして問題のある部分を指摘し改善を示唆することを職務とした。[19] また、CCDが徹底したメディア検閲を行っていることは隠蔽されたが、CIEが日本の映画界の民主化に何らかの形で「協力」「助言」「示唆」を与えていることは、占領下の雑誌記事などからも窺い知ることができた。とはいえ、占領している当の機関の「助言」「示唆」は事実上の命令であり、結果的

(16) G・C・スピヴァク『サバルタンは語ることができるか』上村忠男訳（みすず書房、一九九八年）、七八ページ。
(17) 代表的なものとして、Yuki Tanaka, *Japan's Comfort Women: Sexual Slavery and Prostitution during World War II and the US Occupation* (New York: Routledge, 2002), 133-66; Mire Koikari, *Pedagogy of Democracy: Feminism and the Cold War in the U.S. Occupation of Japan* (Philadelphia: Temple University Press, 2008); 平井和子『日本占領とジェンダー——米軍売買春と日本女性たち』（有志舎、二〇一四年）。
(18) Kyoko Hirano, *Mr. Smith Goes to Tokyo: Japanese Cinema under the American Occupation, 1945-1952* (Washington D.C.: Smithsonian Institution Press, 1994), 平野共余子『天皇と接吻——アメリカ占領下の日本映画検閲』（草思社、一九九八年）、谷川建司『アメリカ映画と占領政策』（京都大学学術出版会、二〇〇二年）、Kitamura, *Screening Enlightenment*, 北村、『敗戦とハリウッド——占領下の日本の文化再建』（名古屋大学出版会、二〇一四年）。
(19) この基本的な二重検閲のメカニズムについては、Hirano, *Mr. Smith Goes to Tokyo*, 35-46. 平野『天皇と接吻』、五六—七八ページ。

に、日本の映画製作者たちはCCDとCIEを「進駐軍」の検閲として同一視するに至った。[20] しかし、日本の映画人が多くの接触の機会を持ったのは製作段階から折衝を重ねたCIEであり、ましてや「好色一代女」のように企画段階で潰された映画はCIEの権限内に留まった。本章は概ね時系列に添って分析するが、『女性の勝利』から『夜の女たち』まではCIEの詳細な検閲記録が発見されていないため、松竹大谷図書館所蔵の製作側の資料や同時代の批評を通して推論を積み上げ、「好色一代女」と『我が恋は燃えぬ』についてはCIE文書に基づいて検閲官との折衝プロセスを跡づける。

第二節　松竹大船女性映画としての『女性の勝利』

溝口の戦後第一作『女性の勝利』は女性弁護士・ひろ子（田中絹代）のキャリアと恋の二筋道を描き、その交錯点に立ちはだかる障害として封建的家制度を批判する。恋人・山岡（徳大寺伸）は戦時下に自由主義を貫いた政治犯で、釈放後は療養生活を送っている。しかし、山岡を獄に送った河野検事（松本克平）はひろ子の義理の兄であり、彼女の学業を経済的に援助したという事情があった。そんなとき、ひろ子は女学校の同級生もと（三浦光子）と偶然再会する。もとは乳児を抱えて病気の夫と年老いた母を養っていたが、夫が死に、絶望の中で赤ん坊を殺してしまう。ひろ子はもとの弁護を引き受け、板挟みになって苦しむ姉みち子（桑野通子）の心配をよそに、法廷で河野と対決する。重体の山岡の励ましの言葉を胸に、ひろ子は封建的家族制度と軍需産業という社会悪がもとの一時的精神錯乱を準備したという弁論を力強く繰り広げる。休憩時間に山岡の死が知らされるが、ひろ子は二人の理想を実現するため法廷へと戻るのだった。

一般に「スランプ」の一言で片付けられてきた占領期の溝口作品の中でも『女性の勝利』はとりわけ評価が低い。

しかし、この作品をＧＨＱ／ＳＣＡＰの女性解放思想を受け売りする硬直した「アイディア映画」とみなすのは必ずしも当を得ていないだろう。溝口は、この作品のいきさつについて「戦争が終わって、当時大船には殆ど監督がいなくなっちゃってたのだね。来て撮ってくれというのだ。新藤君の本も出来てて、撮ってもいいものだとは思ったが」と語っている。[21]そう、『女性の勝利』は溝口唯一の松竹大船長編映画なのである。ここから、敗戦後一年も経ないうちに撮られたこの作品と戦前の大船女性映画との強い連続性が浮き彫りになる。[22]

一九三九年、日本初の女性弁護士誕生のニュース（一九三八年）に触発されて『新女性問答』（「愛憎篇」「友愛篇」ともに佐々木康監督、松竹大船、六月一日公開）が作られ、川崎弘子、桑野通子、三宅邦子が揃い踏みした女性映画大作として好調な興行成績を上げた。[23]ここで弁護士を颯爽と演じていた桑野が『女性の勝利』ではオドオドした有閑夫人役となり、さらに製作中に子宮外妊娠で急逝してしまったのはなんともやりきれない。だが、この二作の間には大まかな主題や出演者を越えたさらなる共通性がある。梗概を見てみよう。『新女性問答』のヒロイン時代《ときよ》（桑野）は父の遺志をついで弁護士を目ざす大学生だが、その学費を工面するために姉のお葉（川崎弘子）は芸者をしていた。その甲斐あって時代が試験に合格した矢先、女学校時代の仲良しグループの一員で行方のわからなくなっていた路子（三宅邦子）が誤ってお葉を殺してしまう。実は、路子はお葉の恋人だった男・村川（廣瀬徹）を婿養子にしたため、時代とは絶交

(20)　当のＣＣＤとＣＩＥも互いの権限の領域を巡って折衝を繰り返していたのだから無理からぬことである。占領初期の四六年中盤におけるＣＣＤとＣＩＥの関係については、谷川の詳細な記述（二一四―三六ページ）を参照。「好色一代女」の脚本が検閲された頃の状況については、四八年九月三日に双方の映画班担当者が参加し、役割と権限を再確認した会議の記録を参照。"Conference Report," Box no. 5305, CIE (D)01454.

(21)　溝口健二「自作を語る」キネマ旬報社編『溝口健二集成』（キネマ旬報社、一九九一年）、二九四ページ。

(22)　現に、公開時のある批評は、女性解放を謳う映画は大いに歓迎、と前置きしたうえで、「この作品の様に、古めかしい嬰児殺しを主題にして、舊態依然たる大船家庭劇の雰囲気の中に終始するのは、単なるお涙頂戴劇の一変化としかみとめられず、あまり好ましくない」と的確に分析している。双葉十三郎「女性の勝利」『興行ヘラルド』一九四六年五月号、一三ページ。

(23)　松竹株式会社『松竹百年史　本史』、六〇七ページ。

6-2-1：路子（三宅邦子）の母性愛を訴える弁護士・時代（桑野通子）

していた。ところが、家が倒産すると村川は大陸に逃げてしまい、捨てられた路子は独りで子供を産み、働きながら育てていた。ひょんなことからお葉は路子と知り合い、帰国した村川に母子のアパートの住所を渡して幸せにしてやるよう促す。村川と路子は口論になり、子供を奪って立ち去ろうとする村川に対して路子が発砲すると、様子を案じてやってきたお葉にあたってしまう。仲良しグループとお葉の芸者仲間に請われた時代は路子の弁護人として法廷に立ち、村川という男の非道を糾弾し、路子の母性愛の強さと殺意の欠如を訴えて、見事に執行猶予を勝ち取るのだった（図版6－2－1）。

このてんこ盛りの「メロドラマ」でも『女性の勝利』でも、弁護士たるモダンなエリート女性は学費の問題を通じて封建的な家族制度や芸者制度に絡め取られて葛藤し、その過程で伝統的な「姉」と対置され、さらにシングルマザー的境遇に陥ってやむを得ず罪を犯した旧友を法廷で弁護している。弁護士とシングルマザーが女学校の同級生であることも、彼女の伴侶となるのが同志／同業者（『新女性問答』では弁護士事務所の上司・夏川大二郎（図版6－2－1右））である点も共通している。ここから二つのことが言えるだろう。第一に、巨匠・溝口健二の失敗作と考えられていた作品はむしろ松竹大船女性映画ヒット作のフォーミュラをおそらく衣裳部の法服もろとも占領下で使い回したと考えられ、従って、ジャンルやサイクルなど映画産業と観客の問題系から捉えられる。第二に、第五章で論じた「職業婦人映画」の典型である『新女性問答』と類似の物語を『女性の勝利』が語っているという事実は、総動員体制下の女性の国民化と占領下の女性解放の間の連続性を再確認させてくれる。

しかし、この二作品の重要な相違点にも着目すべきだろう。『新女性問答』の時代《ときよ》は法廷で「母とは愛情の同義語だと申します。母の愛。世にこれほど純潔高邁な愛情はまたとあるでしょうか。愛しき我が子のためには、母は水火も厭いません。本事件は、被告人がその子を思う美しき母性の本能から起こったもので、同情すればとて、責めるところは一点だにないのであります」と母性を賞揚する弁論を展開している。一方、『女性の勝利』のひろ子は、「母性」の観点から被告人・もとを断罪する河野検事に対し、封建的社会機構と家族制度を批判し、その中で語り継がれてきた母性神話の制度性を暴き出し、子殺しのシングルマザーを制度・社会の犠牲者として弁護する。だが、ここに読み込むべきは母性についての認識上の大きな断絶だろうか。『新女性問答』と『女性の勝利』がともに——しかし異なったやり方で——参照項としているのは、一九三五年から一九三七年にかけて日中戦争前夜の映画界を揺るがした女優・志賀暁子堕胎事件であろう。すでに第五章で述べたように、志賀事件と検閲強化への映画産業のある種の応答としてこの時期私が「シングルマザー物」と呼ぶサイクルが浮上したが、『新女性問答』もまさにその一ヴァリエーションとして捉えられる。「シングルマザー物」は母性を露骨に賞揚することで母性イデオロギーのプロパガンダのふりをすることもそのように機能することもできると同時に、女性の子供や自己に対する決定権を肯定した。一方、今日、嬰児殺しと人工妊娠中絶は同一視することのできない行為だが、志賀事件についての膨大な報道に断片的にでも触れていた者は、妊娠八ヶ月で堕胎を求めた志賀に対して産婆は分娩を誘発し、彼女は地獄のような苦しみの末に生きた胎児を産んだということを知っている。この新生児は三日後に死亡したが、その間のネグレクトについて、志賀の証言はまさに『女性の勝利』のもとのように曖昧なものだった。[24] なお、当時の溝口健二は志賀と同じ新興キネマに属し、急逝した盟友・村田實の遺志を継いで志賀暁子のカムバック作を監督すると一度は報じられている。[25] この事件について溝口は強い関心と意見を持っていたと考えるのが自然であろう。

『女性の勝利』を更に志賀暁子事件へと連結するのはひろ子の弁護の論理である。その主張の主なポイントを論述

(24)「遺棄致死と認めて志賀ついに起訴」『東京朝日新聞』一九三五年九月六日夕刊。なお、管見では、当時、妊娠後期に入っていたことや胎児が生きて産まれたことを主な理由として志賀を責める論者はいなかった。検察側は確かに堕胎、遺棄致死、死体遺棄で志賀と産婆を起訴しているが、世論はあくまで志賀の堕胎に対して同情するか非難するかであった。

(25)「志賀暁子更生映画」『讀賣新聞』一九三七年七月七日夕刊。この作品は脚本として残されている「拐帯者」あるいはその初期段階の企画

の順に挙げると、（一）封建的家制度と結びついた母性神話の批判、（二）封建的家族制度が女性を「動物的状態」、つまり無知蒙昧な状態に貶めていることへの批判、（三）もとの夫を死へと追いやった軍需産業や財閥の批判、の三つである。もとは一貫して（二）および（三）のようなコンディションの哀れな「犠牲者」として描かれ、彼女が心神喪失のなかで犯した嬰児殺しに対しては、（一）のイデオロギー的立場から無罪が主張される。女学校の同級生に対するひろ子のこうした態度に、「〔…〕五十年たった今日この映画を見てみると、上から下を見おろしているような絹代の演じた人物像が実に嫌な後味を残す映画である」という佐相勉の気持ちもわからないではない(26)。だが、この「上から下を見おろしているような」論調は、法廷において弁護士が、論壇において文化人が、志賀暁子を擁護して示した姿勢を髣髴とさせる。

まず、「母性」の欠如を前面に押し出して被告を弾劾する河野検事の論調と、志賀の裁判において突如として山本有三の小説『女の一生』（一九三二—一九三三年）に言及し、未婚の母として息子に愛情を注ぐヒロインと比較して志賀の母性愛の欠如を批判し、二年の実刑を求めた井本臺吉検事の論告の類似性を指摘しよう(27)。実際、志賀事件の後には人民戦線事件やゾルゲ事件など思想事件に辣腕をふるい、戦後のこの時期は公職追放になっていた井本こそが河野の漠然としたモデルであった可能性も高い(28)。すでに志村三代子が詳細に分析し、私も他所で総動員体制との関係を論じているように、井本の論告におおいに刺激され、山本有三その人、菊池寛、広津和郎らの男性作家、志賀の弁護士・鈴木義男ら、錚々たる面々が志賀を「犠牲者」として擁護した(29)。すなわち、志賀は監督・阿部豊に誘惑されて捨てられたばかりではなく、華美で不道徳な撮影所文化、職場でのセクハラ、母性愛を賛美しつつ非嫡出子を差別する封建的家族制度、ブルジョワだが冷たい家庭環境、そして何よりも本人の弱さの「犠牲者」として捉えられ、犯罪行為であった堕胎における主体性の認知とひき換えに、ナイーヴで愚かな女として執行猶予と世間の同情を勝ち取ったのである。一方、フェミニスト山川菊栄は、志賀事件を「職業婦人の問題」と捉えて心情的には寄り添いつつ、「暁子に寄せられたる同情が、自分で自分の権利を護る力のない無智な女性への憐憫であり、同情であって、決して新しい、自覚ある女性の誇りとすべき種類のものではない」と喝破した(30)。

このように戦争を貫いて戦前と占領下を結ぶ映画産業と女性の再生産《リプロダクション》／生殖の文脈に照らすとき、志賀暁子の弁護士がもし女性だったら？　という白昼夢を占領下で強引に実現し、かつ、松竹大船女性映画の伝統に則って裁かれる女性をより徹底的な犠牲者に、検事を悪党にデフォルメしたきわめて大衆的なプロパガンダとして、『女性の勝利』を読むことが可能になる。だとすると、この映画は、例えば『わが青春に悔なし』（黒澤明監督、東宝、一九四六年）など多くの占領期の強引な女性解放プロパガンダと同様に、同時代の男性批評家から現代のシネフィルに至るまで、観客に対して居心地の悪い問題をつきつけるだろう。このヒロインは、上から目線で、プライドが高く、強情で、なんて嫌な女なのだろう――だが、もしこれが男だったら、果たして私たちはこのような違和感や嫌悪感を抱いただろうか？(31)

であったと思われる。依田義賢「拐帯者」『依田義賢　人とシナリオ』（日本映画作家協会、二〇一四年）、二三―八五ページ。結局、志賀のカムバック作は田中重雄監督、菊池寛原作の『美しき鷹』（一九三七年、現存プリントなし）となった。

(26) 佐相勉「女性の勝利」、佐相勉・西田宣善編『映畫読本溝口健二』（フィルムアート社、一九九七年）、一一四ページ。

(27) 「〝母〟の資格なしと暁子に二年求刑　検事『女の一生』を説く」『東京朝日新聞』一九三六年一一月一五日朝刊。とはいえ、若き井本検事の論告は「竹下［志賀の本名］がなぜかゝる道に陥つたかを考ふる時當職として同情に堪へぬものがある」と吐露してから「當職はあの著作を熟読したが」として小説中の母性愛を賛美するなど、極めてセンチメンタルなものであり、映画の河野検事の冷酷さはない。

(28) 井本臺吉（一九〇五―一九九五）の略歴は「井本台吉」上田正昭・西澤潤一・平山郁夫・三浦朱門監修『日本人名大辞典』（講談社、二〇〇一年）を参照。

(29) 志村三代子、前掲書、一四八―五六ページ、Chika Kinoshita, "Something More Than a Seduction Story: Shiga Akiko's Abortion Scandal and Late 1930s Japanese Film Culture," *Feminist Media Histories* 1, no. 1 (Winter 2015): 34-38.

(30) 山川菊榮「暁子の場合　尾去澤の惨事」『婦人公論』一九三七年一月号、一六三―六四ページ。

(31) すでに斉藤綾子がこの作品における弁護士のジェンダーの問題を指摘している。斉藤、前掲論文、二八七ページ。

第三説　芸術と性愛——『歌麿をめぐる女たち』と『女優須磨子の恋』

演劇学者・神山彰は、「『芸道物』は、戦前・戦中の日本でも、戦後のGHQの時代にも検閲に通りやすく、極めてイデオロギー的な『偏向』があるにもかかわらず、ニュートラルな精神を訴え、鼓舞するものと評価されがち」であると述べた。[32] 戦争末期から占領期にかけての溝口作品を見事に形容する言葉である。

『宮本武蔵』(松竹京都、一九四四年一二月二八日公開)と『名刀美女丸』(松竹、一九四五年二月八日公開)は、パフォーミング・アーツに従事する芸人ではなく、戦国時代の武道家や幕末の刀鍛冶を主人公としているが、物語の構造およびエートスからみて芸道物との連続性は強い。[33] 志村三代子によれば、菊池寛による原作『剣聖武蔵伝』(一九四四年)は一次資料を駆使した評伝の形式を取ることで吉川英治の『宮本武蔵』(一九三五—一九三九年に連載)との差異化を図り、お通や朱実のような架空の女性のキャラクターを廃して抽象的な精神性を強調したが、溝口健二による映画化にあたって、弟とともに仇討ちを試みる女性・野々宮信夫(田中絹代)が加えられた。[34] 信夫は『名刀美女丸』の笹枝(山田五十鈴)と同様、自ら剣を取り闘う女性だが、巌流島の決闘に勝利した武蔵(河原崎長十郎)を迎えるラスト・ショットで、尼となったことが唐突に明かされ、武蔵は「よくぞ、よくぞ、武蔵も生涯娶らぬ。心の妻と思って過ごすぞ」と応える。フィルムセンター所蔵の脚本、情報局のコメント、現存フィルムの画面をつき合わせる繊細な生成研究をとおして志村が浮上させるのは、「信夫が出家という女性の究極の自己犠牲を成し遂げることによって、はじめて兵法者の武蔵から愛の言葉を引き出すことが可能になった」ことであり、ここでカップルの間に初めて視線が交わされることも指摘されている。[35] 志村の優れた研究を本書の第五章の芸道物論に接続させれば、こう言うことも可能だろう。『宮本武蔵』はアクティヴな女性をヒロインとし、彼女の強い意志と能力を認知しつつ、そのエネルギーをこれみよがしな《パッシヴ・アグレッシヴ》自己犠牲へと転化することで「兵法道」との相剋のなかにロマンチック・ラヴを析出させ、結果的に、日本精神顕揚の

6-3-1：『宮本武蔵』

イデオロギーのプロパガンダのふりをすることも、実際そのように機能することも可能となった。この時期の溝口は二千メートル（約六千六百フィート、七三分）という尺数制限の内で、凝縮された演出《ミザンセヌ》によって最大の劇的効果を上げることに腐心しており、頭巾を下ろして——そう、ちょうど『西鶴一代女』で羅漢像に昔の男の面影を認め過去へと沈下してゆくお春のように——断髪を露わにする信夫のアクションによって、ロマンチック・ラヴは暴力的に、歪曲された形で、青天の霹靂のごとく「成就」するのである（図版6－3－1）。

一方、芸道物の父・川口松太郎の筆になる『名刀美女丸』は、幕末期の尊皇思想を背景に、刀鍛冶と仇討の二筋の「仕事」の達成と、鍛冶・清音《きよね》（花柳章太郎）と笹枝のロマンチック・ラヴが併走する典型的な芸道物的物語構造を示す。清音は自ら鍛えた刀を育ての親・小野田小左ヱ門（大矢市次郎）に捧げる。ところが、殿様の登城の警護役を務める小野田がその刀で賊に斬りつけるとあえなく折れてしまい、蟄居を命じられる。警護役筆頭の内藤要は、殿様への取りなしとひき換えにかねて恋慕していた笹枝との結婚を求めるが、小野田に断られて逆上し、斬り殺してしまう。剣術に秀でた笹枝は仇討ちを決意して清音にそのための刀を鍛えることを命じ、京の藩邸に匿われた内藤を追って上京する。清音は一時は落ち込んで目標を失うも、師匠・清秀（柳永次郎）の尊皇思想に導かれてその死を克服し、兄弟子の清次（伊志井寛）や笹枝の生霊にも助けられてついに名刀を完成する。[36] 笹枝、清音、

（32）神山、『近代演劇の水脈』、二三一ページ。
（33）ドナルド・キリハラが『名刀美女丸』と芸道物との連続性を指摘している。Donald Kirihara, "L'assimilation Mizoguchi/Utamaro est Évidente": *Five Women around Utamaro* and the U.S. Occupation of Japan, *East-West Film Journal* 8, no. 1 (January 1994): 10.
（34）志村三代子『映画人・菊池寛』藤原書店、二〇一三年、二三九—五五ページ。
（35）志村、前掲書、二五九—六〇ページ。
（36）『名刀美女丸』の二重焼き付けは、言うまでもなく、おなじ山田五十鈴をヒロインとした『折鶴お千』を想起させる。しかし、山田が生

清次は、鳥羽・伏見の戦いのなか、官軍の支援を受けて賊軍の将でもある内藤をみごと仕留める。三人は舟で故郷へ下り、笹枝は清音にプロポーズする。

『名刀美女丸』においてとりわけ際立つのは、ヒロイン・笹枝が仇討ちにおいても恋においても躊躇なく——尺数が惜しくて躊躇などさせられなかったのかも知れないが——積極性を発揮し、強い意志をもって目標を達成し、しかもそれによって物語に罰せられないということだ。そもそも登場シーンからして、彼女は剣術で父を負かし、颯爽と面を取って朗らかな笑顔を見せる（図版6－3－2）。女人禁制としばしば言われる刀鍛冶に生霊として参加しているのも見逃せない。さらに、スモークのなか速度のある移動撮影が鮮やかに捉えるクライマックスの仇討ちでも、清音と清次を従えて内藤に対峙し、力負けして一瞬後退するものの、身軽な身のこなしで見事に立ち直り、素早く胴を襲って仕留めている（図版6－3－3）。剣ばかりではない。一巻目あたりで幼なじみの清音（いつものとおり年齢不詳だが）が笹枝に懸想する内藤要についてにじり寄って問い詰めると、竹刀で男の額をコツンとたたき、いたずらっぽく微笑む（図版6－3－4）。田園風景の中、清次が漕ぐ小舟で川を下る瑞々しいラストシーンでは、名刀を「お嬢様の守り刀として生涯おそばに置いて下さいまし」と言う清音に、「刀といっしょに、そなたも生涯そばにいて下さい」

6-3-2：剣の稽古を終え、朗らかな笑いを交わす笹枝と一本取られた父・小野田。

6-3-3：内藤要への仇討ちを果たす笹枝（右）。

6-3-4：にじり寄る清音の額をコツン。

6-3-5：舟の中、笹枝からの愛の告白。

と切り返し、一応恥ずかしがってそっぽを向きはするものの（図版6－3－5）、堂々と自ら結婚を申し込んでいる。

一九四四年中頃以降、映画行政は「国民の慰安激励となるべき明朗な作品」の製作へと方向転換し、空襲によって募る民衆の不安を癒し治安維持を図った。戦争によって弱体化した映画行政に対し、映画会社は非常時における製作面での相互扶助を約し、大日本映画協会を骨抜きにして企画審査での実権を握る体制を固めていた。[37] 芸人ではなく武士と鍛冶の世界を舞台にし、尊皇思想に裏付けられた太刀作り、父の仇討ちなど、国粋主義と親和性の高い設定に助けられたとはいえ、『名刀美女丸』の笹枝が、鶴八（『鶴八鶴次郎』）からお千賀（『浪花女』）に至る芸道物ヒロインたちの意志／遺志を受け継ぎ、彼女らの未完の夢を叶える力強い女性像をあっけらかんと確立することができたのは、統制緩和のおかげであろう。一九四〇年夏の「七・七禁令」後に作られた芸道物との比較において『名刀美女丸』がさらに際立つのは、上述のような女性主導のロマンチック・ラヴの肯定的な描写により、刀鍛冶および仇討ちと色恋の二筋道がともに成就し、カップルの生成に帰着するという、優れてハリウッド的な物語構造となっているからである。このように極めてアメリカ映画的な作品が日本刀と仇討ちを扱ったが故にアメリカ占領期に上映できなくなったのは皮肉である。

徳川時代の絵師を主人公にした『歌麿』や大正時代の新劇界を舞台にした『須磨子』は、敗戦直前の空隙を突いて『名刀美女丸』が実現していたロマンチック・ラヴおよび女性の主体性の肯定、二筋道の成就という芸道物的課題を、占領下というまったく異なった政治的・文化的文脈のなかで追求することになった。占領下の社会および文化政策は脱軍国主義、民主主義の啓蒙、女性解放を主軸として展開したが、もう一つの軸としてある種の性の解放を見逃すこ

霊となって（芸）道に精進する恋人のもとに現れるというモチーフはむしろマキノ正博『続婦系図』（一九四二年）と共通する。そもそも『婦系図』正・続篇にはマキノが映音スタジオ時代にサウンドを担当した『折鶴お千』へのオマージュとしての側面があり（拙稿「メロドラマの再帰」、二二〇ページ）、山田五十鈴という稀代の名女優の透き通る面影を媒介として、二人の映画作家の間には一〇年に亘る目配せが交わされていた。

（37）加藤厚子『総動員体制と映画』（新曜社、二〇〇三年）、二五八―六二ページ。

とができない。戦前・戦中の芸道物では、玄人の世界である「芸道」のいわばサブコンテクストとして素人とは異なる性愛のエートスが示唆されており、そのために内務省、情報局、軍部、保守的イデオローグらは嫌悪の情をあからさまにし、あるいは怒りをくすぶらせた。『名刀美女丸』でも、戦争末期に一般観客の知るところではなかったにしても、武家の娘と刀鍛冶の清純なカップルに扮した山田五十鈴と花柳章太郎のアダルトな愛人関係は、画面から匂い立つようである。

このように戦前・戦中においてはあくまでも「洗練された観客」のための画面外の前提に過ぎなかった性愛は、占領期に一転して可視化され、熱く饒舌に語られるようになる。敗戦は一面ではたしかに説教臭い禁欲主義や精神主義からの解放にほかならなかった。戦前以来の権威の失墜に伴う価値観の真空状態のなか、街路や公園のような公共空間における占領者たるアメリカ人ＧＩの顕示的な性行動にも刺激され、エロの時代が花開く。(38) ＣＣＤが出版物の検閲にあたって猥褻性にはほとんど関心を持たなかったことも大きく作用し、(39) 占領下には日本近代史上未曾有のあからさまな性表現が可能になり、雨後の竹の子のごとく創刊された「カストリ雑誌」を中心として、裸体、性描写、性に関するハウツーが繁茂した。もちろん、すでに前節で述べたように、このような性表現の拡大や広範な浸透を「解放」や「自由」と呼ぶとき、誰の、何の、誰のための、という問いは必ず問われなければならない。女性の身体の伝統的規範意識（あるいは着衣）からの「解放」や「自由」が、往々にして男性の欲望とファンタスムの解放と自由、さらにそれを通じての傷ついた男性性《マスキュラニティ》のマッサージにほかならなかったことは、つとに指摘されるとおりである。(40)

しかし、一方で、こうしたエロの解放は、新憲法に定められた男女の法の下の平等（第一四条第一項）や両性の合意に基づくものとしての婚姻（第二四条第一項）といった理念に基づき、ロマンチック・ラヴや恋愛結婚を顕揚して見合いを封建的とみなし、カップルや夫婦間の性化された愛情表現を奨励し可視化するＧＨＱの方針に添うものであった（そもそもＧＨＱは真に気に入らない現象であれば抑圧し抹消する力と権限を有していた）。平野が明らかにしたとおり、このような文脈のなかでＧＨＱが強力に推進して耳目を集めたのが、日米の性と身体をめぐる文化的差異をまさに具現するスクリーン上の接吻である。[41] さらに、荻野美穂が述べるとおり、オランダの産婦人科医ヴァン・デ・ヴェルデによるセックス・マニュアル『完全なる結婚』（原著一九二六年）の翻訳が一九四六年に出版され、結婚における性生活、とりわけ女性の快楽とオーガズムの重要性が説かれた。キンゼイ報告が翻訳され、夫婦の性生活に焦点を絞った雑誌『夫婦生活』も一九四九年に創刊されて、後述するように産児制限や人工妊娠中絶の合法化を背景に、この時期、夫婦関係に関する言説の性愛化が一挙に進んだ。[42] むろん、『完全なる結婚』や『夫婦生活』のセックス観がテクニックによって「感じさせる男」と「感じさせられる女」という規範的ジェンダー意識に貫かれており、実質的には男性のためのポルノグラフィとして機能したという指摘は当を得たものだろう。[43] しかし、たとえ規範的な限定付きのものであっても、戦前期の性愛に強く染みついていた後ろめたさを払拭し（あるいは払拭せんとし）、女性の快楽を肯定的に語る言説は、映画をはじめとするメディアにおける性表現に強力なお墨付きを与えた。

このようなエロ・ブームのなか『歌麿』と『須磨子』は製作され人気を博した。[44]『歌麿』については、依田義賢も「接吻のシーンなどおかまいなしとなると、好色なものに目をむけられます。溝さんの『歌麿をめぐる五人の女』も、

（38）John W. Dower, *Embracing Defeat: Japan in the Wake of World War II* (New York: Norton, 1999), 121-67; Mark McLelland, *Love, Sex, and Democracy in Japan during the American Occupation* (New York: Palgrave MacMillan, 2012), Kindle edition, 60. 公共空間における占領軍のGIと日本人女性の性行動については、井上章一『愛の空間』（角川選書、一九九九年）、一〇―二七ページを参照。
（39）McLelland, *Love, Sex, and Democracy*, 60.
（40）先駆的な指摘として、Joanne Izbicki, “Scorched Cityscapes and Sliver Screens: Negotiating Defeat and Democracy Through Cinema in Occupied Japan” PhD diss., Cornell University, 1999, 300-18.
（41）平野、『天皇と接吻』、二四二―五四ページ。
（42）荻野美穂『「家族計画」への道――近代日本の生殖をめぐる政治』（岩波書店、二〇〇八年）、二三〇―三四ページ。
（43）田中亜以子「「感じさせられる女」と「感じさせる男」――セクシュアリティの二枚舌構造の成立」小山静子・赤枝香奈子・今田絵里香編『セクシュアリティの戦後史』（京都大学学術出版会、二〇一四年）、一〇一―二六ページ。
（44）『歌麿』は封切館の浅草東映では週計二〇万円を超える興行収入を上げ、ヒット作となった。『松竹百年史』、六二四ページ。

そうしたところから出た、松竹のお仕着せの企画でありました」と述べている。[45]「青楼の画家」喜多川歌麿の活動は遊郭に深く根ざしており、好色大名が腰巻姿の腰元たちに魚取りさせるシーンをはじめ、『歌麿』は歴史的に見ればかなりエロ度の高い映画であった。一方、『須磨子』は今日から見ると生真面目な芸術至上主義の作品にも見えるが、妻帯者で早稲田大学の文科科長であった島村抱月と『人形の家』でノラを演じた女優・松井須磨子の恋愛は、猥歌に歌われる大セックス・スキャンダルであった。明治末期から大正にかけて抱月・須磨子の物語を知らぬ者はいなかっただろう。『歌麿』の原作である邦枝完二の『歌麿をめぐる女達』もまた、一九三一年の出版以来、ときに発禁も囁かれたソフトSM調エロチカとしてカルト的な扱いを受けていた。それにも拘わらず、第四章で詳述したように、遊郭を主な舞台として愛慾を肯定的に描いたり、「わが国独特の家族制度の美風」を踏みにじったりするこれらの物語が、内務省による検閲体制下で映画として製作され公開されることはなかった。こうして考えてみると、時の政権を批判したかどで手鎖五〇日の刑に処せられる歌麿（阪東蓑助）に溝口自身を重ね合わせるのは妥当だとしても、GHQの検閲に対する批判を見るのは深読みに過ぎるだろう。溝口健二の映画にとっても、敗戦はある種の解放であった。

性愛が肯定されてしまい、芸道／芸術との相剋が要請されなくなったとき、芸道物的物語構造はどのように変容するのか。すでに英語圏の見巧者たちによって指摘されているとおり、『歌麿』の主人公・喜多川歌麿は絵画と性愛の二筋道においていわば去勢状態に置かれ、その歌麿を狂言廻しあるいは触媒として、六人の男女によるシャッセ・クロワゼが展開する。[46]歌麿が侍で狩野派の画家である小出勢之助（阪東好太郎）を絵の勝負であっさり負かし、吉原の高袖花魁（飯塚蝶子）の背中に刺青の下絵を描く冒頭一五分は、むしろ例外的と言えるだろう。歌麿のミューズたるおきた（田中絹代）は商家の若旦那・庄三郎（中村正太郎）に熱を上げ、庄三郎は高袖と駆け落ちし、おきたは歌麿の弟子になった勢之助を誘惑して憂さを晴らす。「魔性の女」おきたに振り回されてスランプに陥った歌麿を救うため、弟子の竹麿（豊本民平）や浮世絵の版元・蔦屋重三郎（高松錦之助）らが腰元の魚取りを見物させ、その中からお蘭（川崎弘子）を発見してモデルにする。一方、身分を捨てて蔦屋や歌麿の元に身を寄せ、一途に尽くす許嫁・狩野雪江（大原英子）がいるにもかかわらず、勢之助はお蘭と駆け落ちする。おきたは庄三郎と高袖の二人を見つけ出して刺殺し、自首する前に歌麿に別れを告げにやってくる。ジョナサン・ローゼンバウムが述べたとおり、絵師を主人公とする映画としては絵を描いている場面が驚くほど少なく、(47) ダドリー・アンドルーの表現を借りれば、女性の美→芸術家のエロチックな想像力→映画の絵画的《ピクトリアル》なスタイル→金銭、という環流が起こるばかりである。(48)『歌麿』は受動的な主人公の「描く」というよりは「見る」行為を契機とし、挿話《エピソード》を緩く接続した極めて非ハリウッド的な語りの構造を持つ映画となった。

精神分析でも、精神分析的フェミニスト映画批評でも、性化された「見ること」や窃視は、能動的かつサディスティックな行為とされている。ところが、『歌麿』の場合、物語内の登場人物の視覚をシミュレートするいわゆる視点ショット（ＰＯＶ）が排除されてフレーム内に観者と対象が共に収まり、複数のショットに分割されるときでも物語内空間における観者と対象の位置が不確定であるためＰＯＶが機能不全に陥り、結果的に「見る」行為は前景化されるものの、間接性や距離感が強調される。典型的な「覗き」場面であり、映画『歌麿』の目玉として盛んに宣伝された魚取りシーンを見てみよう。(49)

(45) 依田、『溝口健二の人と芸術』（田畑書店、一九七〇年）、一三六―一三七ページ。

(46) Jonathan Rosenbaum, “Utamaro o meguru gonin no onna (Five Women and Utamaro),” *Monthly Film Bulletin* 43 no. 515 (December 1976): 262-63, http://www.jonathanrosenbaum.net/1976/12/five-women-around-utamaro-1976-review/; Kirihara, “L'assimilation,” 11; Dudley Andrew, “Ways of Seeing Japanese Prints and Films: Mizoguchi's Utamaro,” in *Cinematic Landscapes: Observations on the Visual arts and Cinema of China and Japan*, ed. Linda C. Ehrlich and David Desser (Austin: University of Texas Press, 1994), 226-28.

(47) Rosenbaum, “Utamaro,” 263.

(48) Andrew, “Ways of Seeing,” 228.

(49) 松竹の宣伝担当によると、京都スタジオから送られて来た魚取りと花魁の刺青のスチル写真によって「この場面のエロティシズムをたたえた「味」と「雰囲気」で、ポスターも新聞廣告も全部おしまくろう」という方針が固まり、この二枚のイコン的写真は雑誌・新聞各社に送付されたという。吉岡俊夫「『歌麿』宣傳餘話」『新聞と広告』一九四七年三月号（創刊号）、一六ページ。

シークェンスの冒頭、茶室に案内される歌麿、蔦屋の一行と砂浜へと向かう松平周防守と腰元たちの行動はクロスカッティングで示される。茶室内に開始を知らせる太鼓が画面外の音として響き、慌てた一行は奥の障子を開けて押し合いながら身を乗り出す（図版6－3－6）。画面外の太鼓がショット間の連続性を担保するなか、次には浜のロングショットが繋がり、周防守や腰元たちのシルエットを松の木立越しにのぞみ（図版6－3－7）、茶室内の同一のショットに戻ってもくるのだが、仮に上記のロングショットがPOVであるなら、望遠鏡なしにはほとんど何も見えないだろう。いや、このショットはPOVではなかったのだ。なぜなら、周防守と居並ぶ腰元たちを右上から捉えた俯瞰のロング（図版6－3－8）が茶室のショットに続き、キャメラは歌麿一行の視線を代行していないということが明らかになるからだ。茶室を外から写したフルショットでは縁側にせり出した歌麿をはじめ、一行が固唾を呑んで見守り（図版6－3－9）、腰元たちの肢体を褒めそやすのだが、彼らの視像が明らかになることはない。そのかわり、横移動するキャメラのために腰元たちが次々と着物を脱いでゆくバスビー・バークレー調の自己意識的なショットが二つ、左右両方向に続く（図版6－3－10、6－3－11）。そう、バークレーのナンバーと同様、浜で展開されるスペクタクルは、歌麿や「主」たる周防守の物語内観客の視線から独立し、バラックの映画館にひしめく立見客たちにキャ

6-3-6：茶室内のロングショット。

6-3-7：浜辺のロングショット。

6-3-8：明らかにPOVではない俯瞰のロングショット。

6-3-9：茶室の外からのフルショットで身をのり出す歌麿。

6-3-10：腰元たちはトラッキングするキャメラにあわせて脱衣する。

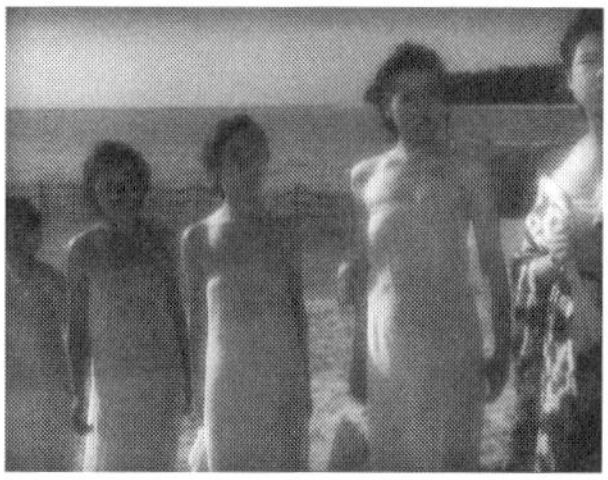
6-3-11：6-3-10とは逆方向に同趣向のショット。

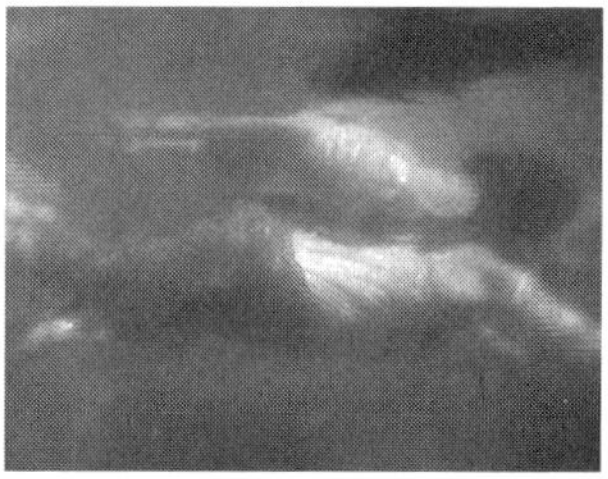
6-3-12：渾身の水中撮影。

6-3-13：クロースアップの挿入。

6-3-14：歌麿の注視。

6-3-15：疑似ＰＯＶ。

メラを通して与えられるのだ。水中に蠢く半裸の腰元たちの俯瞰ショット、そして何よりも水中撮影（図版6－3－12）が、このようなキャメラの独立性を誇示している。一方、溝口－三木滋人のコラボレーションとしては極めて異例の、粗描のようなクロースアップの挿入は（図版6－3－13）、むしゃぶりつくように画面外を見つめる歌麿（図版6－3－14）とその疑似ＰＯＶたるロング（図版6－3－15）、というショット連鎖にサンドイッチ状に挿まれるため（歌麿→ＬＳ→ＣＵ→ＬＳ→歌麿）、歌麿の強い注視を示す――しかし、実際の視像とは限らない――主観的幻想映像のように作用する。どちらのケースでも、このシークェンスでは、断片化による不安定な説話論的空間のなかに性化されたスペクタクルが展開している。

6-3-16：喜多川歌麿『会本妃女始』、立命館大学アート・リサーチセンター（ARC）所蔵、Ebi1038。

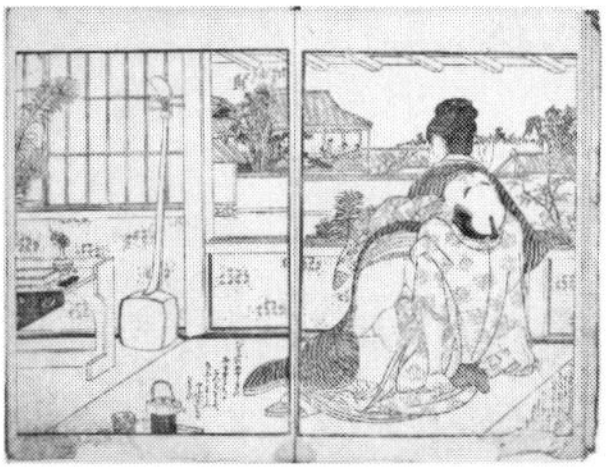

6-3-17：喜多川歌麿『会本妃女始』、立命館大学アート・リサーチセンター（ARC）所蔵、Ebi1038。

このようなスペクタクルの提示には少なくとも三つの帰結があるだろう。第一に、対象との距離の創出（あるいはその不確かさ）により、窃視の主体たる歌麿の無力さ、脆弱性《ヴァルネラビリティ》、フラストレーションが強調される。大名のプライベートな乱行を町絵師が覗き見ている、という権力関係もここには作用しているだろう。しかし、無力な窃視者と言えばすぐに想起される鍵穴から原光景を覗く子供の物語とは大きく異なり、第二に、ここにはユーモアと批評性がある。ジャン・ドゥーシェが指摘するとおり、バークレー調の移動撮影は『歌麿』冒頭の花魁道中といわば韻を踏み（『西鶴一代女』での松平の殿様の側室捜しでも反復される）、ハリウッドの商業主義を引用することで女性の身体の商品化自体へのパロディになっている。[50]

さらにここで想起されるのが浮世絵の春画における窃視である。覗きは春画に頻出するデヴァイスだ。しかし、田中優子によれば、窃視者の視線に観者が同一化して感情移入し、窃視に対する強い罪の意識とその裏返しとしてのめくるめく快楽を味わう、という西洋的な――映画的な――視覚の制度《スコピック・レジーム》とは大きく異なり、春画は性交にふけるカップルと覗き魔（多くの場合マスターベーションにおよんでいる）を同一フレームに収め、絵の観者を第三者的な視点に置くことで、窃視の主体と対象の双方をネタにして「笑う」ことを可能にしている。[51] そもそも日本家屋においては距離やプライバシーを保つことが困難だが、望遠鏡がそれらを敢えて生成する小道具として春画に導入された。歌麿の『会本妃女始《えほんひめはじめ》』（一九九〇年）に有名な例がある。腰元とお嬢様が望遠鏡で覗きながら見ているものを実況中継すると、性交中のカップルの見開きが続く、という趣向だ（図版6－3－16、6－3－17）。「遠眼鏡で覗くというのは珍しいものではないが、覗かれた対象が次図に表われるというのは、歌麿のこの絵が始まりかもしれない」という田中の指摘は極めて興味深いが、第二図が娘たちの視像をシミュレートしておらず、後景には彼女らの姿も見えており、「覗かれている」ことの意識がカップルに刺激を与え、共犯関係を成立させていることが、「向ふのお屋敷のお女中たちが、こつちを見て何か笑ふやうで気味が悪ひ」「てめへは気味が悪ひか。おらァ気味がいゝよ」という台詞にうかがわれる。(52) つまり、ここでは窃視の主体と対象との関係性が中心的な主題を構成しているものの、視覚の制度《スコピック・レジーム》の特権的なデヴァイスたるPOV構造は成立していない。(53) しかし、単眼のキャメラによって撮影される映画で、例えば『歌麿』の魚取りシーンに望遠鏡を持ち込むと、事情は大きく違ってくるだろう。あくまで推測だが、溝口は、望遠鏡はちょっと違う、と思ったのではなかろうか。『裏窓』（アルフレッド・ヒッチコック監督、一九五四年）の看護師ステラ（セルマ・リッター）がジェフ（ジェームズ・ステュアート）の望遠レンズを形容した言葉を借用すれば、それは「ポータブル鍵穴」なのだから。アメリカ軍占領下のエロ・ブームのなか、ハリウッドのミュージカルを引用しつつ、溝口が試みたのは、関係性を前景化し、感情移入ではなく笑いを誘う、いわば春画的な視覚的語り《ヴィジュアル・ナレーション》であった。

魚取りシーンのスペクタクルが示す第三のポイントは、視覚の制度という枠組みを超えた浮世絵、とりわけ春画との間メディア的な連結である。溝口は春画を愛好し、通暁していた。『歌麿』より時代は下るが、大映京都撮影所勤務からのちに春画研究の第一人者となる林美一は、「故溝口健二監督の生前、映画製作の準備段階における時代考証資料としての艶本資料の蒐集協力は私の仕事であった」と述べている。(54) 映画『歌麿』の物語的世界において、魚取りとお蘭の発見が《鮑取り》の三枚絵（図版6－3－18）として結実したことは、歌麿の浮世絵が次々と重ねられるエン

(50) Jean Douchet, “Utamaro: Misère et grandeur de la beauté,” *Cinq femmes autour d'Utamaro*, directed by Mizoguchi Kenji (Paris: Carlotta Films, 2007), DVD.
(51) 田中優子「春画における覗き」『春画のからくり』筑摩eブックス、二〇一四年（ちくま文庫版、二〇〇九年）。
(52) Ibid.
(53) なお、タイモン・スクリーチはこの二枚をPOV構造とみなしている。Timon Screech, *Sex and the Floating World: Erotic Images in Japan 1700-1820* (Honolulu: University of Hawai'I Press, 1999), 222.
(54) 林美一『江戸枕絵師集成　喜多川歌麿続』（河出書房新社、一九九三年）、六ページ。

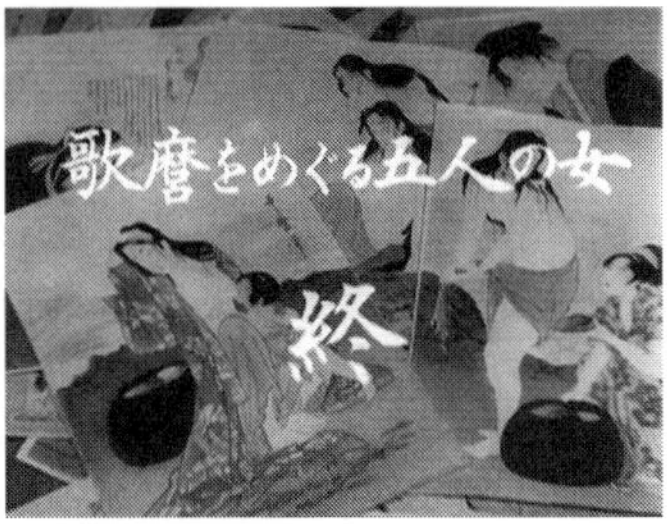

6-3-19

6-3-18：喜多川歌麿《鮑取り》、1797-1798頃、Color woodblock prints; oban triptych38.3 x 75.1 cm, The Art Institute of Chicago.

6-3-20：喜多川歌麿『歌満くら』、1788、Color woodblock print, 25.4 x 368 cm, the British Museum.

ディングでも明示されており（図版6−3−19）、これは邦枝の原作でも同じである。[55] また、一九四六年五月、雑誌『浮世絵草紙』（高見沢木版社）の創刊号では《鮑取り》も含む代表的絵師の「海女七態」が巻頭を飾り、邦枝が松竹京都・溝口健二作品として「わたしの手で仕上げることにした」という『歌麿』のシナリオ案を発表している。[56]「海女」は占領下のエロ・ブームにはまさに相応しい題材であった。だが、この《鮑取り》を入り口としつつ、魚取りシーンがその実中心的な参照項としていたのは、歌麿の艶本『歌満くら』の冒頭を飾るこの春画であろう（図版6−3−20）。ここでは腰巻姿の海女が海中で二匹の河童にレイプされようとする仲間に複雑な――怖れと魅惑の入り交じった――眼差しを投げかけている。[57]この参照項を導入することで、水中撮影の必要性に納得もゆくというものだ。『歌満くら』の海女図は視線の主題を前景化すると同時に、レイプ・ファンタジーを介して女性の性的快楽にアプローチし、葛飾北斎の有名な「蛸と海女」図にも通底してゆく。[58]

映画『歌麿』と春画の間を繋ぐのは絵師・喜多川歌麿ばかりではない。この作品で時代考証としてクレジットされ、説話内で歌麿筆として使われる絵を描いた日本画家・甲斐庄（荘）楠音《かいのしょうただおと》の存在も看過できない。[59] 甲斐荘は『残菊物語』から非公式に溝口作品に関わり始め、『芸道一代男』（一九四一年）で「時代考証」、『元禄忠臣蔵』（一九四一―一九四二年）では「考證者　風俗」としてクレジットに名を連ね、着付けをほとんど担当して、溝口は「君が着付けするとそこらじゅうが、品がよくなる」と手放さなかったという。(60) たしかに、甲斐荘が担当した衣裳は、『元禄忠臣蔵　後篇』の瑤泉院（三浦光子）の雪のように白く重い夜着に典型的に見られるように、その質感の品位となまなましさ（そう、この一見すると相反する質が共存するところが凄いのだ）において他の追随を許さない。『歌麿』に甲斐荘が貢献したのは、劇中絵画に加えた真正性《オーセンティシティ》ばかりではなく、春画の質感《テクスチャー》／織地による触覚性に基づくエロチシズムであろう。(61) 例えば高袖花魁の背中に刺青の下絵を描くという趣向は、身体に絵を描く猟奇趣味という

---

(55) 邦枝完二『歌麿をめぐる女達』（小壷天書房、一九五九年、原著一九三一年）、一四八ページ。

(56)「海女七態」『浮世絵草紙』一九四六年五月号、一ページ、邦枝完二「喜多川歌麿」、同号二五―二九ページ。なお、依田義賢によれば、邦枝は完成した映画を「浮世絵の情趣、江戸文学の美しさも、わかってはいない」とする批判文を新聞に発表し、溝口がそれに対して一九四七年一月二五日にラジオ放送で反論した（前掲書、一三九―四〇ページ）。依田は詳述していないが、邦枝の脚本が何らかの理由で却下されていることを考えれば、いわば当然のなりゆきであろう。なお、溝口‐依田は主要登場人物とエピソードだけを残し、人物間の関係は大幅に改編している。

(57) 田中優子、「春画における覗き」。

(58)「蛸と海女」図の間メディア的参照点については、鈴木堅弘「海女にからみつく蛸の系譜と寓意――北斎画「蛸と海女」からみる春画表現の「世界」と「趣向」」『日本研究』第三八号（二〇〇九年九月）：一三―五一ページ。レイプ・ファンタジーや「蛸と海女」における女性の快楽の問題系は、上野千鶴子によって指摘されている。上野千鶴子『女ぎらい――ニッポンのミソジニー』（紀伊國屋書店、二〇一〇年）、一二三ページ。

(59) 日本画家としては甲斐庄、映画の仕事をする際には本名の甲斐荘を使った。池田祐子「映画界の甲斐庄楠音」京都国立近代美術館、笠岡市竹喬美術館、日本経済新聞社編『甲斐庄楠音展　大正日本画の異才――いきづく情念』（日本経済新聞社、一九九七年）、一五六ページ。プロデューサー絲屋壽雄が、吉原での勢之助との「絵筆の果たし合い」における観音様、高袖花魁の刺青の下絵など映画に登場する絵は甲斐荘が描いたと証言している。頴原退蔵、中井宗太郎、吉井勇、他「歌麿をめぐる座談會」『映画芸術』一九四七年一月号、二九ページ。

(60) 新藤兼人『ある映画監督――溝口健二の記録』（映人社、一九七五年）、二三九ページ。プリントの現存しない『藝道一代男』について、溝口は「時代考証は京都の新進画家甲斐壯［ママ］楠音氏を煩はし」と述べている。溝口健二「『藝道一代男』の製作記録」『映画評論』一九四一年二月号、五七ページ。

(61) 田中優子、前掲書、とりわけ喜多川歌麿について、loc. 723-46.

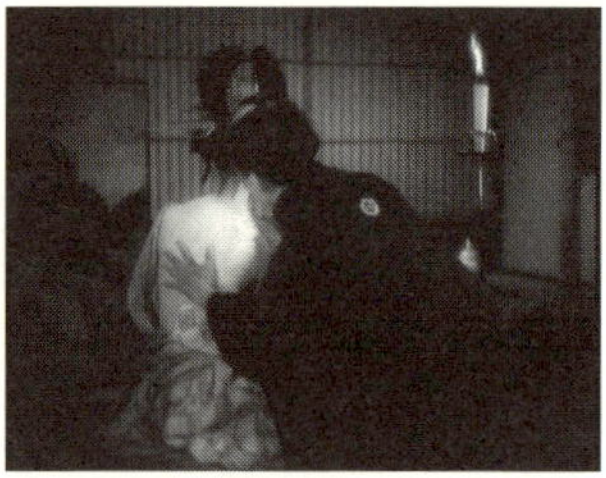

6-3-21：白く輝く肌＝画布の触覚性。

よりは、肌を着物や敷物の織地と同一平面とみなすことにほかならない。白粉を塗り込んだ高袖の背中は、「カメラの三木さんにも薄いきれを通してもら[62]」ったフィルター撮影の効果もおそらく加味され、生肌というよりは極上の画布のように鈍く輝いている（図版6－3－21）。

視覚芸術の最たるものである絵画を題材とし、エロ・ブームのなかで扇情効果を狙った『歌麿』は、しかし、POV構造を骨抜きにすることで受動的な主人公の男根的視覚の不全を際立たせ、演出《ミザンセヌ》をとおして視覚性を質感《テクスチャー》／織地の触覚性へと転換させてゆく。たしかにエロの解放が言祝がれつつも、ここでは春画的なポルノグラフィの伝統が参照項となり、西洋的な視覚の制度《スコピック・レジーム》に対するオルタナティヴが模索されていた。POV構造をずらし、甲斐荘楠音の力を借りて触覚性へと滑り込んでゆく『歌麿』の間メディア的な視覚的語り《ヴィジュアル・ナレーション》の試みは、第八章で取り上げるように、『雨月物語』（一九五三年）へと受け継がれてゆく。

一方、『須磨子』は、性愛と芸道の相剋の主題と間メディア性という芸道物的問題系の占領下における変容に、ジェンダーの逆転でもって応答する。まず梗概を追ってみよう。舞台は明治末、一九一〇年ごろの東京。島村抱月（山村聡）は自然主義の騎手として人間性の解放を説いていたが、家では養子として義母せき（東山千栄子）と妻・いち子（毛利菊枝）に頭が上がらず、職場である早稲田大学や文藝協会では坪内逍遙（東野英治郎）の従順な弟子の立場に甘んじていた。だが、盟友・中村吉蔵（小澤栄太郎）に励まされ、ついに念願のヘンリック・イプセン『人形の家』（一八七九年）を演出することになり、文藝協会の研究生・松井須磨子（田中絹代）が前夫（保瀬英二郎）と激しくやりあう姿を見てノラ役に抜擢する。『人形の家』は歴史的な成功を収め、初日の夜、抱月と須磨子は結ばれるが、二人の仲はスキャンダルに発展する。抱月は大恩のある家を捨て、師と袂を分かち、中村と須磨子とともに新しい劇団・芸術座を立ち上げる。芸術座の経営は苦しく、田舎や植民地へも旅回りに出なければならなかった。須磨子が劇中で

「カチューシャの歌」を歌うトルストイの『復活』の翻案（初演一九一四年）は大人気を博するが、澤田正二郎（永田光男）ら芸術性を追求するメンバーは離反した。明治座での『緑の朝』のリハーサル中、抱月はスペイン風邪に倒れ、監督を長田秀雄（永井智雄）に交代する。抱月の容体は急速に悪化し、須磨子がリハーサルから駆けつけると、息絶えていた。葬儀の席で逍遙は須磨子を励まし、『緑の朝』の狂女役の生々しさは絶讃される。続く『カルメン』も大好評だったが、抱月という支えを失った須磨子は自殺する。

　この物語は、①芸道と強く結びついた恋の芽生え→②家族・師匠を捨て、恋人と出奔→③旅回りで苦労→④大劇場にカムバック→⑤伴侶の死、というところまで『残菊物語』とほぼ同一の説話論的構造を持つ。[63] ところが、『残菊物語』の⑤で描かれるのは妻・お徳の死であるのに対し、『須磨子』が描くのは夫・抱月の死であり、仕事からかけつけるのは妻・須磨子である。思えばこの映画で中心となる「芸人」は須磨子であり、「先生」であるはずの演出家・抱月は、まさに「波を受け止める岩」（『人形の家』のリハーサル時の台詞）として、アグレッシヴな天才芸術家に寄り添い見守る「妻」的位置を占めている。旅回りの劣悪な環境や劇団員の離反に苛立ち、人前で悪態をつく須磨子を抱月が諫めるシーンは二つあるが、これは芸道物のクリシェのジェンダー逆転版である。

　映画『残菊物語』には、⑤に続く後日談は存在しない。しかし、史実と村松梢風の原作を繙けば、菊之助はお徳の死の数年後にやはり結核で命を落としていることがわかる。[64] 長門洋平が示したように、『東海道四谷怪談』の舞台裏／舞台のシークェンスで始まる『残菊物語』は幽霊的映画である。長門によれば、映画の最後で船乗り込みの船上の

(62) 潁原退蔵、中井宗太郎、吉井勇、他、前掲座談会、二八ページの溝口の発言。

(63) 身分が上の男性が下の女性に対し愛を告白し、社会的地位や家族を捨てる覚悟を表明する点で、『残菊物語』の鬼子母神境内の茶屋シーンと、『須磨子』の須磨子の下宿シーンは極めて似通っており、柱によりかかって座り込むという女性の反応も同じである。Chika Kinoshita, "Choreography of Desire: Analyzing Kinuyo Tanaka's Acting in Mizoguchi Films," *Screening the Past*, no 13 (March 2001), http://www.latrobe.edu.au/screening-thepast/firstrelease/fr1201/ckfr13a.htm (accessed June 20, 2015).

(64) 村松梢風『残菊物語』（中央公論社、一九三八年）、四二—四五ページ。

菊之助を捉えた仰角のラスト・ショットは死者・お徳の視線に擬えられ、「深い水の中へ彼を引きずり込もうとする怨念の手招きを意味していた」[65]。さらに付言するなら、実在の二代目尾上菊之助（一八六八—一八九七）のお徳の死後の東京の劇壇での当たり役は、『怪談　牡丹燈籠』で死んだ恋人の幽霊と情事の末にとり殺される浪人・萩原新三郎であった[66]。『須磨子』のラスト二〇分は、『残菊物語』の幽霊的後日談のジェンダー逆転版として捉えられる。最愛の抱月の死以来、須磨子はすっかり死に取り憑かれていた。しかし、占領下の日本ではスクリーン上の自死の表象は厳しく制限されていた。一九四五年一一月一九日にCIEが通達した一三の禁止項目には、「七、封建的忠誠心または生命の軽視を好ましきこと、または名誉あることとしたもの。八、直接間接を問わず自殺を是認したもの」の二項が含まれている[67]。もちろん、ここで禁止対象としてCIEの念頭にあったのはまず「セップク」であろうし、さらにそうした武士道の伝統を横領して創造された「カミカゼ」を代表とする戦争末期の特別攻撃に対する強い警戒感と恐怖心が帰結した措置に違いない。さらに、日本文化と軍国主義の間に通底する野蛮かつ反人間主義的な行為として自死を捉える文化本質主義、あるいは宗教的・文化的な西欧中心主義をもここに見出すのは難しくないだろう。自死の表象に対するGHQの検閲が時代劇以外の映画作品に残した爪痕については、これまでほとんど論じられて来なかった。だが、同時代にははっきり「情死」と捉えられた事件を扱い、カップルの晩年の同僚の筆になる短編小説「カルメン逝きぬ」を原作とした『須磨子』にとっては、極めて大きな意味を持つ[68]。依田によれば、溝口は脚本の第二稿について依田に書き送ったメモの中で、「雑録」と題し、「病気感染、の件を須磨子に同情持たせて、強調（司令部の注文として、自殺感強調、不可なれば此場面省略よりほかなし）。［…］【一一】［シーン番号か］は前の自殺の件不可なれば、前沢［須磨子の前夫］を出す前の脚本の芝居必要を生じる様に思います」と書いている[69]。現行版にも抱月にスペイン風邪をうつした須磨子が責任を感じる台詞はあり、前者は須磨子の自殺をめぐる描写の在り方をめぐるコメントと考えて間違いないが、後者は確定しがたい[70]。本論がここで着目するのは、描写を抑制する必要性から、須磨子の死が劇中劇によってほぼ完全に肩代わりされることになったことである。

リハーサル中に抱月が逝去し、逍遙に説得された須磨子が明治座にかけつけて演じる『緑の朝』は、ガブリエーレ・ダンヌンツィオの一幕劇『春曙夢』(*Sogno d'un mattino di primavera*) の小山内薫による翻訳である。公爵令嬢イサベルラは、恋人と同衾して寝入っていたところ、父に恋人を刺し殺され、愛する人の血にまみれ屍を抱いて目覚めた朝のトラウマから正気を失ってしまった。劇中劇として須磨子＝田中が演じるのは第五場、イサベルラが妹・ベアトリーチェに伴われ、亡き恋人の弟・ウィルジニヨに会うくだりだ。ウィルジニヨが恋人の死骸を引取に来たと勘違いしたイサベルラは、恋人の死を否認し、「私の胸に、私の胸に、喜んで目をおつぶり遊ばしたのです」と叫んで地に倒れる。ここで客席後方からのロングショットからショットが切り替わり、ほぼ水平な位置からのフルショットで舞台に腹ばいで倒れるイサベルラを捉える。ここでイサベルラは「私はあの方の温かい血で息をつめながら［ママ］、あの方の死骸をしっかりと抱きました」、と恋人の惨たらしい死を回想しつつ、恋人の亡骸の幻を掻き抱く。彼女の長台詞には愛と死、官能、血という象徴主義的イメージが凝縮され、愛人の死骸からようやく身を離してこの舞台に立っている須磨子と重なるとき、死者への愛惜の念はほとんど屍体愛《ネクロフィリア》に近い身体性を帯びる。だが、この短い劇中劇にこうした身体性を与えているのは、劇的シチュエーションや台詞の内容だけではない。田中絹代の身体である。床に倒れた田中はうつぶせの状態で床をまさぐり、そこから腕に頼ることなく上半身を起こして亡骸の幻を掻き抱き（図版6－3－

(65) 長門、『映画音響論――溝口健二映画を聴く』(みすず書房、二〇一四年)、一七四ページ。
(66) 村松、『残菊物語』、四三ページ。
(67) 平野、前掲書、六八ページ。
(68) 長田秀雄「カルメン逝きぬ」『苦楽』一九四七年一月号、一三三―四九ページ。長田本人(原作では水嶋武男という役名)も『緑の朝』の若い演出家として登場する。
(69) 依田、前掲書、一四九ページ。
(70) なお、早稲田大学坪内記念演劇博物館所蔵の台本「改訂版『女優須磨子の恋』」には、須磨子との情事が師や家族に露見して進退窮まった抱月が自宅で「死ぬ死ぬ」と騒ぐ場面(シーン四八)が含まれているが、前後の関係からして、占領政府の反応が気になったのはやはりクライマックスであろう。

6-3-22：「私はあの方の温かい血で息をつめながら　あの方の死骸をしっかり抱きました」。膝から上体を起こし、幻影を抱きしめる田中絹代。

6-3-23：「すると私の抱いている体がだんだん冷たくなりました」。中空を見つめる。

6-3-24：「氷のようになりました　石のように重たくなりました」

22）、冷たくなる感触を思い出して虚空を見つめ（図版6－3－23）、さらにもう一度上腕を抱いてから拳をつくって屍体の重さを想起し（図版6－3－24）、再び突っ伏して絶望する（図版6－3－25）。この間三〇秒ほど、田中は強靭な足腰としなやかな身のこなしで緊張を保ちつつ、静と動を往還する。小柄な田中は一般に「身体性」を強く感じさせる女優ではないし、松竹大船の娘役には身体能力の高さを誇示するアクションは要求されなかったが、ここでは見事に舞台の身体になっている。

今日、『須磨子』については田中絹代の「大芝居」に対する批判が根強く、この傑作の評価・人気に影を落としている。しかし、同時代の批評家は映画自体には不満を表明しても田中の演技は概ね高く評価し[71]、田中本人は「私にとって、舞台劇というものの感触を知ることにもなり、たいへんな演技の勉強になりました」ととりわけポジティヴに回想している作品であり[72]、最終的に『結婚』『不死鳥』（ともに木下惠介）との三本で一九四七年度毎日映画コンクールの女優演技賞を受賞している[73]。『須磨子』における田中の演技は一九四七年当時の歴史的観客からは高い評価を得ていたと考えて間違いない。演技に関しては歴史性の壁が厚いため、歴史的観客の評価と現代の印象の間の乖離自体は決して珍しいことではない。だが、『須磨子』の場合、占領下の幾つかの文脈の重なりあいによってこの乖離がよ

6-3-25：「鉄のようになりました」

6-3-26：千田是也のネフリュードフ（右）と田中絹代のカチューシャ。

り拡大しているのは確かだ。

『須磨子』の劇中劇を指導・演出したのは新劇の巨人・千田是也であった。千田は、この作品以降溝口組のレギュラーとなる俳優座を中心とした新劇人たち（小澤栄太郎、毛利菊枝）とともに出演もしており（武田正憲役）、須磨子＝田中絹代が有名な「カチューシャの歌」を歌う『復活』の誘惑場面では、今日ではタカラヅカにしか見えないキラキラ扮装でネフリュードフを演じている（図版6-3-26）。一九二四年に築地小劇場に参加して以来、小山内薫の流れを汲む新劇の主流であり続けた千田が、小山内と同時代で拮抗しつつも後の新劇史では明らかに不純な傍流とされた逍遥の文芸協会から抱月の芸術座へ至る系譜を再現することになったのは興味深いが、シニカルな戯画をやってみせたとは思えない。[74] 演劇学者・笹山敬輔が明らかにしたとおり、この時期に準備され、一九四九年に初版が出版されることになる千田の演技マニュアル『近代俳

(71)「田中絹代は力演、今後の方向を暗示するものがある」と北川冬彦「女優須磨子の恋」〈日本映画批評〉『キネマ旬報』一九四七年一〇月一日号、三〇ページ。津村秀夫は、「［…］俳優の中では田中絹代の熱が最も力強い。わたくしは殆ど彼女に期待しなかつたためもあるが［…］絹代としては最も不向きなこの役をあれだけ演れば上出来といへよう」と述べる。「『女優須磨子の戀』をみて」『近代映画』一九四七年一一月号、五ページ。

(72) 東山千栄子、水谷八重子、杉村春子、田中絹代、ミヤコ蝶々『私の履歴書——女優の運命』（日経ビジネス人文庫、二〇〇六年）、三五七—五八ページ。

(73)「コンクールの歴史」、毎日映画コンクール、http://mainichi.jp/enta/cinema/mfa/etc/history/2.html（最終アクセス二〇一五年六月二六日）。

(74) 神山彰、前掲書、二二一—二五ページ。スタニスラフスキー・システムとデル・サルト・システム、など、パフォーマンス・スタイルの歴史と『須磨子』の関係については、拙稿 "Spectral Bodies: Matsui Sumako and Tanaka Kinuyo in *The Love of Sumako the Actress* (1947)," in *The Japanese Cinema Book*, ed. Hideaki Fujiki and Alastair Phillips (New York: British Film Institute 2020), 243-58. を参照いただきたい。

優術』のキーワードは「感情の解放」であった。[75]『近代俳優術』は説く。

現代人、特に私たち日本人は、感情を抑へつけたり、誤魔化したりすることにばかり慣らされて來た。だが私たちの感情は、始終それを抑へたり、隠したり、誤魔化したりしてゐると、妙に歪んだものになつてしまふ。私たちの表情筋の働きがあまりにも限定され、さもなくば、いつも片寄つた反應しかしなくなり、感情を素直に現すことが出來なくなる。その上、前にも述べたやうに、感情と云ふものはその表出と不可分離に結びついたものだから、これを素直に表出しないと、感情そのものが歪められて了ふのである。

だからまづ、しばらく、總ての人爲的抑制を投げ棄て、感情の儘に、我を忘れて動きまはるやうな練習が、支配・抑制の練習に先立つて行はれる必要がある譯である。[76]

「感情の解放」が敗戦後、アメリカ占領下に賞揚されたことは偶然ではあるまい。千田の『須磨子』企画についてのコメントは発見されていないが、こうした志向性が今日では大仰にも見える田中絹代の表現を説明するだろう。千田も、新劇も、田中絹代も、溝口も、観客も、「解放」の神話を生きていたのである。また、一方で、日本人が金髪の鬘や付け鼻をつけて白人を演じる「赤毛物」としての新劇の翻訳劇は、リアルにしようとすればするほど「見世物」になってしまう、という指摘はその通りとしか言いようがない。[77] しかし、はしなくもセルロイドに残ってしまった「見世物」あるいはキャンプとして『須磨子』の劇中劇を消費するのは、必ずしも生産的ではないだろう。映画『須磨子』の構造自体が劇中劇と密接にリンクしており、田中絹代にはどう考えても似合わないスペイン調のカールやつけまつげ、濃い口紅、巨大な被り物や薔薇の花に目が慣れて気にならなくなれば、そこには芸道物以来の間メディア的なプロジェクトの継続が浮上するからだ。

『カルメン』上演中のバックステージ。須磨子はホセ役の若い共演者・中井哲に、「昨日のようなあんな殺し方じゃ

6-3-27：ホセ（左）をあざけり、プレゼントの指輪を投げ捨てるカルメン（右）

あたし、死ねないわよ」「人間を殺すのよ。人を殺すのに、そんな気持ちでできると思ってるの？」とダメ出しし、カルメンを刺し殺すアクションのリハーサルを三回繰り返させ、しまいには、中井を前景画面外下方にはね飛ばして「大根だね」の罵声を浴びせる。続くショットは舞台から客席に向けられ、喝采し、固唾を呑んで見守る観客を画面左に捉え、画面右の舞台にはカルメンとホセと思しき影がうごめき、画面外の声として新しい恋人の勝利を喜ぶカルメンと復縁を迫るホセの言い争いが聞こえる。問題の場面の本番はもう始まっているのだ。「離せ、畜生、離せ」というカルメンの声で、二人を俯瞰気味に捉えたアメリカン・ショットに切り替わる（図版６－３－27）。一目で溝口健二－三木滋人の画面と分かる広角レンズによる縦の構図だが、フレームの周縁部はぼやけており、何らかのフィルター（あるいはワセリンなどか）がかけられていると思われる。前景画面右に立つカルメンが「何度でも言うよ。あたしは自由の体だよ。死ぬまで自由の体だよ」と言い、もらった指輪を投げ捨てると、後景左のホセはついに短剣を抜く。画面外から劇中のエキストラの声と思われるどよめきがおこるなか、前景と後景を往還してカルメンは逃げ、ホセは追う。ついにホセはカルメンを摑み、両腕に抱く。彼女は背中を客席とキャメラに向けているが、彼女の「ギャッ」という異様な悲鳴とうめき声、両腕を突き出す反射的な痙攣によって刺されたことがわかるとすぐにど

(75) 笹山、『演技術の日本近代』（森話社、二〇一二年）、二六二ページ。
(76) 千田是也『近代俳優術』上巻（早川書房、一九五〇年）、一〇一ページ。
(77) 神山彰によれば、「短く曲がった足をタイツで包み、平らな顔に付け鼻を施し、禿頭に赤毛の鬘をつけて、懐かしい訛りのある日本語で、日本人にとって西洋人らしく見える仕草で、観客に一定時間、錯覚を与え続けるという見世物であった」。前掲書、二二七ページ。内野儀は『近代俳優術』を「西洋人になる」ためのマニュアルであったと喝破し、「西洋」を「近代」と取り違え、自らの身体を透明化し戯曲へと奉仕していると信じたところに日本の近代演劇の躓きを見る。「千田是也の『近代俳優術』を読む」『ＰＴ』第一一号（二〇〇〇年）：四二―四六ページ。

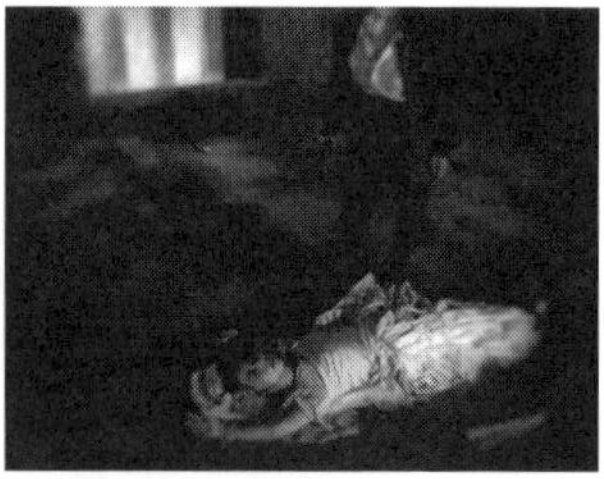
6-3-28：カルメンの死。

6-3-29：朝日が差し入り、ベルが鳴り響く。

6-3-30：サウンドブリッジによって芸術座の事務所に繋がる。

よめきも絶え、沈黙のなかでホセは彼女の体を地面に置き、ふらふらと後ずさる。カルメンはこうして即物的に死ぬ（図版6−3−28）。ビゼーの音楽が鳴り始めるなか、ロングのプロセニウム・ショットに切り替わり、エキストラの群衆が踊りながら入場して二人を取り囲み、幕は下りる。

　カルメンの舞台上の死は原作「カルメン逝きぬ」でもクライマックスであった。

　ホセは、心の變つたカルメンに哀願する。然し、カルメンは受付けない。こゝまで來たとき、須磨子はふと中井啓の顔を見た。そして「おや」と、思つた。この日のホセの眼差しには、何時もとちがつた毒毒しい殺氣が輝いてゐた。

　「あたしは殺されるよ。」と彼女は考へた。と、その途端に、何とも云へない透徹した快さが、彼女の全身を、悪寒のやうに、響きわたつた。須磨子は眼の前が昏くなるやうな氣がして、危ふく氣絶しさうであつた。………(78)

ここでは舞台上の死の快楽が須磨子の現実の自死への誘いとなり、同じページの下段で、芸術座に帰った彼女は抱月の写真に語りかけ、逍遥に遺書を書いて弟子に托し、明け方になって物置で縊死して小説は終わる。一方、映画『須磨子』においては、カルメンの死がほぼそのまま須磨子の死となるのである。

『カルメン』の幕が下りると、物語世界内観客は拍手し、次々と席を立ち、ロングショットはフェイド・アウトする。興味深いのはこれからである。画面は再度同じ劇場ホールのロングショットにフェイド・インし、ストリングズとフルートを主体とした劇伴が入り、朝日と思われる光が差し入って徐々に明るくなると（図版6－3－29）、ベルが鳴り響く。サウンドブリッジして芸術座事務所の廊下に繋がり（図版6－3－30）、開幕のベルかと思われたのは、須磨子の自死とそれゆえの舞台のキャンセルを知らせる電話の呼び鈴だったことが明らかになる。リンダ・エーリッヒはこのショット連鎖に着目し、「溝口において典型的なように、最も暴力的な場面は遠回しに語られるのである」といみじくも指摘している。[79] だが、溝口が行っていることはさらに大胆だろう。ここでは、小津安二郎が『一人息子』（一九三六年）で試みたように、[80] そして自ら『雨月物語』の源十郎帰還の夜に再び行うように、夜が白む二三時間が連続した一ショットの数秒の持続の中、照明の変化によって表象され、さらに、おそらく婉曲法や省略よりももっとラディカルな形で、舞台上の役柄の死が映画内の登場人物の死へと直に転換されているのだ。

ジル・ドゥルーズが『シネマ2＊時間イメージ』においてマックス・オフュルスやジャン・ルノワールらの演劇的モチーフを取り上げている章に倣えば、現働的かつ潜在的な「結晶イメージ」がここに発生していると言うことができるだろう。「現働的イメージと潜在的イメージは、共存し、結晶化し、われわれをつねに一方から他方へと導く回路の中に入り、唯一の同じ「光景」を形成し、そこでは人物が現実的なものに属しながらも、一つの役を演じるので

（78）長田、前掲短編、一四九ページ。
（79）Linda C. Ehrich, "The Artist's Desire: Eight Films of Mizoguchi Kenji," Ph.D. diss., University of Hawai'i, 1989, 192.
（80）『一人息子』のショットについての指摘は、デイヴィッド・ボードウェル、クリスティン・トンプソン『フィルム・アート』（名古屋大学出版会、二〇〇七年）、二七二ページ。

ある。端的にいえば、純粋な視覚的かつ音声的知覚の要請にふさわしいかたちで見世物となったのは、まったく現実的なもの、生の全体なのだ」[81]。このように、常に並存し、癒着し、反転可能な結晶イメージとして捉えれば、『須磨子』においては逆に、潜在的イメージたるはずの役柄の死が同時に現実的イメージとなっていることも理に適っている。その他の劇中劇場面では一貫して排除されていた溝口－三木映画を特徴づける俯瞰がカルメンの死のショットにのみ使われ、演劇と映画がここに並存して結晶していることを示している。

GHQの自死の表象への介入によって『須磨子』が芸道物から受け継いだ間メディア性と「逃道」への志向性が刺激され、この時期のスクリーン上では極めて稀な残酷かつ即物的な死の表象が劇中劇として可能になった。では、逆に『須磨子』はどのように「映画性」を顕示するのだろうか。小さな、しかし重要な例を挙げて本節を閉じたい。映画の序盤、須磨子にノラを見出した抱月は、いつになく上機嫌で帰宅する。家では中村が待っていた。応接間のテーブルで、抱月は中村に意気揚々と語る――「やれる。あれ自体がノラみたいなんだよ。いや、あんな多感な女だとは思わなかったよ。いやあ、僕は楽しくなってきた」。そんな夫を冷たく見つめていたいち子はここで、「あなた、ああいうお芝居をやっていただいては困りますわ。自分一人のために夫や子供を捨てて家を出て行くような。あなたがご養子ではなく、私がここへお嫁に参ったものとしてですよ。もしハル子たちを置いてあのように出て行きましたらあなた、どうなさいます？　日本の道徳には合いませんわ」という一撃をくらわす[82]。抱月の演劇活動そのものを認めないいち子と口論になった中村は、画面奥の抱月の書斎へと撤退する。いち子がテーブルの上の茶器を盆に片付けてその場を立ち去ろうとしたとき、中村は抱月の椅子に座りながら反撃の言葉を浴びせる。「あなたの責任も重大だ。ハハハ、島村をこの家の種馬に終わらせないようにして下さいよ」。この侮辱に対していち子は一瞬動きを止めるが（図版6－3－31）、中村の方を一瞥すると中景に座って黙っている抱月に穏やかに向き直り、「あの、あなた、ハル子の見合いは一五日に決まりましたから、よろしゅうございますか」と言って、前景画面左へとフレームアウトする。彼女の動きとともに画面は速やかに暗転する。

6-3-31

このショット・シークェンスは、『人形の家』のノラの話題を口火とし、友人がそれに油を注ぐ形で、家制度と女性の役割をめぐる妻と夫＝養子の価値観の相違および権力関係を縦の構図の中に見事に演出《ミザンセヌ》している。だが、このショットにおいて耐え難い恐怖感を与えるのはサウンドトラックである。いち子が動きを止めて以降暗転まで、ガラガラヘビのような振動音がこのショットの基底に響き続けるからだ。この振動音に対する説明は何一つ与えられないし、初見では聞き逃すこともあろうが、視認ではなく推測によって音源を画面内に特定することができる。盆の中の茶碗がそれを持ついち子の震えによってぶつかり合っているに違いなく、そうして彼女の冷たい沈黙と落ち着きの下の激怒と動揺を伝えているのだ。これは単なる抑制の効いた演出などというものではない。この振動音は、録音し、加工し、ミキシングし、聴かせるテクノロジーとしての映画音響によって可能になっているからだ。長門洋平は『近松物語』（大映京都、一九五四年）の下座音楽の大音量化を「マイクロフォン芸術」としての映画音楽の特性の発露として捉え、「早坂［文雄］がいかに歌舞伎の真正性を無視して映画的効果に意識を向けていたかを物語る」と述べている。[83]『須磨子』のショット・シークェンスに響く振動音においても事態はまったく同じである。さらに、ここに舞台芸術との違いもはっきりとした輪郭をもって立ち現れる。このような振動音はもちろん舞台でも可能だろう。しかし、そのとき茶碗の振動音は紛れもなく毛利菊枝の身体から発しているのであり、そのように受け取られるに違いない。一方、映画

（81）ジル・ドゥルーズ『シネマ２＊時間イメージ』宇野邦一、石原陽一郎、江澤健一郎、大原理志、岡村民夫訳（法政大学出版局、二〇〇六年）、一一五ページ。

（82）金普慶がいみじくも指摘するように、この場面はいち子を『人形の家』を読み理解したうえでその価値観を自らの立場から批判する自覚的な女性として描いており、衣笠貞之助の『女優』の同じ役（赤木蘭子）が単に無知で文化に興味がないのとは大違いである。金普慶「占領下の日本映画における女優須磨子——戦後民主主義と「国民」としての女性」『文学研究論集』第三〇号（二〇一二年二月）：一一九—一二〇ページ。

（83）長門、前掲書、一九七ページ。強調は原著。

『須磨子』の振動音を発するのは音響テクノロジーであり、映画という機械装置にほかならない――ちょうど、黒沢清のホラー作品で振動するスチームや瞬く蛍光灯が発する無気味なノイズのように。

第四節　「好色一代女」と『夜の女たち』

『西鶴一代女』企画の松竹における運命について依田義賢は以下のように回想している。

『わが恋は燃えぬ』の次に『西鶴一代女』を撮る運びになっていたのでしたが、これが松竹と話がまとまらず、溝さんは松竹と縁が切れることになりました。シナリオも既にできていたのを、絲屋君と相談して、さらに加筆して溝さんも、それでやろうというところまで行って沙汰やみとなったのです。

以前からやりたがっていたものでしたし、得意の題材でもありましたし、わたしとしても、諧謔に富んだものに仕上げて、意欲を持っていたので落胆しました。溝さんがこの時に『西鶴一代女』を撮っていたら、その後の低迷を経ずして、すんだのではないかと思われます。

これが撮影に入らなかった理由として、女主人公に擬せられていました田中絹代さんが、渡米することになったからであると、わたしなどは、その時聞かされていたのでしたが、どうやらそれだけではなかったようでした。その間のことについては詳しいことは知りませんが、溝さんは「松竹と喧嘩した」と、よその雑誌で書いています。(84)

ところがCIEの会議録に「好色一代女」の企画が浮上するのは一九四八年の三月であり、四七年八月一六日公開の『須磨子』と四八年五月二六日公開の『夜の女たち』の間に位置づけられる。(85)『我が恋は燃えぬ』は四九年二月九日に公開され、CIEのシノプシス会議は四八年九月一日に行われた。[86] 依田の記憶違いともとれるが、一方で、『夜の女たち』「好色一代女」『我が恋は燃えぬ』の三企画がある程度並行して進み、松竹京都内部の製作進行状況、CIEの企画への反応、さらに田中絹代をはじめとしたスターのスケジュールを考慮に入れて実際の製作順序が決まっていったというシナリオもあり得る。依田による「好色一代女」の脚本がCIEによって審査されたのは四八年一一月だからだ。ちなみに、田中絹代は四九年秋から五〇年春にかけて渡米したが、「好色一代女」が『我が恋は燃えぬ』の次に回されていたとするなら、企画流れの要因（あるいは口実）となった可能性も排除はできない。しかし、「一代女」の検閲台本は主たる困難が検閲にあったのではないかと考えるに足るものであり、依田の証言とすりあわせるなら、松竹は企画を根本的な見直してCIEとの折衝に積極的に取り組むほどには乗り気ではなかったという推論も立てられよう。

一九四八年三月二〇日づけの会議録は、「彼と共に去りぬ」と「西鶴一代女」（*A Woman's Life by Saikaku*）のシノプシスに対する助言を主題とする。「西鶴一代女」についての検閲官ハリー・スロットのコメントは以下の通りで、必ずしも否定的とは言えない。

徳川時代の著名な作家・西鶴による「一代女」"A Woman's Life"の梗概について。映画演劇課は、この作家が同時代に進歩的と考えられていたという限りにおいて、この物語はよい題材だと思う。西鶴は平民の擁護者として記憶されており、新しい美意識、生の自由、人間性の解放を見いだす視点からものを書いた。この元禄時代

(84)　依田、前掲書、一七六—一七七ページ。
(85)　『キネマ旬報』も『須磨子』撮影レポートの中で「なお、次作はかねて念願の西鶴物にかかるらしく、シノプシスはどうやら出来たらしい」と報じている。村上忠久「溝口と稲垣の近況」『キネマ旬報』一九四七年八月上旬号、一九ページ。
(86)　Harry M. Slott, "Report of Conference," September 1, 1948, Box no. 5140, CIE (D)00227.

（一六八八—一七〇三）の古典の中で、多くが解き明かされる。時代を問わず、人間は常に自由を追い求めていたこと。「一代女」は一つのドキュメントである。実際、封建時代には女性は蔑視されていたが、今日では女性は完全に解放され、日本の封建主義的・軍国主義的勢力の敗北によって作られた新しい自由を摑んでいる。[87]

まず目につくのは徳川時代の町人文化の担い手を封建的圧政に抗する民衆の芸術家として顕揚するレトリックだが、これは『歌麿』の製作過程において効果的に機能した実績がある。[88] さらに『歌麿』と共通するのは封建時代の女性の苦しみの強調だ。しかし、「好色一代女」ではこの手は通じなかった。

一九四八年一一月二九日にCIEによって審査された脚本は「好色一代女」と改題され、製作・絲屋壽雄、原作・井原西鶴、脚本・依田義賢、監督・溝口健二のほか、谷崎潤一郎が監修としてクレジットされている。[89] 谷崎がこの時点で具体的に企画に参加していたことを示す文書は発見されていない。しかし、依田が谷崎の名を喚起する文脈は興味深い。基本的には前述のシノプシス会議から窺われる線で西鶴の原作についての見解を述べたのち、依田は以下のように「製作意図」を締めくくる。「谷崎潤一郎氏の監修の下に、この近世日本文学の古典を映画化し、出来得れば対外輸出用映画として、これを世界に紹介したいというのがこの映画を製作するものの抱負である」(J-1)。言うまでもなく、この「製作意図」は黒澤明の『羅生門』（大映、一九五〇年）のヴェネツィアでの受賞（一九五一年九月）に先立つ。国際映画祭で黒澤に与えられた高い評価が溝口を刺激し、『西鶴一代女』での「一番奮起」を決意せしめたというのは事実だろうが、[90]「好色一代女」は『羅生門』以前から海外進出の野望をたぎらせた企画だったのだ。『狂恋の女師匠』（一九二六年）のヨーロッパ行き（一九二九年、第一章参照）以来、海外進出の夢は溝口の脳裏を去ることはなかったのだろう。谷崎潤一郎の名と徳川時代の題材は、四八年における日本映画輸出の野心と『蛇性の淫』（一九二一年）などに代表される「純映画劇運動」の間の歴史的連続性を再確認させてくれる。[91] 松竹京都に腰を落ち着けた溝口が、信頼する製作・技術スタッフとともに文化史的なバックグラウンドについて蓄積した知識と関心に立脚して手がけた

『歌麿』『須磨子』は、それぞれ徳川時代の視覚芸術と日本近代演劇の黎明を題材とし、批評的には必ずしも思わしくなくても、十分な話題を呼んで興行的成功を収めていた。こうしたタイミングで日本の近世文芸を代表する『好色一代女』の翻案に挑み、念願の国際的な映画市場へと打って出ようとしたのは納得がゆく。

日本映画の海外進出の企画書がアメリカ占領軍を最初の読者としたという偶発事は、作家溝口健二にとって意味を持つことになる。一九四八年の「好色一代女」製作者たちは、まず、目の前の占領者であり他者であるＣＩＥの検閲官を彼らの論理と言語に従って説得せねばならなかった。そして、脚本の英語訳の表紙に記された no good の走り書きは、「好色一代女」の見事な失敗を物語っている。平野も指摘するとおり、言語コミュニケーションの不全が多くの日本映画の運命に影を落としたと思われるが、「好色一代女」もその例に漏れない。まず、*The Lewd Woman of the Age* という英語題がひどい（of the *Age* は意味をなさず、lewd＝淫猥には肯定的なニュアンスがない）。溝口も依田も「好色」が持つ文化的意味――色事を含む情趣を解し愛好する――は熟知していたのだから、翻訳者がせめて amorous とできなかったのが悔やまれる（西鶴の『好色一代女』の現行英語題は *The Life of an Amorous Woman* である）。ＣＩＥの検閲台本の中には、日本語のオリジナル部分への検閲官の書き込みが含まれるものもあるが、「好色一代女」では、お粗末な英語訳のみが判断材料となった可能性が高い。しかし、私はそれだけが検閲不可の原因だとは決して思わない。「好色一代女」は、

（87）Box no. 5305, CIE(D)01464.
（88）「あの頃、時代劇は殆ど絶対に撮らせなかったのだね。僕は司令部へ出かけて行って、歌麿は民衆の画家だ、と説明したんだ」。溝口健二「自作を語る」『キネマ旬報』一九五六年四月下旬号、西田編『溝口健二集成』、二九五ページに再録。依田（一三六―一四〇ページ）も参照。
（89）前掲 "Shochiku Kyoto ―The Lewd Woman of the Age (Koshoku Ichidai-Onna)." 以下、「好色一代女」GHQ検閲台本についてはすべてこのマイクロフィッシュを引用元とし、脚本内に日本語版と英語版それぞれ振られているページ番号を本文カッコ内に示す。J- は日本語版、E- は英語版。
（90）依田、前掲書、一九二ページ。
（91）千葉伸夫『映画と谷崎』（青蛙房、一九八九年）、Thomas LaMarre, *Shadows on the Screen: Tanizaki Jun'ichirō on Cinema & "Oriental" Aesthetics* (Ann Arbor: Center for Japanese Studies, University of Michigan, 2005).

アメリカ占領下では製作しえぬラディカルな企画であった。

むろん、溝口と依田の一九四八年版台本が西鶴版『好色一代女』を「横領《アプロプリエイト》」した際の方向性は歴史的条件に強く規定されており、今日的な視点からみてラディカルであるとは限らない。[92] 西鶴版との最大の違いは、固有名を持たない「一代女」に「菊」という名を与え、ヒロインとしての人格的同一性を強調していることだろう。西鶴の浮世草子『好色一代女』を「性欲」に衝き動かされた一女性の運命を描く「小説」として礼賛する近代的＝非歴史的解釈は、一九世紀末の自然主義の中に興隆し、戦前すでに広く受け容れられていたが、戦後民主主義による「人間性の解放」を背景に、一九四八年三月出版の暉峻康隆の批評によってその頂点を迎えていた。[93] かくして、西鶴の語りが好色の諸相・売春の諸形態を「一代女」を口実としてコラージュするのに対し、四八年版「好色一代女」も五二年版『西鶴一代女』同様、それなりに首尾一貫した個性を持った女性の淪落の物語を描いている。

しかし、四八年版「好色一代女」検閲台本には、『西鶴一代女』のヒロイン春（田中絹代）に一貫性を与えているロマンチック・ラヴが希薄だ（なお、西鶴版にロマンチック・ラヴという概念が存在しないのは言うまでもない）。確かに、五二年版同様、四八年版でも若侍・勝之介がヒロインの最初の男として登場し、情事が露見して処刑されるにあたっては「身分上下にか、わらず、恋のま、なる世を……」と叫び（J-24）、その知らせを受けた菊も自由な恋愛の叶わぬ世を批判する（J-25）。しかし、これは明らかにＧＨＱへのリップサービスの域を出ない。春とは違い、その後の菊は自害など試みず、人生の転機においていちいち勝之介を想うこともない。「又日数をふりて、その人のことはさらにわすれける」（四〇二）という一代女と基本的に同じである。四八年版では、笹屋で堅気の勤めをしくじった菊が勝之介との逢瀬の場であった待合に身を寄せるが、初恋の思い出に生きるどころか、そこを拠点に売春に精を出し、笹屋の従業員を連れ込んで反物を巻き上げる（J-68-74）。五百羅漢堂における追想でも、「佛達の姿が、勝之介になったり、松平の殿様になったり、笹屋のあるじに似ているもの、新町でなじんだ油やに似ているもの［…］」（J-88）と、勝之介はあくまで無数の男の最初の一人に過ぎない。加えて、『西鶴一代女』のもう一つのロマンチック・ラヴ、扇屋弥吉

（宇野重吉）との結婚は四八年版に存在しない。一方で、菊は春よりはずっと多様な売春業に積極的に従事するものの、一代女のようにセックス自体を楽しみ、求めはしない。「ようま、勝手なことが云えたものぢや。わしにこんなみだらを覚えさせたのは、どなた様ぢや。みなと、ぢやないか」（J-67）と父に悪態をついて出奔し、体を張って反物を巻き上げる菊。彼女は同じ依田義賢の手になる『浪華悲歌』『祇園の姉妹』において若き山田五十鈴が具現した、家父長制に対するふて腐れた反逆者＝犠牲者の姉妹に他ならない。

さらに四八年版「好色一代女」に不在なのは、『西鶴一代女』において物語の主筋を形成するといっても過言ではない若殿出産と子別れ・再会の物語だ。その代わり、一代女同様、菊は堕胎を繰り返したことになっている。この意味で、菊はまさに「一代女」の名に忠実だったとも言えるだろう。暉峻康隆によれば、「一代」には一生涯という意味ばかりではなく基本的に子孫を残さず一代で終わる単独者という含意もあったからだ。(94) また、四八年版は西鶴版・五二年版の双方にみられる回想の枠構造を欠き、菊の物語は御所勤め時代から始まって線形的に展開する。しかし、次章で述べるとおり、「好色一代女」において追憶は語りの形式ではなく主題的モチーフとして重要性を帯び、追憶を発動させるのはロマンチック・ラヴではなく、「一代女」の堕胎なのである。

ＣＩＥの「好色一代女」脚本検閲を詳細に検討してみよう。まず、英語版の表紙、No Good のすぐ上には Story of Prostitutes と怒りの（？）殴り書きがされており（図版6-4-1）、売春の扱いが『好色一代女』の占領下での映画化に際して最大の問題であったことが窺われる。ＣＩＥ検閲官――署名はないが、おそらくハリー・スロット――が不可

（92）西鶴版としては井原西鶴「好色一代女」『新編　日本古典文学全集六六　井原西鶴集①』東明雅校注、訳（小学館、一九九六年）、三九三―五六八ページを参照した。以下、本文中括弧内にページのみ示す。
（93）広嶋進『西鶴新解』（ぺりかん社、二〇〇九年）、五―四一、一四〇―六三ページ、暉峻康隆『西鶴　評論と研究　上』（中央公論社、一九四八年）、一三―五〇、三〇七―二八ページ。
（94）暉峻康隆『好色物の世界　上下』（ＮＨＫブックス、一九七九年）。

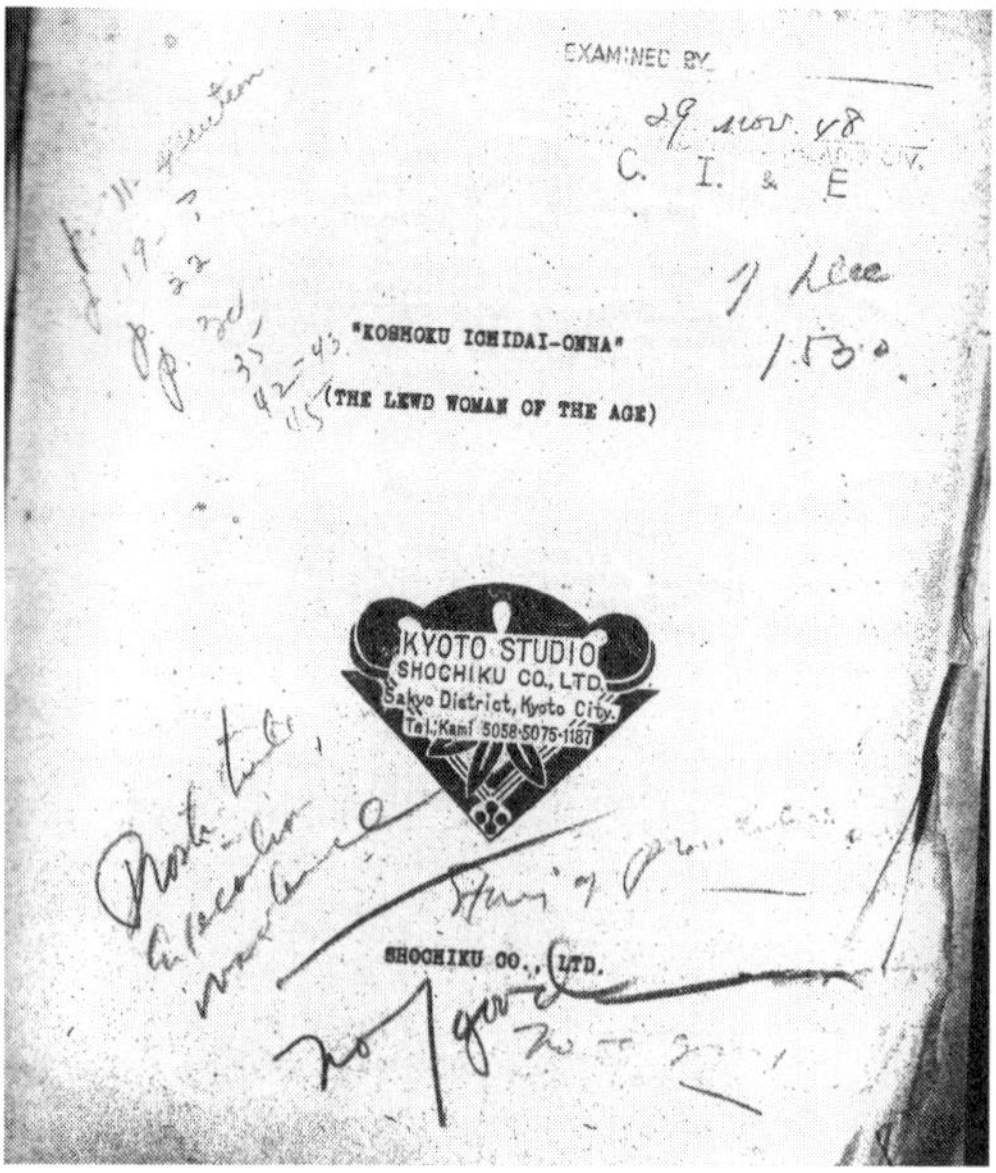

6-4-1：“Shochiku Kyoto — The Lewd Woman of the Age (Koshoku Ichidai-Onna),” 国立国会図書館憲政資料室、Box no. 5268, マイクロフィッシュ番号 CIE(B)01883-01885。国立国会図書館所蔵。原本はアメリカ国立公文書記録管理局所蔵。

の理由として書き記しているのは、“Prostitutes, Execution, Violence”の三点であり、具体的に問題ありとされたのは以下の七場面である。それぞれ対応箇所には下線、書き込みがしてある。なお、下線や書き込みはそもそもすべて英語訳に対してなされたものであるが、便宜上、日本語オリジナルの対応部分を引用し、カッコ内に英日両語の対応ページ数を記し（E：英訳、J：オリジナル）、［ ］内には対応場面の簡単な説明を書き加えた（本書、四二二―二三ページに見開きで掲載し、番号毎に点線で囲んだ）。

私の現在までの調査では、四八年版「好色一代女」検閲台本の審査会議録を発見することはできなかった。しかし、以上の七つの書き込み箇所は英語版表紙に記されたポイントにほぼ対応している。すなわち、「売春婦」prostitutes ③⑥⑦、「処刑」execution ①、「暴力」violence ①②、であり、⑤も「売春婦」に分類することができるだろう。「処刑」については、CIEの悪名高き日本刀フォビアによって説明できる。[95] 前述のとおり、処刑の直前、勝之介に封建的身分社会批判をさせたのも徒労に終わったと言えよう。なお、②の悋気講の場面は五二年の映倫提出台本に残存しており、[96] 封切版のプリントには含まれていたと見てよいだろう。

売春が格別の注意を要する題材であることは、CIE検閲が様々な作品に示唆と改善要求を重ねたことから、[97] 日本の映画人にも周知の事実だったはずである。しかし、一九四八年三月のシノプシス会議と一一月の脚本提出の間に、溝口と依田はまさに売春婦の生活を主題とした『夜の女たち』を完成させ、商業的に大成功を収めるばかりでなく批評的にも高い評価を得ている。紙屋牧子が示すとおり、四八年には田村泰次郎の小説『肉体の門』、その舞台化の大ヒットロングランを直接の背景に「パンパン」映画が流行し、溝口健二『夜の女たち』（松竹京都）、マキノ正博『肉体の門』（吉本映画–大泉スタジオ）、成瀬巳喜男作品『白い野獣』（東宝、公開は一九五〇年）が一種の競作として高い関心を集めていた。[98] 残念なことに、『夜の女たち』のシノプシス・脚本会議録も検閲台本もCIEファイルの中に発見されていない。しかし、松竹大谷図書館には日本語の「梗概」つき「製作意図」が一本、日本語台本三本、英語台本が一本残されており、製作プロセスの一端を垣間見ることができる。[99]

まず、一九四八年には多くのパンパン映画企画がCIEによって潰され、あるいは主題の扱いから細部に至る様々な水準で変更を迫られていたことを確認しよう。大映の企画「濁流を泳ぐ女」の脚本会議録（同年六月二六日）は、脚本がヒロインの売春婦を好意的に描いていること自体を批判し、抜本的な主題の変更によって母性愛へと焦点を移すことを要求している。[100] 同年七月九日に早くも改訂版脚本についての脚本会議が開かれたものの、ハリー・スロットは売春婦たちの客引き場面を「センセーショナリズムであり、道徳にとって有害である。日本の道徳は、日本の映画製作者たる者の責任ではないか」と糾弾し、「仮に製作者がこの映画を完成するつもりであれば、すべての責任と批判

(95) Hirano, *Mr. Smith*, 67-69. 平野『天皇と接吻』、一一二—一一四ページ。

(96) 前掲、早稲田大学坪内記念演劇博物館、「『西鶴一代女』全十五巻」、場面32。ただし、最後に人形をヒロイン・春に見立てて嬲る部分はガリ版刷の撮影台本には存在するが、映倫提出台本では少なくとも台詞にはなっていない。

(97) Hirano, *Mr. Smith*, 78-79. 平野『天皇と接吻』一二九—一三〇ページを参照。

(98) 紙屋牧子「占領期「パンパン映画」のポリティクス」岩本憲児編『占領下の映画——解放と検閲』（森話社、二〇〇九年）、一五五—一五八ページ。

(99) 以下、『夜の女たち』の「製作意図」および日本語・英語台本からの引用は、特に記さない限り、松竹大谷図書館所蔵資料に基づく。

(100) Box no. 5305, CIE(D)01455.

④（E-30; J-52）
［島原で年季が明けた帰り］
菊「悲しいことは、いつもつらかったのは、三度まで子供をおろしてしもうたこと…たとえかりの契りでも、母のお腹に宿ったものを、闇に葬る悲しい習い……」

⑤（E-35; J-62）
［笹屋における嘉兵エによる菊の誘惑］
嘉兵エ「（にやっとなり）しかし、ずいぶん面白いめをして来たやろう。え、どうやな、ははは」

⑥（E-42-43; J-74-75）
［菊の売春遍歴］
64.　水茶屋
水茶屋の女になった菊が朋輩たちに交って若旦那風態の男にぢやれかゝつて声高に笑ってゐる。

――O. L――
65.　風呂
湯女になった菊が、湯気たつ中で裾をからげて、若い衆の皆を流している
――O. L――
66.　川
船にのってゐる歌比丘尼になった菊、川べりに働く農夫たちに呼びかけては歌う。流れて行く船
――O. L――
67.　船着場
旅人船頭たち忙しく往来するところに、針を賣っている菊。旅人が通りかゝると、につこりと媚をふくんで笑ひかける。旅人近づいてひそひそと話す。笑って相手になっている菊。

⑦（E-45; J-79-80）
［惣嫁たちの生活］
75.　裏長屋の仲
昼、せんべい布団にくるまってゐる菊。この家にゐる惣嫁の嚊々は三人で、年の頃五十をすぎたものばかり、一人はあぐらをかくやうにして貧乏徳利で茶碗酒をあほり、いま一人は寝そべって豆をぽりぽりかぢつてゐる。どうにもあさましい姿である。

「好色一代女」の検閲官書き込み

① execution（E-11; J-24）
［勝之介の斬首］

悲痛な声が夕べの原の風に散る。
気合いもろとも大刀が下ろされる。
Sword play（書き込み）

②（E-19-?; J-36-37）
［御殿女中やお局たちが人形を人に見立てて苛む悋気講］
岩橋「(略) 二人が逢曳の場所に忍び寄りました。ところがどうでござりましょう。女めは、今宵は眉根がしきりに、かゆいゆえ何ぞよいことでもござりませう、ちょっと、かいて下されなどと、少しもはぢらう気色もなく男の方へすりよるではござりませぬか。私はもうこらえかね、それは私の男ぢやといいざま」

岩橋、ぱっと人形のところかまはずかみつきいぢめる。人形のとぼけた顔。みんなどっと笑う。

(略)
桜井「(略) その婿をこの人形にかけていっそ殺してしまいたうござります」

③（E-22; J-41-42）
［菊の帰宅と島原行き］
新左エ門「なあに娘は松平様のお部屋様やがて若殿を設けたなら御扶持もいたゞける、百両二百両などなんでもないと、たったいま吹いて戻って来たものを……えゝい、なんで命がけなどてほれくさったのぢや」
(略)
新左エ門「(云いにくそうに) どこぞ人置きにでもたのんで……とにかく、その五十両を」
菊「それで、とゝさまがたすかるなら、何処えなりと参じます」

――O. L――
28.　島原の茶屋丸屋の座敷

夜、引舟女郎太鼓女郎などにとりまかれた客のまえで、菊の菊太夫が打掛をひるがえしてかしの式、仲居がこえをはりあげは製作者に着すべきものとする」と極めて強い調子で締めくくっている。大映は企画の大幅な見直しを余儀なくされ、題名を「母」に変更した。(101) マキノ正博の『肉体の門』は脚本改訂を迫られ（四八年四月二八日）、さらに完成したフィルムのCIE審査（同年八月五日）の結果、CCDへの提出に際して、（一）クレジット背景の裸婦画、（二）残虐さ、（三）受難の苦しみを比較するために用いられた宗教的写真の意図の曖昧さ、（四）売春婦たちの卑猥で下品なポーズ、（五）客引き、の五点が問題となり、削除が要求されている。(102)

他のパンパン映画に対してなされたこのようなCIEの批判に照らすとき、『夜の女たち』は占領軍検閲のツボを押さえた極めて巧妙なテクストとして新たな相貌を見せる。大谷図書館所蔵資料の「製作意図・物語」は、CIEのシノプシス審査のために準備されたものだろう。日付は記されていないが、このプロジェクトに対する検閲官スロットのコメントが一九四八年三月二日付の雑誌に掲載されているところから、同年初めに提出された可能性が高い。(103) 表紙には「三ツの花改題（赤字）／~~貞操地帯~~／夜の女たち」とあり、題名には変遷があったことが窺われる。(104) 幼子を抱えて戦争未亡人となるヒロイン・房子、その妹で朝鮮から引き揚げてきたダンサーの夏子、房子の義妹のティーンエイジャー・久美子の「三ツの花」の淪落と更生を描く物語の大枠は、このシノプシスから現存する完成フィルムまで変わっていない。『夜の女たち』の製作者たちは、シノプシスから完成に至るプロセスの中で密な折衝を重ねたというよりも、周到に「製作意図」を準備し、CIEの信頼を一挙に固めたと考えられる。いささか長くなるが、その全文を引用しよう。

戰争が終わって既に二年になる。國民は戦争の打撃と　インフレと飢餓の中に蠢いてゐる。敗戦はしかし、永い暗黒から國民を解放した。とりわけ若いジェネレーションは、自由と幸福を求めてあがき闘つてゐる。「闇の女」は猖獗をきわめ好ましからざる出生と性病の傳播と道徳の頽廃に拍車をかけてゐる。これは敗戦國に共通の現象である。しかし、我國の場合は、これを單なる社会的悪徳として片付けられない事情がある。永い間の封建的束縛から解放された若き女性たちの自由と幸福とを求めてのあがきであり、それが、彼女達の性的無知と、人間的自覚の低さ等のために、はなはだしく歪められた形で発現したと見るべき半面のあることを見逃し得ない。

本作品は、主要人物たる三人の女性が、それぞれの経路を辿つて轉落して行く過程と、そして行きつくところまで行つて始めて彼女たちが、自我の発見、人間性の尊さに対する自覚等により、再び更生に立ち向かうまでの顚末を描き

1. 彼女達自身に深い反省を促すと共に
2. 自由と幸福を求めて考えのフラついてゐる一般の若き女性達に警告し、
3. 性に関する衛生思想を啓蒙し、
4. 更らに、広く、國民全体に対し「闇の女」への理解と同情を深めしめ、愛情と理解ある指導こそが、娘達を堕落から救い、且つ、轉落女性をも再起更生に導く大きな力である所以を示すことにより社会の道徳

(101) Box no. 5305, CIE(D)01455.『母』は同年八月公開。母物としての映画『母』企画について日本側の資料に基づく先駆的分析として、板倉史明「大映「母もの」ジャンル生成とスタジオ・システム」岩本憲児編『ホームドラマとメロドラマ　家族の肖像』（森話社、二〇〇七年）、一一〇—一二ページ、CIEの検閲資料に依拠し、「パンパン映画」だったはずの「濁流を泳ぐ女」から『母』が生まれ、「母物」ジャンルが遡行的に生み出されるプロセスを跡づけた優れた論考として、紙屋牧子「「聖」なる女たち——占領史的文脈から「母もの映画」を読み直す」『演劇研究——演劇博物館紀要』第三七号（二〇一四年三月）：六五—八二ページ、がある。

(102) Box no. 5304, CIE (D)01444（シノプシス会議）、Box no. 5305, CIE(D)01463, CIE(D)01457（ともに脚本会議）、CIE(D)01462（フィルム検閲）。

(103)「米軍よりほめられた『夜の女達』松竹京都作品」『スクリーン・タイムス』一九四八年三月二日号、一ページ、国立国会図書館、憲政資料室プランゲ文庫、*ZZ33*。この資料に関しては Hirano, *Mr. Smith*, 164 より教示を得た。

(104) 依田も「貞操地帯」をもう一つの題名として挙げており（依田、前掲書、一六九ページ）、「製作意図」の表紙にも英語題として CHASTITY ZONE と書かれている。あくまで推測だが、「三ツの花」ではインパクトに欠けて興行的に損をするが、「貞操地帯」では意味不明なうえに徒に扇情的でCIE受けが悪いと考えたのではなかろうか。

的粛正を通じて、文化國家の一端に資せんとするものである。

そして、梗概に続いて「企画意図」の概要が繰り返され、以下のような宣言が続く。

今回松竹京都撮影所が溝口健二演出作品として〝貞操地帯〟を企畫され以上に述べた様な問題をテイマとして眞摯にこの問題をとり上げることは現下の時局に眞に適切な企畫であると信じ、これを従湧すると共にその完成のために大いに助力したいと思ふ。関係当局にをかれても此の映画の制作企畫に大きな関心と同情ある理解を寄せられたいと思ふ。

昭和　　年　　月　　日

警視廳　保安課長　池田恵三郎

仝　　青少年課長　石毛勇司

東京都民生局

母子保護係長　荻野泰

都立吉原病院長　深井勝

この「企画意図」は、パンパンへの「転落」の要因として、敗戦後の経済危機のみならず、「封建的束縛から解放された若き女性たちの自由と幸福を求めてのあがき」の歪んだ発現を挙げている。つまり、封建的社会と女性たちの希求との葛藤の存在を認識しつつ、彼女たちへの「警告」「教育」を強調し、すでに「堕落」してしまった者の「反省」「更生」を謳っているわけだ。性病の危険性についても繰り返し言及し、センセーショナルな題材を見事に「社会問題」として提示している。さらに、警察、福祉・公衆衛生、医療の現場トップが名を連ね、映画製作者たちのこうした取り組みに対して、「真摯」かつ「現下の時局に眞に適切」なプロジェクトとのお墨付きまで与えている。戦前以来、溝口作品にはしばしば帝大や美校の教授や著名な芸術家が時代・風俗考証に名を連ね、プロジェクトに箔を付けていた（もちろん、実のある助言も与えていたに違いないが）。『夜の女たち』の道徳的意図に対するお墨付きは、そのいかがわしさを逆照射するとともに、製作者側の並々ならぬ意気込みを示している。こうした姿勢が功を奏したのであろう。スロットは、社会問題を「真正面から真しな態度でとりあげ」観客の意識の向上に貢献する企画として『夜の女たち』を強く支持した。(105)

実のところ、房子（田中絹代）が栗山社長（永田光男）の愛人として囲われるのもアメリカの基準では立派な売春だが、二人の間の「契約」は大人の観客には明らかでありながら、房子は夏子（高杉早苗）の問いを退けているので（「姉さん、あんたあの社長さんと契約があるんじゃないの」「あほなこと言わんときなさい」）、ナイーヴな観客に対する「否定可能性」は保たれている。さらに房子は栗山の恋愛感情を信じていたことになっており、パンパンへの「転落」もこの男の裏切りに起因する絶望によって動機付けされている。パンパンとなった房子は「男への復讐」を叫んで開き直るものの、改悛・廃業・更生・社会復帰への途が婦人ホームの院長（玉島愛造）のキャラクターに具現されてはっきりと提示されている。クライマックスの鞭打ちでさえ、義妹・久美子（角田富江）とともに廃業し更生するために避け

(105)　前掲「米軍よりほめられた『夜の女達』松竹京都作品」。

6-4-2：「なあ兄ちゃん　遊ばへん？」「何言うてんのや　昼間から遊んでられっか」

6-4-3：「あほくさ　ほんまのとこ言うたら金ないのやろ　やまこはりなカス　ぼやぼやしいなや」（オフスクリーンのパンパン仲間たちから喝采）

ては通れぬ儀礼である。[106] こうした動機付けや心理的説明に説得力や現実味があるかどうかはさして問題ではない。動機付けがなされているということが重要なのだ。

周到な「製作意図」とハリウッド的な因果関係の論理に支えられていればこそ、『夜の女たち』は性労働者の生活環境をかなり可視化することができた。のちに「濁流を泳ぐ女」や『肉体の門』の客引き場面がとりわけ問題視されたことを考慮に入れれば、房子（ギンガムチェックのジャンパースカートとリボンが強烈である）が昼日中に日本人男性に声をかけ（図版6－4－2）、断られて悪態をつく（図版6－4－3）シーンはかなり大胆である。さらに、行方不明の房子を捜して夜の阿倍野を歩いていた夏子はパンパンと間違えられトラックに詰め込まれ、警察で尋問を受けた後に病院送りになって強制的に性病検査をされ、ここで大姐御になった房子と再会することになるのだが、これは悪名高き「刈り込み」の驚くほどストレートな再現である。現実には太平洋陸軍憲兵隊司令部（ＭＰＯ）が日本の警察と協力して行った「刈り込み」とは、パンパンの活動地域で女性を一斉逮捕して病院での膣検査を強制するもので、目的は占領軍兵士の性病対策であった。[107] 小碇美玲が指摘するように、大規模に繰り返された「刈り込み」が問題化し、女性の人権蹂躙として日本の女性・男性知識人、さらにはＧＨＱ内部からの批判にもさらされることになったのは、汚れた「闇の女」「パンパン」ではない一般女性が誤認に基づいて拘束され、屈辱的な検査を強いられたからである。[108] 一見するとこれはまさに夏子の物語に見える。ところが、夏子は朝鮮半島からの引き揚げ中に性暴力の被害にあって「汚され」、姉の愛人でもあった栗山からうつされた梅毒のために病院に留まることを余儀なくされており、女性のセクシュアリティや「貞操」をめぐる規範性の外部に置かれている。[109] つまり、

『夜の女たち』は、因果関係の論理に従って検閲をかいくぐり、検閲官の賛辞まで獲得したばかりではなく、同じ論理によって「素人」と「玄人」の境界を無化し、GHQと廃娼論者の言説を規定していたブルジョワ的貞操観――護られるべき処女／妻／母と汚れた娼婦の二項対立――を痛烈に批判している。さらに、画面外の現実においては「パンパン」たる房子の客はアメリカ人GIであり、「刈り込み」を主導したのもアメリカ人MPだったことは、当時の観客には注釈の必要もない常識であったろう。戦前から権力に阿りつつイデオロギー的に収まりの悪い作品を作り続けてきた溝口‐依田コンビの面目躍如と言うほかない。

しかも『夜の女たち』は封切配収一千二百三十五万円をたたき出し、その時点での戦後日本映画の最高記録を樹立する大当たりとなった。[110] 京都では、自称学生のチンピラ・清が久美子にアルコールを飲ませて強姦するシーンなどが「純潔な氣持に「悪影響」を與える」という理由でこの映画の青少年の観覧を禁止したが、映画産業側から見れば、図らずも八年後の「太陽族映画」に先駆けた炎上マーケティングとして機能したと言えるだろう。[111] 一方、『夜の女たち』の話題性と興行的な大成功こそが、そのすぐ後に封切りを予定していた他のパンパン映画（『肉体の門』「濁流を泳ぐ女」など）や「好色一代女」の運命に負の影響を及ぼした可能性も否定できない。

---

(106) ただし、鞭打ちからラストにかけてのシーンは制作途中に『映画芸術』に掲載された脚本や、大谷図書館所蔵のそれとほぼ同一の準備稿（表紙には三つの薔薇の絵、「白井蔵書」との判がある）には見あたらず、そのかわり、房子と久美子が婦人ホームで更生を誓うことになっていた。依田義賢「シナリオ　夜の女たち」『映画芸術』一九四八年四月号、四八ページ。

(107) 奥田暁子「GHQの性政策――性病管理か禁欲政策か」恵泉女学園大学平和文化研究所編『占領と性――政策・実態・表象』（インパクト出版会、二〇〇七年）、二一―二二ページ、早川紀代「占領軍兵士の慰安と買売春の再編」同書、六九ページ。

(108) Koikari, *Pedagogy of Democracy*, Kindle edition, loc. 2280-2300.

(109) 金普慶「占領期の溝口健二と「パンパン映画」――GHQの検閲と『夜の女たち』の交差する「娼婦」たち」『アート・リサーチ』第一四号（二〇一四年）：三五―三六ページ。

(110) 『松竹百年史　本史』、六二七ページ。

(111) 「『夜の女たち』評判記より」『キネマ旬報』一九四八年七月上旬号、二七ページ。

『夜の女たち』の成功によってＣＩＥの許容範囲を過信したのか、いかなる売春をも封建時代の悪習として括弧に入れたつもりだったのか。四八年版「好色一代女」は菊の売春を「封建社会の犠牲」とするだけで、ＣＩＥの売春問題検閲のツボである改悛と更生を外している。検閲台本は、羅漢像に昔の男達の幻を見て失神した菊が寺の僧に抱き起こされてからの以下のようなやりとりで幕を閉じる。

僧「どうしなさったのぢや、この羅漢さまのなかに、先立たれた子たちに似た姿でもござったのか、どうしてそんなに泣くのぢや」
菊「(いよいよ泣きながら) いえいえ　われながら、わが身があさましゅうて……お恥ずかしい。死にたうございます。死んでしまいたい……」
僧「死んではならぬ。どの様な仔細があるのかは知らぬが、死んではならぬ」
菊「はい……はい……」(J-89)

ここには確かに強い後悔の念が刻まれているものの、更生への具体的な手立ては示されず、精神的な救済も約束されていない。

ＣＩＥを売春(および堕胎)の表象に対して過敏にしたのは、良俗に対する配慮というような曖昧なものではない。現実には圧倒的に可視的でありながら決して表象し得ぬ対象であった占領軍の性を常に喚起するからだ。軍事占領という権力関係を直に反映したアメリカ人ＧＩと日本人女性の性関係、すなわち「支配としてのセックス」[112]を占領下の映画が可視化することがあってはならず、それゆえに原爆や天皇と並ぶ危険な題材だったのである。かくして、『夜の女たち』のパンパンの客は日本人であらねばならなかった。一方で、支配としてのセックスに対する嫌悪に満ちた認識は、アメリカと日本の戦後を性的比喩で語る言説——アメリカによって「去勢」「強姦」「女性化」された日本

——を生んだ。この性化されたナショナリズムの言説は、ときとして現状に対する批判として機能してきたとしても、優れて家父長制的である。占領軍と日本の家父長制が演じる抑圧と去勢のドラマの中では、女性とその身体は護られ、所有され、犯され、取引され、あるいは読み解かれる記号に過ぎない。[113]四八年版「好色一代女」がラディカルなのは、女性の交換そのものを主題化し、さらに第四節で見るように、その果てに堕胎の追憶を女性の主体＝身体化の契機とする限りにおいてである。

「好色一代女」のラストシーンにおいてヒロイン・菊を涙に駆り立てるのは、羅漢像に「先立たれた子」の面影を見たのかという僧侶の問いであった。上述のように、菊による堕胎の告白は問題点④としてＣＩＥ検閲官の指摘を受けていた。すると、四八年版「好色一代女」のクライマックスとも言うべきシーン八〇の以下のモチーフが問題点とされていないのは、逆に驚きである。惣嫁（街娼）となった菊は巡礼たちに「化猫様」と笑いものにされた（シーン七七）後、長屋に帰って来る。

菊「（略）……せめて、子供でもあったなら、こんな憂目をしないですんだらうに……ちょっと見て見や　そこの溝ぶたをたゝく雨脚が、子供の姿の様に見える。わしがおろした、たあんとの子供がならんでゐる。」
嗚々丙「ほんまかえ、どこに……何も見えやしないぢやないな、どうかしているよ」
菊「お前に見えぬとも、わしにはよう見える。蓮の葉の笠を被って、腰から下を血に染めて、あれあの様に……」

窓から見える溝ぶたの雨脚に、蓮の葉の笠を被って子供が沢山ならんで泣いている

（112）加納実紀代「「混血児」問題と単一民族神話の形成」『占領と性——政策・実態・表象』、二一八—三〇ページ。
（113）植民地主義的表象における性化されたレトリックとイメージについては、Ella Shohat, "Gender and Culture of Empire: Toward a Feminist Ethnography of the Cinema," *Quarterly Review of Film & Video* 13, nos. 1-3 (1991): 45-84.

6-4-4：井原西鶴「好色一代女」『新編日本古典文学全集66　井原西鶴集①』東明雅校注、訳（小学館、1996年）、555ページより。

菊「泣いてゐるよ、むごいか、さま、むごいか、さまと云ふて、みんな、泣いている」

菊は顔を蔽ふてはげしく泣く（J-86）

この場面は、西鶴の原作の中で挿絵にもなり（図版6－4－4）かなり良く知られているパッセージを概ね忠実になぞっている。引用してみよう。六五歳になった一代女が小さな家で貧窮の生活を送っているとき、

一生の間、さまざまの、たはふれせしをおもひ出して、観念の窓より覗けば、蓮の葉笠を着たるやうなる子供の面影、腰より下は血に染みて、九十五六程も立ちならび、声のあやぎれもなく、「おはりよ〱」と泣きぬ。「これかや、聞き傳へし孕女なるべし」と、気を留めて見しうちに、「むごいかかさま」と、銘々に恨み申すにぞ、「さてはむかし、血堕しをせし親なし子か」とかなし。「無事にそだて見ば、和田の一門より多くて、めでたかるべき物を」と、過ぎし事どもなつかし。暫く有つて消えて跡はなかりき。これを見るにも、「いよ〱、世をかぎり」と思ひしに、その夜明くれば、つれなや命の捨てがたくおもはれし（五五五—五六）。

四八年版「好色一代女」では、九五、六という数字は割愛され、孕女（難産で命を落とした女の幽霊）という紛らわしい迂回も削除されている。そのかわり、惣嫁仲間という第三者の導入により、胎児たちの姿は菊にのみ可視的な幻影として定義づけられた。つまり、このイメージは菊の主観によって動機付けられ、超自然的な存在の顕現をみる解釈はあらかじめ排除されている。しかし、幻想の枠構造は、下半身を血に染め、蓮の葉に見立てられた胎衣（えな、胎盤）

を被って泣く子供たちのイメージの強烈さを弱めはしなかっただろう。『折鶴お千』（一九三五年）のラストシーン、『名刀美女丸』の刀鍛治シーン、そして『雨月物語』に見られるように、溝口健二はホラーと幻想の映画作家でもあり、このシーンをいかに演出《ミザンセヌ》したかと思い描けば興は尽きない。だが、ＣＩＥの検閲を考えるとき、とりわけグラフィックなこのシーンがなぜ問題とされなかったのか。検閲官による直接の言及が残っていない以上、解釈は推測の域を出ない。

しかし、「好色一代女」が書かれ検閲を受けた一九四八年は日本におけるリプロダクティヴ・ライツをめぐる政治の分水嶺であった。人工妊娠中絶の事実上の合法化への一歩が踏み出されたからである。だが、この「解放」もまた、占領下の歴史的文脈のなかで重層的な意味を持った。繰り返し述べてきたように、占領下では、女性解放が叫ばれ、男女の法の下の平等が新憲法に書き込まれて婦人参政権をはじめとしたラディカルな改革が次々と実現し、それとまったく同時に、敗戦後の混乱と経済危機のなかで多くの女性が性犯罪の被害者あるいは性労働者となり、また、アメリカを中心とした占領軍との間に広範な異人種間の身体の接触が起きた。このような占領下の女性をめぐる生々しい社会変動、とりわけ女性の再生産《リプロダクション》／生殖をめぐる主題は溝口映画にとって中心的主題であった。

人工妊娠中絶を罪とする刑法の堕胎罪は一八八〇年の施行、一九〇七年の改訂による罰則強化以来、今日にいたるまで存在している。しかし、一九四八年七月一三日優生保護法が公布され同年九月一一日に発効したことにより、本人または配偶者の遺伝的疾患・精神障害、あるいは強姦の場合に限り、人工妊娠中絶が合法化された。多くの一般女性にとって合法的妊娠中絶が現実的な選択肢となるのは、四九年および五二年の改正によって「経済的理由」による運用が容易になってからである。とはいえ、広範な合法化は四八年の時点ですでに議論されていた。藤目ゆきが述べるように、復員兵、植民者の帰還によって四七年から四九年にかけてベビーブームが起こり、戦中の「産めよ殖やせよ」から一転して人口抑制が国家的課題とされる一方、引揚中や日本国内での強姦、売春の結果、望まない妊娠に直面する女性は多かった。さらに、四八年一月に露見した寿産院事件は、敗戦直後の貧困の中での堕胎法体制の矛盾を前景化した。[114]「好色一代女」執筆・検閲の時点で、血に染まって居並ぶ胎児のイメージは、寿産院で殺された乳児たちを喚起したに違いない。ティアナ・ノーグレンによれば、公衆衛生福祉局などGHQ関係部局は、人口調整と女性の人権の立場から基本的には産児制限を支持しており、中絶合法化に関してはアメリカ国内のカソリック団体などへの配慮から積極的な協力はしなかったものの、敗戦後の特殊な状況に対応する一時的な措置として容認していた。[115]

とはいえ、CIEが妊娠中絶を映画の題材として推奨することはなく、合法性の視点からというよりは売春や性病と並んでセンセーショナリズムに堕す主題として極力避けるように指導した。菊田一夫の戯曲『堕胎医』(一九四八年一月一日『演劇界』発表)は堕胎回避・梅毒有りで黒澤明の『静かなる決闘』(大映)となって一九四九年三月に公開されるが、それに先立つ一九四八年七月一二日、東横映画・豊田四郎監督の企画『堕胎医』がCIEのシノプシス審査の結果事実上潰されている。スロットの以下のコメントは、堕胎に関するこの時期のCIEの立場を要約するものだ。

> シノプシスを審査して、映画演劇班は堕胎の題材は娯楽を目的とする劇場で上映されるべきではないと感じた。明らかに、この題材はセンセーショナルと分類され、好奇心を掻き立てるばかりで、建設的な目的に奉仕することがない。本班は、アメリカの映画製作者たちも、MPPA《ママ》(アメリカ映画製作者協会)のコードのもと、建設的目的がないという理由でこのような題材は避けざるをえないと指摘した。『堕胎医』といった題名を避けることも考えられよう。[116]

CIE映画・演劇部映画課長ハリー・スロット(Harry M. Slott, 一九〇一?——一九六四)は、二人の強烈な前任者——おそらく共産主義者であったと言われているカリスマ的な初代のデイヴィッド・コンデ、占領軍の映画政策案に戦中から関わり、ニュース映画『マーチ・オブ・タイム』の編集をしていたジョージ・J・ガーキー——に比べると知られていない。[117] しかし、谷川建司が明らかにしているとおり、一九四七年後半からCIEの映画検閲に携わっていたスロットは、ハリウッドのMPAA（アメリカ映画製作者協会）とその映画製作倫理規定を範とし、政府による介入を阻むことを至上命題として精力的に活動し、業界自主規制機関としての映画倫理規程管理委員会（旧映倫）の立ち上げ（一九四九年二月）に尽力した。[118] スロットは来日以前には「業界誌のレポーター、撮影所の広報担当、映画のプロデューサーのようなものとして、ハリウッドで相当の経験を積んでいた」と述べており、[119] アメリカ映画協会（AFI）のデータベースでは、ジョゼフ・H・ルイス『ベラ・ルゴシの幽霊の館』（一九四一年）、ドン・シーゲル『殺し屋ネルスン』（一九五七年）、ロバート・アルドルッチ『何がジェーンに起こったか？』（一九六二年）を含む七本に助監督(Assistant Director)としてクレジットされている。[120] 一九五〇年一〇月、スロットは『キネマ旬報』復刊特別号の巻頭に写真入りで登場して「観客を多く集める映画即ち賣れる映画はよい映画と言えるが、やはり量を多くするよりも、質

(114) 藤目、三五七―五八ページ。
(115) ティアナ・ノーグレン『中絶と避妊の政治学――戦後日本のリプロダクション政策』岩本美佐子監訳（青木書店、二〇〇八年）、六五―九八ページ。
(116) Box no. 5305, CIE(D)01455. 平野、前掲書、一三〇ページ。
(117) コンデについては、平野、前掲書、二五―二六ページ（註八）、および、デビッド・コンデ、岩崎昶、藤本真澄「わたしが〝指導した〟日本映画との再会」（『キネマ旬報』一九六四年十一月下旬号）、二六―二九ページ、ガーキーについては谷川、前掲書、七七ページが詳しい。
(118) 谷川、前掲書、二五二―五七ページ。
(119) John L. Scott, "Japanese Show Yen to Better Own Films: Ex-Adviser to Nippon Movie Industry Tells of Realism, Quality Changes," *Los Angeles Times*, April 20, 1952.
(120) *AFI Catalog: Feature Films*, s.v. "Harry Slott," http://www.afi.com/members/catalog/SearchResult.aspx?s=&retailCheck=&Type=PN&CatID=DATABIN_DIRECTOR&ID=67220&AN_ID=&searchedFor=Harry_Slott (accessed July 19, 2015). なお、imdb.com は「Harry M. Slott」の異名として Harry Slott、Harry Scott を挙げている。
本書の出版には確認が間に合わないが、仮に Slott が Scott でもあったとしたら、検閲官スロットはレオ・マッケリー『明日は来たらず』（一九三七年）やフリッツ・ラング『真人間』（一九三八年）でも助監督をしていたことになる。

6-4-5：ハリー・スロット。『キネマ旬報』1950年10月15日号より。

を良くすることが最も望ましい」と述べている[121]（図版6－4－5）。ここには、映画製作に通暁した玄人であり[122]、かつ、娯楽としての映画の社会的・倫理的役割について極めてハリウッド的な意識を持っていたスロットの「映画＝良質の娯楽＝商品」というヴィジョンが表れている。このような視点からすると、堕胎や売春は扇情的で悪趣味であり、健全娯楽としての映画のステイタスを危うくする題材であった。

現代劇において社会問題として取り上げられてさえ抑圧された堕胎の主題は、前近代に設定されるとき、さらに重層的な歴史の網の目に捉えられる。まず、徳川時代においては、幕府や藩の度々の禁令にも関わらず堕胎は行われていた[123]。中絶をめぐる視覚のポリティクスにとって、前近代の堕胎は諸刃の刃となる。すなわち、菊の堕胎とその追憶は、堕胎を確かに悔恨すべき悪とし、イメージの強烈さと身体性によって情動的かつ無媒介な反応を喚起しつつも、徳川時代と占領期という歴史的文脈の間を往還し、女性の身体をコントロールする制度の歴史性を露呈させるからだ。占領軍にとってこうした多義性は、スロットのお気に入りのフレーズを使えば「何の建設的な目的にも奉仕しない」。しかし、次章でみるように、菊の堕胎の幻はGHQ／SCAPによる検閲の終了後に『西鶴一代女』として完成された映画にもつきまとう。

第五節　『我が恋は燃えぬ』

『我が恋は燃えぬ』は大枠ではフェミニスト・福田（景山）英子（一八六五―一九二七）の自伝『妾《わらは》の半生涯』（一九〇一年）に基づいている。物語は自由民権運動が高まりを見せた一八八四（明治一七）年、岡山に始まる。士族の娘・平山英子《えいこ》は遊説にやってきたフェミニスト岸田俊子（三宅邦子）に感銘を受け、民権・女権拡張への関心をますます強める。一年後、婚約者の早瀬（小澤栄太郎）を頼って上京した英子は、重井憲太郎（菅井一郎）の紹介により自由党本部で働きつつ勉強するが、早瀬は政府のスパイであった。自由党解党後、重井と内縁関係となった英子はともに秩父事件に参加し、潜入した製糸工場で女工として売られた同郷の千代（水戸光子）と再会する。千代はレイプの報復として工場に火をつけるが、これが重井や英子の指図と誤解され、皆国事犯として逮捕される。刑務所で英子は警察官僚となった早瀬の求婚を拒み、女衒（村田宏寿）の子供を流産した千代を看病する。一八八九（明治二二）年、英子、千代、重井は明治憲法発布の恩赦で出獄し、英子は千代を女中として引き取るが、重井はまもなく千代に手をつける。英子は国会議員になった重井と別れ、再出発して女子教育に尽くそうと岡山へ向かうと、千代もその志にうたれて追ってきた。

この物語は明治物であり、「思想運動と肉體の二筋道に女の眞實をさぐらんとしたある女の哀怨の悲史！」という惹句に要約される芸道物的構造を持ち、(124) 総動員体制下の『樋口一葉』（並木鏡太郎監督、東宝、一九三九年）や『奥村五百

(121)「〃良い映畫こそ良藥である〃　民間情報教育局映画演劇部映画課長スロット氏に訊く」『キネマ旬報』一九五〇年一〇月一五日号、一八ページ。

(122) スロットは、松竹大船において小森和子のインタヴューに答え、こう語っている。「撮影所へ行って見ると、スターがハリウッドと同じメイクアップをしている。また監督はアメリカの技術を學ぶのに熱心であり、材料の乏しいのにも係らず［ママ］、日本の士氣振興に寄與しています。撮影技師は寫眞技術の研究を怠らない、製作者はフィルムの不足に悩みながらも、作品にヴァラエティーを盛つて、あらゆる程度の観客の満足を得ようと計つているように見受けられます。私は長い間ハリウッドで生活していましたが、日本の撮影所へ入ると、我が家に歸つたような氣分に成れるのです」。小森和子「日本映画デモクラシーの黎明——總司令部民間情報教育局映画課・映画担当官ハリー・スロット氏語る」『映画世界』一九四八年六月号、八—一〇ページ。

(123) 徳川時代の堕胎については、沢山美果子『出産と身体の近世』（勁草書房、一九九八年）、一—三七ページ、荻野美穂「堕胎・間引きから水子供養まで——日本の中絶文化をめぐって」赤坂紀夫・中村生雄・原田信男・三浦佑之編『女の領域・男の領域』（岩波書店、二〇〇三年）、二二五—五一ページが研究史を的確に要約している。『好色一代女』の上記のパッセージについての分析としては、内野花「近世大坂における回生術と産科学」『日本医史学雑誌』第五五巻第一号（二〇〇九年）：三一—四二ページ。

(124)『わが恋は燃えぬ』プレスシート、川喜多記念映画文化財団所蔵。強調は引用者。

子』(豊田四郎監督、東宝、一九四〇年、現存プリントなし)、さらに溝口−田中の『浪花女』のような女性伝記映画の系譜に連なる。しかし、英子の政治運動と性愛の「二筋道」の達成を妨げるのは、芸道物のように二つの道相互の矛盾や対立ではなく、封建的な家父長制とセクシズムである。こうした意味で、『我が恋は燃えぬ』はフェミニズムそのものを核心に置いた稀な映画であり、前世紀の日本の商業映画としてはアメリカ占領下にしかあり得なかったし、批評家ロビン・ウッドのやや誇張した言葉をかりれば、「逆説的にも、それまであるいはその後のアメリカのいかなる商業映画をも凌駕して、フェミニスト分析と政治的要求を押し進め」さえしているのである。[125]

近年、『我が恋は燃えぬ』については、フリーダ・フリーバーグやウッドら英語圏のフェミニスト分析をふまえ、日本語でも積極的な再評価が進められている。[126] フリーバーグは、一九四五年一一月の時点で松竹において「景山英子の人生」という企画が進行しており、CIE映画課長デイヴィッド・コンデが「彼女は女性の平等のためばかりではなく、朝鮮の独立のためにも闘った」と高く評価して助言を行っていたことを明らかにしている。[127] とはいえ、この企画と『我が恋は燃えぬ』がどの程度連続しているのかは不明である。管見では溝口の占領下作品としてCIEの検閲記録が最も充実しているのは『我が恋は燃えぬ』である。全ての作品について資料が残っているわけではないということを大前提としたうえで言えば、この時期にCIEが多くのメモを残しているのは、難があるが折衝と妥協によって通検できると判断している(『暁の脱走』)か、絶讃している(『我が青春に悔なし』)かのどちらかであり、いずれにせよその作品に重要性を見出している証拠だ。[128]『我が恋は燃えぬ』の場合は明らかに後者であった。

『我が恋は燃えぬ』がCIEの文書に現れるのは、既に触れたとおり、一九四八年九月一日づけのシノプシス会議である。会議録によれば、プロデューサー絲屋壽雄に対し、CIE映画検閲官ハリー・スロットは以下のような賛辞と詳細なコメントを伝えた。

シノプシスを審査して、当職は、松竹株式会社が提出した主題は素晴らしいと思った。適切に提示されれば、日本における主要な歴史的問題点のよりよい理解に大きく貢献するであろう。さらに、同じ主題を扱った大映作品『時の貞操』では、製作会社は当職の助言に留意せず、結果的に女性の解放を明確に説明することができなかったという経緯が説明された。日本女性の隷属状態を暴こうというこの映画の試みは、何の建設的な目的にも奉仕しなかった。

景山英子は集会を開くべきであり、封建的隷属からの自由の追求という問題は映画のなかで率直に議論されるべきである。そうすれば、観客により多くの考える糧を与えることができる。千代の娘の人身《[ママ]》売買は封建的な習俗の例示として使うべきである。早瀬は自由主義者とされているが、景山英子の事件においては実はユダである。レイプ・シーンは、視覚的に扱わずにほのめかすことができるだろう。伊藤博文は歴史的に描かれなければならない。紡績工場の女工たちの惨状は、彼女たちが売春を強要されているということに言及せずに描写できるはずだ。明治憲法は、純粋に自由主義的あるいは民主主義的とは言えなくとも、正しい方向への第一歩だったということが基本的前提になる。

最後のシークェンスでは大規模な提灯行列が催されているが、参加者たちが画面を去ると、提灯の炎から巨大な篝火が起こされる。勢いを増す炎の上に、「一九四六年、日本。女性はついに完全な自由を手にした」という字幕がスーパーインポーズされる[129]。

(125) Robin Wood, *Sexual Politics and Narrative Film: Hollywood and Beyond* (New York: Columbia University Press, 1998), 228.

(126) Freda Freiberg, "Tales of Kageyama," *East-West Film Journal* 6, no. 1 (January 1992): 94-110; Wood, *Sexual Politics and Narrative Film*, 236-39; 内藤、前掲論文、二五一―七六ページ、斉藤、前掲論文、二七七―九七ページ。とりわけ本格的な作品論として、金普慶「占領下の映画政策と溝口健二の「女性解放映画三部作」――『わが恋は燃えぬ』を中心に」『文学研究論集』第三一号（二〇一三年三月）：七九―九七ページがある。

(127) Freiberg, "Tales of Kageyama," 101. 国会図書館憲政資料室所蔵のＧＨＱ／ＳＣＡＰ資料から、コンデのＣＩＥ局長ケン・Ｒ・ダイク准将宛の報告書の引用である。

(128) この二作についてはそれぞれ平野、前掲書、一四四―五七、二七九―九七ページを参照。

スロットのこの熱の入れようは尋常ではない。最後の段落に登場する提灯行列は完成したフィルムには含まれておらず、提灯の炎はオープニングの岸田俊子の水上演説会に引き継がれる（夜の水辺の燈や花火を撮っては絶品の溝口だけに、提灯行列も見たかったが）。しかし、この描写はいわば自由間接話法的で、これが実際にシノプシスに書いてあったのか、それとも検閲官が想像しているのか、判然としない語りとなっている。

スロットのハリウッド＝映画製作倫理規定的な映画観に照らすとき、一九三〇年代を舞台に、製糸工場における女工の性的虐待・搾取の糾弾を口実として、女工（原節子）が若い工場長（若原雅夫）に誘惑されて妊娠し、淪落の運命を辿るさまを扇情的に描いた『時の貞操』（前編、後編、一九四八年）にわざわざ言及しているのは納得がゆく。彼は『我が恋は燃えぬ』もまた女工の性的虐待と妊娠を売り物にした企画として正確に把握しつつ、そのうえで封建的な人身売買を明確に悪として提示して女性解放を啓蒙し、レイプや売春は視覚化せずに暗示することで「趣味の良い」作品に仕上げることを求めているのだ。

一九四八年一〇月一六日には撮影台本が高評価のうちに査問を通り[130]、一九四九年一月一一日、旧映倫設立についての説明と協力要請のために松竹京都撮影所を訪れたスロットは、絲屋壽雄、溝口健二を含めた主要プロデューサーや監督らと会合を持ち、ここで『我が恋は燃えぬ』のラフカットを見てコメントしている。ラフカットの査問は義務づけられていなかったため、この作品への検閲官の傾倒を知ったうえで製作者側がさらなるお墨付きと協力を要請したと考えられる。ここで、懸案であった秩父の紡績工場での女工の虐待の表象について、スロットは「映画課の考えでは、当該シーンは、この時代に女性が置かれていた恐るべき状況を示そうとするあまり、過剰な量のフッテージを割いている。暴力の顕示は最小限に留めてこのシーン全体を演出すべきであった、と当職は感じる。このシーンが展開するに従って嫌悪の念を催すほどだ」とかなり強い言葉で懸念を示した[131]。『シナリオ』掲載の脚本のト書きでもこのシーンの暴力は具体的に描写されているが、実際の画面を見て残酷さに驚いたということだろうか[132]。レポートは続く。「プロデューサーの絲屋氏は、実際に起こったことを提示しようとしたまでであって、明治時代やそれ以前には女性に対するこのような扱いは普通だったと説明した。映画の作り手たちは、現在の女性解放が意味するところがよくわかるように、こうした歴史的事実を白日のもとに曝したいと願っているのである」[133]。現存フィルムの女工の拷問や千代のレイプ・シーンは今日見ても強烈だが、これがスロットとのやりとりの結果の改訂版なのかどうか、ラフカットなしには判断しがたい。とはいえ、スロットの語り口や絲屋の説明のトーンから推測するに、ラフカットからの改訂を要求したわけではないと考えるのが妥当だろう。『我が恋は燃えぬ』の性的暴力のグラフィックな描写は、まさにＧＨＱとの折衝の果ての逃げ切り勝利に他ならない。

だが、スロットの『我が恋は燃えぬ』全体への評価が低まることはなかった。スロットは撮影台本審査の時点ですでにＣＩＥ情報課女性情報担当官エセル・ウィードにこの企画について話を通していたが[134]、松竹京都撮影所でも、同

(129) Slott, "Report of Conference," 本章註86参照。なお、ＣＩＥ文書での英語題は、無意味な直訳の現行題 My Love Has Been Burning より遙かに適切な My Burning Love である。

(130) Harry Slott, "Report of Conference," October 16, 1948, Box no. 5305, CIE(D)01460. 検閲台本は発見されていないが、時期からみて、『シナリオ』に掲載されたものがＣＩＥ提出版と近いと思われる。依田義賢、新藤兼人「わが戀は燃えぬ」『シナリオ』一九四八年一一月号、三六―六三ページ。

(131) H. Slott, "Report of Conference," January 18, 1949, Box no. 5305, CIE(D)01451.

(132) 「女工部屋。それは二十畳ぐらゐの廣さを持つ、板の間に荒むしろを敷いた天井のない部屋である。いま、こゝで、凄惨なリンチが行はれてゐる。一人の半裸の桃割の女工が中央の柱に縛りつけられ、それを頑丈な監視の男が刺青の双肌をぬぎ、青竹で殴りつけてゐるのである。肉體はくねり低いうめきが喰いしばつた齒をもれる。それを恐怖におびえた四五十名の女工たちが暗い一隅に身をよせ息を殺しみつめてゐる」。前掲脚本、五〇ページ。現存フィルムでは天井からつるされた女工が青竹で鞭打たれている。なお、意図的かどうかはともかく、翻訳によってグラフィックな細部が曖昧になった可能性もある。

(133) Slott, "Report of Conference," January 18, 1949. なお、絲屋寿雄は翌一九五〇年に独立プロ・近代映画協会を立ち上げて以降、プロデューサー業の傍ら在野の歴史家として明治・大正期の反体制運動史に貢献する数々の研究を出版することになる。そして、戦前にすでに出版され広く読まれていた『女工哀史』などに照らしても、全ての製糸工場で、とは言えないとしても、ここに描かれているような女工の扱い自体は決して珍しくなかった。

(134) Slott, "Report of Conference," October 16, 1948.

年二月に行われる予定の完成フィルムの試写には主要な女性団体を招くよう製作者たちに伝えている。[135] ウィード（一九〇六—一九七五）は占領期を通してGHQに在職し、広報を担って女性解放政策において中心的な役割を果たしており、GHQ内部にとどまらず日本のフェミニスト指導者や各種婦人団体との広範なネットワークの構築に成功していた。[136] 松竹はGHQの熱烈な支持と婦人団体のネットワークをこの映画のマーケティングに最大限活用する構えを示し、一九四九年二月一一日の試写会ではウィードとスロットが登壇してスピーチを行ったと思われる。[137]

結果的に、『我が恋は燃えぬ』は女性解放思想を前面に押し出してGHQのお墨付きを受けつつ、性的暴力を執拗に描いてセンセーショナリズムに訴える見事な際物作品となった。溝口はこの作品は「自分の好きな仕事ばかりを考えてないで社會大衆を相手にした意義の大きい仕事をせよ」という忠告への積極的な答えであり、「日本にはユーゴーのレ・ミゼラブルや、デューマのモンテクリストのやうな、大衆小説がない。藝術家はこういう素材に手をつけることを藝術に對する背信のやうに考へてゐるのか、いつまでも身近小説や心理描写の世界にのみ閉じこもつてゐる」という状況からの突破口であると述べている。[138] その語は使っていなくとも、溝口は『我が恋は燃えぬ』を歴史的な意味での「メロドラマ」として作ると言っているに等しい。一九三〇—四〇年代の日本映画界は、同時期のハリウッド映画産業と同様、スリル、サスペンス、アクションなど物語の観客への効果を重要視し、心理や現実味を犠牲にして作り事の面白さで魅せる映画を「メロドラマ」と認識しており、その商業主義を批判しつつも、岸松雄の言を借りれば「ささやかな身辺雑記的な袋小路から抜け出るための救いの手」として期待を寄せていた。[139] ここで言う「メロドラマ」は「活劇」とほとんど同義である。実際、『我が恋は燃えぬ』は職業婦人映画、女性映画、恋愛映画、明治物、女囚物、さらに後述するように傾向映画まで含めた多様なジャンルやサイクルのアイテムを詰め込んだ極めてハリウッド的な大衆的社会派娯楽であり、その「尖端的」でラディカルなメッセージと非ブルジョワ的エログロ・アクションの共存は、アナクロニズムを承知で言うなら、一九七〇年代東映の『女囚さそり』シリーズ（一九七二—一九七三年）や『修羅雪姫』（藤田敏八監督、東京映画／東宝、一九七三年）に近い。

こうした非ブルジョワ的なエクスプロイテーション的撮影所作品はおうおうにしてセクシズムとフェミニズムの境界線上を走る。フェミニズムを前面に押し出した『我が恋は燃えぬ』も例外ではない。千代は「裏のヒロイン」として性暴力の犠牲者の座をほぼ独占し、一方で英子は工場でも獄舎でもレイプが行われる扉の外に居合わせながら、格子の外から「見る」観者のポジションに置かれている。この映画を通して英子は眼差すことによって厳しい現実を学び、その教訓を沈殿させてゆく。[140] フリーバーグや斉藤が指摘するとおり、「見ること」はすなわち語りの起点たる主体たること、力を獲得することであるはずだが、[141] 彼女が学ぶのはまず自らの無力さに他ならない。一方、「女囚物」部分においてアクションを担うのは千代である。しかし、ランプをひっくり返して工場に放火した彼女の行為が自覚的なテロリズムと見なされることはないだろう。日本映画史において、逆境のなかで抑圧的な施設に監禁され、錯乱状態でそれに放火して哄笑するヒロインといえば、傾向映画の金字塔『何が彼女をさうさせたか』（鈴木重吉監督、帝国キネマ、一九三〇年）のすみ子（高津慶子）である。溝口や依田にとって、炎の照り返しを受けて「ざまあ見やがれ！」と叫ぶ千代（図版6－5－1）の直接の参照点がすみ子であった可能性は高い。だが、彼女は錯乱の果て、無自覚に、我を忘れて罪を犯してしまった哀れな女に過ぎない。さらに、『夜の女たち』の夏子や『雪夫人絵図』の雪（木暮実千

（135） Slott, "Report of Conference," January 18, 1949.
（136） ウィードの経歴や活動の特徴については、上村千賀子『女性解放をめぐる占領政策』（勁草書房、二〇〇七年）、第二章「エセル・ウィードと女性政策」を参照。
（137） Harry Slott, "World Premier of My Burning Love," February 10, 1949, CIE(D)01450, Box no. 5305. ただし、スロットはＣＩＥ映画・演劇部映画課から直接に婦人団体その他に試写会への招待状を送って欲しいという絲屋の依頼は断っている。
（138） 溝口健二「〝わが戀は燃えぬ〟について」、前掲プレスシート。なお、このコメントは同時代の様々な雑誌や新聞に溝口の発言として再録されている。
（139） 岸松雄『日本映画様式考』（河出書房、一九三七年）、八一―八二ページ。本書第五章第五節参照。
（140） Wood, *Sexual Politics and Narrative Film*, 238.
（141） Freiberg, "Tales of Kageyama," 96; 斉藤、前掲論文、二九一ページ。

6-5-1：『我が恋は燃えぬ』
（以下 6-5-6 まで同）

代）と同様、千代は失神して医師の診断を受けるまで、自らの妊娠に気づいていない。彼女たちは妊娠の主体ではなく、望まない妊娠、いわば自らの身体そのものの犠牲者である。そればかりではない。千代は、妊娠に気づくやいなや、彼女をレイプして売り飛ばした胎児の父への愛に目覚め、その男に逢うため看守（宇野重吉）とのセックスとひき換えに脱獄を図って失敗する。多くの女性観客にとって、このような千代の人物設定のほうが英子よりよっぽどリアリティを欠いていると思うのだが。

　それにもかかわらず、『我が恋は燃えぬ』では、千代と英子が家父長制による女性の分割統治戦略《ディヴァイド・アンド・コンカー》にほかならぬ「二重ヒロイン体制」を乗り越え、女性同士のコミュニティを築くに至る。まず、その前提として、服部や重井のような男性ではなく、岸田俊子という女性が英子を政治の道へと導いていることを確認しよう。女優・三宅邦子は岸田の気品、徳の高さ、カリスマを瞬時に伝え、有無を言わせぬ説得力がある。[142] 一方、裏のヒロイン・千代と表のヒロイン・英子の関係は階級差を主たる原因として常に緊張を孕んでいた。刑務所で流産した千代を英子が親身に看病したことから二人は「お友達」に戻るが、共に出獄した「お友達」を自分の家の女中にする英子の感覚は、真の格差社会に生きる者にしか理解できまい。そんな「お嬢さん」英子の夫・重井を寝取って、千代はさぞやせいせいしたに違いない。

　重井と千代の関係を確かめるため、英子は自由党の選挙事務所から昼日中に帰宅する。家での三角関係の周到な演出《ミザンセヌ》はこの映画中の白眉であり、溝口のフィルモグラフィの中でも優れたものの一つだ。玄関で視線を落とし、重井の靴を確認した英子は、散らかった居間を見て、応接間の火鉢の炭を不安げにつつく。キャメラは長回しで彼女を追う。ここで重井と千代の話し声が画面外から聞こえてきて、英子は階上を見上げる。英子が廊下に出て画面右、階段の方角を見ると、階段を抱き合って降りてくる重井と千代を捉えた仰角気味のフルショットにカットする。これは厳密には英子の視点ショットではないが、「早くなんとかしていただかなきゃ、お嬢さんに悪くてしょうがないんです

6-5-2

6-5-3

よ」「家を探してやる」といった会話を交わしながら居間に入る二人を置き去りにキャメラは後退移動し、廊下で立ち聞きしている英子を前景に収め、彼女の知覚をゆるやかにシミュレートする。コートを手にした重井が廊下に出て来ると英子は目を背けるが、気づいた重井は「いや、帰ってたのか」と近づく（図版６－５－２）。英子は演説の会場変更を告げ、階段の方へ身を隠す千代に対して「ちょっとお話があるのよ」と近づこうとする。それを遮っての重井の一連の台詞は絶品である。「あれのことは君に話そうと思ってたんだよ」「君に対する愛情に変わりはないんだ」「君とあれとは違うんだよ」「君からそんな干渉は受けたくないよ。重井に女の一人や二人あったってどうだというんだ、うん?」「君とあれとは違うんだよ。あれは婢《はしため》だよ。妾だよ」「そんなことで君が感情を害しては、君の沽券に係わりますよ」。お嬢様育ちのフェミニストの妻を前景に、「君とあれは違うんだよ」と後景にうつむく下層の出の妾を顎で指す菅井一郎の落ち着き払った態度は（図版６－５－３）、「封建性」や「家父長制」の伝統が黒光りしている。このシーンは溝口が菅井に繰り返しダメ出しし罵詈雑言を吐いたことで有名だが、[143] その甲斐あって肩の力が抜けたふてぶてしさが出たのかもしれない。

重井が出て行った後、居間で「お嬢さんの先生を取ろうなんて思ってやしません。お嫁にしてくれなんて言ってないんです。お妾でも何でもいいんですから、どうぞ置いて下さい」と泣きじゃくる千代に、そんなことでは女性には幸せは訪れないと諭す英子だが、女権拡張の盟友と信じてきたパートナーの本性を見せつけられた衝撃は大きい。[144] 重

(142) Freiberg, "Tales of Kageyama," 95.
(143) 絲屋壽雄の証言による。新藤、前掲書、二五五―五六ページ。
(144) なお、一九四八年一一月に出版された脚本の該当シーンでは英子が千代を平手打ちにしたり摑みかかったり重井が謝ったりして愁嘆場になっており、撮影の場あるいは直前の改訂によって見違えるほどグレードアップしたことが伺われる。前掲シナリオ、六〇―六二ページ。

井の当選を見届けた英子は、先ほどの三角関係シーンの動きをほぼ逆回しにする形で、自宅の座敷から廊下をとおり、帰って来た重井に決然と別れを告げ、振り返ることなく玄関を出て人力車で岡山に向けて去って行く。

　このような階級対立とジェンダー化された権力関係が冷徹かつ繊細に演出《ミザンセヌ》されていればこそ、ラストシーンの奇跡が際立つ。西へ向かう夜汽車の中、声高に重井の活躍を賛美する乗客たちを尻目に、洋装の英子は落ち着かない様子で本を開いている。劇伴が低く流れ、列車はトンネルに入ったとみえ、あたりが急に暗くなって蒸気が吹き込んでくる。英子は本を閉じ、ワッフル地のニットのショールにくるまり、窓にもたれて目を閉じる（図版6－5－4）。客車の扉にカットし、煙で真っ白になったガラス窓の向こうに千代が現れる（図版6－5－5）。扉を開けて二等車に入って来た千代は、英子を見つけて近づき、跪いて言う。「お嬢さん、連れてって下さい」。驚く英子の目を見据え、手を取って「お嬢さんのおっしゃる女の道がわかったように思います。もっと教えて下さい」という千代を、英子は隣に座らせ、「よく来てくれました」と微笑む。キャメラは二人の前に回り込み、ミディアム・クロースアップまで近づく。肩に頬を寄せる千代を英子はショールに包みこみ、「眩いばかりに白いショールの輝きがスクリーンに充溢する」[145]（図版6－5－6）。英子は目を潤ませ、劇伴がいよいよ高まるなかエンドマークがディゾルヴする。

6-5-4

6-5-5

6-5-6

ロビン・ウッドの慧眼が捉えたように、このシーンのこの世ならぬ美しさはショールの白が煙と響きあうことで生まれている。岸田の水上演説会での提灯の白から、レイプされた千代のふくらはぎの白さ、彼女が見つめるランプ、そして製糸工場で燃え上がる火炎の照り返しと、『我が恋は燃えぬ』という題に違わず、この映画の「白さ」は炎と結びついてきた。ラストシーンで初めて、白は織地と蒸気へと転換するのである。すでに『元禄忠臣蔵　後篇』（一九四二年）でみたように、溝口における白は女性性の徴にほかならない。『我が恋は燃えぬ』をここまで見て来た者は、英子は上から目線のお嬢様、千代は無知なこれ見よがしの犠牲者で、しかも二人の間には階級と男をめぐる抜き差しならない対立があったことを知っている。この二人が本当に女性のコミュニティを築くことができるのか――「ありえない」、という思いが脳裏をかすめる。溝口健二の映画の力とは、そしてその大衆プロパガンダとしての効果とは、まさにこのラストシーンのように、「ありえない」抽象的な物語を画面によって納得させ、光輝に満ちたユートピアとして顕現させることにある。

占領下の溝口健二は、極めて俗な映画を撮ったと言えるだろう。ＣＩＥとＣＣＤの二重検閲期（一九四五―一九四九年）を通して松竹京都に腰を据え、妊娠、堕胎、売春、性愛一般などセンセーショナルな題材を大船の女性映画、職業婦人映画、芸道物、明治物、伝記映画など既存のジャンルに盛り込んでスタジオの商業的な要請に応えつつ、それらの題材を「社会問題」として前景化し、作家本人が抽象的かつ矛盾した信を寄せていたフェミニズムを大胆に打ち出して、ＧＨＱの検閲官の賞賛を勝ち取った。このような「メロドラマ」およびプロパガンダへの志向性は、同時代の批評言説には決して歓迎されず、今日に至るまで続くこの時期の作品への低い評価に繋がっている。

しかし、一方で、溝口はＧＨＱとの対立や緊張関係を決して解消しなかった。第一に、コンタクト・ゾーンにおけ

(145)　Wood, *Sexual Politics and Narrative Film*, 239.

る性愛や生殖は日本とアメリカの家父長制とナショナリズムを刺激する危険な題材であり、GHQが喧伝した健全なロマンチック・ラヴの発露としての性愛などにほとんど関心を示さず、女性の交換を執拗に描き続けた溝口は、その可能性を最大限まで押し広げ続けた。第二に、コンタクト・ゾーンにおけるCIEの検閲は、おそらく、溝口に欧米人の「観客」との最初の本格的な接触とコミュニケーションの機会をもたらした。実際、検閲官ハリー・スロットは『羅生門』のグランプリ以前から日本映画の海外進出の可能性に肯定的であり、「情緒の表現のしかた」における文化的差異が障壁なので、「歐米人にも容易に理解されるテーマを選んで、理解されるように表現する必要があろう。これが出來るかどうか、この能力が根本的問題で、これさえ解決すれば國際的に進出できると思う」と述べていた[146]。溝口はGHQ検閲の示唆を欧米人の「観客／批評家」の意見として選択的に採用し、国際映画祭に打って出るための訓練としたのではなかろうか。しかし、この対話的訓練が生んだのは、ハリウッド的主題と説話論的構造の骨格に「日本的情緒」の皮をかぶせた土産物などではなく、『歌麿』のラプソディ的説話論的構造と春画的な視線とエロチシズムであり、須磨子の生々しい舞台上の死であり、『我が恋は燃えぬ』の唐突な奇跡であった。さらに、次章でみるとおり、『女性の勝利』のもと、『夜の女たち』の夏子、『我が恋は燃えぬ』の千代、『西鶴一代女』のお春らは、妊娠し、あるいは子を産み、にもかかわらず死産や嬰児殺しによって母性を剥奪され、それゆえに混濁した「重さ」を獲得して映画の時空間における中心的な位置を簒奪し、映画の新しい身体性の地平を切りひらくだろう。

（146）スロット「〝良い映畫こそ良薬である〟」。

第四部　「現代映画」としての溝口作品

第七章　欲望の演出《ミザンセヌ》と妊娠の身体

第一節　はじめに——範例的シークェンスとしてのもとの告白

夜遅く、唐突にひろ子を自宅に訪ねたもとは、暗い勝手口の外にしばし佇み、おずおずと中に声をかけてからも躊躇している。どこかで犬が吠える。ひろ子は彼女を招き入れ、事情を尋ねる——女学校の同級生としてというよりもおそらく弁護士として。もとは病臥していた夫の初七日が終わったばかりであることを告げ、やがて、生活苦のなかで将来への不安にかられ、幼いわが子を殺してしまったことを告白する。溝口健二の戦後第一作『女性の勝利』（一九四六年）の物語や映画史的背景については前章で詳述したとおりだ。この長回しのショットは物語内容から見てもたしかに前半のクライマックスを構成するが、その張りつめた演出《ミザンセヌ》と、ほとんど正視することができないほど強烈な身体性はただごとではない。

佐相勉は一九九七年にこのマイナー作品の卓越したショット・シークェンスに着眼し、その要点を見事に抽出した。

一カット七分三〇秒の長回し、しかも手前から二つの日本間があり奥に玄関という構図。溝口にとって地に足のついた枠組みの中で三浦光子と田中絹代が攻めと受けの見事な演技を見せてくれる。話しながらふと錯乱して中空に幻影を見ているかのように立ち上がり、隣の部屋にうずくまって「坊や堪忍して」と三浦光子が絶叫するところなど涙なしに見られない。カメラはじっと動かずに二人を凝視し、彼女達の動きにつれてゆっくり後退、前進する。このカメラワークも素晴らしい。このシーンには付け焼き刃ではない溝口の本領が発揮されているのである。(1)

アラン・ベルガラもその優れた溝口論のなかでこの長回しを取りあげ、「間主観的関係（力の、信頼の、不信の、確信の……）が極点にまで張りつめる溝口的な力強いシーンの一つである」としたうえで、「溝口はキャメラの視角のなかに二人の女性の極めて繊細な演技を組織する。ディープ・スペースのなかで、二人は張りつめたり緩まったりする緊張に従いつつ、互いの関係を絶え間なく再配置しつづけるのだ」と的確に描写している。(2)さらに、マーク・ル・ファノもこのショットからその溝口論を語り起こし、長回しであることを重視して「われわれはそうしてその場に居合わせるからこそ、事の本質が突如として降臨しあるいは発火するのだ」と述べてアンドレ・バザンのオーソン・ウェルズ論へと接続している。(3)デイヴィッド・ボードウェルは「『女性の勝利』のなかの八分近いショットは、突如としてキャメラに対して近づき、後ずさり、さらに離れた後景に突如引き下がってから前景に帰ってくる人物によって、表現上のテンションを高めている」と総括し、三枚のコマ撮りを使って人物とキャメラとの連動を分析している。(4)すなわち、『女性の勝利』の七分半が近年脚光を浴びてきたのは、マイナー作品の中に埋蔵された珠玉のショットとしてのみならず、長回し、「二つの日本間があり奥に玄関という構図」、静から動への変調、情動の急速な噴出、キャメラの動きと連動した人物の動きというように、溝口映画の複雑にからみあい拮抗する特徴群を結晶させているからだ。

とはいえ、これらの批評は、おそらく紙枚の制限などもあり、そうした特徴群の存在の指摘に留まっている。例えば、佐相は上記の優れたコメントのなかでもと（三浦光子）に「攻め」、ひろ子（田中絹代）に「受け」を割り当てているように読めるが、溝口の多くの演出《ミザンセヌ》の場合と同様、このショットでも「攻め」と「受け」はしばしば逆転する。また、ひろ子は弁護士としてもとを追及して告白を引き出しているのだから「攻め」であり、物語内容レヴェルでは勝利したように思われるが、「二重ヒロイン体制」の典型として、もとはその脆弱性と身体性の強烈な露呈によって、「負け」つつも画面において「勝つ」のである。このショット・シークエンスをより詳細に分析することで、権力関係の演出《ミザンセヌ》と身体性がどのように生起しせめぎあうかを明らかにしてみよう。

まず、前提としてひろ子ともとが女学校の同級生であることを確認しよう。二人は一九三〇年代後半に女学校を卒業したと思われるが、一九三五年の高等女学校進学率は一六・五％に過ぎず、二人は中流以上の出自を共有している。[5]従って、二人の権力関係の基底となる「格差」は階級というよりは運と現在の経済状態によって生まれている。[6]実際、洗練された身なりのヒロインが乳児を背負い所帯やつれした女学校の同級生と偶然再会する、というのは『新女性問答』のみならず戦前の映画や小説の紋切型であった（もしこの企画が溝口や依田の完全なオリジナルであれば、ブルジョワ的女学校《ガールズ》カルチャーなどという松竹大船的な枠組みには拘泥せず、もとを女工上がりにしただろうか）。こうした前提のうえで、このシークエンスにおけるひろ子ともとの関係性を決定しているのは、もとの抱える秘密とひろ子の弁護士という立場であり、それはまずもとが玄関ではなく勝手口を訪れるところに如実に表れる。

（1）佐相勉「女性の勝利」、佐相勉・西田宣善編『映畫読本溝口健二』（フィルムアート社、一九九七年）、一一四ページ。

（2）Alain Bergala, "De l'intervalle chez Mizoguchi," *Cinémathèque*, no. 14 (Autumn 1998): 29.

（3）Mark le Fanu, *Mizoguchi and Japan* (New York: British Film Institute, 2005), 6. ただし、このショットの演技についてのル・ファノのコメント「いつもながら非常に繊細で、抑制されており、まったくメロドラマ的なところがない」には異論もあるだろうし、キャメラを「まんじりともせずに注視している」というのは不正確である。

（4）David Bordwell, *Figures Traced in Light: On Cinematic Staging* (Berkeley: University of California Press, 2005), 124.

（5）文部省調査局編「日本の成長と教育」（文部省、一九六二年）。http://www.mext.go.jp/b_menu/hakusho/html/hpad196201/hpad196201_2_012.html（最終アクセス二〇一五年八月五日）

（6）高等女学校卒業後に大学で法律を修め弁護士になったひろ子ともとの間には学歴や資格の格差もあるはずだが、この時点で女性弁護士はあまりに希少であり、映画や小説におけるタイプとして認識されるに至っていない。

7-1-1：『女性の勝利』
（以下 7-1-12 まで同）

7-1-2

7-1-3

7-1-4

ひろ子の家に入るや、もとは怯えたように引き戸を閉め、台所の板の間に座り込む。ひろ子が前景右から軽やかにフレームインし、「嫌ね、そんなところにお座りになって。さ、遠慮なさらないで。どうぞ」と彼女を立たせ、共に居間に移動し、その二人をフルショット・サイズで捉えつつ、やや俯瞰気味のキャメラが後退移動する。もとは勧められた座布団はあてずに、長火鉢の前に座るひろ子の斜め前方、前景左に深く項垂れて座る。キャメラは二人の座る動作に伴ってフレーミングを整える（図版7-1-1）。もとはほどなくすすり泣きを始め、いぶかしんで事情を尋ねるひろ子に対して告白を始める。そもそも、もとはこの告白をするためにやってきたのだが、あまりに重い内容ゆえに、そのプロセスは迂回、沈黙、情動の暴発によって構成される。

告白開始からのもと及びひろ子のアクションを便宜上段階に分けてまとめれば、以下のようになるだろう。（一）もとは当初の位置で子供の話をしかけるが、すぐに夫の死に話を切り替える。（二）子供が「死んでしまった」と叫びながら、キャメラの方向、前景へとにじりより、床に倒れる（キャメラは後退移動、図版7-1-2）。（三）ひろ子にゆり起こされて気を取り直し、子供の命を奪ってしまったこと、自分も死のうとしたが老母が心配でできなかったことを語り始める。（四）子供の行方を尋ねられてハッとして中空を見つめて立ち上がり（図版7-1-3）、後景の勝手口へと突進して立ち止まり、子供に赦しを乞うてうずくまって嗚咽する（図版7－1－4）。（五）ひろ子が後景からもとを伴って当初の位置に戻り、自首を勧めると、キャメラの右の方向に後ずさりし（図版7－1－5）、ひろ子も追ってやってくるが（図版7－1－6）、この間、キャメラもすばやく後退移動する。（六）ひろ子がもとを説得し（図版7－1－7）、着物を着替えるためにフレームアウトして家族たちとともに後景に戻ってくる（図版7－1－8）。ショットは警察署内のシーンにディゾルヴする。

　このショット・シークェンスの演出《ミザンセヌ》の骨格となるのは、見つめ合うことの忌避である。見つめ合うことが皆無なのではない。例えば、（二）の直前、すすり泣くもとを見つめるひろ子の「朝倉さん、どうしたの？」という問いに対してもとが一瞬だけ面を上げて視線が合い（図版7－1－9）、その後もひろ子の追及に対し、もとはたびたび視線を返している。しかし、演出上も物語上も重要なのは、むしろもとがすぐさま視線を反らすことであり、ひろ子の眼差しから逃れるように背を向け、中空に眼を泳がせながら語ることである（図版7－1－3）。一方、ひろ子は、（三）で子供について尋ねるとき（図版7－1－10）、そして（六）で「生活に負けてしまった」もとの行為を嘆くとき（図版7－1－11）、二度にわたってもとの体や顔を押さえ込み、無理矢理視線を合わせようとしている。こうしたひろ子に対

7-1-5

7-1-6

7-1-7

7-1-8

して、もとの見つめ合うことの忌避あるいは抵抗こそが、運動のヴェクトルや憑かれたような語りを起動させるのである。ひろ子が体現するように、溝口の世界においても視線と権力は結びついており、それを一画面のなかで言わば「反射」させることが演出《ミザンセヌ》の基礎となる。ジャン・ドゥーシェは溝口の画面におけるこの事態を「欲望／行動／攻撃の線」と他者の欲望から自らを守り自らのうえに折り畳まれる「自省／熟視黙考の線」からなるV字に擬え、見事に定式化している(7)。さらに、ディゾルヴ直前の画面（図版7－1－8）がまさに示すとおり、ひろ子の家人の眼差しのように、かならずしも敵意や悪意のない場合であっても、羞恥の念に囚われた弱者はそれを避けるのである。こうした意味において、溝口の空間の権力関係はまさに視線によって生み出されてゆく。

ショット・シークェンスの冒頭ばかりではなく、（四）から（五）にかけてのアクションでは、ひろ子がもとを台所の板の間から居間へと引き戻しており、ここでは住空間の意味の配置が作用している。殺してしまった子供に赦しを請うもとは、おそらく最も「下」で暗くじめじめし外部に繋がった勝手口へと向かって床に転がったのであろう。ひろ子は何としてでも彼女を親しい客人を通す場である居間へと連れて来なければならない。溝口はそのフィルモグラフィを通して住空間における権力の問題にたぐいまれなる洞察を示しており、東京の「台所」の最も見事な分節化

7-1-9：「朝倉さん、どうしたの？」

7-1-10：「ね、赤ちゃんのこと、もっと詳しく聞かせて頂戴。あなたのおっぱい飲みながら、どうして死んじゃったの？ ねえ、どうして死んじゃったの？」

7-1-11：「あなたは負けちゃったのね、生活に負けちゃったのね、生活から逃げちゃいけないのに……」

としては『残菊物語』で反復される菊五郎家の台所のシークェンス――こっそりお徳と西瓜を食べる菊之助と、彼女の不在――がすぐに思い当たる。さらに、このショット・シークェンスでは、（一）から（六）の途中で劇伴が鳴り始めるまで一貫して、笛のような音と振動音が低く響いていることも特筆すべきだ。居間にもとを招き入れた時点でひろ子は急須に茶葉を入れて火鉢の鉄瓶のお湯を確認しており、もとの尋常でない様子とそれから続く告白に放置されて沸騰した鉄瓶が音を発しているのだ。こうした住空間の意味づけや鉄瓶の蒸気のような日常的細部の動員は、しかし、単なるリアリズムや緊迫感の醸成だけに回収されるものではないだろう。前章で示した『須磨子』の茶碗の音とまったく同様に、画面上での視認（鉄瓶のクロースアップ？）があえて回避されているため、映画機械の無気味な振動が、隅々までミクロな権力がはりめぐらされた空間を震わせるのである。

『女性の勝利』の長回しが「範例的」であるのは、このように視線の忌避というルールや、繊細に分節化された権力の場としての日常空間を典型的に示しつつ、そのうえで「例外」の可能性をも包含することで範例《パラダイム》――この場合は溝口健二の映画世界――全体を照らし出すからだ[8]。（五）で自首するよう諭されたもとは、ひろ子を見返したまま「じ、じじしゅ、じじしゅ、じじしゅ、じじしゅ」と呻きながら驚くような速度で後ずさりをし、それを後退移動撮影が追う（図版7―1―5、7―1―6）。ここではひろ子の視線にいわば押されるもとと彼女に連動するキャメラが「こちら側」の空間、つまりノエル・バーチのいうところのキャメラの側のオフスクリーン空間を暴力的なスピード感と身体性をもって押し開いており[9]、他の溝口作品には見られない。溝口はキャメラマンのインプットを尊重しつつ自らの演出《ミザンセヌ》を作る傾向があり、ここでは本作のみのコラボとなった大船の名手・生方敏夫の個性が出た可能性もある[10]。しかし、視

（7）Jean Douchet, "Mizoguchi: la réflexion du désir," *Cahiers du cinéma*, no. 463 (January 1993): 27.
（8）ジョルジオ・アガンベン『事物のしるし――方法について』岡田温司、岡本源太郎訳（筑摩書房、二〇一一年）、四二ページ。
（9）Noël Burch, *Theory of Film Practice* (Princeton, NJ: Princeton University Press, 1973), 19.
（10）生方敏夫はこの翌年の『安城家の舞踏会』（吉村公三郎監督、松竹大船）でも顕示的かつ効果的な後方移動を行っている。

7-1-12

線が権力と結びついており、それを反らさないまでも忌避していること、さらに俯瞰のキャメラと登場人物の斜めのヴェクトルがV字を形成し、立体的な空間を生成しているという意味で、これは紛れもなく溝口健二の映画である。

こうして権力関係にからめとられている一方で、このショット・シークェンスにおける三浦光子の身体は突出している。もとは明らかに同情すべき登場人物なのだが、彼女の身体の運動性は激しく過剰であり、法廷でのひろ子の「動物的存在に貶められた」女性という表現に冷酷な伏線を提供しているという見方もあろう。だが、アクションの激しさは常に生々しさに結びつくわけではない（例えばマーベル系のハリウッド映画などは生々しさを回避することを目標としているように思われる）。ここでのもと／三浦光子は、赤ん坊を殺してしまったのに、あるいは殺してしまったからこそなおさら、「妊娠」の身体を生きている。すでに前章で、彼女の嬰児殺しは歴史的文脈によって堕胎と連続していることを示した。ここでは画面に即して見てゆこう。まず（二）で告白を始めたもとは、「死んじゃったんです、あたしのおっぱい飲みながら、坊やは死んじゃったんです」と言いながら、胸をかきむしる（図版7－1－12）。もちろん、授乳の直後、わが子を胸元に抱いたまま窒息死させたのだから、この動作は外傷的記憶と密接に結びついたアクティング・アウトとしても説明できる。しかし何より、授乳という行為は乳児の唇による吸引、乳房、ホルモン、脳、体液（母乳）の生成と分泌というサイクルの成立にほかならず、このサイクルが直接に母の身体と乳児を連結しているのだ。[11] 乳児を失ってから一日も経たないもとは、乳の張りと洩れに苦しみ、それによって痛切に子供を思い出しているに違いない。胸をかきむしり、押さえる彼女の身振りには言わば生理学的な裏付けがある。溝口の世界における「妊娠の身体」は、子供／胎児と否応なしに繋がり、そのような意味で開かれているのだが、子供／胎児との繋がりが断ち切られることで開口部がそのまま傷口となる。

「妊娠の身体」のもう一つの特徴は「重さ」である。兼子正勝は優れた溝口論のなかで、溝口映画の「重さ」は物語内容（たとえば嬰児殺し）の深刻さには還元できない、と明記したうえで、こう述べた。「本当に問題なのは、溝口の映画そのものが〈重い〉こと、溝口にあっては映画そのものが〈重さ〉の世界として構成されているということである。溝口の女たちがみな一様に墜落するのは、本当は誰のせいでもない。彼女たちは〈重さ〉の世界に住んでいるのであり、そこでは女は「落ちる」ものとして、つまり〈重さ〉の法則にしたがうものとして、最初から決められているのである」。[12] ここで兼子が「〈重さ〉の世界」と形容しているのは、本章が権力関係の空間と呼ぶものと重なるだろう。とはいえ、兼子は批評の戦略として断言し図式化しているわけで、次節で詳述するとおり、この権力空間における女性はニュートンの林檎よりは複雑な法則に絡め取られているはずである。しかし、『西鶴一代女』（一九五二年）を主な参照点としながら、「地面とは、〈重さ〉を軸に構成された溝口の世界の〈底〉である。それは「落ちる」ことを生きる女たちが最後にいきつく場所であり、彼女たちの深い絶望や悲しみのきわめて具体的な場所である。溝口が「女の悲劇」を描いたという言い方は、限りなく貧しい抽象である。溝口の美しさ、あるいは溝口の力とは、その悲劇に具体的なイメージ＝映像を与えたことであり、とりわけ悲劇の舞台としての「地面」の具体性にかぎりなく敏感であったことなのだ」[13] という兼子の言葉は傾聴に値する。溝口の映画において女性が「墜落」し、「地面」あるいは床に倒れこみ、転がり、横たわるということはつとに指摘されてきたが、兼子はそれを明確に心理や精神分析と分離したからだ。[14] 本章は兼子の「墜落」と「地面」に関する鋭い洞察を継承しつつ、「重さ」と「倒れること」を妊娠に

（11）授乳のプロセスについては、Medscape, "Human Milk and Lactation," by Carol M. Wagner, MD, accessed August 8, 2015, http://emedicine.medscape.com/article/1835675-overview#a6.

（12）兼子正勝「〈軽さ〉について――溝口健二小論」『ユリイカ』〈特集溝口健二〉一九九二年一〇月号、一一六―一一七ページ。

（13）Ibid., 一一八ページ。

（14）例えばロバート・コーエンは『西鶴一代女』のお春の「墜落」をヒステリーの症候として分析する。Robert Cohen, "Why Does Oharu Faint?: Mizoguchi's The Life of Oharu and Patriarchal Discourse," in *Reframing Japanese Cinema: Authorship, Genre, History*, ed. Arthur Nolletti Jr. and David Desser (Bloomington: Indiana University Press, 1994), 33-55.

結びつける。「好色一代女」の菊の堕胎の物語に上書きされた『西鶴一代女』をはじめとして、溝口における「墜落」は、驚くほど妊娠の身体と結びついており、さらに、第三節で詳しく論じるように、「妊娠」の主題は「墜落」という空間的な運動に身体性と時間性を導入することを可能にするからだ。

本章は、溝口の演出《ミザンセヌ》は常に権力関係と結びついているという直観に基づき、画面の分析を行う。一方、その際、『女性の勝利』のシークェンスに端的に見られるように、緊密に構築された権力空間のいわば「底」を打ち、場合によっては顚覆の可能性を示唆するものとして、「墜落」し開かれた身体性を露呈させる「妊娠の身体」がある。本章は、溝口健二の世界はこの二つの領域、つまり権力関係の演出《ミザンセヌ》によって生成される空間と「妊娠の身体」に凝縮された「地面」の身体性の領域が並存し、重なりあうことで成り立っていると主張する。次節ではここでとりあえず「権力関係」と呼んだものの内実を画面の上に精査し、これを「交換」の主題と結びつける。第三節はジル・ドゥルーズの『シネマ２＊時間イメージ』とスティーヴン・シャヴィロの『映画的身体』を主な参照点としつつ、『愛怨峡』（一九三七年）以降の「妊娠の身体」を「現代映画《シネマ・モデルヌ》」のリテラルな顕れとして分析する。

第二節　演出《ミザンセヌ》とは何か

『浪華悲歌』と『祇園の姉妹』に対する興奮もさめやらぬ一九三七年新春、『キネマ旬報』の「溝口健二座談會」席上、溝口は「まづ検閲で許された範囲で出來るものでは、男女の闘争、それが一番芝居になりやすいと思ひますからね。興味が持てます」と述べている[15]。すでに第四章でこの発言を引いて述べたように、これは「公安」から「風俗」へと主戦場を移すという宣言である。しかし、こう考えることもできる。溝口健二は終生、階級間あるいはジェンダー間にうまれる権力関係と闘争を具体的に演出《ミザンセヌ》することに固執し続け、ドヤ街の木賃宿も瀟洒な町家も、片岡鉄兵

7-2-1：前景では貧民窟の美少女がテニスボールを投げ上げようとしている。

7-2-1：崖の上のブルジョワジー。

7-2-3：その視点ショット。

も近松門左衛門もギ・ド・モーパッサンも、そのための格好のセッティングと素材を提供したに過ぎない。サイレント時代の『東京行進曲』（シネマテーク・フランセーズ版、日活京都、一九二九年）では、崖上のテニスコートから落下してきたボールを投げ返そうとする「崖下のプロレタリアート」を捉える仰角のロングショット（図版7－2－1）と、貧民窟の健気な美少女に見とれる「崖上のブルジョワジー」（図版7－2－2）、その視点ショットとしての俯瞰のフルショット（図版7－2－3）というあからさまなショット連鎖でそうした権力関係が描かれていた。トーキー化によって時空間の連続性が重視されるようになってからは、『元禄忠臣蔵』（一九四一－一九四二年）において、人物と人物、キャメラの間の「距離」を有効に用いた演出《ミザンセヌ》が権力で充溢した空間を作り出していた（第一章）。溝口の戦後民主主義作品が「平等」とは無縁であり、それゆえにより多層的なフェミニズム的読みを可能にしていたことは、前章で詳述したとおりである。こうした視座に立てば、「大體、僕は昔から、階級の問題はコンミュニズムが解決するが、その後には男と女の問題が残る、と考えていましてね。だから男と女の問題をとりあげることに特別な關心をもつていた

（15）溝口健二、北川冬彦、滋野辰彦、岸松雄、友田純一郎、山本幸太郎、飯田心美「溝口健二座談會」『キネマ旬報』一九三七年一月一日号、二五七ページ。

わけなんです」[16]という溝口の発言は、「男と女の問題」を階級の問題と極めて似たもの、つまり歴史的／社会的に規定された権力関係として捉えていた証左となるだろう。

溝口作品の権力関係の演出《ミザンセヌ》について最初に洞察を示したのは佐藤忠男である。

彼［溝口］は、同時に、人間関係における上下の位置ということにすさまじいこだわりを抱いていた人間だったのではあるまいか。時代劇が多かったから、上位の者が背を伸ばして高く位置し、下位の者は頭を地面にすりつけるように平伏する場面が多いのは当然のことだ、ともいえるが、溝口においては、じつは、男と女の愛のありようまでが、上位下位の形に呪縛されている。あるいは溝口にとっては、望みうる最良の愛のかたちは、仰ぎみんばかりの気高い存在を、ついに自分の下方に組み敷くというイメージだったのかもしれない。私はそこに、封建気質の人間としての溝口のひとつの真骨頂があるように感じるのである。見上げるか、見下ろすか、人間と人間の関係はそのどちらかである、愛においてさえも、という認識である。[17]

だが、この先駆的分析には以下の三つの問題点がある。第一に、権力のヒエラルキーの中での上位と下位が、映画の物語世界空間内の位置（上／下）とキャメラの俯瞰／仰角撮影とに極めてリテラルに翻訳されてしまっている。つまり、社会的に「目上」の者が常に空間的に「上」に位置するのか。さらにそれをキャメラは見上げたり見下げたりする必要があるのか。第二に、既存の社会的ヒエラルキーと映画の物語世界内部での権力関係との関係を十分に吟味する必要がある。つまり、溝口の演出《ミザンセヌ》は、例えば旦那と使用人、資本家と労働者、あるいは弁護士と嬰児殺しの未亡人、といった既存の身分／階級関係を「リアルに」再現しているだけなのだろうか。あるいは、そうではなく、そうした権力関係は単に演出《ミザンセヌ》のダイナミズムに出発点を与えているだけなのだろうか。第三に、第二点と直接に関連するが、「仰ぎみんばかりの気高い存在を、ついに自分の下方に組み敷く」という比喩はレイプを示唆するように読めるし、そもそもこのパッセージは男女の愛について述べている。では、こうした「上下」の演出《ミザンセヌ》はジェンダーの政治学とどのように関わるのだろうか。例えば『女性の勝利』のような女性同士の間の葛藤のドラマの位置づけはどうなるのだろうか。このように、私たちには、映画作家・溝口、映画的言説、登場人物、そして観客の間の権力関係と欲望をいわば「演出《ミザンセヌ》」するという仕事が残されている。

第一と第二の問題点に関しては、松浦寿輝の「横臥と権力」がエレガントな解決策を与えてくれるだろう。松浦は『祇園囃子』（一九五三年）における権力関係の視覚化について、「そして、この点において注目すべきは、溝口健二が、通念とは逆に、見上げる視線の持ち主を権力の座に据えることで、素朴な心理主義には付け入る隙のない隅々まで緊張しきった映画空間を造形していることだろう。低い者の方が偉いという倒錯を、溝口は画面の表層に露呈させる」、と鮮やかに定式化している。(18) ここで「素朴な心理主義」と呼ばれているのはおそらく佐藤の説だと思われるが、松浦は単にその「上／下」を反転させているのではない。佐藤が囚われている権力と空間をめぐる通俗心理学（「高い＝偉い」）から離れ、溝口の力学を画面の物質性の中に見いだしているからだ。

とはいえ、ここで二つ確認しておきたいことがある。第一に、松浦の「低い＝偉い」という定式は、それほど通念に反するのだろうか。松浦は浪花千栄子の御茶屋の女将の横臥の強烈な太々しさを讃えるにあたって、「たしかにわれわれは、シャムの王様だの西太后だの古代ローマの皇帝だのが、最高権力者のみに許される屈託のなさで人目も憚らず寝ころんでいるといった場面を、スクリーンの上に眼にしたことがあるような気がしないでもない」と付言することを怠らない。(19) しかし、シネフィル的な価値判断を敢えて宙吊りにして言えば、どのような人物をどこにどう座ら

(16)　岸松雄「溝口健二の藝術」、四三ページ。
(17)　佐藤、前掲書、三〇三―〇四ページ。
(18)　松浦寿輝「横臥と権力――溝口健二『祇園囃子』論」『映画1＋1』（筑摩書房、一九九五年）、一九九ページ（初出『シネティック』一九九三年号、第一号、一二〇―四四ページ）、強調は原著者。
(19)　松浦、前掲論文、二〇〇ページ。

7-2-4：セシル・B・デミル『男性と女性』

7-2-5：エヴゲーニー・バウエル『人生には人生を』

せるか、あるいは横臥させるかというのは演出《ミザンセヌ》の根幹をなす問題であって、先ほど佐藤について提出した第二の疑問つまり文化的特殊性と作家の徴の関係は、ここで再検討するに価する。もちろん、実を言えば二〇世紀の欧米のハイ・ブルジョワの世界でも権力者の横臥は可能である。例えばセシル・B・デミルの『男性と女性』（一九一九年、USA）は無人島に流れ着いたお嬢様と執事の権力関係とジェンダーを主題とした艶笑喜劇であり、関東大震災直後の東京を舞台に溝口の師・鈴木謙作の手で『大地は揺ぐ』としてリメイクされ一九二三年一〇月一日に公開されているが、アール・ヌーヴォー調のベッドにしどけなく横たわったお嬢様（グロリア・スワンソン）は、まさに何もせず、女中や執事を顎で使うことで権力を行使している（図版7-2-4）。さらに洗練された例は、エヴゲーニー・バウエル『人生には人生を』（一九一六年、ロシア）に見出される。女たらしの貴族が待合で寝椅子に身を横たえ、馬車で忍んでくる盛装の情人――妻の義妹であり友人の妻でもある――を待ち、抱擁するショット（図版7-2-5）の官能性は禍々しいほどだ。しかし、この二つの例は、人間が寝室やソファの上に移動せずにその場で横臥できるという、椅子文化の視点から言えば極めて特異かつ貴重なセッティングとして日本家屋の畳の間を逆照射するだろう。例えばハリウッド映画におけるそうした「地面」としてはカウボーイたちが囲む焚火の周辺ぐらいしか思いつかず、屋内において床に転がるために人は死ぬしかない。一方で、日本間は決して誰がいつ寝転んでも良い空間ではない。いかにして、どのようなタイミングで誰が横臥したり転がったりするかは重要な映画的決断を要求する。

そこで、第二に、よしとみの女将と美代春（木暮実千代）、運輸官僚（小柴幹治）と美代春というように、いくつかの演出《ミザンセヌ》は「低い＝偉い」をあまりに見事に具現するとはいえ、この定式を固定化してよいのだろうか。松浦自身も『祇園囃子』のなかで店出しの夜の美代栄（若尾文子）の大きな態度について指摘しているように[20]、あるいは『女性の勝利』のもとについて本章が前節で分析したように、本来であれば弱者として「高い」位置で汲々としているべき者が、泥酔したり錯乱したりして床に転がってのたうち回り、まさにそのアクションによって既存のヒエラルキーをひととき顚倒させ、あるいは画面において「勝つ」という事例は、溝口のフィルモグラフィに最も充実した幾つかの瞬間を提供する。

松浦による溝口の世界における力学の定式化の美と限界は、対象である『祇園囃子』というテクストに内在しているのではなかろうか。松浦はこの映画の構造を要約して言う。

> ここにあるのは、強度や水準や性質を異にする種々様々な権力行使のシーンと、その権力を蒙った弱者がこれもまた強度や水準や性質を異にするその固有の弱さを情緒的に露呈させるシーンとを、巧妙に配置し、纖細に結びつけ、揺るぎようのない形式へと組み上げることによって作られた堅固このうえもない複数シーンの構造体なのである。溝口健二が映像と音響のシステムによって現前させようとしたものは、運動する時間ではなく、ひとことで言えば、政治の空間である。[21]（強調は原著者）

静的《スタティック》な権力関係を描く『祇園囃子』に捧げられた形容としてこれほど的確なものはない。だが、溝口のフィルモグラフィ全体を視野に入れると、彼が最も固執したのは映画空間を隅々まで律していた堅固なヒエラルキーが浸食され、再定義の契機を与えられる瞬間であるように思われる。例えばこの松浦の言葉は大経師の家の権力関係を町家空間に

（20）松浦、前掲論文、二〇三ページ。
（21）ibid., 二二〇ページ。

展開する『近松物語』（一九五四年）の前半にそのまま当てはまる。しかし、第八章で述べるように、『近松物語』はおさん（香川京子）が家の空間秩序を侵犯して使用人・茂兵衛（長谷川）のやすむ二階へと足を踏み入れたとき、静性から解き放たれる。

ここで、佐藤忠男が溝口の演出《ミザンセヌ》を「封建気質」の表れと呼んでいたことを思い出そう。こうした静的なヒエラルキーが空間的に固定された世界は、まさに「封建制」と呼ばれるに相応しいかに見える。だが、溝口の世界の総体、つまりその空間の見取図や連鎖ばかりではなく葛藤のダイナミクスまで含めた総体を説明するには、静的な「封建制」とは違ったコンセプトが要請されるだろう。そもそも溝口は徹底して近代的な作家であり、彼の映画世界に「封建的」なものが見られるとしたら、それは近代化を推し進める政府によって複数的な「伝統」のなかから横領《アプロプリエイト》されて再編成され、産業資本主義化のプロセスにおいて一定の役割を果たした諸制度、例えば旧民法下の家制度や、公娼制度下の性労働者や軽工業の非熟練工の前借金契約に代表されるような人身売買に近い労働契約のようなものだろう。[22]『近松物語』の主従関係や『山椒大夫』（一九五四年）の奴隷制のように前近代の社会をセッティングとする作品でも、その扱いは徹底して近代的であり、近代における「創造された伝統」としての封建的制度に対する眼差しと変わらない。一九二〇年代から遺作『赤線地帯』（一九五六年）まで、映画作家・溝口健二にとっての特権的主題とは、まさに日本近代の問題たる「創造された伝統」としての封建的権力関係であり、具体的には、生産と再生産が分離されない家族経営の小売／卸売業——売春宿も含む——を舞台として、人格支配を伴う搾取と葛藤を描くことであった。

実際、一九三七年、結局撮られることのなかった「拐帯者」の脚本に取り組んでいた依田義賢は、興味深いコメントを残している。

> 結局、溝さんも私もサラリーマンが描けないのだ。溝さんはサラリーマンなんかちっとも面白くない。だいいち何も浮かんで来ないよと云われる。そうして、私だが、つまり依田義賢というシナリオ・ライターは大体関西弁

を語る人間でない人間は、外国人のように頭のなかで皮相的にしか動かないで、人間らしく書けないというたちだから、たださえ困難［ママ］なサラリーマンに東京弁をしゃべられると、ありきたり以上につまらない男より描けない。苦闘十数日、暑い最中である。とうとうサラリーマンに手をあげてしまった。そこで、このサラリーマンになる男を問屋の番頭にしようと考えた。すると妙なもんである。そこへ出てくる人間が急にぴちぴちと動き出して来たような気がした。私もなんだか関西弁を使う人間に近いものをかんじだしていきおい元気をとりかえして来た。話は精気をおびて新しい角度に展開して、音をたてて物語が動いて来たのである。そうして私たちはいま脚本を仕上げにかかっている。(23)

一九三〇年代にはエリート層に限られていたサラリーマン的世界——高等教育を受けたサラリーマンの夫、専業主婦の妻、少人数の子供によって営まれ、男の領域たる「職場」と、「職場」および公的領域から分離され再生産／愛と癒しの場として囲い込まれた「家庭」から成る——は、一九五六年の溝口の死後、高度経済成長によって一気に大衆化し、いわゆる戦後社会の構造の根幹を成すに至るだろう。(24) こうした意味で、溝口の世界は「権力関係」一般などではなく、歴史的に特定しうる社会関係に立脚している。

---

(22)　伝統と近代、家制度との関係については、川島武宜「イデオロギーとしての家族制度」『世界』一九五五年三月号、一一一—一二三ページ。本章の議論は川島の見解に従い、家制度を「創造された伝統」だと見なしている。現在では主流となっているこの立場の理論史・研究史の総括として、上野千鶴子『近代家族の成立と終焉』（岩波書店、一九九七年）、とりわけ六九—九九ページを参照。公娼制度と前借金契約については、小野沢あかね『近代日本社会と公娼制度』（吉川弘文館、二〇一〇年）、まとめとしては、一一—一九ページ。

(23)　依田義賢「溝口健二氏の今後」『キネマ旬報』一九三七年八月二一日号、八—九ページ。

(24)　拙稿「妻の選択——戦後民主主義的中絶映画の系譜」ミツヨ・ワダ・マルシアーノ編『「戦後」日本映画論——一九五〇年代を読む』（青弓社、二〇一二年）、一四三ページ。戦後社会の構造と家族については、落合恵美子『21世紀家族へ　第三版』（有斐閣選書、二〇〇四年）を参照。

このような溝口的権力関係を分節化するためのキーワードとして、私は「封建制」のかわりに「交換」を提案したい。本書では「女性の交換」を溝口の中心的課題として捉えてきたし、例えば『折鶴お千』（一九三五年）の仏像とお千の交換や、芸者からパンパンまで様々な性労働者をヒロインとした作品など、この主題が頻出することは容易に見て取れる。単なる「交換」ではなく「女性の交換」（traffic in women）の重要性にはほどなく戻ってくるつもりだ。しかし、いったんジェンダーの問題を棚上げにし、まず権力関係との関わりにおいて「交換」を捉え返してみよう。

社会学者マルセル・モースは、『贈与論』（一九二四年）のなかで、ポリネシア人やアメリカ先住民などの新石器時代的な社会において、贈与や交換は個人間ではなく氏族、部族、家族といった集団の間に交わされ、祭、儀礼、芸能、市、軍事行動、婚姻のような他の営為と密接に結びついて社会関係を構築する義務的性格を帯びた行為であるとした。[25]このような贈与の例としては、アメリカ北西部で首長の間に行われるポトラッチ、すなわち儀式化された大盤振る舞いと蕩尽の競い合いが引かれる。モースによれば、贈与は「物を贈る義務」、「物を受け取るという義務」、「お返しをする義務」によって構成されている。[26]つまり、たとえば付け届けをしない、受け取りを拒否する、返礼をしない、などの行為は関係性を拒否し面子を潰すことであり、その社会の成員として生きる限りオプションではないということだ。現在でも、洋の東西を問わず、例えばクリスマス・プレゼントやバレンタインデーなどの慣習は継続あるいは再創造されており、そこでは物や金銭、サービスの贈与が負債の念を生み、相互的な義務の縛りの連鎖によってネットワークが構築される。しかし、溝口の世界は「贈与」だけで成り立っているわけではないだろう。

中沢新一は「贈与」に「交換」「純粋贈与」を加えた三つの体制の組み合わせとして経済を説明している。「交換」は人格性と切り離された物としての商品が共通尺度たる貨幣を媒介に等価交換される体制であり、「純粋贈与」は贈与や交換の円環が途切れたとき、「見返りを期待することなく惜しみなく自分を贈るものの実在感」、いわば神の領分に触れる経験を指す。[27]溝口の映画世界では、それが立脚する日本近代の社会構造と同様に、資本主義の「交換」の体制が「贈与」と負債のネットワークと密接に結びついている。本論は、溝口の世界が資本主義の原理を基盤とすることを強調し、かつ、「贈与」という言葉が近年ことさらに帯びるようになった資本主義（とりわけグローバル化した新自由主義）に対するロマンチックなオルタナティヴという含意を払拭するため、[28]こうした交換＋贈与の日本近代における展開を「交換」と呼ぶことにしたい。中沢がジャック・ラカンの現実界や「女の悦楽」と結びつける「純粋贈与」のような経験は、あくまで例外として溝口の世界内に存在する。[29]中沢は「純粋贈与」がもたらす悦楽の例として「母親の乳房から温かい養分を飲んでいる幼児」を挙げているが、[30]溝口の映画世界においては、授乳さえ商品化され、「負債」を生む贈与となって「交換」の連鎖に取り込まれ、あるいは別れや死の予兆に貫かれる不吉な経験となる。『残菊物語』のお徳が母乳と育児を「売る」乳母であったことは第五章で強調したとおりであり、『愛怨峡』のふみは新生児に別れの授乳をしてから貰い子の養育を生業にしている婆に預け、『女性の勝利』のもとは経済的な不安から胸元の乳児を窒息死させてしまうのだから。

　溝口の世界における交換は、対価を銀行振込すればチャラ、というように経済的関係に還元されるクリーンな、後腐れのない行為ではない。金銭や物品、あるいは恩義や愛情などの贈与、それよって生成する負債が絡みあい、物語空間を多層的でミクロな支配と隷属の関係で満たしてゆく。『祇園囃子』では、美代春が美代栄の店出しの衣装代三十万円を女将に借りたところから、その金を出した楠田車両の御曹司（河津清三郎）、楠田が利権目当てに接待して

(25) マルセル・モース『贈与論』吉田禎吾訳（ちくま学芸文庫、二〇一五年）、Kindle版、loc. no. 122-33.
(26) モース、前掲書、loc. no. 1251-1340.
(27) 中沢新一『愛と経済のロゴス』（講談社選書メチエ、二〇〇三年）、二二―六八ページ、引用は六四ページより。
(28) 金融資本の専横に対して贈与を積極的に評価し、そこから生まれる「負債」ではなく「借り」を容認する社会の構築を謳う立場として、ナタリー・サルトゥー＝ラジュ『借りの哲学』高野優監訳、小林重裕訳、國分功一郎解説、（太田出版、二〇一四年）、とりわけ六二―七八ページ。
(29) 溝口は『山椒太夫』の安寿と『近松物語』のおさん、つまり香川京子に「純粋贈与」的な可能性を託した可能性がある。
(30) 中沢、前掲書、一六二ページ。

いる運輸官僚へと支配／被支配の連鎖が生まれていた。この作品ばかりではなく、少なくとも溝口の現存作品のフィルモグラフィにおいて、贈与と負債による支配と隷属からなる非対称な交換のネットワークが存在しない映画は見あたらない。

いや、それは当たり前だろう、という向きもあるかもしれない。御恩／奉公でも、義理と人情でも、あるいは一宿一飯の恩義でもいいが、二〇世紀というよりは徳川時代以降の日本の大衆文化において、『曽根崎心中』から『金色夜叉』を経て『昭和残侠伝』に至るまで、このような交換のネットワークは一貫してドミナントな物語を構成してきたのだから、溝口も例外ではない、それだけの話ではないか、と。しかし、同時代の小津安二郎の作品群はそのような一般化の反証になるだろう。小津の世界では、交換・贈与・負債のネットワークに縛られて生きているのは『生まれてはみたけれど』（一九三二年）の子供たちだけであり、おそらく最も溝口的な「淪落の女」の物語に見える『東京の女』（一九三三年）においてさえ、姉（岡田嘉子）は自殺した弟（江川宇礼雄）の理解の欠如を嘆いて自らの行為の「贈与」性を否定し、前借金契約の身売りの物語『出来ごころ』（一九三四年）でも喜八（坂本武）は結局そのようなしがらみから抜けることを選び、戦後作品の「娘」たちは見合でも恋愛でもともかく「贈与」したりされたりの関係は一貫して拒否する。『東京物語』（一九五三年）の紀子（原節子）の老義父母に対する情愛が心を打つのはまさに無償だからである。つまり、こうした交換のネットワークが社会に存在することを認知するからといって、映画世界のドラマツルギーをその論理で構築する必要はないということだ。溝口ほど多くのシークェンスに贈与／負債に起因する権力関係を漲らせ、かつ、そこに生成するドラマに耽溺せず突き放した監督はほとんどいない。金銭や物品はもちろん、愛も性行為も、溝口の世界において無償なものなどほとんどないのである。一方、晩年の溝口はいわば「純粋交換」を体現する人物像を模索していた。他者からの思いを込めた「贈与」を躊躇なく金銭としてため込み、義理や人情を無視することも厭わない『赤線地帯』（一九五六年）のやすみ（若尾文子）は、『大阪物語』（溝口健二原作、吉村公三郎監督、大映京都、一九五七年）の仁兵衛（中村鴈治郎）で更に発展を遂げるはずであった。

7-2-6：白糸が夢見る明治期アッパーミドルクラスの家族の肖像。

溝口の世界を「交換」として概念化するさらなる利点は、しばしば彼の映画の主たるテーマとされている女性の「自己犠牲」を、相手に負債を負わせる「贈与」として交換のネットワークの中に捉え返すことができることだ。溝口のフィルモグラフィにおいてもとりわけ献身的な自己犠牲の女性といえば『滝の白糸』（一九三三年）の白糸（入江たか子）であろう。佐藤忠男は、白糸が士族出身の苦学生・村越欣彌（岡田時彦）と再会する卯辰橋のシーンでは「のっけからパトロン気取り」「女性優位の立場」と指摘しつつも、欣彌への学費の援助を決め、その対価として「お前さんに可愛がつてもらひたいのさ」と申し出る楽屋のシーンでは、「白糸は欣彌の保護者として経済的に優位に立ってはいるのだが、心理的には、欣彌は士族の出身で末は博士か大臣かという前途有為の身、白糸はしがない旅芸人であって、将来、出世した彼に「可愛がって」もらうことができたら本望であるというふうに、立場が逆転している」と考えている。[31]この見解に対して私が主張するのは、彼女の援助は愛の証しであっても決して無償ではなく、贖われるべき贈与であったということだ。水芸スターとして美貌と芸を謳われた白糸に欠けたものといえばブルジョワ的安定とステイタスであった。彼女は結婚によって安定した家庭を獲得し階級上昇を成し遂げるため、前途有望な青年に投資し、この契約へのいわば手付金としてセックスを求めたに過ぎない。私がシニカル過ぎるわけではないと思う。もちろん白糸の欣彌への愛は本物であるが、一方で彼女は彼への手紙の中で「妻になること」を望むと明言しているし、獄中で見るまばゆくも痛々しい夢の中では、すっかり上流の奥様風の白糸が赤ちゃんを膝に乗せて微笑み、夫・欣彌とともに池の鯉に餌をやっているではないか（図版7－2－6）。しかし、たとえ金貸しにレイプされ誤って殺してしまうというような不幸が彼女の身にふりかからなかったとしても、法学士になった欣彌は決して旅芸

（31）佐藤、前掲書、二八七ページ。なお、ビデオやDVDのない時代に脚本と記憶を頼りに書かれたこの書物で佐藤は「可愛がってもらう」タイミングを読み違えているが、二人は明らかに白糸の楽屋で一夜を共にし、次の朝、欣彌は東京へと向かう。

人などと結婚しなかっただろう（じっさい東京の下宿のお婆さんには彼女を「姉」と偽っている）。このような交換の論理を知悉し、にもかかわらず返済できない贈与を受領してしまった男の重い負債の念を、岡田時彦は実に格調高く演じている。

溝口的女性の「自己犠牲」はモースの意味における「贈与」に他ならず、それは交換のネットワークに加わることで既存の社会関係に介入し、ある程度の権力を掌握し欲望を実現せんとする倒錯的な戦略である。こうした読みを提示するにあたって、私の目的は彼女たちの受動的攻撃性を賛美することではない。実のところ、彼女たちは男性によってコントロールされた交換のシステムの内部で限定された力を行使するに過ぎず、システム自体を転倒することはできない。それゆえに、例えば『残菊物語』のお徳（森赫子）のように男の永遠の愛とおそらく死までも対価として引き出したケースにあってさえ、結局は彼女の敵たる尾上家と家父長制に利する結果に帰してしまう。性労働によって得た金銭ばかりではなく折鶴にこめた「魂」まで宗吉（夏川大二郎）に贈与したお千（山田五十鈴）にしても、少々後悔の念に囚われようが医者としての成功は揺るがない男に対して、本人は廃人だ。さらに悲惨なのは、相手の男がそもそも贈与と交換をめぐる暗黙の契約を読み取る能力を欠いている場合かもしれない。欣彌はおそらく最もマシな部類に入る。『噂の女』（一九五四年）の的場医師（大谷友右衛門）に至っては、置屋の女将・初子（田中絹代）が自らのビジネスと住居を抵当に入れて作った小切手を何の躊躇もなく受け取り、次のターゲットと見定めた初子の娘・雪子（久我美子）に見せびらかす始末だ。本章が溝口的女性の贈与＝自己犠牲にスポットライトを当てるのは、それをフェミニスト的戦略として奨励したいからではない。そこに確かに存在する力への意志を認知することで、彼女たちを無垢で無力な犠牲者という汚名から救うためである。

しかし、先ほど書いたように、贈与を行うことでプレイヤーになっても、女性は男性によってコントロールされた交換のネットワークを抜けることも転倒させることもできない。溝口の世界における交換は平等な個人の間ではなく徹底して非対称な権力関係の中に生起しそれを再組織化する。すでに触れてきたとおり、この非対称性は身分、出自、階級、職業、主従／雇用関係など様々な要素によって決定されるが、この世界においてジェンダーほど決定的な非対称の徴はない。なぜなら、文化人類学者ゲイル・ルービンのモース／クロード・レヴィ゠ストロース的交換についてのコメントによれば、そもそも男性のみが交換のパートナーであり、女性は交換される贈物なのだから。[32]これは単なる立場《ポジション》の問題ではない。ルービンは言っている。「男性ももちろん交易される――しかし、奴隷として、男娼として、アスリートとして、農奴として、あるいはその他の悲惨な社会的地位においてであって、男性としてではない。女性は奴隷として、農奴として、娼婦として、そして単に女性として交換される」。[33]ルービンによれば、こうした「女性の交換」のシステムが意味するのは、親族構造内で男性が女性の成員に対してある種の権利を持っており、女性は自らに対して権利を持っていないということだ。[34]

「女性の交換」のシステムは溝口の世界が立脚する日本近代にも、そして現在も存続している（ナイトクラブでも出会い系サイトでも女性は低料金だったり無料だったりするではないか）。それにも拘わらず溝口的女性に自己犠牲゠贈与を通してプレイヤーたることが可能なのは、親族や家族の閉域の外に貨幣経済における等価交換のシステムが存在し、そこに労働者として――多くの場合、性労働者として――加わり、労働力の対価を得ることができる、つまり、経済的に自立しうるからだ。ここに溝口の世界の歴史的な近代性があり、さらにそのフィルモグラフィにおける専業主婦の驚くような不在もまた説明されるだろう。溝口作品の主要登場人物には再生産の領域として囲い込まれた家庭の閉域で賃金化されない家事労働に従事する主婦は見あたらず、[35]家、土地、財産、ビジネスといった資本を「持つ」女性（『浪華悲歌』の麻居夫人、『祇園の姉妹』のまさ、『女優須磨子の恋』のいち子、『雪夫人絵図』の雪、『武蔵野夫人』の房子、『噂の女』の初子）、

(32)　Gayle Rubin, "The Traffic in Women: Notes on the 'Political Economy' of Sex," in *Toward an Anthropology of Women*, ed. Rayna Reiter (New York: Monthly Review Press, 1975), 174.
(33)　Ibid. 176.
(34)　Ibid. 177.
(35)　例外として『武蔵野夫人』の富子（轟夕起子）が思い当たる。彼女の夫には顕示的消費が可能な収入があるため家事労働は女中にアウトソースしているが、男遊びの理由として彼女が持ち出す「寄る辺なさ」は、生産手段の欠如としてリテラルに受け取るべきだろう。

自らの労働力以外売るものを「持たざる」労働者・性労働者に大きく二分されている。こうした意味で溝口の「サラリーマン的世界」「戦後家族」への違和感はかなり本質的なものだったと言えるだろう。

　このような交換のシステムはどのように演出《ミザンセヌ》と関わるのだろうか。画面を見てみよう。ここでは『お遊さま』（一九五一年）における新婚初夜のシークェンス中の五分半のロングテイクを取りあげる。このロングテイクは自己犠牲＝贈与がいかにして権力関係を再組織化するかを示す。

　『お遊さま』は谷崎潤一郎の中編『蘆刈』（一九三二年）の映画化であり、この小説を特徴づける重層的な語りや文学的記憶の喚起をすべて捨象すれば、大枠の粗筋は同一である。[36]小説は明治期大阪の富裕な商家の社会を舞台とし、映画では時代設定が曖昧という指摘もあるが、[37]それは時代の徴を削除することで日常をさながらに幻想の閉域へと転換するための意図的な選択であろう。古美術商の慎之助（堀雄二）はゴージャスな未亡人・お遊（田中絹代）に恋慕するが、彼女は幼い息子の養育のため婚家に縛られており、結局、その妹で地味なお静（乙羽信子）と結婚する。新婚初夜、お静は慎之助に姉に対する感情を認めさせ、結婚を名目に留めて二人で姉に尽くすという誓いを引き出す。三人は頻繁に行き来するが、やがて慎之助とお遊の間が噂になり始める。お遊が二人と外出中に子供が急病にかかって亡くなり、事実上婚家を追い出された彼女は、結局、年上のお大尽のもとへ後妻に行く。慎之助とお静は夫婦となり子供が生まれる。この子供を語り手とする小説の後半部分がカヴァーする筋はここまでだが、映画ではこのあと東京郊外の侘び住まいでお静は産褥のために死に、慎之助が子供をお遊に托す。問題のロングテイクは新婚初夜のお静と慎之助のやりとりを描いており、物語のうえで大きな転機となる。

　まず、このシークェンスの土台となっているいくつかの設定を確認しよう。『蘆刈』とは違い、慎之助はお静の付き添いでやってきたお遊を見合いの相手と勘違いして気に入ってしまう。『蘆刈』でもお遊は慎之助に「あなたはお静がおきらいですか」と尋ね、否定すると「それならどうぞ貰ってやって下さいまし」と言ったそうだが、[38]原作ではおっとり世間知らずのはずのお遊が映画では有能さと押しの強さを発揮し、慎之助（図版7－2－7）、お静（図版7－2－8）の

7-2-7：目を背ける慎之助を覗き込んで合意をとりつけるお遊。

7-2-8：躊躇するお静ににじり寄るお遊。

7-2-9

7-2-10

二人を長回しのなかでそれぞれ説得し、視線をそらす当事者を下から覗き込んだり詰め寄ったりして念を押すことで結婚への同意を取り付けている。(39) こうした説得の結果としてあるのがお静の婚礼であり、自らの作品を満足そうに眺めるお遊と、その眼差しを受けて目を伏せる花嫁姿のお静のミディアム・クロースアップ（図版7－2－9）はこの間の経緯を要約している。こうした画面上の視線のヴェクトルと権力関係のありようを踏まえると、五分半の長回しで行われるのは、ずっと視線をそらし、一貫して受動的に生きてきたお静の反撃でありシナリオの書き換えである。

(36)『蘆刈』と『お遊さま』の関係について論じ、間テクスト性が映画において及ぼす「距離のある同一化」の効果について述べた先駆的研究として、Dudley Andrew, *Film in the Aura of Art* (Princeton: Princeton University Press, 1984), 184-90、がある。

(37) ある批評家は「前述の舊幕時代からの習慣の存在は全くあいまいにして何時代の話か規定していない、現代か或は戦争直前の頃なのだろう」と述べている。林勝俊「『お遊さま』」『映画評論』一九五一年八月号、七九ページ。なお、このような印象は溝口－依田が衣裳考証・甲斐荘楠音とともに意図したものとみて間違いないだろう。

(38) 谷崎潤一郎『蘆刈』（中央公論新社、二〇〇二年）、Kindle版、loc. no. 571-76. Kindle版は中央公論社の『谷崎潤一郎全集』第一三巻所収「蘆刈」を底本としている。

(39) 慎之助の説得に関しては、拙稿 "Choreography of Desire: Analyzing Kinuyo Tanaka's Acting in Mizoguchi Films," *Screening the Past*, no. 13 (March 2001) で詳細に論じた。

婚礼の夜、お付きの女性がお静を奥の寝室にいざない、慎之助に一礼して立ち去る。キャメラマン宮川一夫、照明技師・岡本健一が初めて溝口と組んだ作品だけあって、襖の長方形が奥へと連なってゆく幾何学的な構図といい、手前とともに奥を明るくして寝室の金屏風を光らせる照明設計といい、その品格の高さは驚異的である（図版7－2－10）。早坂文雄の劇伴が高まるなか、肩で息をし、眉根を寄せてうつむく花嫁を俯瞰で捉えたショットに切り替わる。花婿が画面左から歩いてきてフレームに加わり、劇伴が止む。慎之助が正座して「この家のあるじとして、私が一言云わんならんところでしょうが……」と口火を切ったところで、お静は思い詰めた様子で両手をついて一瞬、慎之助を見つめ、それからまた目を落として「突然、こんなことを云いまして、おどろかれるかも知れませんけれど……」と語り出す。このやりとりでこの長回しのシチュエーションが確定されたと考えて良いだろう。以下、五分を超える演出《ミザンセヌ》を図版で追ってみよう（次ページ以降、図版7－2－11～7－2－25）。

長回しの前半、基本的にずっと慎之助から逃れ、その視線を受け、そらしてきたお静は、「あんさんも姉さんが好きですやろ」（図版7－2－17）という暴露の台詞を契機に攻撃側に回る。それにしても、この長回しの物語は「自己犠牲」を主題としているのだろうか。慎之助も長回しの後半ではお静のセックスレスの要求を「埋もれ木になる」「尼さんのようになる」と形容しており、最後の泣き方を見てもわかるとおり、お静もこれを苦痛として受け取っている。しかし、そもそもこの結婚の話をまとめたのはお遊だし、慎之助も長回し前半の台詞「いったん夫婦となったうえは」から窺われるように、お遊に恋慕しているからといってお静とセックスしてはならないなどとは考えてもいなかった。新婚初夜に慎之助とお静が結ばれたからといって困る者などいなかったのである。ここでお静は、姉と夫の関係を繋ぐおとなしく無知な「贈物」としての扱いに抗して、この贈与が彼女を主体とした「自己犠牲」であることを宣言し、それを通して交換のネットワークのプレイヤーとしての地位を獲得するとともに、夫をも説得して自らが書いたシナリオの共犯者としたのである。この映画におけるお静は無垢な犠牲者ではない[40]。自分ではなく姉を愛している男とのセックスを拒むのは、『残菊物語』のお徳についての佐藤忠男の言葉を借りるなら、お静の「意地」と

7-2-11

慎之助を見つめたあと、目を伏せ、「突然、こんなことを云いまして、おどろかれるかも知れませんけれど……」と、目を上げる。(図)。

7-2-12

お静「今ここでお願いしておきませんと……」と目を上げて心持ちにじり寄り、慎之助をひととき見つめる。
お静「実は、私がここに来ますについては、かたい決心があって来ましたんです」、と頭を下げる。慎之助「かたい決心？」、お静、頭を上げて慎之助を見つめながら、「どうぞ私を形だけの嫁にしておいて下さい」と言い、また目を落とすと立ち上がって慎之助と襖の間の中継を通る（図)。

7-2-13

お静が廊下の障子の手前に座るとキャメラも静かにリフレーミングする。慎之助もすぐに画面右手前からフレームインして彼女の前方に中腰で座り、顔を見つめる（図)。お静は視線を合わせず、「私は、姉さんの心を察して参りましたんです。そうですさかい、あんさんに身をまかせては、姉さんにすみません。私は、一生うわべだけの嫁で結構です」。

7-2-14

お静、慎之助の方に向き直って、「どうぞ、姉さんを幸せにしてあげて下さい」(図)。慎之助が「何ということを言うのです」と言うと、再び前に向き直り、視線を前方に落として、「いえ、私にはようわかってます。姉さんはこれまで、私の縁談が起こる度に、わたしを誰にもとられとうない云うて、自分から話をこわしてしまわりますねん」、と少しうなずく。「それが今度は」とまた前方に視線を落とし、「あんさんなら取られたような気がせん、きょうだいが一人ふえたような気がする云うて……」と見上げ、また慎之助を見る。慎之助は狼狽しており、言葉もない。お静、立ち上がる。

7-2-15

襖の向こう、居間へ移動する。キャメラはお静の上半身を追う。「静さん」、と慎之助も彼女を追う。

7-2-16

慎之助とともにキャメラも襖の向こうに回り込む（図）。お静は視線をそらしたまま、「それだけやあらしません。姉さんはあんさんにお目にかかってから、急にお顔の色もつやつやして」、とすこし頷く。「それは、あんたの思いすごしやないか」、と慎之助がお静の右腕をつかんで覗き込むと、

7-2-17

お静は「いいえ」と座り込み、キャメラも彼女を追って下降し、慎之助も続く（図）。慎之助、座って画面左を見つめて言う。「いったん夫婦となったうえは、不足なところがあっても、何ごとも」、とお静の方に向き直り、「約束ごとやと思うて貰わな困る」。お静、より深く頭を垂れ、慎之助、左方を向いて続ける。「あんたが姉さんを思うてあげるのは結構なことやが、そのためにわたしにまでつれない仕打ちをするなんて……」お静を覗き込んで、「そ、そんなこと、姉さんかて望んでいられるわけないやないか」。すると、お静、瞬きをして一呼吸し、画面右方に軽く頷きながら、「あんさんも姉さんがお好きですやろ」。慎之助、この言葉に目をむき、息も絶え絶えになり、画面左へと目をそらす。お静は続ける。「あたしを貰うてくださったのも、いつも姉さんと一緒にいたかったからと違いますのか」。

7-2-18

慎之助、「そんなこと」、と左へと顔を背ける。そこへお静、「どうぞ、私にだけは隠さんといてください」とにじり寄る（図）。すると慎之助が立ち上がり、床の間の方へ向かう。キャメラは彼の上半身を追う。

7-2-19

お静も立ち上がって慎之助の左に回り込む。

7-2-20

慎之助、キャメラに背中を向け、お静から画面右へ視線をそらして、「それは、慕ってます。隠しません」。そこからお静を見つめて（図）、「けれど、私はあの人をきょうだいだと思っているのだから、あなたがなんとしてくれたところで」、と言い、

7-2-21

慎之助「どうもなりようはないのやから」、と画面左の方へ腰を下ろす。お静は決意して左方へきびすを返し、慎之助の前に回り込み、座る。

7-2-22

お静、慎之助を見つめ、「わたしはどうしても姉さんの思うてはるお方をとることは」、視線を前方に落として、「できません」(図)。お静、画面左前方を見つめつつ、「私が来なんだら、おふたりの仲の橋がないようになると思うて」、と、慎之助ににじり寄りつつ、視線を合わせて、「わたしこそ、あんさんの妹にしてもらうつもりで来ましたのや」。慎之助もお静を覗き込み、「そんなら、あんたは姉さんのために一生を埋もれ木にしてしまうつもりか」と訊ねる。お静、「いいえ」と頸をふり、膝の上の手を組み直して、左の方に目を落として、「姉さんかて、いっしょです。思う人があってもままならぬ掟にしばられていやはるのです」。

7-2-23

お静、慎之助の方に向き直り、「姉さんを幸せにしてあげて下さい」。と頭を下げる（図)。慎之助は視線をそらしたまま。お静は続ける。「姉さんを思うて下さるなら、私と同じ気持ちになって」。ここでお静、感極まって頭を垂れる。すると慎之助が覗き込み、「あんたは尼さんのようになってもええのんか」。お静は頭を深く垂れた姿勢でしゃくりあげながら、「ええのんです」とうなづく。

7-2-24

お静、「私はええのんです」、と画面左方の床に突っ伏し、泣きじゃくる（図)。キャメラも彼女の動きに合わせてやや左方へ寄る。慎之助はじっとお静を見ているが、やがて立ち上がり、ふたたびお静を上右方から見下ろす。キャメラはやや後退し、二人をフルショットで捉える。

7-2-25

慎之助、お静と襖の間に回り込み、障子窓のへりによりかかる(図)。画面はゆっくりと暗転してシークェンスが終わる。

言えるかも知れない（第五章）。それゆえにこそ、女性の「自己犠牲」は伝統的に美徳とされているにも拘わらず、お静の場合、同時代のある男性批評家に「何故か變態的な後味がのこる」(41)と言われ、別の男性批評家には「右の三角關係――というより夫婦の妙な生活は到底理解できないのである。というより軽蔑されかねない」とぼやかれ、試写に彼と同席した「三十歳近い未婚の女性」にも「三人が三人とも不幸になる結末を招きながら、あんな不自然な道を選んでいる。何んて、愚劣な映画でしょう」と罵られている。(42)彼／彼女らは無私と献身の衣の下にお静の強いエゴを感じ取ったのではないだろうか。

このような読みと受容が可能になるのは、演出《ミザンセヌ》がこのリアリティのない物語内容をあくまでもお静と慎之助の間の闘争として画面上に展開しているからだ。佐藤忠男はこのシークェンスを詳細に記述・分析したうえで、「立つことと座ることという、高さの振幅の変化を心理的な高揚と落胆の振幅に替え、さらにそれを、移動撮影によっていっそう情緒的にするのである」と結論している。(43)また、佐藤はこの長回しにおける位置の上下（見上げること、見下げること）がおおまかに言って二人の心情と呼応していると考えているが、それは単なる上下関係や権力の大小ではないだろう。むしろここでも眼差しの忌避によって慎之助とお静のヴェクトルがV字を成して動いてゆく。忌避する者＝追われる者が運動するため、立ち上がることは決して権力を示すことにならない。じっさい、この長回しではお静が二回（図版7－2－12、7－2－14）、慎之助が二回（図版7－2－18、7－2－25）先に立ち上がっているが、慎之助の最後の一回を除いて、シチュエーションからの逃避が目的である。とりわけお静が一回目に立ち上がる際には（図版7－2－12）、新婚初夜の寝室を花嫁が後にする意味は大きい。また、長回し前半のお静の「座ること」（図版7－2－13、7－2－17）には、言わなければならないことを言うという決意が感じられる。身体の下降が力の放棄を意味するのは、慎之助の場合（図版7－2－21）のみである。

だが、この卓越した長回しが日本映画・外国映画を問わず他の何ものにも似ておらず、ようするに何がなんだか分からないが凄いのは、性愛やジェンダーと結びついた既存の権力関係を「よく」――細やかに、リアルに、あるいは緊張感いっぱいに——表象しているからではあるまい。例えば小津安二郎の人物たちの話し方や仕草ほどあからさまに現実と断絶した自律的世界を顕示するわけではないが、ここでのお静＝乙羽信子や慎之助＝堀雄二のように立ったり座ったり回ったりしながらセックスレスの提案を協議する新婚夫婦は、明治時代でも戦後初期でも現代でもいないだろう。ここには際立った形式化がある。視線の忌避については既に述べたが、お静が二回目に立ち上がって居間へ移るとき（図版７－２－16）と慎之助が最初に立ち上がるとき（図版７－２－19）、追う側はともに立ち上がって、追われる側の進行方向である画面左に回り込んでいる。このようにして、二人のヴェクトルが作るＶ字型が画面に対して多様なパターンで維持され、画面の自律性を保つのである。同様の「回り込み」はお遊による慎之助の説得場面でも見られる（図版７－２－７）。

だが、このような形式上のローカルな一貫性を溝口の映画の「文体《スタイル》」や彼の作品世界の「内的規範」あるいはパラメータなどというものに帰すことはできない。また、形式化への指向を物語内容から乖離した「過剰」として賛美するのも、それが画面と適合しているなら差し支えなかろうが、溝口にはあてはまらない。ジャック・オーモンは溝口についてこう記した。「端的に言おう。ここにあるのは、文体《スタイル》のない（なぜならすべての文体《スタイル》を受け容れられるから）、実のところ美学のない、しかしながらある倫理学を持ち、あるエートスに取り憑かれた映画だ。こうしたエートス、こうした実践、映画作家のこうした態度には、名前がある。それが演出《ミザンセヌ》だ」(44)。第一章で述べたとおり、フランスの映画批評史において、しかもとりわけ溝口をめぐる言説において、演出《ミザンセヌ》という語は過度な重みを持っており、言うまでもな

(40) 原作にもこのやりとりは存在し、一部の台詞はそのまま取られているが、語りが示すのは地味で内気なお静の姉への献身と愛情とエロティックとさえ形容しうる身体的な親しみである。谷崎、前掲書、loc. no. 611-55.
(41) 双葉十三郎「『お遊さま』」『キネマ旬報』一九五一年七月一五日号、三七ページ。
(42) 津村秀夫「映画と文學に關する斷章」『キネマ旬報』一九五一年八月一日号、一一ページ。
(43) 佐藤、前掲書、二九四ページ。
(44) Jaques Aumont, "Apprendre le Mizoguchi," *Cinémathèque*, no. 14 (Autumn 1998): 23.

くそれに極めて意識的なオーモンは、この語の曖昧かつ神秘主義的な用法を即座に否定している。そのうえで、映画における演出《ミザンセヌ》を「しかるべき場所に配置するという意味ではなく、俳優に指示するという意味でもなく、まさに映画的言説《ディスクール》に形を与える」ことと定義する。続けて、オーモンは述べる。「このように捉えられた演出《ミザンセヌ》は登場人物の関係を描写しようとはしない。演出《ミザンセヌ》とはこうした関係を生産することであり、そして同時に、これらを理解できるようにすることである(45)」。

オーモンのこの提言は、「見上げること／見下げること」や「高い＝偉い」あるいは「低い＝偉い」をめぐって、すなわち、物語世界における権力関係と画面の関係の問題をめぐる問いかけに始まった本節に、有益なヒントを与えてくれる。『お遊さま』の新婚初夜の長回しで、お静が「自己犠牲」の主体となり、慎之助を共犯として説得するのは、交換やその結果としての権力関係が抽象的な観念としてあらかじめ存在し、それを溝口が人物の配置や動かし方を通して上手に描写しているからではない。お静＝乙羽信子と慎之助＝堀雄二の眼差しとその回避、「立つことと座ること」によって、贈与交換と権力関係が画面の上に生成するのであり、確かに現実の振る舞いや慣習を糧としながらも、それとは独立した映画的言説《ディスクール》が形作られ、画面上に立ち現れる。

こうして映画作家の態度や実践と結びつけられる演出《ミザンセヌ》概念は、一方で確かに古色蒼然たる作家主義的・人間主義的な読みへと退化する危険性を孕みながら、他方では、製作プロセスにかんする問いを可能にする。どのようにして、あのような画面が可能になったのか、と。

溝口は現場で俳優に対してほとんど何も指示せずにリハーサルを繰り返したと伝えられる。例えば、『山椒大夫』の安寿と『近松物語』のおさんを演じた香川京子は、「とにかくみなさまご存知のように溝口監督という方は「こういうふうにやりなさい」ということは一切おっしゃらないで、「はい、やってみてください」と一言おっしゃるだけ。その俳優の動きをご覧になって、その上でキャメラの位置をお決めになるという演出のなさり方だったものですから(46)」と証言している。『赤線地帯』で絞られた若尾文子によれば、「スタジオの入口のところに大きな黒板がありましてね、増村〔保造〕さんがそこにその日やるシーンの台詞を全部書くんです。それでシナリオを書かれた方も出席して、それでみなさんで「ここはこのままで」「ここは直そう」とかいろいろ検討して、それじゃあひとつ動いてみましょうかということで、ちょうどテレビや舞台の稽古みたいにその日やるワンシーン全部通すわけです」(47)。興味深いのは、これが脚本の読み合わせや稽古ではないという点だ。「クランクインはしていたんですよね？」という山根貞男の問いに対して、若尾は「ええ、もちろん。ですからみなさん全員ピシーッと支度してスタジオに入るわけです」と答え、「撮影に入る前に一度通しでやってみて、ちゃんと芝居になったらいよいよ一人ずつ細かく映画的にお撮りになるわけで、最初に通して調子を見るわけですよ。今考えると、舞台稽古でやるような仕方をその当時最初に経験させていただいたわけですけど」と説明している(48)。つまり、撮影所のステージ（あるいはロケーションの現場）において、セットと小道具の配置が決まり、撮影、照明、音響の準備が整った状態で、衣裳を着けてフルにメイクをした役者たちが本番前にテストするわけだ。

とはいえ、溝口は完全に「何も言わなかった」わけではない。また、黒澤明や小津安二郎と違って溝口は「コンテ」を常に図像化していたわけではなく、それをスタッフやましてや公衆が目にする機会はなかったが、綿密な演出プランを立てて撮影に臨んでいたのも言うまでもない(49)。『山椒太夫』の撮影に立ち会った外村完二は、病気の老婆を

(45)　Ibid. 24.
(46)　香川京子、若尾文子「女優の証言」蓮實重彥、山根貞男編『国際シンポジウム溝口健二』（朝日選書、二〇〇七年）、七一ページ。
(47)　Ibid. 七八ページ。なお、溝口自身の手になる「『浪花女』製作日記」には脚本の第七稿が出来たところで「［一九四〇年］五月一六日松竹京都撮影所で、大船から映画出演のため入洛した田中絹代や中村芳子を交えて本読みを行った」という記述があるが、同年六月一四日のクランクインまで、衣裳合わせや文樂座の見学以外に監督と俳優が共に稽古やリハーサルを行った跡は見られない。溝口健二「『浪花女』製作日記」『改造』一九四〇年一〇月号、一三〇ページ。
(48)　香川、若尾、前掲インタヴュー、八〇ページ。
(49)　「『浪花女』撮影日記」に、「今日も亦終日雨。オープンセットを気遣ひつゝも家にこもりコンテを立つ」とある。前掲記事、一三一ページ。

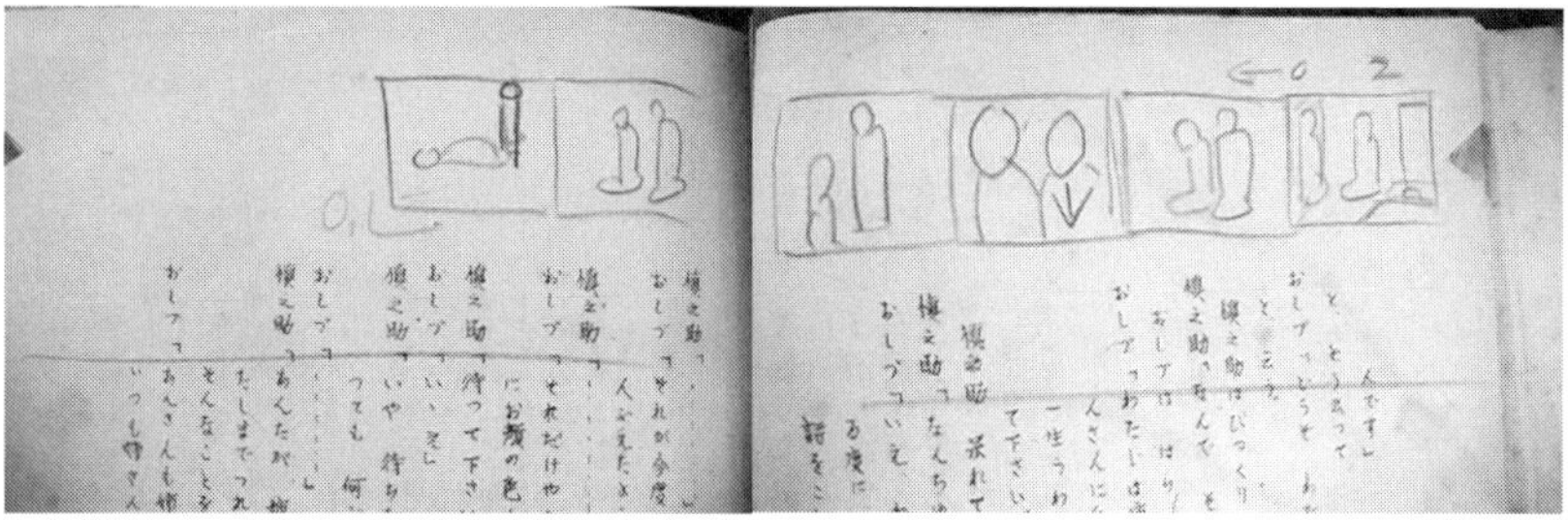

7-2-26：宮川一夫コレクション、『お遊さま』撮影台本。

捨てに来た厨子王（花柳喜章）と安寿がともに枝を折り、草を刈っていて母・玉木（田中絹代）の声を聞く重要なシーンのリハーサルを「喜章は、駆けつけ方について何度も注意をうけ、枝を折るときの動きに、複雑さがないと注文を出される。が、別にそばへ寄って、演技をつけるのでもない。まるで演技力のテストをしているようだ。しかし眼にみえぬ僅かの変化で、次第に演技のテンポが早くなってゆく。そして細部が整理される」と描写している。[50] さらに、厨子王が逃亡を決意する瞬間について、

> 今度のカットでは、地面に低くおかれたカメラは、向うにゆく安寿をすてて、厨子王に焦点をおきかえる。溝口監督は、ここで次から次へと註文を出し始めた。それも一遍にすべてを説明するのでなく、眼前に演じられるシーンにかぶせて、新しいイメージを追うといった感じで、その度にディテールが少しずつ変化する。始め厨子王が泣いたとき、「泣くのではない。涙をふくのだ」というし、次には、「もっと身体を廻して」とダメを出す。終には「動きより、感情だ」という言葉さえ出た。そのとき、溝口監督が背中に組んだ手を叩き合されながら、細かく興奮に震えさえしていた。が、不思議にそういった氏の指導で、情景が次第に凝結してゆくのは事実だ。[51]

つまり、マキノ雅弘のように自分で演じて見せたり、小津安二郎のように全ての仕草と視線のタイミングを㎝単位、秒単位で振り付けたりはしなかったとしても、溝

口は俳優に働きかけ、期待どおりの演技を引きだし、あるいは期待を凌駕する演技に遭遇して興奮《エキサイトメント》に震えていたのだ。

このプロセスについては、『雨月物語』『山椒大夫』『近松物語』で助監督についた監督・田中徳三の「溝口さんが持っておられる脚本には何にも書いてないんですよ。すべて頭のなかにコンテができているわけです。けれども、まず俳優にやらせてみる。頭の中に構成されたコンテで、実際にセットで俳優が衣裳をつけたときの感じでは、ずいぶんイメージが違ってきますから、それによって「この方がいいな」と考え直したりするものです」(52)という見解が至当であろう。

田中徳三によれば、「リハーサルみたいなものをやって、それをスタッフが見ているわけです。それで、宮川さんが位置を決めて、ライティングが始まりますね」(53)。宮川一夫は、溝口との初仕事『お遊さま』の上述の長回しのために六カットに及ぶコンテを撮影台本に描きこんでおり、人物の向き、サイズ、姿勢などがかなり念入りにプランされていたことが見て取れる(54)(図版7－2－26)。しかし、これも事前に協議したのではなく、その場で行ったものだろう。宮川は溝口と美術監督・水谷浩の関係についてこう述べているからだ。

(50)　外村完二「溝口健二監督の『山椒大夫』――大映京都のセットを訪ねて」、キネマ旬報特別編集『溝口健二集成』、キネマ旬報社、一九九一年、一二三ページ(初出は『キネマ旬報』一九五四年二月一日号)。なお、外村が映画の撮影現場には不慣れであったことが新鮮な描写に繋がっている可能性がある。
(51)　Ibid., 一二四ページ。
(52)　田中徳三「助監督の証言」、蓮實、山根編、前掲書、一〇〇ページ。
(53)　Ibid., 九三ページ。
(54)　宮川一夫コレクション、『お遊さま』撮影台本。本資料の閲覧を許して下さった故・宮川二郎氏、本書への写真の掲載を許可して下さった宮川一郎氏に深く御礼申し上げる。以下、本書の宮川一夫の撮影台本書きこみはすべて宮川コレクションに依る。

あるとき、溝口さんが、水谷さんと「ステージへ入れば、君と僕の真剣勝負ですよ」と言いながら肩を並べて入ってきたのを見たことがあります。溝口さんは事前にセットを下見したりしない人でした。図面を見て打ち合わせなども一切やらないし、撮影当日になると、まだ見ないセットにエキサイトして右肩をあげて入ってくるのです。いやむしろエキサイトしたがっていた、と言ったほうが当るかも知れません。エキサイトさせられないようなセットなら落第で、それから駄目出しが始まります。［…］溝口さんという人は、スタッフを絞り、おどかし、厳しく競り上げ、緊張感の盛上がりの成果の中に、自分がまたエキサイトして、自身を意識的に苦しいところへ追込んで演出する、というのが［ママ］、独特の演出スタイルをもった人だったからです。これは映画のように、いろんな技術者の合作で出来上るものの場合、その性格を十分に活用した演出の一つのホーム［ママ］だと言うことが出来るでしょう。(55)

打ち合わせは事前にやっておいたほうが、本番でスタッフやキャストの時間も無駄にならないし、第一、リスクもコントロール出来るのに——と、当時の日本の撮影所でもみんな思ったはずだ。だからこそ、撮影現場における溝口の振る舞いに関しては、疑わしいものも含めて様々の逸話や伝説が生まれ語り継がれたのだろう。だが、ここでそれらの逸話の面白さに惑わされ、創造への情熱に取り憑かれた監督の「天才」に議論を帰結させてしまうのは、第一章で触れた溝口「ギャグ」——「ある人物が、ある特徴や仕草・振る舞いを開発し、注意を引くような役割を演じる」(56)こと——に騙されたことになるだろう。この映画作家の人と芸術を深く理解していたキャメラマン宮川一夫が、こうした現場でのプロセスを「独特の演出スタイル」、さらには高度な専門性を持つプロの技術者集団から最大限の結果を引き出す演出の「フォーム」と捉えて解説しているのを聞き逃してはならない。現場での溝口の振る舞いは、やりたい放題のサディスティックな暴君の癇癪などとは峻別されなければならない。それはスタッフとキャストに興奮《エキサイトメント》を生みだし、それを自らが増幅して投げ返し、彼／彼女らの興奮《エキサイトメント》と緊張感のボルテージを限界まで高めてそれをフィルムに写し取るための制御された「方法」であり、輝くような成功体験と苦い失敗の蓄積によって練りあげられたこの演出《ミザンセヌ》技法は、スタニスラフスキー・システムと同じ意味で「溝口システム」と呼ぶのが相応しい。なお、この比喩においてはコンスタンチン・スタニスラフスキーの「システム」の演劇的な内実はほとんど問題にならない。スタニスラフスキーが、舞台俳優の「インスピレーション」の重要性を認めつつ、その偶発性や神秘化を排除し、インスピレーションを起こしやすいような状況を作り出すことを目的として、俳優の集中力、想像力、潜在意識の刺激などの技法を「システム化」したことこそが重要である。[57]「溝口システム」もまた、スタッフとキャストの「興奮《エキサイトメント》」を呼びさまし、紛うかたなく溝口のものである緊迫感のある映画的言説《ディスクール》を降臨させるための技法に他ならない。そのために多大の時間と労力と製作費がつぎ込まれたが、決して製作プロセスが破綻することはなく（溝口は「呪われた映画作家」ではない）、ある意味で極めて合理的な制御された蕩尽であった。

よく知られているように、「溝口システム」の根幹をなす呪文の一つに「反射」がある。[58]香川京子が証言するとお

（55）宮川一夫「溝口さんと真剣勝負」、新藤兼人、林美一監修『水谷浩　映画美術の創造』（光潮社、一九七三年）、一五四ページ。

（56）Henry F. Pringle, “Profiles: All for Art,” *New Yorker*, March 28, 1931, 26, quoted from Peter Baxter, *Just Watch!: Sternberg, Paramount and America* (London: BFI, 1993), 92. この「ギャグ」という語の適切な訳語は「パフォーマンス」となるかもしれない。

（57）Constantin Stanislavski, *An Actor Prepares* (New York: Routledge, 1936), Kindle edition. 演劇学者・笹山敬輔のまとめも参考にした。『演技術の日本近代』（森話社、二〇一二年）、二五三―五四ページ。スタニスラフスキーの英語版とロシア語原稿の差異や翻訳と権利をめぐるこみいった事情、それが生んだスタニスラフスキー・システムの主に英語圏における横領や独自の発展については、Sharon Marie Carnicke, *Stanislavsky in Focus: An Acting Master for the Twenty-First Century*, 2nd ed. (New York: Routledge, 1998; 2009), Kindle edition, part II.

（58）なお、『日本国語大辞典』第二版によれば、「反射」には以下の五つの意味がある。（1）ある媒質の中を進む波が、他の媒質との境界面にぶつかり、その一部がもとの媒質中の異なった方向に進む現象。光・電波・熱・音などが物の表面に当たって、反対の方向に進むこと。はねかえること。（2）「はんえい（反映）」に同じ。（3）医学で、意識や意志とは無関係に一定の刺激に対して、一定の反応を示すことをいう。「反射神経」「条件反射」（4）「はんしゃだいめいし（反射代名詞）」の略。（5）月夜をいう、盗人仲間の隠語。

り、この不可解な言葉は基本的に「リアクション」という意味で、「芝居というのは自分の台詞を言う番が来たから言うのではなくて、相手の言葉とか動作によってはじめて自分の芝居が生まれるというようなこと」[59]として解釈されてきた。香川は例として『近松物語』終盤、茂兵衛と逃避行の末に捕まって引き離されて実家に預けられたおさん（香川）が、母（浪花千栄子）と兄・道喜（田中春男）から婚家・大経師へと戻るよう説かれるシーンを挙げる。

そのときに私は、鏡の前でお母さんに乱れた髪を梳ってもらっていたんですね。それで「ああ、このあとの芝居はどうやったらいいのかなあ」って目をつぶって考えていたんです。そうしたら監督さんが「そういう感じがよいです」っておっしゃるんです。「あなたはお母さんやお父さんにそういうことを言われてそこにじっと座っていられれますか？」というふうにおっしゃるわけです。「ああ、そうだなあ。これを聞いているのはとってもつらくて聞いていられない」と思って、それで障子の方に逃げていくようにしました。そのときに茂兵衛が入ってくるのを見つけて、最初は誰かわからないのですが、おさんにだけはわかるわけです。[60]

7-2-27：『近松物語』

このパッセージは、溝口の現場に関する数ある俳優の証言の中でも、どのようにして「立ったり座ったり」する動きが生まれたのか示唆するとりわけ興味深いものである。前景に座るおさんは、画面右の母、後景左の兄が投げつける視線と言葉を「反射《リフレクト》」しつつ（図版7－2－27）、溝口の画面を特徴づけるV字型のヴェクトルを成して、障子の方へ、つまり画面右方の隣接した空間へフレームアウトとしてゆく。

ここで、『お遊さま』の長回しとも関連させつつ、「溝口システム」における「反射」の二つの側面を指摘しよう。まず、セットと小道具は「反射」を促す環境作りを担うがゆえに重要である。溝口と水谷との「真剣勝負」についてはすでに触れた。溝口のセットや小道具に対する常軌を逸した執着は、しばしば「溝口ギャグ」の要素として喧伝されてきたが、多くの場合、見栄っ張りの骨董趣味や低学歴の裏返しの本物志向として誤解され受け流されてきた。だが、実のところ、セットと小道具の配置は監督を興奮《エキサイト》させるばかりではなく、俳優をその気にさせ、さらには取るべき行動、逃れゆく道筋を決定する。ヨーロッパ映画研究者に、「欧米映画の場合、演出《ミザンセヌ》の可能性はセットのどこにどんな家具を置くかによってほぼ決定される。ところが日本の室内にはほとんど家具がない。いったいどうやって演出するのか」と質問されたことがある。[61] もちろん、日本間には上座・下座をはじめ不可視の位置指定が存在し、実はある人物が占めることができる空間的オプションが極めて限定されているのは、小津安二郎が指摘するとおりだ。[62] それだけに、衝立や襖・障子の配置、廊下との関係によってかなり人物の動きをコントロールすることができる。水谷浩は脚本を読み込んで映画の物語空間としてセットを構築しうる「美術監督」であった。おさんの実家・下立売の二間続きのはなれ座敷と庭は、まさにそのようなセットである。『お遊さま』でも、「慎之助の家、居間／夜／仲人夫婦の介添で床盃をしている慎之助とおしづ」[63] というだけのト書きを座敷、寝室、その間の廊下に分割しているが、普通なら一室に向き合って座るカップルの会話シーンとして構想するところだろう。水谷の美術監督としての作家性は奇抜なデザインではなく「反射」を促す環境の創造にあった。

---

(59)　香川、若尾、前掲インタヴュー、七四ページ。
(60)　Ibid. 七四―七五ページ。
(61)　ユーリー・ツィヴィアン、二〇〇〇年一二月。
(62)　小津安二郎「映画の文法」、田中眞澄編『小津安二郎戦後語録集成』（フィルムアート社、一九八九年）、三七―四〇ページ（初出『月刊スクリーン・ステージ』一九四七年六月二〇日号）。なお、こうして日本間では人物の位置が厳しく限定されるため、構図の多様性を確保するために一八〇度ルールを破っている、と小津は説明している。
(63)　依田、前掲シナリオ、一一〇ページ。このシナリオは映画公開（一九五一年六月二二日）の直後に出版されており、この部分は宮川一夫の撮影台本でも同じ。

第二に、「反射」という奇妙に生理学的／物理的で非心理的な言葉は、現場におけるプロセスとしての演出《ミザンセヌ》と画面上の運動を結びつけることを可能にする。「溝口システム」はスタッフと俳優に強いプレッシャーをかけて働きかけ、ときに罵詈雑言の形を取ったとも言われるその働きかけに「反射」し現場の環境に「反射」することを要求する。とりわけ俳優は「溝口システム」に対する「反射」を劇的なシチュエーションに対する「反射」として表すため、ヴェクトルがV字を成す画面上の運動は、言わば演出《ミザンセヌ》の反射＝反映であり、プロセスの痕跡となる。こうして、オーモンに倣い、本質的にプロフィルミックな行為を指す演出《ミザンセヌ》という概念――「場面に置くこと」――を映像テクスト分析に使う居心地の悪さを逆手に取ることができるだろう。つまり、溝口健二の映画は、「溝口システム」による言表行為《エノンシアシオン》の痕跡を残す映画的言説《ディスクール》であり、ここでは「態度」「倫理」「エートス」としての演出《ミザンセヌ》が、目をつぶり、眉根を寄せ、立ち上がる香川京子のような極めて具体的な形に結実するのである。さらに、このように間主観的／社会的な演出《ミザンセヌ》によって生み出される関係性が、贈与と負債の念によって成り立つ交換のネットワークであり、そこに起因する権力関係であるのは当然とも言えるだろう。逆の言い方をすれば、人間が交換のネットワークと権力関係に囚われたシチュエーションに溝口が拘泥したのは、それが彼を興奮《エキサイト》させ、「溝口システム」を発動させ、その「反射」をフィルムの上に刻みつける端緒となるからであった。

第三節　妊娠の身体

1　りくの妊娠

元禄一五（一七〇二）年、夏。京都・山科の大石内蔵助（河原崎長十郎）の閑居に、小野寺十内（加藤精一）が大高源五（瀬川菊之丞）、近松勘六（大川六郎）を伴って江戸からの「朗報」をもたらす。内蔵助が幕府に対して願い出ていた浅

7-3-1：『元禄忠臣蔵　前篇』
（以下 7-3-4 まで同）

野内匠頭の弟・大学を立ててのお家再興が却下されたのだ。これでようやく仇討のみが唯一の義の道として残され、内蔵助は即座の江戸入りを宣言する。四人の話を縁側で聞いていた妻・りく（山岸しづ江）は、内蔵助を呼び出して離縁を乞い、長男の松之丞（元服後は主税、市川扇升）以外の二人の幼い子供を連れて但馬の実家へと旅立つことになる。「忠臣蔵」物語の名場面の一つとしてあまりにも有名な「山科の別れ」であるが、溝口の『元禄忠臣蔵　前篇』には異様な細部がある。りくの妊娠である。

撞木町での内蔵助の遊蕩シーンをはさんでその前のシーンでも、実家からの使い・深見宗右衛門の離縁の勧めを断るりくが帯を前結びにしているのがやや気になっていた。離縁を切り出すショットでは、夫と斜めに向き合って座りながら、注がれる眼差しを返すことなく、膝のあたりを見つめてうなだれつつ、「突然ながらさきごろ中、但馬豊岡の父より、あなたさま御身状《みじょう》御放埒、殿ご無念の御最後を忘却のさま言語道断、大石の家を離別されて立ち帰るよう、再々申し越しております」とほぼ一気に言い、さらに頭を垂れて、「今日よりご縁切りのこと、私よりもお願い申し上げます」（図版7－3－1）。言うまでもなく、内蔵助とりくの間には深い愛情と信頼があり、りくが会議中の夫を呼び出すといういささか強引な手段に出てまで下の子供二人を連れての離婚を申し出るのは、後顧の憂いを絶って本懐を遂げられるようにとの配慮で、夫は台詞とは乖離した妻の真意を正確に理解している。そうした意味で、ここにもまた「忠臣蔵」映画に典型的な「コミュニケーション成就のカタルシス」[64]が生まれていると言えるだろう。そして、子供たちの処遇について同じポジションで語り合ったあと、内蔵助は言う。「それに、そちはただの体ではない。但馬への道中、くれぐれも気をつけてな」。

大石りく（理玖）が離縁されて山科を去ったときに妊娠しており、その後豊岡で三男・大三郎を産んだというのは

（64）谷川建司『戦後「忠臣蔵」映画の全貌』（集英社、二〇一三年）、二八二—八四ページ。

史実である。[65] しかし、りくの妊娠は「忠臣蔵」物語の「山科の別れ」の構成要素としては決して確立されておらず、真山青果の原作戯曲には「山科の別れ」自体が存在しない。溝口の情報源は「考証者　史実」としてクレジットされている郷土史家・内海定次郎であろう。内海は戦後に『豊岡と大石内蔵助夫人』[66]（私家版、一九五二年、復刻刊行会、二〇〇一年）を出版しており、りくに対する関心も知識も高かったと考えられる。しかし、りくの妊娠は「決定稿」とされる一九四一年一一月出版の脚本にも示されていない。脚本では、内蔵助と十内（大高と近松はこの場面には登場しないことになっていたようだ）の会談にりくが入って来て離縁の希望を告げ、内蔵助がその真意に感謝したのち、以下のようなやりとりがあることになっている。

おりく「は、はい――松之丞は大石の總領ゆゑ是非もありませねど、吉千代、くら、大三郎の三名は但馬へ一緒に連れて戻りたう存じます」
内蔵助「そうか、それまで考へてくれたのか、如才もあるまいが、吉千代は體が弱い。行末は出家させてくれ、大三郎は疳の強い子ゆゑ、虫を起こさぬやうにの――」[67]

つまり、脚本ではすでに生まれて大三郎と呼ばれている乳児を、完成したフィルムのりくは史実どおり胎内に抱えているのだ。溝口健二の多くの名場面と同様に、この妊娠はクランクイン後に抜き差しがたい重要性を担った要素として付け加えられたのである。その意図や効果の考察が私たちを本節の中心的課題へと導いてくれるだろう。

もちろん、太平洋戦争開戦前夜という時代背景や当時の「産めよ殖やせよ」キャンペーンに照らして、戦地に赴く夫の子を身ごもりつつも後顧の憂いを絶つため離縁まで申しる妻という設定は、イデオロギー的に完璧に思われる。しかし、問題はそういった抽象的なレヴェルにはない。妊娠という設定は、甲斐荘楠音が緩く着付けた前帯の着物とともに、地味で上品な武士の妻・りく＝山岸しづ江の身体、さらには彼女と内蔵助＝河原崎長十郎との画面上の夫婦関係を一挙に性化する。最初に観客としてりくの妊娠に気づいたときの軽い当惑は忘れることができない。実際、中年夫婦にもう一人子供ができて困ったり照れたり、という設定は同時代の五所平之助作品のような小市民映画には見られるのだが（『人生のお荷物』一九三五年、『伊豆の娘たち』一九四五年）、斉藤美奈子に倣って言えばその「物語外妊娠効果」、つまり読者／観客に及ぼす効果とは、(68) 日常と地続きの生々しさを加えることにあるだろう。そして、多くの戦後「忠臣蔵」映画がりくの妊娠を抑圧したのは、まさに同じ理由からに違いない。りく役とは、年増のスター女優（一九五八年の木暮実千代、一九六二年の原節子など）が押さえた色調の着物に色香を包んで良妻賢母の鑑を演じ、「忠臣蔵」という幕の内弁当の上品な箸休めとして機能するものであった。逆に、『元禄忠臣蔵』(69)を参考にしたことが知られる監督・深作欣二、脚本・高田宏治の『赤穂城断絶』（東映映画村、一九七八年）は、撮影所システム絶頂期の記憶を内包した岡田茉莉子と萬屋錦之介の身体にリアルな澱を加えるためにりくの妊娠を復活させたのだろうし、二人の演技はこの設定に見事に応えている。

---

(65) 松島英一『忠臣蔵――その成立と展開』（岩波新書、一九六四年）、八八―八九ページ。ただし、史実では内蔵助が浅野家再興の途が絶たれたと知って東下を決意する以前、一七〇二年三月ごろには離縁され、七月には出産しているため映画とは前後関係が異なる。

(66) 但馬考古学研究会が内藤定次郎『豊岡と大石内蔵助夫人』をＰＤＦ化して頒布しており、理玖の子供の数、離縁の時期などについての内藤の見解を知ることができる。http://rekibuntajima.web.fc2.com/ldhp/riku/urumipdf.html（二〇一五年九月一〇日アクセス）

(67) 原健一郎、依田義賢「元禄忠臣蔵（しなりを）」『映画評論』一九四一年一一月号、九八ページ。なお、「決定稿」ではあるが、後篇の最初を飾る御濱御殿がここでは「山科の別れ」の前に来ている。

(68) 斉藤美奈子『妊娠小説』（ちくま文庫、一九九七年）、一四二―四五ページ（原著一九九四年）。

(69) 春日太一『あかんやつら――東映京都撮影所血風録』（文藝春秋、二〇一三年）、三六七ページ。冒頭の松の廊下から赤穂開城まで、『赤穂城断絶』の最初の五〇分は『元禄忠臣蔵　前篇』の最初の八〇分の構造を概ねなぞっており、錦之介の「幕府に反逆する」という名台詞も河原崎長十郎が赤穂城外で死に行く井関徳兵衛（羅門光三郎）に伝えた言葉とほぼ同じである。現代劇出身の監督が「忠臣蔵」ではない非ブルジョワ的で「リアル」な――尺数の差が示すようにその映画的な具現の仕方は真逆だとしても――忠臣蔵を目ざした点で、この二作品は映画史を越えて呼応する。

さらに、りくの妊娠は、内蔵助と松之丞（主税）が籠に乗って去るりくと二人の子供たちを見送る「山科の別れ」のクライマックスの長回しにおける観客性《スペクテイターシップ》に作用する。このショット・シークェンスには台詞は一切なく、ステージング、身振りと視線、キャメラワーク、劇伴によってロングショットの中にいかに強度の情動《アフェクト》を生むことができるか、映画ミディアムの一つの到達点を示している。りくと内蔵助の離縁のシーンから暗転し、俯瞰のロングショットが前景に庭に立って見守る内蔵助と松之丞、後景画面右端の門に向かってうつむいて進む吉千代、くう、りくの後ろ姿を捉えている。りくは立ち止まり、後景画面左の縁側に平伏する十内、大高、近松の三人に深く会釈する（図版7－3－2）。門を出て行く母と弟妹を追って松之丞が歩き出したのを契機にキャメラが右方に移動を開始し、垣根を越えて門の外に回り込む。キャメラは門をやや右から中心に捉えて止まり、門前の階段をゆっくりと降りてくる吉千代、くう、りくを捉える。松之丞は門の敷居のところで立ち止まり、三人を見つめる。弟妹は画面左、父のいる方に礼をし、中景の松之丞に気づいたりく（図版7－3－3）が促すと、兄にも軽く垂れた頭を向け、挨拶を交わす。りくは二人を促して画面右端の前の籠に乗せ、籠かきに一礼して前景に戻り、画面左、内蔵助の方角に深く頭を下げる。籠に体を向けるところで松之丞と目が合い、息子は深く礼をし、母は会釈して速やかに後ろの籠に乗り込む。籠が動き始めると松之丞も歩き出し、階段の縁に立ち止まって遠ざかる籠を見守る。籠が画面右端の角を曲がりきったところで劇伴が調子を変えて高なり、松之丞は全速力で駆け出し、キャメラは右へ旋回して畑の中から、中景に立ち止まる松之丞、後景に遠ざかる籠を捉えて止まる。すると左から内蔵助がフレームインし、大股で畑の畝を越えながら、画面やや右の中心に立って最後景の籠を注視する（図版7－3－4）。籠が視界から消えたところで松之丞はとぼとぼと家の方へ歩き始め、やや足を速めたところで父の眼差しを感じたのか、そちらを向く。一瞬だけ視線を交わすと、息子は駆けだして門を入り、キャメラもその動きに合わせてやや左にパンして画面左奥でこちらに背中を向けて泣くさまを捉える。劇伴がさらに高鳴るなか、内蔵助は画面左前に向き直り畝を二歩進んで止まる。ここで『元禄忠臣蔵　前篇』の終わりとなる。なお、この長回しの二つの籠を追うキャメラワークは十内ら三人が籠で山科を訪れる二シー

7-3-2

7-3-3

7-3-4

クェンス前の冒頭を大まかに言って逆転しており、彼らがもたらした「朗報」の帰結としての家族の離別、という因果関係が映画形式によって生み出されている。

この長回しの前半の共感《シンパシー》の中心が母と別れ父と死ななければならない松之丞少年であることは、キャメラが彼の運動をきっかけとして動き始めることから感得できる。しかし、動き出したキャメラに置き去りにされ、ちょうど『残菊物語』の五代目菊五郎のように家父長としての権力を画面外の空間から行使している（第五章）はずだった内蔵助が左からフレームインしたとき、共感《シンパシー》の中心は内蔵助に移る。ここで私が共感《シンパシー》の中心と呼んでいるのは、キャメラワークとステージングを通して、観客がその主観＝主体性のフィルターを通して画面内の出来事を感じるように演出《ミザンセヌ》されている登場人物である。言うまでもなく、視点ショットが極めて少なくショットごとの独立性が高い溝口の映画において、観客が与えられるのは、この長回しでも見られるとおり、反射する運動と視線のヴェクトルがV字を形成する間主観的／社会的な構図の総体である。このなかで、遠ざかる籠の運動に内蔵助が前のシーンで述べた「それに、そちはただの体ではない。但馬への道中、くれぐれも気をつけてな」という言葉が重ね合わされ、性化され脆弱性《ヴァルネラビリティ》を帯びた妊娠の身体が観客の関心を縦の構図の最深部へと誘い、長回しの持続を支えるのである。脚本には籠を見送るシーンは記載されておらず、りくの妊娠とこの長回しは連動して導入されたと考えられる。ここでは、言祝ぐべき（総動員体制下では奨励すべき）妊娠が離別さらに死と強く結びつきつつ、キャメラワークとステージングが構築する空間に小さな生傷を開いている。

本節には二つの目的がある。第一に、「妊娠」のモチーフが溝口のフィルモグラフィに特権的な瞬間を与えてきたことを明らかにしたい。溝口の妊娠の主題系はさしあたり歴史的に説明しうる。第五章・第六章でもすでに触れたとおり、女性のセクシュアリティ、生殖、産は一九三〇年代後半から一九五〇年代初頭にかけて政治的・経済的にも極めて重要な役割を担った。溝口が国家による女性のセクシュアリティと身体の管理に深い関心を示し、つまり「風俗」を主戦場とする闘いを続けてきたことを思えば、この主題の頻出は驚くにあたらない。だが、一方で、溝口が妊娠という物語によって前景化する身体の脆弱性《ヴァルネラビリティ》、ほの暗さ、あるいは禍々しさは、バーバラ・クリードのいう「不気味な女」（monstrous-feminine）と地続きにある。クリードは、ジュリア・クリステヴァの「アブジェクシオン」についての議論を一九六〇年代以降のホラー映画に応用し、そこに現れる血、死体、怪物、胎児など、象徴秩序が人間と非人間の間に引く境界を越境する「おぞましきもの」との遭遇が、「私」がうちひしがれる受苦の経験としての「アブジェクシオン」をもたらすとした。特権的な「おぞましきもの」は女／母であり、まさに人間／非人間の境界線を司る生殖機能こそが女性を不気味／怪物的（monstrous）にするのである。[70] 内務省とGHQの検閲も大きく作用し、例えば「好色一代女」の血にまみれて居並ぶ胎児たちのような「おぞましきもの」がグラフィックなおぞましさを全開にして溝口の画面に現れることはなかったが、妊娠モチーフの「物語外妊娠効果」とは端的に言って「エログロ」だと喝破した斉藤美奈子は正しい。[71] たとえロングショットの長回しのなかで台詞によって示唆されるだけであっても、溝口の映画に妊娠の物語が付け加える「生々しさ」の基底にあるのは「おぞましきもの」、平たく言えば「エログロ」であり、「不気味な女」表象は女嫌い《ミソジニー》へと直結する。それにも拘わらず溝口の「妊娠映画」のフェミニスト的読みが可能であるとしたら、女性の生殖と産を社会問題として捉える昭和貫戦期の歴史的文脈に加え、この映画作家が「妊娠」の禍々しさを男性でもましてや胎児でもなく、女性の主体化の契機としたからである。

しかし、本節にはもう一つの目的、と言うよりは野心がある。溝口の画面における身体を分節化するための一つの切り口として妊娠の主題を導入し、それによって溝口の映画を新しい身体性をもたらす「現代映画」（cinéma moderne）

として提示することだ。第一章において示したように、一九五四年の時点ですでにアンドレ・バザンやフィリップ・デモンサブロンら『カイエ・デュ・シネマ』に集った批評家たちは、溝口の作品（『西鶴一代女』）の感情移入を阻む冷たさと不透明性、非ウェルメイド性、長回しと縦の構図によるリアリズムを讃え、イタリアのネオレアリズモやオーソン・ウェルズ作品などと同じ「現代映画」として捉えていた。本節は、このように否定性（「非〜性」「反〜性」）において形容されがちなアヴァンギャルドとしての「現代映画」にポジティヴな肉付けを与える新しい身体性が、たとえばロベール・ブレッソンやカール・テオ・ドライヤーの作品におけると同様に、溝口作品にも見出されると主張する。「現代映画」を身体性と結びつけること自体はフランス語の映画批評／理論においては私の限られた知識に照らしても常識と思われるが、溝口作品についてその可能性は追求されていない。この追求の試みに一定の助けを与えてくれるのは、ジル・ドゥルーズの『シネマ』である。(72)

2　時間イメージ——だからわれわれに一つの身体を与えて下さい

とはいえ、ドゥルーズの映画論を聖典として奉るのが私の本意ではない。とりわけ溝口と黒澤をごく雑駁に言えば（ハリウッドとは限らない）「古典的」映画と重なる「運動イメージ」に分類し（一：三二八—四〇、255-65）、小津のみを「現代映画」たる「時間イメージ」に入れる（二：一七—二三、22-29）という区分は日本映画史のクロノロジーからすれば噴飯もので、フランスでの受容（溝口・黒澤は一九五〇年代、小津は一九七〇年代）という文脈なしには説明できない。だが、

(70)　バーバラ・クリード「恐怖そして不気味な女——想像界のアブジェクシオン」目羅公和訳、『シネアスト』第七号（特集　ホラー大好き！）一九八六年、二〇三—二三ページ。
(71)　斉藤美奈子、前掲書、一四六ページ。
(72)　以下、ジル・ドゥルーズ『シネマ１＊運動イメージ』財津理、齋藤範訳（法政大学出版局、二〇〇八年）、同『シネマ２＊時間イメージ』、およびその原著である Gilles Deleuze, *Cinéma 1: L'image-movement* (Paris: Minuit, 1983), *Cinéma 2: L'image-temps* (Paris: Minuit, 1985) の総体への言及は『シネマ』とし、個別の巻についてはそれぞれ『運動イメージ』、『時間イメージ』、引用個所は本文に（巻：漢数字、算用数字）として示す。

本節が試みるのは溝口の現代性を取り返すため「時間イメージ」に分類しなおすことではない。そうではなく、『運動イメージ』の示唆に富む記述を受け容れたうえで、その臨界点に身体、妊娠の身体としての「時間イメージ」を見出すことである。

ドゥルーズは溝口を「行動イメージ」の「小形式」に分類する。行動イメージの映画はS（シチュエーション）とそれに対する感覚運動的な反応としてのA（アクション）によって構成されており、行動がシチュエーションを変える「大形式」に対し、「小形式」ではシチュエーションが露呈されることによって行動に新たな意味が付与される。(73) 贈与に対して負債の念が生まれ、あるいは攻撃や視線に対して「反射」する、間主観的な相互性によって縛られた溝口の演出《ミザンセヌ》をここに重ねるのは易しい。以下のドゥルーズの記述はその演出《ミザンセヌ》が生む映画的言説《ディスクール》を的確に描写しているように思われる。

［…］溝口の水平運動は、一定のしかし限界のない方向で漸進的に進んでゆき、空間を前提にするどころか反対に空間を創造してゆく。そして、この一定の方向は決して向きの統一を折り込んでいない。というのも、向きは断片ごとに変動し、ヴェクトルはそれぞれの断片に結びつけられているからである（このような向きの変動は『新・平家物語』において絶頂に達する）。それは場所の単純な変化ではなく、空間が空間であるかぎりにおいて継起するというパラドックスであって、このような継起的空間においては、時間は十全に確立されるのだが、ただしその空間のもろもろの変数のひとつの関数という形式で確立されるのである。（一：三三六―三三七、262, 訳を一部改変）

つまり、『女性の勝利』のひろ子ともとのように、『お遊さま』の新婚初夜におけるお静と慎之助のように、あるいは山科の別れの籠、松之丞、内蔵助のように、V字状を成すヴェクトルの運動が絶えず自らを再編成しながら、固定されたセッティング＝場所の表象としてではなく、映画的言説《ディスクール》としての空間を生み出してゆく。『新・平家物語』への言及も、清盛（市川雷蔵）が母・康子／祇園女御（木暮実千代）を引き留めようとする屋敷内のシークェンスなどを念頭に置くと当を得ている。

　しかし、溝口の画面を思い描くと雰囲気で納得してしまうこのパッセージには問題が隠されている。ドゥルーズの『シネマ』において、「運動イメージ」と「時間イメージ」を分かつのは時間との関係性である。「運動イメージ」では感覚運動的状況から時間の間接的イメージが生まれるのに対し、「時間イメージ」では、知覚と行動が因果性から逸脱したところに直接的時間イメージが与えられる（二：五六―五七、58-59）。そして、中村秀之が『シネマ』とアンリ・ベルグソンの精緻な読解に基づいて示したように、時間との関わりを決定するのはモンタージュである。モンタージュこそが運動イメージを操作して「変化する開かれた全体としての持続」へと間接的ながらアクセスを可能にし、映画の〈精神的なもの〉を決定するからであり、そこでは「ショット」概念が極めて重要な役割を果たす(74)。では、例えば本章で扱ってきたようなシークェンス・ショットにおいて、「断片」とは何で、何がいったい「継起」するのか。ひいては、溝口の映画はいかに時間へとアクセスするのか。

　ドゥルーズが「空間が空間であるかぎりにおいて継起するというパラドックス」(75)（le paradoxe d'un espace scessif en tant qu'espace）と言っているのはゼノンの矢のパラドックスのことではないかと思われるが、結局、時間は確立すると言っ

(73) 大形式は、シチュエーションに対して人間が行動し、その結果S'（変換されたシチュエーション）が生まれるという、端的に言えばアクション映画のフォーマットである（一：二四九―二五〇、197-98）。小形式は「行動、ふるまい、あるいはハビトゥス［存在様式］から部分的に露呈されたシチュエーションへと進む」（一：二八〇、221）。つまり、スラップスティック・コメディにおけるように、人間は闇雲に行動し、現れたシチュエーションを読み取って行動を変換する。

(74) 中村秀之「映画の全体と無限――ドゥルーズ『シネマ』とリュミエール映画」『立教映像身体学研究』第三号（二〇一五年三月）：六〇ページ。

(75) ゼノンの矢のパラドックスとは、時間が瞬間で構成されているとするならば、射られた矢も一瞬一瞬は止まっているはずなので、矢が動くことはない、というものである。Nick Huggett, "Zeno's Paradoxes," in *The Stanford Encyclopedia of Philosophy*, ed. Edward N. Zalta (Winter 2010 edition), http://plato.stanford.edu/archives/win2010/entries/paradox-zeno/ last accessed September 15, 2015. このパッセージに関連してゼノンのパラドック

ているので問題はないように見える。ひっかかるのは、引用部に続いて挙げられた例である。ドゥルーズによれば、「継起的空間」から時間が生み出されるメカニズムというのは、「たとえば『雨月物語』では、わたしたちは、まず主人公が妖女と岩風呂に入るのを見て、つぎに湯が溢れて小川のように草むらに流れ出るのを見て、さらに草むらを、そして野原を見て、そして野原を見て、最後に、二人が「数ヶ月後に」食事をしているとされる庭を見る」（二：三三七、262、訳を一部改変）というものだ。しかし、ドゥルーズはこの文に附された註で『雨月物語』のこの有名なくだりを描写・分析するジャン＝リュック・ゴダールを引いているのだから、「草むら」と「野原」の間にはディゾルヴによる接合＝モンタージュがあることを理解しているはずだ。

第一章でも触れたが、ゴダールの精確にして見事な描写・分析を引用しよう。

カメラは、二人がはしゃぎまわっている岩にかこまれた池をはなれ、水があふれでて小川になって流れてゆくのを水平に移動しながら撮影する。やがて小川はカメラの視野から消えてしまう。この瞬間、水のせせらぎの上に非常に短いオーヴァー・ラップが行われ、小川の別のせせらぎがそれにかわって現れるように思われ、カメラは快いはずみにのって連続して動いてゆき、ふたたび上昇する。すると、カメラは広々した野原の前景を写しだす。次に庭が写される。われわれはこの庭のなかに、恋人たちが数ヶ月たってままごとのような食事をしている姿をふたたび見出す。異なる画面を接合し、それによってある感情——ここでは快楽と歳月という非常にプルースト的な感情——を生みだすことができるのは、映画の巨匠と呼ばれる人びとだけである。[76]

ここにはモンタージュが介在している。そして、ドゥルーズの『時間イメージ』の論理に従うなら、このように因果性を欠いた繋ぎによって与えられるのは、まさに直接的時間イメージではなかろうか。たとえば兼子正勝も、ドゥルーズの議論を参照しつつ発展させた溝口の「重さ／軽さ」についての批評のなかで、このディゾルヴにおいて「二重の意味で地面が動く」と述べ、そこに導入される時間性についてこう書いている。「時間のない場所。時間のきえた場所。それが〈底〉としての地面だったのだ。しかしその地面にいま時間が戻る。動かなかった地面が動きはじめた瞬間から、地面を貫いて時間がゆっくりと流れだす。冬から春への季節の推移。源十郎が女とすごす陶酔の日々。その夢のように流れる時間が、地面の動きによって語られる。地面は時間の場所になったのだ」。[77]この『雨月物語』のディゾルヴと時間性の問題は次章で本格的に取りあげよう。ここでは、中村の議論に従って『シネマ』における「断片」「ショット」概念の重要性を再確認し、溝口の長回しのショット・シークェンスにおけるその位置づけに戻ることにする。

ドゥルーズの『シネマ』はノエル・バーチの『遙かなる観察者へ』に依拠しており、溝口のショット・シークェンスを「絵巻物ショット」と呼んだうえで、「方向付けの異なった諸ヴェクトルの或る種の平行状態を保証し、こうして異質な空間的諸断片の連結を構成して、そのように構成された空間そのものにきわめて特殊な等質性を与える」（一：三三七、263）と形容する。バーチの議論に照らせば、これは「ショット内モンタージュ」に他ならない。つまり、本論で言う溝口の演出《ミザンセヌ》――贈与交換が生み出す権力関係と、プロフィルミックな「溝口システム」が生む「反射」が相互に照らし合うプロセス――は、ドゥルーズの『シネマ』においては古典的な運動イメージの一つの形式となる。

しかし、ドゥルーズは、かなり不明瞭な言い方ではあるが、運動イメージが崩壊する地平を見出してその溝口論を閉じている。例として引かれるのは『西鶴一代女』においてようやく息子である若殿と屋敷で再会したお春（田中絹代）が接近を阻まれる名場面だ。「こうして溝口は行動イメージのひとつの限界に達したのだ――悲惨な世界がすべての世界線を解体し、或る現実を出現させるときに、すなわちもはや方向付けを失っているほかはなく、非連結であ

スを示唆してくれた滝浪佑紀氏に感謝する。
(76) J－L・ゴダール「簡潔さのテクニック」保苅瑞穂訳、『ユリイカ』〈特集溝口健二〉一九九二年一〇月号、五八―五九ページ。
(77) 兼子、前掲論文、一二二ページ。

るほかはない現実を出現させるときに」（二：三四〇、265、訳語を一部改変）。本節が提案するのは、戦略的にこの「現実」（レアリテ）に妊娠の身体を重ね合わせ、ドゥルーズの『時間イメージ』の議論を横領することである。(78)

『時間イメージ』の巻頭、ネオリアリズモにおける行動イメージの解体と因果性から解き放たれた「純粋に光学的状況」の浮上を論じるにあたって、ドゥルーズがアンドレ・バザンを経由しつつ引く最初の例は、望まない妊娠に関わっている。

> 『ウンベルトD』においてデ・シーカは、バザンが例として引いている名高いシーンをこんなふうに構成している。朝、若い女中が台所に入ってきて、一連の機械的な、うんざりする動作を続ける。少しばかりの洗い物、水をまいて蟻を追いはらい、コーヒーを挽き、のばした足の先でドアをしめる。彼女は妊娠した自分の腹に目をむける。あたかも世界のあらゆる悲惨がそこから生まれるかのように。こうして一つの月並みな、あるいは日常的状況の中で、無為意味なだけにいっそう単純な感覚運動的図式にしたがう一連の動作が続くうちに、突如出現するのは一つの純粋な光学的状況であって、若い女中はこれに答えることも反応することもできない。腹、そして目、これは出会いなのだ……。（二：二、8、強調は原著）

下宿屋の住み込みの女中であるマリア（マリア＝ピア・カシリオ）は、二人の男とつきあっているためどちらの子供かわからないし、一九五二年のイタリアで人工妊娠中絶は合法化されておらず、このままだと彼女は職と住居を失う。だが、彼女のそのような不安を語るだけならば、日常の動作をこのように長々と積み重ねる必要はないだろう。ここでは確かに感覚運動的図式に従う行動イメージの因果性の連鎖が弛緩し、登場人物は「純粋に光学的音声的状況」にうちひしがれ、踏み惑い、彷徨う。

それを大前提としたうえで、しかし、私は問いたい。これは、たとえば『ストロンボリ／神の土地』（ロベルト・

7-3-5：腹を触り見るマリア。
（『ウンベルト・D』以下7-3-7まで同）

ロッセリーニ、一九四九年）のヒロイン（イングリッド・バーグマン）が輝くマグロにおののくのと同じような意味で（二：三、8）、光学的状況と呼ぶべきなのだろうか。[79] マリアは腹に目を向けるだけではなく触れ（図版7-3-5）、さらに胸のあたりにも触れている。彼女が目を上げたところで劇伴が高まり、真正面を見つめる張りつめた顔にキャメラがゆっくりとトラックインするのだ。妊娠初期に腹を見て世界の悲惨にうちひしがれる女性はいない。こころもち出てきたように思われる腹に触り（胎動は四ヶ月以降なのでまだだろうが）、胸の張りに感じられる身体の大きな変化におののくのだ。つまり、ここに生起しているのはむしろ、ドゥルーズがブレッソンの『スリ』（一九五九年）について「こうして眼全体が、まさしく「触覚的 haptique」な機能によって光学的な機能を二重化する」（二：一七、22）と述べている事態ではなかろうか。これを「純粋に光学的触覚的な状況」と言い換えよう。さらに、マリアの触覚の対象は異なるものに変化しようとしている彼女自身の身体である。政治哲学者アイリス・マリオン・ヤングは、妊娠現象学試論とも呼ぶべき論文に、「妊娠の経験についてよく考えてみることで明らかになるのは、脱中心化した身体的主観性、私自身でない流儀における私自身である」[80] と書いた。『ウンベルト・D』の画面に与えられているのは、

（78）このように「運動イメージ」と「時間イメージ」を時代区分あるいは二項対立としてではなく、併存しうる二つのモードとして捉える視座を与えてくれたのは、フル・アニメーションを「運動イメージ」、リミテッド・アニメーションを「時間イメージ」として捉え、「リミテッド・アニメーションは、古典的なフル・アニメーションで体現された動画の力の個体化を伴っており、この個体化によって、アニメートされたイメージのポテンシャルがさまざまな新たな可能性へと解放される」と述べるトーマス・ラマールのアニメ論である。トーマス・ラマール『アニメ・マシーン──グローバル・メディアとしての日本アニメーション』、藤木秀朗監訳、大崎晴美訳（名古屋大学出版会、二〇一三年）、二四〇─五一ページ、引用は二四三ページより。

（79）この問題について授業で質問してくれた首都大学東京の村山修亮氏に感謝する。

（80）Iris Marion Young, *On Female Body Experience: "Throwing Like a Girl" and Other Essays* (New York: Oxford University Press, 2005), 49.

7-3-6：コーヒーを挽きながら足をのばす。

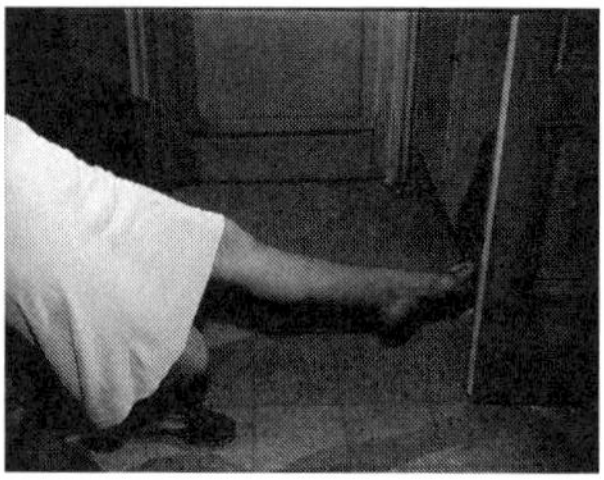

7-3-7：爪先とドアのショット。

このシークエンスはマリアの辛そうな目覚めで始まっていた。ドゥルーズは現代映画が時間イメージを組織する一つの流儀を「身体によって（もはや身体の媒介によってではなく）、映画は、精神と、また思考と結びつく」と説明し、こう続ける。「「だからわれわれに一つの身体を与えて下さい」、それはまず日常的な身体の上にカメラをすえることである。身体は決して現在に属しているのではなく、以前と以後を内包し、疲労、待機を内包している。疲労、待機、絶望さえも、身体の態度なのである」（二：二六四、246）。ドゥルーズがこのような身体の例として挙げるのはミケランジェロ・アントニオーニの作品だが、『ウンベルト・D』のマリアから侯孝賢『珈琲時光』（二〇〇三年）のヒロイン（一青窈）に至るまで、現代映画における妊娠の身体にまさに当てはまる。妊娠は身体に疲労や眠気を帯びさせ、さらに、極めてリテラルな形で時間性を内包する。「以前」は性交の痕跡であり（ジョゼフ・ロージー『不審者』一九五一年）、「以後」は予定日（黒沢清『贖罪』第四話「とつきとおか」二〇一二年）であり、そのための「待機《エクスペクティング》」であり、あるいは法制度によっては中絶可能なリミットであり（クリスチャン・ムンジウ『4ヶ月、3週と2日』二〇〇六年）、そして何よりも刻々と変化する母体と胎児である。妊娠は、抽象的にあるいはロマンチックになりがちな「時間イメージ」の組織化をリテラルに示すことを可能にするのだ。

このような妊娠の身体である。映画ミディアムは妊娠の身体を危うい状況に置くことでその不安定性と脆弱性《ヴァルネラビリティ》を前景化する。『ウンベルト・D』でも、マリアがコーヒーを挽きながら椅子に座ったままずり下がり、爪先でドアを開けようとするショット連鎖が（図版7－3－6、7－3－7）、椅子から滑り落ちるのではという観客の不安を刺激しつつ、マリアの幼さ、身体のおっくうさを同時に示している。

ドゥルーズの『ウンベルト・D』についての記述を身体と時間イメージの関係に接続することで、「現代映画」としての妊娠の身体のいくつかの顕著な特徴を浮かび上がらせることができた。すなわち、（一）日常性、（二）感覚運動的図式の因果性の弛緩やほころび、（三）その結果として現れる純粋に光学的触覚的状況、（四）自己同一性の不安定と脆弱性《ヴァルネラビリティ》、（五）疲労や待機、（六）複数的な時間性の内包、の六点である。このようなメルクマールに照らして、『ウンベルト・D』と同年に作られた『西鶴一代女』の妊娠モチーフを検討してみよう。

3　『西鶴一代女』

第六章で詳述したように、『西鶴一代女』は原作そのままの「好色一代女」という題名のもとで一九四八年にGHQの脚本検閲に提出され、おそらくは却下の憂き目にあっていた。そこでは井原西鶴の原作どおりヒロイン（菊という名を与えられている）は堕胎を繰り返したことになっており、老いた菊の前に血まみれの胎児たちが現れ、居並んで泣くという強烈なシーンも含まれていた。本節は、検閲された堕胎モチーフの痕跡を『西鶴一代女』における子産み・子別れ・再会のシークエンスに見出すことで、お春と「母性」の否定的な関係を明るみに出す。志村三代子が指摘するとおり、『西鶴一代女』におけるお春のフラッシュバックと主体性をめぐる問題系は、セクシュアリティと母性の否定に強く根ざしている。(81) 志村の議論を一歩進め、お春の「母性」自体を疑問に付すことで、母になるという目的に回収されない「妊娠の身体」を画面に跡づけ、この映画の語りの時間のさらなる不整合性を見出すことが可能になる。

（81）志村三代子「転換期の田中絹代と入江たか子——化猫と女優の言説をめぐって」斉藤綾子編『映画と身体／性』（森話社、二〇〇六年）、八八ページ。『西鶴一代女』の語りの時間性とお春の主観についての最も本格的な分析としては、Robert Neil Cohen, "Textual Poetics in the films of Kenji Mizoguchi: A Structural Semiotics of Japanese Narrative," Ph.D. dissertation, University of California, Los Angeles, 1983, 595-668.

7-3-8：『西鶴一代女』
（以下 7-3-10 まで同）

7-3-9：右画面外を息を呑んで見守るお春。

7-3-10：お春の視点ショットとして身分の高い武家の子供がモンタージュされる。

まず、お春の産後シーンを見てみよう。松平家の側室として世継ぎを産んだお春は、ミディアム・ロングショットの中央、純白の褥から半身を起こしており、画面左には新生児、画面右にはお局葛井（原駒子）が配されている（図版7-3-8）。産後のやつれを見せつつも満ち足りたお春の「こうして産んでみると」という言葉はすぐさま「いけません、産ませていただく、と申しなさい」と厳しく訂正される。ほどなく画面右後景の屏風が畳まれ、正室（山根寿子）と侍女たちが現れて新生児を奪い、お春の脆弱な抵抗もむなしく、彼女の授乳の希望を無視して去ってゆく。正室たちが現れるや、平野好美のキャメラはクレーンに乗って微かに浮上し、ふらふらと我が子を追うお春を間仕切り越しに追って横移動し、彼女の失神を画面中央下に捉える。このショット・シークェンスは「腹は借り物」という考えの非人間性と封建性を分かり易く図解しており、そのためには、徳川時代の大名家なら乳母がいて当然ではないかというような問題は無視されている。しかし、ここで私がまず注意を促したいのはお春の息子たる新生児の存在感の徹底した希薄さだ。シークェンス冒頭の「よいお子じゃ。そなたにそっくり」という葛井の台詞にも拘わらず、この乳児にはクロースアップは言うに及ばず泣き声さえ与えられていない。フォーカスが行き届いた後景の床の間に巨大な赤子の人形がいわばグロテスクな代理品として供えられているばかりだ。撮影の場における溝口が乳幼児のような演技のできない生物を嫌ったことは知られており、[82] この乳児も実際には手拭の束か何かだったに違いない。しかし、私はなにも「茶碗は本物に固執したのに赤ん坊は偽物でいいのか」などと言いたいわけではない。重要なのはその効果である。新生児の存在の希薄さ、さらにお春と新生児の接触の欠如（彼女は眠っていると思しき子供の顔をそっと眺めるだけである）は、このシークェンスが声高に賞揚しているはずの「母性」を抽象化し、よろめくお春の身体性を前景化する。つまり、出産はあくまでもお春の身体的な経験――苦痛、疲労、乳の張りなど――として捉えられ、新生児は松平家の家臣や奥方の言葉と同程度に抽象的な概念に過ぎない。封建社会批判を括弧に入れて事態を見ればお春は代理母であり、子供の存在は希薄であり続ける。

乞食の三味線弾きに身を落としたお春が息子であると思しき子供の行列を凝視するモチーフ（図版7－3－9、7－3－10）については、すでに刺激的な読みが提出されてきた。[83] しかし、ほとんどの論者がこの子供をお春の息子だと考えている。確かに、お春の視線の強度といい、物語内現実として提示する語りの手続きといい、そうとしか読めないが、だとすると『西鶴一代女』の映画物語内容の時間に深刻な矛盾が生まれる。この矛盾を起点として説得力のある読みを展開するには至っていないとはいえ、ダニエル・セルソーとベルガラの指摘は貴重である。[84] そもそも、この子供はせいぜい五、六歳なのに、お春は老婆ではないか。先行するシークェンスでは、仮初めの道行き相手となった笹屋の番頭文吉（大泉滉）があっけなく追っ手に捕まっている。なるほど、仮に島原の年季が三、四年で明け、笹屋での奉公、扇屋弥吉との結婚、尼寺での生活がすべて最短で終わっていれば、若殿出産から文吉との別れまでは数年しか

(82)『雨月物語』で宮木（田中絹代）の幽霊が子供とともに源十郎（森雅之）を迎える名高いシークェンスの撮影について、助監督としてついた田中徳三は語る。「この子供は二つくらいなんですが、喋れない。それを溝口さんが怒るんです。あんな赤ん坊に怒鳴っても仕方ないのに「このガキ頭が悪いな。何とかしたまえ」ですからね。お母さんも真っ青になっていました」。田中徳三、宮川一夫、岡本健一、大谷巖、佐藤勝「証言『雨月物語』」山口猛編『別冊太陽　映画監督溝口健二』（平凡社、一九九八年）、一四五ページ。

(83) 西村雄一郎「溝口健二　音と映像」『ユリイカ』〈特集溝口健二〉一九九二年一〇月号、八三ページ、志村前掲論文。

(84) Daniel Serceau, *Mizoguchi: de larévolte aux songes* (Paris: Cerf, 1983), 111n., Bergala, "De l'intervalle," 39-41n11.

経っていない。だが、二つのシークェンスを繋ぐ溶暗によって不特定な長さの時間の経過が示唆され、三味線を弾くお春の容色には老いの徴が刻まれている。そればかりではない。このモチーフの直後、うずくまったお春は惣嫁たちに助けられるが、そこから説話論的時間は目立った物語内容の省略の跡を見せず速やかに流れる。即ち、お春はすぐさま惣嫁の仲間に入り、初仕事に出て「化猫」と呼ばれ、フラッシュバック内の時間に映画的言説の時間が追いついて円環が閉じられ、羅漢堂で失神して仲間に助けられ、母とも（松浦築枝）と引き合わされて、松平家を継いだ息子が探していると知らされる。松平家の屋敷でお春が遠方から見つめ小走りで追う息子は、すでに成人しているではないか。つまり、もしお春が凝視していた子供が「現実に」松平の若殿であるとしたら、全く計算が合わないのだ。

映画公開に先立つ一九五二年一月に出版された依田義賢の脚本には、大名の若君の行列のモチーフは存在しない。ここでは、お春が文吉と別れたのちに映画的語りはいったん羅漢堂に戻り（場面八一）、続いて飯盛女、湯女、水茶屋の女、歌比丘尼と、お春の売春歴が短いシーンの連続として示される（場面八二―八五）。歌比丘尼のシーンからオーヴァーラップで奈良の町外れへと移行し、うずくまる老いたお春を惣嫁たちが助けることになっている[85]（場面八六）。一方で、映倫提出台本の該当箇所は以下のとおりだ。

79〜83　欠番

84　　東大寺の門前

〽つらさは浮世　あわれや我が身

惜しまじ命　露に変わらん〽

女乞食に落ちぶれたお春　破れ三味線をひいている

お春　　大名行列を見て立ち上がり大名行列の後を追う

お春　　もどって来てすわり泣く

D20お仙「よいしょう」
D21お熊「どっこいしょう」
D22お仙「一寸お前どうしたんや　えっ　うちへでも一寸来てちょっと休んだらどうや[86]」

封切二日前に審査を通過したこの台本の役割は、完成した映画の台詞を文字化し、最小限のト書きで各場面を説明することだったと思われる。[87] ここで確かなのは、第一にこのモチーフは撮影過程で売春経歴のアメリカン・モンタージュ（空間的・時間的に離れたショットを多くの場合ディゾルヴでつなげ、様々なアクションと時間の経過をテンポよく見せる技法。溝口のフィルモグラフィでは『祇園囃子』の美代栄の舞妓修行がこれにあたる）と入れ替わりに加えられたものであり、第二にト書きは大名の子供を松平家の若君と特定していないということである。

この若君は赤の他人であり、お春は大名行列を目にして我が子を想っただけ、というのが筋の通った解釈であるに違いない。しかし、この解釈は、少なくとも現行版ではほぼ全ての観客が若君をお春の息子と信じ、物語の時間における矛盾など顧みないという厳然たる事実を汲み取ることができない。この「矛盾」の生成において溝口は確信犯であろう。足音、絹ずれの音など画面内の音が意図的に消去され、お春の主観への焦点化が促されていることはつとに指摘されてきた。[88] このモチーフにおいて『西鶴一代女』はツヴェタン・トドロフが言うところの「幻想」の領域へと足を踏み入れる。「幻想」とは、現実世界の法則では説明のつかない出来事（死んだはずの馬丁が塔の上からこちらを見つ

（85）依田義賢「シナリオ『西鶴一代女』」『映画評論』一九五二年一月号、一〇八ページ。
（86）早稲田大学坪内記念演劇博物館、「『西鶴一代女』全十五巻」。
（87）撮影に先立つ五一年一一月二四日、『西鶴一代女』の脚本は映画倫理規定管理部に提出され、同二七日に目立った削除要求もなく審査を通過した（映画倫理規程管理部事務局『映画倫理規定審査記録』二九号、五一年一二月五日、b—一二ページ）。「欠番」はこの脚本審査版との差異を指すと思われるが、この版は発見できておらず、『映画評論』版との異同も不明。
（88）西村前掲論文、志村前掲論文。

めていた、など）が物語内で起こるとき、それを超自然や怪異とするか、あるいは登場人物の想像や幻覚とするか、あるいは読者が判断を「ためらう」よう仕向ける語りのことだ。[89] 基本的に超自然や怪異とは無関係のはずの『西鶴一代女』の中で、子別れをめぐるモチーフにおいて物語世界は特権的な歪みを見せる。「現実」の法が無化されていないとしたら、松平の若殿を追うお春はいったいどうやって警備の侍たちの目をかいくぐって屋敷から消え去ることができたのだろう？　豪奢な籠に乗る子供を凝視するお春には、「むごいかかさま」と泣く胎児たちをみつめる菊の姿が重なっている。お春は子供を確かに愛しており養育を強く望んでいたことも、現代では中絶と捨て子は決して同一視すべきではない行為だということも、この際問題ではない。菊による堕胎の追憶とお春の子別れは物語の構造上正確に同じ位置を占めており、下層に塗り込められた菊の物語が『西鶴一代女』の時空間を陥没させる磁場となっているのだ。

一般に家族、あるいは少なくとも胎児／子供との関係性において捉えられる妊娠が、溝口のフィルモグラフィでは女性の身体的経験へと収斂し、子殺し、子別れ、あるいは女性自身の死によって逆に関係性を絶つ結果へと繋がる。『雨月物語』の玉木（田中絹代）のようにもはや妊娠は過去に属するように思われる母親でさえ、二、三歳に見える子供にまだ授乳していることが源十郎の轆轤《ろくろ》を手伝うシーンの子供の台詞によって示される。このような「妊娠」的ディテールがあってこそ、彼女が落武者たちによってそれこそジャン・ルノワールの『ゲームの規則』（一九三九年）のウサギやロッセリーニの『無防備都市』（一九四五年）の妊婦ピナ（アンナ・マニャーニ）のように無造作に殺されたとき、暴力による子別れ、「母」たることの不可能性が身体的な残酷さとして訴えるのである。溝口の映画は、妊娠・出産をあくまでも女性の身体の経験とし、「母性」との間に亀裂を入れつつ、その身体に長回しとロングショットの時空間を支えるいわば「重心」を置く。

4　長回しと墜落

溝口のフィルモグラフィのなかで妊娠の主題を最も中心的に扱った『愛怨峡』（新興キネマ、一九三七年）にもそのような長回しがある。志賀暁子の堕胎スキャンダルの直後、志賀と同じ撮影所で撮られたこの作品は（第五章）、裏町の怪しげな産婆のもとで独り非嫡出子を産み、生活のためにその新生児をこれまた強欲そうな養い親にあずけるシングルマザー・ふみ（山路ふみ子）の経験の過酷さをディテールの積み重ねによって浮き彫りにする。美術監督・水谷浩の担当した溝口作品として現存している最初のものだけあって、「妊婦預ます」という胡散臭い看板がかかった産婆の家の二階を外から捉えたショット（図版7－3－11）、ふみがここで出産したとおぼしき二階の部屋の荷物が積まれて手狭な様子（図版7－3－12）、手前が二階に繋がる階段になっている一階の産婆夫婦の居間（図版7－3－13）と、一目でシチュエーションが把握できる見事なセットである。ふみは子供の父・謙吉が置いていった五十万の金を産婆（浦辺粂子）に渡し、里子の算段をつけたものの、最後まで子供に授乳するなど「妊娠」的描写が充実している一方で、おくるみに包まれた新生児の存在感は一貫して薄い。こうして女性の身体の問題として産が扱われていればこそ、子供を追って産婆の家を飛び出したふみが（図版7－3－13）、うら寂しい路地を抜けたところへ繋がる長回しに効いてくるのだ。ここでふみは荒涼たる運河の対岸に子供を追う（図版7－3－14、図版7－3－15）。路地のショットから続いていた汽笛と蒸気の音の音源が終盤になって現れ、近所を走る汽車であったことが知れる。ふみが対岸にたどりついたところでやや唐突にショットが切れ、小学生ぐらいの少年を遠景に遊ばせ、前景で煙草を吹かす養母の見事な前景構図に繋がる（図版7－3－16）。ふみは画面外で新生児との別れを惜しんでいるのだ。

『元禄忠臣蔵　前篇』や『西鶴一代女』と同様、ここでドラマの核となるのは言うまでもなく母親の／としての愛情であるが、溝口の演出《ミザンセヌ》が長回しの時空間にダイナミックなV字のヴェクトルを配置し、立体的な構図のなかに極めて具体的な形で生み出しているのは、乗り越え難い距離であり、運動の果てに訪れる別離である。このような演出《ミザンセヌ》によって生成する空間がマニエリスムに堕することもなく、冷たい人形芝居にもならないのは、そこを踏破する女性の

（89）ツヴェタン・トドロフ『幻想文学論序説』三好郁朗訳（東京創元社、一九九九年）、四一―四二ページ。

7-3-11：『愛怨峡』
（以下 7-3-16 まで同）

7-3-12

7-3-13：後景に産婆とその夫が火鉢に差し向かいに座っている。前景ではふみが階段を駆け下り、新生児を追う。

7-3-14：後景の運河のほとりに現れたふみが画面左へと走ると、前景には産婆とその息子がフレームインし、ふみと画面上すれ違う形で右方へと去ってゆく。

7-3-15：キャメラはふみをロングショットの中心に捉えて左へと移動しつつパンし、ふみが橋にさしかかったところで画面左から電車がフレームインする。

7-3-16

重さと疲労を帯び、引き裂かれ、開かれた妊娠の身体が「純粋に光学的触覚的な状況」をもたらすからだ。

妊娠の身体とそれがもたらすあまりに過酷な運命を支えきれず、文字通り「墜落」する女性たちもいる。『女性の勝利』のもとは恐らく最も過激なケースだが例外ではない。『夜の女たち』の夏子（高杉早苗）は、パンパンに間違われ「刈り込み」にあって身体検査を強制され、妊娠していることを知らされる。子供の父親である栗山（永田光男）は即座に堕胎を勧めるが、ちょうど警察に麻薬の密輸で逮捕される。絶望した夏子は毎日酒浸りで床に寝そべり、訪ねてきた姉の房子（田中絹代）に悪態をつく（図版7－3－17）。房子が無理矢理連れて行った婦人ホームで夏子は妊娠八ヶ月で産気づき、溝口のフィルモグラフィで最も直接的な出産シーンとなるものの、梅毒のため胎児は助からない。粗末な病室に横たわる夏子を分娩に立ち会った医師が腕を拭きながら見下ろし、呼び入れられた房子の後ろから看護師たちが産湯の盥と胎児の亡骸の包みを運び出すこのショット（図版7－3－18）は、売春をはじめとした非規範的な性関係を「悪」として糾弾するためとはいえ、

7-3-17：この時期には珍しい前景構図でもある。

7-3-18：『夜の女たち』（7-3-17 も）

7-3-19：ハイアングルで捉えられた地面の千代。

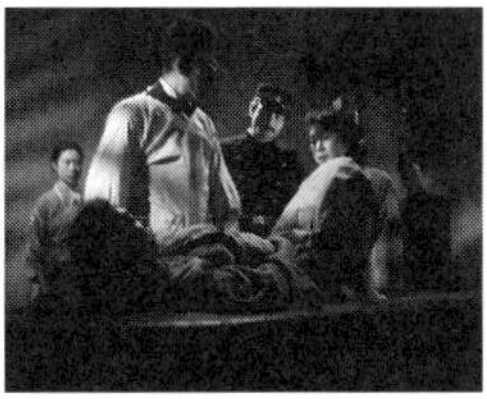

7-3-20：ローキー撮影、やや仰角気味の診察室に横たわる千代。足を曲げているところが生々しい。

7-3-21：『我が恋は燃えぬ』（7-3-19、7-3-20 も）

際立って生々しい。『我が恋は燃えぬ』の千代（水戸光子）もまた性暴力の犠牲になって文字通り「墜落」する。妊娠の身体はいわばその論理的帰結であり、不調を訴えて刑務所の採石場で倒れ（図版7－3－19）、診察台に乗せられて妊娠を診断され（図版7－3－20）、看守の暴力によって流産し、にも拘わらず胎児の父への愛情を語って英子（田中絹代）に縋るとき（図版7－3－21）、千代は一貫してリテラルに地面に押しつけられ、固定され、地を這う。しかし、この二つの占領期プロパガンダ／エクスプロイテーション映画では、夏子も千代も流産／死産するにも拘わらず、あるいはそれゆえにこそ、ヒロインの地位を簒奪し、物語内においては妊娠の経験が彼女たちを「覚醒」させ、「未来の母として」「女として」の主体化の契機となる。

一方、『雪夫人絵図』の雪（木暮実千代）がこうした主体化の果てに選び取ったのは自殺であった。早朝の箱根の山を芦ノ湖へと向かう彼女の歩みには、妊娠によって重い身体性が附加されている（図版7－3－22）。しかし、舟橋聖一の同名の原作（初出『小説新潮』一九四八年一月号～一九五〇年二月号）では、夫・直之の子をみごもった雪は産科で中絶手術を受けており、待合室の様子から手術のあらまし、回復状況まで、人工妊娠中絶の描写の気合いの入りようは今読むと違和感を抱くほどである。[90] 第五章で述べたとおり、優生保護

7-3-22：『雪夫人絵図』。

法が制定されたこの時期、中絶は大きな関心事であった。一九五二年の同法改正が「経済的理由」という名目で事実上中絶を合法化することになるが、一九五〇年の時点では雪の中絶を法的に正当化するのは難しく、映画での中絶は無理と判断したのだろう。[91] 原作では「中絶→更なる煩悶と彷徨→入水自殺（?）」と三段階になっていた物語の要素が映画では自殺へと凝縮されている。そうした意味で、雪の自殺は中絶でもあり、原作の語り手が「雪夫人の場合にしても、今、別れようとする直之の種を、一思ひにキューレットで掻き出してしまふのは、長い將來の禍根の紲を絶つことではある[92]」と述べているように、映画においてはまず逃避である雪の入水に、夫の子を産まないという妻による断絶の選択を読み込み、「戦後民主主義的中絶映画」の列に加えることも可能だろう。[93]

溝口の映画世界におけるこのように禍々しい妊娠の身体のなかでも、とりわけ異様なのが『お遊さま』のお静である。前節で見たように、お静と慎之助はセックスレスの契約を交わしていたが、お遊が婚家を追い出されて伏見に片付いてから夫婦の関係を持った。しかし、慎之助は商売をしくじり、二人は大阪の屋敷ではなく東京郊外で侘び住まいをしている。妊娠し出産したお静だが、産後の肥立ちが悪く床についており、医者は危篤を告げて去ってゆく。蛙の鳴き声が響くなか、縁側に座る慎之助を招き入れたお静が俯瞰気味の長回しでひたすら語るのは、しかし、画面最後景で子守りのおばさんが抱いている新生児ではなく、姉・お遊、慎之助との三角関係についてである（図版7－3－23）。「あたしはやっぱり、姉さんの代わりやった」というお静に、慎之助はにじり寄って「そんなことはない。私はお前を愛してきた。今でも愛している。二人のなかには、あんなに立派な子供があるやないか」と言うが、お静の答えは「あんさんを、あたし一人のもんにしたかった」である。お遊の小袖を着せてくれるように頼み、愛おしそうに羽織ってふらふらと蒲団の上に立ち上がったお静は、「この小袖も、こんなに重とうなってしもうて」と慎之助に微笑むと、痙攣するように息をして、ばったりと倒れて絶命するのである（図版7－3－24）。産褥に苦しみつつ、お静

7-3-23：『お遊さま』

7-3-24

の憑かれたような情熱はあくまで自らの恋愛に関わり、「母性」へと回収されない身体性は死と別離に裏書きされている。

一九五三年の大映移籍以降、総動員体制と占領期を貫く松竹京都時代、夫婦の性愛と姦通の可能性を扱った一九五〇年から一九五二年にかけての独立時代に比べ、妊娠の主題は溝口の映画世界における中心的な位置を失ってゆく。次章で論じるように、大映における溝口のフィルモグラフィは、国際映画祭での受賞を狙った歴史映画（『雨月物語』『山椒大夫』『近松物語』『楊貴妃』『新・平家物語』）と性労働者の世界を舞台に交換のネットワークを前面に押し出した辛口の現代劇（『祇園囃子』『噂の女』『赤線地帯』）へと二極化し、深く歴史性を刻印された「エログロ」たる妊娠の身体は周縁化されたと考えられる。この中で特権的に妊娠の身体の残滓を留めつつ、新たな展開の可能性を包含していたのは木暮実千代であった。すべての物語内容は彼女の子宮に起因すると言ってもよい『新・平家物語』の祇園女御、ラーメン屋で乳児に哺乳瓶を与えつつラーメンをすすり、複数的な時間が折り畳まれた身体をどんよりと据えていた『赤線地帯』のハナエと、画面の上の木暮の身体は「母

(90) 舟橋聖一『合本雪夫人繪圖』（新潮社、一九五〇年）、二四〇―四四、二六六―七二ページ。舟橋の原作と溝口の作品についての基本文献は、田中眞澄「『雪夫人絵図』の周辺」、『雪夫人絵図』、DVD、溝口健二監督（一九五〇年、紀伊國屋書店、二〇〇六年）、付属ブックレット、である。

(91) CIEに提出された準備稿でも雪は中絶しない。ただし、濱子と共に熱海の逃れてゆく山道で蜜柑をむさぼり食べるという生々しい描写がある。国会図書館憲政資料室所蔵、"Shin-Toho – Portrait of Madame Yuki (Yuki Fujin Ezu)," CIE(B)02110-02113, Box no. 5296, シーン一一七。

(92) 舟橋、前掲書、二三二ページ。

(93) 拙稿「妻の選択」を参照。

性」とセクシュアリティを平然と並存させ、罰せられることも悔い改めることもなかったからだ。(94)

5　溝口映画の身体性

溝口健二の映画における妊娠の身体は、「反射」による演出《ミザンセヌ》が生み出す交換と権力の空間の果てに、兼子正勝の言葉を借りれば「地面」として到来する時間イメージをリテラルに現働化する。本節の目的は、時間イメージとして、現代映画として語ることで、溝口の映画世界に固有の身体性を分節化することだった。本節を閉じるにあたって、ここまで行ってきた演出《ミザンセヌ》と妊娠の身体の二領域についての議論を、スティーヴン・シャヴィロの映画身体論を通して捉え返すことで、この「固有の身体性」の輪郭を明瞭にしておこう。

シャヴィロが二〇年以上前に書いた『映画的身体』*The Cinematic Body*（一九九三年）は、当時の論敵が主にローラ・マルヴィの「視覚的快楽と物語映画」に代表される精神分析的な眼差しの政治学だったため、同じころに出版されたヴィヴィアン・ソブチャックの映画現象学の試みや、リンダ・ウィリアムズの精神分析論的身体ジャンル論とともにいわば「身体系」映画理論に分類されてきた。(95)しかし、シャヴィロの参照項はドゥルーズ＝ガタリとモーリス・ブランショであり、いかに身体化されゲシュタルト化されようともやはり主体の志向性を根底に置くモーリス・メルロ＝ポンティの現象学とは、大きな隔たりがある。(96)シャヴィロはブランショに依拠しつつ、「主体的行動の領域」と「受動的なイメージの領域」を区別する。前者は古典的な主体／客体の二項対立、現象学的な志向性の領域であり、そこでは「（対象化を通しての）支配、（相互承認の弁証法、対話的関係、視線の交換を通しての）相互性」がまかり通り、所有と権力が支配する。(97)この領域を溝口における贈与と負債による交換のネットワークの演出《ミザンセヌ》に重ねるのは易しい。一方、「受動的なイメージの領域」では、距離の如何にかかわらず、主体はイメージに捉えられ、触れられ、溶解し、あくまでイマテリアルなイメージは対象化したり所有したりすることができず、視線はラディカルな受動性のなかに沈みこみ、しかし見ることをやめることはできない（45-48）。

このようにブランショの「魅惑」fascination の概念を自由に援用しつつ、シャヴィロはたしかにポストモダン・アクション（キャスリン・ビグロー、『ブルースチール』一九八九年）やホラー（ジョージ・ロメロ、デイヴィッド・クローネンバーグ）について語るのだが、そこで言祝がれるのは、ミメーシス的な身体反応を引き起こすような過剰な身体や、暴力性やおぞましさによって無媒介にショックを与えるイメージではない。(98) のっぺりと不安に裏書きされ、光と影の区別がつかない一九八〇年代ニューヨークの「輝く闇」であり（『ブルースチール』）(2)、「見る」行為の受動性であり（8, passim）、あるいはクローネンバーグ作品の鉄面皮なリテラルさとブラックユーモアである（128-34）。したがって、アンディ・ウォーホールやロベール・ブレッソンにおける愚鈍（stupid）で、木偶の坊で、内面性がなく、のんべんだらりと引き延ばされたり断片化されたりして脱意味化された身体にも、「受動的なイメージの領域」が立ち現れる（chap. vi and viii）。シャヴィロによれば、「表象《リプレゼンテーション》を空洞化し、映画的呈示《プレゼンテーション》を肉の愚鈍さおよび受動性と直接に結びつけることにおいて、おそらくロベール・ブレッソンのみがウォーホールと同じぐらい遠くへ進んでいた」（210）のだ。

（94）とはいえ、映画の画面外の木暮のスターイメージには家庭と女優業を見事に両立させた私生活を反映して良妻賢母としての要素もあり、一九五三年からは「サンヨー夫人」として白物家電のイメージキャラクターを務めていた。「洗濯機事業五〇年の歩み」http://panasonic.co.jp/sanyo/corporate/history/sw50th/history/index.html（二〇一五年一〇月三日最終アクセス）

（95）Thomas Elsaesser and Malte Hagener, *Film Theory: An Introduction Through the Senses* (New York: Routledge, 2010), 108-28. しかし、エルセサーとハーグナーはこの括りがあくまで便宜的であることに意識的である。さらに、日本語で読むことができるシャヴィロ論として、北野圭介『映像論序説〈デジタル／アナログ〉を越えて』（人文書院、二〇〇九年）、二二八―三八ページ。

（96）ローラ・マークスが脱主体的なイメージとして映画を捉えるドゥルーズをメルロ＝ポンティと混ぜて使うことに対する、クレア・パーキンズの明晰な批判を参照。"This Time It's Personal: *Touch: Sensuous Theory and Multi Sensorial Media* by Laura U. Marks," *Senses of Cinema*, no. 33 (October-December, 2004), http://sensesofcinema.com/2004/book-reviews/touch_laura_marks/. また、Elsaesser and Hagener, *Film Theory*, 125 も参照。

（97）Steven Shaviro, *The Cinematic Body* (Minneapolis: University of Minnesota Press, 1993), 47. 以下、この書物からの引用はページを本文内カッコに入れて示す。

（98）このような身体性を分節化した記念碑的論文として、Linda Williams, "Film Bodies: Gender, Genre, and Excess," *Film Quarterly* 44, no. 4 (Summer 1991): 2-13.

映画的言説の形式のレヴェルで比較してみれば、溝口における妊娠の身体とブレッソンやウォーホールの身体は異なっている。しかし、シャヴィロが「受動的なイメージの領域」の構成要素とするリテラルさ、居心地の悪さ、きまりの悪さ、即物的な残酷さ、そしてそれにも拘わらず、あるいはそれゆえにこそ、見る者に触れる力は、運河縁を走るふみ、籠に揺られるりく、床をのたうち回るもと、墜落してふて腐れる夏子と千代、大名の子供の籠に見入り地面で身を丸めるお春、ばったりと倒れるお静らと共通している。彼女たちの妊娠の身体は物語と昭和貫戦期の歴史性によって支えられており、欲望と贈与交換の主体たらんとした女性が、妊娠の身体となることによってモノとして転がり、受動性を発現するのだから、演出《ミザンセヌ》が現出させる交換のネットワークの果てに訪れる「受動的なイメージの領域」は深く両義的である。しかし、この両義性にこそ溝口の映画の「魅惑」がある。フェミニズムと女性嫌い《ミソジニー》に引き裂かれたがゆえに生まれる溝口健二の作品が身体の映画あるいは映画の身体に付け加えたのは、冷たいのに熱く、距離があるのに生々しく、目をそらしたいのに魅入られる、鬼火のようなイメージであった。

第八章　伝統と近代——溝口健二のポスト占領期

第一節　溝口健二のポスト占領期

溝口健二は一九五六年に他界した。歴史家アンドルー・ゴードンの定義に従い、溝口を「貫戦史システム」(transwar system) の映画作家と呼ぶこともできる。すなわち、一九二〇年代から五〇年代前半までの日本では、都市住民は全人口の四割以下であり、中卒者は若者の半分を占め、労働人口の半分は中小小売業や農業を営む家族によって雇用されていた。(1) 前章で示したとおり、溝口の映画世界における交換のネットワークが生み出す権力構造は、このような強烈な格差社会に立脚して成立していた。遺作『赤線地帯』(大映東京、一九五六年三月一八日公開) が端的に示すように、それは役所の金を使い込んだ父親が娘を遊郭に売り飛ばすことができる世界である。言うまでもなく、一九五六年には一方で売春防止法が両院で可決され (施行は一九五八年)、他方ではGNP (国民総生産) が戦前のピークを上回ったのを承けて『経済白書』が「もはや戦後ではない」と宣している。こうして、この頃始まりつつあった高度成長は、やがて溝口にとって徹底して異質な「戦後社会」を生み出すだろう。(2)

本章が取りあげる一九四九年から溝口の没年までの七年間は、中村秀之が「ポスト占領期」として画した時期に他ならない。中村によれば、「映画史的には旧映倫の時代である一九四九年から五六年まで、あるいは大ざっぱに一九五〇年代前半と呼ぶこともできるこの期間は、「独立」という国家的一大事であるはずの出来事をはさんで戦後史の一時期を画しているにもかかわらず、奇妙に不鮮明な時代でありつづけてきた」[3]。すなわち、占領「後」であり経済成長「前」であるために捉えがたいこの時期には、それ以後に成立した社会とは異なる価値と言説の編成があったにも拘わらず、それが忘却されてきた。この「ポスト占領期」は、小熊英二の言う「第一の戦後」の後半と重なる。小熊は敗戦から一九五〇年代中葉までのこの時期を「貧困と改革の時代」と形容し、そこではいったん瓦解した社会秩序が未だ流動的であり、変革の可能性が現実味をもち、「民主」「愛国」「国民」「市民」といった語は、その後に担うのとは異なった意味を帯びていたことを指摘する[4]。本章が試みるのは、溝口のポスト占領期作品を歴史的な言説の付置のなかに捉え返しつつ、かつ、そうした歴史化をとおして溝口の映画テクストの新しい相貌を浮上させることである。溝口の五〇年代作品の「ポスト占領期」映画としての分析は、序章の提起した溝口と「日本的なもの」という問題への一つの応答となるだろう。

具体的には、まず、以下で溝口のフィルモグラフィを一九五〇年前後の日本映画産業の歴史に跡づけたうえで、より広範な文化的布置の権力関係のなかに定位する。第一節では、『雨月物語』（大映京都、一九五三年三月二六日公開）、『山椒大夫』（大映京都、一九五四年三月三一日公開）における溝口の視覚的語り《ヴィジュアル・ナレーション》の実践を歴史的表現形式の引用と横領、それをとおしての映画内の異世界の接続として分析する。具体的には、溝口作品と日本映画をめぐる同時代的な言説の布置からは離れ、あくまで批評的営為として一九三〇年代に展開された「絵巻物モンタージュ論」を参照枠とし、第二章が提起したモンタージュと長回しの二項対立を越える可能性を示す。第三節は『近松物語』を『雪夫人絵図』をリメイクした姦通映画として提示し、伝統と近代の相剋がいかに女性の快楽と「貞操」をめぐる空間の政治学として画面に結実したかを明らかにする。溝口の遺作となった『赤線地帯』を取りあげる第四節では、国会とメディアで議論を呼んだ売春防止法をまさに対象としたこの映画の映画的語りと空間構成における反時代性を指摘し、それゆえに「現代映画《シネマ・モデルヌ》」としての可能性を胚胎していると主張する。本章は、フィルモグラフィをとおして伝統と近代という問題系と格闘してきた溝口健二が、まさに「間《あいだ》」の時代であるポスト占領期、複数形における「伝統」――多様な美学的実践や、いわゆる「封建遺制」を利用した産業資本主義における日本の家父長制のありかた――と日本社会に胎動しつつあった変化を、映画というミディアムによっていかに接続したかを問うものである。

一九四九年夏、溝口健二は約十年間専属監督として在籍した松竹京都撮影所を後にする。松竹を離れた理由としては、映画作家本人も脚本家・依田義賢も『我が恋は燃えぬ』（一九四九年二月一五日公開）の次に予定されていた『西鶴一代女』の企画の頓挫を挙げている。(5) とはいえ、同年三月二十五日の『讀賣新聞』によれば、ローレンス・オリヴィエの『ヘンリー五世』（一九四三年）に感銘を受けた六世尾上菊五郎は、二月に東劇で演じて好評を博した『名工柿右衛門』の映画版に主演する企画を松竹で進めており、溝口が監督し、入江たか子・田中絹代が共演、七―八月撮影ということで依田が脚本に着手していた。(6) その直後、四月に病に倒れた六代目が七月十日に逝去し、この夢のような芸道物企画が幻に終わったことで、もはや松竹京都に溝口をつなぎ止めるものはなくなったということだろうか。

（1）Andrew Gordon, *A Modern History of Japan from Tokugawa Times to the Present* (New York: Oxford University Press, 2003), 251. アンドルー・ゴードン『日本の二〇〇年――徳川時代から現代まで　下』、森谷文昭訳（みすず書房、二〇〇六年）。

（2）高度成長については、吉川洋『高度成長――日本を変えた六〇〇〇日』（中公文庫、二〇一二年、原著一九九七年）。

（3）中村秀之『敗者の身ぶり――ポスト占領期の日本映画』（岩波書店、二〇一四年）、四三ページ。なお、中村は溝口健二をまさにポスト占領期の作家であるとしつつ、『赤線地帯』のような「作品それ自体がその薄明にせり出そうと企む、いわば現代的な映画を論じるのは、少なくとも本書のめざすところではなかった」（四五ページ）ために、あえて論じていない。前章と本章は、中村の書物へのひとつ応答を試みている。

（4）小熊英二『〈民主〉と〈愛国〉――戦後日本のナショナリズムと公共性』（新曜社、二〇〇二年）、一一―一六ページ。

（5）依田義賢『溝口健二の人と芸術』（田畑書店、一九七〇年）、一七六ページ。

（6）「菊五郎が映画に主演」『讀賣新聞』一九四九年三月二五日朝刊。

一九五三年に大映と専属契約を結んで腰を据えるまでの四年間、溝口健二は『雪夫人絵図』（新東宝・瀧村プロダクション、一九五〇年一月二一日公開）、『武蔵野夫人』（東宝、一九五一年九月一四日公開）、『西鶴一代女』（新東宝・児井プロダクション、一九五二年四月一七日公開）の三本を新東宝あるいは東宝と提携した個人プロダクションで撮っている。『お遊さま』（一九五一年六月二二日公開）は大映京都作品だが、フリーランスの一本契約であった。大日活を飛び出して新興キネマや第一映画を渡り歩いた一九三〇年代中葉を思わせる一九五〇年前後の溝口の足取りは、しかし、作家個人の指向や事情というよりは、東宝争議終結後の日本の映画産業の混沌とした状況のなかに捉えられるべきである。(7) 第三次東宝争議争議で疲弊した東宝は、一九四九年三月、作品製作を全面的に委託する契約を新東宝との間に結んだ。だが、そもそも新東宝は「十人の旗の会」を中心とする争議からの分離派のための映画製作の拠として東宝が全額出資して始まった撮影所であって、東宝内には独立に対する反発が大きく、この提携をめぐって東宝経営陣は分裂する。結局、新東宝は自主配給を決定して独立を標榜し、一九四九年末に東宝と新東宝は作品の所有権をめぐって法廷闘争に突入する。この泥仕合は、共倒れの危機に直面した一九五〇年三月に新東宝の独立が認められる形でようやく決着を見た。

総力戦下に三系統の一角を占めた東宝の混乱と分裂は、占領末期のこの時期、日本映画の撮影所の人材の一時的な流動化を引き起こした。映画産業自体は上り調子で映画館数・観客動員数は増加を続けており、振り返って俯瞰的に見れば、実力とブランド力を具えたスター監督にとっては新しい映画作りの場とコラボレーション、場合によっては高い自由度を得る好機であったとも言えるだろう。独立直後の新東宝は、プロデューサー児井英生が松竹の小津安二郎を誘い、(8) 初の社外作品『宗方姉妹』（一九五〇年）を田中絹代主演で撮らせるなど、大作主義を取って攻めの姿勢を見せていた。やはりプロダクションを率いて新東宝と契約した東宝出身の瀧村和男は、一九四九年から溝口に働きかけ、一時は原節子・三宅邦子・上原謙のキャストで現代銀座風俗を描く「美貌と白痴」の企画を進めていた。(9) この企画は残念なことに俳優のスケジュールが原因で立ち消えとなるが、瀧村プロは一九五〇年早春には舟橋聖一原作・木暮実千代主演の『雪夫人絵図』に着手した。このころ、新東宝は「溢れる魅力！　清新の意氣！　珠玉文學を至寶監督で！」の惹句とともに稲垣浩『海賊船』、溝口健二『雪夫人絵図』、阿部豊『細雪』、小津安二郎『宗方姉妹』の四企画を並べた新聞広告を打っており[10]、田中純一郎が振り返って「作品的に見てピークであった」という一九五〇年初頭の意気軒昂なさまを伝えている[11]。

一方、戦後の大映は社長・永田雅一の方針で直営館を持たなかったことから[12]、急増した地方常設館主の意向を意識した製作トレンドに傾きがちであり、戦前の新興キネマ・大都映画の伝統を継承して母物を代表格とする大衆娯楽作品を作り、着実な収益を上げていた[13]。しかし、同じころの新東宝と同様に、永田は芸術の薫り高い大作によって名声を獲得し、大映のブランド力を強めつつ映画の文化的地位を向上させることをも希求しており、こうした作品の製作を担ったのは、東宝争議以降に流動化した外部のスター監督たちであった。第三次争議を契機に東宝を離れた山本嘉次郎、黒澤明、成瀬巳喜男らの映画芸術協会を永田は「客分」として引き受け、この契約から最終的に大映史および日本映画史を画する「グランプリ映画」『羅生門』（一九五〇年）や『稲妻』（一九五二年）のような名作が生まれている[14]。永田社長および川口松太郎専務／京都撮影所長とは旧知の仲であった溝口だが、『お遊さま』を撮ったのは大映のこ

（7）以下、一九四九年から五〇年にかけての東宝と新東宝の経緯については、井上雅雄「占領終結前後の映画産業と大映の企業戦略（上）」『立教経済学研究』六六巻四号（二〇一三年三月）：九四—九五ページを参照した。新東宝設立の経緯については、井上雅雄『文化と闘争』（新曜社、二〇〇七年）、七二—九五ページ。
（8）児井英生『伝・日本映画の黄金時代』（文藝春秋、一九八九年）、一三三—四六ページ。
（9）「溝口健二監督の次回作は銀座風俗圖「美貌と白痴」と決定」『スタア』一九四九年一〇月号、五〇ページ、「雪夫人絵図」『キネマ旬報』一九五〇年一〇月下旬号、グラビアページ。
（10）『讀賣新聞』一九五〇年一月二五日夕刊、広告。
（11）田中純一郎『日本映画発達史Ⅲ戦後映画の解放』（中公文庫、一九七六年）、三三四ページ。
（12）大映は戦争末期に直営館を手放している。その経緯と永田の直営館についての見解は、井上雅雄「占領下の映画産業と大映の企業経営」『立教経済学研究』六六巻四号（二〇一三年三月）：七六—七七ページ。
（13）井上、「占領下の映画産業と大映の企業経営」、八八—九一ページ。
（14）井上、「占領終結前後の映画産業と大映の企業戦略（上）」、八五—八六ページ。

うした路線の一貫であったろう。とはいえ、溝口の大映入りはまだ先のことだ。依田義賢によれば、

……溝さんはある時わたしにこう漏らしていました。

「僕はいつでも行けると思っているのですよ。もしも、永田のとこがうまく行かないようならすぐに行きます。しかし、頼って行って困らせるようなことはしたくない。親しい友はできるだけ、はなれて仕事をしていることがよいのだよ。」

そういう意味では、それから二、三年後に大映へ入りますが、それは極く自然でありましたし、わたしの考えるところでは永田さんや川口さんのいる所へ戻る時には、もっと自信のできたところで、力になりたいという心持もあったのではないでしょうか。

秀作『西鶴一代女』を完成して、それでベニスのコンクールで、国際演出賞を得て、そうして大映へ、はっきり入ったというのは、その心持を物語っています。あるいは永田、川口両盟友に大きな顔をして、まみえるという根性もあったのかも知れません。[15]

『お遊さま』の後、溝口の『武蔵野夫人』と『西鶴一代女』をプロデュースしたのは児井英生である。一九五〇年九月、小林富佐雄（小林一三の長男）が東宝の社長に就任して赤字削減に乗り出して企画を強化した。その一環として児井プロが東宝との買い取り契約で製作した三本の文芸映画のうちの一本が『武蔵野夫人』であった。[16]続く『西鶴一代女』は児井プロが自主製作し、新東宝が買い取って配給された。溝口・依田・児井の渾身の一撃『西鶴一代女』は、批評的にはそれなりの評価を受けたものの、[17]興行は不振に終わった。[18]総額七千万円の製作費（うち三千八百万が新東宝の買い取り額）をかき集めた児井プロに四千万円近い借金を負わせ、[19]経営の悪化していた新東宝にさらなる打撃を加えた『西鶴一代女』の惨敗により、[20]常に「ゴテ」ながらも撮影所システムの中で高品質の商品を生産し続けてきた溝口

は、遂に「呪われた映画作家」へと接近したかに見えた。このような窮地から溝口を救うのはヴェネツィア映画祭の銀獅子である。(21)

たしかに、一九五〇年から五一年にかけて溝口がフリーランスで撮った『雪夫人絵図』『お遊さま』『武蔵野夫人』

(15) 依田、前掲書、一八六ページ。
(16) 児井、前掲書、一四八、一五五—五七ページ。この時期の東宝については、井上雅雄「占領終結前後の映画産業と大映の企業戦略（下）」『立教経済学研究』六七巻三号（二〇一四年一月）：一六三—六六ページ。
(17) 『キネマ旬報』は「気宇の壮大な企画にふさわしい野心と技術の結實した作品といってよい」とし、井原西鶴の原作のヒロインとの違いを認めた上で、田中絹代に対する溝口の鬼気迫る演出を讃える。登川直樹「日本映画批評『西鶴一代女』」『キネマ旬報』一九五二年四月下旬号、四八ページ。『映画評論』は「お春の體の動きには、女性の愛欲をえがくに長じたこの演出家の鋭い演技指導が見られる。溝口のえがく女は、顔の表情より、むしろ全身の動きによって感情をつよくあらわすことが多く、それはサイレント映画『瀧の白糸』で、入江たか子に一世一代の演技をふるわせた時以来のものである」と演出を賞賛した。滋野辰彦「作品批評『西鶴一代女』」『映画評論』一九五二年六月号、五四—五五ページ。しかし、両批評とも絶賛というわけではなく、溝口の「復活」を高らかに宣言するわけではないし、通説とは異なり、田中絹代の老醜の演技に対する特別なコメントも見られない（田中絹代の演技力は戦前からコンスタントに高く評価されており、老け役もこれが初めてではない）。『キネマ旬報』の一九五二年度ベストテンでは九位に入っているが、後世の評価に照らすといささか低い順位という印象は免れない。ちなみに一位黒澤明『生きる』、二位成瀬巳喜男『稲妻』、三位渋谷実『本日休診』。
(18) 『西鶴一代女』は一九五二年四月第一週（三—九日）、東京では日活の封切館（洋画系）の新宿日活、浅草日活、上野日活、池袋日活、神田日活、渋谷国際、ムーヴィ銀座（この館のみ一〇日まで）で上映されたが、封切り指数（各封切映画館の前年度上半期の入場人員の一週平均を算出しこれを百%として算出したもの）は四七（神田日活）から八〇（新宿日活）である。なお、同じ週の最高指数は新宿松竹における中村登監督『波』（松竹大船）の二二八。「三月第五週・四月第一・二・三週東京封切館成績」『キネマ旬報』一九五二年五月下旬号、七八—七九ページ。
(19) 児井、前掲書、一八五ページ。封切りを一九五二年二月とするなど記憶違いもみられるが、『西鶴一代女』の製作過程については児井の自伝の一六一—九八ページが最も興味深い情報を与えてくれる。なお、児井は当初予定した予算六千万円を一九八九年当時の物価に換算して十一億円と見積もっている（一六三ページ）。
(20) 井上雅雄「占領終結前後の映画産業と大映の企業戦略（下）」、一六六ページ。
(21) ヴェネツィアでの受賞を記念し、一九五三年二月二日に帝国劇場で読売新聞社主催の特別鑑賞会が開かれ、田中絹代は舞踊も披露した。「『西鶴一代女』特別鑑賞会」『讀賣新聞』一九五三年一月二三日夕刊。

の批評的評価は今ひとつだった。本章の第三節ではこれら占領末期の三作品に一貫した夫婦の性愛および姦通の主題に焦点を当て、そのポスト占領期における昇華として『近松物語』（大映京都、一九五四年一一月二三日公開）を位置づけることになるが、ここではそうした読みの可能性とは切り離し、同時代の批評がこれらの作品の構図をはじめとした「形式」および「雰囲気」を褒め称えつつも、登場人物に説得力がない、古くさいなどの不満を漏らしていることを確認したい。『朝日新聞』の井沢淳が『雪夫人絵図』のラスト数分を「圧倒的な迫力」「テクニカラーでも出せないような味で、日本画のスミ絵が持っているような幽玄な風趣に通じるものだ」と絶讃し、「溝口作品としては戦後もっともすぐれている」と締めくくるものの、「主題そのものの古さとか、人物の性格が陰影のないことなど」を指摘しているのが典型的だ。[22] 飯島正は『雪夫人絵図』の合成場面の多用を指摘したうえで、「結果として、それは美的な――もっとただしくいえば様式的な――印象をひとにあたえる。これは、作者の意識無意識にかかわらず、この映画を、なにかワク内の出來事におもわせた」と述べる。[23] 双葉十三郎が『お遊さま』について「極言すれば、この映画を成立させているのは、セットと構圖だけである」というのは決して褒め言葉ではない。[24] 滋野辰彦が『武蔵野夫人』を形容する「繪画的な構圖だけが、きちんと整えられ、その中で行動する人物は、かえつて影がうすい」「生命のうすい風景畫として、いわゆる藝術寫眞的な場面の連續になつている」といったフレーズも同じである。[25] このように、占領末期、様式化された美と今日的な中身の欠如が批評家コミュニティの溝口評として確立し、紋切型として再生産されていった。

しかし、この時期の溝口は決して不遇をかこったり周縁化されたりしていたわけではなく、映画業界において紛れもなくトップ監督の地位を占めていた。まず、一九四九年五月四日に開かれた日本映画監督協会の再建総会で会長に選出され、一九五〇年三月の協同組合への改組にともなって理事長となった溝口健二は、映画監督の著作権や地位・呼称の確立のために精力的に活動している。[26] さらに、『雪夫人絵図』の監督料が二百万円と称せられた溝口は、吉村公三郎や黒澤明が一本八十万円と言われた一九五〇年の時点で最も高給取りの映画監督だった。[27]

ここで私たちの既視感はさらに強まる。第五章で述べたとおり、一九三八年、再建前の日本映画監督協会の会長であり高給取りの大監督であった溝口は、中小のスタジオを渡り歩いていたが、新興キネマで撮った『あゝ故郷』が大コケし、松竹の白井信太郎の申し出を受けて下加茂に出向し、大作『残菊物語』に背水の陣を敷いた。溝口が見栄っ張りだったことはさまざまな逸話が伝えるとおりだが、実態に基づかない地位や報酬を求めることはなかったように思われる。自らに高いプレッシャーをかけつつ溝口が目ざしたのは、地位や名誉や高給を維持し威張り続けられるだけの自他共に認める良い映画を撮ることであった。ただし、一九五二年の状況が一九三八年と違うのは、「大コケ」と画期的な傑作が『西鶴一代女』のなかに同居していた点である。

『西鶴一代女』が公開されて三週間が経過し、いくら興行成績不振とはいえまだ地方の二番館には残っていた一九五二年四月二八日、サンフランシスコ平和条約が発効し、日本は主権を回復した。占領下にCIEの検閲によって製作をはばまれ、映画業界の自主規制として誕生した映画倫理規程管理委員会の審査を通って公開にこぎつけたこの作品は、同年九月にヴェネツィアで受賞し、溝口を「金ばかり使って当たらない映画を撮る巨匠[28]」からジョン・フォード、ロベルト・ロッセリーニと銀獅子を分け合った世界的大監督に変えた。おそらく三十年来の念願だった国際的評価をひっさげて大映入りした溝口は、すでに序章で示したように、永田雅一の国際戦略の中核として一九五六

(22)　井沢「大人向き「七色の花」雪夫人絵図　迫力ある描写」『朝日新聞』一九五〇年一〇月一四日朝刊。
(23)　飯島正「『雪夫人繪圖』」『キネマ旬報』一九五〇年一一月上旬号、四七ページ。
(24)　双葉十三郎「『お遊さま』」『キネマ旬報』一九五一年七月下旬号、三七ページ。
(25)　滋野辰彦「『武蔵野夫人』」『映画評論』一九五一年一一月号、五七ページ。
(26)　柿田清二『日本映画監督協会の五〇年』（日本映画監督協会、一九九二年）、七二—九〇ページ。
(27)　「映画製作費の内幕」『讀賣新聞』一九五〇年六月三日朝刊。なお、当時、大卒の銀行員の初任給は三千円だった。週刊朝日編『値段史年表——明治・大正・昭和』朝日新聞社、一九八八年、五一ページ。
(28)　児井、前掲書、一六二ページ。

年に没するまで「歴史映画」を撮ることになる。溝口のこうした方向性を映画産業の文脈で平たく言えば、時代劇の製作再開やＧＨＱによって禁止された旧作の上映解禁などと同一の流れとして捉えられ、さらに言えば、溝口が大映で撮った歴史映画は、ポスト占領期の「国民文化」としての「日本的なもの」復活の一例であった。

ポスト占領期、溝口健二の映画を「国民文化」と伝統についての議論の文脈に明快に位置づけ、高く評価した同時代人として、フランス文学者／批評家の桑原武夫がいる。桑原は『改造』誌上で『近松物語』を絶讃した。溝口と宮川一夫の生み出すイメージの形式美は、過去にはしばしば感動をはばんできた、としたうえで、「しかし、『近松物語』はラシーヌの詩劇がアレクサンドランの定型詩に支えられているように、その整ったイメージでずっとおし通すことによって、深く強い美感を構成するのに成功している」と述べる。[29] だが、桑原の批評の眼目は形式と美の関係の指摘に留まらない。

フランスでラシーヌについて責任をとるのはだれか、国文学の教師ではない。国民全部である。〔…〕日本の文学を私邸の庭か桂の離宮のように心得、入口のカギをあずかっている門衛のような顔をする国文学者がなおあり、それを異とせぬ国民がいるかぎり、日本に国民文化はないといってよい。『源氏物語』や西鶴や近松について、中国の学者が杜甫についてなしたような引得（総索引）を作る仕事は必要であろうが、それはあくまで古典を国民に引きわたし、国民に解放するためである。日本ではなお、古典の美しさと喜びとを自信と情熱をもって国民に説得せんとする国文学者が少なすぎるので、映画人がその普及をはかっているともいえる。私も溝口監督の仕事がなければ、『近松世話浄瑠璃集』を反読したりはしなかったであろう。

国民文化は過去に存するのでなく、現在から未来への進行のうちにのみ存する。古い伝統は前進の姿勢の中でしか受けつぐことはできないものである。〔…〕生かすには新たに生かすしか道はなく、新たにとは今日の状況の中でのみ可能なのだ。すなわち転位（トランスポジション）ということである。『近松物語』のような仕事こそ

［…］国民文化の創造というにふさわしい。伝統の問題に関心を有する人々の一見を要請したい。（三：二五三—五四）

すなわち、桑原は、思えば「日本趣味映画」のなかで溝口自身が主張していたように（第一章）、「国民文化」とは現在への絶えざる転位、あるいは横領のなかでしか継承し再生しえないものと考えている。

さらに、桑原の主張には歴史的な特殊性が深く織り込まれており、それを解きほぐし、いくつかの注釈を加えることで、溝口と日本映画をポスト占領期の言説空間に定位することができるだろう。まず違和感があるのは「国民」という言葉かもしれない。やはり桑原は右派で、占領が終わって主権を回復するやいなやナショナリズムを言祝ぎだしたということだろうか。ところが、小熊英二が明らかにしているとおり、占領期からポスト占領期を通して共産党から丸山真男まで左派にこそナショナリズムは強く、戦争体験に基づいて責任と主体性を確立したうえで「公」に貢献する「国民」は、コスモポリタンで「私」の利のみを追求する「市民」（＝ブルジョワ）あるいは「世界市民」とポジティヴに対置されていた。[30] また、出自や職業、都市と農村による教育や文化資本の格差が絶大だったこの時期、「民衆」や「大衆」は都市中産層を含まない言葉」であり、「そうした言語状況のなかでは、都市中産層と農民の双方をふくむ集団を表現する言葉は、「民族」か「国民」になりがちだった」。[31] 更に、中華人民共和国の成立と主権回復を経て西洋一辺倒からアジアおよび日本へと眼差しが移行し、知識人・学生の間で日本の伝統文化への関心が増していた。こうした歴史的文脈を考慮に入れてはじめて、一九五三年の桑原の以下のような発言が腑に落ちるというものだ。

(29)　桑原武夫「『近松物語』の感動」『桑原武夫全集』第三巻（朝日新聞社、一九六八年）、二五一—五二ページ。これ以降、この全集からの引用は本文中に（巻数：ページ）で示す。
(30)　小熊、前掲書、丸山を例にとれば、とりわけ八六—九一ページ。
(31)　小熊、前掲書、二六〇ページ。

日本の大学生は特権化の危険をつねにふくむ伝統的なものよりも、民衆的なものになぜインタレストが弱いのだろう。よきにせよ悪しきにせよ、ともかく国民大衆がすでにみずからのものとしているところのジャンル、たとえば大衆文学、日本映画、浪花節、民謡、民間説話、こうしたものの研究会が一向に生れないという状況の下に、ただ伝統的文化の同好会のようなものだけが盛んになるとしたら、それは過去の民族文化の尊重ということにはなっても、特権的でなく民衆的な国民文化創造にはあまり役に立たず、むしろ危険なものをかもし出すように思われる。（「文化遺産のうけつぎ」三：三六三、強調は引用者）

ここでは「大衆」「民衆」「国民」がほぼ同義とされていることがわかる。

さらに興味深いのは、大衆文学、浪花節、民謡、民間説話とともに、当時なお特権的な知識階級だった大学生が関心を向け研究すべき対象として、「映画」ではなく「日本映画」が挙げられていることだろう。実際、桑原は一九五〇年代中葉には京都大学人文科学研究所において「日本映画を見る会」を立ち上げていた[32]。京都帝大教授・桑原隲藏を父に持つ生粋のインテリとはいえ、一九〇四年生まれで京都育ちの桑原は、尾上松之助ファンの小学生として映画歴を開始した。ところが、「やがて『ヂゴマ』や『名金』の魅力は急速に私を日本映画から引きはなして行き、それが最近にまでおよんでいた」（三：二三五）ため、日本映画はわざわざ「見る会」を作らなければならないほど異質な存在になっていたということである。

この時期の桑原は偶像破壊的な「第二芸術」論（一九四六年）で名を上げたヒューマニスト／近代主義者であり、権威にのみ頼って形骸化・固定化した（と桑原がみなす）高級芸術を批判していた（三：一三―二九）。今日、少なくとも建前としては、伝統文化・芸能や古典的な芸術を保護し継承することは問答無用で善である。そのような価値観が流動的であったポスト占領期、ヨーロッパの映画祭での受賞によってお墨付きを獲得した日本の歴史映画や文芸映画は、「国民文化」の創造を夢見る知識人にとって理想の対象として機能した。付言すれば、トーキー『パリの屋根の下』

（ルネ・クレール監督、一九三一年）に感動し、「世界は進歩しつつある、そしてその世界に自分たちはいるのだ、という素朴な感情を誰がいだかなかったろう。一世代前の先生がたが教壇から、映画は芸術ではない、とさとされるのを、どんな軽蔑の心をもって聞いたことだろう」（三：二三四―三五）という桑原以降のいわば映画漬けで育った世代の知識人が論壇で中心的な位置を占めるようになったのは、戦後のことであった。

こうして、溝口健二がかつて『元禄忠臣蔵』（一九四一―四二年）で失敗した「国民映画」に取り組み、伝統を活性化して再創造することで映画の文化的・社会的地位を向上させるための環境は整えられていた。しかし、溝口の実践はその映画テクストを吟味することでしか明らかになるまい。そして、そこで明るみされる映画的言説《ディスクール》の日本の美的伝統からの大胆な横領は、おそらく桑原の想像を超えたものだったに違いない。

第二節　絵巻物モンタージュ

ジャン＝リュック・ゴダールが『雨月物語』の岩風呂から湖畔へのモンタージュによる時間処理を絶讃したことについては、すでに何度か言及してきた。ここで画面の連鎖を確認してみよう。戦国時代、農業の傍ら陶工をしている源十郎（森雅之）は、市場で謎の姫君（京マチ子）の目にとまり、屋敷に陶器を届ける。朽木の遺児・若狭と名乗る姫君は源十郎の作品を褒め称え、二人は乳母・右近（毛利菊枝）の勧めるままに肉体関係を持つ。次の朝（いかにも大映京都という艶めいた闇にセットの木々が並んでおり、時間は敢えて特定されていないが）、源十郎が浸かる岩風呂に、画面外で脱衣

(32)　桑原武夫、加藤秀俊、森一生、他「人文科学研究所員と共に日本映画を語る会」『時代映画』一九五六年七月号、四八―五六ページ。司会進行は依田義賢。

8-2-1：『雨月物語』
（以下特記以外 8-2-28 まで同）

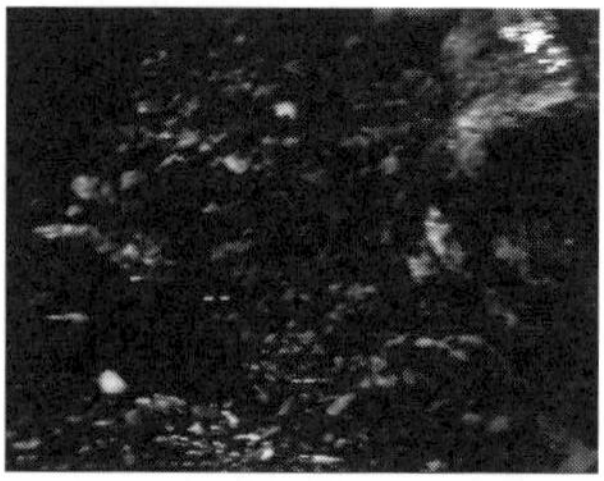
8-2-2

8-2-3

8-2-4

8-2-5

した若狭がやって来る。源十郎は彼女の影を欲望の眼差しで追い、しぶきと嬌声に歓喜の表情を浮かべ（図版8－2－1）、画面右外へと飛びついてゆく。この瞬間、クレーンに乗ったキャメラは岩風呂から溢れ出る湯を追って左方へと地面を舐めるように移動する。暗色の砂利、岩、灌木から成る画面に（図版8－2－2）、枯山水風の砂がうっすらと重なり（図版8－2－3）、やがてディゾルヴによって画面が一面白砂利になると（図版8－2－4）、こんどはキャメラが速やかに上昇して、湖畔に拡がる庭園で歌舞に興じる二人を捉える（図版8－2－5）。キャメラの動きは湯の流れを追い、あっという間に流れが消えると、隠されたディゾルヴによってまったく別の時空へと飛翔するわけだが、そこは同じ男女が快楽に溺れる水辺である。

本節は、ポスト占領期における溝口の歴史映画におけるこのような時空間の処理を絵巻物に擬える。なお、この批評的試みは、映画作家本人の発言に照らしてもさほど突飛なものではない。宮川一夫は初めて会ったときの溝口の言葉をこう回想している。「宮川君、僕の映画は、とにかく、絵巻もののように、ストレートにもどすことなく、こう

順々に見ていって、見終わるとくり返し見なくてよい、一つの巻絵のストーリーを、こうふつふつと追って最後まで見ていられるような、その図のなかに、山もあり、大変タッチの強いものもあれば弱いものもあるし、僕は、巻物のような映画を創りたいのだ」[33]。ここで溝口が「絵巻物的」な映画的言説の特徴として挙げている時空間の「流れ」の不可逆性、タッチ／アクセントの強弱の変化は、まさに宮川が担当した上記の『雨月物語』の湯浴みの移動撮影とディゾルヴによって具現されていると言えるだろう。だが、それでは溝口がポスト占領期に目ざした「絵巻物映画」とは、単なるスムースな流れと移行を指すのだろうか[34]。それでは、ゴダールがプルーストに比し、兼子正勝が空間的・時間的な二つの意味で「地面が動く」ことを指摘して「現代映画」の、新しい映画的言説の登場を見出した「〈底〉の不動性と無時間性をうしなって、ゆらゆらと漂いだした地面」[35]の可能性を汲み尽くしているとは言えまい。本節は、一九三〇年代に興隆し、ポスト占領期に復活した映画と絵巻物を結びつける言説を通して溝口の実践を分析することで、このディゾルヴに集約される溝口の映画の時空間と語りを「自由間接話法」に擬える。

「溝口」「絵巻物」と聞いて真っ先に思いつく形式的な特徴は俯瞰と長回し、時空間の連続性であろう。現に『源氏物語絵巻』を参照した吉村公三郎の『源氏物語』（大映京都、一九五一年）でも目を引くのは俯瞰の構図である。ところが、一九三〇年代から戦中にかけて絵巻物と映画を結びつけた著名な学者／批評家たち――寺田寅彦、奥平英雄、今村太平――は、絵巻物に「モンタージュ」を見出している。これは一見、直観的理解や常識に反するように思われるが、絵巻物を少々真面目に鑑賞すれば納得がゆくことであり、物理学者であり漱石門下の文化人／俳人でもあった寺

(33)　新藤、前掲書、三一三ページ。
(34)　こうしたスムースさは、ノエル・バーチが「ショットの転換が存在しないかのようだ」「ページをめくるような印象を与える」と批判した後期溝口の特徴にほかならない。Burch, *To the Distant Observer: Form and Meaning in the Japanese Cinema* (Berkeley: University of California Press, 1979), 244.
(35)　兼子正勝「〈軽さ〉について――溝口健二小論」『ユリイカ』〈特集溝口健二〉一九九二年一〇月号、一二一―一二二ページ。

田以降、絵巻物研究の第一人者であった美術史家の奥村、映画理論家の今村からアニメーション作家・高畑勲に至るまで、絵巻物の映画性／アニメ性はモンタージュの存在を中心として論じられてきた[36]。溝口の映画的言説をめぐってモンタージュと長回しの両方を包含する視点を追求してきた本書にとって、絵巻物の重要性はここにある。

寺田寅彦は、一九三〇年の『思想』に載った随筆「映画時代」の末尾で「絵巻物と活動時代」というトピックに思い至り、以下のように述べた。

絵巻物では、一つの場面から次の場面への推移は観覧者の頭脳の中で各自のファンタジーにしたがって進転して行く。巻物に描かれた雲や波や風景や花鳥は、その背景となり、モンタージュとなり、雰囲気となり、そうしてきたるべき次の場面への予感を醸成する。そこへいよいよ次の画面が現われて観者の頭脳の中の連続的なシーンと「コインシデンス」をする。そうして観者の頭の中の映画に強いアクセントを与え、同時に次の進展への衝動と指針を与える。これは驚くべき芸術であるとも言われなくはない。これはともかくも一つの問題である。そうしてこの問題を追究すればその結果は必ず映画製作者にとってきわめて重要な幾多の指針を与えうるであろうと考えられるのである[37]。

ここで寺田は絵巻物の語りを観客《スペクテイター》の予測と絵巻物テクストとの「コインシデンス」や相互刺激による認知的・心理的なプロセスとして分析し、そこに映画との共通点を見出している。

一九三〇年に「絵巻物と活動写真」という発想が生まれ、「モンタージュ」という語が上記のように仮にやや不明瞭な形であってもそれと結びつけられたのは、偶然ではない。かつて他処で詳述したように、ソヴィエト・モンタージュ理論の根幹をなすフセヴォロド・プドフキンとセルゲイ・エイゼンシュテインの著作が日本語訳され、プロレタリア芸術運動と傾向映画の盛り上がりと相乗効果をなして日本の映画文化がモンタージュ熱に取り憑かれたのは、一九二九年から三〇年にかけてであった。[38] 東京帝国大学の物理学教授でありヨーロッパへの留学経験もあった寺田は旧制高校的教養主義のモデル知識人であり、常に外国語文献にあたっていたはずだが、専門外の映画に関してはまず国内の言説のトレンドに影響されたことだろう。後述するように絵巻物をモンタージュと見なすことは確かに当を得ているとしても、その「発見」には非左翼の科学者をも刺激したソヴィエト文化の流行がマトリクスとして作用していたと言えるだろう。なお、寺田のような人物が、「映画時代」のなかで、西洋の映画と比べると「ダイアモンドを見たあとでガラスの破片を見るような気がした」日本映画の例として伊藤大輔監督『素浪人忠弥』（日活太秦、一九三〇年）とともに『唐人お吉』（日活太秦、一九三〇年）を挙げているのは、溝口にとって腹に据えかねることだったに違いない。溝口が絵巻物モンタージュ論をかなり意識していたのではないかと推測する所以でもある。

一九三二年の「映画芸術」になると、プドフキン、エイゼンシュテイン、ベラ・バラージュらの議論を明示的に踏まえた寺田は、モンタージュを生花に喩えつつ、二つ以上の異なるものの結合により「エイゼンシュテインが視覚的陪音《オヴァートーン》と呼び、あるいはむしろ視覚的結合音《コンビネーショントーン》と呼ばるべきものを生み出」すとし、「この結合によって生じるものはもはや決して「花」ではない全然別の次元の世界に属するものであり、そうして、それはただその二つあるいは三つの花のモンタージュによってのみ現わされうるものである」と、的確かつ間メディア的なモンタージュ理解を示している。[39] そのうえで寺田は、時間性を含む点で絵巻物を「映画のプロトタイプとでも言わるべきもの」と呼び、映

(36) 奥平英雄『美術雑誌・アトリエ』臨時増刊「繪巻の構成」第一七巻第一三号（一九四〇年一一月）：一八―二〇ページ、高畑勲『十二世紀のアニメーション―国宝絵巻物に見る映画的・アニメ的なるもの』（徳間書店、一九九九年）。以下、この二つの書物への参照は本文内にカッコでページ数を示す。
(37) 寺田寅彦『寺田寅彦全集』第八巻（岩波書店、一九九七年）、一三二―一三三ページ。
(38) Chika Kinoshita, "The Edge of Montage: A Case of Modernism/Modanizumu in Japanese Cinema," in *The Oxford Handbook for Japanese Cinema*, ed. Daisuke Miyao (New York: Oxford University Press, 2014), 138-40. モンタージュ理論の日本への紹介についての文献学的検討は、岩本憲児の先駆的業績に追うところが多い。岩本憲児「日本におけるモンタージュ理論の紹介」『比較文学年誌』第一〇号（一九七六年）：六七―八五ページ。
(39) 寺田、「映画芸術」『寺田寅彦全集』第八巻、二三四ページ。

画の溶暗溶明を挙げて「絵巻物ではそのかわりに雲や水や森や山の模糊たる雰囲気が用いられる」と述べ、そのような模糊たる継承はオーヴァーラップ（ディゾルヴ）としても機能すると付け加える。さらに、プドフキンのモンタージュの区分である「対象」「譬喩」「平行」「同時」などを絵巻物に見出すことができるに違いないと示唆している[40]。こうして、一九三〇年代前半、アカデミックかつ文化的な権威、クールな見識、活発な知的好奇心を兼ね備えて論壇において抜群の存在感を持った寺田寅彦は、絵巻物モンタージュ論を観客性における時空間の問題として立ち上げた。

絵巻物モンタージュ論を一九四〇年に一挙に具体化したのは、映画狂で新進気鋭の絵巻物研究者であった奥平英雄にほかならない[41]。美術批評界で中心的な位置を占めた雑誌『アトリヱ』の臨時増刊号で絵巻物特集を任された奥平の絵巻物モンタージュ論への強い関心は、「繪巻の表現に於ける近代性」という章（一八―二四）にとどまらず全体を貫き、「繪巻の構成」という題に直接に反映されている。さらに、奥平の絵巻物モンタージュ論は、寺田が必ずしも明らかにしなかった絵巻物のミディアムとしての特殊性に基づいた観客性《スペクテイターシップ》に極めて意識的だ。すなわち、絵巻物とは机上に置き、観

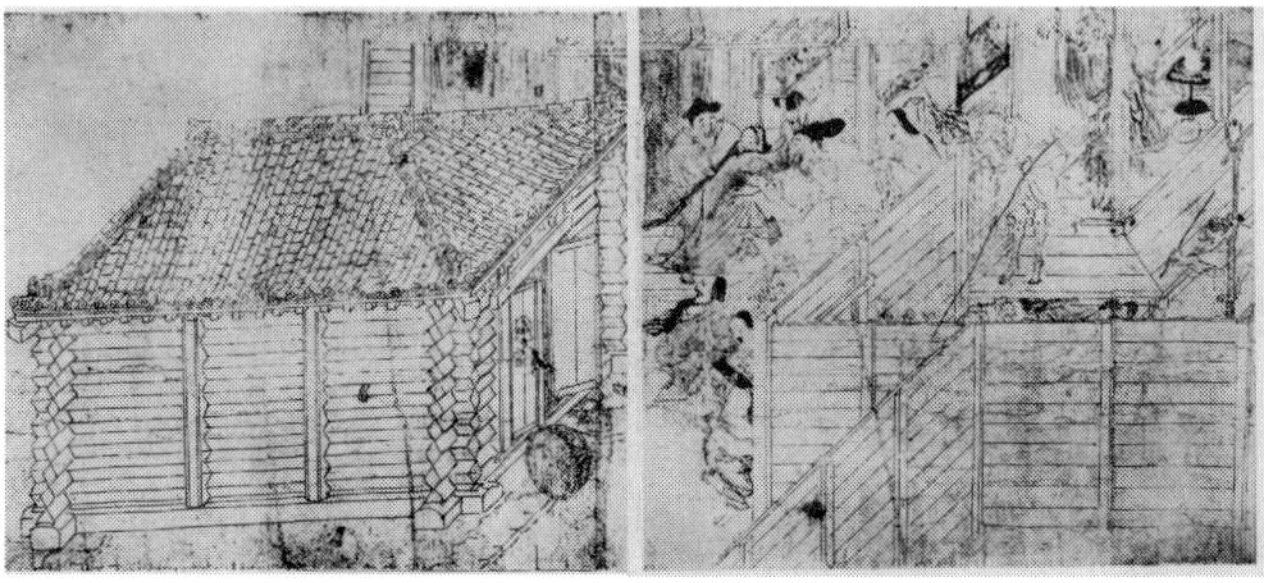

8-2-6：『信貴山縁起』（飛倉の巻）、奥平英雄『美術雑誌・アトリヱ』臨時増刊「繪巻の構成」第17巻第13号図版66-67ページより。

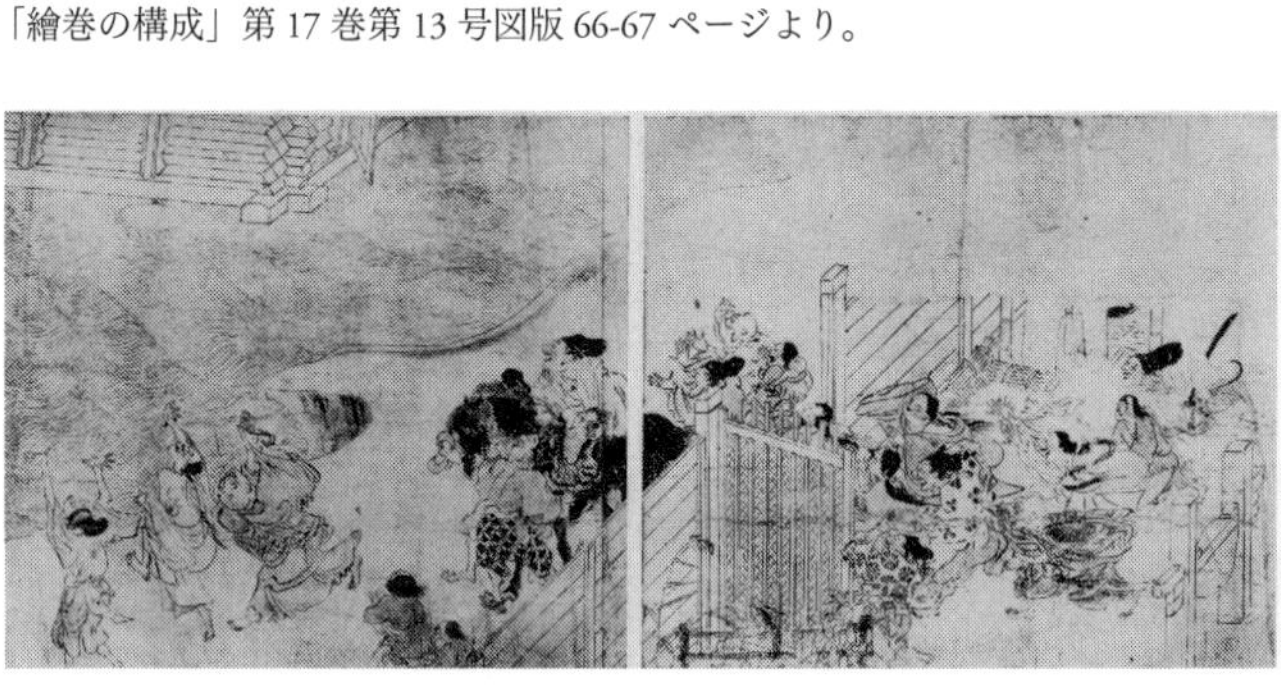

8-2-7：『信貴山縁起』（飛倉の巻）、奥平英雄『美術雑誌・アトリヱ』臨時増刊「繪巻の構成」第17巻第13号図版68-69ページより。倉（左上）の下に鉢が見える。

者が右手で拡げ、右手で巻き取りつつ、ときに手を止めて細部に見入りつつも、自らの手と目をコーディネイトして鑑賞する動的なミディアムである（二、図版8－2－6、8－2－7）。ここから導き出されるのが第一に「接觸性」あるいは「親近性」であり、それは鑑賞のモードの物質的なインタラクティヴィティであると同時に、「観者の意識の中にも距離を設けないこと」（二二）である。第二の（そして関連した）「呼應性」とは、寺田寅彦が見出した観者の想念と画面との「コインシデンス」であり、ある画面と後続の画面との間の繋がりでもある（九）。

絵巻物の構図の更なる特徴の一つとして奥平は「視點の轉換」を挙げ、それを以下のように形容する。

例へば遠大の景観とか、群衆像を一望に入れんとするときには遠観の距離をとり、特定の人物の動きを畫かんとするときには近観の距離をとつてゐる。我々が視覺に於て屢々經驗するやうに、遠観は全體の觀照となつて繪畫的な感情の活動を誘發するに對し、近観の場合は部分の考察を與へられて劇的理性の活動を呼び起されるものであるが、この兩様の視覺効果を繪巻は屢々我々に提供してゐる。而もその効果が最もその妙味を發揮するのは、その遠近高低の位置から寫された夫々の畫面の繋ぎ方が巧みに處理された時で、その結果頗る劇的な畫面が構成されるのである（このことは後で述べるが、これは甚だ映畫藝術の手法に近似してゐる）。（一二）

つまり、絵巻物はロングショットからクロースアップへというようなスケールや視点が異なるイメージを接続することで、観者に作用し、様々な感興を生み出しているということだ。

(40)　寺田、ibid.
(41)　奥平は京都帝大哲学科時代（一九二〇年代後半）に友人の影響で映画の魅力に取り憑かれ、東京帝大の美術史学科に転じてからは映画研究会に入り、一九三〇年代前半には『映画評論』の同人となってレヴューや評論を頻繁に寄稿していた。奥平英雄『忘れ得ぬ人びと』（瑠璃書房、一九九三年）、三三二ページ。実際、例えば一九三三年の『映画評論』には奥平の批評を幾つも確認できる。

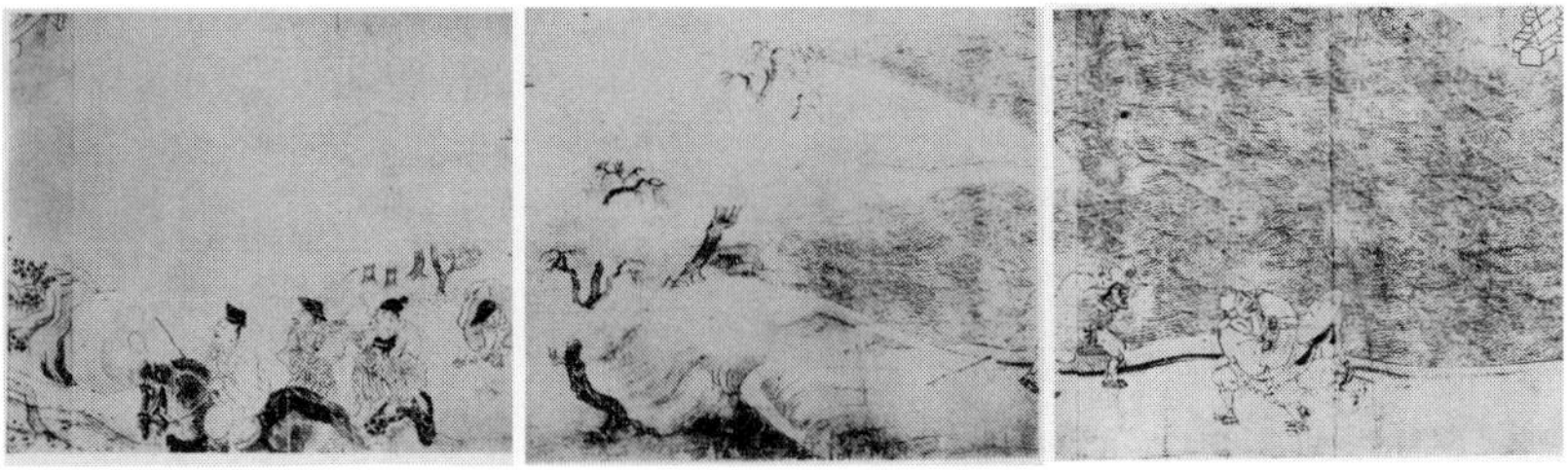

8-2-8：『信貴山縁起』（飛倉の巻）、奥平英雄『美術雑誌・アトリエ』臨時増刊「繪巻の構成」第17巻第13号図版70-72ページより。水辺に霞がかかり、霞の中を進んでゆくと、別の時空間（長者の一行）へと移行している。

例として奥平が挙げるのは『信貴山縁起』（一二世紀）の冒頭であり、異変に驚く人々を側面移動で「身迎えて」捉え（図版8－2－6）、さらに鉢の上に載った倉（そう、倉が飛んでいるのである）が上昇したのを見上げる人々のさまは俯瞰になっているとする（図版8－2－7）。さらに、絵巻物の場面の接続法として、霞、空白などの使用が指摘され（一三―一五、図版8－2－8）、奥平はこれをフェイドイン／アウトに結びつける。だが、「映畫の一部分から他の部分への經過が飛躍によつてゞなく漸次に行はれる場合に用ひられる」（二二）という説明に照らせば、これはディゾルヴと解するのが順当であろう。ここで『雨月物語』の湯浴みのシーンを想起するのは易しい。岩風呂で欲望に我を忘れる男の近景（図版8－2－1）に続き、俯瞰の接写で水を追い（図版8－2－2）、ディゾルヴで玉砂利に繋がって（図版8－2－3、8－2－4）、キャメラが上方を向くとこんどは幾月か（あるいは幾年か）の末、なお快楽に耽溺する恋人たちを遠景に捉えるのである。キャメラの移動（思えば絵巻物と同様に右から左である）とディゾルヴが遠／近の異なった視点、ポジション、構図を接続し、「地面が動く」（兼子）、すなわち安定した線形的時間を揺るがせる「プルースト的」時間性を生み出している。

　奥平が絵巻物の「近代性」（ほぼ「映画性」と読み替えてかまわない）として強調するのは、「接觸性」「親近性」から導き出される「一種の同化作用」、すなわち観者が「この目撃者としての立場から、主導者としての立場に變る錯覺」（二三）である。映画理論家・今村太平が奥平の一年後、絵巻物モンタージュ論に付け加えたのは、このような「同化作用」、つまり絵巻物が観者を引き込んでゆくさまの具体的な描写であった。以下、引用しよう。

「伴大納言繪詞」なぞを開くと、その展開ぶりはまことにダイナミックで、スピードがある。靜止した繪の中に、アメリカ映畫のやうな進行のテンポと影像の運動を感じないではゐられない。開巻、人がゾロゾロと駈けて行く。それらの人たちは顔をしかめ、口々に何か叫びながら彼方を指して駈けてゐる。繪がすゝむにつれ人の影はますます增えるので、さらに何事だらうと巻をめくると左手から黒烟がもうもうと湧き出てくる。大勢の人垣に行きあたつたところで中をのぞくと應天門が紅蓮の炎につゝまれてゐるのである。かうした運動感、疾走感の表現は同時に巧みな話術であつて、好奇と期待で釣りながら観者を物語の中心にひき入れるものである。繪が物語をあらはすために極度に時間的となりテンポをもつてくるといふことと繪が觀念の流動をあらはすために、事物を連續的運動的に眺めるといふこととはおそらく一つの事態なのであらう。[42]

ここで今村は、『信貴山絵詞』『鳥獣戯画』と並んで日本三大絵巻と評される『伴大納言絵詞』のあまりにも有名な冒頭を参照しつつ（図版8－2－9、8－2－10）、観者の好奇心や期待を掻き立てて物語へと引き込んでゆく構成をアメリカ映画に喩えている。これはすなわち人物の視線と振る舞いへの「同化」をとおして「画面外」へと観客の関心を誘い、ついにその対象を開示するという手続きに他ならず、映画においては多くの場合、モンタージュ（編集）によって成し遂げられるだろう。今村も、絵巻物と映画では、「兩者が、觀念の流動を時間的な繼起として造形的にあらはしてゐるといふ點で共通するものがある。［…］繪巻の繪は、それを一つ一つ獨立して見ては價値がないのである。觀念の流れとして、つぎつぎに連續せしめることによりそこに意味が生じ、感動が生れる[43]」と述べ、明確にモンター

（42）今村太平『日本藝術と映画』（菅書房、一九四一年）、四三ページ（初出同年一月）。
（43）今村、前掲書、二八ページ。

ジュと結びつけている。

しかし、絵巻物モンタージュ映画に「新しい純粋国民芸術」[44]の創造を夢見た寺田や絵巻物の専門家である奥平と比べるとき、今村の口吻はどこかネガティヴである。そもそも上記の引用のなかの「巻をめくる」という表現は画集のページ上でしか絵巻物を鑑賞していないことをはしなくも露わにしている。さらに重要なことに、今村は絵巻物が観念の流れに従って遠近法を無視し、物語へと従属させるところに、例えば広角レンズを使って肉眼を越える写真の表現、[45]さらには映画との共通性を見出しているのだが、ここには日本の視覚芸術にある種のプリミティヴさ、非合理性を認め、それを西洋の「客観的」遠近法の世界観と比較して後ろめたく感じる意識を読み取ること

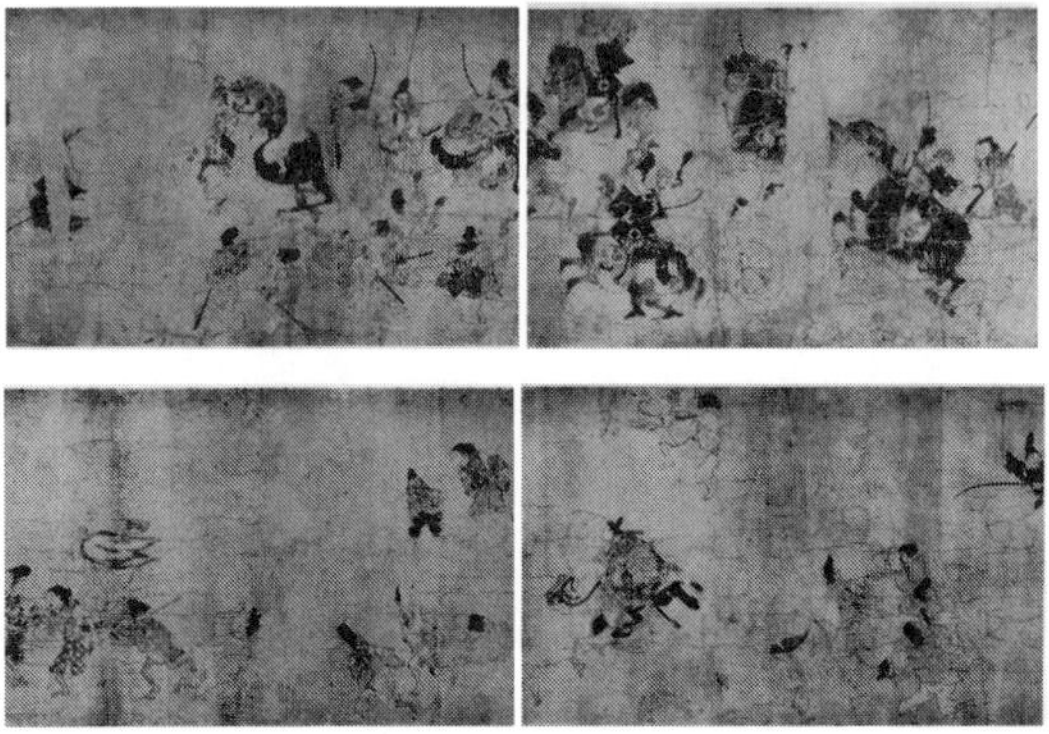

8-2-9：『伴大納言絵詞』冒頭、奥平英雄『美術雑誌・アトリエ』臨時増刊「繪巻の構成」第 17 巻第 13 号図版 42-45 ページより。

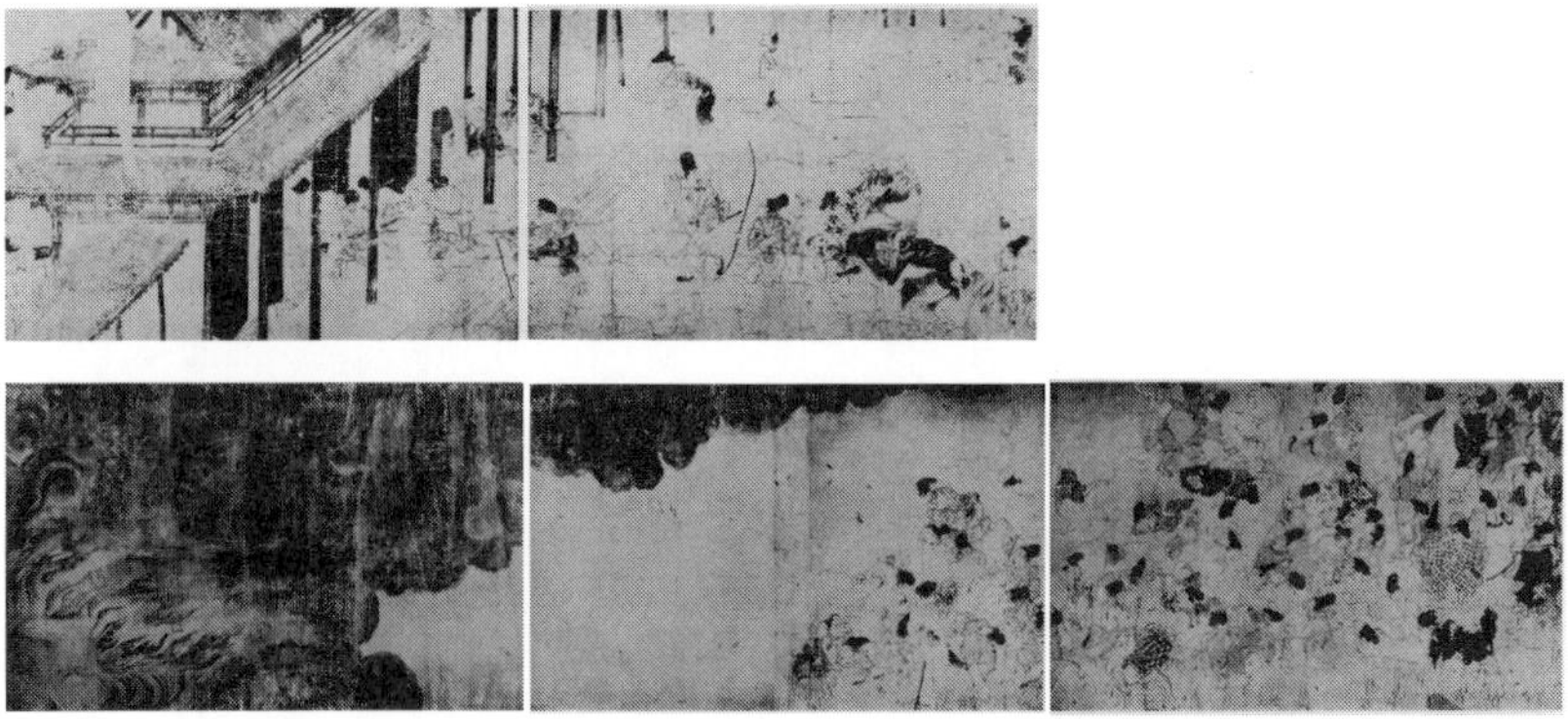

8-2-10：『伴大納言絵詞』冒頭、奥平英雄『美術雑誌・アトリエ』臨時増刊「繪巻の構成」第 17 巻第 13 号図版 46-50 ページより。

ができる。ジョゼフ・アンダーソンの弁士論あたりに始まり、[46]上述の高畑勲の絵巻物アニメ論からマーク・スタインバーグのリミテッド・アニメーション／キャラクタービジネス論に至るまで、[47]近年では日本文化のメディアミックス／間メディア性は優れた特徴と見なされているが、そうした評価は現代の論者たちを決定しているポストモダン的状況とメディア環境のおかげであろう。近代主義者であり映画理論上のモダニストであった今村太平にとって、絵巻物的異種混淆性や不純さは興味深くはあっても日本社会の封建性と停滞の反映にほかならなかった。[48]従って、一九四〇年前後の今村には、溝口作品のような同時代の日本映画を絵巻物と結びつけて積極的に評価するなど、二重の意味であり得ないことだった。現に、一九四一年中葉の映画評で今村は『残菊物語』『浪花女』『芸道一代男』を「自己を主張する力の薄弱」な作と呼び、『浪華悲歌』『祇園の姉妹』と比較すると、「そこに現代的な意義をもつた主張は全く見られないといつてよい。現代的に大して意義のないことを主張しやうとする場合、現代的な映畫形式が潑剌と活動しないのは當然である」として、これらの三作を「すべて新派の再生である」と断じている。[49]少なくとも『祇園の姉妹』と『残菊物語』には明らかな形式的連続性があり、例えばバーチはそこに絵巻物との類比を見出していることを考えれば、今村が物語内容の水準に拘泥していることは明らかである。

(44) 寺田、「映画時代」。
(45) 今村、前掲書、一六—一八ページ。
(46) J. L. Anderson, "Spoken Silents in the Japanese Cinema; or, Talking to Pictures," in *Reframing Japanese Cinema: Authorship, Genre, History*, ed. Arthur Nolletti and David Desser (Bloomington: Indiana University Press, 1992), 259–311.
(47) マーク・スタインバーグ『なぜ日本は〈メディアミックスする国〉なのか』(角川ＥＰＵＢ選書、二〇一五年)。
(48) このような絵巻物と日本文化に対する姿勢は、戦前の文芸批評家・勝本清一郎にすでに見られる。一九二六年初出の「繪巻物形式と随筆的心境の文學」のなかで、勝本は、遠近法的な単一の視点を持たず「多眼観」をもって様々なシーンを繋いでゆく絵巻物に日本の近代小説(水上瀧太郎『大阪の宿』)を擬え、興味深い指摘を行いつつも、西洋の近代小説の力強い構成力やドラマ性に欠けるとして批判している。勝本清一郎『日本文學の世界的位置』(協和書院、一九三六年)、三五—八八ページ。
(49) 今村、前掲書、一二〇ページ。

こうした思想的背景を考慮してはじめて、今村が一九五八年に発表した絵巻物モンタージュ論に対する「反省」に納得がゆく。この間、今村の日本映画と絵巻物についての一九四一年の論考の英訳が*The Quarterly of Film, Radio, and Television*（現*Film Quarterly*）の一九五三年春季号に掲載され、これを契機に同年九月には『世界』にも載って、絵巻物モンタージュ論は再度脚光を浴びていた。桑原武夫も、カンヌで撮影賞を受けた吉村公三郎の『源氏物語』を『源氏物語繪巻』の吹抜屋台を現代に活性化する国民文化のモデルケースとして賞賛している（五：一三二）。このようなポスト占領期をとおして、溝口作品をはじめとした日本映画の国際映画祭での受賞が続いていたが、それにも拘わらず、いや、だからこそ、今村にとって「絵巻と映画の間には、西洋の自然科学の発展が積み上げた莫大な距離があるが、それはまた西洋の近代社会と日本の封建社会の距離でもあ」り、絵巻などの「技巧が映画に似ていることから、その技巧だけに気をとられ、それを単に手法として映画に移植できるかのように考えやすい。そのときこれらの芸術の手法が、映画を生んだ社会とまったく異なる社会の思想を体現していたことを忘れてしまっている」という苦言を呈さなければならないのだ。[50]さらに今村は主張する。

日本映画のドラマの欠如、その平板な構成は、物語芸術である絵巻の性格と結びついている。われわれはこの物語の伝統との深い無意識の結びつきを一度はっきり意識にのぼせて絶ち切らねばならないのである。そのためには西洋であれほど称賛された溝口健二の映画絵巻『西鶴一代女』や『雨月物語』にすら、その平板な物語性のゆえに、われわれ自身が嫌悪を覚えることが必要である。

これらの映画はその物語的な構成のために称賛されたのではなく、その近代的な思想のゆえに認められたのだということを知らねばならない。すなわちイタリア共産党の機関誌『ウニタ』は封建的抑圧からの人間解放という点で『西鶴一代女』を讃え、『ニューヨーク・タイムス』のボスリー・クローザーは、その反戦思想のゆえに『雨月物語』を称揚している。だから溝口が同じような形式を繰返し、とくに歌舞伎を意識的に踏襲したときあきられた。『近松物語』の不評がそうである。絵巻の伝統を受け継いだ物語の形式は、現代ではわれわれ日本人の長所ではなく欠点である。(51)

まず、今村が同時代に『西鶴一代女』と『雨月物語』をはっきりと「映画絵巻」と呼んでいることは確認しておこう。すでに第一章で紹介したとおり、アンドレ・バザンは、まさに『西鶴一代女』の「ドラマの欠如」と「平板な構成」を指摘し、そこにイタリアのネオリアリズモとも共通するラプソディ的語りを見出し、現代映画《シネマ・モデルヌ》として絶讃していた。ゴダールの『雨月物語』論と読み合わせるとき、今村の一周遅れの「反省」を裏切って、絵巻物モンタージュ論は溝口のポスト占領期作品を現代映画《シネマ・モデルヌ》として分析する新たな視座を与えてくれるだろう。絵巻物モンタージュ論の観客性《スペクテイターシップ》への関心や「視点の転換」の指摘を現代映画《シネマ・モデルヌ》へと接続するため、以下では、まず溝口作品における「疑似視点ショット」の存在を指摘し、議論の過程で、ピエル・パオロ・パゾリーニからジル・ドゥルーズへと至る「自由間接話法」概念を導入する。

「疑似視点ショット」では、典型的には、まず登場人物が画面外へ視線を向けるショットに続き、その視線の対象と思しき事物のショットがモンタージュされるが、このショットの持続のなかでキャメラの動きによって視線の主体までも含む構図へと転換する。このデヴァイスによって映画の語りは、人物の視像をシミュレートすることで観客をその人物の知覚へと巻き込みつつ、最終的には第三者のポジションへと押し返す。『雨月物語』の水際だった例を見てみよう。

夕刻、無事に陶器を売りさばいた源十郎は長浜の市場を歩いている。源十郎がふと歩みを止め、着物屋の店先に向

(50) 今村太平『漫画映画論』(岩波書店、一九九二年)、二一八―一九ページ(初出一九五八年)。
(51) 今村『漫画映画論』、二一九―二〇ページ。

かうあたりで笛の音が高く響きだし、店の奥からのローポジションで主人のシルエットを前景に源十郎を中景に入れたフルショットに切り替わる（図版8－2－11）。源十郎が眼差しを上げるとその視線をシミュレートするショットが左移動で店に掛けられた数々の着物を見せる（図版8－2－12）。これはごく普通の視点ショットと考えてよいだろう。すぐさま元のフルショットに戻ると、源十郎は画面右に掛けてある――視線が止まった地点の――着物の値段を主に尋ねつつ、店先に腰を下ろす。「おまえらのカカアに着せるもんじゃないぞ。体が腫れるぞ」。百姓らしい身なりの源十郎に向けられた主人の愚弄にむっとするものの、ハイアングルで寄った上半身ショットに切り替わったところで源十郎は「金はあるぞ」と腰の財布を揺すり、左画面外の主人ににやりと微笑む（図版8－2－13）。源十郎が再び視線を画面右の着物に向けると、その視点ショットとして着物が挿入され（図版8－2－14）、ピアノの劇伴が始まる。さらにハープも加わって高まるなか、先ほどと同じ源十郎の上半身ショットに戻る。源十郎は瞬きをして着物に見入る。幻想が始まるのはここからだ。

源十郎の視線の方向は同じなのだから、先ほどの着物ショット（図版8－2－14）が続くのが普通というものだろう。しかし、そこに開けるのは左右の端を着物に縁取られた田舎家の戸口のシルエットである。戸口には陶器を載せた盆を運ぶ女性のシルエットがすみやかに現れ（図版8－2－15）、キャメラは滑らかに旋回しつつ右に後退移動し、こちらに向かって歩いてくる女性が影から抜け出し、源十郎の妻・宮木（田中絹代）と知れる（図版8－2－16）。宮木は満面の笑みをたたえ、手前にある笹柄の着物をうっとりと手にとって当てて見せる。後退移動を続けていたキャメラは右前景に源十郎の背中を含めており、宮木は夫に微笑んでいるのだ（図版8－2－17）。夫の目の前で宮木は別の着物を衣桁《いこう》から下ろし、向こうを向いてはおり、頷く夫のほうを振り返って再び微笑む。宮木がさらに着物を探すように衣桁の向こうへと去ると、ショットは満足の表情からふと我に返る源十郎のバストショットへと切り替わる（図版8－2－18）。ここですぐさま源十郎は右近（毛利菊枝）の画面外の声によって白昼夢から呼び覚まされ、もう一つの幻想、より禍々しい快楽と死の異界へと導かれることになる。しかし、着物屋での源十郎の幻想も紛うかたなく性的なものである（こうした白昼夢に耽ることにより、源十郎は現実への足場を失い、異界へと引き込まれたとも言える）。夫が妻に贈物をするという内容は極めて無害で規範的でさえあるように思われるかも知れない。だが、稀代の名優・森雅之が作ってみせる下卑た表情、着物屋の主人の「体が腫れるぞ」という表現からも、この幻想を支配するのが性的な所有欲と着物をとおした肌の触覚であることがわかる。さらに、このシーンで源十郎がこのように衣服を媒介とした性的所有の欲

8-2-11

8-2-12

8-2-13

8-2-14

8-2-15

8-2-16

8-2-17

8-2-18

8-2-19

8-2-20：アルフレッド・ヒッチコック『めまい』

望を、自らを観客／監督とした着せ替えスペクタクルとして演出《ミザンセヌ》していることが重要である。そう、戸口から浮きあがる田中絹代を思い描くこの幻想の本質は、五年後、アルフレッド・ヒッチコックの『めまい』において、グレーのスーツを纏ったキム・ノヴァクが観客／監督たるジェームズ・ステュアートのためにバスルームのドアから現れるイメージ（図版8－2－19、8－2－20）に深く通底している。

とはいえ、ステュアートが生身の女性をさながら幻想に変え、その像《イメージ》はあくまでも彼の視点ショットとして示されているのに対して、『雨月物語』には、ロバート・コーエンの言葉を借りて言えば、「同一のショットの中で三人称の視点まで拡張する一人称の視像」という矛盾がある。[52] コーエンに従って、ここに主体（一人称）、対象（二人称）、観者（三人称）が入れ替わりあるいは同一化する精神分析的な意味での幻想《ファンタスム》の構造を見出すのは、とりわけこのモチーフに関しては当を得ているだろう。[53] しかし、溝口におけるこのような「一人称」から「三人称」への滑り込み（もしくはその逆）の総体を視野に入れるとき、それらはたしかに間主観的であっても、映画テクストに光を当てるためには、性的幻想《ファンタスム》を読み込むのが常に生産的なアプローチとは言えないだろう。ここに見られるのはむしろ、奥平の絵巻物モンタージュ用語で言えば、視点の転換によって、主導者（主体）としての立場として「同化」し、さらに遠景へと引き離されることで目撃者としての立場へと戻る動的な過程であろう。

溝口の絵巻物モンタージュをパゾリーニの「自由間接話法」に擬えてみよう。なお、パゾリーニ自身は溝口健二をチャップリンやイングマール・ベルイマンとともに名指し、「偉大な映画詩」であっても「カメラの存在が感じられなかった」がゆえに自由間接話法的ではないと断じているので、これはあくまでも横領である。[54] そもそも自由間接話法とは、引用符のように直接話法の徴を付与することなく、かといって間接話法として書き換えることもなく、ある人物の発話を地の語りに挿入する叙法である。例えば、以下は山本有三の『女の一生』のなかで、ヒロイン允子《まさこ》が幼なじみの昌二郎の新しい下宿を訪ねるくだりである。昌二郎は外交官試験に合格して以来彼女の前から姿をくらましていた。

二週間ほど過ぎたあとの土曜日に、彼女はまた、雑司ヶ谷（ぞうしがや）に昌二郎をたずねた。前のあまりきれいでない下宿とちがって、今度は離れのような座しきのある、こぢんまりしたしろうと屋だった。**合格したので、急にこんないいところに越したにちがいない。ここなら勤めるようになったって、移る必要のないくらいの家だ。昌二郎がいるのはあの離れだろうか。**

入り口でつつましく、「ごめんなさい。」と言った。三度も四度もそう言ったけれども、聞こえないのか、誰も出てこなかった。(55)

(52) Robert Neil Cohen, "Textual Poetics in the Films of Kenji Mizoguchi: A Structural Semiotics of Japanese Narrative," PhD diss., University of California, Los Angeles, 1983, 694. また、このショット連鎖を緻密に分析した藤木秀朗は、「要するに、ショット89〔図版8－2－13と同じポジションの源十郎のショット〕と90〔図版8－2－15～17〕の間で使われたカッティングは、物理的条件に制約されたカッティングと異なり、時空間の曖昧化と空想という物語上の意味を生み出すのに貢献している」と的確な判断を下している。藤木秀朗「溝口にカットさせたものは何か？——『浪華悲歌』と『雨月物語』に見るカッティングとロング・テイク」『FB』第一二号（一九九八年）：二〇八ページ。

(53) Cohen, "Textual Poetics," 694. フロイトにおける幻想〔ファンタスム〕の概念は「子供が叩かれる」（一九一九年）を参照。「子供が叩かれている」あるいは「お父さんが私の嫌いな子供を叩いている」というシナリオを強く性化された幻想〔ファンタスム〕として抱く患者は、主体を曖昧に傍観者の位置に置いている。しかし、分析の過程で明らかになるのは、「私がお父さんに叩かれている」というシナリオであり、抑圧を経て無意識化している。Sigmund Freud, "'a Child Is Being Beaten': A Contribution to the Study of the Origin of Sexual Perversions," in *The Standard Edition of the Complete Psychological Works of Sigmund Freud*, ed. James Strachey, et al. (London: Hogarth Press, 1953), 179-204. この起源的な幻想〔ファンタスム〕が現実に起こったかどうかを問わず、心的現実性がある。ジャン・ラプランシュ／J－B・ポンタリス『幻想の起源』、福本修訳（法政大学出版局、一九九六年）、一二ページ。

(54) ピエル・パオロ・パゾリーニ「ポエジーとしての映画」、塩瀬宏訳、岩本憲児／波多野哲朗編『映画理論集成』（フィルムアート社、一九八二年）、二八五ページ。

(55) 山本有三『女の一生（上）』（新潮文庫、一九五一年）、一三三ページ（原著一九三二年）。

ここで「「ごめんなさい。」と言った」が直接話法であるのは明らかである。一方で、そもそも英語やフランス語における自由間接話法を決定している時制や指示語のあり方が日本語には当てはまらない、といったことを棚上げしてごく雑駁に言えば、ゴシック体の部分は自由間接話法とみなして良いだろう。これを間接話法にするなら、例えば、「合格したので、急にこんないいところに越したにちがいない、と允子は思った」、となるはずである。つまり、語り手の描写のなかにヒロインの発話がそれと示されずに埋め込まれており、逆に言えば、視点人物であるヒロインの期待と不安に満ちた意識が語りを浸蝕している。

　戦後イタリアを代表する詩人・文芸批評家としてのパゾリーニの自由間接話法への関心は、まず、他者の言葉を語りへと取り込む営為が不可避的に呼び覚ます階級間・地方間の差異に対する社会的意識に向けられていた。[56]なお、パゾリーニが「自由間接話法」として論じているのは狭義の文法的なカテゴリーではなく、たとえばジェラール・ジュネットが他者の言葉の模倣《ミメーシス》として扱っているような事象とも重なる。[57]一方、映画における自由間接話法についてのパゾリーニの提言は、ミケランジェロ・アントニオーニ、ベルナルド・ベルトルッチ、ゴダールなどの現代映画《シネマ・モデルヌ》の興隆に呼応したものだった。パゾリーニは映画における「自由間接話法」を「作者が彼の《［ママ］》作品中の人物の心のなかにくまなく入りこみ、その真理のみならず言葉までをも、自分のものとすること」と定義する。[58]しかし、言うまでもなく、詩人／映画作家は映画にはそのような社会的かつ記号論的な実体としての「言語」が存在しないことに極めて意識的である。その結果、映画における直接話法の対応物として主観ショットを見出し、「自由間接主観表現」としては、アントニオーニの『赤い砂漠』（一九六五年）やベルトルッチの『革命前夜』（一九六四年）が、キャメラの存在を強く意識させる構図や編集をとおしてヒロインたる神経症的な女性の主観性を映画の語りそのものと混淆させていると指摘する。[59]これは極めて刺激的な問題提起から導かれたいささか曖昧でそれゆえにインパクトを欠く結論に思われてならない。

　ジル・ドゥルーズはパゾリーニの「自由間接主観表現」を取りあげつつ、「主観的なイメージと客観的なイメージはその区別を失うだけではなく、その一体化も不可能になり、新たな回路が生まれ、この回路のなかで二つのイメー

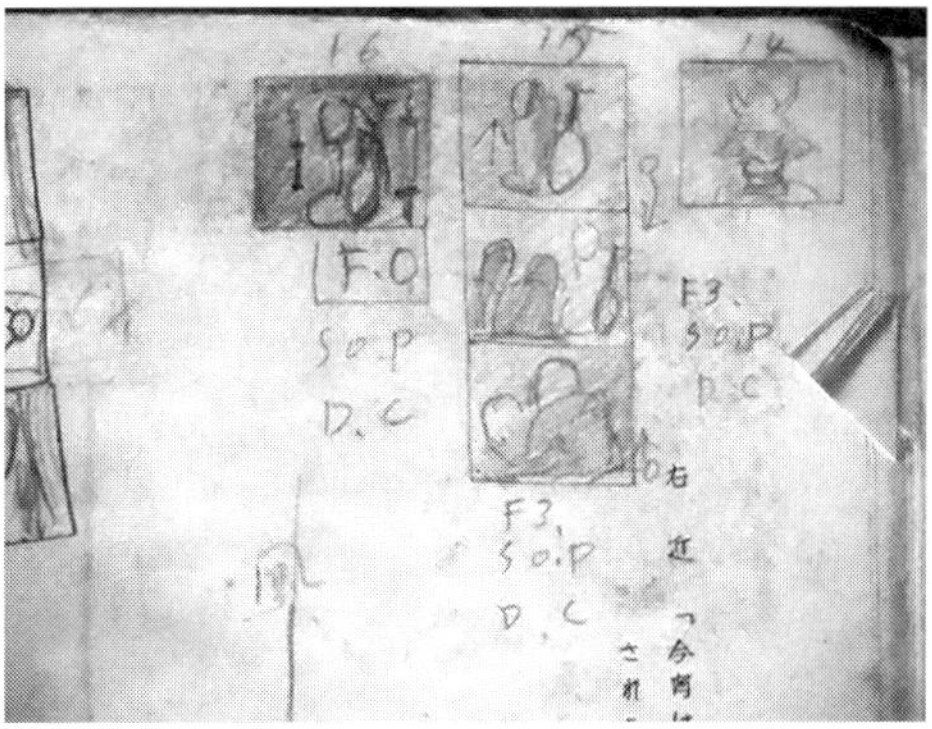

8-2-21：現行版では 15 の最後で暗転しているが、16 の下に F.O（フェイドアウト）とある。宮川一夫コレクション。

ジはまるごとおきかわり、伝染しあい、分離し、あるいは再結合する」として、こうした変容の起源をフリッツ・ラングとオーソン・ウェルズにおける「偽なるもの」に見出す。(60)そのうえで、ドゥルーズは、パゾリーニの他者の言葉への社会的意識へと立ち返り、映画における自由間接話法の可能性をピエール・ペローやジャン・ルーシュのように、他者にいかにキャメラを向け、他者の視点をいかに浸透させるかを思考し実践し、ドキュメンタリーとフィクションの境界を変貌させあるいは無化した作家たちに跡づけてゆく。(61)

　このような自由間接話法の映画への応用をめぐる思考を踏まえるとき、溝口の絵巻物モンタージュを三重の意味で自由間接話法として捉えることが可能になる。第一に、上述の『雨月物語』の例に明らかなように、視点ショット（主観ショット／主観的なイメージ）からその主体に擬せられた登場人物まで含む「客観的」ショットへと滑らかに変換するのは、他者の視点を映画的言説《ディスクール》にカギ括弧なしに埋

(56) Pier Paolo Pasolini, *Heretical Empiricism*, trans. Ben Lawton and Louise K. Barnett (Washington D.C.: New Academia Publishing, 2005), 82.
(57) ジェラール・ジュネット『物語のディスクール——方法論の試み』、花輪光・和泉涼一訳（水声社、一九八五年）、一九六—二一七ページ。
(58) パゾリーニ、「ポエジーとしての映画」、二七三ページ。
(59) パゾリーニ、前掲論文、二七六—八四ページ。
(60) ドゥルーズ『シネマ２＊時間イメージ』、二〇七—〇八ページ。
(61) ドゥルーズ、前掲書、二〇八—一四ページ。なお、『シネマ』の自由間接話法論については、ルイス＝ジョージ・シュワルツがジャン・ミトリとの関連についても明晰な議論を展開しており、示唆に富む。Louis-Georges Schwartz, "Typewriter: Free Indirect Discourse in Deleuze's Cinema," *SubStance* 34, no. 3 (2005): 107-35.

め込むことに他ならず、かなり字義的な意味で自由間接話法と呼ぶことができるだろう。第二に、ドゥルーズによるパゾリーニの読解に倣って言えば、自由間接話法は偽と真、虚と実を接続しあるいは反転させるが、溝口における絵巻物モンタージュもまた決して恣意的に使われているわけではなく、物語内現実をさながら幻想に変え、異界と接続し、あるいは線形的な時間性への足がかりを滑らせる。すなわち、溝口においても自由間接話法は単なる二つの視覚や言葉ではなく、二つの異なった世界を並存させ混淆させる特権的な技法だということだ。(62) 第三に、溝口にとっての絵巻物モンタージュはそれ自体が歴史的な視覚的語り《ヴィジュアル・ナレーション》の引用であり、歴史の他者性を十分に認識したうえでそれを横領し取り込む装置であった。溝口の歴史映画は、今村が言うように「封建的抑圧からの人間解放」や「反戦思想」のような非歴史的、戦後民主主義的な物語を語っているが、一方で、具体的な演出《ミザンセヌ》を練りあげる歴史考証の過程で、溝口はその他者性に対して極めて鋭敏な感覚を示した。こうした意味で、絵巻物モンタージュは単なる文化的な箔付けや海外映画祭向けの安易な「日本趣味」ではなく、言うなればエリック・ロメールの『O公爵夫人』（一九七六年）や『聖盃伝説』（一九七八年）にも比すべきモダンな試みである。

『雨月物語』からもう一つ顕著な例を挙げてみよう。岩風呂に先立つ後朝《きぬぎぬ》のシークエンスである。その前の朽木屋敷の座敷の夜の場面では、聞こえてくる亡父の謡い声に、「あたしは、あの声を聞くたびに……」と若狭が源十郎に抱きつくかにみえたところで暗転する。なお、若狭の台詞の末尾では不自然に音が消えているが、(63) 宮川一夫の撮影台本によると、もう一ショットあってそこから暗転したと思われる（図版８－２－21）。旧映倫の審査記録には残っていないが、(64) 台本でその後に続いていた「躰が慄えるのです」「抱いて下さい」などの若狭の台詞やシチュエーションからみて、(65) 非公式な削除が行われた可能性が高い。この慌ただしい暗転に蝶の刺繍が入った暗色の紗の間仕切りがオーヴァーラップする（図版８－２－22）。クレーンに乗ったキャメラがなめらかに浮上しつつ右へ移動すると、褥に横たわる源十郎の傍らから若狭がちょうど立ち上がったところだ。若狭は男を見つめたまま優雅に打掛をはおり（図版８－２－23）、隣室へと向かう。キャメラは高い位置から若狭の背中を追い、敷居のところに留まって隣室からもう一度振り返って源十郎を見つめる若狭を捉える（図版８－２－24）。この一連のショット連鎖に対応するト書きや台詞は台本に見あたらないが、宮川の撮影台本にはまさに図版８－２－22から24に対応すると思われる絵コンテが残されており、このシーンは撮影の場で生み出された可能性が高い（図版８－２－25）。ここでとりわけ注目すべきなのは、若狭の眼差しが演出によって強調されていることだ。続いて、図版８－２－24と同じキャメラ位置、同一のショットの持続のなかで、若狭は隣室の手鏡の前に座り、画面左、源十郎の方角を見つめつつ、鬢批《びんそぎ》を梳っている（図版８－２－26）。ここに繋げられるのが、眠る源十郎の半身を紗越しに捉えた「ミディアム・クロースアップ」調のショットである（図版８－２－27）。

(62) ドナルド・キリハラがいじみくも指摘したとおり、『折鶴お千』にも疑似視点ショットの例が見られるが、これがフラッシュバックにさらに埋め込まれているのは偶然ではないだろう。Kirihara, *Patterns of Time: Mizoguchi and the 1930s* (Madison: University of Wisconsin Press, 1992), 80.

(63) 大谷巌は消した記憶がないという。長門洋平『映画音響論』（みすず書房、二〇一四年）、三〇七―〇八ページ。

(64) 『雨月物語』は一九五三年一月一四日に「シーン四八　岩風呂場面演出注意を希望した（風俗）」の一点を希望事項として旧映倫の脚本審査を通過している。『映画倫理規程審査記録』第四三号（一九五三年一月一日～同年一月三一日）、a―二、a―一〇ページ。フィルムは同年三月に審査を通過したが、削除の要請については特記されていない。『映画倫理規程審査記録』第四五号（一九五三年三月一日～同年三月三一日）、c―五ページ。

(65) 以下のようなやりとりが続いていた。

若狭「……躰が慄えるのです。呪いの声です。断ち切れぬこの世の執着の声……抱いて下さい、あゝ、こわい……」
源十郎「そうは聞えない。よくお聞きなさい、美しい見事なお声だ」
若狭「いゝえ、私には父の呪いの声が聞こえるだけです。お願いです。私の躰を抱いて下さい。」
と、源十郎にすがる。すがられて源十郎は、若く豊かな躰をしっかりと抱き止める。
右近も源十郎に同感してうなづく。
右近「今宵は喜んでおいでですよ、姫さまがこんなよいお客をお招きなされたので……それ、あのお声のはづみ様」。『雨月物語』台本、宮川一夫コレクション。

　この後、若狭は源十郎に再度すがりつき、はっと我に返ってふたりで見つめ合い、改めて情熱的に抱き合う。しかし、このあたりには赤鉛筆の横一本の線が引かれており、撮影現場で大きく改変された可能性は高い。依田義賢としての決定稿も宮川台本とほぼ同一である。日本シナリオ作家協会『依田義賢　人とシナリオ』（日本シナリオ作家協会、二〇一四年）、一〇七―〇八ページ。

8-2-25：画面左上から、22, 23, 24 に対応。宮川一夫コレクション。

8-2-22

8-2-23

8-2-24

直前のショットで若狭は画面外に注意を向けていたので、女性の欲望の対象として男性を布地、服、照明で物象化《フェティシャイズ》したこのショットはあたかも視点ショットであるかのように機能する。しかし、若狭の視線は襖によって遮られているはずなので、視点ショットのはずがない。盟友・水谷浩ではなく舞台美術の大家・伊藤喜朔がセットを担当し、助監督だった田中徳三によれば溝口は大きな不満を持っていたという。[66]もし水谷が美術監督であ

8-2-26

8-2-27

8-2-28

れば、例えばここで若狭の化粧部屋と寝室の双方を縦の構図に収められるような空間設計をしたのでは？　と考えても始まらない。むしろ、溝口と宮川はこの断片化された空間を逆手に取って絵巻物モンタージュを成し遂げたのではなかろうか。図版８－２－27はまさに若狭の自由間接話法的主観ショットであり（何といっても彼女は亡霊なので物語空間内の物理的位置など関係ないのかもしれないが）、同時に、ある人物を追ってその世界に没入し巻を拡げてゆくとその対象が現れる絵巻物の現象学をも思わせる。その証拠に、若狭の視像に漠然と擬えられていたこのショットに、ほどなく画面右から若狭自身がフレームインし、源十郎の枕許に座って行燈を動かして寝顔を見つめ（図版８－２－28）、やがて彼を目覚めさせるのである。若狭が媚態を全開にして「昨夜のこと」を忘れてしまったかのような源十郎をなじっていると、画面外から唐突に「お目覚めでございますか」と右近の声がして、同軸上のフルショットに切り替わる。つまり、構造としては着物屋での源十郎の幻想《ファンタスム》と同一なのである。源十郎の幻想《ファンタスム》が着物をとおして妻を所有する性的妄想であったとするなら、若狭の場合は自らの美々しい着物や丁度によって薄汚い男を愛玩の対象に変え、性的に所有する欲望であろう。『雨月物語』における若狭は、溝口が依田への手紙の中で香りに喩えて「四畳半のあやしげな安待合の部屋や便所で匂ふ香水線香」(67)と形容したように、徹頭徹尾人工的で女性のセクシュアリティの魅惑と恐怖を具現した、文字通りの化物《モンスター》である。台本にはなかったこのような化物《モンスター》の主観が自由間接話法的に象眼されることで、『雨月物語』を「若狭の物語」として読み替える可能性が残されたと言えるだろう。

『雨月物語』における絵巻物モンタージュが性的幻想《ファンタスム》と密接に結びつき、この世と異界とを接続していたとすれば、

（66）宮川一夫、岡本健一、大谷巌、田中徳三、佐藤勝「証言『雨月物語』」『別冊太陽　映画監督溝口健二』一九九七年五月号、一三六ページ。
（67）依田義賢「『雨月物語』シナリオ製作中に寄せられた――溝口健二氏の手紙」、前掲『依田義賢　人とシナリオ』、一三二ページ。

『山椒大夫』では母と息子の記憶を繋ぎ、それによって映画と歴史の問題系へと参与している。佐藤忠男がいみじくも指摘したように、母親（的）女性と息子（的）男性の遅すぎた再会を描く『山椒大夫』の世界映画史に輝くラストシーンは、『折鶴お千』のリメイクとも言えるが、[68] さらにこの二人による間主観的フラッシュバックによって始まり、仏像が大きな役割を果たしていることも共通している。『山椒大夫』を特徴づけるのは、母から子への想起の主体のシフトが、あるいは物語内容の時間の移動が、ゆっくりとしたディゾルヴによって行われていることだ。

『山椒大夫』の冒頭、玉木（田中絹代）、厨子王（加藤［津川］雅彦）、安寿（榎並啓子）の親子が乳母の姥竹（浪花千榮子）が奥羽から父・正氏が左遷された筑紫へ向けて旅している。二ショット目、木漏れ日の中を厨子王がこちらに向かって快活に駆けてくる。キャメラがパンし、家族とともにアメリカン・ショットに収まった厨子王は、「お父様はどうして筑紫などに行ってしまわれたのですか。お父様は、偉いお方でしょう」と母・玉木に尋ねる。「そうですとも。正しい、立派なお方ですよ」という答えを得て、「やっぱりそうだ！　お父様～」と叫びながら、厨子王少年は先ほど来た道を駆け出し、キャメラはパンして彼の後景に向かう運動を捉える（図版8－2－29）。すると、この映像とディゾルヴで入れ替わって現れるのが、やはり前景から後景へと駆けて行く幼児期の厨子王（藤間直樹）である（図版8－2－30）。彼は立ち止まって振り返り、やがて中景の石塀の間の階段を上って屋敷へと姿を消す。最後景から農民たちが現れて、フラッシュバックが展開しはじめるのだ。[69]

8-2-29：『山椒大夫』
（以下 3-2-33 まで同）

8-2-30

『折鶴お千』では思い出の神田明神の杜を見つめる二人の視線と、大胆な移動撮影でフラッシュバックが押し開かれていたのに対し、『山椒大夫』の冒頭、過去はこのようなグラフィック・マッチを基盤としたディゾルヴによって導かれる。[70] 厨子王の運動によって始まったフラッシュバック

8-2-31

8-2-32

8-2-33

を閉じるのは苦悩する夫・正氏（清水将夫）を見て沈思する玉木の横顔（図版8－2－31）であり、そこには映画の語りの「現在」において川の水を汲む玉木の横顔がディゾルヴされる（図版8－2－32）。川岸で粗末な食事を取ろうとする玉木親子一行のロングショットをはさんで、こんどは菓子を入れた椀を持つ玉木の横顔に、別れの杯を酌み交わさんとする正氏の姿が、向かい合うようにディゾルヴされる（図版8－2－33）。こうして正氏が家に伝わる観音像に他者への慈悲の念と人間平等の理念を託して幼い厨子王に授けると、こんどは大切そうに観音像を胸にくくりつけている「現在」の少年・厨子王がディゾルヴして回想のリレーが閉じられる。

　このように、視覚的に「似ている」ことをきっかけあるいは根拠として過去と現在が重ね合わせられ、ディゾルヴをとおしていわば「主観的」な経験が自由間接話法的に張り合わされている。言うまでもなく、この技法がサイレント時代にとりわけ多用されたグラフィック・マッチと一定の連続性があるのは確かだろう。だが、それを越えてここに生起しているのは、平倉圭がゴダールのモンタージュについて指摘しているのと類似

（68）佐藤忠男『溝口健二の世界』（筑摩書房、一九八二年）、一三八―三九ページ。
（69）溝口を敬愛するビクトル・エリセは、『エル・スール』（一九八三年）でまっすぐの道を自転車に乗って去っていった小さな女の子が成長して同じように自転車に乗って戻ってくるくだりで、このディゾルヴを意識していたのだろう。
（70）Dudley Andrew, "Mizo Dayû," in Andrew and Carole Cavanaugh, *Sanshô Dayû* (London: BFI, 2000), 57.

の事態であるように思われる。「ゴダールにとって「見る」とは、この二つの類似した映像のあいだに形成される内在性の領野を見ることにほかならない。つまり「見る」とは二つの映像を「編集」することなのであり、「編集」が「フォルム」を創造する」[71]。すなわち、これは「似ている」ことをとおして過去と現在を「編集」する営為であり、このモンタージュによって虚の連続性が画面上のみに立ち上がる。こうして画面と観客の意識の「コインシデンス」を連鎖させてゆく絵巻物モンタージュは、のちに政治的モダニストたちが好むことになる「断絶」ではなく、滑らかな連続性によって歴史映画に相応しい新しい視覚的語り《ヴィジュアル・ナレーション》を模索していた。

第三節　閉域と性愛

『近松物語』の梗概は以下のようなものである。一七八〇年代の京都。おさん（香川京子）は、暦の印刷を一手に引き受ける「大経師」として苗字帯刀を許された富裕な商人・以春（進藤英太郎）の後妻である。おさんの兄・道喜（田中春男）は家屋敷を抵当に入れた借金の利子五貫目の返済に困り、母（浪花千栄子）ともどもおさんを訪ねて以春に用立ててもらうよう頼むが、吝嗇な以春は妻の願いをにべもなく断る。大経師の手代・茂兵衛（長谷川一夫）はおさんから相談を受けて快く引き受け、以春の印判を白紙に押す。これが腹黒い番頭の助右衛門（小澤栄）に見とがめられて発覚し、以春は激怒する。かねて茂兵衛に思いを寄せていた女中・お玉（南田洋子）は自分が頼んだ金だと嘘を申し出るが、以春はお玉に言い寄っていたので、火に油を注ぐ結果になる。茂兵衛は大経師からの出奔を決意し、礼を言うためにお玉の部屋に立ち寄る。ところが、そこにいたのはおさんであった。お玉から事情を聞き、以春を待ち伏せして諌めようと潜んでいたのだ。二人は店の者にみつかって不義者と誤解され、結果的に駆け落ち同然の身となる。以春は所司代に手を回し、茂兵衛は突き出しおさんを連れ帰るように計らう。兄に金は送ったものの、追い詰められたおさんは茂兵衛とともに琵琶湖に投身自殺を図る。ところが、いまわの際に茂兵衛から愛を告白され、二人で生きることを決める。おさんを連れて茂兵衛は丹波の実家に身を寄せるものの、父は村人からのプレッシャーに負けて二人を差し出す結果になる。実家・岐阜屋に預けられ、大経師へと戻るように母と兄から説得されていたおさんのところに、父に逃がしてもらった茂兵衛が現れる。共に捕まった二人は不義密通の罪を告白して京内引き回しのうえ獄門磔に処され、大経師は取りつぶしとなる。

　この物語は『雪夫人絵図』の発展的リメイクとみなすことができる。人物関係の共通パターンを押さえてみよう。まず、おさんも雪も良家のお嬢様で、下品な中年男との不幸な結婚に悩んでいる。元々おさん役は木暮実千代に決まっており、香川京子が『山椒大夫』とともにヴェネツィア国際映画祭から帰って来るとキャスティングが変わっていて驚き緊張した、(72)という有名なエピソードもこの解釈を支えるだろう。ただ、悩みの中身が雪の場合は魂と肉体の分裂、有り体に言うと嫌いなはずの直之とのセックスがやめられないことであるのに対し、おさんの場合、強欲、好色、利己的、冷酷な以春との仲は冷え切っている。新派の柳永二郎が演じる直之は依田義賢も座談会で「溝さんとも話したんだが直之には相當に共感を持つんです」と述べているようにそれなりに複雑で好感を持ちうる人物として造形されているのに対し、(73)進藤英太郎が真骨頂を見せる以春は悪の権化であり憎々しさの戯画《カリカチュア》である。一方、「妻」に思いを寄せる男を便宜上「恋人」と呼べば、この役柄も基本的には「二枚目」であるという点で共通しており、上原謙と長谷川一夫という日本映画の二つの黄金時代を跨いで活躍した現代劇と時代劇のトップ二枚目スターがそれぞれ老いの徴を隠して演じているのも、偶然とは思われない。ただし、菊中と雪は映画ではプラトニックな関係に留まる

(71)　平倉圭『ゴダール的方法』(インスクリプト、二〇一〇年)、二一八ページ。
(72)　香川京子『愛すればこそ——スクリーンの向こうから』、勝田友巳編、(毎日新聞社、二〇〇八年)、五四—五五ページ。
(73)　溝口健二、木暮實千代、依田義賢、柳永二郎「木暮さんに期待したい！　素晴らしい官能の美！——理性と官能の諸問題を描く〝雪夫人繪図〞座談會」『近代映画』一九五〇年一一月号、二五ページ。

のに対し、茂兵衛とおさんは明確に不義密通／姦通を犯し、それをお上の前で証言さえしている。この大きな違いは姦通と空間を扱う本節にとって中心的な課題となるので、後段に譲ろう。さらに、『雪夫人絵図』における直之の愛人で元ダンサーの綾子（浜田百合子）と、物語の語り手であり、雪に憧れ幻滅する女中の濱子（久我美子）の二人のキャラクターは、『近松物語』のお玉に見事に統合されている。なお、映画の濱子は久我が演じているせいもあって最後まで雪に忠実なしっかり者だが、原作では菊中に思いを募らせ、最終的には一緒に旅行に出かけている。[74] ＣＩＥに提出された検閲台本でも、雪の優柔不断にいらだってウィスキーに酔った菊中は、「結婚してくれ」と言って濱子を押し倒している。[75] 依田によれば、上原のスターイメージを考慮した溝口がこのシーンに強硬に反対したため、変更されたという。[76] つまり、原作や準備稿では濱子と菊中には性化された関係が存在し、それが茂兵衛に片思いして迫るお玉へと継承されたということだ（明らかに被害者のはずのお玉はどこか後味の悪い嫌な女として描かれ、朋輩にもそのように受け止められている）。一方、「夫」の右腕であるはずの番頭（山村總／小澤栄）が店／旅館の乗っ取りを企図して裏切るというサブプロットも同じだ。

『雪夫人絵図』『近松物語』の類似をとりわけ印象づけるのは、暗闇の中の勘違いによって、実際は肉体関係を持っていない「妻」と「恋人」が姦通／不義密通の疑いを持たれてしまうという仕掛けである。『雪夫人絵図』の原作にはこのような仕掛けは存在しない。一方、暗闇の中での過ちは『近松物語』の公式の参照点でありプロット的には最も近い近松門左衛門の『大経師昔暦』にも、溝口が企画段階で「もっと取り入れてほしい」と言ったという井原西鶴『好色五人女』中の「おさん茂右衛門」にも存在する。[77] ところが、この二つの原作におけるおさんは、以春と間違えたにせよ（近松）、寝入ってしまって気づかなかったにせよ（西鶴）、茂兵衛とほんとうにセックスしてしまい、それをきっかけに不義密通の道をつき進むことになるのだが、『近松物語』ではあくまでも誤解である。つまり、原作と関わりなく、『雪夫人絵図』と『近松物語』がこの作劇上のトリックを共有しているのだから、これは溝口－依田の作家性の徴とでも呼ぶしかないだろう。

『近松物語』を『雪夫人絵図』のリメイクと呼ぶことで、姦通という主題が明瞭な像を結ぶ。当時、舟橋聖一の小説『雪夫人絵図』は人妻の姦通を中心的に描くと明確に認識され、その映画化が「一般の観客たちに、素直な共感をよばない」可能性が懸念されていた。[78] 三島由紀夫の『美徳のよろめき』がベストセラーとなり、「よろめき」という語によって「姦通」が「ライト化」されるのは溝口の死後、一九五七年のことである。[79] そもそも、一九四七年一月二六日に「刑法中改正法律」が公布され同年一一月一六日に施行されるまで、姦通は刑法上の犯罪であった。[80] 戦前の内務省警保局の検閲が「姦通ヲ仕組ミタルモノニシテ貞操観ヲ紊ル虞アルモノ」を禁じていたのは、第四章で紹介したとおりだ。つまり、姦通罪廃止から「ライト化」が進行するまでのポスト占領期、姦通は法的には罪でなくなったものの道徳的には極めて深刻な問題であり続け、つまるところ、小説や映画に特権的な題材を提供したのである。

今日、占領期からポスト占領期にかけて改定されたセクシュアリティとジェンダーの規範性をめぐる法制度のなかでも、優生保護法とその改正（人工妊娠中絶の事実上の合法化）や売春防止法の成立に比べ、姦通罪の廃止は議論されることが少ないように思われる。姦通した妻およびその相手のみが罪に問われ、夫の浮気には適用されない旧刑法

(74) 舟橋、前掲書、二八一―三〇〇ページ。
(75) “Shin Toho – Portrait of Madame Yuki (Yuki Fujin Ezu),” シーン八二、八四、八六。
(76) 依田、前掲書、一八四ページ。今日の観客にはむしろ原案のほうがスターイメージにあっているように思われるとしたら、一九五一年以降の成瀬巳喜男作品における上原謙の見事な最低男ぶりを見慣れているからであろう。
(77) 近松門左衛門「大経師昔暦」、大橋正叔校注・訳、『新編日本古典文学全集　近松門左衛門集②』（小学館、一九九四年）、五四八―五〇ページ、依田、前掲書、二八五ページ、井原西鶴「好色五人女」、東明雅校注・訳、『新編日本古典文学全集　井原西鶴集①』（小学館、一九九六年）、三一九―二二ページ。
(78) 「雪夫人絵図」『キネマ旬報』一九五〇年一〇月一五日号、四―五ページ。
(79) 菅聡子「〈よろめき〉と女性読者――丹羽文雄・舟橋聖一・井上靖の中間小説をめぐって」『文学』二〇〇八年三・四月号、五七―五八ページ。
(80) 西清子編著『占領下の日本婦人政策――その歴史と証言』（ドメス出版、一九八五年）、四五―四六ページ。

一八三条は、現在の感覚からすると滅茶苦茶で、「婚姻は、両性の合意のみに基いて成立し、夫婦が同等の権利を有することを基本とする」と定めた日本国憲法二四条に抵触するのは火を見るより明らかだからだ。さらに、夫による親告罪だったため、寝取られ男としてわざわざ名乗り出る者も少なく、実質的には機能していなかった、という通説にも何だか説得力がある。ところが、それは決して同時代的な感覚ではなかった。衆議院での議論に続く一九四七年八月一一―一二日、参議院司法委員会では日本の国会史上初の公聴会が姦通罪の是非をめぐって開かれ、一日目には宮城實、小野清一郎、泉二新熊《もとじしんくま》らの法律家／法学者、久布白落実や山川菊栄といった婦人運動家が侃々諤々の賛否両論を繰り広げ、続く一二日には全国から応募した一般人が見解を述べた。旧刑法のままでの存続は新憲法の下ではオプションではなかったため、公聴会での争点になったのは、男性にも適用して姦通罪を存続すべきか否かであった。一日目、二日目ともに姦通罪廃止への反対者は公述人の半数を上回り[81]、最終的に参院で廃止が決まったのも七四対六八、わずか六票の僅差であった[82]。つまり、姦通罪廃止は大きな物議をかもしたのである。

廃止派の山川菊栄が公述人として「今日まで女だけの姦通に対する制裁というものは、元は女に対する私有観念から出ておるということは申すまでもございません」と喝破したとおり[83]、姦通罪論争の真の掛金は、実のところ、女性の「純潔」「貞操」から法的な歯止めを外すことの是非に他ならなかった。この掛金が露呈するのは、法的な議論が当然ながら大勢を占めた公聴会というよりは、八月一九日に司法委員会で行われた医学者の証人質疑の席上である。そもそもこの喚問が行われたのは、鬼丸義斎《ぎさい》議員（民主党）が「姦通が血統の純潔に及ぼす影響」について専門家の証言を求めたからだ[84]。女性が姦通の結果妊娠すれば、もちろん夫の側から見れば「血統の純潔」が乱されるに決まっているではないか、と思われるかもしれない。だが、この証人喚問で追及されたのは別の問題であった。鬼丸の質問は、「男女の交接によりまする女子の体質上の変化がどういうことになるのか。若しその変化がありとするならば、單にその関係したる婦女子一名のみの一代に止まるものであるか。或いはそれは子孫にまでも及ぶのである。それから若しその体質上の変化があるとするならば、それは外形上或いは内容的にどういうような変化があるのか」ということであった。要するに、鬼丸は（一）セックスを経験すると女性の体は根本的に変化する、（二）この変化は遺伝する、ということを固く信じており、専門家からこの信念を裏付ける証言を引きだそうとするのである。鬼丸は説く。

> 犬の場合に、洋犬が和犬と一回の交尾によつて受胎いたしました場合に、その最初の一回の受胎によつて……その後洋犬の牝としては、一代のうちに幾回かの分娩をいたしますが、その分娩の度ごとに最初の一回の和犬の交尾ということが一つありますために、一代分娩の度ごとに最初の和犬の子供ができる。それは勿論犬の場合でありますから人間とは違うでありましょうが、そうした大きな影響が人間にあるかないかということについて、実は虞れを持っておるために伺ったのであります。

洋犬／和犬という喩えが何とも生々しいが、興味深いのは、これがそこらの無学なオッサンの与太話ではなく、弁護士でもある議員先生が国会の委員会で行った質問であり、しかも彼の疑念に応えるために証人喚問まで開かれたということである。間男とのセックスの結果が女体になんらかの形で残存して遺伝するという妄想は、当時の政治家に

（81）「刑法の一部を改正する法律案（姦通罪廃止の可否に関する件）」についての公聴会、一九四七年八月一一日、第一回國会参議院司法委員会会議録第一一号（一九四七年）、http://kokkai.ndl.go.jp/SENTAKU/sangiin/001/1340/00108111340011.pdf（最終アクセス二〇一五年一二月一〇日）。公聴会二日目については、菊地幸作編『姦通罪是か非か——國會公聽會の大論戰』（共同通信社、一九四七年）、二七—三三ページ。

（82）正確に言うと、姦通罪を存置しつつ、夫の姦通も罪とする修正案が否決された。「カン通罪廃止——八票の差で決まる」『東京朝日新聞』一九四七年一〇月一二日朝刊。

（83）上記公聴会、公述人山川菊榮の発言。

（84）「刑法の一部を改正する法律案（姦通が血統の純潔に及ぼす影響についての証言あり）」、一九四七年八月一九日、第一回國会参議院司法委員会会議録第一五号（一九四七年）、http://kokkai.ndl.go.jp/SENTAKU/sangiin/001/1340/00108191340015.pdf（最終アクセス二〇一五年一二月一〇日）。以後、この証人喚問からの引用はすべてこの会議録によるものとする。

とって決して荒唐無稽ではなかった。現に、立志伝中の人物・鬼丸に比べると典型的な学歴貴族であった松井道夫議員もまた、「医学上も純潔ということを考えていいのじゃないか」と考え、姦通の結果の子供が「医学上の純潔」を欠くため「劣る」可能性について質問している。

　証人として壇上に上がった慶應義塾大学産婦人科教室の安藤画一《かくいち》教授は、婚姻制度の中で生殖のために行われる性交のみを「純潔」とみなし、胎児・乳児に対する母の影響力の強さから姦通罪の存続を求める保守的なセクシュアリティ観を表明しつつも、鬼丸や松井の考えに対しては、遺伝学上事実無根、あり得ない話として真っ向から否定した。一方で、もう一人の証人である東京大学法医学教室教授の古畑種基医博は、自ら突っ込んで研究を行ったことはない、まだ解明されていない、という但し書き付きながらも、「性交によつて精液が吸収せられることによつて、女子の体内にそれに対する抗体ができる。つまり精液に対する抗体ができて來る」ため、女性の血清中のこの抗体の有無、つまり「処女反應」によって性交経験を判別することができる、というトンデモ説を紹介し、こうした反応が「起る場合があるのではないかというふうに考えています」と証言した。[85] さらに委員会の後半では松村眞一郎議員が参入し、「憲法の二十四條に、両性の合意のみに基ずく[ママ]というのがあるが、それが問題じゃないかというのが私のお尋ねする要点であります。何故かというと、合意のみということであれば、その合意による結合は、優生学から、遺傳学から見て、望ましからざる合意ということが起ると思います」と優生学的見地から憲法批判を行い、安藤にお墨付きを求めるものの、「人間を動物と同じように取り扱うもの」として却下されている。ちなみに、松村は戦前に農水次官を務めて貴族院議員に勅撰された超エリートで、農水省が管轄する競馬業界の重鎮でもあった。

　姦通罪廃止をめぐる司法委員会の証人喚問が浮き彫りにするのは、当時の医学では生殖と遺伝のメカニズムが十分に解明されていなかった、ということではない。そうではなく、安藤が証言するとおり、当時の遺伝学に照らして間男の残滓が遺伝しないことは明らかだったにも拘わらず、その知見に対して強く抗う家父長制の規範意識である。すなわち、日本の家父長制（およびその規範を深く内面化した多くの女性たち）に大きな不安をもたらしたのは、新憲法二四

8-3-1：『雪夫人絵図』で直之が見出す雪の不在。

8-3-2：『近松物語』でおさんの不在に慌てる以春。

条によって無理矢理認めさせられた男女平等の恐るべき帰結として、女性のセクシュアリティと生殖機能を管理する法的基盤が消失することであり、このような恐怖感は階級差別に根ざした優生学的意識によってしばしば増幅された。さらに、「閉ざされた言語空間」で言葉になることは決してなかったとしても、女性の貞操のほころびから民族の「純潔＝純血」が汚され永続するという悪夢は、アメリカ占領下にはかなりのリアリティを帯びたはずだ。姦通に対するこのような強い拒否反応を考慮せずには、例えばポスト占領期最大のヒット作『君の名は』三部作（大庭秀雄監督、松竹大船、一九五三―五四年）において真知子（岸惠子）と春樹（佐田啓二）がどうしてああまで意固地に「純潔」を誓わなければならないのか理解できまい。溝口健二が思わせぶりなエロ映画『雪夫人絵図』から『武蔵野夫人』『お遊さま』を経て封建時代を舞台にした『近松物語』に結晶させたのは、このような家父長制との女性の身体を戦場とした絶えざる折衝であり争闘であった。

『近松物語』を『雪夫人絵図』比べるとき、もう一つ明らかになるのは、上記で詳述したこの二つの作品の構造的な類似が当てはまるのが前者の前半までに過ぎないということだ。前章でも触れたように、『近松物語』が真に動き始めるのは、妻、夫、恋人、愛人＝女中、夫の右腕によって成り立つ大経師の屋敷の空間が浸蝕され、妻＝おさんがそこから脱出する時点からである。この二作において妻の空間における「不在」は類似のシチュエーションによって提示され（図版８－３－１、８－３－２）、妻の出奔は『雪夫人絵図』では芦の湖畔の山の上ホテルのテラスのパンによっ

(85)　なお、古畑種基は多くの冤罪作りに寄与した「古畑鑑定」で有名になった。

8-3-3：芦ノ湖畔のホテルで、ウェイターが雪のために茶を取りに画面右に向かう。

8-3-4：キャメラがパンとクレーンで彼の動きを追って戻ってくると、雪はいない。

8-3-5：町屋の奥行きのなか、格子戸がおさんの不在を告げる。

て（図版8－3－3、8－3－4）、『近松物語』では揺れる「戸口」のショット（図版8－3－5）によって示される。しかし雪の出奔は終幕の死に向かうのに対して、おさんのそれは長い逃避行として映画の後半を構成することになる。この対比によって、『雪夫人絵図』に不完全な形で萌芽していたもう一つの主題が『近松物語』では完成され、『祇園囃子』（一九五三年）以降の晩年の溝口作品の系譜の中に位置づけられることが感得されるだろう。『祇園囃子』以降、遺作『赤線地帯』に至るまで、溝口は「閉域」を描き続けたのである。

『山椒大夫』は溝口の晩年における「閉域」の主題を定式化した作品である。この映画の製作に際して、溝口が歴史家・林屋辰三郎の助言を乞うて森鷗外の原作（一九一五年）から説教節の世界へと立ち返って過酷な奴隷制度と搾取を描き、このコラボレーションが林屋の論文「『山椒大夫』の原像」としても結実したことについては、佐藤忠男が早くから言及し、近年では歴史学の側から優れた研究がなされている。[86] 映画公開に先立つこと二ヶ月、『文学』一九五四年二月号に掲載された林屋論文を締めくくる「今や新しい藝術創造である映畫『山椒太夫』が、これをいかに展開させて原作の眞價を高めて行くか、民話と文學と映畫の三つの關聯において、深い期待をいだく。私にはこうした映畫の製作が、決して或る先學の言ったように「古典の花園を荒らすもの」とは考えられないからである」という言葉は[87]、当時の政治的党派性を越えて桑原武夫の「国民文化」創造の呼びかけと響き合っているだろう。だが、溝口と林屋のコラボが本節にとってとりわけ導きの糸となるのは、空間の問題にかんしてである。

歴史学者・京樂真帆子が解説するように、林屋は戦前以来の歴史学の知見に従って「山椒」「さんせう」を被差別部落を指す「散所」と解し、さらにこの「散所」空間を搾取の根元と見なした。「「散所」という空間に定着した人間は、領主に対して年貢を納める義務を負わない。そのかわり、人身課役で奉仕するのである。全人格を提供して行う労働であるが故に、彼らはいわゆる「奴隷」として差別されることになる。実際、これらの労働は非農業的労働、すなわち運送や手工業に当てられた」からである。[88] 京樂は、『山椒大夫』を「歴史研究者林屋の歴史観に、監督溝口が呼応したからこそできあがった映画」として評価し、とりわけ散所という空間とそれをめぐる権力構造に注目している。すなわち、溝口の作品は山椒大夫を荘園領主と隷属民の間の「中間搾取主体」として明確に位置づけており、それゆえにその末路は散所民たちによる復讐と破滅しかなく、さらに、散所を閉域として描いているというのだ。鷗外の原作とは違い、「映画では散所は周りを柵で囲まれた閉鎖空間で、外部との接触は不可能である。林屋説は、その空間に入ることで隷属が始まるとするのであるから、おそらくは閉鎖空間であることを想定しているであろう。溝口は、それを映像化したのである」[89]。つまり、林屋の「散所」論は、映画『山椒大夫』の製作をとおして、溝口の作品世界に閉域という概念を与えたのである。

外界に対して閉じられ、自律性を持ち、固有の法と規範が支配する空間。溝口健二は少なくとも一九三〇年代以降そのような空間に一定の政治学的関心を向け、贈与交換が生み出す権力関係がそうした空間を隅々まで満たすさまに

（86）佐藤、前掲書、二〇四―一五ページ、京樂真帆子「映画と歴史学――『山椒大夫』から『もののけ姫』へ」、京樂研究室ウェブサイト、http://www.shc.usp.ac.jp/kyouraku/profile/thesis/movie.html（最終アクセス二〇一五年一二月一一日）、同「時代劇映画と歴史学研究の邂逅――溝口健二と林屋辰三郎」『人間文化――滋賀県立大学人間文化学部研究報告』第二六号（二〇一〇年二月）：一一―一六ページ。

（87）林屋辰三郎「『山椒大夫』の原像」『古代国家の解体』（東京大学出版会、一九五九年）、三一八ページ。

（88）京樂「映画と歴史学」、第二章第一節。林屋の記述としては、「『山椒大夫』の原像」、三一四ページを参照。

（89）京樂「映画と歴史学」、第二章第二節。

演出《ミザンセヌ》の糧を見出していたと言えるだろう。だが、例えば『折鶴お千』の熊沢と手下どもの家や『残菊物語』の五代目菊五郎邸、あるいは『武蔵野夫人』のはけの家、『雨月物語』の朽木屋敷は、あくまで映画内に存在する複数の空間のうちの一つに過ぎず、その閉域が映画の物語世界自体とほぼ重ね合わされ、閉域からの脱出やその破壊こそが主たる筋を構成するには至っていなかった。『雪夫人絵図』において雪が相続し旅館に改装する熱海の別荘がとりわけ好適な例であろう。この空間では様々なドラマが生起するものの外界には開かれており、権力のヒエラルキーもはっきりとせず、所有権の問題も切実さを欠き、境界も多孔的である（それはこの作品の魅力であると同時に甘さであろう）。一方、『祇園囃子』の祇園の花街、『噂の女』の島原・井筒屋、『近松物語』の大経師の屋敷、『楊貴妃』の後宮、『赤線地帯』の吉原・夢の里は、まさに山椒大夫が支配する散所のように自律した閉域であり、これらの映画の物語世界の外郭はほぼその境界と重なっている。これらの空間の多くは、入る際にある種のイニシエーションが課され、第五章で取りあげた西山松之助の芸道論を援用すれば、そこに属する者は俗世における過去から遮断され、源氏名を名乗ることで「変身」するという論理に立脚している。(90) 『祇園囃子』の栄子は美代栄に、『山椒大夫』の厨子王と安寿は陸奥若と忍に、『楊貴妃』の玉環は大真からさらに楊貴妃へと名前を変えることで閉域の人間に生まれ変わるのである。

閉域が晩年の溝口にとって特権的な主題となったことについては、いくつかの理由を推測しうる。一九五〇年代中盤になると、溝口が終生追及した贈与交換が生み出す支配と従属の関係がなお生々しく息づいているのは、このような閉域――「特殊な」あるいは「玄人の」社会という言い方もあるかもしれない――に限られてきたのかも知れない。なお、『祇園囃子』以降で唯一閉域を扱わない例外的作品『新・平家物語』は、貴族や僧兵たちの構成する閉域の法や規範にまったく従わず、公然と社会変革を試みる若者・清盛を主人公としている。(91) さらに、『祇園囃子』『山椒大夫』を除くすべての「閉域」作品に水谷浩が美術監督として参加していることも見逃すことができない。同時代の撮影所の多くの監督と同様に、溝口が製作プロセスの隅々までコントロールできるセット撮影を好んだことはよく知られている。閉域の主題はセット撮影と親和性が高く、演出《ミザンセヌ》の創出に寄与する水谷の美術を恒常的に期待できる大映の

8-3-6：厨子王は老婆・波路を背負って林に分け入り、

8-3-7：斜面を駆け下りる。後景の山の手前に目ざす国分寺が見える。

8-3-8：安寿の入水。

製作環境がこの主題を突き詰めて行くことを可能にしただろう。また、現代の京都における閉域を描いた『噂の女』では、「現実音をできるだけ入れずに、台詞と音楽だけでずっといこうということで、京都を静かな街にした」と録音技師・大谷巌が語るように[92]、観客の空間把握に大きな影響を及ぼす音響もまた閉域の主題に貢献したはずだ。すなわち、溝口の晩年における「閉域」はある程度まで撮影所の映画製作の枠と相互依存の関係にあったと言えるだろう。

しかし、後期溝口の「閉域」は単なる屋内セットやそれがしばしばもたらす「閉鎖性《クロストフォビア》」の謂いではない。たとえば『山椒大夫』である。京樂が指摘するとおり、『山椒大夫』の散所における境界は柵によって画されている。しかし、一方で、厨子王がこの閉域から脱出するのは柵と門からではなく、姥捨てされた老婆・波路を背負って山の斜面を駆け下りることによってなのだ（図版８－３－６、８－３－７）。安寿が入水する名高いシーンも草木のシルエットや湖面の静けさが脚光を浴びてきたが、門から閉域を出た安寿は斜面に消え、その姿はまず、見守る茅野の視点に擬えた俯瞰のロングショットで捉えられている（図版８－３－８）。『山椒大夫』において閉域は高所にあ

（90）西山「近世芸道思想の特質と展開」、一六六ページ。
（91）もっとも、白拍子を母に持つ天皇の後落胤、というこの映画における清盛の出自自体は、散所の民や遊行民など被差別民が語り継ぐ起源の伝説に類似しているとも言えるだろう。
（92）大谷巌、西田宣善「聞こえない音を聞かせる」『ユリイカ』〈特集溝口健二〉一九九二年一〇月号、一六四ページ。

8-3-9：玉木も閉域の外部を夢見て高台へやってくる。

8-3-10：海の彼方の二人の子供の名を呼ぶ名高いショットも、高台の上である。

り、そこから逃れるとは――安寿の場合は死をもってして――俯瞰のロングショットのなかで斜面を下ることにほかならない。佐渡に遊女として売られ、この閉域で中君という名を与えられて被差別の身分に落とされた二人の母・玉木もまた、逃亡を企てて腱を切られ、仲間に背負われてやってくるのは海を望む高台である（図版8-3-9、8-3-10）。『山椒大夫』は作品の持続をとおして斜面を積み重ね、閉域を山上や高台に設定し、そこからの脱出は下降の運動という形をとる。

『近松物語』の「閉域」は大経師の屋敷であるとさしあたり述べた。しかし、おさん茂兵衛にとって屋敷からの脱出は「解放」として機能しない。この映画の中盤の息詰まる緊張感は、二人の道行きを常に追っ手に脅かされながらの逃避行として構築することによって生み出されている。おさん茂兵衛のシークェンスには、伏見の船宿で二人の間を勘ぐる女中、街道筋で通行人を詮議し二人を捜す所司代の役人たち、堅田の宿での役所への通報、と常に二人を監視し脅かす者の存在がある。さらに、伏見の船宿と街道の間には大経師の屋敷での初暦の売り出し、おさんの実家である下立売の岐阜屋のシークェンスをはさむことで、二人を捜し、追う側の対応も克明に伝えている。おさん茂兵衛の動向は大経師に伝えられて新たな戦略に帰結し、下立売に送った金と手紙は届いて兄の感謝と母の心配の念を引き起こす、というように、二人は屋敷を出奔しても交換と承認のネットワークには絡め取られたままなのだ。すなわち、大経師の屋敷内に空間化されていた権力関係としがらみの閉域には、その実、「外部」などなかったのである。

徳川時代の社会が本当にこのように稠密な監視と支配の構造を持っていたのかどうかは問題ではない。実際、近松でも西鶴でもおさん茂兵衛はたしかに追っ手に怯えながらも丹波の柏原に家を借りて暮らし、近松ではおさんの両親との別れが一場を構成し、西鶴では茂兵衛が京の様子を見に帰るなど、映画のように切迫した時空間の構成にはなっていない。依田によれば、第何稿目かの改稿版の本読みの席上、溝口とプロデューサーの辻久一の間に「[…]いったい、これは何を描こうというんです。私はそれを、おたずねしたいのです。テーマはなんですか」「封建下の男女の悲恋でしょう」「そんなものが描かれていますか。こういっちゃ失礼だが、そんなものは描けているとは認めません。ただ、苦労して、つかまって死んだというだけの話じゃありませんか」といったようなやりとりがあり、そこで溝口から、「大経師のような家は体面がある筈です。心中してくれては困る筈です」「不義ものを出した大経師のような家は闕所になる筈です」という提案が出たので、依田は「なるほどそれはさすがに、溝さんらしい考え方」と感心し、更なる改稿を進めた。[93] すなわち、負債と贈与のネットワークと封建的社会関係が出奔した後でもおさん茂兵衛を縛り続けるという構想は、原作や歴史学というよりは、明らかに溝口のものであった。『近松物語』の偉業は、あくまで映画の時空間の語りと演出《ミザンセヌ》によって、それが生み出す物語世界全体をさながら「閉域」に転換したことにある。

　このように物語世界全体が閉域と化してしまったとき、どこに脱出が、「外部」がありうるだろうか。性愛と死のなかに、というのが『近松物語』の明快な回答である。桑原武夫の『近松物語』論からは、この回答が同時代においてはっきりと認知されていたことが見て取れる。

> 寝床の入れかわりでの結ばれが、湖上の小舟までもちこされ、そこで死ぬ前ならといって茂兵衛が以前からの愛着を告白する。その告白が劇の転回点となるのだが、あの発言は偶然ではなくて必然なのである。
>
> 　必然によって、愛するものは追手をよそに湖上に契る。何という大胆さ。しかし宿命であれば他に道はないのだ。そして、その契りを契機としておさんに新しい世界がひらける。それは愛慾ひとすじの世界と見えるが、し

(93) 依田、前掲書、二八七―八九ページ。

かも恋愛至上主義ではない。むしろ必死の生活至上主義とでもいおうか。二人は生きようとするのだが、あのさい生きるとは愛撫以外ではありえぬだけである。そうした生への意欲によって、二人は封建社会を批判する——捕えられて刑場への引きまわしの場面で、しばられた馬上で茂兵衛と堅くにぎり合うおさんの手と、その明るい顔が封建の暗さにスポットライトをあて、その究極的批判となっている(94)。

もちろん、封建社会の「外部」＝性愛／死という構図自体は陳腐なものだ。問題は、桑原も正しく認識していたように、それがどのように映画の時空間として立ち現れるかである。

琵琶湖で結ばれてから最初におさんと茂兵衛が登場するシークェンスを見てみよう。愛宕山の峠の貧しい茶屋に身を寄せ、足をくじいたおさんの手当をした茂兵衛は、盥の水を捨てに裏口に出た。山並みをのぞむ俯瞰ぎみのロングショットに佇む茂兵衛は、おさんを置いて逃げる決心をする（図版8－3－11）。笛の音が高鳴る。嵯峨村の高札によればお上が探しているのは茂兵衛のみであり、自分だけ逃げるなりお縄になるなりすれば、おさんは大経師の内儀に戻ることができると考えたからだ。ここでキャメラは茶屋の内部に切り替わり、ミディアム・クロースアップが不審そうな面持ちで顔を上げる茶屋の老婆とおさんのうなじをとらえる。老婆が画面外右を見つめて「連れさんはどうしたんや」と尋ねると、おさんもはっとして同じ方向を向く（図版8－3－12）。キャメラはあわてて立ち上がるおさんを

8-3-11：『近松物語』
（以下特記以外 8-19 まで同）

8-3-12

8-3-13

8-3-14

8-3-15

8-3-16

素早く追い、右へフレームアウトしたところで彼女が茶屋から出てくる屋外のショットに繋がる。おさんは足を引きずりながら「茂兵衛！」と叫んで目の前の斜面を下り、躊躇《ふみまど》いつつも先を逃げてゆく茂兵衛を追う。クレーンに乗ったキャメラはふわりと浮上し、二人のジグザグの行程を俯瞰で捉える（図版8－3－13）。斜面を下りきった茂兵衛が炭焼小屋に隠れるさまが続くショットに引き継がれるが、下降しながら後退し、茂兵衛の動きに合わせて左へ移動するキャメラの滑らかな運動が前のショットとの連続性を絵巻物モンタージュ的に創出し、ロケーションからセット撮影への移行とともに、物語の持続にして少なくとも二、三分に上ると思われる、斜面を下りるのにかかる時間の省略を隠蔽する。やがて後景におさんが現れ、転び、立ち上がり、茂兵衛の名を呼ぶ。キャメラは、頭をかかえ、耳を塞いで苦悶しながら隠れる茂兵衛を置いて右へ（図版8－3－14）、おさんの方向へと滑らかに移動しつつ上昇し、跛行する彼女の正面に回り込む（図版8－3－15）。つまり、茂兵衛とおさんの間の間主観的クロスカッティング（図版8－3－11、8－3－12）に始まった斜面の下降が、茂兵衛からおさんへと共感《シンパシー》の中心が移行して終わるのだ。おさんが倒れるや、茂兵衛が飛び出してきて彼女の足首をさすり、接吻する[95]（図版8－3－16）。おさんは茂兵衛が逃げたことを激しく責め、地面に文字通り墜落して泣く。大経師に帰るように懇願されると、彼女は「わたしが、おまえなし

（94）桑原、「『近松物語』の感動」、二五〇―五一ページ。

で生きていけると思うてるのか。お前はもう、奉公人やない。わたしの夫や。旦那様や」と言い放ち、[96] 笑顔で茂兵衛に抱きつく。茂兵衛は二度とおさんのそばを離れないと誓い、二人は地面で抱き合って転がり、おさんが上になって悦びに激しく嗚咽するなか、シーンは暗転する。

ここでも『山椒大夫』と同様に、閉域からの脱出は斜面の下降として具現している。しかし、『近松物語』の山のふもとに国分寺はない。ただ地面があり、そこで死を決意しつつ性愛に生きることで、「封建社会」という閉域をさながらアジールへと変えるのである。おさんの「お前はもう、奉公人やない。わたしの夫や。旦那様や」という台詞は、今日では逆に家父長制に阿るように聞こえるとしても、「封建社会」の秩序を根底から否定する言表行為であり、貧農の息子に生まれ、丁稚、手代と主従の道を守って生きてきた茂兵衛が雷に打たれたように反応し覚悟を決めるのも当然である。しかも、香川京子の内面からにじみ出る清らかさと長谷川一夫の一分の隙もない形《かた》の演技によって生臭さとは無縁のシークェンスになっているにも拘わらず、ここで展開されるのは「西欧的なラブ・ロマンス」[97] というよりは性愛である。なぜなら、まず、おさん茂兵衛の関係はこの映画において彼女の足をめぐる主題系に結晶しているからだ。

この斜面のシークェンスがおさんの跛行を中心として展開していることは明らかであり、茂兵衛が彼女の足に接吻しているのはすでに確認したとおりだ。二人の下降に先立つ茶屋の中のシーンでも、茂兵衛はおさんの足を濯いでおり、老婆が薬を塗ろうとして漏らす「土の上を踏んだこともないような足やな」という言葉に、おさんは一瞬眉を曇らせる。あからさまに、つまり欲望の部分対象としてクロースアップによって断片化して提示されはしないものの、白く柔らかいおさんの足は身分・階級と密接に結びついたフェティッシュであり、それゆえに二人の逃避行において危険を招き寄せもする。そもそも道行きの最初から、茂兵衛はおさんの足を想い気遣っていたはずだ。大経師を別々に出奔してから偶然に行きあった二人が、鴨川の河原で浅瀬を渡る際、おさんが足を水に濡らさぬよう抱える茂兵衛＝長谷川一夫が、主従としての二人の関係を分節化しつつ姿勢の美しさを保つ見事さはつとに指摘されてきた（図版

8-3-17

8-3-18：井原西鶴「好色五人女」、東明雅校注・訳、『新編日本古典文学全集　井原西鶴集①』（小学館、1996年）、328 ページより。

8‐3‐17）。なお、長谷川のことだからこれも芝居にある形なのかも知れないが、西鶴版「おさん茂兵衛」の挿絵にも酷似している（図版8‐3‐18）。一方、かしずかれて育ったおさんは使用人に抱えられることを全く気に留めない風情で、香川京子の聡明さが光る。

そして、琵琶湖上の小舟のなか、「いまわの際なら罰もあたりますまい」と茂兵衛がおさんに対して愛を告白するのは、彼女の裾を紐で縛りながらであり、「茂兵衛はとうから、あなた様をお慕い申しておりました」と言うや、その

（95）この演出［ミザンセヌ］はまさに溝口システムの精髄を示す。香川京子によると、「何度もテストを繰り返すうちに私、疲れて、走っていてバッターンと倒れちゃった。わざとでなく。そしたらカーッと気持ちが高揚してきましてね、夢中でぶつかっていったら、監督さんが「はい、本番いきましょ」って」。香川、前掲書、五八ページ。一方、長谷川一夫はこの場面についてこう証言している。「……おさんが足に怪我して、茂兵ヱがその血を吸つてやるところがありましたね。あれは茂兵ヱの情熱の発露でしょうが、実はあそこに歌舞伎の形が入ってるのです。あの場合、まともに女の足をもちあげちゃ醜悪ですからね、うしろへ廻つてにじりよつて、ふくらはぎの方から、そつともちあげるようにしてやつたわけです。溝口さんのはロングのワンカットだから、切返しがない。此方がキャメラの方へもつて行くしかない。あの演技も溝口さんの注文で工夫したものですけれど、形から入つてリアルな感情を出すラヴシーンをねらつたつもりです」。長谷川一夫、依田義賢「「芸」について」『時代映画』一九五五年五月号、三三―三四ページ。つまり、まったく異なったタイプの演技術が溝口システムによって引き出され、結合されたのである。

（96）この台詞は依田の決定稿には載っていないため、撮影の場で加えられたものと思われる。依田義賢「近松物語」『依田義賢　人とシナリオ』、一七六ページ。

（97）佐藤忠男、前掲書、二二三ページ。

8-3-19

膝にすがりつくのである（図版8−3−19）。茂兵衛の側から見た『近松物語』とは、お家様の足をめぐる物語である。

しかし、『近松物語』は決して足という部分対象でもって性器による性交を代替する映画ではない。そのフィルモグラフィをとおして溝口健二は性交の有無に拘泥し、性表現をめぐる規範の歴史性および検閲や自主規制のため、性交そのものを画面上に描くことはなかったとはいえ――あるいはそれゆえにこそ――男女がいかにして事に至るかに多大なる演出上《ミザンセヌ》の関心を払ってきた。その幾つかの例はすでに本書で分析したとおりである。こうした性交への関心が夫婦の性的関係を軸として姦通およびセックスレスの物語と密接に連動したのが『雪夫人絵図』から『武蔵野夫人』『お遊さま』へと連なるポスト占領期の系譜であり、歴史映画という設定の緩衝作用にも助けられ、共感の中心となる男女によって堂々と姦通が行われる『近松物語』こそ、その到達点に他ならない。

『雪夫人絵図』では、夫婦が性交し妻が快楽に我を忘れたということが、照明、象徴、第三者（女中・濱子）のリアクションを積み上げた間接的表現で描かれている（図版8−3−20〜23）。今日の感覚からするといくら父の通夜の晩とは言えいささか大仰な印象を与えるが、このショット連鎖は、簾の開閉や暗喩的な影、象徴的な置き換えによって、夫婦の性愛、さらにいえば雪のオーガズムをいわば空間化している。一方、『武蔵野夫人』は徹頭徹尾空間をめぐる物語だが、はけの家と同一化した道子（田中絹代）は、嵐を避けるためやむなく泊まったホテルの一室で勉（片山明彦）を拒み、既存の道徳を守り、愛し合いつつも性交しない「誓い」を求める。『近松物語』では、桑原も指摘しているとおり、性交を原作における大経師の屋敷の中の取り違えから伏見の船宿を経てさらに湖上の小舟にまで繰り延べている。依田によれば、この作品の進捗状況を心配した永田雅一社長のために東上して本社で行われたという脚本《ほん》読みの席で、溝口が「宿で、二人ができるのは困ります。それから琵琶湖で死のうというのではだめですよ。二人は死の

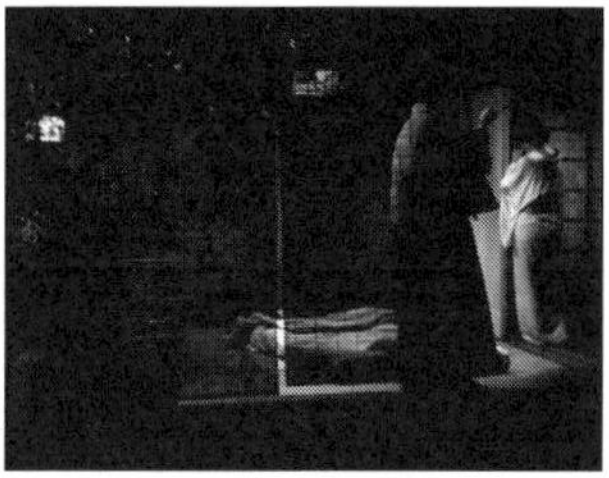

8-3-20：寝巻姿で背中を向けて身をよじらせる雪を後景に、直之が簾を下ろし、画面中央上部の燈を消す。

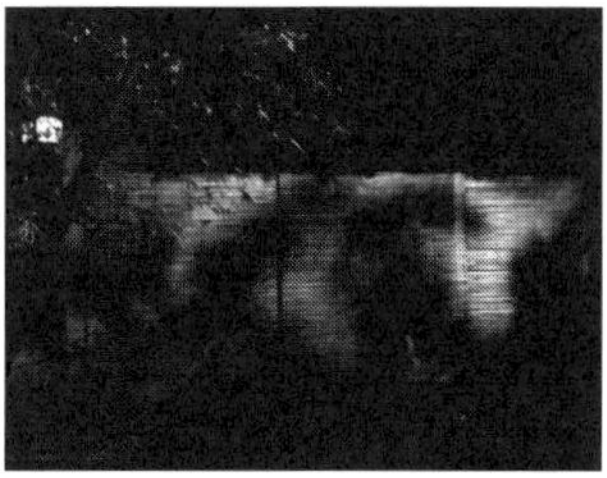

8-3-21：同一ショットで画面が真っ暗になった後、月光に擬えられた光が屋外から当たり、不可視になった夫婦の寝室を外側から照らし、草木の影を映す。

8-3-22：庭の灯籠にカットアウェイする。蛾が止まっている。虫の音のなか、劇伴が響きはじめる。

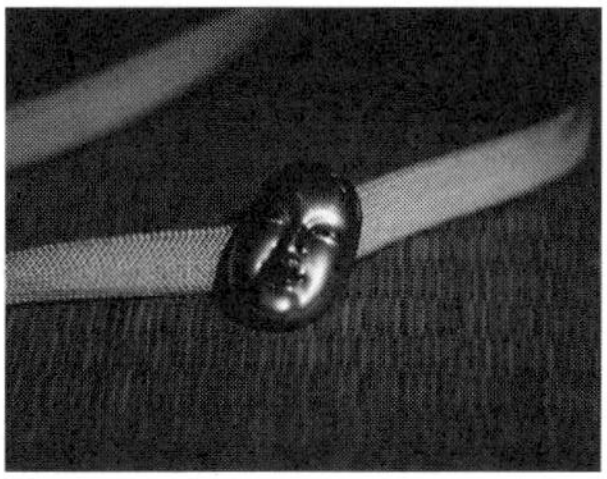

8-3-23：直之は水を届けに来た濱子に雪が脱ぎ捨てた着物を畳ませ、彼女の一連の拒否反応に続いて、雪の帯留めのクロースアップでシークェンスは暗転する。

うと思ってゆくんです。舟にのって死のうとしたときに、二人の気持ちが出るんだと思います」と述べ、依田も「なるほど、これはやられた」と納得したという[98]。その結果、伏見の船宿では床をのべに来た女中が褥に枕を二つ置くのを茂兵衛が見とがめ、後で一つ残された枕を置き直しておさんのために整える、という充実した演出《ミザンセヌ》が生まれている。依田と長谷川の対談によれば、女中役のベテラン女優・金剛麗子も感服し、依田が「目立たないけど、仲間うちで好評でした」というこの場面には、長谷川の貢献が大きかった[99]。「茂兵衛、一人で心細い。ここに居てて」というおさんの台詞は、帰結を棚上げにした女のナ

(98)　依田、前掲書、二九一ページ。

(99)　長谷川によれば、「茂兵ヱは番頭ですからね。〔…〕あれが若旦那だつたら、第一寝床のこと気がついてゝもはずかしくて云えませんわ。自分で直してやることなど、勿論気がつかない。茂兵ヱは番頭だから、まして主人筋のおさんがそこにいるから、女中をたしなめもするけど直すのは自分で直す」。長谷川一夫、依田義賢、前掲対談、二八ページ。

8-3-25：『近松物語』

イーヴな誘い文句として出色であり、茂兵衛が床を整える間に響き出す三味線とともになまめかしい緊迫感を醸成するが、茂兵衛は彼女を気遣いつつも奉公人らしく別の部屋へと退き、二人の性交は先延ばしにされる。

上述の本社での脚本《ほん》読みの日程は不明だが、琵琶湖で心中を決意した後に初めて結ばれるという設定が脚本に反映されたのは、クランクイン以降のことであったはずだ。宮川一夫が残した撮影台本によれば、琵琶湖に飛び込もうとする刹那、茂兵衛の告白を聞いたおさんが「死ねんようになった」「死ぬのはいやや、生きていたい」と痙攣したようにすがりつき、舟がふと方向を変える名場面は、「b－6頁にのみ貼付下さい」という但し書きつきで配られたガリ版の紙ペラに書かれているからだ。更にこの紙ペラから紐をめぐるやりとり（茂兵ヱ「何ぞ紐をお貸し下され」／おさんは、不審げに、おびえた眼を茂兵ヱに向ける／茂兵ヱは、やさしく「裾をくるのでございます」／おさんは、その言葉で安堵して）が赤鉛筆で消され、ドラマ上の無駄が殺ぎ落とされている。脚本家までも巻き込んだ溝口システムの到達点がここにある。

さらに、舟のシーンに続いて、「水辺：水際に、二人の乱れた足跡が続いている。辿ってゆくと、小さな、漁師小屋に続いている」というト書きがある。このショットはあまり語られることはないものの、実は完成したフィルムにも残存している。ところが、この後、撮影台本の挿入ページには漁師小屋の内部で事を終えたおさん茂兵衛の描写があった。ト書きには二人は「放心したように抱き合い」「衣服に乱れが見え」とあり、茂兵衛がおさんの手を取って想いを遂げた幸せを述べ、彼女は頰を寄せる。しかし、この場面には宮川による絵コンテの書き込みはなく、実際に撮影されたとは考え難い。湖畔の漁師小屋で事後に睦み合うカップルの描写を削除した溝口の判断には、いくつかの目覚ましい帰結があった。

まず、カップルの性交が湖上の小舟の中で行われたという解釈に十分な余地を残し、現に先の引用の中で桑原武夫はそう言っている。その場合、水辺に繋がれた小舟と二人の足跡を示すこのショット（図版8－3－25）は、二人が性交の後、確かに生きることを選び上陸した証左として読まれることになる。さらに、おそらく最も重要な帰結は、おさん茂兵衛の性愛から漁師小屋という具体的に空間化された避難所《アジール》を奪ったことであろう。この選択は言うまでもなく意識的である。切戸の茂兵衛の実家の藁小屋も、「やっぱり、ここも、安穏な場所ではありませなんだ」という茂兵衛の言葉通りであり、一夜の安息の後、二人は結局別々に捕らえられてしまうからだ。こうして、『近松物語』のプロット構成はカップルを徹底して追い詰め、性愛の営みを物語内空間から閉め出し、そのことによって逆説的にも、「外部」を奪われた「封建社会」という閉域をさながらに快楽と死の領分へと反転させるのである。おさんの実家である岐阜屋の座敷で睦み合い、このまま離れるつもりはないと言う二人に対し、彼女の母・おこうが放つ「そんな無法なこと……無法じゃ！」という畏怖と嫌悪の叫びは、この事態を正確に形容している。おさんと茂兵衛は身分制度に立脚した交換と承認のネットワークである「封建社会」の法を無化し、白日のもとで快楽に生き、死ぬのである。

第四節　『赤線地帯』の反時代性

『近松物語』が物語世界をさながら閉域に変容させてしまったとしたら、まさに閉域の閉域性を主題とした『赤線地帯』においては、「夢の里」さらには吉原の境界線は物語世界の外縁とほぼ重なる。売春防止法（最終的に一九五六年五月二四日に成立）をめぐる国会やメディアにおける議論のなか、「三月十八日の全国封切は話題をよび、その年の大映作品では最大のヒットとなった」[100]この映画は、まさに地図上に赤線で囲まれた「赤線地帯」吉原の「特殊飲食店」

（100）市川久夫「我等の生涯の最良の映画㉟風俗描写と働く女性の実態『赤線地帯』」、『キネマ旬報』一九八五年一〇月下旬号、一四七ページ。市川はこの作品のプロデューサーである。

（＝売春宿）を舞台に、その経営者夫妻（進藤英太郎、沢村貞子）、六人六様のバックグラウンドを持つ性労働者のエピソードを織り合わせる。

『赤線地帯』の画面に登場する吉原の「外部」としては、東京近郊の田舎にあるゆめ子（三益愛子）の亡夫の実家、そこに向かうバスが出る駅の前の売店、ゆめ子が息子・修一（入江洋佑）に面会する工場の裏、修一が電話をかける工場そばの売店、ハナエ（木暮実千代）が病気の夫（丸山修）と乳児と暮らす家、そこへの帰り道にあるラーメン屋、やすみ（若尾文子）が客の青木（春本富士夫）と待ち合わせる食堂、の七つの空間があるに過ぎない。この中で複数回登場するのはハナエの家のみであり、吉原の外部に存在しつつも徒歩圏内にあるこの長屋は、下駄職人との結婚のために吉原を出奔するより江（町田博子）を「夢の里」の同僚が皆で送り出す場ともなることから明らかなように、吉原という閉域と外部との緩衝地帯として機能している。

一方、田舎の駅前の売店において、ゆめ子はうどん一杯を頼むと上がり込んで鏡台を借り、ゴテゴテした髷を外して地味な羽織に着替える。つまり、この売店は吉原という閉域から堅気の世界への中継点の役割を果たしており、ゆめ子は閉域の成員としての衣裳を着替えてコード変換をしなければならない。しかし、赤ん坊をかかえた売店の女将はじろじろと見たあげく「紅白粉を落としたところでよ、玄人衆はよ、やっぱりどっか粋《いき》だよ」と論評し、ゆめ子は居心地悪そうに視線を避ける。日本語の「粋《いき》」という言葉はある時代まで売買春に関わる者を指した。[101] 下町の食堂におけるやすみも、戦災で妻子を亡くしたはずの別の馴染み客が子連れで食事をしているのに行き会うが、彼女の派手な身なりと雰囲気は、客とその妻の間に「だあれ、あの人」「あれかい？　役所の文書課のタイピストだよ。いつも世話んなってる」「ずいぶん粋《いき》な人じゃないの」「うん、料理屋か何かの娘だろ」という会話を引き起こす。妻の疑念は晴れず、笑いを噛み殺しながら挨拶したやすみは男に目配せを食らわせつ

8-4-1：妻子を亡くしたはずの馴染み客（画面右）の妻（左）に挨拶させられ、目配せして立ち去るやすみ。

つ青木のもとに去る（図版８－４－１）。自己意識的な演技が若尾文子の幅を示すこの場面は客席から笑いを取ったが、[102]ゆめ子の場合と同様に、吉原という閉域に属す性労働者がその境界の外部においていかに「有徴《マークト》」な存在であるか示している。さらに、ゆめ子が息子を訪ねた工場の裏はおそらく本所あたりで吉原からはさほど遠くないと思われるが、荒涼とした工業地帯で彼女は息子によって性労働者たることの「恥辱」の徴に還元され、絶縁を言い渡される。ロングショットの中でよろめきながら息子を追うゆめ子は徹底して無力であり、長門洋平が見事に分析したように、黛敏郎の一二音階音楽は彼女のシチュエーションに同情して涙する可能性をも解体する。[103]

このような閉域への眼差しは、一方で、政治的・社会的・商業的な関心によって明確に動機付けられていた。『赤線地帯』が現実の吉原の性産業の経営者や労働者に取材し、折衝し、文献にあたって製作されたことは、すでに中村秀之が明らかにしている。[104]プロデューサー市川久夫によれば、一九五五年秋、大映の取締役に就任した溝口は、重役監督としての初仕事を東京（多摩川）で撮るにあたって、会社の厚遇に応えて責任を果たすため、「今回はどうしても当てなければならない」と並々ならぬ意欲を見せていた。[105]すなわち、国会やメディアで大きな議論を呼んでいるト

(101)『日本国語大辞典』第二版は、「粋」の第二の意味として「色事に関すること。また、そのさま」、第三として「遊里、遊興に精通していること。また、さばけた遊興。「いき筋」「いきごと」」を挙げている。一九一七年に生まれ、高等女学校卒業後は専業主婦として戦中・戦後を過ごした私の祖母が、若い世代の者から着物の柄を「粋［いき］ですね」と褒められた際、顔色を変えて不快の念を露わにしたのが強く印象に残っている。

(102)「吉原までバスで十五分ぐらいの三流館で四月一日の雪の夜に見た」という批評家は、観客が「ただ何となく朗らかに笑った」ところの一つとして、この場面を挙げている。三井葉太郎「赤線地帯」『映画評論』一九五六年五月号、六八ページ。

(103)長門、前掲書、二四六—四七ページ。また、上述の『映画評論』の批評も「乾燥した演出に相応して何か社会的な空間がよじれているような妙な音楽がきこえてくるとひとびとはないてなぞいられなくなる」例としてこのシーンを的確に描写している。三井、前掲記事、六八ページ。

(104)中村、前掲書、四五ページ、註71。

(105)市川、前掲記事、一四五ページ、依田、前掲書、二九七—九八ページ。

ピックを真面目な社会問題として取りあげつつ、閉域内の性労働者の「実態」「生態」を赤裸々《リアル》に描くことで観客の好奇心に応えて大当たりを狙う、典型的なエスノグラフィ／エクスプロイテーションとして『赤線地帯』は企画されたわけだ。こうした意味で、溝口の戦後のフィルモグラフィの中では大阪のパンパンを題材に大当たりを取った『夜の女たち』（一九四八年）に近く[106]、この類比は、『夜の女たち』冒頭における大阪の街と同様に、『赤線地帯』が浅草近辺の一八〇度パンを写してタイトルロールとしているところにも自己意識的に示されている。[107]『赤線地帯』はフェミニズムと女嫌い《ミソジニー》の境界線を疾走する社会派エクスプロイテーションである点で『夜の女たち』をはじめとした占領下の松竹京都作品に近いが、占領軍の「指導」がなくなった以上、救済や更生のシナリオを示す必要はない。

溝口自身は次作として京都での製作が予定されていた『大阪物語』にすでに着手しており、『赤線地帯』は決して最後の作品として撮られたわけではない。しかし、結果的にこの作品がその遺作となってしまったという偶然に二重の意味での徴候を見出すのは間違っていないだろう。第一に、この映画では、溝口がフィルモグラフィを通じて中心的な主題としてきた交換のネットワークに起因する権力関係がすべてのシークェンスを埋め尽くしている。そして、まさに「性的サーヴィス」が交換される商品であるにも拘わらず、『近松物語』に結実する姦通映画の系譜とは異なり、ここには「性愛」や「快楽」が介在する余地はない。第二に、しかしながら、このような贈与と負債によってがんじがらめになった空間は「赤線地帯」「特飲街」という閉域内に留まっている。ポスト占領期において、溝口が生涯追い続けてきた日本近代における「創造された伝統」としての公娼制度、さらに言えばそれを縮図とする女性の交換のネットワークは、その残影としての赤線という閉域へ限定されつつあった。

では、『赤線地帯』は要するに「古い」ということなのだろうか。本章の主張は全く逆である。溝口はその遺作において閉域に留まり、そこから一般社会の規範を逆照射したからこそ、高度経済成長も「戦後家族」も終焉を迎え、多種多様な性的サーヴィスの商品化が階級も教育も都会／地方の格差も、何よりも素人／玄人の境界や「純潔」「貞節」の概念を無化して性を脱領域化してしまってから少なく見積もっても二〇年経とうという現在、なお『赤線地帯』は家父長制における女性の従属と主体化、性の再領域化について思考を強いるのである。それはどのような意味においてだろうか。この問いは、エスノグラフィとエクスプロイテーション、他者をいかに表象するかという問題、パゾリーニとドゥルーズの言葉を借りるなら映画における「自由間接話法」あるいはその（不）可能性をめぐる問いへと連結される。

『赤線地帯』は「脚本」として成沢昌茂とともに「篇中一部分」の但し書きつきで芝木好子をクレジットし、「「洲崎の女」より」と記している。しかし、この映画が芝木の短編「洲崎の女」（『文藝』一九五五年七月初出）から採ったのは、四〇過ぎという年齢、満州での結婚と出産、関東地方の田舎で成長し工員になった息子が言い出す絶縁、精神錯乱の傾向など、ゆめ子に関する大まかな設定だけである。[108] 芝木からのクレームに対して製作側が現行のクレジットで対処したのは賢明だったと思われるが、[109] 戦争未亡人、引揚者、地方出身、子供や老人を扶養、というゆめ子像は、炭坑で大怪我をした父に代わって一家を支えるため筑豊の飯塚市から売られてきた少女・静子（川上康子）とともに、当時の赤線で働く性労働者のプロファイルとしてなお典型的であった。[110] だが、成沢が主たる参照点としたのは、むしろ、市川が見つけ、「溝口さんは、はじめてニッコリした」という性労働者の手記『よしわら』である。[111]

(106)『キネマ旬報』一九五六年三月下旬号の〈新作グラフィック〉には「終戦直後の昭和二十三年、『夜の女たち』（松竹）で、生きるための本能とたたかう惨烈な女性群を描いた溝口健二が、久しぶりに現代風俗の摘抉にメガフォンを採［ママ］った」とある。よく読むと意味不明であるが、『夜の女たち』との類比だけは明確である。
(107) 宮川一夫が浅草松屋の屋上に櫓を組んでそこからパンした。市川、前掲記事、一四七ページ。
(108) 芝木好子「洲崎の女」『洲崎パラダイス』（集英社文庫、一九九四年）、一七一—二一四ページ。
(109) 市川、前掲記事、一四七ページ。
(110) 藤目ゆき『性の歴史学』（不二出版、一九九七年）、三八一—八四ページ。
(111) 市川、前掲記事、一四六ページ。大河内昌子『よしわら』（日本出版協同株式会社、一九五三年）。なお、市川は『明るい谷間』も参照しているが、この書物は後述の新吉原保険組合機関誌『婦人新風』の文芸欄に掲載された詩や短文、自伝的とも思われる創作をまとめたものであり、新吉原女子保険組合編、関根弘解題『赤線従業婦の手記』（土曜美術社、一九九〇年）として復刻されている。しかし、映画『赤線地帯』が人物設定など目に見える形で依拠しているのは『よしわら』の方である。

『よしわら』には、例えば、「伊勢の町の顔役」の娘で「いとはん」育ちの女性が、父の女狂いに苦しむ母に世の男と自らの血を呪って自堕落な生活を送るようになったと関西弁で綴る手記（「能面」）、肺病持ちのインテリ夫を養う女性の告白（よくあるパターンらしく、「ある日記」「波」「私」の三編）などが収められ、それぞれミッキー（京）とハナエ（木暮）にかなり直接的なモデルを提供したと考えられる。なお、戦前の公娼制度下の娼妓がほぼすべからく貧困に苦しむ農村から売られ義務教育を終えた程度だったのに対し（第四章）、『よしわら』の性労働者のバックグラウンドは比較的多様で、「自主的で行動的な面が印象づよかった」（市川）という見方もあろうが、戦後のインフレと土地改革によって社会の流動化が始まり、中間層以上の女性のセイフティネットにも綻びが出たさまが見て取れる。さらに、通いの女が店の帰りに夫と中華そばを食べる（「ある日記」）、極貧の生活を送ってきた娘が廓で初めて食べた親子丼に感動する（「親子丼」）、田舎の駅でバスを待つ間に売店に上がって化粧を落とす（「帰郷」）などのエピソード、アメリカ兵のオンリー上がりで英語の源氏名を持つ女（「石の上に咲く花」）といった設定、栄公やハナエなどの名前から稼ぎを発表して渡す「玉割り」の際の手順や台詞（「石の上に咲く花」）に至るまで、『よしわら』を参考にしたと考えられる点は枚挙に暇がない。

こうして現代の性労働者の自分語りに刺激された溝口は、市川によれば「はじめは廓の真ン中にカメラを据えてセミ・ドキュメント風なプランを考えたようで、ロケ・ハンは急ピッチに進んだ」が、経営者の互助組織である新吉原カフェー喫茶協同組合の組合長・鈴木明のもとに監督、プロデューサー以下出向いて企画を説明したところ、世論への悪影響に対する憂慮から一切の協力を断られた。しかし、業者を代表して大演説をぶつ鈴木明の勇姿は進藤英太郎の人物像として結実し、代表的な店の内部見学は許されたため、水谷浩には十分な材料が与えられた[112]。かくして、「夢の里」と吉原は溝口、水谷をはじめとしたスタッフの調査、写真撮影、インタヴューに基づき、大映東京撮影所のステージに構築されることになった。

吉原をはじめとした赤線で性労働に従事する女性たちが組合を組織し、自らの生活基盤を奪いその生業を「人としての尊厳を害し、性道徳に反し、社会の善良の風俗をみだすもの」と規定した売春防止法に反対していたことについては、近年、フェミニズムの立場から優れた研究が行われている。(113) 数ある組合の中でも最も組織力があった吉原の新吉原女子保険組合は、もともと性病予防や共済活動のために業者の側から与えられた組織だったが、労働条件改善などを求め、「労働組合に近い闘争的な性質を帯びた」(114)。新吉原女子保険組合の機関誌が『婦人新風』であり、『明るい谷間』および『よしわら』のいくつかの手記や詩はここに掲載された作品の再録である。『赤線地帯』に彼女たちの組合活動が描かれることはなかったが、製作にあたってスタッフが性労働者たちに繰り返し取材を行った際も、この組合を通したと考えられる。

水谷浩によれば、「溝口監督は女給さん達に、細い質問の矢を放っていられたが、彼女達はその鋭い追求［ママ］にも案外冷静にいろいろと答え、相当な資料を得られたようである」。さらに水谷は続ける。

> 度々会つた女給さんの組合長、副組合長は顔も美しいし、体も立派だし、それにも増して頭脳のしっかりしているのに驚いた。逆に云つて、あんなにしつかりした人が奥さんだつたら、とてもかなわぬと云う感じで、副組合長は失礼なようだけれども、高峰三枝子さんに風貌が似て、とても美しくキリリとした顔で、この映画のストゥリーを聞いた後に、若尾君の扮する、冷たく、金を貯め、ちやつかりしていて、更生の生活に入る「やすみ」の役を、

(112)「鈴木氏とのディスカッションに溝口さんは終始沈黙のままだったがよほど面白かったらしく、ニヤリと笑って私［市川］をねぎら」った。市川、前掲記事、一四六ページ。鈴木明の主張は、参考人として意見を述べた「売春等処罰法案（神近市子君外十八名提出、衆法第一四号）について」、一九五五年七月七日、第二十二回国会衆議院法務委員会会議録第三十二号（一九五五年）、http://kokkai.ndl.go.jp/SENTAKU/syugiin/022/0488/02207070488032.pdf（最終アクセス二〇一五年一二月二七日）を参照。

(113) 藤目、前掲書、第一一章、平井和子『日本占領とジェンダー』（有志舎、二〇一四年）、第四章第一節。中村も前掲書、二九二ページ、註七一で言及している。

(114) 藤目、前掲書、三八五ページ。

「このやすみの役が私のモデルですね」

と笑いながら私達に云つた程であつた。[115]

撮影が一九五六年の正月休み明けから開始されたというスケジュールに照らすと、水谷や溝口が会った組合長は山田菊枝、[116]高峰三枝子似の副組合長とは石井リサのことであろう。石井は、同年一月一二日、東京の性労働者が共闘するための新しい組合として立ち上げられた東京都女子従業員連合会の結成大会において、議長団代表として挨拶している。[117]水谷の筆致にも上から目線なところが皆無なわけではない。性労働者が「頭脳がしっかりしている」のはそんなに意外か、など、現在のフェミニスト的セックスワーク論の観点から難癖をつけることは不可能ではないだろう。しかし、ポスト占領期に売春防止法を推進した超党派のブルジョワ・フェミニストたちが売春という「醜業」に従事する女性を「純潔」「貞操」観念を欠いた信じがたい存在とみなし、哀れみはしても処罰や矯正の対象と考えるばかりで、彼女たちの労働者としての権利などには考えも及ばなかったことは鑑みる必要がある。[118]こうした態度に対して石井は、

其の他の視察や見学団の方々の私達に対する質問は何れも
貴女の行いは良いと思うか
恥ずかしくないか
正業につく意志があるか
永くやつてゆく考えか
などと問はれつづけられました。私のひがみかは知りませんが、私達を恥しらずであり、なまけものであり、馬鹿であるかの様な心持で質問されている感じがしてならないのであります。[119]

と述べている。石井の『赤線地帯』スタッフの取材に対する感想は知るよしもないが、彼女らの労働や生活の実際についての具体的な質問はプロとしてむしろ快く答えられるものだったのではなかろうか。つけ加えれば、この時期のブルジョワ・フェミニストの性労働者たちへの差別意識は、「純潔」観ばかりではなく階級差に基づく蔑みと怖れに立脚していたと思われるが、『夜の女たち』製作準備の取材に依田とともに吉原を訪れた際、見返り柳のところに立って、「この先が千束だよ。そこに俺のうちがあったんだ。ひどい貧乏ぐらしでね」と語り出したという溝口は、(120)少なくともそうした意識からは自由だったはずだ。

では、『赤線地帯』は性労働者たちに徹底して寄り添って彼女たちの苦境を描き、声を代弁した映画なのだろうか。少なくとも、新吉原女子保険組合はそのようには受け取らなかった。映画公開から一週間の一九五六年三月二五日、『婦人新風』に二本の『赤線地帯』批判記事が掲載された。(121)まず、新吉原女子保険組合事務長・飯島〔巳之松〕の署名記事は、「赤線地帯（特に吉原）に働く女性の姿が余りに現実と異なるものがあり、現在の赤線地帯を知らずに、映画

(115)　水谷浩「時代映画美術随想（5）『赤線地帯』吉原風俗今昔（一）」『時代映画』一九五六年五月号、三六ページ。
(116)　組合長・山田菊枝「新しい年に誓う」『婦人新風』一九五六年一月一日号、一ページ。なお、同ページ下欄の「謹賀新年」広告に新吉原女子保険組合役員一同の氏名が載っている。
(117)　「今日から団結の力で眞実の叫びをつらぬこう——大会議長団代表・石井リサさん挨拶」『婦人新風』一九五六年一月二〇日号、一ページ。この記事に掲載された彼女の顔写真は水谷の印象を裏付ける。
(118)　藤目、前掲書、三三六ページ。
(119)　前掲「今日から団結の力で」。
(120)　依田、前掲書、一五一―一六ページ。
(121)　新吉原女子保険組合・飯島事務長「〃赤線地帯〃の映画をみて」、FU・UT「〈映画〉〃赤線地帯〃を採点する——救いなき五人の女性像」、『婦人新風』一九五六年三月二五日号、四ページ。以下、本文における同組合の本作品に対する反応についての記述は、すべてこの二記事を出典とする。事務長のフルネームは上記の年賀広告から判断するに、飯島巳之松と考えられる。

面より受ける感興によって誤解される疑いもあるので、一言映画と現実を比較したいと思う」として、七点を列挙している。要約すれば以下のようになるだろう。(一)吉原では客の取り合いはない、(二)通行する男の腕をつかんで引っ張り込んだりしない、(三)より江が自堕落のため結婚に失敗して舞い戻るのは吉原一般の傾向と食い違う、(四)ミッキーのような女は実在しない、(五)やすみのような冷酷で強欲な女は知らない、(六)ゆめ子の発狂のあたりは誇張が多い、(七)静子は実に哀れで同情できる。FU・UTによる映画欄の批評でも、「たしかにこれまで幾本か上映されたこの種の映画よりはうつりゆく赤線地帯を描いてはいるが[…]うつされた情景は五年ほど前の赤線地帯に間違いない」と述べ、この映画の「全般を小気味よくまとめている」「職人的手法」を評価しつつも、飯島が違和感を持った(四)、(六)の二点に加え、ハナエが夫の自殺を止めたあとの独白と「夢の里」経営者の売春防止法に対する小児的態度を「好意的にみても目についてこまった」と指摘する。すなわち、『婦人新風』では、現実との齟齬と、映画内のミッキーの台詞を借りれば表現上の「メロドラマ」性が分かちがたく結びついて批判の対象になっていると言えるだろう。

ここで、この『赤線地帯』評について、「現実とのずれをいろいろと批判されるという結果も劇映画の通例」という中村秀之の言葉を大前提としたうえで[122]、三点を指摘したい。第一に、吉原の性労働者の生活を左右する売春防止法案の是非がまさに国会で議論されているさなか、紫綬褒章を受けた世界的大監督がメジャーから放ったリアリズム文芸作品／その実エクスプロイテーション、というこの映画のステイタスを鑑みるとき、新吉原女子保険組合の反応は高度に政治的な判断に基づいていたことが推測される。『婦人新風』の文芸欄で少々虚無的なことを呟こうが、取材に来た美術監督にドライなやすみへの共感《シンパシー》を冗談めかして伝えようが、差し支えあるまい。しかし、一九五六年三月、新吉原女子保険組合の売春防止法反対は政治闘争であり、その論理は、売春を悪と認めつつ、貧困を主たる理由としてやむを得ずそれに従事している者を処罰し生活の基盤を奪うことに反対する、というものだった[123]。従って、『赤線地帯』のミッキーのように複雑な家庭の事情があっても経済的に逼迫しているとは思われないのに好きで売春をやっていたり、より江のように堅気な結婚による「更生」の道を捨て、楽で稼ぎの良い売春業に戻って来たり、そのような態度が赤線の労働者の「現実」だなどと観客に誤解されては、甚大な政治的損害に直結するおそれがあった。

第二に、赤線の新吉原保険組合は、売春防止法反対において業者の団体である新吉原カフェー喫茶協同組合と共闘関係にあった。(124) たとえ労働条件などの局面では対立する可能性があっても、売春防止法という大激震に対しては赤線維持で利害が一致していたし、東京都女子従業員連合会の組織化をサポートした戦前以来の労働組合運動家で元社会党右派の岩内善作と高原浅市も労使協調路線をとっていた。(125) また、実際、戦前ほどの過酷な前借や非人間的な拘束は戦後の吉原には見られず、「ヒモやボス、ダニのような黒幕」の支配する青線や街娼に比べれば安全な労働環境だった。(126) 従って、『赤線地帯』が主に経営者夫妻の描写をとおして業者の搾取や自分勝手な論理を暴いてくれるのは有り難迷惑だったのである。この複雑な状況はFU・UTによる映画評の末尾に凝縮されている。「映画のはじめと終りに協同組合員之章《〔ママ〕》という看板がことさらに映されるのも、シナリオを検討しただけでは業者も気ずか《〔ママ〕》なかった大きなミスであろう。映画はシナリオで分らないという教訓である」。言うまでもなく、ここで言及されているのは、冒頭で「夢の里」を紹介する入口のショット（図版8－4－2）であり、公開当時から今日に至るまで賞賛を集めてきた『赤線地帯』のラストショットである。ラストショットでは、初めて客を引く静子の表情が「羞じらい、子供らしい昂ぶり、不安と怖れへと速やかに移ろい、それから次に訪れるのは何だろう？　映画作家のキャリアは言うまでもな

(122) 中村、前掲書、四五ページ。
(123) 組合長・山田菊枝は「私たちは売春そのものをいいことだ、と主張しようというのではなくて、やむを得ず生きる最後の線にふみとどまって身を粉にして働きつつも、なを子供や病人や働けない一家の爲の犠牲となつている私たちを、一片の禁止令でうえ死させないよう」訴えている。山田、前掲記事。
(124) そのために、長らく女性史叙述は彼女たちを業者に利用された無知な女性たちとして認識してきた。藤目、前掲書、三八〇ページ。
(125) 藤目、前掲書、三九六ページ。
(126) 関根弘「娼婦考——資本主義と婦人解放」、前掲『赤線従業婦の手記』、一七二ページ。

く、一本の映画を終わらせるにしても、見る者の身を焦がさせて余りある」[127]（図版8－4－3）。とはいえ、客を取らされる無垢な静子の表情が吉原の業者を代表する「浅草カフェー喫茶協同組合」のプレートと並置されるとき、そこに読み取るべき業者批判は明瞭である。一方で、多義性を読み込むことができるのは『婦人新風』のコメントの方だ。新吉原カフェー喫茶協同組合が『赤線地帯』の脚本をチェックし承認したという情報は映画史家にとって貴重なものだが、ともかく、静子が当事者から表だって共感《シンパシー》を集める唯一の人物であることを考慮すれば、この「ミス」――誰の、何に対する「ミス」だろう？――に密かに喝采を送っているという深読みも可能だ。

第三に、しかし、『婦人新風』の論者たちが、「［静子の］外は苦しい事情で夢の里で稼ぐ境地におちいった女たちであろうが、映画でみては少しも同情が湧いてこず」（飯島）、「まず大げさにいえば企画者に聞く人間愛の目とは、現実的に、この映画でどこに現れているのか。五人のあわれな女は、みな不幸なままになげだされたままであり［…］この映画にはどこにも救いがない」（FU・UT）、と評しているのは圧倒的に正しい。

『赤線地帯』は六人の性労働者を中心とした登場人物の「主観」の自由間接話法的挿入を拒み、かつ、観客の共感《シンパシー》の醸成を阻む。この二つの操作は必ずしも同じことではないが、この作品では連動している。まず、設定のレヴェル

8-4-2：冒頭、朝の吉原。

8-4-3：静子は画面外の客に躊躇しながら「ちょっと」と呼びかける。

8-4-4：修一のために荒稼ぎする決意をしたゆめ子は強引に客を引く。

8-4-5：視線の主たる修一。

8-4-6：より江（後姿・中央）に切々と語る夫（右）と、妻の眼差し（左）

で、例えばゆめ子のような描きようによっては十分に同情を誘いうる人物をカリカチュアに貶めている。さらに、この映画の唯一の視点ショット構造は、客を引くゆめ子の姿（図版8－4－4）と、それを見て羞恥と蔑みの念に顔を歪める息子・修一のバストショット（図版8－4－5）に見出される。物語の倫理的判断からいってほとんど「同情」や「共感」に価しない登場人物の眼差しから自己犠牲の母の姿が描かれているのは偶然ではないだろう。女性たちの個室をはじめとした半＝私的な空間で繰り広げられるドラマにおいては、共感を呼んでしかるべき感情が吐露されることもしばしばである。しかし、こうした感情の力は、おうおうにして第三者あるいは本人の一歩退いた反応によって相殺される。例えば父親の放蕩三昧をなじり、挙げ句の果てに偽悪的にベッドに誘って追い出した後で、ミッキー／京マチ子は「けったくそ悪い、大メロドラマやがな。一風呂浴びて、マリリン・モンローでも見てきたろ！」という台詞を自己意識的に――自らと、物語内の「観客」と、そして映画の観客に対して――口走る。より江の送別会の席上、売春をやめて結婚生活に入ることの尊さを切々と語るハナエの夫には、妻の冷たい視線が注がれている（図版8－4－6）。一方、夫の自殺をすんでのところで止めたハナエが薄暗い長屋で泣き叫ぶ乳児をあやしながら、「子供のミルクひとつ思うように買えないで、何が文化国家よ！　あたしは死なないわよ。あんたが何て言ったって死ぬもんか」と熱く語り始めると、黛敏郎の音楽が「ポヨーン」と気の抜けた合いの手を入れる。こうして、『婦人新風』の批評が正確に捉えたように、『赤線地帯』は性労働者たちに対する観客の共感に水を差し、情緒への渇望をラストショットで画面外へと視線を向ける静子の運命へと収斂させるのである。

　個人的には共感を寄せていたと思われる吉原の女性たちの「主観」や「視点」を拒み、視点ショットなど使わなく

(127) David Bordwell, *Figures Traced in Light: On Cinematic Staging* (Berkeley: University of California Press, 2005), 139.

8-4-7：中景の螺旋階段から下りてきたやすみに声をかけられ、彼女に入れあげているニコニコ堂の主人（前景）は、女将（後景）にツケの支払いを催促する。

8-4-8：ミッキー（前景）は父親（後景）を追い返して吉原に残るが、英公と女将（後景）は娘を請け出すものとまだ信じている。

8-4-9：警官（中景）が帳場の女将や栄公（前景）と調子を合わせて売春業について語るのを後景のゆめ子やより江が見つめている。

てもキャメラの位置と運動によって十分に可能なはず（『元禄忠臣蔵』や『近松物語』を見よ）の共感《シンパシー》の構築も行わず、ひたすら彼女らの自分語りを横領した溝口健二が撮影所のセットの中に生み出したのは、観察を促し批判を刺激する社会的空間であった。水谷はロケハンした吉原の店を「洋の東西、日本、支那、新旧を問わずあらゆるもの丶建築の見本を一つの建て物の中に、隣り合せにつぎはぎすると云う、何ともはや申し上げ様もない一大デコレーションの構成です」と形容した。[128] こうしたモザイク状の（ポストモダン的？）空間は、占領下の一九四六年、公娼制度の廃止に伴い、売買春の別形態として洋風の「カフェー」における「特殊飲食店」としての営業が認められた経緯に由来している。「特殊飲食店」ではバーやダンスホールで男と出会った従業員の女性があくまでも「自由意志」で別室に引きあげる建前になっていたので、吉原の店はホールや楽団のボックス、飲酒のためのカウンターを造らなければならなかった。[129] これはあくまでも建前で、映画の中の田中春男のように酒を飲む客は少なかったらしいが、いわば無駄な装飾的空間によって見事な縦の構図の余地が生まれ、まさに贈与と交換の関係の演出《ミザンセヌ》が生起する（図版8－4－7、8－4－8）。さらに、水谷は「サロンの裏に必ず帳場の間があつて、映画で使われていた様に矢張り十日目毎に女給氏達の玉割（主人六分女給四分）とか所謂る商家の帳場の役割をするわけで、此処に主人或は主人に代る女支配人座を占めることになつている」(130)ことを重視しており、夢の里の交換のネットワークの中心であるこの帳場は演出《ミザンセヌ》に十全に活用されている(図版8-4-9)。

「現実」に取材しつつも溝口システムが画面の上に全くの虚構として顕現させた社会関係は、まさに誰にも寄り添わず、感情のほとばしりを傍観して放置する。『赤線地帯』は、それゆえに、公開時には知識人男性からも批判を浴びた。大まかに言って戦後世代に属す男性たちの一連の『赤線地帯』批判は、ようするに一つの主張に収斂する。この作品を現代の「問題」に取り組む「社会的」映画として規定したうえで、それゆえに「演出者の強い社会性——あるいは政治性といってもいい——ある態度の表現がもっと要求されて然るべきだった」にもかかわらず、批判の態度が弱い、と主張しているのだ。(131)そして、彼らがもっと声高に糾弾すべきだった点として作品批判の核心に据えているのは、貧困を生む社会構造や買春をする男性ではない。性労働とそれに従事する女性そのものである。法政大学教授の哲学者・福田定良によれば、「娼婦の仕事ははげしい労働だが、それは単なる労働ではない。人間失格につながるものである。ところが、『赤線地帯』の女たちを見ると、娼婦稼業が単なる腰かけ仕事であつて、ぬけだしさえすれば容易に健康な人間に立ちもどれるように思われる。これは政治の論理ではあつても、芸術の論理とは言えない」(132)(強調は引用者)。つまり、政治は性労働者の「更生」を語っているが、芸術たる映画は彼女たちがもはや人間ではないという「真実」を暴かなければならないのだ。「下駄屋へ嫁にいくと飛び出した女が、どんな苦労にも打ち克ってこ

(128) 水谷浩「時代映画美術随想『赤線地帯』吉原風俗今昔(二)」『時代映画』一九五六年七月号、二八ページ。
(129) 永井良和『風俗営業取締り』(講談社選書メチエ、二〇〇二年)、五七—五八ページ。
(130) 水谷、「吉原風俗今昔(二)」、三〇ページ。
(131) 松田昭三「『赤線地帯』の限界」『キネマ旬報』一九五六年五月一日号、一〇六ページ、福田定良「売笑映画批判——『赤線地帯』について」『映画芸術』一九五六年六月号、三二—三四ページ、藤原弘雄「『赤線地帯』の逃避性」『キネマ旬報』一九五六年六月一五日号、七八—七九ページ。引用は藤原、七八ページより。
(132) 福田、前掲記事、三四ページ。

こへ帰って来ないという生き方が、一エピソードとして強調されたらどんなにかこの映画の意義が強められただろう[133]」と投稿欄で嘆く『キネマ旬報』読者にはもう少し温かみがあるが、性労働者の「仕方がない」という言葉を放置する「風俗映画」を許すことはできない。こうした主張において、彼らは「純潔」「貞節」の価値も「醜業婦」と「主婦」の境界も疑わないブルジョワ・フェミニストたちの良き伴侶であった。

このように、当事者たる性労働者には多かれ少なかれ彼女たち自身をモデルにしたと思われる登場人物の救いのなさと同情しにくさを批判され、知識人男性からはそうした登場人物への道徳的な批判が足りないと叩かれた『赤線地帯』は、当時の世論を賑わせたホットな話題を主題としながら、奇妙に反時代的な映画であった。この反時代性は「現代性《モデルニテ》」として読み替えることができる。まず、同時代の観客の反発を買った性労働者たちの振る舞いや価値観は、セックスワーク論の視座からすればむしろ筋が通っている。さらに、「赤線地帯」という閉域からの眼差しは、当時成立しつつあり現在ではその終焉が論じられている「戦後社会」に対するフェミニズム的読みを可能にする。ミッキーがより江に言う「お嫁入りが何やの。今と同じや。月極で売るかショートで売るか、そいだけの違いや」という台詞は、結婚は売春の一形態であるというラディカル・フェミニズムのテーゼそのままである。さらに、そのようにして結婚したより江の労働力は、下駄屋という家庭内工業の中で支払われぬまま搾取された。溝口の世界には無償のものなど何もないからこそ、愛と癒しの名の下に再生産の空間として囲い込まれた「家庭」という近代が生んだ閉域の内部に光を当て、その搾取と抑圧の構造を露呈させうるのだ。

しかし、これは要するに、二〇一〇年代を生きるフェミニストから見てたまたま『赤線地帯』が「新しい」というだけのことであって、私がここで提示しているのは極めて非歴史的で御都合主義的な解釈に過ぎない、という批判もありうるだろう。だが、映画テクストが常に新たな読みに開かれているとしても、あらゆるテクストがいかなる文脈においてもすべての読みの可能性を孕んでいるとは考えられない。ミハイル・バフチンを参照してヘンリー・ジェンキンスが述べたように、作者によって横領・流用された言葉が、他者の使用の痕跡やアクセントを残し自らを括弧に入れてひしめきあう言語的多様性（ラズノレーチエ、ヘテログロシア）を持つテクストこそが、さらなる横領・流用、すなわち複数的な読みの可能性へと開かれている。(134)『赤線地帯』は、ポスト占領期の終わりという歴史的文脈に決定され、性労働者の言葉に耳を傾け、対話し、その語りを剽窃し、彼女らの仕事場の空間構造を写し取ることによって、言語的多様性《ヘテログロシア》を可能態として内包したのである。だが、『赤線地帯』の言語的多様性《ヘテログロシア》は、視点ショットのような「主観的」デヴァイスや、パゾリーニが自由間接話法の映画的現れとして示唆したキャメラの存在を感じさせる撮影や編集をとおしてリテラルに顕れることはなかった。吉原の性労働者や業者に取材した『赤線地帯』は、彼女／彼らの言葉と身体の痕跡を、スター女優と名優たちの高度に自己意識的で、役を説明し、引用し、歴史化するような――つまり、いわばブレヒト的な――演技に転写している。(135)

『赤線地帯』の演技がいかに「感情同化」よりは観察を誘い、観客の置かれた歴史的・社会的文脈によってまったく異なった反応を呼び起こしてきたかはすでに明らかにしたとおりだ。ほとんどすべての同時代の評者が指摘するとおり、登場人物は厚みのある心理的なキャラクター構築をなされていない。しかし、リチャード・ダイヤーによれば、

ブレヒトは、脱構築をつうじたキャラクターの破壊を唱道してはいない。むしろ、さきに概要を示した原理にしたがってキャラクターを再構築することを説いている。キャラクターからはみ出す演技は、キャラクターのリア

(133)　藤原、前掲記事、七九ページ。

(134)　Henry Jenkins, "Reception Theory and Audience Research: The Mystery of the Vampire's Kiss," in *Reinventing Film Studies*, ed. Christine Gledhill and Linda Williams (London: Arnold, 2000), 168. バフチンの「言語的多様性」については、ミハイル・バフチン『小説の言葉』伊藤一郎訳（平凡社、一九九六年）、とりわけ七〇―七二、八四―一四〇ページ。言うまでもなく、バフチンは日常的・社会的コンテクストにおける言語の使用を言語多様性の基礎として重視しており、その映画への応用はあくまで比喩、あるいは「横領」である。

(135)　ベルトルト・ブレヒト『今日の世界は演劇によって再現できるか――ブレヒト演劇論集』千田是也編訳（白水社、一九九六年）。とりわけ、「実験的演劇について」（一九三九年）および「中国の俳優術の異化的効果」（一九三七年）を参照。

リティを破壊することを意図したものではなく、パフォーマー／オーディエンスにキャラクターを新たな観点からとらえ、新しい矛盾を発見し、キャラクターの社会的・歴史的・政治的意義を分析する機会を与えるものなのである。それは、小説的なリアリズムを破壊するが、心理主義と個人という産湯と一緒にキャラクターという赤子を捨てるものではない。(136)

このように分析され、引用された登場人物は、スターイメージの多層性と互いを構築しあう生産的な関係に入り、「感情同化」を通じて映画の物語世界の中に陶酔するのとは違った観客性を創造するだろう。京マチ子／ミッキーは、水谷浩が造形した貝のステージでマンボのリズムに乗って「あて、ヴィナスや」と占領期の「額縁ショー」のようなタブローになり、戦後のセックスシンボルたる自らのスターイメージを引用する（図版8-4-10）。そして、若尾文子が、木暮実千代が、三益愛子や沢村貞子、進藤英太郎が、「演じている」ことを隠蔽することなく、しかし興趣たっぷりに娼婦やその「かあさん」「とうさん」を演じて見せる。そのとき、『万事快調』（ジャン＝リュック・ゴダール監督、一九七二年）のジェーン・フォンダとイヴ・モンタンがメディア産業のスタジオで、『四川のうた』（賈樟柯監督、二〇〇八年）のジョアン・チェンが工場で行ったように、彼女／彼らは売春宿という労働の場の構造を、演者としての自らと演じている登場人物を、観客の分析の眼差しに晒し、かつ、「異化を土台にして芸術の楽しみを生み出すことが実際に可能だ」ということを示すのである。(137)

8-4-10：ポーズをとる京マチ子／ミッキー。

(136) リチャード・ダイアー『映画スターの〈リアリティ〉――拡散する「自己」』浅見克彦訳（青弓社、二〇〇六年）、一七八ページ。
(137) ブレヒト、前掲書、一二六ページ。

あとがき

本書は二〇〇七年にシカゴ大学大学院人文科学研究科の東アジア言語文明学科と映画メディア学科に提出した博士論文“Mise-en-scène of Desire: The Films of Mizoguchi Kenji”を土台とし、その後カナダと日本で行った研究の成果に基づいて全面的に書き加え、改訂したものである。

まずは、シカゴ大において論文指導を賜った先生方に御礼申し上げたい。

日本研究サイドの指導教官であるノーマ・フィールド先生には、英語と日本語に対する深い洞察と広義の政治へのコミットメントを教えられた。大学院の一年目にフィールド先生の授業「日本のフェミニズム（複数形）」を取らなかったら、私はジェンダーとセクシュアリティへの強い関心と内面化されたセクシズムの間で引き裂かれたままだったに違いない。トム・ガニング先生は、映画研究サイドの指導教官として、英語圏の映画学の最良の成果を伝授して下さったばかりではなく、深く寛容なシネフィリア、理論への旺盛な好奇心、映画史家としての学問的な厳格さが共存しうるということを、身を以て示された。赤ん坊と書きかけの博士論文を抱えてニューメキシコの砂漠やユタの山あいに引っ込んだ私に対するガニング先生の揺るぎない信頼がなければ、研究者としてのキャリアはあり得なかった。途中から指導に加わって下さったマイケル・レイン先生には、複雑で繊細な議論の重要性を教わった。レイン先生との二〇年に亘る研究交流と友情は本書に有形無形の痕跡を残している。ユーリー・ツィヴィアン先生は、パフォーマンスや身体性のような東京時代の私が神秘化しがちだった概念をやすやすと脱神秘化／歴史化するとともに、北米化することなく外国人として生きて行くというモデルを提示して下さった。やや分野違いの私に対するテツオ・ナジタ先生のご助言と励ましには感謝してやまない。博士論文に対するナジタ先生の「戦争中の溝口は？」という疑問に応えるため、本書の第三部に着手したと言っても過言ではないだろう。

蓮實重彥先生には、映画の見方——つまり映画研究者としての私を根底で支えるほぼ全て——を教えていただいた。東京大学教養学部の少人数ゼミから留学中の一時帰国の際の面談に至るまで、諸々の機会に先生が発せられた謎のお言葉の解釈および曲解として、私の研究は構築されてきたと言える。博士論文を読んで下さった先生が「でもあの人は、演出ってだけの人じゃないでしょう」と呟かれたので、何年かして「妊娠の身体」を思いついたという具合である。それにしても、東大の表象文化論に提出した芸道物についての修士論文を書き直して提出しなさい、という指導教官としての温かいお言葉に応えるのに二〇年もかかってしまった。芸道物としては精進の速度が遅すぎるというものだ。

教養学部時代、四方田犬彦先生の「泉鏡花と映画」という授業で『滝の白糸』と『折鶴お千』を見せていただいたのが、思えば本研究の出発点となった。そして、「映画の政治学」に目を開いて下さったのは先生である。現在に至るまで、跳ねっ返りの私をお見捨てにならず、様々なチャンスを与えて下さり、対等な研究者として意見交換をして下さった先生に、ようやく本書をお届けできるのはこの上ない喜びである。

映画理論とフランス映画研究の泰斗であり溝口研究者であるダドリー・アンドルー先生は、アイオワ大大学院で先生の学生にならなかった私に対し、様々な機会に時間を惜しまずご指導下さり、溝口作品に対する愛を共有して下さった。吉本光宏先生には、アイオワでお目にかかって以来、知的な叱咤激励をいただいている。

比較日本文化論学科に提出した卒業論文を読んで頂いて以来、松浦寿輝先生のご指導を賜り、その圧倒的な知力に触れることができたのは得難い経験だった。比較日本文化論、表象文化論の先生方に感謝する。とりわけ、内野儀先生、刈間文俊先生、佐藤良明先生、高田康成先生には退学後も引き続きご助言をいただいた。シカゴ大では、グレッグ・ガーリー先生、ジャッキー・ステュアート先生、故ミリアム・ハンセン先生、ジム・ラストラ先生にも授業やセミナーでご指導いただいた。

本書の各章の成り立ちは以下のとおりである。

序章：書き下ろし。図版の使用に際して、早稲田大学坪内博士記念演劇博物館にはお世話になった。なお、本章に限らず、本書の研究において演博の果たした役割の大きさは容易に言葉にできない。

第一章：蓮實重彥、山根貞男編『国際シンポジウム溝口健二——没後五〇年「MIZOGUCHI 2006」の記録』（朝日新聞社、二〇〇七年）収録の論文「世界の中のミゾグチ、溝口の中の世界」を大幅に増補改訂した。山根氏、朝日新聞社に御礼申し上げる。

第二章：『映像学』第八九号「革命前夜——溝口健二の『唐人お吉』（一九三〇年）」を増補改訂した。『映像学』の匿名の査読者のうちお一人の厳しくも的確なご指摘には今も感謝している。本章およびこの論文は、二〇一一年の第三七回日本映像学会大会（北海道大学）、同年一二月の "Traversing Cultural and Media Boundaries: Translation and Transmeida" (名古屋大学・上海交通大学共催、上海）での英語版発表に基づいている。上海にお招き下さった藤木秀朗氏、圧巻のコメントを下さった葉月瑜氏、会場でのフィードバックに感謝したい。

本章および次章は、京都文化博物館の坂根田鶴子資料なしには構想すらされなかっただろう。同博物館の森脇清隆氏からは、閲覧・掲載の許可ばかりではなく、研究面でのサポートと助言を賜った。下田市立図書館にも資料閲覧でお手数をおかけした。

第三章：博士論文の第二章の一部をもとにした英語論文 "The Benshi Track: Mizoguchi Kenji's *The Downfall of Osen* and the Sound Transition," *Cinema Journal* 50, no. 3 (Spring 2011) を日本語に翻案しつつ、松竹大谷図書館所蔵の検閲台本についての新たな研究成果を盛り込んで増補改訂した。改訂のプロセスにあたっては、中村秀之氏に立教大学の公開研究会での発表の機会を賜り（二〇一一年一二月）、参加者の方々から有意義な質問をいただいた。なお、二〇一〇年春の帰国以来、中村氏から大きな学問的恩恵を受けてきたことを申し添えたい。さらに、"The Benshi Track" の成立過程では様々な場所で発表し、貴重なコメントをいただいている。とりわけ、アーロン・ジェロー、デイヴィッド・デッサー、マーク・ノーネス、ダン・モルガンの諸氏に感謝したい。

そもそも本章は神戸映画資料館で『折鶴お千』の三五ミリプリントを映写していただき、安井喜雄氏からその来歴をうかがったところから始まった。同資料館の安井氏、田中範子氏、そして神戸大学の板倉史明氏には重ねてお礼申し上げる。

本章および前章のトーキー移行期についての映画史研究は本書のなかでも最古層に属し、シカゴ大学フランケ人文科学研究所の博士論文執筆奨学金（二〇〇三―二〇〇四年）によって可能になったものである。

第四章：書き下ろし。ただし、本章の内容のうち『祇園の姉妹』の検閲に関する部分は国際シンポジウム「新領域・次世代の日本研究」（国際日本文化研究センター、二〇一四年一一月）、イェール大学（二〇一五年二月）、シカゴ大学（二〇一六年二月）で発表しており、それぞれ有益なフィードバックを得た。日文研の細川周平氏、イェールのジェロー氏、シカゴのマイケル・ボーダシュ氏、モルガン氏、ウィル・キャロル氏のご厚意の賜物である。

本章は松竹大谷図書館なしには書き得なかった。とりわけ、資料の学術使用に際してご尽力いただいた飯塚美砂氏に心より感謝申し上げる。なお、本章の検閲研究は科学研究費（15K02180）の助成を受けている

第五章：書き下ろし。本章の執筆にあたって、東京国立近代美術館フィルムセンターで特別映写を行った。同センターの入江良郎、大澤浄、岡田秀則、大傍正規、とちぎあきらの諸氏には感謝の言葉もない。

第六章：本章および次章の一部は「堕胎の追憶――溝口健二の「好色一代女」とGHQの検閲」、黒沢清、四方田犬彦、吉見俊哉、李鳳宇編『日本映画は生きている⑤監督と俳優の美学』（岩波書店、二〇一〇年）を大幅に増補改訂したものである。同論文の草案を読んで下さった加藤幹郎氏、小松弘氏、四方田先生のコメントとご批判は、極めて有益なものだった。編集の樋口良澄氏に感謝したい。また、本内容についてはコロンビア大学（二〇一〇年一月）、韓国芸術総合学校（二〇一一年一一月）、ウェスタン・オンタリオ大学（二〇一二年三月）で講演している。コロンビアのポール・アンドラー氏、ソウルのキム・ソヨン氏、アール・ジャクソンJr.氏と聡明な大学院生たち、ウェスタンの元同僚たちの示唆に富むフィードバックは改訂に役だった。資料の閲覧および学術使用に際して、国立国会図書館憲政資料室にはたいへんお世話になった。

本章および次章の研究は科学研究費（23720078）の助成を受けている。

第七章：第三節－3の『西鶴一代女』論を除いて書き下ろし。本章を書き上げるにあたって、吉本先生主催の「映画理論研究会（仮称）」で二〇一五年八月に発表し、佐藤元状、滝浪佑紀、難波阿丹、仁井田千絵の諸氏から貴重なご助言をいただいた。また、本章の最古層の原案は、スティーヴ・チャン氏の招きによりプリンストン大学で行った講演（二〇〇八年四月）にある。

第八章・第二節の絵巻物モンタージュ論のみ博士論文の第三章の一部を大幅に改訂し、他は書き下ろし。本章を準備するにあたって、二〇一一年および二〇一四年度に日文研で開催された共同研究会にメンバーとして参加し、戦後の映画産業史への造詣を深めることができたのは得難い経験だった。研究代表のミツヨ・ワダ・マルシアーノ（二〇一一年度）、谷川建司（二〇一四年度）の両氏をはじめ、綺羅星のごとき参加者の皆様に感謝する。さらに、宮川一夫キャメラマンの撮影台本をはじめとする貴重な資料の閲覧させて下さった故・宮川二郎氏、図版の学術利用を許可して下さった宮川一郎氏に深く御礼申し上げる。

さて、章を特定することが不可能なほどこの研究が多くを負っているのが、溝口研究者の佐相勉氏であり、編集者でありプロデューサーである西田宣善氏である。資料の森へと分け入りはじめたのは、佐相氏の緻密な歴史研究に導かれてのことだった。『映画音響論――溝口健二映画を聴く』（みすず書房、二〇一四年）の俊才・長門洋平氏は刺激の源であり、友人として研究上の相談にも乗って下さった。

表象文化論学会では、映画研究の堀潤之、畠山宗明、三浦哲哉の諸氏をはじめ、優秀な同輩の方々から最新の理論的知見を耳学問させていただいた。学部以来の友人である葛生賢氏は、シネフィル文化を体現して導きの糸になってくれた。さらに、すでにお名前を挙げた方々のほかに、井上雅雄、ジョー・ウロダーツ、リチャード・エイブル、ダン・オニール、紙屋牧子、北浦寛之、木村建哉、河野真理江、斉藤綾子、志村三代子、カジリ・ジャイン、ジーワン・シン、シェリー・スタンプ、常石史子、冨田美香、シャロン・ハヤシ、ジョナサン・マーク・ホール、ジーン・マ、アン・マクナイト、宮尾大輔、鷲谷花の諸氏には、研究上の先達／友人として負うところが大きい。静岡文化芸術大学、首都大学東京、そして非常勤として教えた立教大学の同僚と学生の方々からも、廊下での立ち話からレポートまで、多くを学ばせていただいた。

本書をぜひ読んで頂きたかった二人の方が故人となってしまわれたのが悲しくてならない。御園生涼子氏とは研究上の関心も近く、その知性、繊細さ、温かいお人柄が懐かしい。梅本洋一氏は、『カイエ・デュ・シネマ・ジャポン』誌の編集長として、二〇年以上前の私に映画について批評を書く機会を与えて下さった。私が「現代映画《シネマ・モデルヌ》」などと口走ることができるのも、思えば梅本氏と『カイエ』の皆様のおかげである。

法政大学出版局の前田晃一氏は、年甲斐もなく大学院生のような誇大妄想に取り憑かれた私に最後までつき合って下さり、お礼の言葉もない。前田氏の学問としての映画研究に対する期待と、溝口の映画に対する熱情に励まされてここまで来たと思う。両親である木下信一郎と朝子は、視覚芸術と政治への関心を培い、現在まで支えてくれた。深く感謝したい。博士論文の途中でやってきた楡井新に、ともに様々な映画を見てくれたことをここで感謝できるのは喜びである。

最後に、一五年来の伴侶であり盟友である楡井誠に本書を捧げたい。とはいえ、交換や資本主義に関する私の大言壮語は彼の学識とは関係がないことをお断りしておく。

二〇一六年四月

木下千花

著　者

木下千花（きのした・ちか）

1971年東京生まれ。映画学専攻。東京大学大学院総合文化研究科（表象文化論）修士課程修了。シカゴ大学大学院映画メディア学科・東アジア言語文明学科博士課程修了。シカゴ大学で博士号（Ph.D.）取得。ウェスタン・オンタリオ大学映画学科助教授、静岡文化芸術大学文化政策学部准教授、首都大学東京大学院人文科学研究科准教授などを経て、現在、京都大学大学院人間・環境学研究科教授。
本書の成果により、第67回芸術選奨文部科学大臣新人賞（部門・評論等）、第8回表象文化論学会賞を受賞。主な著作に、“Something More Than a Seduction Story: Shiga Akiko's Abortion Scandal and Late 1930s Japanese Film Culture,” *Feminist Media Histories* 1, no. 1 (January 2015); “The Edge of Montage: A Case of Modernism/Modanizumu in Japanese Cinema,” in *The Oxford Handbook for Japanese Cinema*, ed. Daisuke Miyao (New York: Oxford University Press, 2014);「胎児が密猟するまで——原水爆禁止運動と生政治」（『対抗文化史——冷戦期日本の表現と運動』宇野田尚哉、坪井秀人編、大阪大学出版会、2021年）、「万華鏡と航空写真——バスビー・バークレーとモダニティ」（『メディア——表象のポリティクス』小林康夫・松浦寿輝編、東京大学出版会、2000年）など。

溝口健二論

映画の美学と政治学

2016年5月25日　初版第1刷発行
2023年5月18日　　　第3刷発行

著　者　木下千花
発行所　一般財団法人　法政大学出版局
〒102-0071 東京都千代田区富士見2-17-1
電話03(5214)5540／振替00160-6-95814
組版：HUP
印刷：平文社
製本：誠製本
装幀：奥定泰之

ISBN978-4-588-42017-7　Printed in Japan

人名索引

サ行

タ行

ナ行

ハ行

マ行

映画題名索引

サ行

タ行

ナ行

ハ行

参考文献

赤井紀美「〈芸道物〉の時代――『残菊物語』を中心として」『演劇学論集』第56号、2013年春。

――「川口松太郎『鶴八鶴次郎』論――流動するテクスト、揺籃期の〈芸道物〉をめぐって」『演劇学論集』第58号、2014年春。

相川楠彦「監督者山中貞雄氏」（読者寄稿欄）『キネマ旬報』1932年5月11日号。

網野善彦『日本社会と天皇制』岩波ブックレット、1988年。

アガンベン、ジョルジオ『事物のしるし――方法について』岡田温司、岡本源太郎訳、筑摩書房、2011年。

有末武夫「戦前における伊豆半島南部の交通関係の発展」『群馬大学紀要人文科学編』第9巻、1960年。

アンドリュー、ダドリー「溝太夫」藤原敏史訳、四方田犬彦編『映画監督 溝口健二』、新曜社、1999年。

飯島正「沈黙映画の位置」『映画往来』1929年7月号。

――「『蜂須賀小六　第1篇』」『キネマ旬報』1929年9月1日号。

――「ふるさと」『キネマ旬報』1930年4月21日号。

――「『雪夫人繪圖』」『キネマ旬報』1950年11月上旬号。

――『日本映画史　上巻』白水社、1955年。

飯田心美「都會交響楽」『キネマ旬報』1929年11月21日号。

――「『ボレロ』」『キネマ旬報』1934年6月21日号。

――「『浪花女』」『キネマ旬報』1940年10月11日号。

飯田心美、友田純一郎、滋野辰彦、清水千代太「『鶴八鶴次郎』合評」『キネマ旬報』1938年10月1日号。

池川玲子『「帝国」の映画監督　坂根田鶴子』吉川弘文館、2011年。

池田照勝、友田純一郎「1934年業界決算」『キネマ旬報』1935年1月1日号。

池田祐子「映画界の甲斐庄楠音」京都国立近代美術館、笠岡市竹喬美術館、日本経済新聞社編『甲斐庄楠音展　大正日本画の異才――いきづく情念』日本経済新聞社、1997年。

泉鏡花『賣色鴨南蛮』（初出『人間』1920年5月号）『青空文庫』http://www.aozora.gr.jp/cards/000050/files/3543_12126.html.

磯崎新『建築における「日本的なもの」』新潮社、2003年。

板倉史明「「伊藤話術」とはなにか――伊藤大輔論序説」*CineMagaziNet!*, no. 3 (1999), http://www.cmn.hs.h.kyoto-u.ac.jp/CMN3/text7.html（2013年9月14日アクセス）。

――「「旧劇」から「時代劇」へ」岩本憲児編『時代劇伝説――チャンバラ映画の輝き』森話社、2005年。

――「大映「母もの」ジャンル生成とスタジオ・システム」岩本憲児編『ホームドラマとメロドラマ　家族の肖像』森話社、2007年。

――「映画館における観客の作法――歴史的な受容研究のための序論」黒沢清、四方田犬彦、吉見俊哉、李鳳宇編『日本映画は生きている①』岩波書店、2010年。

――「日本映画におけるトーキー初期の画面比率」『東京国立近代美術館紀要』第15号、2011年。

――「占領期におけるＧＨＱのフィルム検閲――所蔵フィルムから読み解く認証番号の意味」『東京国立近代美術館研究紀要』第16号、2012年3月。

市川彩、内外映畫事業調査所『日本映畫事業総覧』昭和5年版、國際映畫通信社、1930年。

市川久夫「我等の生涯の最良の映画㉟風俗描写と働く女性の実態『赤線地帯』」『キネマ旬報』1985年10月下旬号。

伊藤大輔「時代劇再建の為に！——伊藤大輔の情熱いまだ褪めず」『スタア』1939年10月15日号。

伊藤大輔、飯田心美、岸松雄、他「伊藤大輔を圍んで——時代劇トーキー座談會」『キネマ旬報』1934年1月1日号。

伊藤大輔、飯島正、友成用三、他「日本トーキーその他に就いての座談會」『キネマ旬報』1930年1月21日号
伊藤玉之助、池田照勝、友田純一郎「掉尾の興行戦を語る」『映畫旬報』1942年1月1日号。

伊藤龍雄、筈見恒夫、小倉武志、岡田眞吉「時代劇映畫は何処へ行く？　座談会」『新映画』1939年9月号。

井上章一『つくられた桂離宮伝説』講談社学芸文庫、1997年。

———『愛の空間』角川選書、1999年。

井上雅雄『文化と闘争——東宝争議1946–1948』新曜社、2007年。

———「占領終結前後の映画産業と大映の企業戦略（上）」『立教経済学研究』66巻4号、2013年3月。

———「占領終結前後の映画産業と大映の企業戦略（下）」『立教経済学研究』67巻3号、2014年1月。

———「ポスト占領期における映画産業と大映の企業経営（上）」『立教経済研究』69巻第1号、2015年7月。

井原西鶴「好色5人女」、東明雅校注・訳、『新編日本古典文学全集　井原西鶴集①』（小学館、1996年）

今村三四夫「松竹斷片録」『松竹』1939年5月。

今村太平『日本藝術と映画』菅書房、1941年。

———『漫画映画論』岩波書店、1992年。

今村有「伯林にて日本映畫を見る」『映画時代』1930年5月号。

入江良郎「日本映画の初公開」岩本憲児編『日本映画の誕生』森話社、2011年。

岩崎昶「トーキーはどうなるか」（映画時評）『映画往来』1929年6月号。

———「アメリカ映畫と出產率」『キネマ旬報』1937年12月11日号。

———『日本の映畫』日本民主主義文化連盟、1948年。

岩崎昶、佐々木基一、尾崎宏次、井沢淳「日本映画を検討する」『世界』1955年4月号。

岩淵達治『ブレヒト』紀伊國屋書店、1994年。

———「ブレヒトの『唐人お吉』改作」『未来』2008年12月号。

岩本憲児「日本におけるモンタージュ理論の紹介」『比較文学年誌』第10号、1976年。

———「映画の渡来」岩本憲児編『日本映画の誕生』森話社、2011年。

岩本憲児、他編『「新」映画理論集成２／知覚・表象・読解』フィルムアート社、1999年。

———『「新」映画理論集成１／歴史・人種・ジェンダー』フィルムアート社、1998年。

巖谷三一「元禄忠臣蔵演出覚え書抄」『前進座』1943年11月号、国立劇場調査記録課編『第276回　歌舞伎公演　元禄忠臣蔵』国立劇場上演資料集〈552〉日本芸術文化振興会、2011年に再録。

上野千鶴子『近代家族の成立と終焉』岩波書店、1997年。

———『女ぎらい——ニッポンのミソジニー』紀伊國屋書店、2010年。

上田学「映画常設館の出現と変容——1900年代の電気館とその観客から」『アート・リサーチ』第9巻、2009年3月。

———『日本映画草創期の興行と観客——東京と京都を中心に』早稲田大学出版部、2012年。

上田学編『企画展図録「日活向島と新派映画の時代展」』早稲田大学坪内博士記念演劇博物館、2011 年。

上村千賀子『女性解放をめぐる占領政策』勁草書房、2007 年。

牛原虚彦、森一生、八尋不二、依田義賢、日夏英太郎、藤山浩三、佐藤邦夫「時代劇は行詰つていない！」『スタア』1940 年 4 月 15 日号。

内田岐三雄「元禄忠臣蔵　前篇」『映画旬報』1942 年 1 月 1 日号。

———「元禄忠臣蔵　後篇」『映画旬報』1942 年 3 月 1 日号。

内田吐夢、溝口健二、清水宏、八尋不二、筈見恒夫、津村秀夫、南部圭之助、内田岐三雄「春宵映畫よもやま（1)」『スタア』1939 年 5 月 1 日号。

内野儀「千田是也の『近代俳優術』を読む」『ＰＴ』第 11 号、2000 年。

内野花「近世大坂における回生術と産科学」『日本医史学雑誌』第 55 巻第 1 号、2009 年。

瓜生忠夫『映画と近代精神』學徒圖書組合、1947 年。

映畫部「下田両館上映映畫表——昭和 3 年度上半期」『黒船』1928 年 8 月号。

映画倫理規程管理部事務局『映画倫理規定審査記録』29 号、1951 年 12 月 5 日。

———『映画倫理規程審査記録』43 号、1953 年 1 月 1 日〜同年 1 月 31 日。

———『映画倫理規程審査記録』第 45 号、1953 年 3 月 1 日〜同年 3 月 31 日。

エイゼンシュテイン、Ｓ・Ｍ.「立体映画について」『エイゼンシュテイン全集　第 2 部　第 6 巻』キネマ旬報社、1980 年。

Ｈ生「わが恋は燃えぬ」『映画サークル』1949 年 3 月号。

江口修「松尾邦之助とパリ　その１　狂乱の時代」『小樽商科大学人文研究』第 115 号、2008 年。

———「松尾邦之助とパリ　その２　狂乱の時代」『小樽商科大学人文研究』第 118 号、2009 年。

江藤淳『落ち葉の掃き寄せ——敗戦・占領・検閲と文学』文藝春秋、1981 年。

———『閉ざされた言語空間——占領軍の検閲と戦後日本』文春文庫、1994 年。

潁原退蔵、中井宗太郎、吉井勇、他「歌麿をめぐる座談會」『映画芸術』1947 年 1 月号。

大河内昌子『よしわら』日本出版協同株式会社、1953 年。

大竹豊後「肉体の防波堤——昭和の唐人お吉」『ダイヤモンド』1952 年 5 月号。

大塚恭一「『浪花女』の次に來るものを望む」『映画評論』1940 年 11 月号
大濱徹也「唐人お吉——物語化の背景」『まなびと』2007 年 10 月号、http://www.nichibun-g.co.jp/magazine/history/008.html（2013 年 8 月 5 日)。

岡田温司『映画は絵画のように——静止・運動・時間』岩波書店、2015 年。

岡田三郎『舞台裏——他八篇』慈雨書洞、1936 年。

岡部龍「日本発声映画の初めにできた二社」岡部龍編『資料　日本発声映画の創生期——「黎明」から「マダムと女房」まで』フィルムライブラリー協議会、1975 年。

小川佐和子『映画の胎動——1910 年代の比較映画史』人文書院、2016 年。

荻野美穂「堕胎・間引きから水子供養まで——日本の中絶文化をめぐって」赤坂紀夫・中村生雄・原田信男・三浦佑之編『女の領域・男の領域』岩波書店、2003 年。

———『「家族計画」への道——近代日本の生殖をめぐる政治』岩波書店、2008 年。

奥田暁子「ＧＨＱの性政策——性病管理か禁欲政策か」恵泉女学園大学平和文化研究所編『占領と性——政策・実態・表象』インパクト出版会、2007 年。

奥平英雄『美術雑誌・アトリエ』臨時増刊「繪巻の構成」第 17 巻第 13 号、1940 年 11 月。

奥平康弘「映画と検閲」今村昌平、佐藤忠男、新藤兼人、鶴見俊輔、山田洋次編『講座　日本映画②無声映画の完成』岩波書店、1986 年。

小熊英二『〈民主〉と〈愛国〉——戦後日本のナショナリズムと公共性』新曜社、2002年。

奥村康夫「映畫の言葉」『キネマ旬報』1932年10月11日号。

小倉浩太郎「元禄忠臣蔵をめぐる話題」『新映画』1941年10月号。

小倉武志「溝口健二の新作——新作品『浪花女』とは」『新映画』1940年5月号。

小津安二郎「映画の文法」田中眞澄編『小津安二郎戦後語録集成』フィルムアート社、1989年。

小津安二郎著、田中眞澄編『小津安二郎戦後語録集成』フィルムアート社、1989年。

落合恵美子『21世紀家族へ　第3版』有斐閣選書、2004年。

小野恵美子『ききがき　女たちの記録』青山社、1999年。

小野沢あかね『近代日本社会と公娼制度——民衆史と国際関係史の視点から』吉川弘文館、2010年。

帰山教正「發聲映畫の實用的装置と製作法に就て」『キネマ旬報』1928年9月1日号。

———「平面－立體－音－色彩を包含する映畫藝術の科學的考察」『キネマ旬報』1928年9月21日号。

———「發聲映畫の本質論（上）」『キネマ旬報』1929年1月11日号
———「發聲映畫の本質論（下）」『キネマ旬報』1929年1月21日号
香川京子「女優の証言」蓮實重彥、山根貞男編『国際シンポジウム溝口健二——没後50年「MIZOGUCHI 2006」の記録』朝日選書、2007年。

———『愛すればこそ——スクリーンの向こうから』勝田友巳編、毎日新聞社、2008年。

柿田清二『日本映画監督協会の50年』日本映画監督協会、1992年。

鹿島茂「人間交差点・松尾邦之助」『パリの日本人』新潮選書、2009年。

春日太一『あかんやつら——東映京都撮影所血風録』文藝春秋、2013年。

加藤厚子『総動員体制と映画』新曜社、2003年。

———「柳井義男『活動写真の保護と取締』解説」牧野守監修『日本映画言説大系第Ⅱ期　映画のモダニズム期12　活動写真の保護と取締　柳井義男』ゆまに書房、2004年。

———「映画法策定過程における検閲制度の再構築」『メディア史研究』第28号、2010年9月。

加藤幹郎『視線のポリティクス——古典的ハリウッド映画の戦い』筑摩書房、1996年
———「視線の集中砲火——『虞美人草』から『残菊物語』へ」四方田犬彦編『映画監督 溝口健二』新曜社、1999年。

兼子正勝「〈軽さ〉について——溝口健二小論」『ユリイカ』〈特集溝口健二〉1992年10月号。

加納実紀代『女たちの〈銃後〉』（筑摩書房、1987年）

———「白の軍団「国防婦人会」——女たちの草の根ファシズム」岡野幸江、北田幸恵、長谷川啓、渡邊澄子編『女たちの戦争責任』東京堂出版、2004年。

———「「混血児」問題と単一民族神話の形成」恵泉女学園大学平和文化研究所編『占領と性——政策・実態・表象』インパクト出版会、2007年。

紙屋牧子「映音についての記述」『映画史探訪　第5巻　映画への想い』田中純一郎記念第5回日本映画史フェスティバル実行委員会、2002年。

———「マキノ正博の1934年——トーキーと『泡立つ青春』」『アート・リサーチ』第3号、2003年。

———「占領期「パンパン映画」のポリティクス」岩本憲児編『占領下の映画——解放と検閲』森話社、2009年。

———「『ハナコサン』（1943年、マキノ正博）の両義性——「明朗」な戦争プロパガンダ映画」『美学』第63巻1号、2012年6月。

———「「聖」なる女たち——占領史的文脈から「母もの映画」を読み直す」『演劇研究——演劇博物館紀要』第37号、2014年3月。

神山彰「昭和の大衆文化と新歌舞伎——雑誌『キング』の真山青果」国立劇場調査記録課編『第

276回　歌舞伎公演　元禄忠臣蔵』国立劇場上演資料集〈552〉、日本芸術文化振興会、2011年。

神山彰『近代演劇の水脈——歌舞伎と新劇の間』森話社、2009年。

河上徹太郎、竹内好、他『近代の超克』富士房百科文庫、1979年。

川喜多長政「海外で日本映畫の上映」『キネマ週報』1930年3月28日号。

川口松太郎「月夜鴉　第1回」『サンデー毎日』1938年5月1日号。

———「月夜鴉　第7回」『サンデー毎日』1938年6月12日号。

———「月夜鴉　第11回」『サンデー毎日』1938年7月11日号。

———「世界一周日記」1953年9月4日、日本近代文学館川口松太郎文庫。

———「鶴八鶴次郎」『昭和国民文学全集⑧川口松太郎集』筑摩書房、1974年。

川島武宜「イデオロギーとしての家族制度」『世界』1955年3月号。

河原崎長十郎「河原崎長十郎映畫放談」『日本映画』1936年1月号。

菅聡子「〈よろめき〉と女性読者——丹羽文雄・舟橋聖一・井上靖の中間小説をめぐって」『文学』2008年3・4月号。

關白星子「日活映畫『唐人お吉』を見て」『黒船』1930年9月号。

菊池寛、林房雄、溝口健二、田坂具隆、豊田四郎「座談会　伝記映画に就いて」『日本映画』1941年4月号。

如月敏、袋一平、杉本彰、川口松太郎、古川緑波「映畫時代合評會第1回『ふるさと』合評」『映画時代』1930年5月号。

岸松雄「1929年日本映画論壇回顧」『映画往来』1929年12月号。

———「『小判しぐれ』」『キネマ旬報』1932年5月1日号。

———「『祇園祭』」『キネマ旬報』1933年9月21日号。

———「マキノ正博の映畫話術論——わが映畫話術論のための資料・1」『キネマ旬報』1933年11月11日号。

———「並木鏡太郎の時代映畫論——わが映畫話術論のための資料・2」『キネマ旬報』1933年12月11日号。

———「小津安二郎のトーキー論」『日本映畫論』三元堂書店、1935年。

———「折鶴お千」主要日本映画批評『キネマ旬報』1935年2月1日号。

———『日本映画様式考』河出書房、1937年。

———「溝口健二の藝術」『キネマ旬報』1952年4月下旬号。

———『現代日本映画人伝』上巻、映画文庫、1955年。

菊地幸作編『姦通罪是か非か——國會公聴會の大論戰』共同通信社、1947年。

北川冬彦「『しかも彼等は行く』」『キネマ旬報』1931年7月1日号。

———「『時の氏神』」『キネマ旬報』1932年5月1日号、96ページ。

———「時代映畫に於ける所謂「話術」なぞ」『キネマ旬報』1933年8月1日号。

———「女優須磨子の恋」〈日本映画批評〉『キネマ旬報』1947年10月1日号。

北田暁大『「意味」への抗い——メディエーションの政治学』せりか書房、2004年。

北田理恵「トーキー時代の弁士——外国映画の日本語字幕あるいは「日本語版」生成をめぐる考察」『映画研究』第4号、2009年。

北村小松『北村小松シナリオ集』映画知識社、1930年。

北村洋『敗戦とハリウッド——占領下の日本の文化再建』名古屋大学出版会、2014年。

城戸四郎「國際映畫戦」『改造』1928年2月号。

———『日本映画傳——映画製作者の記録』文藝春秋新社、1956年。

木下千花「メロドラマの再帰——マキノ正博『婦系図』（1942年）と観客の可能性」藤木秀朗編『観客へのアプローチ』森話社、2011年。

———「妻の選択——戦後民主主義的中絶映画の系譜」ミツヨ・ワダ・マルシアーノ編『「戦後」日本映画論——1950年代を読む』青弓社、2012年。

衣笠貞之助『わが映画の青春——日本映画史の一側面』中公新書、1977年。

宜野座菜央見『モダンライフと戦争——スクリーンのなかの女性たち』吉川弘文館、2013年。

邱淑婷『香港・日本映画交流史——アジア映画ネットワークのルーツを探る』東京大学出版会、2007年。

京都映画祭実行委員会編、筒井清忠、加藤幹郎責任編集『時代劇映画とはなにか』人文書院、1997年。

京樂真帆子「時代劇映画と歴史学研究の邂逅——溝口健二と林屋辰三郎」『人間文化——滋賀県立大学人間文化学部研究報告』第26号、2010年2月。

———「映画と歴史学——『山椒大夫』から『もののけ姫』へ」、京樂研究室ウェブサイト、http://www.shc.usp.ac.jp/kyouraku/profile/thesis/movie.html（最終アクセス2015年12月11日）。

金普慶「占領下の日本映画における女優須磨子——戦後民主主義と「国民」としての女性」『文学研究論集』第30号、2012年2月。

———「占領下の映画政策と溝口健二の「女性解放映画三部作」——『わが恋は燃えぬ』を中心に」『文学研究論集』第31号、2013年3月。

———「占領期の溝口健二と「パンパン映画」——ＧＨＱの検閲と『夜の女たち』の交差する「娼婦」たち」『アート・リサーチ』第14号、2014年。

邦枝完二『歌麿をめぐる女達』小壷天書房、1959年。

藏田國正「『折鶴お千』」『映画評論』1935年3月号。

倉田喜弘『日本レコード文化史』東書選書、1992年。

クリード、バーバラ「恐怖そして不気味な女——想像界のアブジェクシオン」目羅公和訳、『シネアスト』第7号（特集　ホラー大好き！）1986年。

クレーリー、ジョナサン『知覚の宙吊り——注意、スペクタクル、近代文化』岡田温司監訳、平凡社、2005年。

黒澤明『蝦蟇の油——自伝のようなもの』岩波現代文庫、2001年
桑野隆『夢みる権利——ロシア・アヴァンギャルド再考』東京大学出版会、1996年。

桑原武夫「『近松物語』の感動」『桑原武夫全集』第3巻、朝日新聞社、1968年。

桑原武夫、加藤秀俊、森一生、他「人文科学研究所員と共に日本映画を語る会」『時代映画』1956年7月号。

K「新映畫評『残菊物語』」『讀賣新聞』1939年10月20日号夕刊。

「警察講習所内務省学友会名簿　昭和13年6月」、ＪＡＣＡＲ（アジア歴史資料センター）Ref. A05020214200、種村氏警察参考資料第61集（国立公文書館）。

「『元禄忠臣蔵』上演年表」国立劇場調査記録課編『第276回　歌舞伎公演　元禄忠臣蔵』国立劇場上演資料集〈552〉日本芸術文化振興会、2011年。

小池孝子「前進座のトーキー連鎖劇その他」『演芸画報』1937年12月号。

児井英生『伝・日本映画の黄金時代』文藝春秋、1989年。

紅野謙介『検閲と文学——1920年代の攻防』河出書房新社、2009年。

紅野謙介、高榮蘭、鄭根植、韓基亨、李惠鈴編『検閲の帝国——文化の統制と再生産』新曜社、2014年。

河野真理江「上原謙と女性映画——1930年代後半の松竹大船映画における女性観客性の構築」『映

像学』第 87 号、2011 年。

———「戦後日本「メロドラマ映画」の身体——撮影所時代のローカル・ジャンルと範例的作品」立教大学博士論文、2015 年。

ゴードン、アンドルー『日本の 200 年——徳川時代から現代まで　下』森谷文昭訳、みすず書房、2006 年。

古志太郎「浪花女」『日本映画』1940 年 11 月号。

小嶋一郎「祇園東と「祇園をどり」」京都Ｘわカル、京都市産業観光局観光 MICE 推進室 http://kanko.city.kyoto.lg.jp/wakaru/life/kagai/more/file08.html（最終アクセス 2014 年 3 月 23 日）。

ゴダール、J-L「簡潔さのテクニック」保苅瑞穂訳、『ユリイカ』〈特集溝口健二〉1992 年 10 月号。

小林勝「Ｃ・トーフやの笛には困りました」『キネマ週報』1930 年 3 月 14 日号。

小松弘「記憶の目録」牧野守監修『復刻版　キネマ・レコード』第 1 期第 1 冊、国書刊行会、1999 年。

———「向島新派映画に見る溝口映画の原点」四方田犬彦編『映画監督 溝口健二』新曜社、1999 年。

———「新派映画の形態学——震災前の日本映画が語るもの」黒沢清、四方田犬彦、吉見俊哉、李鳳宇編『日本映画は生きている②映画史を読み直す』岩波書店、2010 年。

小森和子「日本映画デモクラシーの黎明——總司令部民間情報教育局映画課・映画担当官ハリー・スロット氏語る」『映画世界』1948 年 6 月号。

坤「『藝道一代男』」『讀賣新聞』1941 年 2 月 4 日夕刊。

金野美奈子『ＯＬの創造——意味世界としてのジェンダー』勁草書房、2000 年。

ザーロモン、ハラルト「ドイツにおける日本映画の受容——最初期の鑑賞会から『十字路』『ハワイ・マレー沖海戦』へ」岩本憲児編『日本映画の海外進出——文化戦略の歴史』森話社、2015 年。

佐伯知紀「映画フィルムの収集と復元——二つの事例——『忠次旅日記』（伊藤大輔監督　1927 年）と『瀧の白糸』（溝口健二監督　1933 年）——を中心に」『映像情報メディア学会誌』第 55 巻第 1 号、2001 年 1 月。

———「『瀧の白糸』の再生——甦るテクスト」『文学』2002 年 11 月・12 月号。

斉藤美奈子『妊娠小説』ちくま文庫、1997 年。

酒井直樹『日本／映像／米国——共感の共同体と帝国的国民主義』青土社、2007 年。

佐古節子「解題　アヴァンギャルドとは何か、何だったのか」ニコル・ブルネーズ『映画の前衛とは何か』須藤健太郎訳、現代思潮新社、2012 年。

笹川慶子「小唄映画に関する基礎調査——明治末期から昭和初期を中心に」『早稲田大学 21 世紀ＣＯＥプログラム〈演劇の総合的研究と演劇学の確立〉演劇研究センター紀要Ｉ』2003 年 3 月。

———「忘却された音——浪曲映画の歴史とその意義」神山彰・児玉竜一編『映画のなかの古典芸能』森話社、2010 年。

———「『折鶴お千』と道頓堀興行」藤木秀朗編『観客へのアプローチ』森話社、2011 年。

笹山敬輔『演技術の日本近代』森話社、2012 年。

佐相勉『1923 溝口健二『血と霊』』筑摩書房、1991 年。

———「喜劇監督　溝口健二」『ユリイカ』〈特集溝口健二〉1992 年 10 月号。

———「溝口健二・全映画」佐相勉、西田宣善編『映画読本溝口健二』フィルムアート社、1997 年。

———「女性の勝利」佐相勉、西田宣善編『映畫読本溝口健二』フィルムアート社、1997 年。

———『溝口健二・全作品解説① 1923 年・日活向島時代』近代文芸社、2001 年。

———『溝口健二・全作品解説③ 1925 年・『人間』』近代文芸社、2003 年。

———『溝口健二・全作品解説④』近代文芸社、2005 年。

———『溝口健二・全作品解説⑤』近代文芸社、2008 年。

―――『溝口健二・全作品解説⑥』近代文芸社、2009 年。

―――『溝口健二・全作品解説⑦』近代文芸社、2010 年。

―――『溝口健二・全作品解説⑧』近代文芸社、2010 年。

―――『溝口健二・全作品解説⑨』近代文藝社、2012 年。

―――『溝口健二・全作品解説⑩』近代文藝社、2013 年。

佐相勉、西田宣善編『映畫読本溝口健二』フィルムアート社、1997 年。

佐藤圭「戦後溝口作品の同時代的批判言説の再検討――『近松物語』まで」『映画学』第 22 号、2008 年。

佐藤邦夫「阪東好太郎　豊澤團平『浪花女』」『スタア』1940 年 7 月 15 日号。

佐藤卓己『『キング』の時代――国民大衆雑誌の公共性』岩波書店、2002 年。

―――『言論統制――情報官・鈴木庫三と教育の国防国家』中公新書、2004 年。

佐藤忠男『溝口健二の世界』筑摩書房、1982 年。

佐藤春夫「きせわた――殘菊物語を見て」『日本映画』1939 年 12 月号。

佐藤洋「『検閲室の闇』のイメージをいかに継承するか。」田島太郎著『検閲室の闇に呟く』牧野守監修、最尖端民衆娯楽映画文献資料集⑱、ゆまに書房、2006 年。

里見弴「『浪花女』を見て雑感」『日本映画』1940 年 11 月号。

サルトゥー＝ラジュ、ナタリー『借りの哲学』高野優監訳、小林重裕訳、國分功一郎解説、太田出版、2014 年。

澤井信一郎、鈴木一誌『映画の呼吸』ワイズ出版、2006 年。

澤登翠「溝口健二の弁士をつとめて」四方田犬彦編『映画監督 溝口健二』新曜社、1999 年。

澤村勉「『虞美人草』」『映画評論』1935 年 12 月号。

沢山美果子『出産と身体の近世』勁草書房、1998 年。

椹木野衣「美術と時評：17　松尾邦之助と読売アンデパンダン展（1）」『ART IT』（2011 年 4 月 18 日）http://www.art-it.asia/u/admin_ed_contri9_j/ucdK6YUwXS8BebntT1ja/

塩見鮮一郎『弾左衛門とその時代』河出書房新社、2013 年、Kindle 版。

シオン、ミシェル『映画にとって音とはなにか』川竹英克、J・ピノン訳、勁草書房、1993 年。

シクロフスキー、ヴィクトル「手法としての芸術」松原明訳、桑野隆、大石雅彦編『ロシア・アヴァンギャルド②フォルマリズム――詩的言語論』国書刊行会、1988 年。

滋野辰彦「『流轉　第一部炎・第二部星』『キネマ旬報』1937 年 11 月 1 日号。

―――「『武蔵野夫人』」『映画評論』1951 年 11 月号。

―――「作品批評『西鶴一代女』」『映画評論』1952 年 6 月号。

静岡県教育委員会（宮田登編集）『静岡県史民俗調査報告書第 5 集　下田町の民俗――下田市』静岡県文化財保存協会、1988 年。

島春子「本邦最初の發聲映畫興行を見る」『映画時代』1929 年 7 月号。

島津保次郎、溝口健二、飯田心美、他「島津・溝口映画縦横談」『キネマ旬報』1938 年 10 月 1 日号。

清水晶「轉換期に立つ時代劇映畫」『映画評論』1939 年 2 月号。

清水千代太「ヨーロッパ映画紀行　ヴェニス映画祭に出席して」『キネマ旬報』1953 年 9 月 15 日号。

芝木好子「洲崎の女」『洲崎パラダイス』集英社文庫、1994 年。

志村三代子「転換期の田中絹代と入江たか子――化猫と女優の言説をめぐって」斉藤綾子編『映画と身体／性』森話社、2006 年。

―――「映画女優とスキャンダル――『美しき鷹』（1937 年）と女優志賀暁子をめぐって」『演劇博物館グローバルＣＯＥ紀要　演劇映像学』第 1 集、2008 年。

———『映画人・菊池寛』藤原書店、2014 年。

十一谷義三郎『唐人お吉』萬里閣書房、1929 年。

———『時の敗者　唐人お吉』『時の敗者　唐人お吉　続編』新潮社、1930 年。

ジュネット、ジェラール『物語のディスクール——方法論の試み』花輪光、和泉涼一訳、水声社、1985 年。

春水老迂「黒船閑話（其 6）　唐人お吉」『黒船』1925 年 3 月号。

杵庵輿太郎「日活ロケーション『唐人お吉』」『黒船』1930 年 6 月号。

松竹株式会社『松竹百年史　第 1 巻本史』松竹株式会社、1996 年。

白坂依志夫、増村保造、池田浩郎、他「映画になったマスコミ——増村保造作品『巨人と玩具 』をめぐる監督新人協会座談会」『キネマ旬報』1958 年 7 月上旬号。

白浪庵秋水「映画　下田情緒『海に叫ぶ女』」『黒船』1928 年 6 月号。

新興東京情報部編『新興映画東京作品テキスト　露營の歌』昭和 13 年度第 5 号、早稲田大学演劇博物館蔵。

新藤兼人『ある映画監督の生涯——溝口健二の記録』映人社、1975 年。

———『小説 田中絹代』読売新聞社、1983 年。

新吉原女子保険組合編、関根弘解題『赤線従業婦の手記』土曜美術社、1990 年。

鈴木堅弘「 海女にからみつく蛸の系譜と寓意——北斎画「蛸と海女」からみる春画表現の「世界」と「趣向」」『日本研究』第 38 号、2009 年 9 月。

鈴木重三郎「『子守唄』」『キネマ旬報』1930 年 10 月 11 日号。

鈴木白羊子「下田に於ける詩人の回想」『黒船』1929 年 10 月号。

鈴木勇吉〈封切映画興行價値〉「元禄忠臣蔵　後篇」『映画旬報』1942 年 3 月 1 日号。

スタインバーグ、マーク『なぜ日本は〈メディアミックスする国〉なのか』大塚英志監修、中川譲訳、角川 EPUB 選書、2015 年。

スピヴァク、G・C『サバルタンは語ることができるか』上村忠男訳、みすず書房、1998 年。

戦前期官僚制研究会編・秦郁彦著『戦前期日本官僚制の制度・組織・人事』東京大学出版会、1981 年。

千田是也『近代俳優術』上巻、早川書房、1950 年。

副田義也『内務省の社会史』東京大学出版会、2007 年。

———「内務省の映画検閲」副田義也編『内務省の歴史社会学』東京大学出版会、2010 年。

外村完二「溝口健二監督の『山椒大夫』——大映京都のセットを訪ねて」キネマ旬報特別編集『溝口健二集成』、キネマ旬報社、1991 年。

ダイアー、リチャード『映画スターの〈リアリティ〉——拡散する「自己」』浅見克彦訳、青弓社、2006 年。

大霞会編『内務省外史』地方財務協会、1977 年。

高木信幸「『流転』成立考——井上靖文学生成の一過程」『国文学攷』第 156 号、1997 年 12 月。

高畑勲『十二世紀のアニメーション—国宝絵巻物に見る映画的・アニメ的なるもの』徳間書店、1999 年。

竹内洋『学歴貴族の栄光と挫折』講談社学術文庫、2011 年。

武田晃「トーキーはトーキーである」『映画往来』1929 年 6 月号。

田島良一「永田雅一と日本映画国際化戦略」岩本憲児編『日本映画の海外進出——文化戦略の歴史』森話社、2015 年。

田中亜以子「「感じさせられる女」と「感じさせる男」——セクシュアリティの二枚舌構造の成立」

小山静子、赤枝香奈子、今田絵里香編『セクシュアリティの戦後史』京都大学学術出版会、2014年。

田中榮三「向島時代の思ひ出」『キネマ旬報』1938年4月1日号。

田中三郎、池田照勝、清水千代太、岸松雄、他「全國映畫界行脚座談會」『キネマ旬報』1935年1月1日号。

―――「全國映畫界行脚座談會第2回」『キネマ旬報』1935年1月11日号。

田中純一郎『日本映画発達史Ⅰ活動写真時代』中公文庫、1975年。

―――『日本映画発達史Ⅲ戦後映画の解放』中公文庫、1976年。

―――『活動写真がやってきた』中公文庫、1985年。

田中徳三、宮川一夫、岡本健一、大谷巌、佐藤勝「証言『雨月物語』」山口猛編『別冊太陽　映画監督溝口健二』平凡社、1998年。

―――「助監督の証言」蓮實重彥、山根貞男編『国際シンポジウム溝口健二――没後50年「MIZOGUCHI
2006」の記録』朝日選書、2007年。

田中眞澄「時代劇映画史論のための予備的諸考察（戦前編）」京都映画祭実行委員会編、筒井清忠、加藤幹郎責任編集『時代劇映画とはなにか』人文書院、1997年。

―――『小津安二郎の方へ――モダニズム映画試論』みすず書房、2002年。

―――「『雪夫人絵図』の周辺」、『雪夫人絵図』ＤＶＤ、紀伊國屋書店、2006年、付属ブックレット。

田中優子「春画における覗き」『春画のからくり』筑摩eブックス、2014年。

田村幸彦「唐人お吉」（主要日本映画批評）『キネマ旬報』1930年7月11日号。

―――「『パラマウント・オン・パレード』」『キネマ旬報』1930年9月1日号。

飜釋・田村幸彦、補遺・中根宏、採譜・伊藤昇「臺本モロッコ（日本版全12巻）」『映画科学研究』第8号（1931年）

谷昌親「越境者の遭遇――溝口健二と『カイエ・デュ・シネマ』」『ユリイカ』〈特集溝口健二〉1992年10月号。

谷川建司『アメリカ映画と占領政策』京都大学学術出版会、2002年。

―――「「忠臣蔵」映画はなぜ昭和三十年代に黄金期を迎えたのか」ミツヨ・ワダ・マルシアーノ編『「戦後」日本映画論――1950年代を読む』青弓社、2012年。

―――『戦後「忠臣蔵」映画の全貌』集英社、2013年。

谷口紀枝「初期の日本映画におけるナラティヴとイメージの発達過程について」『早稲田大学大学院文学研究科紀要』第58巻第3号、2012年。

谷口紀枝「日活向島の革新映画にみる「芸術への目覚め」――小口忠と田中栄三の試みについて」『演劇映像』第55号、2014年。

谷崎潤一郎『谷崎潤一郎全集』第5巻、中央公論社、1967年。

谷崎潤一郎『蘆刈』中央公論新社、2002年、Kindle版。

近松門左衛門「大経師昔暦」、大橋正叔校注・訳、『新編日本古典文学全集　近松門左衛門集②』小学館、1994年。

千葉伸夫『映画と谷崎』青蛙房、1989年。

調査部「昭和10年3月現在全國映畫館録」『キネマ旬報』1935年4月1日号。

塚原政恒「映画検閲制度の研究――映画配給社職員養成所講演録」『映画旬報』1942年10月21日号。

辻久一「映画製作費の内譯――『雨月物語』の場合」『キネマ旬報』1953年5月下旬号。

土田環「戦前期の日本映画における「国際性」の概念——『Nippon』に見る川喜多長政の夢」『Cre Biz』第7号、2012年、www.toho-univ.ac.jp/univ_info/_pdf/crebiz07_02.pdf
槌谷茂一郎「輸出映画私案」『キネマ旬報』1930年6月21日号。

堤友次郎「僕のトーキー反對論」『キネマ週報』1930年5月16日号。

津村秀夫「悲劇的精神——『藝道一代男』について」『新映画』1941年4月号。

———「『女優須磨子の戀』をみて」『近代映画』1947年11月号。

———「映画と文學に關する斷章」『キネマ旬報』1951年8月1日号。

———『溝口健二というおのこ』実業之日本社、1958年。

テヅカ・ヨシハル『映像のコスモポリティクス——グローバル化と日本、そして映画産業』せりか書房、2011年。

寺田寅彦『寺田寅彦全集』第8巻、岩波書店、1997年。

暉峻康隆『好色物の世界　上下』ＮＨＫブックス、1979年。

東海汽船株式会社『東海汽船80年のあゆみ』東海汽船株式会社、1970年。

洞ヶ瀬真人「近代日本に現れた「監督者」—1910年代における監督言説の萌芽」『映像学』第82号、2009年。

東京市編『婦人職業戦線の展望』白鷗社、1932年。

東洋映畫説明講習會『映畫説明講習錄』東洋映畫説明講習出版部、1929年。

ドゥルーズ、ジル『シネマ１＊運動イメージ』財津理、齋藤範訳、法政大学出版局、2008年。

———『シネマ２＊時間イメージ』宇野邦一、石原陽一郎、江澤健一郎、大原理志、岡村民夫訳法政大学出版局、2006年。

徳川夢聲、山野一郎、松井翠聲「マンダン三人會——トーキーと説明者」『キネマ旬報』1930年1月1日号。

戸坂潤『思想と風俗』２　映画の写実的特性と風俗性及び大衆性、青空文庫 http://www.aozora.gr.jp/cards/000281/files/1710.html（最終アクセス2014年2月26日）

トドロフ、ツヴェタン『幻想文学論序説』三好郁朗訳、東京創元社、1999年。

戸田三造「『唐人お吉』私評」『キネマ旬報』1930年8月11日号。

冨田美香「「場」への回帰」『アート・リサーチ』第2巻、2002年3月。

友田純一郎「『蜂須賀小六　第2篇坂田小平次の巻』」『キネマ旬報』1929年9月11日号。

———「都會交響楽」『キネマ旬報』1930年1月1日号。

———「浪華悲歌」『キネマ旬報』1936年6月11日号。

———「『あゝ故郷』」『キネマ旬報』1938年10月1日号。

———「『藝道一代男』」『映画評論』1941年3月号。

友成用三「日本トーキー録音餘談」『キネマ旬報』1930年6月21日号。

———「『子守唄』トーキー化」『キネマ旬報』1930年9月11日号。

豊島輿志雄「『唐人お吉』に就て」『改造』1930年4月号。

トリュフォー、フランソワ「フランス映画のある種の傾向」山田宏一訳・解説、『ユリイカ』臨時増刊号〈総特集ヌーヴェル・ヴァーグ30年〉1989年12月。

トンプソン、クリスティン、デイヴィッド・ボードウェル「小津作品における空間と説話（上）」出口丈人訳、『ユリイカ』1981年6月号。

———「小津作品における空間と説話（中）」『ユリイカ』出口丈人訳、1981年8月号。

———「小津作品における空間と説話（下）」『ユリイカ』出口丈人訳、1981年9月号。

———『フィルム・アート』藤木秀朗監訳、名古屋大学出版会、2007年。

内藤昭、東陽一『映画美術の情念』リトル・モア、1992年。

内藤耕次郎「共感覺の一例に就いて」『心理學論文集（2） 日本心理學会第2回大會報告』岩波書店、1929年。

―――「共感覺的諸現象に關する研究史序説」『立命館文學』第150・151号、1957年。

―――「ソビエト心理学の歴史的研究序説（1）」『立命館文學』281号、1968年11月。

―――「心理学への道」末川博編『学問の周辺』有信堂、1968年。

内務省警保局『活動寫眞フイルム検閲時報』不二出版、1985年。

内務省警保局『映画検閲時報』不二出版、1985年。

永井和「日本軍の慰安所政策について」（2004年のソウル大学校における発表原稿を改訂・補足）http://nagaikazu.la.coocan.jp/works/guniansyo.html#refadnt2（最終アクセス2014年3月16日）。

中井正一「色彩映画の思い出」久野収編『中井正一全集3　現代芸術の空間』美術出版社、1964年。

永井良和『風俗営業取締り』講談社選書メチエ、2002年。

中沢新一『愛と経済のロゴス』講談社選書メチエ、2003年。

長田秀雄「カルメン逝きぬ」『苦楽』1947年1月号。

永田雅一『映画道まっしぐら』駿河台書房、1953年。

永田雅一「日本でいいのは映画だけ」（インタヴュー）『中央公論』1954年11月号。

中代生「『唐人お吉』」『キネマ週報』1930年7月4日号。

長門洋平『溝口健二映画にみる音響と映像の美学――物語構造の視聴覚的分析』博士論文、総合研究大学院大学、2011年。

―――「沈黙するモダンガール」黒沢清、吉見俊哉、四方田犬彦、李鳳宇編『日本映画は生きている②映画史を読み直す』岩波書店、2010年。

―――『映画音響論――溝口健二映画を聴く』みすず書房、2014年。

中野敏夫、城戸四郎、森岩雄、永田雅一「映画行政座談会」『映画旬報』1942年5月11日号。

中村翫右衛門「「感？」にたよる――時代劇リアリズムを求めて」『キネマ旬報』1937年9月21日号。

中村秀之『映像／言説の文化社会学――フィルム・ノワールとモダニティ』岩波書店、2003年。

―――『瓦礫の天使たち――ベンヤミンから〈映画〉の見果てぬ夢』せりか書房、2010年。

―――『敗者の身ぶり――ポスト占領期の日本映画』岩波書店、2014年。

―――「映画の全体と無限――ドゥルーズ『シネマ』とリュミエール映画」『立教映像身体学研究』第3号、2015年3月。

中山信子「フランスで初めて公開された日本映画――エキゾティズムと好奇心」岩本憲児編『日本映画の海外進出――文化戦略の歴史』森話社、2015年。

成田龍一『〈歴史〉はいかに語られるか――1930年代「国民の物語」批判』ちくま学芸文庫、2010年。

成沢昌茂「要するにホンです」『キネマ旬報』1961年9月下旬号。

南部圭之助「無題」『新映画』1942年1月号。

南部圭之助「浪花女」『新映画』1940年11月号。

仁井田千絵『アメリカ映画史におけるラジオの影響――異なるメディアの出会い』早稲田大学出版部、2013年。

西清子編著『占領下の日本婦人政策――その歴史と証言』ドメス出版、1985年。

西村雄一郎「溝口健二　音と映像」『ユリイカ』〈特集溝口健二〉1992年10月号。

西山松之助「名人」『西山松之助著作集第6巻　藝道と伝統』吉川弘文館、1984年。

―――「近世芸道思想の特質と展開」『西山松之助著作集第6巻　藝道と伝統』吉川弘文館、1984年。

ノーグレン、ティアナ『中絶と避妊の政治学――戦後日本のリプロダクション政策』岩本美佐子監

訳、青木書店、2008 年。

ハーイ、ピーター・B『帝国の銀幕――十五年戦争と日本映画』名古屋大学出版会、1995 年。

バザン、アンドレ『ジャン・ルノワール』奥村昭夫訳、フィルムアート社、1980 年。

――――『映画とは何か』(上・下) 野崎歓、大原宣久、谷本道昭訳、岩波文庫、2015 年。

蓮實重彥「署名の変貌――ソ連映画史のための一つの視角」『レンフィルム祭』国際交流基金、1992 年。

――――「ラヴェルと新内」『國文学　解釈と教材の研究』第 42 巻第 4 号、1997 年 3 月。

――――「言葉の力――溝口健二監督『残菊物語』論」蓮實重彥、山根貞男編『国際シンポジウム溝口健二――没後 50 年「MIZOGUCHI 2006」の記録』朝日選書、2007 年。

蓮實重彥、山根貞男編『国際シンポジウム溝口健二――没後 50 年「MIZOGUCHI 2006」の記録』朝日選書、2007 年。

蓮實重彥、青山真治「今、溝口健二に寄せて」『キネマ旬報』2015 年 6 月下旬号。

筈見恒夫「時代映画の再建」『キネマ旬報』1939 年 2 月 11 日号。

――――「『藝道一代男』」『映画旬報』1941 年 2 月 21 日号。

――――「昭和 16 年度映画宣傳總評」『映画旬報』1942 年 2 月 1 日号。

――――「溝口健二芸談〈第 1 回〉」『東京新聞』1950 年 8 月 8 日号。

――――「溝口健二芸談〈第 2 回〉」『東京新聞』1950 年 8 月 13 日号。

筈見恒夫、友田純一郎、水町青磁、滋野辰彦、清水千代太「『残菊物語』合評」『キネマ旬報』1939 年 10 月 11 日号。

長谷正人「検閲の誕生――大正期の警察と活動写真」『映像学』53 号、1994 年。

――――『映画というテクノロジー体験』青弓社、2010 年。

長谷川如是閑「歴史映畫の藝術的性格」『日本映画』1941 年 5 月号。

パゾリーニ、ピエル・パオロ「ポエジーとしての映画」塩瀬宏訳、岩本憲児、波多野哲朗編『映画理論集成』フィルムアート社、1982 年。

秦郁彦編『日本官僚制総合事典 1868–2000』東京大学出版会、2001 年。

濱 (山崎) 貴子「1930 年代日本における職業婦人の葛藤――読売新聞婦人欄「身の上相談」から」『京都大学大学院教育研究科紀要』第 57 号、2011 年。

花柳章太郎「てりふり人形」『日本映画』1939 年 11 月号。

バフチン、ミハイル『小説の言葉』伊藤一郎訳、平凡社、1996 年。

早川紀代「占領軍兵士の慰安と買売春の再編」恵泉女学園大学平和文化研究所編『占領と性――政策・実態・表象』インパクト出版会、2007 年。

林勝俊「『お遊さま』」『映画評論』1951 年 8 月号。

林長二郎、片岡知恵蔵、増谷達之輔、他「時代劇四方山座談會――検閲官も膝つき合はせて」『日本映画』1936 年 5 月号。

林美一『江戸枕絵師集成　喜多川歌麿続』河出書房新社、1993 年。

林屋辰三郎「『山椒大夫』の原像」『古代国家の解体』東京大学出版会、1959 年。

原健一郎、依田義賢「元禄忠臣蔵前・後篇 (しなりお)」『映画評論』1941 年 11 月号。

東山千栄子、水谷八重子、杉村春子、田中絹代、ミヤコ蝶々『私の履歴書――女優の運命』日経ビジネス人文庫、2006 年。

平井和子『日本占領とジェンダー――米軍売買春と日本女性たち』有志舍、2014 年。

平野共余子『天皇と接吻――アメリカ占領下の日本映画検閲』草思社、1998 年。

平林初之輔「文芸時評 4　アメリカニズムの力」『東京朝日新聞』1929 年 5 月 8 日

ビュルガー、ペーター『アヴァンギャルドの理論』浅井健二郎訳、ありな書房、1987年。

広嶋進『西鶴新解』ぺりかん社、2009年。

兵藤裕己『〈声〉の国民国家・日本』ＮＨＫブックス、2000年。

福田定良「売笑映画批判——『赤線地帯』について」『映画芸術』1956年6月号。

福永武彦「時代映畫に望む」『映画評論』1939年2月号。

藤井仁子「日本映画の1930年代——トーキー移行期の諸問題」『映像学』第62号、1999年。

藤木秀朗「メロドラマ演劇の映画への摂取——1908年アメリカ映画産業の実践」『映像学』第59号、1997年。

———「溝口にカットさせたものは何か？——『浪華悲歌』と『雨月物語』に見るカッティングとロング・テイク」『ＦＢ』第12号、1998年。

———『増殖するペルソナ——映画スターダムの成立と近代日本』名古屋大学出版会、2007年。

藤目ゆき『性の歴史学——公娼制度・堕胎罪体制から売春防止法・優生保護法体制へ』不二出版、1997年。

藤本鷗谷「『假名屋小梅』を見る」『映画時代』1930年2月号。

藤原弘雄「『赤線地帯』の逃避性」『キネマ旬報』1956年6月15日号。

双葉十三郎「女性の勝利」『興行ヘラルド』1946年5月号。

———「『お遊さま』」『キネマ旬報』1951年7月下旬号。

舟橋聖一『合本雪夫人繪圖』新潮社、1950年。

古川隆久『戦時下の日本映画——人々は国策映画を観たか』吉川弘文館、2003年。

古川緑波「トーキー邦語版の問題——興行者の問題・説明者の問題」『映画時代』1931年8月号。

ブレヒト、ベルトルト「実験的演劇について」『今日の世界は演劇によって再現できるか——ブレヒト演劇論集』（新装復刊）千田是也編訳、白水社、1996年。

フーコー、ミシェル「作者とは何か？」清水徹訳、フーコー『作者とは何か？』清水徹＋豊崎光一訳、哲学書房、1990年。

平倉圭『ゴダール的方法』インスクリプト、2010年。

ベンヤミン、ヴァルター「複製技術時代の芸術作品（第2稿）」久保哲司訳、浅井健二郎編訳『ベンヤミン・コレクション①　近代の意味』ちくま学芸文庫、1995年。

ボードウェル、デイヴィッド「古典的ハリウッド映画——語りの原理と手順」杉山昭夫訳、岩本憲児・武田潔・斉藤綾子編『「新」映画理論集成2——知覚・表象・読解』フィルムアート社、1999年。

———『小津安二郎——映画の詩学』杉山昭夫訳、青土社、1992年。

朴東誠『近代日本における「地域社会」の形成と変容——静岡県下田市の事例を中心に』博士論文、東京大学総合文化研究科、2006年。

細川周平「西洋音楽の日本化・大衆化 19　民謡」『ミュージック・マガジン』1990年10月号
———「同20　新民謡」『ミュージック・マガジン』1990年11月号。

細馬宏通『ミッキーはなぜ口笛を吹くのか』新潮選書、2013年。

———「アメリカの初期アニメイティッド・カートゥーンの「立体感」」『表象』第7号、2013年。

堀ひかり「映画を見ることと語ること——溝口健二『夜の女たち』（1948年）をめぐる批評・ジェンダー・観客」『映像学』68号、2002年。

牧義之『伏字の文化史——検閲・文学・出版』森話社、2014年。

マーサー、ジョン、マーティン・シングラー『メロドラマ映画を学ぶ——ジャンル・スタイル・感性』中村秀之、河野真理江訳、フィルムアート社、2013年。

マキノ雅裕「親子二代活動屋人生」岩本憲児・佐伯知紀編著『聞書きキネマの青春』リブロポート、1988年。

マキノ雅弘『映画渡世・天の巻』ちくま文庫版、1995年。

牧野守『日本映画検閲史』パンドラ、2002年。

牧野守監修『復刻版　キネマ・レコード』第1期第1冊、国書刊行会、1999年。

松井翠聲「いま流行のレコード伴奏　選曲の仕方」『キネマ旬報』1930年2月11日号。

松浦寿輝「横臥と権力――溝口健二『祇園囃子』論」『映画１＋１』筑摩書房、1995年。

松尾邦之助「日活映畫のフランス行　附、R.I.F.N紹介のこと」『キネマ旬報』1929年3月1日号。

―――『巴里物語』社会評論社、2010年。

松島英一『忠臣蔵――その成立と展開』岩波新書、1964年。

松田昭三「『赤線地帯』の限界」『キネマ旬報』1956年5月1日号。

眞山青果「元禄忠臣蔵」『キング』1942年1月号。

―――『元禄忠臣蔵　上』岩波文庫、1982年。

―――『元禄忠臣蔵　下』岩波文庫、1982年。

丸本隆「『女人哀詞』から『下田のユーディット』へ――ブレヒトにおける唐人お吉伝説について」『茨城大学人文学紀要　人文学科論集』第15巻、1982年。

三木茂「發聲映畫製作に關する撮影覺え書」『キネマ旬報』1930年9月1日号。

水谷浩「時代映畫美術宇随想（２）『楊貴妃』美術考」『時代映画』1956年2月号。

―――「時代映畫美術宇随想（３）『楊貴妃』美術考（2）」『時代映画』1956年3月号。

―――「時代映畫美術宇随想（４）『楊貴妃』美術考（3）」『時代映画』1956年4月号。

―――「時代映画美術随想（５）『赤線地帯』吉原風俗今昔（1）」『時代映画』1956年5月号。

―――「時代映画美術随想『赤線地帯』吉原風俗今昔（2）」『時代映画』1956年7月号。

水谷三公『官僚の風貌』中公文庫、2013年。

水町青磁「業界（邦画）」『キネマ旬報』1936年1月1日号。

―――「懲して功なき時代映畫の説――それを作る人々へ」『スタア』1939年10月15日号。

―――「元禄忠臣蔵（前篇）」『新映画』1942年1月号。

水町青磁、山本幸太郎、岸松雄、飯田心美、友田純一郎「『桃中軒雲右衛門』合評」『キネマ旬報』1936年5月1日号。

御園生涼子『映画と国民国家――1930年代松竹メロドラマ』東京大学出版会、2012年。

溝口健二著、西田宣善編『溝口健二集成』キネマ旬報社、1991年。

溝口健二著、佐相勉編『溝口健二著作集』キネマ旬報社、2013年。

溝口健二「自作を語る」『キネマ旬報』1954年1月上旬号。

―――「日本趣味映画」『キネマ旬報』1929年1月1日号。

―――「国民としての映画作家――再び元禄忠臣蔵に題す」『映画』1942年2月号
―――「『祇園の姉妹』を語る」『オール松竹』1936年10月号
―――「『浪花女』製作日記」『改造』1940年10月号
―――「『芸道一代男』に描くもの」『映画之友』1941年1月号
―――「『藝道一代男』を語る」『映画』1941年2月号
―――「『藝道一代男』の製作記録」『映画評論』1941年2月号、

―――「国際演出賞を受けて――狙った間の成功」『讀賣新聞』1952年9月22日朝刊
溝口健二、北川冬彦、滋野辰彦、岸松雄、友田純一郎、山本幸太郎、飯田心美「溝口健二座談會」『キネマ旬報』1937年1月1日号。

溝口健二、加賀耿二、八木隆一郎、土井逸雄、古川良範、絲屋壽雄「溝口健二を圍んで」『新映画』1939年5月号。

溝口健二、田中絹代「溝口健二・田中絹代対談会」『新映画』1940年8月号。

溝口健二・織田作之助・田中絹代「美と才能について」『女性改造』1947年1月号。

溝口健二、木暮實千代、依田義賢、柳永二郎「木暮さんに期待したい！　素晴らしい官能の美！——理性と官能の諸問題を描く〝雪夫人繪図〟座談會」『近代映画』1950年11月号。

三橋逢吉、溝口健二、田坂具隆、津村秀夫、稲垣浩、多根茂「文部省主催　映畫座談會」『日本映画』1942年9月号。

宮川一夫「溝口さんと真剣勝負」、新藤兼人、林美一監修『水谷浩　映画美術の創造』光潮社、1973年。

宮川一夫、岡本健一、大谷巖、田中徳三、佐藤勝「証言『雨月物語』」山口猛編『別冊太陽　映画監督溝口健二』平凡社、1998年。

宮永孝「社会学伝来考——大正の社会学［3］」『社会志林』第54巻1号、2007年。

村上忠久「『折鶴お千』」『キネマ旬報』1935年1月21日号。

———「月夜鴉」『キネマ旬報』1939年4月11日号。

———「『女性の勝利』」『キネマ旬報』1946年7月上旬号。

———「溝口と稲垣の近況」『キネマ旬報』1947年8月上旬号。

村田静子「『わが恋は燃えぬ』によせて」『国鉄文化』1949年4月号。

村松梢風『残菊物語』中央公論社、1938年。

モース、マルセル『贈与論』吉田禎吾訳、ちくま学芸文庫、2015年、Kindle版
毛利眞人「貴志康一映画作品研究」http://www.h4.dion.ne.jp/~kishi_k/kishipro.htm（2013年8月19日アクセス）。

モーパッサン、ギ・ド・『脂肪の塊』水野亮訳、岩波文庫、1938/1957年。

森岩雄、田中榮三、畑本秋一、如月敏、北村小松、溝口健二、峰尾芳男、蔦見丈夫、大野求「『ふるさと』座談會」『映画往来』1930年5月号。

森岩雄「煉瓦と花束（6）」『キネマ週報』1931年2月13日号。

———「煉瓦と花束（7）」『キネマ週報』1931年2月20日号。

森斧水「お吉雑感」『黒船』1929年5月号。

———「回顧5周年」『黒船』1929年10月号。

文部省調査局編「日本の成長と教育」文部省、1962年。http://www.mext.go.jp/b_menu/hakusho/html/hpad196201/hpad196201_2_012.html（最終アクセス2015年8月5日）。

ヤーコブソン、ロマン「芸術におけるリアリズムについて」谷垣恵子訳、桑野隆、大石雅彦編『ロシア・アヴァンギャルド②フォルマリズム——詩的言語論』国書刊行会、1988年。

安野一之「『内務省委託本』調査レポート　第2号——高橋是清『随想録』」2012年6月。http://www.library.chiyoda.tokyo.jp/files/findbook/naimushou_report02_2.pdf（最終アクセス2014年2月26日）

柳井義男『活動写真の保護と取締』有斐閣、1929年。

———「映画の検閲」大霞会編『内務省史』第2巻、地方財務協会、1970年。

———『活動寫眞の保護と取締』牧野守「解説」『活動寫眞フイルム検閲時報』不二出版、1985年。

———「映画検閲始まる」大霞会編『続内務省外史』地方財務協会、1987年。

柳澤保篤「トーキー萬歳」『キネマ旬報』1929年9月1日号。

山川菊榮「暁子の場合　尾去澤の慘事」『婦人公論』1937年1月号。

山路菫「見たまゝ殘菊物語」『演芸画報』1937年11月号。

参考文献

山田真理子「増谷達之輔時代の思い出」『青少年問題』第 51 巻 6 号（2004 年 6 月）

山本幸太郎、友田純一郎、岸松雄、滋野辰彦、村上忠久「日本映画」『キネマ旬報』1937 年 1 月 1 日号。

山本有三『女の一生（上）』新潮文庫、1951 年。

———「女人哀詞（唐人お吉ものがたり）」伊藤整ほか編『日本現代文学全集　第 55 巻　山本有三集』講談社、1961 年。

横光利一「純粋小説論」青空文庫。http://www.aozora.gr.jp/cards/000168/files/2152_6546.html（最終アクセス 2013 年 2 月 13 日）、原著 1935 年。

吉川洋『高度成長——日本を変えた 6000 日』中公文庫、2012 年。

吉田常吉『唐人お吉——幕末外交秘史』中公新書、1966 年。

依田義賢「溝口健二氏の今後」『キネマ旬報』1937 年 8 月 21 日号。

———「私はかうしてシナリオを書く」『日本映画』1937 年 12 月号。

———「藝道一代男」『日本映画』1940 年 1 月号。

———「シナリオ『西鶴一代女』」『映画評論』1952 年 1 月号。

———「祇園の姉妹」『日本映画代表シナリオ全集』第 6 巻、キネマ旬報社、1958 年。

———「浪花女」『キネマ旬報』1966 年 8 月号別冊〈日本映画シナリオ古典全集第 5 巻〉。

———『溝口健二の人と芸術』田畑書店、1970 年。

———「拐帯者」『依田義賢　人とシナリオ』日本映画作家協会、2014 年。

———「『雨月物語』シナリオ製作中に寄せられた——溝口健二氏の手紙」『依田義賢　人とシナリオ』日本映画作家協会、2014 年。

依田義賢、高木貢一、酒井辰雄、他「座談会　溝口監督を偲んで」『時代映画』1956 年 10 月号。

淀川長治『淀川長治自伝・下』中央文庫、1988 年。

———『淀川長治　究極の日本映画ベスト 66』河出書房新社、2005 年。

淀川長治、蓮實重彦「特別対談・溝口健二を語る（前篇）」『キネマ旬報』1991 年 9 月上旬号。

四方田犬彦「溝口健二生誕百年に寄せて」四方田犬彦編『映画監督 溝口健二』新曜社、1999 年。

———「大泉黒石と表現主義の見果てぬ夢——幻の溝口健二『血と霊』の挫折」『新潮』2015 年 9 月号。

———「『元禄忠臣蔵』における女性的なるもの」四方田犬彦編『映画監督 溝口健二』新曜社、1999 年。

ラマール、トーマス『アニメ・マシーン—グローバル・メディアとしての日本アニメーション』藤木秀朗監訳、大崎晴美訳、名古屋大学出版会、2013 年。

リヴェット、ジャック「フランスから見た溝口」谷昌親訳、『ユリイカ』〈特集溝口健二〉1992 年 10 月号。

ロメール、エリック「才能の普遍性」谷昌親訳、『ユリイカ』〈特集溝口健二〉1992 年 10 月号。

ロメール、エリック、クロード・シャブロル『ヒッチコック』木村建哉、小河原あや訳、インスクリプト、2015 年。

若尾文子「女優の証言」蓮實重彦、山根貞男編『国際シンポジウム溝口健二——没後 50 年「MIZOGUCHI 2006」の記録』朝日選書、2007 年。

早稲田大学坪内記念演劇博物館「改訂版『女優須磨子の恋』」。

———「『西鶴一代女』全 15 巻」。

渡辺裕『日本文化モダン・ラプソディ』春秋社、2002 年。

和田山滋「小津安二郎との一問一答」『キネマ旬報』1933 年 1 月 11 日号。

Abel, Richard and Rick Altman, eds. *The Sounds of Early Cinema.* Bloomington: Indiana University Press, 2001.
Altman, Rick. *The American Film Musical.* Bloomington: Indiana University Press, 1987.
——. "Introduction: Sound/History." In *Sound Theory/Sound Practice,* edited by Rick Altman. New York: Routledge, 1992.
——. "Sound Space." In *Sound Theory/Sound Practice,* edited by Rick Altman. New York: Routledge, 1992.
——. *Film/Genre.* New York: BFI, 1999.
——. *Silent Film Sound.* New York: Columbia University Press, 2007.
Anderson, J. L. "Spoken Silents in the Japanese Cinema; or, Talking to Pictures." In *Reframing Japanese Cinema: Authorship, Genre, History,* edited by Arthur Nolletti and David Desser. Bloomington: Indiana University Press, 1992.
Anderson, Joseph L. and Donald Richie. *The Japanese Film: Art and Industry,* Expanded ed. Princeton, N.J.: Princeton University Press, 1982.
Andrew, Dudley. *Film in the Aura of Art.* Princeton: Princeton University Press, 1984.
——. "Ways of Seeing Japanese Prints and Films: Mizoguchi's Utamaro." In *Cinematic Landscapes: Observations on the Visual arts and Cinema of China and Japan,* edited by Linda C. Ehrlich and David Desser. Austin: University of Texas Press, 1994.
——. "Mizo Dayû," In *Sanshô Dayû,* edited by Dudley Andrew and Carole Cavanaugh. London: BFI, 2000.
——. "Time Zones and Jetlag: The Flows and Phases of World Cinema." In *World Cinemas, Transnational Perspectives,* edited by Natasa Durovicova and Kathleen Newman. New York: Routledge, 2010.
Arnheim, Rudolf. *Film Essays and Criticism.* Madison: University of Wisconsin Press, 1997.
Astruc, Alexandre. *Du stylo à la caméra... et de la caméra au stylo: ecrts, 1942-1984.* Paris: L'Archipel, 1992.
Aumont, Jaques. "Apprendre le Mizoguchi." *Cinémathèque,* no. 14 (Autumn 1998).
Balio, Tino. *Grand Design: Hollywood As a Modern Business Enterprise 1930-1939.* Berkeley: University of California Press, 1993.
Baxter, Peter. *Just Watch!: Sternberg, Paramount and America.* London: BFI, 1993.
Bazin, André. "La vie d'O'haru." *L'Observateur d'aujoud'hui,* Feb. 11, 1954.
——. *Qu'est-ce que le cinéma?* 2nd ed. Paris: Les Éditions du Cerf, 1994.
Bergala, Alain. "De l'intervalle chez Mizoguchi." *Cinémathèque,* no. 14 (Autumn 1998).
Bordwell, David. "The Idea of Montage in Soviet Art and Film." *Cinema Journal* 11, no. 2 (Spring 1972).
——. "Mizoguchi and the Evolution of Film Language." In *Cinema and Language,* edited by Stephen Heath and Patricia Mellencamp. Frederick, MD: University Publications of America, 1983.
——. *Narration in the Fiction Film.* Madison: University of Wisconsin Press, 1985.
——. "A Cinema of Flourishes: Japanese Decorative Classicism of the Prewar Era." In *Reframing Japanese Cinema: Authorship, Genre, History,* edited by Arthur Nolletti Jr. and David Desser. Bloomington: Indiana University Press, 1992.
——. "Visual Style in Japanese Cinema, 1925-1945." *Film History* 7, no. 1 (Spring 1995).
——. *On the History of Film Style.* Cambridge, MA: Harvard University Press, 1997.
——. *Figures Traced in Light: On Cinematic Staging.* Berkeley: University of California Press, 2005.
Bordwell, David, Janet Staiger, and Kristin Thompson. *The Classical Hollywood Cinema: Film Style and Mode of Production to 1960.* New York: Columbia University Press, 1985.
Brewster, Ben and Lea Jacobs. *Theatre to Cinema: Stage Pictorialism and the Early Feature Film.* New York: Oxford University Press, 1998.

Buck-Morss, Susan. "Aesthetics and Anaesthetics: Walter Benjamin's Artwork Essay Reconsidered." *October*, no. 62 (Autumn 1992).

——. *Dreamworld and Catastrophe: The Passing of Mass Utopia in East and West.* Cambridge, MA: MIT Press, 2000.

Burch, Noël. *Theory of Film Practice.* Princeton, NJ: Princeton University Press, 1973.

——. *To the Distant Observer: Form and Meaning in the Japanese Cinema.* Berkeley: University of California Press, 1979.

——. *Light to Those Shadows.* Berkeley: University of California Press, 1990.

Carnicke, Sharon Marie. *Stanislavsky in Focus: An Acting Master for the Twenty-First Century,* 2nd ed. New York: Routledge, 1998; 2009. Kindle edition, part II.

Cavell, Stanley. *Pursuits of Happiness: The Hollywood Comedy of Remarriage.* Cambridge, MA: Harvard University Press, 1981.

Chion, Michel. *Audio-Vision: Sound on Screen.* Translated by Claudia Gorbman. New York: Columbia University Press, 1994.

Cohen, Robert Neil. "Textual Poetics in the Films of Kenji Mizoguchi: A Structural Semiotics of Japanese Narrative." PhD diss., University of California, Los Angeles, 1983.

——. "Why Does Oharu Faint?: Mizoguchi's The Life of Oharu and Patriarchal Discourse." In *Reframing Japanese Cinema: Authorship, Genre, History*, edited by Arthur Nolletti Jr. and David Desser. Bloomington: Indiana University Press, 1994.

Cook, Ryan. "Japanese Lessons: Bazin's Cinematic Cosmopolitanism." In *Opening Bazin: Postwar Film Theory and Its Afterlife*, edited by Dudley Andrew and Hervé Joubert-Laurencin. New York: Oxford University Press, 2011.

Crafton, Donald. *The Talkies: American Cinema's Transition to Sound 1926–1931.* New York: Charles Scribner's Sons, 1997.

Christie, Ian. "Making Sense of Early Soviet Sound." In *Inside the Film Factory: New Approaches to Russian and Soviet Cinema*, edited by Richard Taylor and Ian Christie. New York: Routeledge, 1991. Kindle edition.

Davis, Darrell William. *Picturing Japaneseness: Monumental Style, National Identity, Japanese Film.* New York: Columbia University Press, 1996.

Deleuze, Gilles. *Cinéma 1: L'image-movement.* Paris: Minuit, 1983.

——. *Cinéma 2: L'image-temps.* Paris: Minuit, 1985.

DiBattista, Maria. *Fast-Talking Dames.* New Haven: Yale University Press, 2003.

Demonsablon, Philippe. "Qui naquit a Newgate…." *Cahiers du cinéma,* March 1954.

Douchet, Jean. "Mizoguchi: la réflexion du désir." *Cahiers du cinéma,* January 1993.

——. "Utamaro: Misère et grandeur de la beauté." *Cinq femmes autour d'Utamaro.* Directed by Mizoguchi Kenji. Paris: Carlotta Films, 2007. DVD.

Dower, John W. *Embracing Defeat: Japan in the Wake of World War II.* New York: Norton, 1999.

Durovicová, Natasa. "Translating America: The Hollywood Multilinguals 1929-1933." In *Sound Theory/Sound Practice*, edited by Rick Altman. New York: Routledge, 1992.

Dyer, Richard. "Entertainment and Utopia." In *Genre, the Musical: A Reader*, edited. by BFI. New York: Routledge, 1981.

Dym, Jeffrey A. Benshi, *Japanese Silent Film Narrators, and Their Forgotten Narrative Art of Setsumei: A History of Japanese Silent Film Narration.* Lewiston, N.Y.: Edwin Mellen Press, 2003.

Ehrlich, Linda C. "The Artist's Desire: Eight Films of Mizoguchi Kenji." Ph.D. diss., University of Hawai'i, 1989.

Elsaesser, Thomas and Malte Hagener. *Film Theory: An Introduction Through the Senses.* New York: Routledge, 2010.

Farinelli, Mariann Lewinsky. "Jujiro." In *Le Giornate del Cinema Muto 200: Catalogo/20th Pordenone Silent Film Festival: Catalogue*, edited by Giornate del Cinema Muto. Sacile, Italy: 2001.

——. "*Nioppon.*" In *20th Pordenone Silent Film Festival: Catalogue.*

Fay, Jennifer. *Theaters of Occupation: Hollywood and the Reeducation of Postwar Germany.* Minneapolis: University of Minnesota Press, 2006. Kindle edition.

Freidberg, Freda. "The Transition to Sound in Japanese Cinema." In *History on/and/in Film : Selected Papers Form the 3rd Australian History and Film Conference, Perth*, edited by Tom O'Regan and Brian Shoesmith. Perth, Australia: History and Film Association of Australia, 1987.

——. "Tales of Kageyama." *East-West Film Journal* 6, no. 1 (January 1992).

Freud, Sigmund. "'a Child Is Being Beaten': A Contribution to the Study of the Origin of Sexual Perversions." In *The Standard Edition of the Complete Psychological Works of Sigmund Freud*, edited by James Strachey, et al. London: Hogarth Press, 1953.

Gallagher, Tag. "Mizoguchi and the Freedom." *Screening the Past,* no. 13 (December 2001), http://tlweb.latrobe.edu.au/humanities/screeningthepast/firstrelease/fr1201/tgfr13b.htm (accessed December 14, 2013).

Gaudreault, André. *Film and Attraction: From Kinematography to Cinema.* Translated by Tim Bernard. Champagne: University of Illinois Press, 2011.

Gerow, Aaron. "One print in the age of mechanical reproduction: film industry and culture in 1910s Japan." *Screening the Past* no. 11 (Nov. 2000), http://www.latrobe.edu.au/screeningthepast/firstrelease/fr1100/agfr11e.htm, accessed Spt. 4, 2013.

——. *Visions of Japanese Modernity.* Berkeley: University of California Press, 2010.

Gomery, Douglas. *Shared Pleasures: A History of Movie Presentation in the United States.* Madison: University of Wisconsin Press, 1992.

——. *The Coming of Sound.* New York: Routledge, 2005.

Godard, Jean-Luc. "Sur la retrospective Mizoguchi à la Cinémathèque française." *Arts*, 5 Feb. 1958.

Gordon, Andrew. *Labor and Imperial Democracy in Prewar Japan.* Berkeley: University of California Press, 1991.

——. *A Modern History of Japan from Tokugawa Times to the Present.* New York: Oxford University Press, 2003.

Hansen, Miriam Bratu. "America, Paris, the Alps: Kracauer (and Benjamin) on Cinema and Modernity" In *Cinema and the Invention of Modern Life*, edited by Leo Charney and Vanessa R. Schwartz. Berkeley: University of California Press, 1995.

——. *Cinema and Experience: Siegfried Kracauer, Walter Benjamin, and Theodor W. Adorno.* Berkeley: University of California Press, 2011. Kindle edition,

Hasumi, Shiguéhiko. "Cinéma asiatique, singulier et universel: Oyuki la Vierge de Mizoguchi dans le réseau intertexuel filmique." In *La Modernité après le post-moderne,* edited by Henri Meschonnic and Hasumi Shiguéhiko. Paris: Maisonneuve & Larose, 2002.

Higson, Andrew. "The Concept of National Cinema," In *Film and Nationalism.* edited by Alan Williams. New Brunswick, NJ: Rutgers University Press, 2002.

Hirano, Kyoko. *Mr. Smith Goes to Tokyo: Japanese Cinema under the American Occupation, 1945-1952.* Washington D.C.: Smithsonian Institution Press, 1994.

Huggett, Nick. "Zeno's Paradoxes." In *The Stanford Encyclopedia of Philosophy*, edited by Edward N. Zalta (Win-

ter 2010 edition), http://plato.stanford.edu/archives/win2010/entries/paradox-zeno/ last accessed September 15, 2015.

Hutchion, Ron. "The Vitaphone Project: Answering Harry Warner's Question: 'Who the Hell Wants to Hear Actors' Talk?" *Film History* 14, no. 1 (2002).

Iwamoto, Kenji. "Sound in the Early Japanese Talkies." In *Reframing Japanese Cinema: Authorship, Genre, History,* edited by Arthur Nolletti and David Desser. Bloomington: Indiana University Press, 1992.

Izbicki, Joanne. "Scorched Cityscapes and Sliver Screens: Negotiating Defeat and Democracy Through Cinema in Occupied Japan." PhD diss., Cornell University,

Jacobs, Lea. *The Wages of Sin: Censorship and the Fallen Woman Film, 1928-1942.* Berkley: University of California Press, 1995.

Jenkins, Henry. "Reception Theory and Audience Research: The Mystery of the Vampire's Kiss." In *Reinventing Film Studies,* edited by Christine Gledhill and Linda Williams. London: Arnold, 2000.

LaMarre, Thomas. *Shadows on the Screen: Tanizaki Jun'ichirô on Cinema & "Oriental" Aesthetics.* Ann Arbor: Center for Japanese Studies, University of Michigan, 2005.

Kinoshita, Chika. "Floating Sound: Sound and Image in The Story of the Last Chrysanthemum." In *Mizoguchi the Master,* edited by Gerald O'Grady. Ontario: Cinémathèque Ontario, 1996.

——. "Choreography of Desire: Analyzing Kinuyo Tanaka's Acting in Mizoguchi Films." *Screening the Past,* no. 13 (March 2001), http://www.latrobe.edu.au/screeningthepast/firstrelease/fr1201/ckfr13a.htm (accessed June 20, 2015).

——. "In the Twilight of Modernity and the Silent Film: Irie Takako in *The Water Magician.*" *Camera Obscura,* no. 60 (2005).

——. "Mise-en-scène of Desire: The Films of Mizoguchi Kenji." PhD diss., University of Chicago, 2007, 27-28.

——. "The Benshi Track: Mizoguchi Kenji's *The Downfall of Osen* (1935) and the Sound Transition." *Cinema Journal* 50, no. 3 (Spring 2011).

——. "The Edge of Montage: A Case of Modernism/Modanizumu in Japanese Cinema." In *The Oxford Handbook for Japanese Cinema,* edited by Daisuke Miyao. New York: Oxford University Press, 2014.

——. "Something More Than a Seduction Story: Shiga Akiko's Abortion Scandal and Late 1930s Japanese Film Culture." *Feminist Media Histories* 1, no. 1 (January 2015).

——. "Spectral Bodies: Matsui Sumako and Tanaka Kinuyo in *The Love of Sumako the Actress* (1947)." In *The Japanese Cinema Book,* edited by Hideaki Fujiki and Alastair Phillips. New York: British Film Institute 2020, 243-58.

Kirihara, Donald. "A Reconsideration of the Institution of the Benshi." *Film Reader,* no. 6 (1987).

——. *Patterns of Time: Mizoguchi and the 1930s.* Madison: University of Wisconsin Press, 1992.

——."L'assimilation Mizoguchi/Utamaro est Évidente": *Five Women around Utamaro* and the U.S. Occupation of Japan, *East-West Film Journal* 8, no. 1 (January 1994).

Kitamura, Hiroshi. *Screening Enlightenment: Hollywood and the Cultural Reconstruction of Defeated Japan.* Ithaca: Cornell University Press, 2010.

Koikari, Mire. *Pedagogy of Democracy: Feminism and the Cold War in the U.S. Occupation of Japan.* Philadelphia: Temple University Press, 2008.

Komatsu, Hiroshi and Charles Musser. "The Benshi Search." *Wide Angle* 9, no. 2 (1987).

Lastra, James. *Sound Technology and the American Cinema : Perception, Representation, Modernity, Film and Culture.* New York: Columbia University Press, 2000.

Le Fanu, Mark. *Mizoguchi and Japan.* New York: British Film Institute, 2005.

Lewis, Diane Wei. "Moving History: The Great Kanto Earthquake and Film and Mobile Culture in Interwar Japan." PhD diss., University of Chicago, 2011.

Maltby, Richard. *Hollywood Cinema.* Oxford: Blackwell, 1995.

Marion Young, Iris. *On Female Body Experience: "Throwing Like a Girl" and Other Essays.* New York: Oxford University Press, 2005.

McLelland, Mark. *Love, Sex, and Democracy in Japan during the American Occupation.* New York: Palgrave MacMillan, 2012. Kindle edition.

Mizoguchi, Kenji "Trois inerviews de Mizoguchi." *Cahiers du cinéma,* February 1961,

Mizuno, Sachiko. "Reconfiguring Modern Femininity for Empire: Professional Woman and Tokyo in WOMEN IN TOKYO (1939)." Presentation, Josai International University, Tokyo, May 23, 2009.

Moon, Katharine H. S. *Sex among Allies: Military Prostitution in U.S.-Korean Relations.* New York, Columbia University Press, 1997.

Mouchkine, Ariane. "Six entretiens." *Cahiers du cinéma*, Aug.-Sept. 1964.

Mullet, Luc. "Pour contribuer à une filmographie du Kenji Mizoguchi." *Cahiers du cinéma*, March 1958.

Moullet, Luc. "Les Contes de la lune vague." *Cahiers du cinéma,* May 1959.

Nagy, Margit. "Middle-Class Working women During the Interwar Years." In *Recreating Japanese Women, 1600-1945*, edited by Gail Lee Bernstein. Berkeley: University of California Press, 1991.

Naremore, James. "Authorship." In *A Companion to Film Theory,* edited by Robert Stam and Toby Miller. New York: Blackwell, 1999.

——. *More Than Night: Film Noir in Its Context.* Berkeley: University of California Press, 1998.

Neale, Steve. "Melo Talk: On the Meaning and Use of the Term 'Melodrama' in the American Trade Press." *The Velvet Light Trap,* no. 22 (Fall 1994).

——. *Genre and Hollywood.* New York: Routledge, 2000. Kindle edition.

Nornes, Abé Mark. *Cinema Babel: Translating Global Cinema.* Minneapolis: University of Minnesota Press, 2007.

Pasolini, Pier Paolo. *Heretical Empiricism.* Translated by Ben Lawton and Louise K. Barnett. Washington D.C.: New Academia Publishing, 2005.

Perkins, Claire. "This Time It's Personal: *Touch: Sensuous Theory and Multi Sensorial Media* by Laura U. Marks." *Senses of Cinema,* no. 33 (October-December, 2004), http://sensesofcinema.com/2004/book-reviews/touch_laura_marks/.

Polan, Dana. "Auteur Desire." *Screening the Past* no. 12 (March 2001), last accessed Sept. 19, 2012.

Pratt, Mary Louise. *Imperial Eyes: Travel Writing and Transculturation.* New York: Routledge, 1992,

Rivette, Jacques. "Mizoguchi vu d'ici." *Cahiers du cinéma,* March 1958.

Rohmer, Eric. "Universalité du génie." *Cahiers du cinéma,* July 1957.

Rodowick, D. N. *The Crisis of Political Modernism: Criticism and Ideology in Contemporary Film Theory*, 2nd ed. Berkeley: University of California, 1994.

Rosenbaum, Jonathan. "Utamaro o meguru gonin no onna (Five Women and Utamaro.," *Monthly Film Bulletin* 43 no. 515 (December 1976). http://www.jonathanrosenbaum.net/1976/12/five-women-around-utamaro-1976-review/

Rubin, Gayle. "The Traffic in Women: Notes on the 'Political Economy' of Sex." In *Toward an Anthropology of Women,* edited by Rayna Reiter. New York: Monthly Review Press, 1975.

Russell, Catherine. *The Cinema of Naruse Mikio: Women and Japanese Modernity.* Durham: Duke University Press, 2008.

Salt, Barry. *Film Style and Technology: History and Analysis*, 2nd exp. ed. London: Starword, 1992.

Schwartz, Louis-Georges. "Typewriter: Free Indirect Discourse in Deleuze's Cinema,. *SubStance* 34, no. 3 (2005).

Scott, John L. "Japanese Show Yen to Better Own Films: Ex-Adviser to Nippon Movie Industry Tells of Realism, Quality Changes." *Los Angeles Times,* April 20.

Screech, Timon. *Sex and the Floating World: Erotic Images in Japan 1700-1820.* Honolulu: University of Hawai'I Press, 1999.

Shaviro, Steven. *The Cinematic Body.* Minneapolis: University of Minnesota Press, 1993.

Shohat, Ella. "Gender and Culture of Empire: Toward a Feminist Ethnography of the Cinema." *Quarterly Review of Film & Video* 13, nos. 1-3 (1991).

Silverberg, Miriam. "Modern Girl As Militant," in *Recreating Japanese Woman,* edited by Gail Bernstein. Berkeley: University of California Press, 1991, 239-66.

Singer, Ben. "Female Power in the Serial-Queen Melodrama: The Etiology of an Anomaly." *Camera Obscura,* no. 22 (January 1990).

Standish, Isolde. *A New History of Japanese Cinema: A Century of Narrative Film.* New York: Continuum, 2005.

Stanislavski, Constantin. *An Actor Prepares.* New York: Routledge, 1936. Kindle edition.

Tajiri, Yoshiki. *Samuel Beckett and the Prosthetic Body: The Organs and Senses in Modernism.* New York: Palgrave Macmillan, 2007.

Tanaka, Yuki. *Japan's Comfort Women: Sexual Slavery and Prostitution during World War II and the US Occupation.* New York: Routledge, 2002.

Thomson, Peter. *Brecht: Mother Courage and her Children.* Cambridge: Cambridge University Press, 1997.

Tsivian, Yuri. "Two 'Stylists' of the Teens: Franz Hofer and Yevgenii Bauer." In *A Second Life: German Cinema's First Decades,* edited by T. Elsaesser. Amsterdam: Amsterdam University Press, 1996.

Turim, Maureen Cheryn. *Flashbacks in Film : Memory & History.* New York: Routledge, 1989.

Wada-Marciano, Mitsuyo. *Nippon Modern: Japanese Cinema of the 1920s and 1930s.* Honolulu: University of Hawai'i Press, 2008.

Williams, Linda. "Melodrama Revised." In *Refiguring American Film Genres: History and Theory,* edited by Nick Browne. Berkeley: University of California Press, 1998.

Williams, Linda. "Film Bodies: Gender, Genre, and Excess," *Film Quarterly* 44, no. 4 (Summer 1991).

Wood, Robin. *Sexual Politics and Narrative Film: Hollywood and Beyond.* New York: Columbia University Press, 1998.

Yecies, Brian. "Transformative Soundscapes: Innovating De Forest Phonofilms Talkies in Australia." *Scope: An Online Journal of Film Studies*, February 10, 2005. http://www.scope.nottingham.ac.uk/issue.php?issue=1 (last accessed July 27, 2013).

Yoshimoto, Mitsuhiro. "The Difficult of Being Radical." In *Japan in the World,* edited by Masao Miyoshi and Harry Harootunian. Durham, N.C.: Duke University Press, 1993.

——. *Kurosawa: Film Studies and Japanese Cinema.* Durham: Duke University Press, 2000.

Zhen, Zhang. *An Amorous History of the Silver Screen: Shanghai Cinema, 1896-1937.* Chicago: University of Chicago Press, 2005.